YEARBOOK OF THE EUROPEAN CONVENTION ON HUMAN RIGHTS

★

ANNUAIRE DE LA CONVENTION EUROPEENNE DES DROITS DE L'HOMME

YEARBOOK
OF THE EUROPEAN CONVENTION ON HUMAN RIGHTS

THE EUROPEAN COMMISSION AND EUROPEAN COURT OF HUMAN RIGHTS

*

ANNUAIRE
DE LA CONVENTION EUROPEENNE DES DROITS DE L'HOMME

COMMISSION ET COUR EUROPEENNES DES DROITS DE L'HOMME

1966

MARTINUS NIJHOFF - THE HAGUE/LA HAYE - 1968

Correspondence relating to this Yearbook should be addressed to:
Pour toute correspondance relative à cet Annuaire s'adresser à:

Directorate of Human Rights / Direction des Droits de l'Homme
Council of Europe / Conseil de l'Europe
Strasbourg, France / Strasbourg, France

ISBN-13: 978-94-010-3448-7 e-ISBN-13: 978-94-010-3446-3
DOI: 10.1007/ 978-94-010-3446-3

Softcover reprint of the hardcover 1st edition 1968

Table of contents

Table des matières

PART III

THE CONVENTION WITHIN THE MEMBER STATES OF THE COUNCIL OF EUROPE

TROISIEME PARTIE

LA CONVENTION DANS L'ORDRE INTERNE DES ETATS MEMBRES DU CONSEIL DE L'EUROPE

Introduction

Volume IX of this Yearbook will serve the same purpose as its predecessors, which is to assemble together and publish the more important information about the application of the European Convention on Human Rights during the year. This volume relates to 1966 and the Introduction serves to draw attention to the "highlights."

On 12 December 1966, the Government of Malta signed the Convention and its first, second, third and fifth Protocols; it ratified them on 23 January 1967 and thus became the sixteenth Contracting Party to the Convention and first Protocol. (The text of the Fifth Protocol, which was approved in September 1965 and signed in January 1966, was published in Volume VIII of the Yearbook).

On 14 January 1966, the Government of the United Kingdom accepted for a period of three years the right of individual application to the Commission of Human Rights under Article 25 of the Convention and the compulsory jurisdiction of the Court of Human Rights under Article 46. In May 1966, Sweden also accepted the compulsory jurisdiction of the Court; she had in fact been the first Contracting Party to accept the right of individual petition – as long ago as 4 February 1952. As a result of these developments, eleven out of sixteen Contracting Parties had by the summer of 1966 accepted these two optional provisions of the Convention. The texts of the relevant declarations are published in Part I of this volume.

Chapter I of Part II deals with the work of the Commission of Human Rights in 1966. No inter-state cases were brought before the Commission during the year; 303 individual applications were filed. Five individual applications were declared admissible during the period under review: one against Austria, one against Belgium, two against the Federal Republic of Germany and (for the first time) one against the Netherlands. This brought up to 45 the number of applications declared admissible: three inter-state cases and 42 individual applications. A complete list of them is given at pages 80 to 84.

Twenty-three decisions of the Commission are given in this

Introduction

Comme les Volumes qui l'ont précédé, le Volume IX de cet Annuaire a pour objet de rassembler et de diffuser les informations les plus importantes parmi celles qui ont trait à l'application de la Convention européenne des Droits de l'Homme. Ce Volume concerne l'année 1966; et l'introduction essaiera d'attirer l'attention sur les événements les plus marquants.

Le 12 décembre 1966, le Gouvernement de Malte a signé la Convention et ses premier, deuxième, troisième et cinquième Protocoles; il les a ratifiés le 23 janvier 1967, devenant ainsi la seizième Partie Contractante à la Convention et à son premier Protocole additionnel. (Le texte du Protocole N° 5, approuvé en septembre 1965 et signé en janvier 1966, est reproduit dans le Volume VIII de l'Annuaire).

Le 14 janvier 1966, le Gouvernement du Royaume-Uni a accepté, pour une période de trois années, le droit de recours individuel devant la Commission des Droits de l'Homme, conformément à l'article 25 de la Convention, ainsi que la juridiction obligatoire de la Cour des Droits de l'Homme, en vertu de l'article 46. En mai 1966, la Suède a également accepté la juridiction obligatoire de la Cour; elle a en fait été la première Partie Contractante à reconnaître - dès le 4 février 1952 - le droit de recours individuel. Ces événements ont eu pour résultat que, en été 1966, onze des seize Parties Contractantes avaient accepté ces deux clauses facultatives de la Convention. Les textes des déclarations pertinentes sont publiés dans la Première Partie du présent Volume.

Le Premier Chapitre de la Deuxième Partie est consacré aux travaux de la Commission des Droits de l'Homme en 1966. Au cours de cette année, la Commission n'a été saisie d'aucune requête interétatique; 303 requêtes individuelles ont été enregistrées. Cinq requêtes individuelles ont été déclarées recevables pendant la période considérée: une dirigée contre l'Autriche, une contre la Belgique, deux contre la République Fédérale d'Allemagne et (pour la première fois), une dirigée contre les Pays-Bas. Le nombre des requêtes déclarées recevables est donc passé à 45: trois requêtes interétatiques, et 42 requêtes individuelles. On en trouvera la liste complète aux pages 81 à 85.

Ce Chapitre retient 23 décisions de la Commission, dont les cinq chapter, including the five affirmative decisions on admissibility. The others relate to applications brought against Austria, Belgium, the Federal Republic, the Netherlands and Norway. Summaries of the decisions (at pp. 570–608) indicate the legal problems involved. Certain statistics relating to the work of the Commission, showing *inter alia* the breakdown of applications by the nationality of the applicants, are given at pp. 613–616. About ten per cent of the applications filed come from individuals who are not nationals of the Contracting Parties; about fifteen per cent are filed by applicants who are not nationals of the respondent state.

One of the tasks of the Commission, when it has declared an application admissible, is to place itself at the disposal of the parties with a view to securing a friendly settlement of the matter, on the basis of respect for human rights as defined in the Convention (Article 28). The first friendly settlement thus arranged was in the case of *Boeckmans v. Belgium* (Volume VIII, pp. 410–422). A second friendly settlement was achieved in 1966 in the case of *Poerschke v. Federal Republic of Germany*, and is reported in this volume at pp. 632–640.

The year 1966 was marked by a resumption of activity of the Court. After its judgment in the *De Becker Case* of 27 March 1962 (Volume V, p. 320), the Court had no cases on its list until the Commission referred to it on 25 June 1965 the case relating to "certain aspects of the laws on the use of languages in education in Belgium" (Volume VIII, p. 46). The proceedings began in 1966 and the Chamber set up to hear this case met on 2 and 3 May; it then decided to relinquish jurisdiction in favour of the Plenary Court in accordance with Rule 48 of the Rules of Court – the first time that action had been taken under this provision (this volume, pp. 644–652). A public hearing was held from 21 to 23 November 1966 on the preliminary objection to the Court's competence raised by the Belgian Government. On 9 February 1967 the Court rejected this preliminary objection; its judgment will be published in Volume X.

Two further cases were referred to the Court in 1966: *Neumeister v. Austria* and *Wemhoff v. Federal Republic of Germany* (pp. 654–662). They were both referred to the Court by the Commission on 7 October 1966. The Austrian Government also took action to refer the Neumeister case to the Court; this also constituted a precedent, being the first occasion on which a Contracting Party had taken such action under Article 48 of the Convention.

Part III of the Yearbook contains information about action in par lesquelles la Commission a déclaré recevables les requêtes susmentionnées. Les autres décisions concernent des requêtes introduites contre l'Autriche, la Belgique, la République Fédérale d'Allemagne, les Pays-Bas et la Norvège. Les sommaires de ces décisions (aux pages 571 à 609) indiquent les problèmes juridiques soulevés. Les pages 613 à 617 contiennent des tableaux statistiques sur les travaux de la Commission, et montrent entre autres la répartition des requêtes suivant la nationalité des requérants. 10% environ des requêtes enregistrées émanent de personnes qui ne sont pas ressortissantes des Parties Contractantes. Pour quelque 15% d'entre elles, les requérants n'ont pas la nationalité de l'Etat défendeur.

Lorsque la Commission a déclaré une requête recevable, l'une de ses tâches consiste à se mettre à la disposition des intéressés en vue de parvenir à un règlement amiable de l'affaire qui s'inspire du respect des droits de l'homme tels que les reconnaît la Convention (article 28). La première affaire ayant ainsi abouti à un règlement amiable est celle de *Boeckmans contre la Belgique* (Volume VIII, pages 411 à 423). Un deuxième règlement amiable, rapporté dans ce Volume aux pages 633 à 641, a été obtenu en 1966 dans l'affaire *Poerschke contre la République Fédérale d'Allemagne.*

L'année 1966 a été marquée par une reprise d'activité de la Cour. Après qu'elle eût rendu son arrêt dans l'*affaire De Becker*, le 27 mars 1962 (Volume V, page 321), aucune affaire n'avait été inscrite sur le rôle de la Cour jusqu'à ce que la Commission l'eût saisie le 25 juin 1965 de l'affaire relative à "certains aspects du régime linguistique de l'enseignement en Belgique" (Volume VIII, page 47). La procédure a débuté en 1966 et la Chambre appelée à statuer sur cette affaire se réunit les 2 et 3 mai. Elle décida alors de s'en dessaisir en faveur de la Cour plénière, conformément à l'article 48 du Règlement de la Cour; c'était la première fois que l'on avait recours à cette procédure (voir le présent Volume aux pages 645 à 653). Une audience publique eut lieu du 21 au 23 novembre 1966 à propos de l'exception préliminaire soulevée par le Gouvernement belge à l'encontre de la compétence de la Cour. La Cour rejeta cette exception préliminaire le 9 février 1967; cette décision sera publiée dans le Volume X.

Deux autres affaires ont été portées devant la Cour en 1966: *Neumeister contre l'Autriche* et *Wemhoff contre la République Fédérale d'Allemagne* (pages 655 à 663). La Commission les a portées toutes les deux devant la Cour le 7 octobre 1966. Le Gouvernement autrichien a lui aussi saisi la Cour de l'affaire Neumeister. Ce fait constitue aussi un précédent, car c'est la première fois qu'une Partie Contractante s'est ainsi prévalue de l'article 48 de la Convention.

La Troisième Partie de l'Annuaire renferme des informations sur

Member States relating to the application of the Convention and related matters. It includes *inter alia* an interesting report by the Austrian Government on steps taken to meet its obligations arising out of the Convention (pp. 666–682), an Executive Order of the Ministry of Justice of the Federal Republic containing instructions explaining the procedure to be followed to permit detained persons to submit applications to the Commission of Human Rights (pp. 686–690) and the report of a debate in the Swiss Parliament (Conseil National) about the ratification of the Convention by Switzerland (pp. 702–726). Chapter II of Part III lists 21 decisions of national courts in six different countries referring to the European Convention (pp. 730–732) and contains long extracts from five of them (pp. 736–800). This illustrates the increasing importance of the Convention on Human Rights in national law. Approximately 200 national decisions referring to the Convention have now been collected and summarised in documents prepared by the Directorate of Human Rights of the Council of Europe; copies of these documents may be obtained on request without charge (see footnote on p. 730).

This volume of the Yearbook was prepared by MM. Hans WIEBRINGHAUS, Giuseppe GUARNERI and Ekkehart MULLER-RAPPARD of the Directorate of Human Rights in the Secretariat of the Council of Europe. I am indebted to Mr A. B. MCNULTY, Secretary of the Commission of Human Rights, and to members of his staff, also to Mr H. GOLSONG and Mr M.-A. EISSEN, the Registrar and Deputy Registrar of the Court of Human Rights, for their assistance in its preparation.

This Yearbook, being prepared by the Directorate of Human Rights of the Council of Europe, does not involve the responsibility either of the European Commission or of the European Court of Human Rights. In particular, the summaries of the decisions of the Commission cannot be quoted against the actual texts of these decisions.

Strasbourg, 30 September 1967

A. H. ROBERTSON
Head of the Directorate
of Human Rights

les activités des Etats membres ayant trait à l'application de la Convention et à d'autres questions connexes. On y trouve entre autres un intéressant rapport du Gouvernement autrichien sur les mesures qu'il a prises pour satisfaire aux obligations qui lui incombent en vertu de la Convention (pages 667 à 683), une Ordonnance du Ministère de la Justice de la République Fédérale d'Allemagne contenant des instructions quant à la procédure à adopter pour permettre à des personnes détenues d'adresser des requêtes à la Commission des Droits de l'Homme (pages 687 à 691), et le compte-rendu d'un débat au Parlement suisse (Conseil national) sur la ratification de la Convention par la Suisse (pages 703 à 727). Le Chapitre II de cette Troisième Partie énumère 21 décisions de tribunaux nationaux situés dans six Etats différents, qui se réfèrent à la Convention européenne (pages 731 à 733), et donne de larges extraits de cinq de ces décisions (pages 737 à 801). Ces textes reflètent bien l'importance croissante de la Convention des Droits de l'Homme en droit interne. Quelque 200 décisions nationales se référant à la Convention sont rassemblées et résumées dans des documents préparés par la Direction des Droits de l'Homme du Conseil de l'Europe. Des copies de ces documents peuvent être obtenues gratuitement (voir la note au bas de la page 731).

Le présent Volume de l'Annuaire a été préparé par MM. Hans Wiebringhaus, Giuseppe Guarneri et Ekkehart Muller-Rappard, de la Direction des Droits de l'Homme au Secrétariat Général du Conseil de l'Europe. Je remercie M. A. B. McNulty, Secrétaire de la Commission des Droits de l'Homme, et ses collaborateurs, ainsi que MM. H. Golsong et M. A. Eissen, respectivement Greffier et Greffier-adjoint de la Cour des Droits de l'Homme, pour le concours qu'ils ont apporté à la préparation du présent Volume.

Cet Annuaire, qui est préparé par la Direction des Droits de l'Homme du Conseil de l'Europe, n'engage ni la responsabilité de la Commission européenne, ni celle de la Cour européenne des Droits de l'Homme. En particulier, les sommaires des décisions de la Commission ne peuvent être cités à l'encontre du texte même de ces décisions.

A. H. Robertson
Chef de la Direction des
Droits de l'Homme

Strasbourg, le 30 septembre 1967

PART ONE

Basic Texts and General Information

PREMIERE PARTIE

Textes de base et informations de caractère général

CHAPTER I

BASIC TEXTS

A.

Amendments to the Rules of Court of the European Court of Human Rights

At its 12th and 13th Plenary Sessions held in Strasbourg from 2nd–3rd May 1966 and 22nd November 1966, the European Court of Human Rights amended Rules 17, 21, 35 and 36 of the Rules of Court.[1]

RULE 17, PARAGRAPH 1

Original text

1. The quorum of the plenary Court shall be nine of the elected judges.

New text

1. The quorum of the plenary Court shall be eleven judges.

RULE 21, PARAGRAPH 6

Original text

6. If the President of the Court finds that a new case concerns the same Party or Parties as another case already before a Chamber and that it relates, wholly or in part, to the same Article or Articles of the Convention, he may refer the new case to the same Chamber.

New text

6. If the President of the Court finds that two cases concern the same Party or Parties and relate wholly or in part to the same Article or Articles of the Convention, he may refer the second case to the Chamber already constituted, or in the course of constitution, for the consideration of the first case, or, if there is none, proceed to the constitution of one Chamber to consider both cases.

RULE 35, PARAGRAPH 2

Original text

2. If a Chamber already constituted for the consideration of a case is seized, in pursuance of Rule 21, para. 5, of a

New text

2. If in pursuance of Rule 21, para. 6, a Chamber is seized of two cases, its President may, in the interest of the proper ad-

[1] Cf. Yearbook, Vol. II, pp. 2–44; Vol. IV, pp. 2–12; Vol. VII, p. 2; Vol. VIII, p. 6.

CHAPITRE I

TEXTES FONDAMENTEUX

A.

Amendements au Règlement de la Cour européenne des Droits de l'Homme

A ses 12e et 13e Assemblées Générales, qu'elle a tenues à Strasbourg les 2 et 3 mai 1966 et le 22 novembre 1966, la Cour européenne des Droits de l'Homme a amendé les articles 17, 21, 35 et 36 de son Règlement.[1]

ARTICLE 17, PARAGRAPHE 1ER

Ancien texte

1. Le quorum de neuf juges élus est exigé pour le fonctionnement de la Cour plénière.

Nouveau texte

1. Le quorum de onze juges est exigé pour le fonctionnement de la Cour plénière.

ARTICLE 21, PARAGRAPHE 6

Ancien texte

6. Si le Président de la Cour constate qu'une affaire nouvelle intéresse la ou les mêmes Parties qu'une autre affaire pendante devant une Chambre et concerne en tout ou partie le ou les mêmes articles de la Convention, il peut porter l'affaire nouvelle devant la Chambre déjà constituée.

Nouveau texte

6. Si le Président de la Cour constate que deux affaires intéressent la ou les mêmes Parties et concernent en tout ou partie le ou les mêmes articles de la Convention, il peut porter la seconde affaire devant la Chambre déjà constituée, ou en voie de constitution, pour l'examen de la première affaire, ou à défaut procéder à la constitution d'une même Chambre chargée de les examiner.

ARTICLE 35, PARAGRAPHE 2

Ancien texte

2. Si une Chambre déjà constituée pour l'examen d'une affaire est, par application de l'articles 21 § 5 du présent Règle-

Nouveau texte

2. Si, par application de l'article 21 § 6 du présent Règlement, une Chambre est saisie de deux affaires, son Président

[1] Cf. Annuaire, Vol. II, pp. 3-45; Vol. IV, pp. 3-13; Vol. VII, p. 3; Vol. VIII, p. 7.

new case and if, at that time, the written procedure in the first case has not been completed, the President of that Chamber may, in the interest of the proper administration of justice and after having obtained the opinion of the agents of the Parties and the delegates of the Commission, order that the proceedings in both cases be conducted simultaneously, without prejudice to the decision of the Chamber on the joinder of the cases.

ministration of justice and after having obtained the opinion of the agents of the Parties and the delegates of the Commission, order that the proceedings in both cases be conducted simultaneously, without prejudice to the decision of the Chamber on the joinder of the cases.

RULE 36

Original text

Fixing of the date of the opening of the proceedings

When the case is ready for hearing, the President of the Chamber shall, after consulting the agents of the Parties and the delegates of the Commission, fix the date of the opening of the oral proceedings.

New text

Fixing of the date of the opening of the proceedings and release of the Commission's report

When the case is ready for hearing, the President of the Chamber shall, after consulting the agents of the Parties and the delegates of the Commission, fix the date of the opening of the oral proceedings. From that moment, the report of the Commission, excluding any particulars relating to the attempt to reach a friendly settlement, may be made public through the Registrar.

ment, saisie d'une affaire nouvelle, et si à ce moment l'instruction écrite de la première affaire n'est pas terminée, le Président de ladite Chambre peut, dans l'intérêt d'une bonne administration de la justice et après avoir pris l'avis des agents des Parties et des délégués de la Commission, ordonner qu'il soit procédé simultanément à l'instruction de l'une et l'autre affaires, sans préjuger la décision de la Chambre sur la jonction des causes.

peut, dans l'intérêt d'une bonne administration de la justice et après avoir pris l'avis des agents des Parties et des délégués de la Commission, ordonner qu'il soit procédé simultanément à l'instruction de l'une et l'autre affaires, sans préjuger la décision de la Chambre sur la jonction des causes.

ARTICLE 36

Ancien texte

Fixation de la date d'ouverture de la procédure orale.

Lorsque l'affaire est en état, le Président de la Chambre fixe la date d'ouverture de la procédure orale, après consultation des agents des Parties ainsi que des délégués de la Commission.

Nouveau texte

Fixation de la date d'ouverture de la procédure orale et diffusion du rapport de la Commission.

Lorsque l'affaire est en état, le Président de la Chambre fixe la date d'ouverture de la procédure orale, après consultation des agents des Parties ainsi que des délégués de la Commission. A partir de ce moment, le rapport de la Commission, à l'exclusion de toutes indications concernant la tentative de règlement amiable, peut être diffusée par les soins du Greffier.

B.

Declarations recognising the competence of the European Commission of Human Rights in respect of individual applications

(Article 25 of the Convention) [1]

FEDERAL REPUBLIC OF GERMANY

(*Translation*)

THE FEDERAL MINISTER FOR FOREIGN AFFAIRS

Declaration

The Federal Government of the Republic of Germany renews, for a period of five years from 1st July 1966, its Declaration made on 1st July 1955 in pursuance of Article 25 of the Convention for the Protection of Human Rights and Fundamental Freedoms, signed at Rome on 4th November 1950.

Bonn, 15th June 1966
(*signed*) SCHRÖDER

LUXEMBOURG

Declaration (*Translation*)

WE JEAN

by the Grace of God
Grand Duke of Luxembourg
Duke of Nassau
etc. etc.,

Having considered the provisions of Article 25 of the Convention for the Protection of Human Rights and Fundamental Freedoms signed at Rome on 4th November 1950;

Having reviewed Our Declaration of 5th April 1961 under the aforesaid Article 25;

Declare that We recognise for a period of five years as from 28th April 1966, the competence of the European Commission of Human Rights to receive petitions addressed to the Secretary General of the Council of Europe from any person, non-governmental organisation or group of individuals claiming to be a victim of a violation

[1] Cf. Yearbook Volume II, pp. 66–67; Volume III, pp. 62–64; Volume IV, pp. 26–30; Volume V, p. 2; Volume VI, p. 26; Volume VII, pp. 8–14.

B.

Déclarations d'acceptation de la compétence de la Commission européenne des Droits de l'Homme en matière de requêtes individuelles

(Article 25 de la Convention) [1]

REPUBLIQUE FEDERALE D'ALLEMAGNE

LE MINISTRE FEDERAL DES AFFAIRES ETRANGERES

Déclaration

Le Gouvernment de la République Fédérale d'Allemagne renouvelle sa déclaration faite le 1er juillet 1955, conformément à l'article 25 de la Convention de sauvegarde des Droits de l'Homme et des Libertés fondamentales, signée à Rome le 4 novembre 1950, pour une période de cinq ans à partir du 1er juillet 1966.

Bonn, le 15 juin 1966
(*signé*) SCHRÖDER

LUXEMBOURG

Déclaration

NOUS JEAN

par la grâce de Dieu
Grand-Duc de Luxembourg
Duc de Nassau
etc., etc., etc.

Ayant vu les dispositions de l'article 25 de la Convention de sauvegarde des Droits de l'Homme et des Libertés fondamentales, signée à Rome, le 4 novembre 1950;

Ayant revu Notre déclaration du 5 avril 1961 faite en conformité de l'article 25 susmentionné;

Déclarons reconnaître pour une période de cinq ans à paritr du 28 avril 1966 la compétence de la Commission européenne des Droits de l'Homme à être saisie d'une requête adressée au Secrétaire Général du Conseil de l'Europe par toute personne physique, toute organisation non gouvernementale ou tout groupe de particuliers,

[1] Cf. Annuaire, Vol. II, pp. 66–77; Vol. III, pp. 63–65; Vol. IV, pp. 27–31; Vol. V, p. 3; Vol. VI, p. 27; Vol. VII, pp. 9–15.

of the rights set forth in that Convention, together with its Protocol, signed in Paris on 20th March 1952.

In witness whereof We have signed these presents and have affixed thereto Our Grand-Ducal Seal.

Palais de Luxembourg, 5th April 1966
(*signed*) JEAN

Minister for Foreign Affairs
(*signed*) P. WERNER

UNITED KINGDOM

Declaration

UNITED KINGDOM
PERMANENT REPRESENTATIVE
TO THE COUNCIL OF EUROPE
STRASBOURG

14th January 1966

Sir,

On instructions from Her Majesty's Principal Secretary of State for Foreign Affairs, I have the honour to declare in accordance with the provisions of Article 25 of the Convention for the Protection of Human Rights and Fundamental Freedoms, signed at Rome on the 4th November, 1950, that the Government of the United Kingdom of Great Britain and Northern Ireland recognise, in respect of the United Kingdom of Great Britain and Northern Ireland only and not, pending further notification, in respect of any other territory for the international relations of which the Government of the United Kingdom are responsible, for the period beginning on the 14th January 1966, and ending on 13th January 1969, the competence of the European Commission of Human Rights to receive petitions submitted to the Secretary General of the Council of Europe subsequently to the 13th of January 1966, by any person, non-governmental organisation or group of individuals claiming, in relation to any act or decision occurring or any facts or events arising subsequently to the 13th of January 1966, to be the victim of a violation of the rights set forth in that Convention and in the Protocol thereto which was opened for signature at Paris on the 20th March 1952.

This declaration does not extend to petitions in relation to anything done or occurring in any territory in respect of which the competence of the European Commission of Human Rights to qui se prétend victime d'une violation des droits reconnus dans ladite Convention ainsi que dans le Protocole additionnel à la Convention, signé à Paris, le 20 mars 1952.

En foi de quoi, Nous avons signé les présentes et y avons fait apposer Notre sceau grand-ducal.

Palais de Luxembourg, le 5 avril 1966
(*signé*) JEAN

Le Ministre des
Affaires Etrangères,
(*signé*) P. WERNER

ROYAUME-UNI

Déclaration (*traduction*)

REPRESENTANT PERMANENT
DU ROYAUME-UNI AUPRES
DU CONSEIL DE L'EUROPE
STRASBOURG

Le 14 janvier 1966

Monsieur le Secrétaire Général,

Sur les instructions du Secrétaire d'Etat principal aux Affaires étrangères du Gouvernement de Sa Majesté, j'ai l'honneur de déclarer, conformément aux dispositions de l'article 25 de la Convention de sauvegarde des Droits de l'Homme et des Libertés fondamentales signée à Rome le 4 novembre 1950, que le Gouvernement du Royaume-Uni de Grande-Bretagne et d'Irlande du Nord reconnaît, à l'égard du Royaume-Uni de Grande-Bretagne et d'Irlande du Nord uniquement, à l'exclusion, jusqu'à nouvel avis, de tout autre territoire dont le Gouvernement britannique assure les relations internationales, et pour la période allant du 14 janvier 1966 au 13 janvier 1969, la compétence de la Commission européenne des Droits de l'Homme à être saisie d'une requête adressée au Secrétaire Général du Conseil de l'Europe postérieurement au 13 janvier 1966, par toute personne physique, toute organisation non gouvernementale ou tout groupe de particuliers, qui, à raison d'un acte, d'une décision, de faits ou d'événements postérieurs à cette date, se prétend victime d'une violation des droits reconnus dans la Convention et dans le Protocole additionnel ouvert à la signature le 20 mars 1952, à Paris.

La présente déclaration ne s'applique pas aux requêtes qui concernent un acte accompli ou un événement survenant dans un territoire à l'égard duquel la compétence de la Commission européenne receive petitions has not been recognised by the Government of the United Kingdom or to petitions in relation to anything done or occurring in the United Kingdom in respect of such a territory or of matters arising there.

I have the honour to be, Sir,
Your obedient Servant,
(E. B. BOOTHBY)

Peter SMITHERS, Esq., V.R.D.,
Secretary General
Council of Europe
Strasbourg.

C.

Declarations recognising the compulsory jurisdiction of the European Court of Human Rights

(Article 46 of the Convention) [1]

FEDERAL REPUBLIC OF GERMANY

(*Translation*)

FEDERAL MINISTER FOR FOREIGN AFFAIRS

Declaration

The Federal Government of the Republic of Germany renews, for a period of five years from 1st July 1966, its Declaration made on 1st July 1955 in pursuance of Article 46 of the Convention for the Protection of Human Rights and Fundamental Freedoms, signed at Rome on 4th November 1950.

Bonn, 15th June 1966
(*signed*) SCHRÖDER

[1] Cf. Yearbook, Volume II, pp. 72–76; Volume III, p. 66; Volume IV, pp. 32–36; Volume V, p. 4; Volume VII, pp. 16–22; Volume VIII, p. 10.

des Droits de l'Homme à être saisie d'une requête n'a pas été reconnue par le Gouvernement du Royaume-Uni, ni aux requêtes qui concernent un acte accompli ou un événement survenant au Royaume-Uni relativement à un tel territoire ou à des questions se posant dans ce territoire.

Veuillez agréer, Monsieur le Secrétaire Général, les assurances de ma haute considération.

(*signé*) E. B. BOOTHBY

Monsieur Peter SMITHERS, V.R.D.
Secrétaire Général du
Conseil de l'Europe,
Strasbourg.

C.

Déclarations d'acceptation de la juridiction obligatoire de la Cour européenne des Droits de l'Homme

(Article 46 de la Convention) [1]

REPUBLIQUE FEDERALE D'ALLEMAGNE

LE MINISTRE FEDERAL DES AFFAIRES ETRANGERES

Déclaration

Le Gouvernement de la République Fédérale d'Allemagne renouvelle sa déclaration faite le 1er juillet 1955, conformément à l'article 46 de la Convention de sauvegarde des Droits de l'Homme et des Libertés fondamentales, signée à Rome le 4 novembre 1950, pour une période de cinq ans à partir du 1er juillet 1966.

Bonn, le 15 juin 1966
(*signé*) SCHRÖDER

[1] Cf. Annuaire, Vol. II, pp. 73-77; Vol. III, p. 67; Vol. IV, pp. 33-37; Vol. V, p. 5; Vol. VII, pp. 17-23; Vol. VIII, p. 11.

LUXEMBOURG

Declaration *(Translation)*

WE JEAN
by the Grace of God
Grand Duke of Luxembourg
Duke of Nassau
etc. etc.

Having considered the provisions of Article 46 of the Convention for the Protection of Human Rights and Fundamental Freedoms signed at Rome on 4th November 1950;

Having reviewed Our Declaration of 5th April 1961 under the aforesaid Article 46;

Declare that we recognise for a period of five years as from 28th April 1966, as compulsory *ipso jure* and without special agreement, for all other Contracting Parties accepting the same obligation, the jurisdiction of the European Court of Human Rights in all matters concerning the interpretation and application of that Convention, together with its Protocol signed in Paris on 20th March 1952.

In witness whereof We have signed these presents and have affixed thereto Our Grand-Ducal Seal.

Palais de Luxembourg, 5th April 1966
(*signed*) JEAN

Minister for Foreign Affairs
(*signed*) P. WERNER

SWEDEN

(Translation)

Declaration

On behalf of the Royal Government of Sweden, I hereby declare that in accordance with Article 46 of the Convention for the Protection of Human Rights and Fundamental Freedoms signed at Rome on 4th November 1950, the Royal Government of Sweden recognises for a period of five years from 13th May 1966, as compulsory *ipso facto* and without special agreement in respect of any other Contracting Party to the Convention as well as to the Protocols mentioned below, that is to say, on condition of reciprocity, the jurisdiction of the European Court of Human Rights in all matters concerning the interpretation and application of the said Convention, the Protocol thereto signed at Paris on 20th March

LUXEMBOURG

Déclaration

NOUS JEAN,
par la grâce de Dieu,
Grand-Duc de Luxembourg,
Duc de Nassau,
etc., etc., etc.

Ayant vu les dispositions de l'article 46 de la Convention de sauvegarde des Droits de l'Homme et des Libertés fondamentales, signée à Rome, le 4 novembre 1950;

Ayant revu Notre déclaration du 5 avril 1961 faite en conformité de l'article 46 susmentionné;

Déclarons reconnaître pour une période de cinq ans à partir du 28 avril 1966 comme obligatoire de plein droit et sans convention spéciale, à l'égard de toute autre Partie Contractante acceptant la même obligation, la juridiction de la Cour européenne des Droits de l'Homme sur toutes les affaires concernant l'interprétation et l'application de ladite Convention ainsi que du Protocole additionnel à la Convention, signé à Paris, le 20 mars 1952.

En foi de quoi, Nous avons signé les présentes et y avons fait apposer Notre sceau grand-ducal.

Palais de Luxembourg, le 5 avril 1966
(*signé*) JEAN

Le Ministre des
Affaires Etrangères,
(*signé*) P. WERNER

SUEDE

Déclaration

Au nom du Gouvernement Royal de Suède, je déclare par la présente que, conformément à l'article 46 de la Convention de sauvegarde des Droits de l'Homme et des Libertés fondamentales, signée à Rome le 4 novembre 1950, le Gouvernement Royal de Suède déclare reconnaître, à partir du 13 mai 1966 pour une période de cinq ans, comme obligatoire de plein droit et sans convention spéciale à l'égard de toute autre Partie Contractante à la Convention ainsi qu'aux Protocoles ci-dessous mentionnés, c'est-à-dire sous condition de réciprocité, la juridiction de la Cour européenne des Droits de l'Homme sur toutes les affaires concernant l'interprétation et l'application de la Convention ainsi que du Protocole addition-

1952, and the Protocol No. 4 signed at Strasbourg on 16th September 1963.

Stockholm, 13th May 1966
(*signed*) Torsten NILSSON
Minister for Foreign Affairs

UNITED KINGDOM

UNITED KINGDOM
PERMANENT REPRESENTATIVE
TO THE COUNCIL OF EUROPE
STRASBOURG

Declaration

14th January 1966

Sir,

On instructions from Her Majesty's Principal Secretary of State for Foreign Affairs, I have the honour to declare in accordance with the provisions of Article 46 of the Convention for the Protection of Human Rights and Fundamental Freedoms, signed at Rome on the 4th of November 1950, that the Government of the United Kingdom of Great Britain and Northern Ireland recognise, in respect of any other territory for the international relations of which the Government of the United Kingdom are responsible, for the period beginning on the 14th of January 1966, and ending on the 13th of January, 1969, the jurisdiction of the European Court of Human Rights as compulsory *ipso facto* and without special agreement, on condition of reciprocity, in all matters arising subsequently to the 13th of January 1966, concerning the interpretation and application of that Convention and the Protocol thereto which was opened for signature at Paris on the 20th of March 1952.

This declaration does not extend to cases concerning anything done or occurring in any territory in respect of which the jurisdiction of the European Court of Human Rights has not been recognised by the Government of the United Kingdom or concerning anything done or occurring in the United Kingdom in respect of such a territory or of matters arising there.

I have the honour to be, Sir,
Your obedient Servant,
(E. B. BOOTHBY)

Peter SMITHERS, Esq., V.R.D.
Secretary General
Council of Europe
Strasbourg.

nel, signé à Paris le 20 mars 1952, et du Protocole N° 4, signé à Strasbourg le 16 septembre 1963.

Stockholm, le 13 mai 1966
(*signé*) Torsten NILSSON
Ministre des Affaires Etrangères

ROYAUME-UNI

(*traduction*)

REPRESENTANT PERMANENT
DU ROYAUME-UNI AUPRES
DU CONSEIL DE L'EUROPE
STRASBOURG

Déclaration

Le 14 janvier 1966

Monsieur le Secrétaire Général,

Sur les instructions du Secrétaire d'Etat principal aux Affaires Etrangères du Gouvernement de Sa Majesté, j'ai l'honneur de déclarer, conformément aux dispositions de l'article 46 de la Convention de sauvegarde des Droits de l'Homme et des Libertés fondamentales, signée à Rome le 4 novembre 1950, que le Gouvernement du Royaume-Uni de Grande-Bretagne et d'Irlande du Nord reconnaît, à l'égard du Royaume-Uni de Grande-Bretagne et d'Irlande du Nord uniquement, à l'exclusion, jusqu'à nouvel avis, de tout autre territoire dont le Gouvernement britannique assure les relations internationales, et pour la période allant du 14 janvier 1966 au 13 janvier 1969, comme obligatoire de plein droit et sans convention spéciale, sous condition de réciprocité, la juridiction de la Cour européenne des Droits de l'Homme, sur toutes les affaires survenant postérieurement au 13 janvier 1966 et concernant l'interprétation et l'application de ladite Convention et du Protocole additionnel, ouvert à la signature le 20 mars 1952, à Paris.

La présente déclaration ne s'applique pas aux affaires qui concernent un acte accompli ou un événement survenant dans un territoire à l'égard duquel la juridiction de la Cour européenne des Droits de l'Homme n'a pas été reconnue par le Gouvernement du Royaume-Uni, ou un acte accompli ou un événement survenant au Royaume-Uni relativement à un tel territoire ou à des questions se posant dans ce territoire.

Veuillez agréer, Monsieur le Secrétaire Général, les assurances de ma haute considération.

(*signé*) E. B. BOOTHBY

Monsieur Peter SMITHERS, V.R.D.
Secrétaire Général du
Conseil de l'Europe,
Strasbourg.

D.

Derogations

(Article 15 of the Convention) [1]

UNITED KINGDOM

Derogation: Aden

UNITED KINGDOM
PERMANENT REPRESENTATIVE
TO THE COUNCIL OF EUROPE
STRASBOURG

30th August 1966

Sir,

I am directed by Her Majesty's Principal Secretary of State for Foreign Affairs, in accordance with the provisions of paragraph (3) of Article 15 of the Convention for the Protection of Human Rights and Fundamental Freedoms signed at Rome on the 4th of November 1950, to convey to you the following information regarding measures taken in the colony of Aden as a result of the existence of a public emergency threatening the life of the nation.

2. Because of a campaign of organised terrorism in the Federation of South Arabia (of which the Colony of Aden is now part), manifesting itself in the form of grenade-throwing, sniping, and mine-laying in which many people including both Arab civilians and British Service personnel, lost their lives, the Government of the Federation of South Arabia declared a state of emergency throughout the Federation on 10th December, 1963.

3. For the purpose of bringing the emergency to an end, the Supreme Council of the Federation of South Arabia enacted certain Emergency Decrees. Under Section 7 of the Public Emergency Decree, 1963, as amended by the Public Emergency (Amendment) Decrees of 1963, 1964, 1965 and 1966, the Minister of Internal Security may make a detention order against any person (a) with a view to preventing his acting in a manner prejudicial to public safety or public order; (b) if the person concerned has been a member of an organisation subject to foreign influence or control or a member of an organisation which has acted in a manner prejudicial to public safety or public order; or (c) if the person is an undesirable alien. Sections 3 and 6 of the 1963 Decree, as so amended also

[1] Cf. Yearbook, Volume I, pp. 47–51; Volume II, pp. 78–90; Volume III, pp. 68–90; Volume IV, pp. 38–62; Volume V, pp. 6–10; Volume VI, pp. 28–32; Volume VII, pp. 22–30; Volume VIII, pp. 10–16.

D.

Dérogations

(Article 15 de la Convention) [1]

ROYAUME-UNI

(*traduction*)

Dérogation:
Aden

REPRESENTATION PERMANENTE
DU ROYAUME-UNI AUPRES DU
CONSEIL DE L'EUROPE
STRASBOURG

30 août 1966

Monsieur le Secrétaire Général,

Je suis chargé par le Secrétaire d'Etat Principal aux Affaires Etrangères de Sa Majesté de porter à votre connaissance, conformément aux dispositions de l'article 15, paragraphe 3, de la Convention de sauvegarde des Droits de l'Homme et des Libertés fondamentales, signée à Rome le 4 novembre 1950, les informations suivantes concernant des mesures prises dans la colonie d'Aden, par suite de l'existence d'un danger public menaçant la vie de la nation.

2. En raison d'une campagne de terrorisme organisé, dans la Fédération de l'Arabie du Sud (dont la colonie d'Aden fait maintenant partie), campagne qui revêt la forme de lancement de grenades, d'embuscades et de pose de mines, et au cours de laquelle de nombreuses personnes, dont des civils arabes et des fonctionnaires britanniques, ont été tuées, le Gouvernement de la Fédération de l'Arabie du Sud a proclamé l'état d'urgence dans l'ensemble de la Fédération, le 10 décembre 1963.

3. Dans le but de mettre fin à la crise, le Conseil Suprême de la Fédération de l'Arabie du Sud a promulgué certains Décrets d'exception. Aux termes de l'article 7 du "Public Emergency Decree" de 1963, amendé par les décrets de 1963, 1964, 1965 et 1966, le Ministre responsable de la Sécurité intérieure peut prendre une ordonnance de détention contre toute personne (a) afin de l'empêcher d'agir de manière préjudiciable à la sécurité ou à l'ordre public; (b) si la personne intéressée a été membre d'une organisation placée sous une influence étrangère ou sous un contrôle étranger, ou membre d'une organisation ayant agi de manière préjudiciable à la sécurité ou à l'ordre public; ou (c) si l'intéressé est un étranger indésirable. Les articles 3 et 6 du Décret de 1963 ainsi

[1] Cf. Annuaire, Vol. I, pp. 47–51; Vol. II, pp. 79–91; Vol. III, pp. 69–91; Vol. IV, pp. 39–63; Vol. V, pp. 7–11; Vol. VI, pp. 29–33; Vol. VII, pp. 23–31; Vol. VIII, pp. 11–17.

conferred certain emergency powers concerned respectively with arrest and detention and with restriction of movement.

4. In exercise of the powers conferred upon him by the Federation of South Arabia (Accession of Aden) Order, 1963, the High Commissioner for Aden and the Protectorate of South Arabia has, by regulation, enacted on the 5th June 1965, the Aden Emergency Regulations, 1965, Regulation 4 of which confers on him in Aden the same power of detention as the Minister of Internal Security holds in the Federation of South Arabia, i.e. to detain persons in Aden for the same reasons as those for which the Minister of Internal Security of the Federation of South Arabia can order detention. These Regulations also confer on him by regulation 6 a corresponding power with regard to restriction of movement.

5. There are, therefore, two states of emergency in Aden, and in consequence emergency legislation can be promulgated by both the Federal Supreme Council and the High Commissioner. Since the emergency declared by the latter is expressed to run concurrently with that declared by the Supreme Council, however, the High Commissioner's Regulations and subsidiary legislation are in fact complementary to the Federal Legislation in force in Aden.

6. The powers taken as a result of this emergency are being exercised to the extent strictly required by the exigencies of the situation.

7. Copies are attached of:

(i) Declaration of a State of Public Emergency made under Section 36 of the Constitution of the Federation of South Arabia on the 10th December, 1963.
(ii) Sections 3, 6 and 7 of the Public Emergency Decree, 1963, of the Federation of South Arabia.
(iii) Section 2 of the Public Emergency (Amendment) Decree, 1963.
(iv) Sections 2, 5 and 6 of the Public Emergency (Amendment) Decree, 1964.
(v) Sections 2 and 3 of the Public Emergency (Amendment) Decree, 1965.
(vi) Sections 2 and 3 of the Public Emergency (Amendment) (No. 2) Decree, 1966.
(vii) Sections 3, 4, 5, 6 and 7 of the Aden Emergency Regulations, 1965.

amendés ont également institué certains pouvoirs exceptionnels ayant trait respectivement à l'arrestation et à la détention, et à la restriction de la liberté de mouvement.

4. Agissant dans l'exercice des pouvoirs qui lui sont conférés par l'Ordonnance de 1963 relative à la Fédération de l'Arabie du Sud (adhésion d'Aden), le Haut Commissaire pour Aden et le Protectorat du Sud a promulgué, le 5 juin 1965, le Règlement d'exception de 1965 relatif à Aden (Aden Emergency Regulations, 1965), dont l'article 4 lui confère à Aden, le même pouvoir de détention que celui que le Ministre responsable de la Sécurité intérieure détient dans la Fédération de l'Arabie du Sud, c'est-à-dire le pouvoir d'ordonner la détention des personnes à Aden pour les mêmes motifs que ceux pour lesquels le Ministre responsable de la Sécurité intérieure de la Fédération de l'Arabie du Sud peut ordonner la détention, L'article 6 de ce Règlement confère également au Haut Commissaire un pouvoir correspondant en ce qui concerne la restriction à la liberté de mouvement.

5. Il existe donc deux états d'urgence à Aden et en conséquence, une législation d'exception peut être promulguée à la fois par le Conseil Suprême de la Fédération et par le Haut Commissaire. Cependant, étant donné que l'état d'urgence décrété par ce dernier est conçu de manière à coïncider avec celui décrété par le Conseil Suprême, les règlements édictés par le Haut Commissaire ainsi que la législation subsidiaire sont, en fait, des compléments à la législation fédérale en vigueur à Aden.

6. Les pouvoirs institués en raison de cet état d'urgence s'exercent dans la stricte mesure où la situation l'exige.

7. Des exemplaires des textes suivants sont joints à la présente lettre:

(i) Proclamation de l'état d'urgence faite le 10 décembre 1963, en vertu de l'article 36 de la Constitution de la Fédération de l'Arabie du Sud.
(ii) Articles 3, 6 et 7 du "Public Emergency Decree, 1963" de la Fédération de l'Arabie du Sud.
(iii) Article 2 du "Public Emergency (Amendment) Decree" de 1963.
(iv) Articles 2, 5 et 6 du "Public Emergency (Amendment) Decree," de 1964.
(v) Articles 2 et 3 du "Public Emergency (Amendment) Decree" de 1965.
(vi) Articles 2 et 3 du "Public Emergency (Amendment) (N° 2) Decree" de 1966.
(vii) Articles 3, 4, 5, 6 et 7 du Règlement d'exception de 1965, relatif à Aden (Aden Emergency Regulations, 1965).

8. I am also instructed to draw your attention to the Public Emergency (Places of Detention) Order, 1965, and the Aden Emergency (Places of Detention) Order, 1965, which regulate the administration of places of detention. Copies of these Orders are attached. You should also know that a Review Tribunal has been appointed in accordance with the provisions of Regulation 5 of the Aden Emergency Regulations, 1965; that a Committee of Inspection has been appointed under paragraph 7 of the Aden Emergency (Places of Detention) Order, 1965, and has paid regular visits to the detention centres at Al Mansoura; that allowances are paid to the dependants of detainees under the provisions of Regulation 4 (5) of the Aden Emergency Regulations, 1965; and that the Delegate-General of International Red Cross Committee periodically visits the detainees.

I have the honour to be, Sir,
Your obedient Servant,
(E. B. Boothby)
Permanent Representative

Peter Smithers, Esq., V.R.D.
Secretary General
Council of Europe
Strasbourg.

E.

Extension of the application of the Convention

(Article 63 of the Convention) [1]

UNITED KINGDOM

UNITED KINGDOM
PERMANENT DELEGATION
TO THE COUNCIL OF EUROPE
STRASBOURG

5th August 1966

Sir,

In his letter (43) of the 9th of June 1964, Mr. Porter informed you that the responsibilities which Her Majesty's Government had assumed in 1953 under the European Human Rights Convention in respect of certain dependent territories lapsed on the dates on which those territories became independent.

I have the honour to inform you that since May 1964 the following territories have become independent and that as a consequence Her

[1] Cf. Yearbook, Volume I, pp. 46–47, Volume VII, pp. 32–38.

8. Je suis également chargé d'attirer votre attention sur l'Ordonnance de 1965 sur l'état d'urgence (lieux de détention) et l'Ordonnance d'Aden de 1965 sur l'état d'urgence (lieux de détention) qui réglementent l'administration des lieux de détention. Des exemplaires de ces Ordonnances sont joints à la présente lettre. Je dois, d'autre part, vous faire savoir qu'un tribunal d'appel a été institué en application des dispositions de l'article 5 du Règlement d'exception d'Aden, de 1965; qu'une Commission d'inspection a été constituée en vertu de l'article 7 de l'Ordonnance d'Aden de 1965 sur l'état d'urgence (lieux de détention) et a visité régulièrement les centres de détention d'Al Mansoura; que, conformément aux dispositions de l'article 4, paragraphe 5, du Règlement d'exception d'Aden, une allocation est versée aux personnes à la charge des détenus; et que le Délégué Général du Comité de la Croix-Rouge Internationale rend périodiquement visite aux détenus.

Je vous prie d'agréer, Monsieur le Secrétaire Général, l'assurance de ma haute considération.

(*signé*) E. B. BOOTHBY
Représentant Permanent

Monsieur Peter SMITHERS, V.R.D.
Secrétaire Général du
Conseil de l'Europe,
Strasbourg.

E.

Extension de l'application de la Convention

(Article 63 de la Convention) [1]

ROYAUME-UNI

(*traduction*)

REPRESENTATION PERMANENTE
DU ROYAUME-UNI AUPRES DU
CONSEIL DE L'EUROPE
STRASBOURG

5 août 1966

Monsieur le Secrétaire Général,

Dans sa lettre (43) du 9 juin 1964, M. Porter vous informait que les responsabilités que le Gouvernement de Sa Majesté avait assumées en 1953 au titre de la Convention européenne des Droits de l'Homme vis-à-vis de certains territoires sous tutelle, prendraient fin aux dates où ces territoires deviendraient indépendants.

J'ai l'honneur de vous informer que depuis mai 1964, les territoires suivants sont devenus indépendants et qu'en conséquence,

[1] Cf. Annuaire, Vol. I, pp. 46–47; Vol. VII, pp. 33–39.

Majesty's Government's responsibilities in respect of them under the Human Rights Convention lapsed on the dates indicated:

Malta	21st September 1964
Northern Rhodesia (now Zambia)	24th October 1964
The Gambia	18th February 1965
British Guiana (now Guyana)	26th May 1966

I have also been instructed to transmit to you the enclosed revised list of the territories for whose international relations Her Majesty's Government are still responsible, and to which the European Convention on Human Rights was extended in their declaration of the 23rd October 1953.

I have the honour to be, Sir,
Your obedient Servant,
(*signed*) C. C. CLEMENS
Acting Representative

Peter SMITHERS, Esq., V.R.D.
Secretary General,
Council of Europe,
Strasbourg.

List of territories for whose international relations Her Majesty's Government in the United Kingdom are responsible and to which the European Convention on Human Rights has been extended

State of Aden
The Bahamas
Barbados
Basutoland
Bechuanaland
Bermuda
British Honduras
British Solomon Islands
Caymen Islands
Channel Islands:
  The Bailiwick of Jersey
  The Bailiwick of Guernsey
Falkland Islands
Fiji
Gilbert and Ellice Islands
Gibraltar
Leeward Islands:
  Antigua
  British Virgin Islands
  Montserrat
  St. Christopher-Nevis-Anguilla
Isle of Man
Mauritius
St. Helena
Seychelles
Swaziland
Kingdom of Tonga
Turks and Caicos Islands
Windward Islands:
  Dominica
  Grenada
  St. Lucia
  St. Vincent

les responsabilités du Gouvernement de Sa Majesté vis-à-vis de ces territoires au titre de la Convention des Droits de l'Homme ont pris fin aux dates ci-après:

Malte	21 septembre 1964
Rhodésie du Nord (maintenant Zambie)	24 octobre 1964
Gambie	18 février 1965
Guyane britannique (maintenant Guyane)	26 mai 1966

J'ai également été chargé de vous faire parvenir ci-joint la liste révisée des territoires dont le Gouvernement de Sa Majesté continue d'assurer les relations internationales et auxquels il a étendu l'application de la Convention européenne des Droits de l'Homme par sa déclaration du 23 octobre 1953.

Veuillez agréer, Monsieur le Secrétaire Général, l'assurance de ma haute considération.

(*signé*) C. C. CLEMENS
Représentant a.i.

Monsieur Peter SMITHERS, V.R.D.
Secrétaire Général du
Conseil de l'Europe,
Strasbourg.

Liste des territoires dont le Gouvernement de Sa Majesté britannique assure les relations internationales et auxquels s'applique la Convention européenne des Droits de l'Homme

Etat d'Aden
Iles Bahamas
Barbade
Basutoland
Bechuanaland
Bermudes
Honduras britannique
Iles Salomon britanniques
Iles Caïmanes
Iles anglo-normandes:
  Bailliage de Jersey
  Bailliage de Guernesey
Iles Falkland
Fidji
Iles Gilbert et Ellice
Gibraltar
Iles sous le Vent:
  Antigua
  Iles vierges britanniques
  Montserrat
  Saint-Christophe-Nevis-Anguilla
Ile de Man
Ile Maurice
Sainte-Hélène
Seychelles
Swaziland
Royaume de Tonga
Iles Turks et Caïques
Iles du Vent:
  Dominique
  Grenade
  Sainte-Lucie
  Saint-Vincent

F.

Reservations

(Article 64 of the Convention) [1]

MALTA

The following declarations and reservations were made by the Government of Malta at the time of the signature of the Convention and of Protocol No. 1 on 12th December 1966:

(1) The Government of Malta declares that it interprets paragraph 2 of Article 6 of the Convention in the sense that it does not preclude any particular law from imposing upon any person charged under such law the burden of proving particular facts.

(2) The Government of Malta, having regard to Article 64 of the Convention, and desiring to avoid any uncertainty as regards the application of Article 10 of the Convention declares that the Constitution of Malta allows such restrictions to be imposed upon public officers in regard to their freedoms of expression as are reasonably justifiable in a democratic society. The Code of Conduct of public officers in Malta precludes them from taking an active part in political discussions or other political activity during working hours or on official premises.

(3) The Government of Malta, having regard to Article 64 of the Convention declares that the principle of lawful defence admitted under sub-paragraph (a) of paragraph (2) of Article 2 of the Convention shall apply in Malta also to the defence of property to the extent required by the provisions of paragraphs (a) and (b) of section 238 of the Criminal Code of Malta, the text whereof along with the text of the preceding section 237, is as follows:

"237. No offence is committed when a homicide or a bodily harm is ordered or permitted by law or by a lawful authority, or is imposed by actual necessity either in lawful self-defence or in the lawful defence of another person.

"238. Cases of actual necessity of lawful defence shall include the following:

(a) where the homicide or bodily harm is committed in the act of repelling, during the night-time, the scaling or breaking of enclosures, walls, or the entrance doors of any house or

[1] Cf. Yearbook Volume I, pp. 40–45; Volume II, pp. 88–90.

F.

Réserves

(Article 64 de la Convention) [1]

MALTE

Les déclarations et réserves suivantes ont été formulées par le Gouvernement de Malte lors de la signature de la Convention et du Protocole additionnel, le 12 décembre 1966:

(*traduction*)

(1) Le Gouvernement de Malte déclare interpréter le paragraphe 2 de l'article 6 de la Convention en ce sens que ledit paragraphe n'interdit pas qu'une loi particulière impose à toute personne accusée en vertu de cette loi la charge de faire la preuve de faits particuliers.

(2) Le Gouvernement de Malte, vu l'article 64 de la Convention et désireux d'éviter toute incertitude quant à l'application de l'article 10 de la Convention, déclare que la Constitution de Malte permet d'imposer aux fonctionnaires publics, en ce qui concerne leur liberté d'expression, telles restrictions qui peuvent raisonnablement se justifier dans une société démocratique. Le Code de conduite des fonctionnaires publics de Malte leur interdit de prendre une part active à des discussions politiques ou à d'autres activités politiques durant les heures de travail ou dans des locaux officiels.

(3) Le Gouvernement de Malte, vu l'article 64 de la Convention, déclare que le principe de la légitime défense reconnu à l'alinéa (a) du paragraphe 2 de l'article 2 de la Convention s'appliquera aussi à Malte à la défense des biens dans la mesure requise par les dispositions des paragraphes (a) et (b) de l'article 238 du Code Pénal de Malte, dont le texte est reproduit ci-après avec celui de l'article précédent:

"237. Il n'y a pas infraction lorsque l'homicide ou les blessures étaient ordonnés ou permis par la loi ou par l'autorité légitime ou étaient commandés par la nécessité actuelle de la légitime défense de soi-même ou d'autrui.

238. Sont compris dans les cas de nécessité actuelle de légitime défense les cas suivants:

(a) si l'homicide a été commis ou si les les blessures ont été faites en repoussant pendant la nuit l'escalade ou l'effraction des clôtures, murs ou entrée d'une maison ou d'un appartement

[1] Cf. Annuaire, Vol. I, pp. 40–45; Vol. II, pp. 89–91.

inhabited apartment, or of the appurtenances thereof having a direct or an indirect communication with such house or apartment;

(b) where the homicide or bodily harm is committed in the act of defence against any person committing theft or plunder, with violence, or attempting to commit such theft or plunder;

(c) where the homicide or bodily harm is imposed by the actual necessity of the defence of one's own chastity or of the chastity of another person."

4. The Government of Malta, having regard to Article 64 of the Convention, declares that the principle affirmed in the second sentence of Article 2 of the Protocol is accepted by Malta only in so far as it is compatible with the provision of efficient instruction and training, and the avoidance of unreasonable public expenditure, having regard to the fact that the population of Malta is overwhelmingly Roman Catholic.

habité, ou de dépendances communiquant directement ou indirectement avec une telle maison ou un tel appartement;

(b) si le fait a eu lieu en se défendant contre toute personne exécutant un vol ou un pillage avec violence ou tentant d'exécuter un tel vol ou pillage;

(c) si le fait était commandé par la nécessité actuelle de défendre sa pudeur ou celle d'autrui."

(4) Le Gouvernement de Malte, vu l'article 64 de la Convention, déclare que le principe énoncé dans la deuxième phrase de l'article 2 du Protocole n'est accepté par Malte que dans la mesure où il est compatible avec la nécessité de dispenser une instruction et une formation efficaces et d'éviter des dépenses publiques exagérées, compte tenu du fait que la population de Malte est dans sa très grande majorité de religion catholique romaine.

STATE OF RATI

Member States of the Council of Europe	Date of deposit of ratification of				
	Convention (entered into force 3rd Sept. 1953)	Protocol (entered into force 18th May 1954)	Second Protocol (not yet in force)	Third Protocol (not yet in force)	Fourth Protocol (not yet in force)
AUSTRIA	3rd Sept. 1958	3rd Sept. 1958			
BELGIUM	14th June 1955	14th June 1955			
CYPRUS	6th Oct. 1962	6th Oct. 1962			
DENMARK	13th April 1953	13th April 1953	6th May 1963	6th May 1963	30th Sept. 1964 [1]
FRANCE					
FEDERAL REPUBLIC OF GERMANY	5th Dec. 1952	13th Feb. 1957			
GREECE	28th March 1953	28th March 1953			
ICELAND	29th June 1953	29th June 1953			
IRELAND	25th Feb. 1953	25th Feb. 1953	12th Sept. 1963	12th Sept. 1963	
ITALY	26th Oct. 1955	26th Oct. 1955			
LUXEMBOURG	3rd Sept. 1953	3rd Sept. 1953	27th Oct. 1965	27th Oct. 1965	
MALTA	23rd Jan. 1967	23rd Jan. 1967	23rd. Jan 1967	23rd Jan. 1967	
NETHERLANDS	31st Aug. 1954	31st Aug. 1954	11th Oct. 1966 [5]	11th Oct. 1966 [5]	
NORWAY	15th Jan. 1952	18th Dec. 1952	12th June 1964	12th June 1964	12th June 1964
SWEDEN	4th Feb. 1952	22nd June 1953	13th June 1964	13th June 1964	13th June 1964 [2]
SWITZERLAND					
TURKEY	18th May 1954	18th May 1954			
UNITED KINGDOM	8th March 1951	3rd Nov. 1952	6th May 1963	6th May 1963	

[1] The declaration made by Denmark pursuant to Articles 25 and 46 of the Conventi covers also the rights and liberties mentioned in the Fourth Protocol, Articles 1 to 4; the declaration of the Danish Government, Yearbook, Volume VII, p. 10.

[2] The declaration made by Sweden pursuant to Articles 25 and 46 of the Conventi covers also the rights and liberties mentioned in the Fourth Protocol, Articles 1 to cf. the declaration of the Swedish Government, Yearbook, Volume VII, p. 14, Volu

DECLARATIONS AND RESERVATIONS

December 1966

Date of deposit of declaration in respect of		Date of receipt of notification in respect of		Reservations under Article 64	Other Declarations
Article 25	Article 46	Article 63 of Convention	Article 4 of Protocol		
30th July 1964 for 3 years from 3rd Sept. 1964	30th July 1964 for 3 years from 3rd Sept. 1964 on condition of reciprocity			– Arts. 5 and 6 Convention – Art. 1 Protocol	
13th July 1964 for 5 years from 30th June 1964	1st Dec. 1965 for 2 years from 29th June 1965				
4th April 1962 for 5 years from 7th April 1962	4th April 1962 for 5 years from 7th April 1962 on condition of reciprocity				
15th June 1966 for 5 years from 1st July 1966	15th June 1966 for 5 years – on condition of reciprocity from 1st July 1966			Art. 7 (Convention) para. 2	(1) Extension to Berlin (West) (Convention and Protocol) (2) Art. 2 of Protocol
				Art. 2 Protocol	
14th April 1960 from 25th March 1960 until the contrary is decided	3rd Dec. 1964 for 5 years from 3rd Sept. 1964				
25th Feb. 1953	25th Feb. 1953 [3]			Art. 6 (3) (c) Convention	Art. 2 Protocol
5th April 1966 for 5 years from 28th April 1966	5th April 1966 – for 5 years on condition of reciprocity – from 28th April 1966			Art. 1 (Protocol)	
				Art. 10 Convention Art. 2 (2) (a) Convention Art. 2 (Protocol)	Art. 6 (2) Convention
27th Aug. 1964 from 31st Aug. 1964 to 31st Aug. 1969	27th Aug. 1964 for 5 years from 31st Aug. 1964 – on condition of reciprocity	1st December 1955 for Surinam and Netherlands Antilles		Art. 6 (3) (c) Convention [4]	(1) Art. 2 Protocol (2) On the possi ble extensioı to non-me-tropolitan territories
30th Nov. 1964 from 9th Dec. 1964 to 29th June 1967	30th June 1964 for 3 years on condition of reciprocity				
4th Feb. 1952	13th May 1966 for 5 years [2]			Art. 2 (Protocol)	
				Art. 2 (Protocol)	
14th Jan. 1966 to 13th Jan. 1969	14th Jan. 1966 to 13th Jan. 1969	5th Aug. 1966 for 23 territories listed		Art. 2 (Protocol)	Notices given pursuant to Ar 15 of the Con-vention

[3] For 5 years and thereafter until notice to the contrary.

[4] For Surinam and Netherlands Antilles only and only in respect of the rig assistance in criminal proceedings.

[5] The ratification is valid also for Surinam and for the Netherlands Antil

ETAT DES RATI

Etats membres du Conseil de l'Europe	Date de dépôt de la ratification de la Convention (entrée en vigueur le 3 septembre 1953	du premier Protocole (entré en vigueur le 18 mai 1954)	du deuxième Protocole (pas encore en vigueur)	du troisième Protocole (pas encore en vigueur)	du quatrième Protocole (pas encore en vigueur)
AUTRICHE	3 septembre 1958	3 septembre 1958			
BELGIQUE	14 juin 1955	14 juin 1955			
CHYPRE	6 octobre 1962	6 octobre 1962			
DANEMARK	13 avril 1953	13 avril 1953	6 mai 1963	6 mai 1963	30 septembre 1964 [1]
FRANCE	26 octobre 1955	26 octobre 1955			
REPUBLIQUE FEDERALE D'ALLEMAGNE	5 décembre 1952	13 février 1957			
GRECE	28 mars 1953	28 mars 1953			
ISLANDE	29 juin 1953	29 juin 1953			
IRLANDE	25 février 1953	25 février 1953	12 septembre 1963	12 septembre 1963	
ITALIE	26 octobre 1955	26 octobre 1955			
LUXEMBOURG	3 septembre 1953	3 septembre 1953	27 octobre 1965	27 octobre 1965	
MALTE	23 janvier 1967	23 janvier 1967	23 janvier 1967	23 janvier 1967	
PAYS-BAS	31 août 1954	31 août 1954	11 octobre 1966 [5]	11 octobre 1966 [5]	
NORVEGE	15 janvier 1952	18 décembre 1952	12 juin 1964	12 juin 1964	12 juin 1964
SUEDE	4 février 1952	22 juin 1953	13 juin 1964	13 juin 1964	13 juin 1964 [2]
SUISSE					
TURQUIE	18 mai 1954	18 mai 1954			
ROYAUME-UNI	8 mars 1951	3 novembre 1952	6 mai 1963	6 mai 1963	

[1] La déclaration faite par le Danemark en vertu des articles 25 et 46 de la Conventi comprend aussi les libertés et les droits figurant aux articles 1er à 4 du Protocole n° 4, c la déclaration du Gouvernement danois, Annuaire, Volume VII, p. 11.

[2] La déclaration faite par la Suède en vertu des articles 25 et 46 de la Conventi comprend aussi les libertés et les droits figurant aux articles 1er à 4 du Protocole n° 4, c

DECLARATIONS ET RESERVES
décembre 1966

Date de dépôt de la déclaration visée à		Date de réception de la notification visée à		Réserves faites en vertu de l'article 64	Autres déclarations
l'article 25	l'article 46	l'article 63 de Convention	l'article 4 du Protocole		
30 juillet 1964 pour 3 ans, à partir du 3septembre1964	30 juillet 1964 pour 3 ans, réciprocité à partir du 3septembre1964			– art. 5 et 6 Convention – art. 1er du Protocole	
13 juillet 1964 pour 5 ans, à partir du 30 juin 1964	1er décembre 1965 pour 2 ans à partir du 29 juin 1965				
4 avril 1962 pour 5 ans, à partir du 7 avril 1962	4 avril 1962 pour 5 ans à partir du 7 avril 1962 réciprocité				
15 juin 1966 pour 5 ans, à partir du 1er juillet 1966	15 juin 1966 pour 5 ans réciprocité à partir du 1er juillet 1966			Article 7 par. 2 de la Convention	(1) Extension à Berlin (Quest (Convention et Protocole) (2) Art. 2 du Prot
				Article 2 du Protocole	
14 avril 1960 à partir du 25 mars 1960 et jusqu'à décision contraire	3 décembre 1964 pour 5 ans à partir du 3septembre1964				
25 février 1953	25 février 1953[3]			Art. 6 par. 3(c) dela Convention	Article 2 Protocole
5 avril 1966 pour 5 ans, à partir du 28 avril 1966	5 avril 1966 pour 5 ans, réciprocité à partir du 28 avril 1966			Article 1 du Protocole	
				Art. 10 Convention Art. 2 (2) (a) Convention Art. 2 Protocole	Article 6(2) Convention
27 août 1964 à partir du 31 août 1964 jusqu'au 31 août 1969	27 août 1964 pour 5 ans à partir du 31 août 1964 réciprocité	1er décembre 1955 pour Surinam et les Antilles Néerlandaises		Art. 6 par. 3 (c) de la Convention[4]	(1) Art. 2 du Protoc. (2) Sur l'extension évent. aux territ. non-métropolitains
30 novembre 1964 à partir du 9 déc. 1964 jusqu'au 29 juin 1967	30 juin 1964 pour 3 ans réciprocité				
4 février 1952	13 mai 1966 pour 5 ans [2]			Article 2 du Protocole	
				Article 2 du Protocole	
14 janvier 1966 au 13 janvier 1969	14 janvier 1966 au 13 janvier 1969	5 août 1966 pour 23 territoires énumérés		Article 2 du Protocole	Notifications faites en vertu de l'article 15 d la Convention

[3] Pour cinq ans et par la suite jusqu'à notification du retrait.

[4] Pour Surinam et les Antilles Néerlandaises seulement et uniquement concerne le droit à l'assistance en affaires criminelles.

[5] La ratification est également valable pour Surinam et les Antilles Néerl

SECOND PROTOCOL TO THE GENERAL AGREEMENT ON PRIVILEGES AND IMMUNITIES OF THE COUNCIL OF EUROPE

(Provisions in respect of the members of the European Commission of Human Rights) [1]

(As at 31st December 1966)

Member States of the Council of Europe	Date of Signature	Signed without reservation in respect of ratification	Date of deposit of instrument of ratification
Austria	13th November 1958	13th November 1958	
Belgium	15th December 1956		7th September 1961
Cyprus	16th December 1961		
Denmark	15th December 1956	15th December 1956	
France	15th December 1956		
Federal Republic of Germany	15th December 1956		7th July 1960
Greece	15th December 1956		2nd February 1961
Iceland	15th December 1956	15th December 1956	
Ireland			
Italy	15th December 1956		4th June 1958
Luxembourg	15th December 1956		8th January 1960
Malta	12th December 1966		
Netherlands	29th April 1957	29th April 1957	
Norway	15th December 1956	15th December 1956	
Sweden	15th December 1956	15th December 1956	
Switzerland	15th April 1964		29th November 1965
Turkey	25th September1957		7th January 1960
United Kingdom	15th December 1956		8th July 1958

[1] Signed in Paris, 15th December 1956. For text see *Yearbook*, Volume I, pp. 86-90.

DEUXIEME PROTOCOLE ADDITIONNEL A L'ACCORD GENERAL SUR LES PRIVILEGES ET IMMUNITES DU CONSEIL DE L'EUROPE

(Dispositions relatives aux membres de la Commission européenne des Droits de l'Homme) [1]

(Au 31 décembre 1966)

Etats membres du Conseil de l'Europe	Date de la signature	Signé sans réserve de ratification	Date de dépôt de l'instrument de ratification
Autriche	13 novembre 1958	13 novembre 1958	
Belgique	15 décembre 1956		7 septembre 1961
Chypre	16 décembre 1961		
Danemark	15 décembre 1956	15 décembre 1956	
France	15 décembre 1956		
Rép. Fédérale d'Allemagne	15 décembre 1956		7 juillet 1960
Grèce	15 décembre 1956		2 février 1961
Islande	15 décembre 1956	15 décembre 1956	
Irlande			
Italie	15 décembre 1956		4 juin 1958
Luxembourg	15 décembre 1956		8 janvier 1960
Malte	12 décembre 1966		
Pays-Bas	29 avril 1957	29 avril 1957	
Norvège	15 décembre 1956	15 décembre 1956	
Suède	15 décembre 1956	15 décembre 1956	
Suisse	15 avril 1964		29 novembre 1965
Turquie	25 septembre 1957		7 janvier 1960
Royaume-Uni	15 décembre 1956		8 juillet 1958

[1] Signé à Paris, le 15 décembre 1956. Voir le texte dans *Annuaire*, Vol. I, pp. 86-90.

FOURTH PROTOCOL TO THE GENERAL AGREEMENT ON PRIVILEGES AND IMMUNITIES OF THE COUNCIL OF EUROPE

(Provisions concerning the European Court of Human Rights) [1]

(As at 31st December 1966)

Member States of the Council of Europe	Date of signature	Signed without reservation in respect of ratification	Date of deposit of instrument of ratification
Austria	16th December 1961	16th December 1961	
Belgium	16th December 1961		4th June 1964
Cyprus	16th December 1961		
Denmark	16th December 1961	16th December 1961	
France	16th December 1961 [2]		
Federal Republic of Germany	16th December 1961		10th December 1963
Greece	16th December 1961		24th May 1965
Iceland			
Ireland			
Italy	16th December 1961		20th September 1966
Luxembourg	16th December 1961		5th November 1963
Malta	12th December 1966		
Netherlands	16th December 1961	16th December 1961	
Norway	16th December 1961	16th December 1961	
Sweden	16th December 1961		18th September 1962
Switzerland	15th April 1964		29th November 1965
Turkey	1st June 1962		1st June 1962
United Kingdom	16th December 1961		

[1] Signed in Paris, 16th December 1961. For text see *Yearbook*, Volume IV, p. 16.

[2] At the time of signature of the Protocol, the Government of the French Republic declared that it would not apply the provisions of Article 3(b) (See *Yearbook*, Vol. IV, p. 22).

By letter dated 15th February 1962, the French Minister for Foreign Affairs informed the SecretaryGeneral that the reservation was to be replaced by the following declaration:

(Translation)

"The French Government declares that it will, in application of Article 3(b), grant to Judges during meetings of the Court, the customs and exchange facilities necessary for the free exercise of their functions".

QUATRIEME PROTOCOLE ADDITIONNEL A L'ACCORD GENERAL RELATIF AUX PRIVILEGES ET IMMUNITES DU CONSEIL DE L'EUROPE

(Dispositions relatives à la Cour européenne des Droits de l'Homme) [1]

(Au 31 décembre 1966)

Etats membres du Conseil de l'Europe	Date de la signature	Signé sans réserve de ratification	Date de dépôt de l'instrument de ratification
Autriche	16 décembre 1961	16 décembre 1961	
Belgique	16 décembre 1961		4 juin 1964
Chypre	16 décembre 1961		
Danemark	16 décembre 1961	16 décembre 1961	
France	16 décembre 1961 [2]		
Rép. Fédérale d'Allemagne	16 décembre 1961		10 décembre 1963
Grèce	16 décembre 1961		25 mai 1965
Islande			
Irlande			
Italie	16 décembre 1961		20 septembre 1966
Luxembourg	16 décembre 1961		5 novembre 1963
Malte	12 décembre 1966		
Pays-Bas	16 décembre 1961	16 décembre 1961	
Norvège	16 décembre 1961	16 décembre 1961	
Suède	16 décembre 1961		18 septembre 1962
Suisse	15 avril 1964		29 novembre 1965
Turquie	1er juin 1962		1er juin 1962
Royaume-Uni	16 décembre 1961		

[1] Signé à Paris le 16 décembre 1961. Voir le texte dans l'*Annuaire*, Volume IV, p. 17.

[2] Au moment de la signature du Protocole, le Gouvernement de la République Française a déclaré qu'il n'appliquerait pas les dispositions de l'alinéa (b) de l'article 3 (voir *Annuaire* IV, p. 23).

Par une lettre en date du 15 février 1962, le Ministre des Affaires Etrangères du Gouvernement français a notifié au Secrétaire Général que la réserve devait être remplacée par la déclaration suivante:

"Le Gouvernement français précise qu'en application de l'article 3, alinéa b, il accordera aux juges, pendant les réunions de la Cour, les facilités en matière de douanes et de contrôle des changes qui sont nécessaires pour le libre exercice de leurs fonctions."

CHAPTER II

THE EUROPEAN COMMISSION OF HUMAN RIGHTS

A.

Composition

The term of office of the members of the European Commission of Human Rights in respect of Belgium, Denmark, Federal Republic of Germany, Greece, Norway, Netherlands and the United Kingdom expired on 17th May 1966.

A list of candidates was prepared by the Bureau of the Consultative Assembly in accordance with Article 21 of the Convention and submitted to the Committee of Ministers.

By Resolution (66) 27, the Committee of Ministers elected Mr. Pedro Delahaye (Belgium) for a period of six years and re-elected Mr. Max Sørensen (Denmark), Mr. Adolf Süsterhenn (Federal Republic of Germany), Mr. Constantin Eustathiades (Greece), Mr. Frede Castberg (Norway), Mr. Wilhelm de Gaay Fortman (Netherlands), Mr. James Fawcett (United Kingdom) for a period of six years.

Mr. S. Sigurjonsson, member of the Commission in respect of Iceland resigned from the Commission on 30th November 1966. The procedure for the election of a replacement had not been completed by 31st December 1966. The membership of the Commission on 31st December 1966 was accordingly as follows:

Order of Precedence	*Country*	*Term of office expires*
MM. S. PETREN, President	Sweden	17th May 1969
C. TH. EUSTATHIADES, Vice-President	Greece	17th May 1972
A. SÜSTERHENN	Fed. Republic of Germany	17th May 1972
M. SØRENSEN	Denmark	17th May 1972
F. ERMACORA	Austria	15th December 1970
F. CASTBERG	Norway	17th May 1972
G. SPERDUTI	Italy	17th May 1969
J. E. S. FAWCETT	United Kingdom	17th May 1972
M. A. TRIANTAFYLLIDES	Cyprus	5th May 1969
F. WELTER	Luxembourg	17th May 1969
J. B. BALTA	Turkey	17th May 1969
W. F. DE GAAY FORTMAN	Netherlands	17th May 1972
P. O'DONOGHUE	Ireland	17th May 1969
P. O. CH. DELAHAYE	Belgium	17th May 1972

CHAPITRE II

LA COMMISSION EUROPEENNE DES DROITS DE L'HOMME

A.

Composition

Le mandat des membres de la Commission européenne des Droits de l'Homme au titre de la Belgique, du Danemark, de la République Fédérale d'Allemagne, de la Grèce, de la Norvège, des Pays-Bas et du Royaume-Uni est venu à expiration le 17 mai 1966.

Conformément à l'article 21 de la Convention, le Bureau de l'Assemblée Consultative a soumis au Comité des Ministres une liste de candidats.

Par la Résolution (66) 27, le Comité des Ministres a élu M. Pedro Delahaye (Belgique) pour une période de six ans et a réélu M. Max Sørensen (Danemark), M. Adolf Süsterhenn (République Fédérale d'Allemagne), M. Constantin Eustathiades (Grèce), M. Frede Castberg (Norvège), M. Wilhelm de Gaay Fortman (Pays-Bas) et M. James Fawcett (Royaume-Uni) pour une période de six ans. M. S. Sigurjonsson, membre de la Commission au titre de l'Islande, a démissionné de la Commission le 30 novembre 1966. La procédure de remplacement n'avait pas encore été menée à son terme au 31 décembre 1966.

Compte tenu de ces différentes modifications, la composition de la Commission au 31 décembre 1966 se présentait comme suit:

	Ordre de préséance	*Pays*	*Date d'expiration du mandat*
MM.	S. PETREN, Président	Suède	17 mai 1969
	C. Th. EUSTATHIADES, Vice-Président	Grèce	17 mai 1972
	S. SÜSTERHENN	République Fédérale d'Allemagne	17 mai 1972
	M. SØRENSEN	Danemark	17 mai 1972
	F. ERMACORA	Autriche	15 décembre 1970
	F. CASTBERG	Norvège	17 mai 1972
	G. SPERDUTI	Italie	17 mai 1969
	J. E. S. FAWCETT	Royaume-Uni	17 mai 1972
	M. A. TRIANTAFYLLIDES	Chypre	5 mai 1969
	F. WELTER	Luxembourg	17 mai 1969
	J. B. BALTA	Turquie	17 mai 1969
	W. F. DE GAAY FORTMAN	Pays-Bas	17 mai 1972
	P. O'DONOGHUE	Irlande	17 mai 1969
	P. O. Ch. DELAHAYE	Belgique	17 mai 1972

B.

Biographical Notes

Biographical notes on MM. S. Petren, C. Th. Eustathiades, A. Süsterhenn, F. Ermacora, M. Sprensen, F. Castberg and G. Sperduti are to be found in Volume III of the Yearbook (pp. 102–114.) Biographical notes on Mr. J. E. S. Fawcett are to be found in Volume V of the Yearbook (pp. 22–24). The biographical notes on MM. M. A. Triantafyllides, F. A. Welter and T. B. Balta are to be found in Volume VI of the Yearbook (pp. 46–48) and the biographical notes on MM. Ph. P. O'Donoghue and W. F. de Gaay Fortman are to be found in Volume VIII (pp. 30–32). A revised biographical note on Mr. C. Th. Eustathiades and a note about Mr. P. Ch. Delahaye follow.

Constantin Th. Eustathiades

Born in Athens on 2nd July 1911. University studies in Athens (1927–1931) and Paris (1932–1936).

Doctor of Laws and Laureate of the Faculty of Law at Paris (1936).

I. *Teaching experience*

Titular Professor of International Public Law in the Faculty of Law at Athens University (1937–1949).

Professor of International Public Law at the School of Political Sciences at Athens (1937–1949).

Professor of International Public Maritime Law at the Naval School (1946–1949).

Professor and Head of the Department of International Public Law in the Faculty of Law at the University of Salonica (1949–1959).

Professor at the Military School and, since 1950, at the National Defence School.

He has also taught at the Hague Academy of International Law.

Dean of the Faculty of Law at the University of Salonica, elected in 1952.

Professor and Head of the Department of International Public Law at the University of Athens, elected in 1960.

II. *Other activities, positions and functions*

Legal Adviser to UNESCO (1948–1949).

Secretary General of the National Greek Commission for UNESCO

B.

Notices biographiques

Les notices biographiques de MM. S. Petren, C. Th. Eustathiades, A. Süsterhenn, F. Ermacora, M. Sprensen, F. Castberg et G. Sperduti figurent dans le volume III de l'Annuaire (pp. 103–115). Les notices biographiques de M. J. E. S. Fawcett se trouve dans le volume V de l'Annuaire (pp. 23–25). Les notices biographiques de MM. M. A. Triantafyllides, F. A. Welter et T. B. Balta figurent dans le volume VI de l'Annuaire (pp. 47–49), et les notices biographiques de MM. Ph. P. O'Donoghue et W. F. de Gaay Fortman se trouvent dans le volume VIII (pp. 31–33).

On trouvera ci-après la notice biographique revisée de MM. C. Th. Eustathiades et la notice de M. P. Ch. Delahaye.

Constantin Th. Eustathiades

Etudes universitaires à Athènes (1927–1931) et à Paris (1932–1936).

Docteur en droit et Lauréat de la Faculté de Droit de Paris (1936).

I. *Enseignement*

Professeur agrégé de Droit International Public à la Faculté de Droit de l'Université d'Athènes (1937–1949).

Professeur de Droit International Public à l'Ecole des Sciences Politiques d'Athènes (1937–1949).

Professeur de Droit International Public Maritime à l'Ecole Navale (1946–1949).

Professeur ordinaire de Droit International Public à la Faculté de Droit de l'Université de Thessalonique (1949–1959).

Professeur à l'Ecole de Guerre et depuis 1950 à l'Ecole de la Défense Nationale.

Il a également enseigné à l'Académie de Droit International de La Haye.

Doyen de la Faculté de Droit de l'Université de Thessalonique, élu en 1952.

Professeur Ordinaire de Droit International Public à la Faculté de Droit de l'Université d'Athènes, élu en 1960.

II. *Autres activités, titres et fonctions*

Conseiller Juridique de l'UNESCO (1948–1949).

Secrétaire Général de la Commission Nationale Hellénique pour since its foundation in 1949 and Vice-Chairman since 1952.

President of the Greek branch of the International Law Association.

Member of the Administrative Council of the Greek Institute of International and Foreign Law and one of the Directors of the "Greek Review of International Law."

Member of several ministerial committees.

Honorary legal adviser to the Ministry of Foreign Affairs (1950–1959).

Legal expert at the Ministry of Foreign Affairs and Head of the Legal Department of this Ministry (since 1959).

III. *International Conferences, Committees and Organisations*

Member of the Greek Delegation at the Conference of ILO (Geneva 1938).

Attached in 1946 to the Greek Delegation to the Peace Conference in Paris.

Greek Delegate at the First, Fourth and Sixth General Conferences of UNESCO (1946, 1949, 1951).

Greek Delegate to the Committee of Legal Experts on Human Rights of the Council of Europe (Strasbourg 1950).

Greek Delegate at the Hague Intergovernmental Conference for the protection of cultural property in the event of armed conflict (1954), elected Vice-Chairman of this Conference.

Associate of the Institute of International Law (since 1957).

Member of the European Committee for Legal Co-operation.

Member of the Council of Europe Committee on State Immunity.

Chairman of the Committee for the publication of a Digest of State Practice in International Law.

Member of the Swiss-Greek, Danish-Greek and Swiss-Portuguese Permanent Conciliation Committees.

Member of the Permanent Arbitration Court.

At the United Nations: Member of the Human Rights Commission (1951, 1955, 1956); Delegate to the Economic and Social Council (1956); Greek Delegate at the Sessions of the General Assembly.

Chairman of the Sixth Committee of the General Assembly (17th Session).

P. O. Ch. Delahaye

Born at Merkem, (Belgium), 14th January 1910;
Studies at the Universities of Louvain and Ghent;
Doctor of Laws, "*licencié*" in Thomist Philosophy;

l'UNESCO depuis sa fondation en 1949 et depuis 1952 Vice-Président.

Président de la branche hellénique de l'International Law Association.

Membre du Conseil d'Administration de l'Institut Hellénique de Droit International et Etranger et un des Directeurs de la "Revue Hellénique de Droit International."

Membre de plusieurs commissions ministérielles.

Conseiller Juridique honoraire du Ministère des Affaires Etrangères (1950–1959).

Jurisconsulte du Ministère des Affaires Etrangères et chef du Département Juridique de ce Ministère (depuis 1959).

III. *Conférences, Commissions et Organisations Internationales*

Membre de la délégation hellénique à la Conférence de l'Organisation Internationale du Travail (Genève 1938).

En 1946 attaché à la délégation hellénique à la Conférence de la Paix de Paris.

Délégué de la Grèce à la Première, à la Quatrième, et à la Sixième Conférences Générales de l'UNESCO (1946, 1949, 1951).

Délégué de la Grèce au Comité de Juristes pour les Droits de l'Homme du Conseil de l'Europe (Strasbourg 1950).

Délégué de la Grèce à la Conférence Intergouvernementale de La Haye pour la protection des biens culturels en cas de conflit armé (1954), élu Vice-Président de cette conférence.

Associé de l'Institut de Droit International (depuis 1957).

Membre du Comité Européen de Coopération juridique.

Membre du Comité du Conseil de l'Europe sur l'Immunité des Etats.

Président du Comité pour la Publication de Répertoire de la Pratique des Etats en matière de Droit International Public.

Membre des Commissions Permanentes de Conciliation Suisse-Grèce, Danemark-Grèce et Suisse-Portugal.

Membre de la Cour Permanente d'Arbitrage.

Aux Nations Unies: Membre de la Commission des Droits de l'Homme (1951, 1955, 1956). Délégué au Conseil Economique et Social (1956). Délégué de la Grèce aux sessions de l'Assemblée Générale.

Président de la Sixième Commission de l'Assemblée Générale (17ème session).

P. O. Ch. Delahaye

Né à Merkem, (Belgique) le 14 janvier 1910;

Etudes aux universités de Louvain et de Gand;

Docteur en droit, licencié en philosophie thomiste, licencié en notariat;

Barrister in Antwerp from 1933 to 1936;

Successively Deputy Royal Prosecutor and First Deputy Royal Prosecutor in Brussels;

Seconded as Royal Prosecutor, *inter alia*, to Louvain and to Malines;

Successively Deputy Public Prosecutor and Attorney-General at the Ghent Appeal Court;

Judge of Appeal in 1954;

Member of the Higher Supervisory Committee;

Chairman of the Committee of Enquiry into Personal Assaults committed in the Congo Republic (1960–1965);

Chairman of the Consultative Committee of the Judiciary (1961–1965);

Chairman of the Council on Economic Claims;

Member of the Benelux College of Arbitrators on agricultural matters;

Honorary member of the Belgian Society for Medical Jurisprudence.

C.

Sub-Commissions

In the event of the Commission accepting a petition referred to it, it undertakes together with the representatives of the parties an examination of the petition and, if need be, an investigation, with a view to ascertaining the facts. It also places itself at the disposal of the parties concerned with a view to securing a friendly settlement of the case.[1]

The Commission performs these functions by means of a Sub-Commission consisting of seven members of the Commission. Each of the parties concerned may appoint as member of the Sub-Commission a person of its choice. The remaining members are chosen by lot.[2]

Two new Sub-Commissions were constituted in 1966.

[1] Article 28.

[2] Article 29.

Avocat à Anvers de 1933 à 1936;
Successivement substitut du Procureur du Roi et Premier substitut du Procureur du Roi à Bruxelles;
Délégué comme Procureur du Roi notamment à Louvain et à Malines;
Successivement Substitut du Procureur Général et Avocat général près la Cour d'appel de Gand;
Conseiller à la Cour de Cassation en 1954;
Membre du Comité Supérieur de Contrôle;
Président de la Commission d'Information chargée d'informer sur les atteintes à la personne commises dans la République de Congo (1960–1965);
Président de la Commission Consultative de la Magistrature (1961–1965);
Président du Conseil du Contentieux Economique;
Membre du collège des Arbitres Bénélux en matière agricole;

Membre d'honneur de la Société de Médecine légale de Belgique.

C.

Sous-Commissions

Lorsque la Commission retient une requête, elle procède pour établir les faits de la cause, à un examen contradictoire de la requête avec les représentants des parties, et, s'il y a lieu, à une enquête. Elle se met également à la disposition des intéressés en vue de parvenir à un règlement amiable de l'affaire.[1]

La Commission remplit ces fonctions au moyen d'une Sous-commission composée de sept membres. Chaque intéressé peut désigner un membre de son choix pour faire partie de la Sous-Commission. Les autres membres sont désignés par tirage au sort.[2]

Deux nouvelles Sous-Commissions ont été constituées en 1966:

[1] Article 28.
[2] Article 29.

1. *Application No. 2120/64 – Poerschke against Federal Republic of Germany*

This application was declared admissible by the Commission on 14th February 1966.

The Sub-Commission was constituted on 31st March 1966 after each of the parties had appointed a member of their choice. The Sub-Commission consisted of the following members:

MM. S. PETREN, President
F. ERMACORA, appointed by the applicant
A. SÜSTERHENN, appointed by the Respondent Government
C. TH. EUSTATHIADES
S. SIGURJONSSON
T. BALTA
P. O'DONOGHUE

Substitute members:

MM. M. SØRENSEN
W. F. DE GAAY FORTMAN
G. SPERDUTI
Mme. G. JANSSEN-PEVTSCHIN
MM. M. TRIANTAFYLLIDES
J. E. S. FAWCETT
F. WELTER
F. CASTBERG

Part II of this Yearbook contains the results of the proceedings of the Sub-Commission with regard to this application.

2. *Application No. 1850/63 – Köplinger against Austria*

This application was declared admissible by the Commission on 29th March 1966. The Sub-Commission was constituted on 15th July 1966 and consists of the following members:

MM. S. PETREN, President
F. ERMACORA, appointed by the Respondent Government
M. TRIANTAFYLLIDES
P. O.DONOGHUE
W. F. DE GAAY FORTMAN
A. SÜSTERHENN
J. E. S. FAWCETT

Substitute members

MM. F. CASTBERG
S. SIGURJONSSON

1. *Requête N° 2120/64 – Poerschke contre la République Fédérale d'Allemagne*

Cette requête a été déclarée recevable par la Commission le 14 février 1966. La Sous-Commission a été constituée le 31 mars 1966, après que chacune des parties a désigné le membre de son choix.

La Sous-Commission comprend les membres suivants:

MM. S. Petren, Président
F. Ermacora, désigné par le requérant
A. Süsterhenn, désigné par le Gouvernement défendeur
C. Th. Eustathiades
S. Sigurjonsson
T. Balta
P. O'Donoghue

Suppléants:

MM. M. Sørensen
W. F. de Gaay Fortman
G. Sperduti
Mme G. Janssen-Pevtschin
MM. M. Triantafyllides
J. E. S. Fawcett
F. Castberg

La deuxième Partie de cet Annuaire contient les délibérations de la Sous-Commission concernant cette requête.

2. *Requête N° 1850/63 – Köplinger contre l'Autriche*

Cette requête a été déclarée recevable par la Commission le 29 mars 1966. La Sous-Commission a été constituée le 15 juillet 1966 et comprend les membres suivants:

MM. S. Petren, Président
F. Ermacora, désigné par le Gouvernement défendeur
M. Triantafyllides
P. O'Donoghue
W. F. de Gaay Fortman
A. Süsterhenn
J. E. S. Fawcett

Suppléants:

MM. F. Castberg
S. Sigurjonsson

Mme. G. JANSSEN-PEVTSCHIN
MM. M. SØRENSEN
T. BALTA
G. SPERDUTI
F. WELTER
C. TH. EUSTATHIADES

D.

Sittings [1]

1. PLENARY SESSIONS OF THE COMMISSION

60th Session – 7th–14th February 1966
61st Session – 28th March–2nd April 1966
62nd Session – 23rd–28th May 1966
63rd Session – 11th–22nd July 1966
64th Session – 3rd-7th October 1966
65th Session – 12th-17th December 1966

2. MEETINGS OF THE SUB-COMMISSIONS

(a) *Application No. 2299/64 (Grandrath v. Federal Republic of Germany)*

18th–22nd July 1966
3rd–5th October 1966

(b) *Application No. 1602/62 (Stögmüller v. Austria)*

12th February 1966
26th May 1966
15th–20th July 1966
26th–27th September 1966
12th–13th December 1966

(c) *Application No. 2178/64 (Matznetter v. Austria)*

12th February 1966
21st July 1966
29th-30th September 1966
14th–15th November 1966
13th December 1966

[1] Unless otherwise stated all sittings referred to took, place at the Council of Europe, Strasbourg.

Mme G. JANSSEN-PEVTSCHIN
MM. M. SØRENSEN
T. BALTA
G. SPERDUTI
F. WELTER
C. Th. EUSTATHIADES

D.

Réunions [1]

I. SESSIONS PLENIERES DE LA COMMISSION

60e Session – 7–14 février 1966
61e Session – 28 mars–2 avril 1966
62e Session – 23–28 mai 1966
63e Session – 11–22 juillet 1966
64e Session – 3–7 octobre 1966
65e Session – 12–17 décembre 1966

2. REUNIONS DES SOUS-COMMISSIONS

(a) *Requête N° 2299/64 (Grandrath c/République Fédérale d'Allemagne)*
18–22 juillet 1966
3–5 octobre 1966

(b) *Requête N° 1602/62 (Stögmüller c/Autriche)*
12 février 1966
26 mai 1966
15–20 juillet 1966
26–27 septembre 1966
12–13 décembre 1966

(c) *Requête N° 2178/64 (Matznetter c/Autriche)*
12 février 1966
21 juillet 1966
29–30 septembre 1966
14–15 novembre 1966
13 décembre 1966

[1] Sauf indication contraire, toutes les réunions mentionnées se sont tenues à Strasbourg, au siège du Conseil de l'Europe.

(d) *Application No. 2120/64 (Poerschke v. Federal Republic of Germany)*

21st July 1966
27th–28th September 1966
14th November 1966
13th December 1966

E.

Secretariat

In accordance with Article 37 of the Convention, the Secretariat of the Commission is provided by the Secretary General of the Council of Europe. The latter appoints an official to act as Secretary and to take charge of the Secretariat of the Commission.

On 31st December 1966, the Secretariat of the Commission consisted of the following persons:

Secretary of the Commission:	Mr.	A. B. McNulty (British)
Administrators:	MM.	K. Rogge (German)
		T. Gruber (Austrian)
		H. Danelius (Swedish)
		P. Heim (British)
		M. de Salvia (Italian)
		H. Schlenzka (German)
Archivist:	Mr.	A. Lafuma (French)
Assistants:	Miss	E. Bowen (British)
	Mme.	E. Lochert (French)
	Mme.	B. Konrad (German)
	Mme.	Bornert (French)
	Miss	Jackson (British)

(d) *Requête N° 2120/64 (Poerschke c/République Fédérale d'Allemagne)*
21 juillet 1966
27–28 septembre 1966
14 novembre 1966
13 décembre 1966

E.

Secrétariat

Conformément à l'article 37 de la Convention, le Secrétariat de la Commission est assuré par le Secrétaire Général du Conseil de l'Europe. Ce dernier désigne l'agent qui sera chargé des functions de Secrétaire de la Commission et responsable du Secrétariat de celle-ci.

Au 31 décembre 1966, faisaient partie du Secrétariat de la Commission:

Secrétaire de la Commission:	M.	A. B. McNulty (britannique)
Administrateurs:	MM.	K. Rogge (allemand)
		T. Gruber (autrichien)
		H. Danelius (suédois)
		P. Heim (britannique)
		M. de Salvia (italien)
		H. Schlenzka (allemand)
Archiviste:	M.	A. Lafuma (français)
Assistantes:	Miss	E. Bowen (britannique)
	Mme	E. Lochert (française)
	Mme	B. Konrad (allemande)
	Mme	M. Bornert (française)
	Miss	B. Jackson (britannique)

CHAPTER III

THE EUROPEAN COURT OF HUMAN RIGHTS

A.

Composition

Mr. K. F. Arik (Turkish) died on 10th December 1965. Lord McNair (British) former President of the Court and Baron F. M. van Asbeck (Dutch) presented their resignations on 3rd May 1966 and on 19th May 1966 respectively.

From a list presented by the interested Governments and transmitted by the Committee of Ministers (Article 39 of the Convention) the Consultative Assembly elected on 5th May 1966 Sir Humphrey Waldock (British) and Professor Suat Bilge (Turkish) and on 26th September 1966 Mr. G. J. Wiarda (Dutch).

On 31st December 1966 the membership of the Court was as follows:

	Order of precedence	*Nationality*	*Term of office expires*
Mr.	René CASSIN, President	French	20th January 1971
Mr.	H. ROLIN, Vice-President	Belgian	20th January 1968
MM.	A. E. V. HOLMBÄCK	Swedish	20th January 1974
	A. VERDROSS	Austrian	20th January 1968
	G. S. MARIDAKIS	Greek	20th January 1968
	E. RODENBOURG	Luxembourger	20th January 1968
	A. N. C. ROSS	Danish	20th January 1971
	T. WOLD	Norwegian	20th January 1968
	G. BALLADORE-PALLIERI	Italian	20th January 1974
	E. ARNALDS	Icelandic	20th January 1971
	H. MOSLER	German	20th January 1974
	M. ZEKIA	Cypriot	25th September 1970
	A. FAVRE	Swiss	17th September 1972
	C. A. MAGUIRE	Irish	20th January 1971
	J. CREMONA	Maltese	27th September 1974
Sir	H. WALDOCK	British	20th January 1974
MM.	S. BILGE	Turkish	20th January 1968
	G. J. WIARDA	Dutch	20th January 1968

CHAPITRE III

LA COUR EUROPEENNE DES DROITS DE L'HOMME

A.

Composition

M. K. F. Arik (Turc) est décédé le 10 décembre 1965. Lord McNair (Britannique), ancien Président de la Cour, et le Baron F. M. van Asbeck (Néerlandais) ont donné leur démission respectivement le 3 et le 19 mai 1966.

Sur la base de listes de candidats présentées par les Gouvernements intéressés et transmises par le Comité des Ministres, l'Assemblée Consultative a pourvu les trois sièges ainsi devenus vacants (article 39 de la Convention). Elle a élu, le 5 mai 1966, Sir Humphrey Waldock (Britannique) et M. S. Bilge (Turc) puis, le 26 septembre 1966, M. G. J. Wiarda (Néerlandais).

Au 31 décembre 1966, la composition de la Cour était la suivante:

	Ordre de préséance	*Nationalité*	*Date d'expiration du mandat*
M.	René CASSIN, Président	Français	20 janvier 1971
M.	H. ROLIN, Vice-Président	Belge	20 janvier 1968
MM.	A. E. V. HOLMBÄCK	Suédois	20 janvier 1974
	A. VERDROSS	Autrichien	20 janvier 1968
	G. S. MARIDAKIS	Grec	20 janvier 1968
	E. RODENBOURG	Luxembourgeois	20 janvier 1968
	A. N. C. ROSS	Danois	20 janvier 1971
	T. WOLD	Norvégien	20 janvier 1968
	G. BALLADORE PALLIERI	Italien	20 janvier 1974
	E. ARNALDS	Islandais	20 janvier 1971
	H. MOSLER	Allemand	20 janvier 1974
	M. ZEKIA	Cypriote	25 septembre 1970
	A. FAVRE	Suisse	17 septembre 1972
	C. A. MAGUIRE	Irlandais	20 janvier 1971
	J. CREMONA	Maltais	27 septembre 1974
Sir	H. WALDOCK	Britannique	20 janvier 1974
MM.	S. BILGE	Turc	20 janvier 1968
	G. J. WIARDA	Néerlandais	20 janvier 1968

B.

Biographical Notes

Biographical notes on the judges were published in Volume II of the Yearbook, pp. 136–150, Volume IV, p. 92, Volume VI, p. 58, and Volume VIII, pp. 44–46. The following are biographical notes on Sir Humphrey Waldock, Mr. Suat Bilge and Mr. G. J. Wiarda.

SIR HUMPHREY WALDOCK, C.M.G., O.B.E., Q.C.

Born 13th August 1904. Early career as a barrister-at-law (from 1928) and as a lecturer in law at Oxford University (from 1930). During the second World War served at the Admiralty and rose to the rank of Principle Assistant Secretary (1944). In 1946 became United Kingdom Commissioner in the Italo-Yugoslav Boundary Commission and on the Special Commission for the Free Territory of Trieste set up by the Council of Foreign Ministers. Chichele Professor of International Law at Oxford and a Fellow of All Souls College since 1947. Was elected a member of the European Commission of Human Rights in 1954, and was its President from 1955 to 1961. Editor of the British Yearbook of International Law since 1955. Member of the Institute of International Law. Member of the following conciliation commissions: Swedish-Finnish (1957), Swedish-Swiss (1960), Swedish-Turkish and German-Swiss (1963), United States–Danish (1964), and Chilean–Italian (1965). Member of the International Law Commission of the United Nations since 1961 (Special Rapporteur on the Law of Treaties), member of the Council of Management of the British Institute of International and Comparative Law. Author of books and articles on legal subjects.

SUAT BILGE

Born in Istanbul, 12th July 1921. After completing University studies at Ankara Law Faculty, became a Doctor of Law at the Faculty of Law in Geneva.

Began his academic career as Assistant in the Faculty of Political Science, University of Ankara, 1950; became Privat-Docent in 1952 and Professor in 1960. Was Dean of the same Faculty 1962–64; at present holds the Chair of International Law.

Professor Bilge has published "The International Responsibility of States" and "The Cypriot Conflict" (both in French) and a work

B.

Notices biographiques

Les notices biographiques des Juges ont été publiées dans le Volume II de l'Annuaire, pp. 137–151; dans le Volume IV, p. 93; dans le Volume VI, p. 59, et dans le Volume VIII, pp. 45–47.

On trouvera ci-après les notices biographiques de Sir Humphrey Waldock, M. Suat Bilge et M. G. J. Wiarda.

SIR HUMPHREY WALDOCK, C.M.G., O.B.E., Q.C.

Né le 13 août 1904. Débute comme avocat (à partir de 1928) et comme chargé de cours de droit à l'Université d'Oxford (à partir de 1930). Sert dans l'Amirauté au cours de la seconde guerre mondiale et accède en 1944 au poste de Secrétaire principal adjoint. En 1946, est nommé Commissaire du Royaume-Uni à la Commission frontalière italo-yougoslave et à la Commission spéciale du territoire libre de Trieste instituée par le Conseil des Ministres des Affaires Etrangères. Professeur de droit international à Oxford (Fondation Chichele) et "Fellow" d'"All Souls College" depuis 1947. Est élu membre de la Commission européenne des Droits de l'Homme en 1954 et préside cette Commission de 1955 à 1961. Rédacteur en chef de l'Annuaire britannique de Droit international depuis 1955. Membre de l'Institut de Droit international. Membre des Commissions de conciliation suivantes: suédo-finlandaise (1957), suédo-suisse (1960), suédo-turque et germano-suisse (1963), américano-danoise (1964) et chiléo-italienne (1965). Membre de la Commission du Droit international des Nations Unies depuis 1961 (Rapporteur spécial sur le Droit des Traités), Membre du Conseil de Direction de l'Institut britannique de Droit international comparé. Auteur de livres et d'articles sur des sujets juridiques.

SUAT BILGE

Le professeur Suat Bilge est né à Istanbul le 12 juillet 1921.

Après avoir terminé ses études supérieures à la Faculté de Droit de l'Université d'Ankara, il obtint le titre de Docteur en Droit à la Faculté de Droit de Genève.

Entré dans la carrière académique comme Assistant à la Faculté des Sciences politiques de l'Université d'Ankara en 1950, il devint Privat-Dozent en 1952 et Professeur en 1960. M. Bilge fut Doyen de la même Faculté pour la période 1962–1964. Il y occupe actuellement la Chaire de Droit international.

Le professeur Bilge a fait paraître "La responsabilité internationale des Etats" et "Le conflit chypriote" en français, et un livre en in Turkish on "The Diplomatic Protection of Citizens," as well as several articles on Human Rights, childrens' rights and the Council of Europe in reviews and daily papers. He is the author of a booklet on Human Rights.

Mr. Bilge, who was a judge at the European Nuclear Energy Court from 1960 to 1965 and was elected Vice-President of the NATO Appeals Commission in 1966, has been a member of the Turkish Human Rights Group at the United Nations since 1950.

G. J. Wiarda

Born in Amsterdam, 4th September 1906. Studied law at Amsterdam, 1925–29. Advocate at Rotterdam. Substitute Judge and Judge at the Arrondissement Court at Amsterdam. Former Professor of Administrative Law at the University of Utrecht. Counsellor at the Netherlands Supreme Court, 1950. Member of the Royal Netherlands Academy of Sciences, 1964. President of the Administrative Law Association. Appointed as outside arbitrator by the President of the Republic of Lebanon in the dispute between the Lebanon Government and the Beirut Water Company, 1952–53. Miscellaneous publications.

C.

Chambers of the Court

When a case is referred to the Court, a Chamber of seven judges is set up. The judge who is a national of any State concerned sits *ex officio* on the Chamber or, if there is no such judge, another judge or an *ad hoc* judge may be nominated by that State. The names of the other judges are drawn by lot. (Article 43 of the Convention).

1. The Chamber, to consider "certain aspects of the rules on the use of languages in education in Belgium" was set up on 14th September 1965. As the Belgian Government is the Respondent in this case, the Vice-President H. Rolin, elected judge of Belgian nationality, had been called to sit *ex officio*. By a letter of 5th July 1965 he has, however, announced his inability to take part in the consideration of the case on account of his participation as a Senator in the enactment of the linguistic laws (Article 24, paragraph 2 of the Rules of Court). On 1st September 1965 the Belgian Government appointed Mr. A. Mast "Conseiller" of the "Conseil d'Etat" of Belgium and professor extraordinary at the University of Ghent to sit as an *ad hoc* judge.

turc sur la "Protection diplomatiques des citoyens," ainsi que plusieurs articles sur les Droits de l'Homme, les Droits de l'Enfant et le Conseil de l'Europe dans des revues et des quotidiens. Il est l'auteur d'une brochure concernant les Droits de l'Homme.

M. Suat Bilge, qui a été Juge au Tribunal européen pour l'Energie nucléaire entre les années 1960 et 1965 et a été élu Président suppléant à la Commission de Recours de l'O.T.A.N. en 1966, est membre du Groupe turc des Droits de l'Homme des Nations Unies depuis 1950.

G. J. WIARDA

Né à Amsterdam le 4 septembre 1906. Etudes de droit à Amsterdam, 1925–1929. Avocat à Rotterdam. Juge suppléant et juge près le Tribunal d'Arrondissement d'Amsterdam. Ancien professeur de droit administratif à l'Université d'Utrecht. Conseiller à la Cour Suprême des Pays-Bas, 1950. Membre de l'Académie Royale Néerlandaise des Sciences, 1964. Président de l'Association pour le droit administratif. Tiers-arbitre désigné par le Président de la République du Liban dans le litige entre le Gouvernement du Liban et la Compagnie des Eaux de Beyrouth, 1952–1953. Diverses publications.

C.

Chambres de la Cour

Lorsque la Cour est saisie d'une affaire, elle se constitue en une Chambre de sept Juges. Fait partie d'office de cette Chambre le Juge ressortissant de l'Etat intéressé ou; à défaut, un autre Juge ou un Juge *ad hoc* désigné par cet Etat. Les noms des autres Juges sont tirés au sort (article 43 de la Convention).

1. La Chambre appelée à connaître de l'affaire "relative à certains aspects du régime linguistique de l'enseignement en Belgique" a été constituée le 14 septembre 1965.

Le Gouvernement belge comparaissant comme Partie, le Vice-Président H. Rolin, Juge élu de nationalité belge, était appelé à siéger d'office. Par une lettre du 5 juillet 1965, il a cependant déclaré se récuser pour le motif qu'il avait personnellement pris part, en qualité de sénateur, à l'élaboration des lois litigieuses (article 24 § 2 du Règlement de la Cour). Le 1er septembre 1965, le Gouvernement belge a nommé Juge *ad hoc* M. A. Mast, conseiller au Conseil d'Etat de Belgique et professeur extraordinaire à l'Université de Gand.

The Chamber comprised the following Judges:

MM. R. CASSIN, President
A. E. V. HOLMBÄCK
E. RODENBOURG
A. N. C. ROSS
T. WOLD
M. ZEKIA
A. MAST, *ad hoc* judge

Substitutes:

MM. A. VERDROSS
E. ARNALDS
H. MOSLER

This Chamber sat on 2nd and 3rd May 1966.

Following an initial examination of the files it decided to relinquish jurisdiction in favour of the Plenary Court in accordance with Rule 48 of the Rules of Court, which provides that "where a case pending before a Chamber raises a serious question affecting the interpretation of the Convention, the Chamber may, at any time, relinquish jurisdiction in favour of the Plenary Court." The Chamber considered that the case raised "a number of serious questions affecting the interpretation of the Convention, especially its Articles 45, 8 and 14 and Article 2 of the Protocol."

A public hearing was held from 21st to 23rd November 1966 on the preliminary objection of incompetence presented by the Belgian Government.

More detailed information on this case is to be found in Part II, of this Volume.

2. On 7th October 1966 the European Commission of Human Rights referred to the Court two cases: the "Neumeister" and the "Wemhoff" cases. On 11th October 1966 the Austrian Government also brought the first of those cases before the Court.

(a) As the Austrian Government is the Respondent in the "Neumeister" case, Mr. A. Verdross, elected judge of Austrian nationality sits *ex officio*.

After the drawing of lots by to President of the Court on 7th November 1966 the Chamber set up the hear the "Neumeister" case was the follows:

MM. H. ROLIN, President
A. VERDROSS, *ex officio* member
G. BALLADORE-PALLIERI
E. ARNALDS
M. ZEKIA
Sir H. WALDOCK
M. S. BILGE

La Chambre était ainsi composée:

MM. René CASSIN, Président
A. E. V. HOLMBÄCK
E. RODENBOURG
A. N. C. ROSS
T. WOLD
M. ZEKIA
A. MAST, Juge *ad hoc*

Suppléants:

MM. A. VERDROSS
E. ARNALDS
M. MOSLER

Cette Chambre a siégé les 2 et 3 mai 1966.

Après un premier examen du dossier, elle a décidé de se dessaisir au profit de la Cour plénière. L'article 48 du Règlement de la Cour prévoit en effet que "si l'affaire pendante devant une chambre soulève une question grave qui touche à l'interprétation de la Convention, la chambre peut à tout moment se dessaisir au profit de la Cour plénière." Or, la Chambre a estimé que l'affaire "soulève un ensemble de questions graves qui touchent à l'interprétation de la Convention, notamment de ses articles 45, 8 et 14 et de l'article 2 du Protocole additionnel."

Une audience publique a eu lieu du 21 au 23 novembre 1966 sur une exception préliminaire d'incompétence présentée par le Gouvernement belge.

On peut trouver des informations détaillées sur cette affaire dans la Partie II, de ce Volume.

2. Le 7 octobre 1966, la Commission européenne des Droits de l'Homme a saisi la Cour de deux affaires: l'affaire "Neumeister" et l'affaire "Wemhoff." Le 11 octobre 1966, le Gouvernement autrichien a porté à son tour la première de ces affaires devant la Cour.

(a) Dans l'affaire "Neumeister," le Gouvernement autrichien comparaissant comme Partie, M. A. Verdross, juge élu de nationalité autrichienne, siège d'office.

A la suite du tirage au sort effectué par le Président de la Cour le 7 novembre 1966, la Chambre appelée é juger l'affaire "Neumeister" a été ainsi constituée:

MM. H. ROLIN, Président
A. VERDROSS, membre d'office
G. BALLADORE PALLIERI
E. ARNALDS
M. ZEKIA
Sir Humphrey WALDOCK
M. S. BILGE

Substitutes:

MM. H. MOSLER
A. E. V. HOLMBÄCK
A. FAVRE

(b) As the Government of the Federal Republic of Germany is the Respondent in the "Wemhoff" case, Mr. H. Mosler, elected Judge of German nationality sits *ex officio*.

Following the drawing of the lots by the President of the Court on 7th November 1966 the Chamber set up to hear the "Wemhoff" case was as follows:

MM. H. ROLIN, President
E. RODENBOURG
T. WOLD
H. MOSLER, *ex officio* member
M. ZEKIA
Sir H. WALDOCK
Mr. S. BILGE

Substitutes:

MM. A. FAVRE
E. ARNALDS
A. N. C. ROSS

D.

Sessions

The Court held its twelfth and thirteenth Plenary Sessions [1] in Strasbourg from 2nd to 3rd May 1966 and on 22nd November 1966 respectively.

E.

Registry of the Court

The Registry of the Court consists of a Registrar assisted by a Deputy Registrar, both elected by the Court for a period of seven years. Mr. Heribert Golsong (German) was elected Registrar in 1963 and Mr. Marc-André Eissen (French), Deputy Registrar in 1965 (biographical notes appeared in Volume III, p. 140 and Volume VIII, p. 48 respectively).

[1] Cf. Yearbook Vol. II, p. 132; Vol. III, p. 138; Vol. IV, p. 96; Vol. V, p. 34; Vol. VI, p. 58; Vol. VII, p. 68; Vol. VIII, p. 46.

Suppléants:

MM. H. Mosler
A. E. V. Holmbäck
A. Favre

(b) Dans l'affaire "Wemhoff," le Gouvernement de la République Fédérale d'Allemagne comparaissant comme Partie, M. H. Mosler, juge élu de nationalité allemande, siège d'office.

A la suite du tirage au sort auquel le Président de la Cour a procédé le 7 novembre 1966, la Chambre appelée à juger l'affaire "Wemhoff" a été ainsi constituée:

MM. H. Rolin, Président
E. Rodenbourg
T. Wold
H. Mosler, membre d'office
M. Zekia
Sir Humphrey Waldock
M. S. Bilge

Suppléants:

MM. A. Favre
E. Arnalds
A. N. C. Ross

D.

Réunions

La Cour a tenu sa douzième et sa treizième Assemblées Générales à Strasbourg, respectivement du 2 au 3 mai 1966 et le 22 novembre 1966.[1]

E.

Greffe de la Cour

Le Greffe est assuré par un Greffier assisté d'un Greffier adjoint, élus par la Cour pour sept ans. M. Heribert Golsong (Allemand) avait été élu Greffier en 1963 et M. Marc-André Eissen (Français) Greffier adjoint en 1965 (leurs notices biographiques figurent au Vol. III, p. 141, et au Vol. VIII, p. 49, respectivement).

[1] Cf. Annuaire, Vol. II, p. 133; Vol. III, p. 139; Vol. IV, p. 97; Vol. V, p. 35; Vol. VI, d. 59; Vol. VII, p. 69; Vol. VIII, p. 47.

F.

Extra Judicial Functions [1]

On 19th April 1966 Austria, the Federal Republic of Germany and Switzerland signed at Berne the Convention on regulating the taking of water from Lake Constance.

Article 10 of this Convention contains the following provisions:

"(1) The Arbitral Commission shall consist of three members. They may not be nationals of a riparian State. They must not have been concerned with the matter in another connection.

(2) Each party to the Arbitration shall appoint one member of the Arbitral Commission. Should a Party be made up of two riparian States, these shall appoint a member by joint agreement. The two members appointed by the Parties shall choose a President.

(3) If one of the Parties has not appointed its member of the Arbitral Commission within two months of the notification of the application for institution of the arbitration proceedings, the member will be designated on the application of the opposite Party by the President of the European Court of Human Rights.

(4) If the two members cannot agree on the appointment of a President within two months from their appointment, he will be designated by the President of the European Court of Human Rights on the application of one of the Parties.

(5) If in either of the cases mentioned in paragraphs 3 and 4 the President of the European Court of Human Rights is prevented from making a designation or is a national of a riparian State, the designation shall be carried out by the Vice-President. If the latter is prevented from making a designation or is a national of a riparian State, the designation shall be carried out by the senior member of the Court, who is not a national of a riparian State."

[1] cf. Yearbook Vol. VI, pp. 62–64.

F.

Fonctions extra-judiciaires [1]

Le 19 avril 1966, une Convention portant réglementation des prises d'eau dans le Lac de Constance a été signée à Berne par l'Autriche, la République Fédérale d'Allemagne et la Suisse.

L'article 10 de cette Convention contient la disposition suivante:

"(1) La Commission d'Arbitrage se compose de trois membres. Ceux-ci ne peuvent être les ressortissants de l'un des Etats riverains, ni s'être déjà occupés de l'affaire à un autre titre.

(2) Chacune des Parties à la procédure d'arbitrage nomme un membre de la Commission. Si deux Etats riverains font cause commune, ils nomment un membre d'un commun accord. Les deux membres nommés par les Parties choisissent un sur-arbitre.

(3) Si l'une des Parties n'a pas nommé son membre dans les deux mois qui suivent la notification de la demande d'introduction de la procédure arbitrale, ce membre est désigné, à la demande de la Partie adverse, par le Président de la Cour européenne des Droits de l'Homme.

(4) Si les deux membres ne peuvent, dans les deux mois qui suivent leur nomination, s'entendre sur le choix d'un sur-arbitre, celui-ci est désigné, à la demande de l'une des Parties, par le Président de la Cour européenne des Droits de l'Homme.

(5) Si, dans l'un des cas visés aux paragraphs 3 et 4, le Président de la Cour européenne des Droits de l'Homme se trouve empêché ou est le ressortissant d'un Etat riverain, la désignation incombe au Vice-Président. Si ce dernier se trouve lui aussi empêché ou est lui aussi le ressortissant d'un Etat riverain, la désignation incombe au plus ancien de ceux des membres de la Cour qui ne sont pas les ressortissants d'un Etat riverain."

[1] Cf. Annuaire, Volume VI, pp. 63–65.

CHAPTER IV

PRINCIPAL DEVELOPMENTS IN THE COUNCIL OF EUROPE CONCERNING THE PROTECTION OF HUMAN RIGHTS

A.

Chronological Lists of Events

14th January 1966: Declarations by the United Kingdom recognising the competence of the European Commission in respect of individual applications and the compulsory jurisdiction of the European Court for a period ending on 13th January 1969.

20th January 1966: The Committee of Ministers opened for signature Protocol No. 5 modifying Articles 22 and 40 of the Convention. At this date Denmark and Norway signed without reservation in respect of ratification this Protocol.

7th–14th February 1966: Sixth Session of the European Commission of Human Rights.

15th–19th February 1966: Sixteenth meeting of the Committee of Experts on Human Rights.

18th February 1966: Ireland signed without reservation in respect of ratification Protocol No. 5 to the Convention.

28th March–2nd April 1966: Sixty-first Session of the European Commission of Human Rights.

25th April 1966: Partial renewal of the membership of the European Commission of Human Rights. The Committee of Ministers elected or re-elected Messrs. Pedro Delahaye (Belgium), Max Sørensen (Denmark), Adolf Süsterhenn (Federal Republic of Germany), Constantin Eustathiades (Greece), Frede Castberg (Norway), Wilhelm de Gaay Fortman (Netherlands), James Fawcett (United Kingdom).

27th April 1966: Renewal by Luxembourg for a period of five years of its declarations recognising the competence of the European Commission in respect of individual applications and the compulsory jurisdiction of the European Court.

2nd May 1966: Visit of U Thant, Secretary General of the United Nations to the Human Rights Building.

2nd and 3rd May 1966: Twelfth Plenary Session of the European Court of Human Rights.

5th May 1966: Election by the Consultative Assembly of Sir Humphrey Waldock and Mr. Suat Bilge as judges of the European Court of Human Rights.

CHAPITRE IV

PRINCIPAUX EVENEMENTS AYANT MARQUE LE DEVELOPPEMENT DE LA PROTECTION DES DROITS DE L'HOMME DANS LE CADRE DU CONSEIL DE L'EUROPE

A.

Liste chronologique des événements

14 janvier 1966: Déclaration d'acceptation par le Royaume-Uni pour une période se terminant le 13 janvier 1969, de la compétence de la Commission européenne des Droits de l'Homme et de la juridiction obligatoire de la Cour européenne des Droits de l'Homme.

20 janvier 1966: Le Comité des Ministres ouvre à la signature le Protocole N° 5, modifiant les articles 22 et 40 de la Convention. A la même date, le Danemark et la Norvège signent, sans réserve de ratification, ce Protocole.

7–14 février 1966: Soixantième session de la Commission européenne des Droits de l'Homme.

15–19 février 1966: Seizième réunion du Comité d'Experts en matière de droits de l'homme.

18 février 1966: Signature, sans réserve de ratification, par l'Irlande, du Protocole N° 5 à la Convention.

28 mars–2 avril 1966: Soixante-et-unième session de la Commission européenne des Droits de l'Homme.

25 avril 1966: Renouvellement partiel des membres de la Commission européenne des Droits de l'Homme. Le Comité des Ministres élit ou réélit MM. Pedro Delahaye (Belgique), Max Sørensen (Danemark), Adolf Süsterhenn (République Fédérale d'Allemagne), Constantin Eustathiades (Grèce), Frede Castberg (Norvège), Wilhelm de Gaay Fortman (Pays-Bas), James Fawcett (Royaume-Uni).

27 avril 1966: Renouvellement par le Luxembourg, pour une période de cinq ans, de la déclaration d'acceptation de la compétence de la Commission européenne des Droits de l'Homme en matière de requêtes individuelles et de la juridiction obligatoire de la Cour.

2 mai 1966: Visite de U Thant, Secrétaire Général des Nations Unies, au Palais des Droits de l'Homme.

2–3 mai 1966: Douzième Assemblée Générale de la Cour européenne des Droits de l'Homme.

5 mai 1966: Election par l'Assemblée Consultative, de Sir Humphrey Waldock et de M. Suat Bilge, aux sièges de juges de la Cour européenne des Droits de l'Homme.

13th May 1966: Declaration by Sweden recognising the compulsory jurisdiction of the European Court for a period of five years.

23rd–28th May 1966: Sixty-second Session of the European Commission of Human Rights.

13th–17th June 1966: Seventeenth meeting of the Committee of Experts on Human Rights.

15th June 1966: Renewal by the Federal Republic of Germany for a period of five years of its declarations recognising the competence of the European Commission in respect of individual applications and the compulsory jurisdiction of the European Court.

11th–22nd July 1966: Sixty-third Session of the European Commission of Human Rights.

26th September 1966: Election by the Consultative Assembly of Mr. G. J. Wiarda as Judge of the European Court of Human Rights.

27th September 1966: Sweden ratified Protocol No. 5 to the Convention.

3rd–7th October 1966: Sixty-fourth Session of the European Commission of Human Rights.

11th October 1966: The Netherlands ratified Protocol No. 2 and Protocol No. 3 to the Convention.

21st–23rd November 1966: Public hearing of the European Court of Human Rights to consider certain aspects on the use of language in education in Belgium.

22nd November 1966: Thirteenth Plenary Session of the European Court of Human Rights.

28th November–2nd December 1966: Eighteenth meeting of the Committee of Experts on Human Rights.

12th December 1966: Signature by Malta of the European Convention on Human Rights and Protocols Nos. 1, 2, 3 and 5. [1]

12th-17th December 1966: Sixty-fifth Session of the European Commission of Human Rights.

B.

Work of the Council of Europe in the field of human rights

Several matters relating to human rights were examined by the Consultative Assembly, the Committee of Ministers and the Committee of Experts on Human Rights in 1966.

[1] On 23rd January 1967 Malta ratified the Convention and Protocols Nos. 1, 2, 3 and 5.

13 mai 1966: Déclaration d'acceptation par la Suède, pour une période de cinq ans, de la juridiction obligatoire de la Cour européenne des Droits de l'Homme.

23–28 mai 1966: Soixante-deuxième session de la Commission européenne des Droits de l'Homme.

13–17 juin 1966: Dix-septième réunion du Comité d'Experts en matière de droits de l'homme.

15 juin 1966: Renouvellement par la République Fédérale d'Allemagne, pour une période de cinq ans, de la déclaration d'acceptation de la compétence de la Commission européenne des Droits de l'Homme en matière de requêtes individuelles et de la juridiction obligatoire de la Cour.

11–22 juillet 1966: Soixante-troisième session de la Commission européenne des Droits de l'Homme.

26 septembre 1966: Election par l'Assemblée Consultative de M. G. J. Wiarda au siège de juge à la Cour européenne des Droits de l'Homme.

27 septembre 1966: Ratification par la Suède du Protocole N° 5 à la Convention.

3–7 octobre 1966: Soixante-quatrième session de la Commission européenne des Droits de l'Homme.

11 octobre 1966: Ratification par les Pays-Bas des Protocoles N° 2 et 3 à la Convention.

21–23 novembre 1966: Audience publique de la Cour européenne des Droits de l'Hommes concernant certains aspects du régime linguistique de l'enseignement en Belgique.

22 novembre 1966: Treizième Assemblée Générale de la Cour européenne des Droits de l'Homme.

28 novembre–2 décembre 1966: Dix-huitième réunion du Comité d'Experts en matière de droits de l'homme.

12 décembre 1966: Signature par Malte de la Convention européenne des Droits de l'Homme et des Protocoles N° 1, 2, 3 et 5.[1]

12–17 décembre 1966: Soixante-cinquième session de la Commission européenne des Droits de l'Homme.

B.

Travaux du Conseil de l'Europe dans le domaine des droits de l'homme

Plusieurs questions se rapportant aux droits de l'homme ont été étudiées en 1966 par l'Assemblée Consultative, le Comité des Ministres et par le Comité d'Experts gouvernementaux en matière de droits de l'homme.

[1] Le 23 janvier 1967, Malte a ratifié la Convention et les Protocoles N° 1, 2, 3 et 5.

1. Consultative Assembly

(a) On the basis of a report of its Legal Committee (Doc. 2013) the Assembly adopted on 27th January 1966 *Recommendations 453 (1966)* on measures to be taken against incitement to racial, national and religious hatred (see also p. 72 below). The Assembly recommended the Committee of Ministers:

(i) to invite member Governments to initiate effective legislation against incitement to racial, national and religious hatred and violence and, in member States where such legislation already exists, to invite member Governments to review the scope and effectiveness of such legislation in the light of present day circumstances, and further, to request member Governments to take all steps in their power to ensure that such legislation as exists at present is rigorously enforced;

(ii) to transmit to member Governments this Recommendation and the attached model law which was drafted for their assistance, convenience and use in the initiation and reviews of legislation against incitement to racial, national and religious hatred, and which embodies the legal principles on which the Assembly considers that such legislation should be based;

(iii) to instruct a Committee of governmental experts to draw up a draft European Convention relating to a uniform law against the incitement to racial, national and religious hatred, on the basis of the attached model law.

MODEL LAW

ARTICLE 1

A person shall be guilty of an offence:

(a) if he publicly calls for or incites to hatred, intolerance, discrimination or violence against persons or groups of persons distinguished by colour, race, ethnic or national origin, or religion;

(b) if he insults persons or groups of persons, holds them up to contempt or slanders them on account of the distinguishing particularities mentioned in paragraph (a).

ARTICLE 2

(a) A person shall be guilty of an offence if he publishes or distributes written matter which is aimed at achieving the effects referred to in Article 1.

(b) "Written matter" includes any writing, sign or visible representation.

1. Assemblée Consultative

(a) Sur rapport de sa commission juridique (Doc. 2013), l'Assemblée a adopté le 27 janvier 1966 la *Recommandation 453 (1966)* relative aux mesures à prendre contre l'incitation à la haine raciale, nationale et religieuse (voir aussi p. 73 ci-dessous). L'Assemblée a recommandé au Comité des Ministres:

(i) d'inviter les gouvernements membres à instaurer une législation efficace contre l'incitation à la haine raciale, nationale et religieuse et à la violence ou, si une telle législation existe déjà, à en réviser le champ d'application et l'efficacité à la lumière des circonstances actuelles et à prendre en outre toutes les mesures en leur pouvoir pour que cette législation soit rigoureusement appliquée;

(ii) de transmettre aux gouvernements membres la présente recommandation ainsi que la loi type ci-annexée, dont l'objet est de les aider à mettre au point une législation réprimant l'incitation à la haine raciale, nationale et religieuse ou de faciliter la révision de leur législation actuelle, et qui énonce les principes juridiques sur lesquels, de l'avis de l'Assemblée, une telle législation doit être fondée;

(iii) de charger un comité d'experts gouvernementaux d'élaborer un projet de convention européenne portant loi uniforme contre l'incitation à la haine raciale, nationale et religieuse, sur la base de la loi type ci-annexée.

LOI TYPE

ARTICLE IER

Se rend coupable d'un délit quiconque:

(a) pousse ou incite publiquement à la haine, à l'intolérance, à la discrimination ou à la violence contre des personnes ou des groupes de personnes en raison de leur couleur, de leur race, de leur origine ethnique ou nationale ou de leur religion;

(b) insulte des personnes ou groupes de personnes, les expose au mépris ou les calomnie en raison des particularités indiquées au paragraphe (a).

ARTICLE 2

(a) Se rend coupable d'un délit quiconque publie ou distribue des écrits visant à provoquer les effets mentionnés à l'article 1er.

(b) Le terme "écrits" désigne ici tout écrit, affiche ou représentation visible.

ARTICLE 3

A person guilty of an offence under Article 1 and/or Article 2 shall be liable ...

ARTICLE 4

Organisations whose aims or activities fall within the scope of Articles 1 and 2 above shall be prosecuted and/or prohibited.

ARTICLE 5

(a) A person shall be guilty of an offence if he publicly uses insignia of organisations prohibited under Article 4 above.

(b) "Insignia" are, in particular, flags, badges, uniforms, slogans and forms of salutes.

ARTICLE 6

A person guilty of an offence under Article 5 (a) shall be liable ...

(b) On 3rd May 1966 the Assembly adopted *Recommendation 458 (1966)* (see also p. 74 below) on the contribution of the Council of Europe to the International Year for Human Rights, 1968. The text of the Recommendation is the following:

"The Assembly,

1. Noting Resolution 2081 (xx) of the General Assembly of the United Nations concerning the organisation in 1968 of the International Year for Human Rights;

2. Convinced of the necessity of obtaining the support of public opinion throughout the world for effective international action for the protection of human rights;

3. Noting that the International Year for Human Rights will afford an opportunity for a European contribution to the work of the United Nations in view of the important achievements of the Council of Europe in this field;

4. Noting that the Resolution of the General Assembly calls upon regional intergovernmental organisations to intensify efforts and undertakings in the field of human rights, including an international review of achievements in this field, and invites their co-operation and participation in the programme with a view to making the celebration successful and meaningful;

5. Convinced that no regional organisation has such a record of achievement in this field as the Council of Europe, by reason

ARTICLE 3

Les personnes coupables du délit visé à l'article 1er et/ou à l'article 2 sont passibles de ...

ARTICLE 4

Les organisations dont les objectifs ou les activités rentrent dans le cadre des articles 1er et 2 ci-dessus sont poursuivies et, le cas échéant, interdites.

ARTICLE 5

(a) Se rend coupable d'un délit quiconque utilise publiquement des insignes des organisations interdites en vertu de l'article 4 ci-dessus.
(b) Le terme "insignes" désigne ici notamment les drapeaux, médailles, uniformes, slogans et formes de saluts.

ARTICLE 6

Les personnes coupables du délit visé à l'article 5 (a) sont passibles de ...

(b) Le 3 mai 1966, l'Assemblée a adopté la *Recommandation 458 (1966)* (voir aussi p. 75 ci-dessous) relative à la contribution du Conseil de l'Europe à l'Année Internationale des Droits de l'Homme en 1968, dont le texte est le suivant:

"L'Assemblée,

1. Considérant la Résolution 2081 (xx) de l'Assemblée Générale des Nations Unies relative à l'organisation en 1968 de l'Année internationale des Droits de l'Homme;
2. Convaincue que le soutien de l'opinion publique dans tous les pays du monde est nécessaire à une action internationale efficace en vue de la sauvegarde des droits de l'homme;
3. Considérant que l'Année internationale des Droits de l'Homme donnera l'occasion à l'Europe d'apporter sa contribution aux travaux des Nations Unies, en vue des importantes réalisations du Conseil de l'Europe dans ce domaine;
4. Considérant que la résolution de l'Assemblée Générale invite les organisations intergouvernementales régionales à intensifier leurs efforts et leur activité dans le domaine des droits de l'homme, à passer notamment en revue, à l'échelon international, les réalisations dans ce domaine, à coopérer et à participer au programme établi pour assurer le succès et le retentissement de cette manifestation;
5. Convaincue qu'aucune organisation régionale ne peut se prévaloir de réalisations aussi importantes dans ce domaine que

of the legal obligations contained in the European Convention on Human Rights and the acceptance by States of the competence of the European Commission and the jurisdiction of the European Court of Human Rights, to which should be added the obligations of an economic and social character set out in the European Social Charter.

6. Congratulates the United Nations on its work over a period of twenty years for the protection of human rights and on its initiative in organising the International Year for Human Rights in 1968;

7. Pledges its support for the International Year for Human Rights;

8. Recommends the Committee of Ministers:

(a) to pledge the support of the member Governments for this initiative;

(b) to decide to participate in the programme for the celebration of the International Year for Human Rights in 1968 and contribute by all means at its disposal to the success of this endeavour;

(c) to instruct the Secretary General, after requesting the opinion of the European Commission and Court of Human Rights, after consulting the Committee of Experts on Human Rights, and taking into account the suggestions of the Legal Committee in its report (Doc. 2057), to submit to the Committee of Ministers detailed proposals for the participation of the Council of Europe in the International Human Rights Year.

(c) In the same session the Assembly adopted *Resolution 314 (1966)* on the same question by which it:

(i) resolves to hold a Special Sitting of the Assembly at a date to be determined in 1968, as a suitable ceremony to mark the Assembly's support for the International Human Rights Year, at which the theme of the discussions will be the implementation in Europe of the Universal Declaration and of other conventions and declarations of the United Nations and Specialised Agencies in favour of human rights and fundamental freedoms;

(ii) invites the United Nations to participate, in a manner to be agreed, in this Special Sitting;

(iii) instructs the Legal Committee to submit more detailed proposals on this subject to the Bureau of the Assembly;

(iv) instructs the Bureau to take any necessary decisions in due course after receiving the proposals of the Legal Committee.

celles du Conseil de l'Europe, en raison des obligations juridiques contenues dans la Convention des Droits de l'Homme et de l'acceptation par les Etats de la compétence de la Commission européenne et de la juridiction de la Cour européenne des Droits de l'Homme, auxquelles il y a lieu d'ajouter les obligations d'ordre économique et social découlant de la Charte sociale européenne.

6. Félicite l'Organisation des Nations Unies pour l'oeuvre qu'elle a accomplie au cours de vingt années en vue de protéger les droits de l'homme, et pour l'initiative qu'elle vient de prendre d'organiser une Année internationale des Droits de l'Homme en 1968;

7. S'engage à lui apporter son concours pour l'Année internationale des Droits de l'Homme;

8. Recommande au Comité des Ministres:

(a) de déclarer que les gouvernements membres appuieront cette initiative;

(b) de décider de participer au programme de célébration de l'Année internationale des Droits de l'Homme en 1968 et de contribuer par tous les moyens dont il dispose au succès de cette entreprise;

(c) de charger le Secrétaire Général, après avoir pris l'avis de la Commission et de la Cour européennes des Droits de l'Homme, après avoir consulté le Comité d'experts en matière de droits de l'homme et tenant compte des suggestions de la commission juridique dans son rapport (Doc. 2057), de soumettre au Comité des Ministres des propositions détaillées sur la participation du Conseil de l'Europe à l'Année internationale des Droits de l'Homme.

(c) A la même session, l'Assemblée a adopté la *Résolution 314 (1966)* sur la même question. Par cette Résolution, l'Assemblée:

"(i) décide de tenir une séance spéciale de l'Assemblée à une date qui sera déterminée, en 1968, pour marquer l'appui de l'Assemblée à l'Année internationale des Droits de l'Homme, par une cérémonie appropriée ayant pour thème la mise en oeuvre en Europe de la Déclaration universelle et des autres conventions et déclarations des Nations Unies et leurs institutions spécialisées en faveur des droits de l'homme et des libertés fondamentales;

(ii) invite l'Organisation des Nations Unies à participer selon des modalités à convenir, à cette séance spéciale;

(iii) charge la commission juridique de présenter des propositions plus détaillées à ce sujet au Bureau de l'Assemblée;

(iv) charge le Bureau de prendre toutes décisions nécessaires en temps utile après avoir reçu les propositions de la commission juridique."

2. Committee of Ministers

During 1966 the Committee of Ministers considered the following matters in the field of human rights:

(a) *Powers and procedure of the Committee of Ministers when exercising its functions under Article 32 of the Convention*

After taking various decisions on this subject in 1965 [1] the Committee of Ministers continued its consideration of the number of problems in connection with the position of States Parties to disputes and individual applicants in proceedings before the Committee of Ministers. It instructed the Committee of Experts on Human Rights to study these problems and to make recommendations thereon in due course.

(b) *Publication of the travaux préparatoires of the European Convention on Human Rights*

The Committee of Ministers instructed the Committee of Experts on Human Rights to examine the "*travaux préparatoires*" of the Convention and its Protocols and to decide which parts of them should still be regarded as confidential and which could be published. When the work of the experts is finished, it is hoped to publish a non-confidential edition of the *travaux préparatoires.*

(c) *Recommendation 416 on measures to make the European Convention on Human Rights more fully effective*

The Committee of Ministers continued its consideration of *Recommendation 416* (*1965*) on measures to make the European Convention on Human Rights more fully effective. The Committee of Ministers had already taken decisions during 1965 on certain points of this Recommendation. [2] The Committee of Ministers noted that the new procedure for preparing the reports to be submitted to the United Nations had been adopted by the United Nations Economic and Social Council on 28th July 1965. The Secretary General has approached member Governments to ask them to send to the Council of Europe copies of their reports to the United Nations, and a number of them have in fact done so.

(d) *Recommendation 453 on measures to be taken against incitement to racial, national and religious hatred*

The Committee of Ministers has given careful consideration to

[1] Cf. Yearbook, Volume VIII, p. 58.
[2] Cf. Yearbook, Volume VIII, p. 60.

2. *Comité des Ministres*

En 1966, le Comité des Ministres a examiné les questions suivantes dans le domaine des droits de l'homme:

(a) *Pouvoirs et procédure du Comité des Ministres dans l'exercice des fonctions que lui attribue l'article 32 de la Convention*

Après avoir pris diverses décisions sur cette question en 1965,[1] le Comité des Ministres a poursuivi l'examen d'un certain nombre de problèmes relatifs à la situation d'Etats parties à des litiges et à des requêtes de particuliers. Il a chargé le Comité d'experts en matière de droits de l'homme d'étudier ces problèmes et de formuler, le moment venu, des recommandations à ce sujet.

(b) *Publication des travaux préparatoires de la Convention européenne des Droits de l'Homme*

Le Comité des Ministres a chargé le Comité d'experts en matière de droits de l'homme d'examiner les travaux préparatoires de la Convention et de ses protocoles additionnels et de se prononcer sur la question de savoir quelles sont les parties de ces travaux qui doivent encore être considérées comme confidentielles et quelles sont celles qui pourraient être publiées. Une fois les travaux des experts achevés, on espère publier une édition non confidentielle des travaux préparatoires.

(c) *Recommandation 416 relative aux mesures tendant à rendre plus efficace la Convention européenne des Droits de l'Homme*

Le Comité des Ministres a poursuivi l'examen de la *Recommandation 416 (1965)* relative aux mesures tendant à rendre plus efficace la Convention européenne des Droits de l'Homme. Le Comité des Ministres avait pris en 1965 des décisions sur certains points de cette recommandation.[2] Le Comité des Ministres a pris acte de la nouvelle procédure relative aux rapports adressés aux Nations Unies, qui a été adoptée par le Conseil économique et social des Nations Unies le 28 juillet 1965. Le Secrétaire Général a entrepris des démarches auprès des gouvernements membres pour les inviter à communiquer au Conseil de l'Europe des exemplaires des rapports qu'ils adressent aux Nations Unies et plusieurs d'entre eux ont accédé à cette demande.

(d) *Recommandation 453 relative aux mesures à prendre contre l'incitation à la haine raciale, nationale et religieuse*

Le Comité des Ministres a procédé à un examen approfondi de la

[1] Cf. Annuaire, Vol. VIII, p. 59.
[2] Cf. Annuaire, Vol. VIII, p. 61.

Recommendation 453 (1966) which proposed various measures that might be taken against incitement to racial, national and religious hatred (see p. 66 above). As a result of its discussion the Committee felt that it would be helpful to have a detailed study of the following questions; whether existing national legislation is sufficient: whether Article 14 of the Convention on Human Rights adequately covers the field under consideration: whether the United Nations Convention of December 1965 is an adequate and effective instrument; and whether the system proposed in the Recommendation would provide useful additional safeguards. The Committee of Ministers instructed the Secretariat to prepare a detailed study examining these various points. This question was still under consideration at the end of 1966.

(e) *The Council of Europe's contribution to the celebration of the International Human Rights Year, 1968*

The Committee of Ministers approved *Recommendation 458 (1966)* on the contribution of the Council of Europe to the International Year for Human Rights in 1968 (see p. 68 above). It decided to pledge the support of the member Governments for this initiative, to participate in the programme for the celebration of the International Year for Human Rights in 1968 and contribute by all means at its disposal to the success of this endeavour, and to instruct the Secretary General, after requesting the opinion of the European Commission and Court of Human Rights and after consulting the Committee of Experts and taking into account the suggestion of the Legal Committee, to submit to the Committee of Ministers detailed proposals for the participation of the Council of Europe in the International Human Rights Year (see p. 76 below).

3. Committee of Experts on Human Rights

(a) *Immunities of persons taking part in proceedings before the European Commission and Court of Human Rights*

The Committee of Experts on Human Rights by the end of 1966 had nearly completed its work on the drafting of the Agreement in regard to persons participating in proceedings of the Commission and the Court, which raises a number of new questions in international law. It is expected that this Agreement will be submitted to the Committee of Ministers during 1967.

(b) *Preparation of a draft Protocol concerning the punishment of false evidence and failure to appear of witnesses and experts*

The Committee of Experts on Human Rights still had this matter under consideration at the end of 1966.

Recommandation 453 (1966) qui propose diverses mesures susceptibles d'être prises contre l'incitation à la haine raciale, nationale ou religieuse (voir aussi p. 67 ci-dessus). A la suite de ses délibérations, le Comité a estimé qu'il serait utile de disposer d'une étude détaillée qui examinerait si les législations nationales actuelles sont suffisantes, si l'article 14 de la Convention des Droits de l'Homme couvre de manière satisfaisante le domaine envisagé, si la Convention des Nations Unies de décembre 1965 constitue un instrument suffisant et efficace et si le système proposé par la recommandation apporterait une protection supplémentaire utile. Le Comité des Ministres a chargé le Secrétariat d'établir une étude détaillée qui examinerait ces divers points. L'examen de cette question n'était pas encore terminé à la fin de 1966.

(e) *La contribution du Conseil de l'Europe à la célébration de l'Année internationale des Droits de l'Homme, 1968*

Le Comité des Ministres a approuvé la *Recommandation 458 (1966)* relative à la contribution du Conseil de l'Europe à l'Année internationale des Droits de l'Homme en 1968 (voir p. 69 ci-dessus). Il a décidé de déclarer que les gouvernements membres appuieront cette initiative; de participer au programme de célébration de l'Année internationale des Droits de l'Homme en 1968 et de contribuer par tous les moyens dont il dispose au succès de cette entreprise; et de charger le Secrétaire Général, après avoir pris l'avis de la Commission et de la Cour européenne des Droits de l'Homme, après avoir consulté le Comité d'experts et tenant compte des suggestions de la commission juridique, de soumettre au Comité des Ministres des propositions détaillées sur la participation du Conseil de l'Europe à l'Année internationale des Droits de l'Homme (voir p. 77 ci-dessous).

3. Comité d'experts en matière de droits de l'homme

(a) *Immunités des personnes participant à la procédure devant la Commission ou la Cour européenne des Droits de l'Homme*

A la fin de 1966, le Comité d'experts en matière de droits de l'homme avait presque terminé ses travaux de rédaction de l'Accord concernant des personnes participant aux procédures devant la Commission et la Cour, lequel soulève plusieurs points en droit international. Il est prévu que cet Accord sera soumis au Comité des Ministres en 1967.

(b) *Préparation d'un projet de protocole relatif à la répression des fausses dépositions et de la défaillance des témoins et des experts*

A la fin de 1966, le Comité d'experts en matière de droits de l'homme avait encore cette question à l'étude.

(c) *Right of Asylum*

The Committee of Ministers transmitted *Recommendation 434 (1965)* on the granting of the right of asylum to European refugees, to the Committee of Experts on Human Rights which was already considering the preparation of a draft declaration on the right of asylum.[1] By the end of the year the Committee of Experts had prepared a draft Resolution on "Asylum to persons in danger of persecution" which will be considered by the Committee of Ministers in 1967.

(d) *Contribution of the Council of Europe to the celebration of the International Human Rights Year, 1968*

The Committee of Experts on Human Rights had, by the end of the year, presented to the Secretary General a series of detailed proposals for the participation of the Council of Europe in the International Human Rights Year. The Commission and the Court of Human Rights had also expressed their views.

4. *Visit of U Thant Secretary General of the United Nations to the Human Rights Building*

On 2nd May 1966, the Judges of the European Court of Human Rights, together with three members of the Commission, received U Thant, Secretary General of the United Nations, in the Human Rights Building.

C.

Directorate of Human Rights

Within the Secretariat General of the Council of Europe, the Directorate of Human Rights is responsible for all questions in the field of human rights, except for those tasks which are carried out by the Registry of the Court or the Secretariat of the Commission.

The following were members of the Human Rights Directorate on 31st December 1966:

Head of the Directorate:	Mr. A. H. ROBERTSON (British)
Administrative Officers:	Mr. H. WIEBRINGHAUS (German)
	Mr. G. GUARNERI (Italian)
	Mr. M. SAND (Swiss)
	Mr. E. MULLER-RAPPARD (German)
	Miss S. ERCMAN (Turkish)
Archivist:	Mrs. M. BRUNSTEIN (French)
Assistants:	Miss A. BENTLEY (British)
	Miss A. SCHIERER (French)
	Miss E. UTTERSON (British)

[1] Cf. Yearbook, Volume VIII, p. 60.

(c) *Droit d'asile*

Le Comité des Ministres a transmis la *Recommandation 434 (1965)* relative à l'application du droit d'asile aux réfugiés européens au Comité d'experts en matière de droits de l'homme, qui avait déjà à l'étude l'élaboration d'un projet de déclaration sur le droit d'asile.[1] A la fin de 1966, le Comité d'experts avait rédigé un project de résolution sur "l'asile en faveur de personnes menacées de persécutions," qui sera examinée par le Comité des Ministres en 1967.

(d) *Contribution du Conseil de l'Europe à la célébration de l'Année internationale des Droits de l'Homme, 1968*

A la fin de l'année, le Comité d'experts en matière de droits de l'homme avait présenté au Secrétaire Général des propositions détaillées sur la participation du Conseil de l'Europe à l'Année internationale des Droits de l'Homme. La Commission et la Cour des Droits de l'Homme avaient également exprimé leurs vues.

4. *Visite de U Thant, Secrétaire Général des Nations Unies, au Palais des Droits de l'Homme*

Le 2 mai 1966, les Juges de la Cour européenne des Droits de l'Homme, ainsi que trois membres de la Commission, ont reçu au Palais des Droits de l'Homme U Thant, Secrétaire Général des Nations Unies.

C.

Direction des Droits de l'Homme

Au sein du Secrétariat Général du Conseil de l'Europe, la Direction des Droits de l'Homme est chargée de toutes les questions concernant le domaine des Droits de l'Homme, à l'exception des tâches qui relèvent du Greffe de la Cour et du Secrétariat de la Commission.

Au 31 décembre 1966, faisaient partie de la Direction des Droits de l'Homme:

Chef de la Direction:	M.	A. H. ROBERTSON (britannique)
Administrateurs:	MM.	H. WIEBRINGHAUS (allemand)
		G. GUARNERI (italien)
		M. SAND (suisse)
		E. MULLER-RAPPARD (allemand)
	Mlle	S. ERCMAN (turque)
Archiviste:	Mme	M. BRUNSTEIN (française)
Assistantes:	Miss	A. BENTLEY (britannique)
	Mlle	A. SCHIERER (française)
	Miss	E. UTTERSON (britannique)

[1] Cf. Annuaire, Vol. VIII, p. 61.

PART TWO

Decisions of the European Commission and the European Court of Human Rights

DEUXIEME PARTIE

Décisions de la Commission et de la Cour européenne des Droits de l'Homme

CHAPTER I

CASES BEFORE THE COMMISSION

A.

Introduction

On 1st January 1966, out of fifteen member States of the Council of Europe that had ratified the Convention, ten had recognised the Commission's competence to receive individual applications: Austria, Belgium, Denmark, Federal Republic of Germany, Iceland, Ireland, Luxembourg, Netherlands, Norway and Sweden. In the course of 1966, the figure rose to eleven, the Permanent Representative of the United Kingdom having on 14th January of that year, filed with the Secretary General of the Council, a declaration by the British Government acknowledging the competence of the Commission. [1]

In 1966, 303 individual applications were lodged with the Commission, against 310 in 1965, 293 in 1964 and 346 in 1963. The Commission took 190 decisions on admissibility as against 195 in 1965, 284 in 1964 and 370 in 1963.

Between 5th July 1955, the date on which the right of individual petition first came into effect, and 31st December 1966, 3,001 such applications (and three inter-State applications) were lodged with the Commission, and it took 2,256 decisions on the admissibility of individual applications. Over the same period, 121 individual applications were struck off the list.

Five individual applications were declared admissible in 1966. In all, 42 individual applications and three inter-State applications were declared admissible, making a total of 45 applications. The following is a list of all the applications, whether by individuals or States, declared admissible up to 31st December 1966. The last column in this table gives the reference to earlier volumes of the Yearbook where the decision on admissibility may be found and also the reference, in appropriate cases, to the subsequent decision of the Committee of Ministers or the Court.

Date of decision on admissibility	*Parties*	*No. of application*	*Source (Yearbook)*
1. 2nd June 1956	Greece v. United Kingdom	No. 176/56	Vol. II, pp. 182–186
2. 12th October 1957	Greece v. United Kingdom	No. 299/57	Vol. II, pp. 186–196
3. 9th June 1958	De Becker v. Belgium	No. 214/56	Vol. II, pp. 214–254 (Vol. V, pp. 318–336

[1] See p. 8 above.

CHAPITRE I

AFFAIRES DEVANT LA COMMISSION

A.

Introduction

Au 1er janvier 1966, sur 15 Etats membres du Conseil de l'Europe qui avaient ratifié la Convention, 10 avaient accepté la compétence de la Commission en matière de requêtes individuelles: Autriche, Belgique, Danemark, République Fédérale d'Allemagne, Islande, Irlande, Luxembourg, Pays-Bas, Norvège et Suède. Au cours de l'année 1966, ce chiffre est passé à onze puisque le 14 janvier, le Représentant Permanent du Royaume-Uni devait déposer entre les mains du Secrétaire Général du Conseil de l'Europe une déclaration par laquelle le Gouvernement britannique reconnaissait, à son tour, cette compétence [1].

En 1966, la Commission a été saisie de 303 requêtes individuelles, contre 310 en 1965, 293 en 1964 et 346 en 1963. Elle a rendu 190 décisions sur la recevabilité des requêtes individuelles, contre 195 en 1965, 284 en 1964 et 370 en 1963.

Entre le 5 juillet 1955, date à laquelle a commencé à s'exercer le droit de recours individuel, et le 31 décembre 1966, la Commission a été saisie de 3001 requêtes individuelles (et de 3 requêtes étatiques); elle a rendu 2256 décisions sur la recevabilité des requêtes individuelles. Pendant la même période, 121 requêtes individuelles ont été rayées du rôle.

Au cours de l'année 1966, cinq requêtes individuelles ont été déclarées recevables. En tout 42 requêtes individuelles ont été déclarées recevables et 3 requêtes étatiques, soit au total 45 requêtes. La liste de toutes les requêtes individuelles et étatiques, déclarées recevables au 31 décembre 1966, figure ci-après. La dernière colonne de ce tableau contient une référence aux précédents volumes de l'Annuaire dans lesquels les décisions sur la recevabilité ont été reproduites, ainsi que, le cas échéant, une référence aux décisions ultérieures du Comité des Ministres ou de la Cour.

Date de la décision sur la recevabilité	*Parties*	*Numéro de la requête*	*Source (Annuaire)*
1. 2 juin 1956	Grèce c/Royaume-Uni	N° 176/56	Vol. II, pp. 183–187
2. 12 octobre 1957	Grèce c/Royaume-Uni	N° 299/57	Vol. II, pp. 187–197
3. 9 juin 1958	De Becker c/Belgique	N° 214/56	Vol. II, pp. 215–255 (Vol. V, pp. 319–337)

[1] Cf. ci-dessus, p. 8.

Date of decision on admissibility	Parties	No. of application	Source (Yearbook)
4. 30th August 1958	Lawless v. Ireland	No. 332/57	Vol. II, pp. 308–340 (Vol. IV, pp. 438–488)
5. 2nd September 1959	Nielsen v. Denmark	No. 343/57	Vol. II, pp. 412–472 (Vol. IV, pp. 590–592)
6. 19th December 1960	Ofner v. Austria	No. 524/59	Vol. III, pp. 322–354 (Vol. VI, pp. 708–712)
7. 19th December 1960	Pataki v. Austria	No. 596/59	Vol. III, pp. 356–370 (Vol. VI, pp. 736–738)
8. 19th December 1960	Hopfinger v. Austria	No. 617/59	Vol. III, pp. 370–392 (Vol. VI, pp. 708–712)
9. 11th January 1961	Austria v. Italy	No. 788/60	Vol. IV, pp. 116–182 (Vol. VI, pp. 796–798)
10. 15th March 1961	Dunshirn v. Austria	No. 789/60	Vol. IV, pp. 186–196 (Vol. VI, pp. 736–738)
11. 28th March 1963	Glaser v. Austria	No. 834/60	Vol. VI, pp. 140–150 (Vol. VII, pp. 434–440)
12. 28th March 1963	Steinko v. Austria	No. 964/60	do.
13. 28th March 1963	Steinhauser v. Austria	No. 1180/61	do.
14. 28th March 1963	Maurer v. Austria	No. 1207/61	do.
15. 28th March 1963	Pietsch v. Austria	No. 1308/61	do.
16. 28th March 1963	Eichberger v. Austria	No. 1526/62	do.
17. 28th March 1963	Nemec v. Austria	No. 1543/62	do.
18. 28th March 1963	Lettl v. Austria	No. 1567/62	do.
19. 28th March 1963	Cerny v. Austria	No. 1632/62	do.
20. 28th March 1963	Schleritzko v. Austria	No. 1634/62	do.
21. 28th March 1963	Albrecht v. Austria	No. 1735/62	do.
22. 19th June 1963	Plischke v. Austria	No. 1446/62	Vol. VI, pp. 252–262 (Vol. VIII, pp. 464–466)
23. 20th June 1963	Vesetzky v. Austria	No. 1631/62	Vol. VI, pp. 140–150 (Vol. VII, pp. 434–440)
24. 20th June 1963	Schostal v. Austria	No. 1640/62	do.
25. 26th July 1963	23 inhabitants of Alsemberg v. Belgium	No. 1474/62	Vol. VI, pp. 332–344 & Vol. VII, pp. 140–162

	Date de la décision sur la recevabilité	*Parties*	*Numéro de la requête*	*Source (Annuaire)*
4.	30 août 1958	Lawless c/Irlande	N° 332/57	Vol. II, pp. 309–341 (Vol. IV, pp. 439–489)
5.	2 septembre 1959	Nielsen c/Danemark	N° 343/57	Vol. II, pp. 413–473 (Vol. IV, pp. 591–593)
6.	19 décembre 1960	Ofner c/Autriche	N° 524/59	Vol. III, pp. 323–355 (Vol. VI, pp. 709–713)
7.	19 décembre 1960	Pataki c/Autriche	N° 596/59	Vol. III, pp. 357–371 (Vol. VI, pp. 737–739)
8.	19 décembre 1960	Hopfinger c/Autriche	N° 617/59	Vol. III, pp. 371–393 (Vol. VI, pp. 709–713)
9.	11 janvier 1961	Autriche c/Italie	N° 788/60	Vol. IV, pp. 117–183 (Vol. VI, pp. 797–799)
10.	15 mars 1961	Dunshirn c/Autriche	N° 789/60	Vol. IV, pp. 187–197 (Vol. VI, pp. 737–739)
11.	28 mars 1963	Glaser c/Autriche	N° 834/60	Vol. VI, pp. 141–151 (Vol. VII, pp. 435–441)
12.	28 mars 1963	Steinko c/Autriche	N° 964/60	ibidem
13.	28 mars 1963	Steinhauser c/Autriche	N° 1180/61	ibidem
14.	28 mars 1963	Maurer c/Autriche	N° 1207/61	ibidem
15.	28 mars 1963	Pietsch c/Autriche	N° 1308/61	ibidem
16.	28 mars 1963	Eichberger c/Autriche	N° 1526/62	ibidem
17.	28 mars 1963	Nemec c/Autriche	N° 1543/62	ibidem
18.	28 mars 1963	Lettl c/Autriche	N° 1567/62	ibidem
19.	28 mars 1963	Cerny c/Autriche	N° 1632/62	ibidem
20.	28 mars 1963	Schleritzko c/Autriche	N° 1634/62	ibidem
21.	28 mars 1963	Albrecht c/Autriche	N° 1735/62	ibidem
22.	19 juin 1963	Plischke c/Autriche	N° 1446/62	Vol. VI, pp. 253–263 (Vol. VIII, pp. 465–467)
23.	20 juin 1963	Vesetzky c/Autriche	N° 1631/62	Vol. VI, pp. 140–150 (Vol. VII, pp. 435–441)
24.	20 juin 1963	Schostal c/Autriche	N° 1640/62	ibidem
25.	26 juillet 1963	23 habitants d'Alsemberg c/Belgique	N° 1474/62	Vol. VI, pp. 333–345 et Vol. VII, pp. 141–163

	Date of decision on admissibility	*Parties*	*No. of application*	*Source (Yearbook)*
26.	26th July 1963	5 inhabitants of Kraainem v. Belgium	No. 1677/62	Vol. VII, pp. 140–162
27.	26th July 1963	64 inhabitants of Antwerp v. Belgium	No. 1691/62	Vol. VII, pp. 140–142
28.	26th July 1963	Charlent and other inhabitants of Ghent v. Belgium	No. 1769/63	Vol. VI, pp. 444–458
29.	2nd September 1963	Mölzer v. Austria	No. 1549/62	Vol. VI, pp. 140–150 (Vol. VII, pp. 434–440)
30.	29th October 1963	Boeckmans v. Belgium	No. 1727/62	Vol. VI, pp. 370–422
31.	5th March 1964	Inhabitants of Mol v. Belgium	No. 1994/63	Vol. VII, pp. 252–260
32.	5th March 1964	Inhabitants of Louvain v. Belgium	No. 2013/64	Vol. VII, pp. 252–260
33.	29th June 1964	Inhabitants of Vilvorde v. Belgium	No. 2126/64	Vol. VII, pp. 252–260
34.	2nd July 1964	Wemhoff v. F.R.G.	No. 2122/64	Vol. VII, pp. 280–298
35.	6th July 1964	Neumeister v. Austria	No. 1936/63	Vol. VII, pp. 224–250
36.	1st October 1964	Stögmuller v. Austria	No. 1602/62	Vol. VII, pp. 168–192
37.	16th December 1964	Inhabitants of Les Fourons v. Belgium	No. 2209/64	
38.	16th December 1964	Matznetter v. Austria	No. 2178/64	Vol. VII, pp. 330–348
39.	16th December 1964	Gericke v. F.R.G.	No. 2294/64	Vol. VII, pp. 348–356
40.	23rd April 1965	Grandrath v. F.R.G.	No. 2299/64	Vol. VIII, pp. 324–336
41.	14th February 1966	Poerschke v. F.R.G.	No. 2120/64	Vol. IX, pp. 328–390
42.	14th February 1966	Binet v. Belgium	No. 2208/64	Vol. IX, pp. 392–406
43.	29th March 1966	Köplinger v. Austria	No. 1850/63	Vol. IX, pp. 240–266
44.	13th December 1966	Kornmann v. F.R.G.	No. 2686/65	Vol. IX, pp. 304–228
45.	15th December 1966	Televizier v. Netherlands	No. 2690/65	Vol. IX, pp. 512–550

On 1st January 1966, nineteen applications which had previously been communicated to the respondent Contracting Parties for their observations on admissibility were still pending before the Commission: Application No. 1706/62 (X. v. Austria) was declared inadmissible on 4th October 1966 [1]; Applications Nos. 1821/63 (Anna Hudetz v. Austria) and 1822/63 (Irma Haiek and Friedl von Beringe v. Austria) were declared inadmissible on 9th February

[1] See text of decision on admissibility in Section C of this Chapter, below.

Date de la décision sur la recevabilité	*Parties*	*Numéro de la requête*	*Source (Annuaire)*
26. 26 juillet 1963	5 habitants de Kraainem c/Belgique	N° 1677/62	Vol. VII, pp. 141–163
27. 26 juillet 1963	64 habitants d'Anvers c/Belgique	N° 1691/62	Vol. VII, pp. 141–163
28. 26 juillet 1963	Charlent et consorts habitants de Gand c/Belgique	N° 1769/63	Vol. VI, pp. 445–459
29. 2 septembre 1963	Mölzer c/Autriche	N° 1549/62	Vol. VI, pp. 141–151 (Vol. VII, pp. 435–441)
30. 29 octobre 1963	Boeckmans c/Belgique	N° 1727/62	Vol. VI, pp. 371–423
31. 5 mars 1964	Habitants de Mol c/Belgique	N° 1994/63	Vol. VII, pp. 253–261
32. 5 mars 1964	Habitants de Louvain c/Belgique	N° 2013/64	Vol. VII, pp. 253–261
33. 29 juin 1964	Habitants de Vilvorde c/Belgique	N° 2126/64	Vol. VII, pp. 253–261
34. 2 juillet 1964	Wemhoff c/R.F.A.	N° 2122/64	Vol. VII, pp. 281–299
35. 6 juillet 1964	Neumeister c/Autriche	N° 1936/63	Vol. VII, pp. 225–251
36. 1er octobre 1964	Stögmuller c/Autriche	N° 1602/62	Vol. VII, pp. 169–193
37. 16 décembre 1964	Habitants des Fourons c/Belgique	N° 2209/64	
38. 16 décembre 1964	Matznetter c/Autriche	N° 2178/64	Vol. VII, pp. 331–349
39. 16 décembre 1964	Gericke c/R.F.A.	N° 2294/64	Vol. VII, pp. 349–357
40. 23 avril 1965	Grandrath c/R.F.A.	N° 2299/64	Vol. VIII, pp. 325–337
41. 14 février 1966	Poerschke c/R.F.A.	N° 2120/64	Vol. IX, pp. 329–391
42. 14 février 1966	Binet c/Belgique	N° 2208/64	Vol. IX, pp. 393–407
43. 29 mars 1966	Köplinger c/Autriche	N° 1850/63	Vol. IX, pp. 241–267
44. 13 décembre 1966	Kornmann c/R.F.A.	N° 2686/65	Vol. IX, pp. 305–329
45. 15 décembre 1966	Televizier c/Pays-Bas	N° 2690/65	Vol. IX, pp. 513–551

Au 1er janvier 1966, dix-neuf requêtes qui avaient été précédemment communiquées aux Parties Contractantes mises en cause pour qu'elles fassent connaître leurs observations sur la recevabilité étaient encore pendantes devant la Commission: la requête N° 1706/62 (X. c/l'Autriche) a été déclarée irrecevable le 4 octobre 1966 [1]; les requêtes N° 1821/63 (Anna Hudetz c/l'Autriche) et 1822/63 (Irma Haiek et Friedl von Beringe c/l'Autriche) ont été

[1] Cf. le texte de la décision sur la recevabilité: *infra*, à la Section C du présent chapitre.

1966 [1]; Application No. 1470/62 (Ernst Niekisch v. the Federal Republic of Germany) was struck off the list by decision of 14th July 1966 [1]; Application 1760/63 (X. v. Austria) was declared inadmissible on 23rd May 1966; Application No. 1794/63 (X. v. Federal Republic of Germany) was declared inadmissible on 23rd May 1966 [1]; Application No. 1850/63 (Rudolf Köplinger v. Austria) was declared admissible on 29th March 1966 [1]; Applications Nos. 1904/63, 2029/63, 2094/63 and 2217/64 (A, B, C and D v. Netherlands) were declared inadmissible on 23rd May 1966 [1]; Application No. 1983/63 (X. v. Netherlands) was declared inadmissible on 13th July 1966 [1]; Application No. 2004/63 (Heinz Kornmann v. Federal Republic of Germany) was declared inadmissible on 24th May 1966 [1]; Application No. 2076/63 was still pending on 31st December 1966; Application No. 2020/64 (Armin Poerschke v. Federal Republic of Germany) was declared admissible on 14th February 1966 [1]; Application No. 2208/64 (J. A. J. Binet v. Belgium) was also declared admissible on 14th February 1966 [1]; Application No. 2396/65 (X. v. Federal Republic of Germany) was still pending on 31st December 1966; Application No. 2403/65 (X. v. Austria) was declared inadmissible on 20th March 1966; Application No. 2686/65 (Heinz Kornmann v. Federal Republic of Germany) was declared admissible on 13th December 1966 [1].

During 1966, thirteen applications were communicated to respondent Contracting Parties pursuant to Rule 45 of the Commission's Rules of Procedure.

One of these applications No. 2690/65 (Televizier v. Netherlands) was declared admissible on 15th December 1966 [1]; one of the same applications was struck of the list: No. 2238/64 (X. v. Austria); two were declared inadmissible: No. 2547/65 (X. v. Austria) and No. 2391/64 (X. v. Federal Republic of Germany); the nine other applications were still pending before the Commission on 31st December 1966: No. 2707/66 (X. v. Federal Republic of Germany), No. 2689/65 (X. v. Belgium), No. 2257/64 (X. v. Federal Republic of Germany), No. 2300/64 (X. v. Federal Republic of Germany), No. 2749/66 (X. v. United Kingdom), No. 2278/64 (X. v. Austria), No. 2832/66 (X. v. Belgium), No. 2835/66 (X. v. Belgium) and No. 2899/66 (X. v. Belgium).

Decisions included in this Chapter are set out in the same way as in earlier volumes:

– Section B contains a list of the selected decisions with headings indicating their content;

– Section C contains the texts of the decisions on admissibility;

[1] See text of decision on admissibility in Section C of this Chapter, below.

déclarées irrecevables le 9 février 1966 [1]; la requête N° 1470/62 (Ernst Niekisch c/la République Fédérale d'Allemagne) a été rayée du rôle par une décision datée du 14 juillet 1966 [1]; la requête N° 1760/63 (X. c/l'Autriche) a été déclarée irrecevable le 23 mai 1966; la requête N° 1794/63 (X. c/la République Fédérale d'Allemagne) a été déclarée irrecevable le 23 mai 1966 [1]; la requête N° 1850/63 (Rudolf Köplinger c/l'Autriche) a été déclarée recevable le 29 mars 1966 [1]; les requêtes N° 1904/63, 2029/63, 2094/63 et 2217/64 (A., B., C. et D. c/les Pays-Bas) ont été déclarées irrecevables le 23 mai 1966 [1]; la requête N° 1983/63 (X. c./les Pays-Bas) a été déclarée irrecevable le 13 juillet 1966 [1]; la requête N° 2004/63 (Heinz Kornmann c./la République Fédérale d'Allemagne) a été déclarée irrecevable le 24 mai 1966 [1]; la requête N° 2076/63 était encore pendante au 31 décembre 1966; la requête N° 2020/64 (Armin Poerschke c. la République Fédérale d'Allemagne) a été déclarée recevable le 14 février 1966 [1]; la requête N° 2208/64 (J. A. J. Binet c./la Belgique) a été déclarée recevable également le 14 février 1966 [1]; la requête N° 2396/65 (X. c./la République Fédérale d'Allemagne) était encore pendante au 31 décembre 1966; la requête N° 2403/65 (X. c./l'Autriche) a été déclarée irrecevable le 20 mars 1966; la requête N° 2686/65 (Heinz Kornmann c./la République Fédérale d'Allemagne) a été déclarée recevable le 13 décembre 1966 [1].

Au cours de l'année 1966, treize requêtes ont été communiquées aux Parties Contractantes mises en cause, conformément à l'article 45 du Règlement intérieur de la Commission.

Une de ces requêtes, la requête N° 2690/65 (Televizier c./les Pays-Bas) a été déclarée recevable le 15 décembre 1966 [1]; une de ces mêmes requêtes a été rayée du rôle: N° 2238/64 (X c/Autriche); deux requêtes ont été déclarées irrecevables: N° 2547/65 (X c./Autriche) et N° 2391/64 (X c./République Fédérale d'Allemagne); les neuf autres requêtes étaient encore pendantes devant la Commission au 31 décembre 1966; il s'agit des requêtes suivantes: N° 2707/66 (X c/République Fédérale d'Allemagne), N° 2689/65 (X c./Belgique), N° 2257/64 (X c./République Fédérale d'Allemagne), N° 2300/64 (X c./République Fédérale d'Allemagne), N° 2749/66 (X c./Royaume-Uni), N° 2278/64 (X c./Autriche), N° 2832/66 (X c./Belgique), N° 2835/66 (X c./Belgique) et N° 2899/66 (X c./Belgique/.

Les décisions incluses dans le présent chapitre de l'Annuaire sont présentées selon le même système que dans les volumes précédents:

– la section B de ce chapitre contient la liste des décisions sélectionnées avec les mots-clés qui donnent une brève indication sur leur contenu;

– la section C contient le texte des décisions sur la recevabilité des requêtes;

[1] Cf. le texte de la décision sur la recevabilité: *infra*, à la Section C du présent chapitre.

– Section D gives summaries of decisions whose texts are contained in Section C.

It is to be noted that the headings and summaries are only intended to facilitate reference to the jurisprudence of the Commission, and are not a commentary on, nor an interpretation of, the Commission's decisions.

– la section D du chapitre contient les sommaires des décisions dont le texte est reproduit à la section C.

Il est évident que ces indications d'ordre technique ont pour but de permettre au lecteur de consulter plus aisément la jurisprudence de la Commission et ne constituent ni un commentaire, ni une interprétation des décisions de la Commission.

B.

List of selected decisions

Application No. 1470/62 (Ernst NIEKISCH v. FEDERAL REPUBLIC OF GERMANY)
(Decision of 14th July, 1966; p. 102)

Proper administration of justice (Article 6 of the Convention) and freedom of expression (Article 10 of the Convention). Reparation of damage suffered by the Applicant under the National Socialist regime. Refusal of compensation on account of the Applicant's political activities. Withdrawal of the Application following an arrangement between the Applicant and the German authorities. Decision to strike the case off the list.

Application No. 1706/62 (X. v. AUSTRIA)
(Final decision of 4th October, 1966; p. 112)

I. Fair hearing (Article 6 of the Convention). Court's refusal to call witnesses. Alleged influence on the court by the administrative authorities. Other complaints as to court proceedings.

II. Right of property (Article 1 of the Protocol). Objection regarding the Applicant's status as "victim". Different actions allegedly aimed at depriving the Applicant of his property. Government's responsibility for actions of the Supervisory Board and, in bankruptcy proceedings, of the Official Receiver and the Board of Creditors. Remedies in Austrian law, in particular in bankruptcy proceedings.

III. Discrimination (Article 14 of the Convention). Allegation regarding anti-semitism.

Application No. 1760/63 (X. v. AUSTRIA)
(Decision of 23rd May, 1966; p. 166)

I. Incompatibility with the Convention. Right to conditional release. Proceedings concerning conditional release relate neither to a criminal charge nor to a dispute as to civil rights and obligations (Article 6 of the Convention). Retroactive application of the law to the conditional release of a person already convicted (Article 7 of the Convention).

II. Measures taken by prison authorities. Deprivation of water. Remedy under Austrian Law.

III. Complaints relating to Articles 3, 8 and 10 of the Convention.

B.

Liste des décisions sélectionnées

Requête No. 1470/62 (Ernst NIEKISCH c. LA RÉPUBLIQUE FÉDÉRALE D'ALLEMAGNE)
(Décision du 14 juillet 1966; p. 103)

Administration équitable de la justice (article 6 de la Convention) et liberté d'expression (article 10 de la Convention). Réparation du préjudice subi par le requérant sous le régime national-socialiste. Refus d'indemnisation à cause des activités politiques du requérant. Retrait de la requête à la suite d'une transaction conclue entre le requérant et les autorités allemandes. Décision de rayer l'affaire du rôle.

Requête No. 1706/62 (X. c. L'AUTRICHE)
(Décision finale du 4 octobre 1966; p. 113)

I. Droit à être entendu équitablement (article 6 de la Convention). Refus du tribunal de faire comparaître des témoins. Influence alléguée des autorités administratives sur le tribunal. Autres plaintes relatives à la procédure judiciaire.

II. Droit de propriété (article 1er du Protocole). Objection relative à la condition de "victime" du requérant. Différents actes qui auraient eu pour but de priver le requérant de ses biens. Responsabilité du gouvernement pour les actes du conseil d'administration et, dans une procédure de faillite, du syndic de faillite et du comité des créanciers. Voies de recours en droit autrichien, en particulier dans une procédure de faillite.

III. Discrimination (article 14 de la Convention). Allégation d'antisémitisme.

Requête No. 1760/63 (X. c. L'AUTRICHE)
(Décision du 23 mai 1966; p. 167)

I. Incompatibilité avec la Convention. Droit au bénéfice d'une mesure de libération conditionnelle. Procédure ayant trait à la libération conditionnelle ne concerne ni une accusation pénale ni une contestation sur droits et obligations de caractère civil (article 6 de la Convention). Application rétroactive de la loi sur la libération conditionnelle d'une personne déjà condamnée (article 7 de la Convention).

II. Mesures prises par les autorités pénitentiaires. Privation d'eau. Recours en droit autrichien.

III. Griefs relatifs aux articles 3, 8 et 10 de la Convention.

Application No. 1794/63 (X. v. FEDERAL REPUBLIC OF GERMANY)
(Decision of 23rd May, 1966; pp. 178)

I. Incompatibility with the Convention. Right to the institution of criminal proceedings. Application of Articles 6 (1) and 13 of the Convention.

II. Application of Article 6 of the Convention. Right to assistance of an interpreter. Right to appear in person before a court. Impartiality of the judges. Reasonable time.

Applications Nos. 1821/63, 1822/63 (ANNA HUDETZ, IRMA HAIEK AND FRIEDL VON BERINGE V. AUSTRIA)
(Decision of 9th February, 1966; p. 214)

Right of property (Article 1 of the Protocol). Applicants allegedly deprived of possessions and offered inadequate compensation. Austrian reservation (Article 64 of the Convention). Interpretation of the Austrian State Treaty. Applicability of the Austrian reservation to alleged violations of Article 6 of the Convention ("fair hearing"). Discrimination (Article 14).

Application No. 1850/63 (RUDOLF KÖPLINGER V. AUSTRIA)
(Decision of 29th March, 1966; p. 240)

I. Detention pending trial. Grounds for arrest (Article 5 (1) (c), of the Convention). Length of detention pending trial (Article 5 (3)). Remedy under Austrian law.

II. Court procedure within the meaning of Article 5 (4) of the Convention. Equality of arms. Application declared admissible.

III. Length of trial (Article 6 (1) of the Convention). *Ex officio* examination. Application declared admissible.

IV. Right of the defence (Article 6 (3)). Restrictions on communications between the Applicant and his defence counsel. Facilities for following the course of the investigation. Complaints directed against lawyers and the bar association. Application declared partially admissible.

V. Right to an effective remedy (Article 13). No right to appeal.

Applications Nos. 1904/63, 2029/63, 2094/63, 2217/64 (A., B., C. and D. v. NETHERLANHS)
(Decision of 23rd May, 1966; p. 268)

Right to a fair and public hearing (Article 6 (1) of the Convention). Proceedings regarding taxation. Interpretation of the expression "civil rights and obligations". Other complaints relating to Articles 3, 4, 5, 8 and 13 of the Convention.

Requête No. 1794/63 (X. c. LA REPUBLIQUE FEDERALE D'ALLEMAGNE)
(Décision du 23 mai 1966; p. 179)

I. Incompatibilité avec la Convention. Droit à l'ouverture de poursuites pénales. Application des articles 6, par. 1er, et 13 de la Convention.

II. Application de l'article 6 de la Convention. Droit à l'assistance d'un interprète. Droit à comparution personnelle devant un tribunal. Impartialité des juges. Délai raisonnable.

Requêtes No. 1821/63, 1822/63 (ANNA HUDETZ, IRMA HAIEK ET FRIEDL VON BERINGE C. L'AUTRICHE)
(Décision du 9 février 1966; p. 215)

Droit de propriété (Article 1er du Protocole additionnel. Les requérantes allèguent la privation de leurs biens et une offre d'indemnisation insuffisante. Réserve de l'Autriche (Article 64 de la Convention). Interprétation du Traité d'Etat autrichien. Applicabilité de la réserve autrichienne à l'égard des violations alléguées de l'article 6 de la Convention ("cause entendue équitablement"). Discrimination (Article 14).

Requête No. 1850/63 (RUDOLF KÖPLINGER C. L'AUTRICHE)
(Décision du 29 mars 1966; p. 241)

I. Détention préventive. Motifs pour l'arrestation (article 5, par. 1er (c), de la Convention). Longueur de la détention préventive (article 5, paragraphe 3). Recours en droit autrichien.

II. Recours devant un tribunal au sens de l'article 5, par. 4, de la Convention. Egalité des armes. Requête déclarée recevable.

III. Longueur du procès (article 6, par. 1er, de la Convention). Examen d'office. Requête déclarée recevable.

IV. Droit de la défense (article 6, par. 3). Restrictions apportées aux communications du requérant avec ses défenseurs. Leurs possibilités de suivre le cours de l'instruction. Griefs dirigés contre des avocats et l'ordre des avocats. Requête partiellement recevable.

V. Droit à un recours effectif (article 13). Aucun droit à un pourvoi en cassation.

Requêtes Nos. 1904/63, 2029/63, 2094/63, 2217/64 (A, B, C ET D C. LES PAYS-BAS)
(Décision du 23 mai 1966; p. 269)

Droit à être entendu équitablement (article 6, par. 1er, de la Convention). Poursuites en matière fiscale. Interprétation de l'expression "droits et obligations de caractère civil". Autres plaintes relatives aux articles 3, 4, 5, 8 et 13 de la Convention.

Application No. 1983/63 (X. v. NETHERLANDS)
(Final decision of 13th July, 1966; p. 286)

I. Lawfulness of detention pending deportation (Article 5 (1) (f) of the Convention). Remedy under Article 1401 of the Dutch Civil Code.

II. Right to bring proceedings regarding lawfulness of detention (Article 5 (4) of the Convention). Question whether such proceedings are provided for in Dutch law. Question whether the Applicant was a "victim" of a possible violation of the Convention.

Application No. 2004/63 (HEINZ KORNMANN v. FEDERAL REPUBLIC OF GERMANY)
(Final decision of 24th May, 1966; p. 304)

Alleged ill-treatment by prison officers (Article 3 of the Convention). Remedies available in German law. Question of withdrawal of Application. Commission competent to examine Application despite possible withdrawal.

Application No. 2120/64 (ARMIN POERSCHKE v. FEDERAL REPUBLIC OF GERMANY)
(Supplementary decision of 14th February, 1966; p. 328)

I. Length of the detention pending trial (Article 5 (3) of the Convention) and length of the proceedings (Article 6 (1) of the Convention). Application admissible.

II. Denial of justice (Article 13 of the Convention). Applications concerning the length of detention pending trial. (Appeals to higher authority. Appeals on the merits).

(See also the friendly settlement in this case, below Chapter III).

Application No. 2208/64 (JEAN ALBERT JOSEPH BINET v. BELGIUM)
(Decision of 14th February, 1966; p. 392)

Detention under an Act of 27th November, 1891, for the Prevention of Vagrancy (Article 5 of the Convention). Application declared admissible.

Application No. 2213/64 (X. ON BEHALF OF A, B, C AND D v. FEDERAL REPUBLIC OF GERMANY)
(Decision of 12th July, 1966; p. 408)

Supreme Restitution Court. Federal Republic not responsible. Decision of the Court of Appeal considered as covered by the higher decision of the Supreme Restitution Court. Incompatibility *ratione personae*. Other complaints inadmissible *ratione temporis*.

Requête No. 1983/63 (X. C. LES PAYS-BAS)
(Décision définitive du 13 juillet 1966; p. 287)

I. Légalité de la détention avant l'expulsion (article 5, par. 1er (f), de la Convention). Voie de recours prévue par l'article 1401 du Code civil néerlandais.

II. Droit d'introduire un recours concernant la légalité de la détention (article 5, par. 4, de la Convention). Question de savoir si cette possibilité est prévue dans la législation néerlandaise. Question de savoir si le requérant a été "victime" d'une violation de la Convention.

Requête No. 2004/63 (HEINZ KORNMANN C. LA RÉPUBLIQUE FÉDÉRALE D'ALLEMAGNE)
(Décision définitive du 24 mai 1966; p. 305)

Mauvais traitements qui auraient été infligés par des agents pénitentiaires (article 3 de la Convention). Voies de recours prévues en droit allemand. Question du retrait de la requête. Commission compétente pour examiner la requête même en cas de retrait.

Requête No. 2120/64 (ARMIN POERSCHKE C. LA RÉPUBLIQUE FÉDÉRALE D'ALLEMAGNE)
(Décision complémentaire du 14 février 1966; p. 329)

I. Durée de la détention préventive (article 5, par. 3, de la Convention) et durée du procès (article 6, par. 1er, de la Convention. Requête déclarée recevable.

II. Déni de justice (article 13 de la Convention). Requête concernant la durée de la détention préventive. Recours hiérarchiques. Recours au fond.

(Cf., également, le règlement amiable intervenu dans cette affaire, ci-dessous: Chapitre III).

Requête No. 2208/64 (JEAN ALBERT JOSEPH BINET C. LA BELGIQUE)
(Décision du 14 février 1966; p. 393)

Détention en vertu d'une loi du 27 novembre 1891 qui réprime le vagabondage (article 5 de la Convention). Requête déclarée recevable.

Requête No. 2213/64 (X. AU NOM DE A, B, C, ET D C. LA RÉPUBLIQUE FÉDÉRALE D'ALLEMAGNE)
(Décision du 12 juillet 1966; p. 409)

Cour Suprême des Restitutions. Aucune responsabilité de la République Fédérale – Arrêt de la Cour d'Appel considéré comme couvert par la décision au ressort supérieur de la Cour Suprême des Restitutions. Incompatibilité *ratione personae.* Autres griefs irrecevables *ratione temporis.*

Application No. 2332/64 (X. AND Y. v. BELGIUM)
(Decision of 7th October, 1966; p. 418)

I. Use of languages in judicial proceedings. Proceedings conducted in Flemish despite requests that French be used. Proper administration of justice (Article 6 (1) of the Convention).

II. Other complaints. Question of the culpability of an accused person and of the extent of the loss suffered by the Applicants.

Application No. 2424/65 (LOTHAR RAFAEL v. AUSTRIA)
(Final decision of 24th May, 1966; p. 426)

Abuse of right of petition (Article 27 (2) of the Convention). Defamatory statements regarding the Respondent Government.

Application No. 2516/65 (X. v. FEDERAL REPUBLIC OF GERMANY)

(Decision of 23rd May, 1966; p. 436)

I. Length of detention on remand (Article 5 (3) of the Convention) One year seven months between arrest and trial.

II. Hearing within a reasonable time (Article 6 (1) of the Convention). Question whether the relevant period is to be calculated from date of arrest or only from date of formal charge. Question whether period continues up to the completion of trial and appeal proceedings inclusive.

III. Miscellaneous complaints. Allegations against lawyers. Right to have criminal proceedings instituted against officials. Alleged interference with correspondence (Article 8 of the Convention). Right to be transferred to another prison. Right to receive visits by son (Article 8 of the Convention).

Application No. 2547/65 (X. v. AUSTRIA)
(Partial decision of 14th February, 1966 and final decision of 14th July, 1966; pp. 458 and 464)

Lawfulness of arrest and detention (Article 5 (1), (c) of the Convention). Allegation that arrest had taken place on foreign territory. Remedies in Austrian law regarding arrest and subsequent detention.

Application No. 2621/65 (X. v. NETHERLANDS)
(Decision of 1st April, 1966; p. 474)

Detention pending trial. Lawfulness of detention (Article 5 (1), (c) of the Convention). Obligation to inform a person arrested of the reasons for his arrest (Article 5 (2)). Right to be questioned after arrest. Right to appeal. Other complaints.

Requête No. 2332/64 (X. ET Y. C. LA BELGIQUE)
(Décision du 7 octobre 1966; p. 419)

I. Emploi des langues en matière judiciaire. Procédure en flamand malgré demandes tendant à l'emploi du français. Administration équitable de la justice (article 6, par. 1er de la Convention).
II. Autres griefs. Questions de la culpabilité d'un prévenu et de l'ampleur du préjudice subi par les requérants.

Requête No. 2424/65 (LOTHAR RAFAEL C. L'AUTRICHE)
(Décision définitive du 24 mai 1966; p. 427)

Requête abusive (article 27, par. 2, de la Convention). Déclarations diffamatoires à l'égard du gouvernement défendeur.

Requête No. 2516/65 (X. C. LA RÉPUBLIQUE FÉDÉRALE D'ALLEMAGNE)
(Décision du 23 mai 1966; p. 437)

I. Durée de la détention préventive (article 5, par. 3, de la Convention). Un an et sept mois entre l'arrestation et le procès.
II. Droit à être entendu dans un délai raisonnable (article 6, par. 1er, de la Convention). Question de savoir si le délai doit être calculé à partir de l'arrestation ou seulement à partir de la mise en accusation. Question de savoir si le délai continue à courir jusqu'à la fin du procès et de la procédure d'appel inclusivement.
III. Plaintes diverses. Plaintes contre des avocats. Droit de faire introduire une action pénale contre des fonctionnaires. Prétendue violation du droit au respect de la correspondance (article 8 de la Convention). Droit d'une personne à être transférée dans une autre prison. Droit d'une personne à recevoir les visites de son fils (article 8 de la Convention).

Requête No. 2547/65 (X. C. L'AUTRICHE)
(Décision partielle du 14 février 1966 et décision définitive du 14 juillet 1966; pp. 459 et 465)

Régularité de l'arrestation et de la détention (article 5, par. 1er (c), de la Convention). Allégation selon laquelle l'arrestation aurait été effectuée en territoire étranger. Voies de recours prévues par le droit autrichien en matière d'arrestation et de détention.

Requête No. 2621/65 (X. C. LES PAYS-BAS)
(Décision du 1er avril 1966; p. 475)

Détention préventive. Légalité de la détention (article 5, paragraphe 1er (c) de la Convention). Obligation d'informer une personne arrêtée des raisons de son arrestation (article 5, paragraphe 2). Droit d'être interrogé après l'arrestation. Droit d'introduire un pourvoi en cassation. Autres griefs.

Application No. 2646/65 (X. v. FEDERAL REPUBLIC OF GERMANY)
(Decision of 30th March, 1966; p. 484)

Complaints against lawyer. Right to have criminal proceedings instituted against officials. Complaints concerning proceedings which are still pending. Reason for detention on remand. Other complaints.

Application No. 2686/65 (HEINZ KORNMANN v. FEDERAL REPUBLIC OF GERMANY)
(Final decision of 13th December, 1966; p. 494)

I. Inhuman and degrading treatment (Article 3 of the Convention). Acts allegedly committed during the Applicant's detention Application declared admissible.

II. Exhaustion of domestic remedies (Article 26 of the Convention). Criminal complaint lodged by the Applicant; withdrawal of the complaint; re-opening of proceedings *ex officio* by the Public Prosecutor's Office; Applicant subsequently exhausts domestic remedies. Question of evidence. Insufficient evidence. Quasi-administrative judicial remedy and civil action considered insufficient and ineffective in the case in question.

III. Withdrawal of an Application. Continuation of the proceedings by the Applicant. Commission's doubts regarding the sincerity of the withdrawal. The interests of safeguarding human rights may transcend individual interests. Commission's competence. Non-acceptance of the withdrawal by the Commission.

Application No. 2690/65 (N.V. TELEVIZIER v. NETHERLANDS)
(Decision of 15th December, 1966; p. 512)

Freedom of expression (Article 10 of the Convention). Freedom to receive and impart information. Publication of radio and television programmes. Question of copyright. Alleged discrimination (Article 14 of the Convention). Question whether the Applicant is a "victim". Questions of interpretation of paragraphs (1) and (2) of Article 10. Application declared admissible.

Application No. 2742/66 (X. v. AUSTRIA)
(Partial decision of 1st April, 1966; p. 550)

I. Alleged interference with right to respect for correspondence (Article 8 of the Convention). Information forwarded to the press. Confidential character of proceedings before the Commission. Examination adjourned.

II. Fair hearing and presumption of innocence (Article 6 (1) and (2) of the Convention). Court informed of previous convictions. Practice in other countries.

Requête No. 2646/65 (X. c. la République Fédérale d'Allemagne)
(Décision du 30 mars 1966; p. 485)

Plaintes contre un avocat. Droit de faire introduire une action pénale contre des fonctionnaires. Plaintes concernant une procédure en cours. Motif de la détention préventive. Plaintes diverses.

Requête No. 2686/65 (Heinz Kornmann c/la République Fédérale d'Allemagne)
(Décision finale du 13 décembre 1966; p. 495)

I. Traitement inhumain et dégradant (article 3 de la Convention). Actes prétendument commis pendant la détention du requérant. Requête déclarée recevable.

II. Epuisement des voies de recours internes (article 26 de la Convention). Plainte pénale déposée par le requérant; retrait de la plainte; réouverture de l'affaire, *ex officio*, par le Ministère Public; le requérant épuise les voies de recours ultérieurement. Question des preuves. Insuffisance des preuves. Recours judiciaire quasi-administratif et action civile considérés insuffisants et inefficaces en l'espèce.

III. Retrait d'une requête. Continuation de la procédure par le requérant. Doutes de la Commission à l'égard de la sincérité du retrait. Les intérêts de la sauvegarde des droits de l'homme peuvent dépasser le cadre des intérêts particuliers. Compétence de la Commission. Non-acceptation du retrait par la Commission.

Requête No. 2690/65 (N.V. Televizier c. les Pays-Bas)
(Décision du 15 décembre 1966; p. 513)

Liberté d'expression (article 10 de la Convention). Liberté d'informer et d'être informé. Publication des programmes de radio et de télévision. Question des droits d'auteur. Discrimination alléguée (article 14 de la Convention). Question de savoir si le requérant est à considérer comme "victime". Questions d'interprétation des paragraphes 1er et 2 de l'article 10. Requête déclarée recevable.

Requête No. 2742/66 (X. c. l'Autriche)
(Décision partielle du 1er avril 1966; p. 551

I. Prétendue violation du droit au respect de la correspondance (article 8 de la Convention). Informations communiquées à la presse. Caractère confidentiel de la procédure devant la Commission. Examen ajourné.

II. Droit à être entendu équitablement et présomption d'innocence (article 6, par. 1er et 2, de la Convention); Tribunal informé de condamnations antérieures. Pratique suivie dans d'autres pays.

III. Detention in labour institution (Austria). Alleged violation of Articles 4 and 5 of the Convention.

Application No. 2792/66 (X. v. NORWAY)
(Decision of 6th October, 1966; p. 556)

Right to respect for family life (Article 8 of the Convention). Right to visit children after divorce. Restrictions justified under Article 8 (2). "Margin of appreciation" allowed to the Contracting States. Question of discrimination due to the nationality of the Applicant (Article 14 of the Convention).

Application No. 2894/66 (X. v. NETHERLANDS)
(Decision of 6th October, 1966; p. 564)

Right of an arrested person to be brought promptly before a judge (Article 5 (3) of the Convention). Interpretation of the requirement as to promptitude. Legal situation in other member countries of the Council of Europe. "Margin of appreciation" of the Contracting Parties.

III. Détention dans un établissement de travail forcé (Autriche). Prétendue violation des articles 4 et 5 de la Convention.

Requête No. 2792/66 (X. C. LA NORVÈGE)
(Décision du 6 octobre 1966; p. 557)

Droit au respect de la vie familiale (article 8 de la Convention). Droit de visite aux enfants après divorce. Restrictions justifiées par l'article 8, paragraphe 2. "Marge d'appréciation" laissée aux Etats Contractants. Question de discrimination due à la nationalité du requérant (article 14 de la Convention).

Requête No. 2894/66 (X. C. LES PAYS-BAS)
(Décision du 6 octobre 1966; p. 565)

Droit d'une personne arrêtée à être aussitôt traduite devant un juge (article 5, par. 3, de la Convention). Interprétation de l'exigence de promptitude. Situation juridique dans d'autres pays membres du Conseil de l'Europe. "Marge d'appréciation" des Parties Contractantes.

C.

Texts of selected decisions

Application No. 1470/62

Ernst NIEKISCH *against* THE FEDERAL REPUBLIC OF GERMANY

Decision of 14 July 1966

... (*Translation*)

THE FACTS

Whereas the facts of the case may be summarised as follows:

1. The Applicant, a German citizen born in 1889, lives in West Berlin. On 23rd March 1937, he was arrested and, on 10th January 1939, sentenced by the *Volksgerichtshof* of Berlin to life imprisonment for his opposition to the Nazi régime. After his release (27th April 1945), he joined the Communist Party of the Soviet-occupied zone. In 1948 he was appointed professor of sociology in the faculty of philosophy of the University of East Berlin. He subsequently became a member of the *Volkskammer* (parliament) of the "German Democratic Republic".

In 1953, the Applicant claimed from the authorities of the Federal Republic of Germany compensation, under the Federal Act of 18th September 1953, for his persecution by the Nazis. His claim was rejected by the German courts, including the Federal Court (*Bundesgerichtshof*), judgment of 20th April 1955). These decisions, which were based on Section 1, paragraph 4, No. 1, of the Act, stated that the Applicant had collaborated with a totalitarian régime, that of the "German Democratic Republic", and that his activities were a threat to the free and democratic order (*freiheitliche demokratische Grundordnung*).

2. On 14th July 1955, the Applicant submitted an initial application to the Commission. He maintained that the Federal Court judgment of 20th April 1955 violated Articles 9, 10, 11 and 16 of the Convention. He asked the Commission to declare his application admissible, pointing out that, on 4th July 1955, he had petitioned the Federal Constitutional Court (*Bundesverfassungsgericht*) but that the procedure involved often entailed very long delays whose consequences it would be unfair for him to endure. He alleged, moreover, that the appeal to the Federal Constitutional Court was not inherently a domestic remedy within the meaning of Article 26 of the Convention.

On 31st May, 1956, the Commission declared the application inadmissible under Article 27 (3) of the Convention, on the ground

C.

Texte des décisions sélectionnées

Requête No. 1470/62

ERNST NIEKISCH *contre* LA REPUBLIQUE FEDERALE D'ALLEMAGNE

Décision du 14 juillet 1966

...

EN FAIT

Considérant que les faits de la cause peuvent se résumer ainsi:

1. Le requérant, ressortissant allemand né en 1889, habite à Berlin-Ouest. Arrêté le 23 mars 1937, il fut condamné le 10 janvier 1939 par le *Volksgerichtshof* de Berlin à la réclusion à perpétuité en raison de son opposition au nazisme. Après sa libération (27 avril 1945), il adhéra au parti communiste de la zone d'occupation soviétique. En 1948, il fut nommé professeur de sociologie à la faculté de philosophie de l'Université de Berlin-Est. Par la suite, il devint membre de la *Volkskammer* (Parlement) de la "République Démocratique Allemande".

En 1953, le requérant réclama aux autorités de la République Fédérale d'Allemagne une indemnité en vertu de la loi fédérale du 18 septembre 1953, pour avoir été persécuté par les nazis. Sa demande fut rejetée par les juridictions allemandes, y compris la Cour Fédérale de Justice (*Bundesgerichtshof*, arrêt du 20 avril 1955). Ces décisions, qui se fondaient sur l'article 1er, alinéa 4, N° 1 de la loi précitée, soulignaient que le requérant avait prêté son concours à un régime totalitaire, celui de la "République Démocratique Allemande" et que ses activités menaçaient l'ordre libéral et démocratique (*freiheitliche demokratische Grundordnung*).

2. Le 14 juillet 1955, le requérant introduisit une première requête devant la Commission. Il soutenait que la Cour Fédérale de Justice, par son arrêt du 20 avril 1955, avait violé les articles 9, 10, 11 et 16 de la Convention. Il invitait la Commission à déclarer sa plainte recevable en faisant valoir qu'il avait saisi, le 4 juillet 1955, la Cour Constitutionnelle Fédérale (*Bundesverfassungsgericht*), mais que la procédure applicable en la matière exigeait souvent de très longs délais dont il serait injuste de lui faire supporter les conséquences. Il alléguait en outre que le recours en question n'était pas, de par sa nature, un recours interne au sens de l'article 26 de la Convention.

Le 31 mai 1956, la Commission déclara la requête irrecevable en vertu de l'article 27 § 3 de la Convention, pour non-épuisement des of failure to exhaust domestic remedies. It held that an appeal to the Federal Constitutional Court on matters falling within the Court's jurisdiction was a domestic remedy which, in principle, came within the scope of Article 26 of the Convention. It also found that, in the circumstances there was no special factor – such as a well-established case-law – which might exempt the Applicant, under the generally recognised rules of international law (Article 26 of the Convention), from availing himself of the said remedy.

3. In 1959, the Applicant made another claim for compensation, this time relying on the Federal Act of 29th June 1956 (*Bundesentschädigungsgesetz*), which superseded that of 18th September 1953. This claim was also rejected – by the Regional Court (*Landgericht*) of Berlin (23rd May 1960), the Court of Appeal (*Kammergericht*) of Berlin (3rd November 1960) and the Federal Court (29th November 1961) – for reasons similar to those for which the Applicant's first claim had been rejected (Section 6, paragraph 1, No. 2, of the Act of 29th June 1956). On 10th March 1962, the Applicant appealed from the Federal Court judgment to the Federal Constitutional Court.

On 20th January 1966, the Federal Constitutional Court declared the Applicant's appeal admissible (*zulässig*); thus it did not decide on the merits of the appeal. The Court declared itself competent to decide a constitutional appeal from a judgment rendered by a High Court (*oberes Bundesgericht*) – in this case, the Federal Court – in a "Berlin case" (*Berliner Sache*), provided that the appeal alleged violation of fundamental rights, either in the proceedings before the said court or in the application of Federal law by that court. The Federal Constitutional Court also stated that Federal laws introduced in Berlin (*nach Berlin übernommen*) had the force of Federal law (*Bundesrecht*) there.

On 21st June 1966, the Land of Berlin and the Applicant reached a settlement (*Vergleich*) putting an end to their dispute. Under the settlement, the Land of Berlin acknowledged that the Applicant had been one of the spiritual leaders of the opposition to national socialism since before 1933 and that, because of this opposition and the very serious injury it had caused him, he was to be indemnified under Section 171, paragraph 1, of the Federal Compensation Act (*Bundesentschädigungsgesetz*). The Applicant, for his part, declared that he renounced thenceforth all right of indemnification under the Federal and Berlin Compensation Acts and the Act on the Recognition and Care of Victims of Political, Racial and Religious Persecution (*Gesetz über die Anerkennung und Versorgung der politisch, rassisch und religiös Verfolgten*); the Applicant also undertook to withdraw his constitutional appeal and his application to voies de recours internes. Elle considéra notamment que le recours à la Cour Constitutionnelle Fédérale dans les domaines relevant de la compétence de celle-ci, est un recours interne tombant, en principe, dans le champ d'application de l'article 26 de la Convention. La Commission constata en outre qu'il n'existait en l'espèce aucune circonstance particulière – par exemple une jurisprudence bien établie – qui pût dispenser le requérant, selon les principes de droit international généralement reconnus (article 26 de la Convention), d'exercer ledit recours.

3. En 1959, le requérant a réclamé à nouveau une indemnité en s'appuyant, cette fois, sur la loi fédérale du 29 juin 1956 (*Bundesentschädigungsgesetz*) qui a remplacé celle du 18 septembre 1953. Son action a, elle aussi, été repoussée successivement par le Tribunal régional (*Landgericht*) de Berlin (23 mai 1960), par la Cour d'Appel (*Kammergericht*) de Berlin (3 novembre 1960) et, enfin, par la Cour Fédérale de Justice (29 novembre 1961), pour des motifs analogues à ceux qui avaient entraîné le rejet de sa première demande (article 6, alinéa 1, N° 2, de la loi du 29 juin 1956). Contre l'arrêt de la Cour Fédérale de Justice, le requérant a formé, le 10 mars 1962, un recours devant la Cour Constitutionnelle Fédérale.

Le 20 janvier 1966, la Cour Constitutionnelle Fédérale a déclaré recevable (*zulässig*) le recours de Niekisch; elle n'a donc pas statué sur le fond du recours. La Cour a affirmé sa compétence pour statuer sur un recours constitutionnel, dirigé contre l'arrêt rendu par une juridiction suprême fédérale (*oberes Bundesgericht*) – en l'occurrence la Cour Fédérale de Justice – dans une "affaire de Berlin" (*Berliner Sache*), si le recours constitutionnel allègue la violation de droits fondamentaux, soit au cours de la procédure de ladite juridiction, soit dans l'application du droit fédéral par celle-ci. La Cour Constitutionnelle Fédérale a relevé, d'autre part, que les lois fédérales introduites à Berlin (*nach Berlin übernommen*) y ont valeur de droit fédéral (*Bundesrecht*.)

Le 21 juin 1966, le Land de Berlin et le requérant ont conclu une transaction (*Vergleich*) mettant fin à leur litige. Par cette transaction le Land de Berlin a reconnu au requérant que celui-ci avait été un des chefs de file spirituels de la résistance contre le national-socialisme dès avant 1933 et, qu'en raison de cette résistance et des dommages très graves qu'elle a causés à Niekisch, des allocations lui sont accordées comme indemnité compensatrice, selon l'article 171, par. 1er de la Loi fédérale des indemnisations (*Bundesentschädigungsgesetz*), Le requérant, de son côté, a déclaré renoncer désormais à tout droit d'indemnisation, selon la Loi fédérale et la Loi berlinoise des indemnisations et selon la Loi sur la reconnaissance et l'entretien des victimes de persécutions politique, raciale et religieuse (*Gesetz über die Anerkennung und Versorgung der politisch, rassisch und religiös Verfolgten*); le requérant s'est aussi engagé à the European Commission of Human Rights.

5. In his present Application to the Commission, the Applicant claimed that he had been the victim of violation of Articles 6 and 10 of the Convention as a result of the Federal Court judgment of 29th November 1961. He alleged that neither the Federal Court nor the other courts had ever heard him on the facts on which their decisions were based. He furthermore considered that, in taking part in certain political activities after 1945, he had only been exercising the freedom of expression guaranteed by Article 10 of the Convention and Article 5 of the Basic Law (*Grundgesetz*).

The Applicant sought, through waiver of the exclusion clause of Section 6, paragraph 1, of the Federal Act of 29th June 1956, compensation for the injury which the national socialist régime had caused him.

Whereas, in its observations of 19th August 1965 on the admissibility of the Application and its rejoinder of 17th September 1965, the Respondent Government asked the Commission in substance, to declare the Application inadmissible on the ground of failure to exhaust domestic remedies;

Whereas, in his reply of 6th September 1965 to the Respondent Government's observations on the admissibility of his Application, the Applicant maintained that the domestic remedies had been exhausted since the Federal Constitutional Court had no power, in his view, to redress the situation at issue; whereas, in consequence, the Applicant asked the Commission to accept his Application.

PROCEEDINGS BEFORE THE COMMISSION

Whereas the stages of the proceedings before the Commission were as follows:

6th September 1963: The Secretary of the Commission informed Mr. von Schlabrendorff, lawyer, that the Commission would begin an examination of the Application at a forthcoming session and asked him to supply, for the purposes of this examination, certain particulars concerning the proceedings pending before the Federal Constitutional Court.

9th September 1963: Mr. von Schlabrendorff informed the Commission that the Federal Constitutional Court had not yet reached a decision: he proposed to produce a copy of the judgment as soon as it had done so.

16th March 1964: The Secretary of the Commission again asked the Applicant whether the Federal Constitutional Court had reached a decision.

retirer le recours constitutionnel et la requête devant la Commission européenne des Droits de l'Homme.

5. Dans sa présente requête devant la Commission, le requérant se prétendait victime d'une violation des articles 6 et 10 de la Convention, violation qui résulterait de l'arrêt de la Cour Fédérale de Justice du 29 novembre 1961. Il alléguait que ni la Cour Fédérale de Justice ni les autres tribunaux ne l'ont jamais entendu sur les faits qui ont fourni la base de leurs décisions. Il estimait, au surplus, qu'en se livrant à certaines activités politiques, après 1945, il n'a fait qu'exercer son droit à la liberté d'expression, garanti par l'article 10 de la Convention et par l'article 5 de la Loi fondamentale (*Grundgesetz*).

Le requérant demandait la réparation du préjudice que lui a causé le régime national-socialiste, moyennant la non-application de la clause d'exclusion de l'article 6, alinéa 1, de la Loi fédérale du 29 juin 1956.

Considérant que le Gouvernement défendeur a demandé en substance à la Commission, dans ses observations sur la recevabilité du 19 août 1965 et sa réplique du 17 septembre 1965, de déclarer la requête irrecevable pour non-épuisement des voies de recours internes;

Que le requérant a fait valoir, dans sa réponse du 6 septembre 1965 aux observations du Gouvernement défendeur sur la recevabilité, que l'épuisement des voies de recours internes était réalisé en l'espèce, car la Cour Constitutionnelle Fédérale n'est, à son avis, point compétente pour redresser la situation litigieuse; que le requérant a, par conséquent, demandé à la Commission de retenir la requête.

PROCEDURE DEVANT LA COMMISSION

Considérant que les étapes de la procédure étaient les suivantes:

6 septembre 1963: Le Secrétaire de la Commission informe Me. Von Schlabrendorff [1] que la Commission abordera à une prochaine session l'examen de la requête et il lui demande de fournir, en prévision de cet examen, certaines précisions quant à la procédure pendante devant la Cour Constitutionnelle Fédérale.

9 septembre 1963: Me. Von Schlabrendorff informe la Commission que la Cour Constitutionnelle Fédérale n'a pas encore statué; il se propose de produire une copie de l'arrêt dès que cette Cour aura statué.

16 mars 1964: Le Secrétaire de la Commission demande à nouveau au requérant, si la Cour Constitutionnelle Fédérale a statué.

[1] L'avocat du requérant.

21st March 1964: Mr. von Schlabrendorff replied that it had not.

10th February 1965: Mr. von Schlabrendorff asked the Commission to consider the Application without awaiting the outcome of the proceedings pending in Germany, since the case was urgent because of the Applicant's age and poor health.

30th April 1965: The Application was considered by a Group of three members of the Commission [Rule 45 (1) of the Rules of Procedure].

1st and 2nd June 1965: The Commission took cognisance of the report of the Group of three (Doc. D 7055) and decided to communicate the Application to the Respondent Government [Rule 45 (3) of the Rules of Procedure]. The Government was asked to submit within eight weeks its observations on the admissibility solely of the complaint that the Federal Constitutional Court was unduly slow in hearing the Applicant's case (see Minutes).

12th August 1965: The Respondent Government asked for the above-mentioned time-limit to be extended by ten days.

16th August 1965: The President of the Commission acceded to this request (see Order).

20th August 1965: The Respondent Government's written observation dated 19th August 1965 (Doc. DH/Misc (65) 45), were transmitted to the Applicant, with a request to reply to them within four weeks (see Order of the President).

9th September 1965: The Applicant's reply, dated 6th September 1965 (Doc. DH/Misc (65) 50), was transmitted to the Respondent Government for information.

17th September 1965: The Respondent Government submitted a rejoinder of the same date (Doc. DH/Misc (65) 51).

20th September 1965: The Government's rejoinder was transmitted to the Applicant, who was allowed two weeks to reply to it if he so wished (see Order of the President).

23rd September 1965: The Applicant informed the Commission that he did not consider it necessary to reply.

21st October 1965: The Application was considered by a Group of three members of the Commission (see Doc. D 9361).

6th December 1965: The Respondent Government informed the Commission that the Federal Constitutional Court intended to deliberate towards the middle of December.

10th December 1965: The Commission took cognisance of the report of the Group of three dated 21st October 1965 and decided to reserve its decision on the Application until it was informed of the judgment of the Federal Constitutional Court (see Minutes).

30th March 1966: The Commission took cognisance of the judgment of 20th January 1966 by which the Federal Constitutional

21 mars 1964: Me. Von Schlabrendorff répond par la négative.

10 février 1965: Me. Von Schlabrendorff demande à la Commission d'examiner la requête sans attendre le résultat de la procédure pendant en Allemagne, l'affaire étant urgente vu l'âge et le mauvais état de santé du requérant.

30 avril 1965: Un Groupe de trois membres de la Commission examine la requête (article 45 § 1 du Règlement Intérieur).

1er et 2 juin 1965: La Commission prend connaissance du rapport du Groupe de trois (cf. Doc. D 7055) et décide de communiquer la requête au Gouvernement défendeur (article 45 § 3 b du Règlement Intérieur). Le Gouvernement est invité à présenter dans un délai de huit semaines, ses observations sur la recevabilité du seul grief selon lequel la Cour Constitutionnelle Fédérale tarde indûment à entendre la cause de Niekisch (cf. Procès-verbal).

12 août 1965: Le Gouvernement défendeur demande la prolongation du délai susmentionné de dix jours.

16 août 1965; Le Président de la Commission fait droit à ladite demande (cf. Ordonnance).

20 août 1965: Les observations écrites du Gouvernement défendeur, datées du 19 août 1965 (cf. Doc. DH/Misc (65) 45), sont transmises au requérant qui est invité à y répondre dans un délai de quatre semaines (cf. Ordonnance du Président).

9 septembre 1965: La réponse du requérant, datée du 6 septembre 1965 (cf. Doc. DH/Misc (65) 50), est communiquée au Gouvernement défendeur, pour information.

17 septembre 1965: Le Gouvernement défendeur présente une réplique datée du même jour (cf. Doc. DH/Misc (65) 51).

20 septembre 1965: La réplique du Gouvernement est transmise au requérant; un délai de deux semaines lui est accordé pour l'envoi d'une réplique éventuelle (cf. Ordonnance du Président).

23 septembre 1965: Le requérant informe la Commission qu'il n'estime pas nécessaire d'y répondre.

21 octobre 1965: Un Groupe de trois membres de la Commission examine la requête (cf. Doc. D 9361).

6 décembre 1965: Le Gouvernement défendeur informe la Commission que la Cour Constitutionnelle Fédérale compte délibérer vers le milieu du mois de décembre.

10 décembre 1965: La Commission prend connaissance du rapport du Groupe de trois daté du 21 octobre 1965 et décide de surseoir à statuer sur la requête jusqu'à ce qu'elle ait connaissance de l'arrêt de la Cour Constitutionnelle Fédérale (cf. Procès-verbal).

30 mars 1966: La Commission prend connaissance de l'arrêt du 20 janvier 1966, par lequel la Cour Constitutionnelle Fédérale a

Court declared the Applicant's appeal admissible. As that Court had not yet given judgment on the merits, the Applicant asked the Commission to adjourn its examination of the Application. The Commission agreed to this request and decided to adjourn the Application (see Minutes).

5th April 1966: Mr. von Schlabrendorff was asked to inform the Commission as soon as the Federal Constitutional Court had decided on the merits of the Applicant's appeal.

23rd May 1966: The Commission resumed its examination of the Application. It found that the Applicant had not yet given notice of the Federal Constitutional Court judgment on the merits and decided to adjourn consideration of admissibility (see Minutes).

5th July 1966: Mr. von Schlabrendorff informed the Commission that, as a result of a settlement concluded on 21st June 1966 between the Land of Berlin and the Applicant (see Doc. D 13147), the Applicant wished to withdraw his Application to the Commission.

THE LAW

Whereas, first of all, the Applicant in his initial Application sought "compensation for the injury which the national socialist régime had caused him";

Whereas, next, the Commission more than once adjourned examination of the admissibility of the present Application pending the decision of the Federal Constitutional Court on the Applicant's appeal;

Whereas, also, the Applicant's lawyer informed the Commission by letter of 5th July 1966 that the Land of Berlin and the Applicant had, on 21st June 1966, concluded a settlement putting an end to their dispute;

Whereas under this settlement the Land of Berlin acknowledged that the Applicant had been one of the spiritual leaders of the opposition to national socialism since before 1933 and that, because of this opposition and the very serious injury he had suffered as a result thereof, he would be indemnified under section 171, paragraph 1, of the Federal Compensation Act;

Whereas the Applicant, for his part, declared in the said settlement that he thenceforth renounced all right of indemnification under the Federal and Berlin Compensation Acts and the Act on the Recognition and Care of Victims of Political, Racial and Religious Persecution; whereas the Applicant also undertook to withdraw his constitutional appeal and his Application to the European Commission of Human Rights;

Whereas the Applicant's lawyer informed the Commission, in the déclaré recevable le recours de Niekisch. Comme cette Cour n'a pas encore statué sur le fond, le requérant avait demandé à la Commission d'ajourner l'examen de la requête. La Commission fait droit à cette demande et décide l'ajournement (cf. Procès-verbal).

5 avril 1966: Me. Von Schlabrendorff est invité à informer la Commission dès que la Cour Constitutionnelle Fédérale statue sur le fond du recours formé par Niekisch.

23 mai 1966: La Commission reprend l'examen de la requête. Elle constate que le requérant n'a pas encore communiqué l'arrêt de la Cour Constitutionnelle Fédérale quant au fond et décide d'ajourner l'examen de la recevabilité de la présente requête (cf. Procès-verbal).

5 juillet 1966: Me. Von Schlabrendorff informe la Commission qu'à la suite d'une transaction conclue le 21 juin 1966 entre le Land de Berlin et le requérant (cf. Doc. D 13147), celui-ci désire retirer sa requête pendante devant la Commission.

EN DROIT

Considérant tout d'abord que le requérant, dans sa requête introductive, a demandé "la réparation du préjudice que lui avait causé le régime national-socialiste";

Considérant ensuite que la Commission a ajourné, à plusieurs reprises, l'examen de la recevabilité de la présente requête en attendant l'arrêt de la Cour Constitutionnelle Fédérale sur le recours qu'avait introduit Ernst Niekisch;

Considérant d'autre part que l'avocat du requérant a informé la Commission par lettre du 5 juillet 1966 que le Land de Berlin et le requérant avaient conclu le 21 juin 1966 une transaction mettant fin à leur litige;

Que par cette transaction le Land de Berlin a reconnu au requérant que celui-ci avait été un des chefs de file spirituels de la résistance contre le national-socialisme dès avant 1933 et qu'en raison de cette résistance et des dommages très graves qu'elle a attirés à Niekisch, des allocations lui sont accordées comme indemnité compensatrice selon l'article 171 par. 1er de la Loi fédérale sur les indemnisations;

Que le requérant, de son côté, a déclaré, dans ladite transaction, renoncer désormais à tout droit d'indemnisation selon la Loi fédérale et la Loi berlinoise sur les indemnisations et selon la Loi sur la reconnaissance et l'entretien des victimes de persécutions politique, raciale et religieuse; que le requérant s'est aussi engagé à retirer le recours constitutionnel et la requête devant la Commission européenne des Droits de l'Homme.

Considérant que l'avocat du requérant a informé la Commission, above-mentioned letter, that the Applicant wished to withdraw his Application to the Commission;

Whereas the Commission finds that, in the circumstances, compliance with the Applicant's request for the removal of his Application from the list is not hindered by any general consideration affecting observance of the Convention for the Protection of Human Rights and Fundamental Freedoms;

Now therefore the Commission

DECIDES TO STRIKE THE APPLICATION OFF THE LIST.

Application No. 1706/62

X *against* AUSTRIA

Final decision of 4th October, 1966

...

THE FACTS

Whereas the facts as presented by the Applicant may be summarised as follows:

The Applicant was an Austrian citizen since 1957. When lodging the present Application, he lived in Vienna but he subsequently moved to Israel. He was born in 1903 in Poland and was represented before the Commission by Mr. A, a barrister practising in Tel-Aviv.

While the present Application was pending before the Commission the Applicant died on ... 1965. His representative Mr. A then informed the Commission that the Applicant's wife Mrs. B and his children, Mrs. C and Mr. D, wished to maintain the Application.

On ... 1957, the Applicant acquired from the Austrian Republic a factory site with buildings at Hirm (Burgenland). The sale agreement explicitly stipulated that the factory property was sold for the purpose of setting up a superphosphate factory. The Applicant assumed the obligation to start within one year's time the production of superphosphate, the intention being that the production should take place in the name of a company which had then not yet been founded. The granting of ERP investment credits (American capital) was envisaged by the Austrian Government and an application for such credits would be submitted later on condition that the economic development of the company proved satisfactory. The Applicant has stated that, in addition to the actual contents of the contract, the Burgenland authorities gave dans la lettre susmentionnée, que Niekisch désire retirer sa requête pendante devant la Commission;

Que la Commission constate que nulle considération d'ordre général touchant au respect de la Convention de Sauvegarde des Droits de l'Homme et des Libertés fondamentales ne s'oppose en l'espèce à la demande de radiation formulée par le requérant:

Par ces motifs,

DECIDE DE RAYER LA REQUETE DU ROLE.

Requête No. 1706/62

X. *contre* L'AUTRICHE

Décision finale du 4 octobre 1966

(*Traduction*)

...

EN FAIT

Considérant que les faits de la cause, tels qu'ils ont été présentés par le requérant, peuvent se résumer ainsi:

Le requérant, né en Pologne en 1903, possédait la nationalité autrichienne depuis 1957. A l'époque où il a introduit la présente requête, il vivait à Vienne, mais il s'est établi par la suite en Israël. Il était représenté devant la Commission par M. A., avocat exerçant à Tel-Aviv.

Alors que la présente requête se trouvait pendante devant la Commission, le requérant est décédé le ... 1965. Son représentant, M. A., a informé alors la Commission que l'épouse du requérant, Mme B., et ses enfants, Mme C. et M. D., désiraient maintenir la requête.

Le ... 1957, le requérant a acheté à la République Autrichienne un terrain industriel et des bâtiments situés à Hirm (Burgenland). L'acte de vente stipulait explicitement que la cession avait pour but l'installation d'une usine de superphosphate. Le requérant s'engageait à commencer à produire du superphosphate dans un délai d'un an, étant entendu que la production serait assurée par une société qui n'était pas encore fondée. L'octroi de crédits d'investissements au titre du programme de relèvement européen (capitaux américains) a été envisagé par le Gouvernement autrichien et ces crédits devaient être sollicités ultérieurement, à condition que le développement économique de la société se révèle satisfaisant. Le requérant a déclaré qu'en plus des garanties prévues explicitement par le contrat, les autorités du Burgenland lui avaient laissé en-him to understand that he could expect credits and Government guarantees, and this promise was a necessary condition for his decision to buy the site and establish the factory.

It would, however, be required that the Burgenland Government could exercise a certain control over the company and it was agreed that the Land should be represented by certain members on the Supervisory Board of the company. These members of the Board appointed by the Land were, in the Applicant's opinion, to be considered as the official representatives of the Austrian Republic.

On ... 1957, the new company was founded under the name of "... in Hirm A.G.". The Applicant held $91^2/_3\%$ of the shares and was the president of the company. The remaining shares were held by other persons, who, like the Applicant, were of Jewish origin.

The Applicant stated that a State-owned company which also produced superphosphate had at first had no objection to the foundation of his factory but, as it appeared that his production was of higher quality and cheaper than that of the State-owned company, the Applicant was considered to be an undesirable competitor; the State-owned company, therefore, changed its policy and its aim became to take over the business of the Applicant's company.

As a result of the action of the State-owned company and the public authorities, the Applicant's company had certain financial difficulties in 1958, and the Applicant gave notice of dismissal to all workmen and employees, increased the share capital and decided, for the time being, to close down the factory. However, the Supervisory Board consisting of delegates of the Land objected to these measures and obliged him to revoke them.

Although the Applicant also tried other ways of solving the financial problems of the company, these attempts were unsuccessful by reason of the attitude of the authorities and the various organs acting on their behalf. Finally, on ... 1958, the "... in Hirm A.G." was made bankrupt, although, in the Applicant's opinion, the company was in no way insolvent but merely faced with a temporary shortage of working capital as a result of the acts of the authorities. He stated that in fact the assets of the company had a value of 30 million schillings, whereas the liabilities only amounted to 3.5 million schillings.

The bankruptcy proceedings took place before the Regional Court (*Landesgericht*) of Eisenstadt although the Applicant's company no longer did any business within the jurisdiction of Eisenstadt. As at that time the company had its headquarters in Vienna, the Applicant asked for the proceedings to be transferred to Vienna but his requests were unsuccessful.

tendre qu'il pourrait obtenir des crédits et des garanties du Gouvernement et que, sans cette promesse, il n'aurait pas décidé d'acheter le terrain et d'y implanter une usine.

Néanmoins, le Gouvernement du Burgenland tenait à exercer un certain contrôle sur la société et il a été convenu que le Land serait représenté au Conseil d'Administration de la société. Les membres du Conseil désignés par le Land devaient donc être considérés, de l'avis du requérant, comme les représentants officiels de la République autrichienne.

Le ... 1957, la nouvelle société fut fondée sous le nom de "... in Hirm A.G.". Le requérant détenait 91,66% des actions et était président de la société. Le reste des actions était détenu par d'autres personnes qui, comme le requérant, étaient d'origine israélite.

Le requérant a déclaré qu'une société d'Etat, qui produisait également du superphosphate, n'avait d'abord manifesté aucune opposition à la fondation de son usine, mais que, lorsqu'il apparut que ses produits étaient moins chers et de meilleure qualité que ceux de ladite société, il fut considéré comme un concurrent indésirable; la société d'Etat a donc modifié son attitude et a cherché désormais à évincer la société du requérant.

En raison du comportement de la société d'Etat et des pouvoirs publics, la société du requérant a connu certaines difficultés financières en 1958, de sorte que le requérant a licencié avec préavis tous ses ouvriers et employés, a augmenté le capital et a décidé de fermer provisoirement l'usine. Cependant, le Conseil d'Administration, qui comprenait des délégués du Land, s'est opposé à l'adoption de ces mesures et a contraint le requérant à les annuler.

Bien que le requérant eût essayé également de résoudre par d'autres moyens les problèmes financiers de la société, ses tentatives ont été sans résultat en raison de l'attitude des pouvoirs publics et des divers organes qui agissaient en leur nom. Finalement, le ... 1958, la "... in Hirm A.G." fut déclarée en faillite, bien que, de l'avis du requérant, la société ne fût en aucune manière insolvable mais que ses difficultés fussent simplement dues à une insuffisance temporaire de son capital de roulement, résultant de l'action des autorités. Il a déclaré qu'en fait, l'actif de la société représentait une valeur de 30 millions de schillings alors que son passif ne s'élevait qu'à 3,5 millions de schillings.

La procédure de faillite s'est déroulée devant le Tribunal régional (*Landesgericht*) d'Eisenstadt, bien que la société du requérant n'exerçât plus aucune activité dans la circonscription d'Eisenstadt. Etant donné qu'à cette époque, la société avait son siège à Vienne, le requérant a demandé que la procédure soit transférée à Vienne, mais il s'est heurté à un refus.

The Applicant further stated that the Official Receiver (*Masseverwalter*) was the attorney of the State-owned company and for this reason he asked, on behalf of his company, for the dismissal of the Receiver and at the same time he also requested the dismissal of certain members of the Board of Creditors (*Gläubigerausschuss*). These requests were rejected on ... 1962, by the Regional Court of Eisenstadt and on ... 1962, on appeal, by the Court of Appeal (*Oberlandesgericht*) of Vienna.

As regards the administration of the property by the Official Receiver, the Applicant made a number of allegations. In his opinion, the property was sold at ridiculously low prices and he added that a person named M was not allowed to buy certain parts of the property on the ground that he was a Jew.

Criminal proceedings were also instituted against the Applicant in respect of bankruptcy offences. On ... 1961, he was convicted by the Regional Court for Criminal Cases (*Landesgericht für Strafsachen*) in Vienna in respect of insolvency caused through negligence (*fahrlässige Krida*) and other offences. He was sentenced to six months' imprisonment with the additional penalty of "sleeping hard" (*hartes Lager*) once a month. The execution of the punishment was suspended on his remaining on good behaviour for a period of three years. The Applicant was also fined 2.2 million schillings.

An appeal (*Berufung*) and a plea of nullity (*Nichtigkeitsbeschwerde*) were lodged by the Applicant but were rejected by the Supreme Court (*Oberster Gerichtshof*) on ... 1962. The plea of nullity was heard in a public session at which the Applicant's lawyer was present, whereas the appeal was heard in a non-public session at which the Attorney-General was present, but not the Applicant or his lawyer.

The Applicant alleged that the Austrian authorities acted with a view to destroying the Applicant's company and to ruining the Applicant himself. He submits that the various specific actions should be looked at in this general context. The alleged motives inspiring the authorities were, first, anti-semitic ideas, the Applicant being a Jew, and secondly, the wish to remove the Applicant's company as being a competitor of the State-owned company.

The Applicant alleged that Article 6, paragraphs (1) and (3) (d), in conjunction with Article 14 of the Convention, had been violated in respect of the proceedings regarding the criminal charges against him. His complaints on this point may be summarised as follows:

(a) No witnesses for the defence were admitted before the Regional Court;

(b) The Regional Court was not impartial because it had to make a report to the administrative authorities regarding the proceedings (*Berichtsache*). For this reason, the Court could not be considered independent and impartial;

Le requérant a déclaré, en outre, que le syndic de faillite (*Masseverwalter*) était l'avoué de la société d'Etat et que, pour cette raison, il avait demandé, au nom de sa société, son remplacement ainsi que celui de certains membres du comité des créanciers (*Gläubigerausschuss*). Ces requêtes ont été rejetées le ... 1962 par le Tribunal régional d'Eisenstadt et le ... 1962, en appel, par la Cour d'Appel (*Oberlandesgericht*) de Vienne.

En ce qui concerne l'administration des biens par le syndic de faillite, le requérant a avancé plusieurs arguments. A son sens, les biens ont été vendus à un prix ridiculement bas et, en outre, une personne du nom de M. n'a pas été autorisée à acheter une partie de ces biens sous prétexte qu'il était israélite.

Des poursuites pénales ont également été intentées contre le requérant pour des délits ayant trait à la faillite. Le ... 1961, il a été reconnu coupable de banqueroute simple (*fahrlässige Krida*) et d'autres délits par le Tribunal correctionnel (*Landesgericht für Strafsachen*) de Vienne. Il a été condamné à une peine de 6 mois de prison avec "couche dure" (*hartes Lager*) une fois par mois. Le sursis lui a été accordé à condition que sa conduite soit satisfaisante pendant une période de trois ans. Le requérant s'est vu également infliger une amende de 2,2 millions de schillings.

Le requérant a fait appel (*Berufung*) et a introduit un recours en cassation (*Nichtigkeitsbeschwerde*), mais ses recours ont été rejetés par la Cour Suprême (*Oberster Gerichtshof*) le ... 1962. Le pourvoi en cassation a été examiné au cours d'une audience contradictoire à laquelle assistait l'avocat du requérant, tandis que l'appel a été examiné au cours d'une audience non publique, en présence du Procureur Général mais non du requérant, ni de son avocat.

Le requérant a soutenu que les autorités autrichiennes avaient agi dans l'intention d'éliminer sa société et de le ruiner. Il a fait valoir que les diverses mesures particulières devraient être considérées dans ce contexte général. Les motifs qui auraient inspiré les autorités auraient été en premier lieu des sentiments antisémites – le requérant étant israélite – et, deuxièmement, le désir d'éliminer la société du requérant, qui concurrençait la société d'Etat.

Le requérant a soutenu que l'article 6, par. 1 et 3 (d), combiné avec l'article 14 de la Convention, avaient été violés dans la procédure relative à l'action pénale intentée contre lui. Ces griefs en la matière peuvent se résumer ainsi:

(a) Aucun témoin à décharge n'a été admis devant le Tribunal régional;

(b) Le Tribunal régional n'était pas impartial, car il devait faire rapport aux autorités administratives sur la procédure (*Berichtsache*). Pour cette raison, le Tribunal ne pouvait pas être tenu pour indépendant et impartial;

(c) The Regional Court was not impartial, because the President was a former member of the Nazi party (NSDAP), whereas the Applicant was a Jew;
(d) Documentary evidence was disregarded or deliberately misappreciated and the facts of the case were distorted;
(e) The indictment contained certain references to the Applicant's Jewish faith and origin;
(f) Neither the Applicant nor his lawyer was present when his appeal was heard by the Supreme Court, whereas the Attorney-General was present.

The Applicant further alleged a violation of Article 1 of the Protocol in conjunction with Article 14 of the Convention and he referred in particular to the following actions which, in his opinion, were all aimed at depriving him of his property:

(a) When the Applicant started his business, certain investment credits were envisaged by the Austrian Government and, moreover, the Burgenland Government undertook to grant a guarantee amounting to one million dollars. The authorities failed to keep these promises;

(b) The supervisors of the company appointed by the Burgenland Government abused the confidence placed in them by giving away factory plans and manufacturing secrets to his competitor, the State-owned company;

(c) As the Applicant did not receive certain credits, he gave notice to all workmen and employees and decided, for the time being, to close down the factory. The supervisors appointed by the Burgenland Government objected to this and the Applicant was obliged by them to revoke the measures envisaged by him;
(d) The Applicant received certain credits, apparently from a bank and a private person who, according to him, were acting as agents of State organs. These credits were meant to be replaced by new credits after Government guarantees had been granted. However, the credits which he characterises as "cut-throat credits" or *Mordkredite* were withdrawn prematurely and without warning and the Government did not give the necessary guarantees for the granting of new credits;
(e) In order to meet certain obligations, the Applicant wished to sell a piece of land. As a creditor, a Savings Bank intervened and prevented the sale. The Applicant apparently considered that the Savings Bank acted on behalf of the authorities;

(c) Le Tribunal régional n'était pas impartial, car son Président était un ancien membre du parti nazi (NSDAP), alors que le requérant était israélite;
(d) Des preuves littérales ont été écartées ou délibérément négligées et les faits de la cause ont été déformés;
(e) L'acte d'accusation contenait certaines allusions à l'origine et à la confession israélites du requérant;
(f) Ni le requérant, ni son avocat n'étaient présents lorsque son recours a été examiné par la Cour Suprême, alors que le Procureur Général était présent.

Le requérant a prétendu, en outre, que l'article 1er du Protocole additionnel, combiné avec l'article 14 de la Convention, avait été violé et il a mentionné en particulier les mesures ci-après qui, à son avis, avaient toutes pour but de le déposséder de ses biens:

(a) Lorsque le requérant s'est lancé dans l'activité en question, le Gouvernement autrichien a envisagé de lui octroyer certains crédits d'investissement et le Gouvernement du Burgenland s'est engagé à lui accorder une garantie d'un million de dollars. Les pouvoirs publics n'ont pas tenu ces promesses;
(b) Les membres du Conseil d'Administration de la société désignés par le Gouvernement du Burgenland ont abusé de la confiance placée en eux en communiquant les plans de l'usine et des secrets de fabrication à son concurrent, la société d'Etat;
(c) Comme le requérant n'avait pas reçu certains crédits, il a licencié tous ses ouvriers et employés et a décidé de fermer provisoirement l'usine. Les membres du Conseil d'Administration désignés par le Gouvernement du Burgenland se sont opposés à ces mesures et ont obligé le requérant à les annuler;
(d) Le requérant a reçu certains crédits, apparemment d'une banque et d'un particulier qui, selon lui, agissaient en tant qu'agents des organismes d'Etat. Ces crédits devaient être remplacés par de nouveaux crédits une fois que le Gouvernement aurait accordé certaines garanties. Néanmoins, ces crédits, qu'il qualifie de "draconiens" (*Mordkredite*) ont été retirés prématurément et sans préavis et le Gouvernement n'a pas accordé les garanties nécessaires pour l'octroi de nouveaux crédits;
(e) Afin de faire face à certaines obligations, le requérant souhaitait vendre un terrain. Une Caisse d'Epargne est intervenue, en sa qualité de créancier, pour s'opposer à la vente. Le requérant a considéré apparemment que la Caisse d'Epargne avait agi au nom des autorités;

(f) The bankruptcy proceedings took place before the Regional Court of Eisenstadt, although the company then had its headquarters in Vienna. Requests for the transfer of the proceedings to the Regional Court of Vienna were of no avail;

(g) The Official Receiver was the attorney of the State-owned company and should therefore not have been appointed to hold a function in the bankruptcy proceedings;

(h) The assets of the company were sold at ridiculously low prices. In this connection, it was also stated that the Receiver had refused to sell certain buildings to a bidder of Jewish origin named M, although his offer had been higher. On the other hand, a non-Jewish bidder had received subsidies out of public funds in order to be able to pay the purchase price;

(i) The Board of Creditors (*Gläubigerausschuss*) refused to admit any claims of Jewish creditors and, moreover, unjustified claims of non-Jewish creditors were admitted.

PROCEEDINGS BEFORE THE COMMISSION

Whereas the following proceedings have taken place before the Commission:

By partial decision of 2nd July 1964, the Commission decided:

(a) to declare inadmissible the parts of the Application which relate to the terms of the indictment against the Applicant and to the proceedings before the Supreme Court;

(b) to adjourn its examination of the remaining parts of the Application pending the submission by the Respondent Government of its observations on their admissibility in accordance with Rule 45, paragraph 3 (b), of the Rules of Procedure.

The observations of the Government were submitted on 28th September 1964, and the Applicant submitted his reply on 22nd October 1964.

On 15th February 1965, the Commission considered the Parties' submissions and decided to invite the Government to submit a counter-reply to the Applicant's submissions of 22nd October 1964.

Before this decision had been communicated to the Parties, the Government submitted, on 15th February 1965, on its own initiative, a short pleading dated 10th February 1965. As this pleading was submitted apart from the formal pleadings requested by the

(f) La procédure de faillite s'est déroulée devant le Tribunal régional d'Eisenstadt, bien que la société eût alors son siège à Vienne. Des demandes de renvoi de la procédure devant le Tribunal régional de Vienne sont restées sans effet;
(g) Le syndic de faillite était l'avoué de la société d'Etat et n'aurait donc pas dû se voir confier de fonctions dans la procédure de faillite;
(h) Les biens de la société ont été vendus à un prix ridiculement bas. A cet égard, le requérant a également affirmé que le syndic avait refusé de vendre certains bâtiments à un acquéreur d'origine israélite du nom de M., bien que son offre ait été plus élevée. Par contre, un acquéreur non israélite aurait reçu une subvention provenant de fonds publics, ce qui lui aurait permis de payer le prix demandé;
(i) Le Comité des créanciers (*Gläubigerausschuss*) a refusé d'admettre toutes les créances présentées par des créanciers israélites et il a admis par contre des créances injustifiées présentées par des créanciers non israélites.

PROCEDURE DEVANT LA COMMISSION

Considérant que la procédure devant la Commission s'est déroulée de la façon suivante:

Par une décision partielle en date du 2 juillet 1964, la Commission a décidé:

(a) de déclarer irrecevables les parties de la requête relatives aux termes de l'acte d'accusation établi contre le requérant et à la procédure devant la Cour Suprême;
(b) de surseoir à examiner le restant de la requête en attendant que le Gouvernement défendeur lui ait communiqué ses observations sur la recevabilité, conformément à l'article 45, par. 3 (b) du Règlement intérieur de la Commission.

Les observations du Gouvernement ont été communiquées à la Commission le 28 septembre 1964 et le requérant a présenté sa réponse le 22 octobre 1964.

Le 15 février 1965, la Commission a examiné les conclusions présentées par les parties et a décidé d'inviter le Gouvernement à présenter une réplique aux conclusions du requérant en date du 22 octobre 1964.

Avant que cette décision eût été portée à la connaissance des parties, le Gouvernement a présenté de sa propre initiative, le 15 février 1965, un bref mémoire en date du 10 février 1965. Etant donné que ce mémoire ne faisait pas partie des mémoires officiels

Commission, it was not communicated to the Applicant. At a subsequent stage of the proceedings, namely on 12th July 1966, the Commission thought it necessary to consider the question whether the pleading of 10th February 1965 should be communicated to the Applicant before a decision was taken on admissibility. The Commission observed that in this pleading the Government had raised two objections to admissibility and the Commission found that:

(a) the first objection, namely, that the Applicant's company, but not the Applicant himself, could be considered a victim of the alleged violations of the Convention, could not be accepted (see Commission's opinion as expressed below);

(b) the second objection, namely, that the domestic remedies had not been exhausted, had been dealt with in other pleadings by both Parties.

Consequently, the Commission arrived at the conclusion that the contents of this pleading could in no way influence the decision as to admissibility and that therefore it was superfluous to communicate it to the Applicant.

Pursuant to the Commission's request of 15th February 1965, the Government submitted, on 29th March 1965, its counter-reply to the Applicant's observations of 22nd October 1964. On 28th April 1965, the Applicant submitted his rejoinder.

On 1st June 1965, the Commission decided to invite the Parties to attend an oral hearing on two specific questions in the case. The date of the hearing was subsequently fixed for 17th December 1965.

On 20th July 1965, the Applicant submitted certain comments dated 10th July 1965, and relating to the two questions formulated by the Commission. On the President's instructions, a copy of these comments (excluding certain passages which were considered irrelevant at that stage of the proceedings) was sent to the Government for information.

By letter of 5th November 1965, the Applicant's lawyer, Mr. A, informed the Commission's Secretary that the Applicant had died but that his wife and children intended to pursue the case. He also asked for an adjournment of the hearing and suggested that, if possible, the Parties should be asked to reply in writing to the two specific questions formulated by the Commission.

On 10th December 1965, the Commission decided, in view of this request, to adjourn the question of holding an oral hearing and to ask Mr. A, in the meanwhile, to submit certain information regarding the Applicant's heirs and their competence to pursue the proceedings.

By letter of 30th January 1966, Mr. A supplied the information demandés par la Commission, il n'a pas été communiqué au requérant. A un stade ultérieur de la procédure, le 12 juillet 1966, la Commission a jugé nécessaire d'examiner la question de savoir si le mémoire du 10 février 1965 devait être communiqué au requérant avant qu'une décision soit prise sur la recevabilité. La Commission a constaté que, dans ce mémoire, le Gouvernement avait formulé deux objections contre la recevabilité et a décidé que:

(a) la première objection, selon laquelle la société du requérant, mais non le requérant lui-même, pouvait être considérée comme victime des violations alléguées de la Convention, ne pouvait pas être retenue (voir plus loin l'opinion exprimée par la Commission);
(b) la deuxième objection, selon laquelle les voies de recours internes n'avaient pas été épuisées, avait fait l'objet d'autres mémoires présentés par les deux parties.

La Commission est donc arrivée à la conclusion que le contenu de ce mémoire ne pouvait, en aucune façon, influencer la décision sur la recevabilité et qu'il était donc superflu de le communiquer au requérant.

En réponse à une demande formulée par la Commission, le 15 février 1965, le Gouvernement a présenté, le 29 mars 1965, sa réponse aux observations formulées par le requérant le 22 octobre 1964. Le 28 avril 1965, le requérant a présenté sa réplique.

Le 1er juin 1965, la Commission a décidé d'inviter les deux parties à assister à une audience contradictoire portant sur deux questions particulières concernant l'affaire. La date de l'audience a été fixée par la suite au 17 décembre 1965.

Le 20 juillet 1965, le requérant a communiqué certains commentaires en date du 10 juillet 1965 relatifs aux deux questions formulées par la Commission. Conformément aux instructions données par le Président, une copie de ces commentaires (à l'exclusion de certains passages jugés hors de propos à ce stade de la procédure) a été adressée au Gouvernement, à titre d'information.

Par une lettre en date du 5 novembre 1965, l'avocat du requérant, M. A., a informé le Secrétaire de la Commission que le requérant était décédé, mais que sa femme et ses enfants avaient l'intention de poursuivre la procédure. Il demandait en outre que l'audience soit remise et que, si possible, les parties soient invitées à répondre par écrit aux deux questions précises posées par la Commission.

Le 10 décembre 1965, la Commission a décidé, à la suite de cette demande, d'ajourner l'audience contradictoire et de demander dans l'intervalle à M.A. de fournir certains renseignements sur les héritiers du requérant et leur capacité de poursuivre la procédure.

Dans une lettre en date du 30 janvier 1966, M.A. a fourni les required and also informed the Commission that the heirs were prepared to rely on the submissions made in the Applicant's letter of 10th July 1965.

On 13th April 1966, the Government submitted its observations on the two questions formulated by the Commission.

At its meetings on 12th, 13th and 15th July 1966, the Commission took the view that, as the present case mainly concerned the right of property, the proceedings had not been extinguished by the Applicant's death and that his wife and children who had stated to be his legal heirs would be competent to continue the proceedings. The Commission also decided to invite them to submit a reply to the Government's observations of 13th April 1966. This reply was subsequently submitted by way of a pleading dated 23rd August 1966.

In accordance with Rule 45 of the Commission's Rules of Procedure, various groups of three members had met during the course of the proceedings and most recently on 20th May and 21st September 1966.

SUBMISSIONS ON ADMISSIBILITY AND COMMISSION'S DECISION

Whereas the Commission has received submissions from the Applicant and also, where it found appropriate, invited the Austrian Government to make submissions in reply;

Whereas the Parties' submissions and the Commission's decision on the admissibility of the various parts of the Application may be summarised as follows:

I. *Alleged violations of Article 6 (in conjunction with Article 14) of the Convention*

SUBMISSIONS

By its partial decision of 2nd July 1964, the Commission declared inadmissible certain complaints relating to Article 6 alone and also to Article 6 together with Article 14 of the Convention. In addition to these complaints, the *Applicant* also made the following allegations:

No witnesses for the defence were allowed to be called in the criminal proceedings against the Applicant although such witnesses had been named by the defence after the indictment had been received.

The criminal proceedings were an example of questionable practices on the part of the authorities since the Executive influenced the Judiciary in a manner which was contrary to the Constitution and to the fundamental principles of the separation of the renseignements demandés et a également informé la Commission que les héritiers étaient disposés à s'en tenir aux conclusions exposées dans la lettre du requérant en date du 10 juillet 1965.

Au cours des réunions qu'elle a tenues les 12, 13 et 15 juillet 1966, la Commission a estimé que, puisque la présente affaire portait principalement sur le droit de propriété, la procédure n'avait pas été arrêtée par le décès du requérant et que sa femme et ses enfants, qui avaient déclaré être ses héritiers légitimes, avaient qualité pour poursuivre la procédure. La Commission a également décidé de les inviter à répondre aux observations formulées par le Gouvernement le 13 avril 1966. Cette réponse a été présentée par la suite sous la forme d'un mémoire en date du 23 août 1966.

Conformément à l'article 45 du Règlement intérieur de la Commission, divers groupes de trois membres se sont réunis au cours de la procédure, les dernières réunions s'étant tenues le 20 mai et le 21 septembre 1966.

CONCLUSIONS RELATIVES A LA RECEVABILITE ET DECISION DE LA COMMISSION

Considérant que la Commission a reçu les conclusions formulées par le requérant et qu'elle a également, lorsqu'elle a jugé bon de le faire, invité le Gouvernement autrichien à répondre à ses allégations;

Considérant que l'argumentation des parties et la décision de la Commission sur la recevabilité des diverses parties de la requête peuvent se résumer ainsi:

I. *Violations alléguées de l'article 6 (combiné avec l'article 14) de la Convention*

ARGUMENTATION

Par sa décision partielle du 2 juillet 1964, la Commission a déclaré irrecevables certains griefs relatifs à l'article 6 considéré isolément, ainsi qu'à l'article 6 combiné avec l'article 14 de la Convention. Outre ces griefs, le *requérant* a formulé également les allégations ci-après:

Au cours de la procédure pénale contre le requérant, la défense n'a pu faire entendre aucun témoin, bien qu'elle en ait cité plusieurs après avoir reçu communication de l'acte d'accusation.

Les autorités ont eu recours à des procédés contestables au cours de la procédure pénale; en effet, le pouvoir exécutif a exercé sur le pouvoir judiciaire une influence contraire à la Constitution et aux principes fondamentaux de la séparation des pouvoirs. Pour in-judiciary from the administration. As a means of influencing the court, the Executive made the case a so-called *Berichtsache*, i.e. the court had to report on the case to the Executive.

A certain former member of the Nazi party was appointed President of the Court and was later promoted to a higher court after judgment had been pronounced.

The result was that documents submitted by the Applicant were disregarded or deliberately mis-appreciated and facts substantiated by documents or witnesses were distorted.

In regard to the complaint that no witnesses for the defence had been allowed to be called before the Regional Court, the Commission's Secretary wrote to the Applicant's lawyer on 29th November 1963, asking him to provide more detailed information; in particular, he was asked to indicate the names of the witnesses who had not been summoned and he was also invited to state whether or not this refusal on the part of the court had been raised as an issue during the subsequent proceedings before the Supreme Court.

In reply, the Applicant's lawyer submitted a decision of the Regional Court dated ... 1960, by which the Court had rejected the Applicant's request to call certain witnesses at the trial, on the ground that the Public Prosecutor had already called other witnesses to give evidence on the same points. The Applicant's lawyer further stated that "according to the law of Austria there is no appeal against the decision of the Court regarding witnesses".

THE LAW (regarding the allegations under I).

Whereas the Applicant has stated that, in Austrian law, there was no remedy against the refusal of the Regional Court to hear witnesses; whereas, however, the Commission observes that this point could have been raised in a plea of nullity (*Nichtigkeitsbeschwerde*) against the final judgment in accordance with Article 281, paragraph (4), of the Austrian Code of Criminal Procedure (*Strafprozessordnung*); whereas the Applicant apparently failed to invoke this point in the plea of nullity which he lodged with the Supreme Court; whereas, therefore, he has not exhausted the domestic remedies within the meaning of Article 26 of the Convention;

Whereas the Applicant has also alleged that the Regional Court was influenced by the administrative authorities and has stated, in particular, that the Court was called upon to report on the case to these authorities, as the case had been declared a *Berichtsache*; whereas the Commission finds no appearance of any undue influence having been exercised on the Court; whereas consequently, this allegation is manifestly ill-founded within the meaning of Article 27, paragraph (2), of the Convention;

fluencer le tribunal, le pouvoir exécutif a décrété que l'affaire était une "Berichtsache", ce qui veut dire que le tribunal devait faire rapport sur l'affaire au Pouvoir exécutif.

Un ancien membre du parti nazi a été nommé Président du tribunal; par la suite, il a bénéficié d'une promotion, une fois le jugement rendu.

Il en est résulté que des pièces produites par le requérant ont été écartées ou délibérément négligées et que des faits confirmés par des documents ou des témoins ont été déformés.

En ce qui concerne l'allégation suivant laquelle la défense n'aurait pu faire entendre aucun témoin devant le tribunal régional, le Secrétaire de la Commission a écrit, le 29 novembre 1963, à l'avocat du requérant pour lui demander de fournir des renseignements plus détaillés; il lui demandait en particulier d'indiquer le nom des témoins qui nauraient pas été convoqués et de préciser si la question du refus opposé par le tribunal avait été soulevée au cours de la procédure ultérieure devant la Cour suprême.

Dans sa réponse, l'avocat du requérant a communiqué une décision du Tribunal régional, en date du ... 1960, par laquelle le tribunal avait rejeté la demande formulée par le requérant tendant à ce que certains témoins soient entendus au cours du procès, pour le motif que le ministère public avait déjà demandé que d'autres témoins soient entendus sur les mêmes points. L'avocat du requérant a indiqué en outre que "selon le droit autrichien, la décision du tribunal concernant les témoins est sans appel".

EN DROIT (en ce qui concerne les allégations exposées au par. I).

Considérant que le requérant a affirmé qu'aux termes du droit autrichien, le refus opposé par le Tribunal régional à l'audition de témoins était sans appel; que, toutefois, la Commission observe que ce point aurait pu être soulevé dans un recours en annulation (*Nichtigkeitsbeschwerde*) contre le jugement définitif, en vertu de l'article 281, par. 4, du Code autrichien de procédure pénale (*Strafprozessordnung*); considérant qu'apparemment, le requérant n'a pas invoqué ce point dans le recours en annulation qu'il a formulé devant la Cour suprême; qu'il n'a donc pas épuisé les voies de recours internes au sens de l'article 26 de la Convention;

Considérant que le requérant a également affirmé que le Tribunal régional avait été influencé par les autorités administratives et qu'il a indiqué, en particulier, que le tribunal avait été invité à faire rapport sur l'affaire à ces autorités, puisque l'affaire avait été décrétée "*Berichtsache*"; que la Commission estime qu'il n'apparaît pas que des pressions illégitimes aient été exercées sur le tribunal; qu'en conséquence, cette allégation est manifestement mal fondée au sens de l'article 27, par. 2, de la Convention;

Whereas, as regards the allegation that the Regional Court was not impartial, since its President was a former member of the Nazi party, the Commission observes that the Applicant could have raised this point in a plea of challenge (*Ablehnung*) of the judge concerned; whereas he apparently failed to do this; whereas it follows that, in this regard, he has not exhausted the domestic remedies within the meaning of Article 26 of the Convention;

Whereas, in so far as the Applicant alleges that evidence was disregarded or deliberately mis-appreciated and that facts were distorted, the Commission has observed that in substance the Applicant raised these allegations in his plea of nullity to the Supreme Court; whereas the Commission has had at its disposal the decision of the Supreme Court by which the Applicant's allegations on this point were rejected; whereas the Commission has observed that the Supreme Court had examined in detail the Applicant's allegations and had given reasonable grounds for their rejection; whereas, furthermore, the Applicant has in no way tried to show that the grounds given by the Supreme Court were not valid; whereas, in these circumstances, the Commission finds no appearance of any violation of the Convention and concludes that this part of the Application is manifestly ill-founded within the meaning of Article 27, paragraph (2), of the Convention.

II. *Alleged violations of Article 1 of the Protocol (in conjunction with Article 14 of the Convention)*

The Applicant's complaints concern a number of specific actions by the authorities but he emphasises that these different actions should not only be looked at separately but also in the light of the alleged general scheme of the Austrian authorities to deprive him of his property. The Government has submitted generally that the Applicant could not be considered a victim and has also raised a number of objections to the admissibility of various specific complaints. Consequently, in the following parts of its decision, the Commission will first examine the Government's general objection; it will then deal with the different allegations separately and, finally, with the question as to whether these allegations considered jointly could disclose any appearance of a violation of the Applicant's rights under Article 1 of the Protocol, possibly in conjunction with Article 14 of the Convention.

1. *Government's general objection to admissibility*

SUBMISSIONS

The *Government* has submitted that the Applicant's company

Considérant qu'en ce qui concerne l'allégation selon laquelle le tribunal régional n'était pas impartial, puisque son président était un ancien membre du parti nazi, la Commission observe que le requérant aurait pu soulever ce point dans une requête en récusation (*Ablehnung*) du juge en question; que, selon toute apparence, il ne l'a pas fait; qu'il en résulte qu'à cet égard, il n'a pas épuisé les voies de recours internes au sens de l'article 26 de la Convention;

Considérant que, pour autant que le requérant affirme que des témoignages ont été écartés ou délibérément négligés et que des faits ont été déformés, la Commission a constaté que le requérant avait soulevé ces allégations dans le recours en annulation qu'il a présenté devant la Cour suprême; que la Commission a eu à sa disposition la décision de la Cour suprême qui rejetait les allégations du requérant sur ce point; que la Commission a constaté que la Cour suprême avait examiné de façon détaillée les allégations formulées par le requérant et avait fourni des motifs raisonnables pour leur rejet; qu'au demeurant, le requérant n'a essayé en aucune façon de montrer que les raisons données par la Cour suprême n'étaient pas valables; que, dans ces circonstances, la Commission ne constate aucune apparence de violation de la Convention et conclut que cette partie de la requête est manifestement mal fondée au sens de l'article 27, par. 2, de la Convention.

II. *Violation alléguées de l'article 1er du Protocole additionnel (combiné avec l'article 14 de la Convention)*

Les griefs du requérant portent sur plusieurs mesures prises par les autorités, mais le requérant souligne que ces diverses mesures doivent être considérées non seulement en elles-mêmes, mais aussi comme faisant partie d'un plan d'ensemble des autorités autrichiennes qui aurait eu pour but de le priver de ses biens. Le Gouvernement a fait valoir que, d'une façon générale, le requérant ne pouvait pas être considéré comme une victime et il a également formulé plusieurs objections contre la recevabilité des divers griefs particuliers. La Commission examinera donc d'abord, dans la suite de sa décision, l'objection générale formulée par le Gouvernement; elle envisagera ensuite les différentes allégations séparément puis considérera enfin la question de savoir si l'examen de l'ensemble de ces allégations peut permettre de dégager l'apparence d'une violation des droits du requérant, aux termes de l'article 1er du Protocole additionnel, combiné éventuellement avec l'article 14 de la Convention.

1. *Objection générale du gouvernement contre la recevabilité*

ARGUMENTATION

Le *Gouvernement* a fait valoir que la société du requérant pouvait but not the Applicant himself could be considered the victim of the alleged violations of Article 1 of the Protocol. For this reason, the Government did not consider the Applicant competent to lodge an application based on these allegations.

The Commission did not find it necessary to obtain the Applicant's comments on this issue (See above under "Proceedings before the Commission").

THE LAW (regarding the objection under II, 1).

Whereas, even if under Austrian law only the company as such would be entitled to take legal action in regard to the Applicant's complaints, the Commission is of the opinion that the Applicant is to be considered a victim, within the meaning of Article 25 of the Convention, of the alleged violations of Article 1 of the Protocol; whereas, in this respect, the Commission has had particular regard to the fact that about 91% of the shares in that company were held by the Applicant; whereas it follows that the Government's general objection on this point must be rejected.

2. *Failure to grant credits and financial guarantees*

SUBMISSIONS

The *Applicant* stated that ERP investment credits were envisaged for his factory and that the contract by which he acquired the site stipulated that an application for such credits should be submitted after certain conditions had been satisfied. In particular, it was a condition that the factory should go into production and that satisfactory goods were produced. The Burgenland Government undertook to grant the "... in Hirm A. G." a guarantee of the equivalent of 1 million dollars. This promise which was binding on the Government was a condition for the establishment of the factory and the purchase of the site from the Austrian Republic. Although the Applicant fulfilled all his obligations, neither the Austrian Republic nor the Burgenland Government lived up to their promises. The "... in Hirm A. G." did not receive any ERP credits, nor did it receive any guarantees as promised by the Burgenland Government.

THE LAW (regarding the allegations under II, 2).

Whereas the Commission first finds it doubtful whether the Applicant's complaint in this regard considered separately could at all be considered to concern Article 1 of the Protocol; whereas, however, if it was so considered, the Commission observes that Article 137 of the Austrian Federal Constitutional Act (*Bundes-Verfassungsgesetz*) provides that the Constitutional Court (*Verfassungsgerichts-*

se prétendre victime des violations alléguées de l'article 1er du Protocole additionnel, mais non le requérant lui-même. Pour cette raison, il a considéré que le requérant n'avait pas qualité pour introduire une requête fondée sur ces allégations.

La Commission n'a pas jugé nécessaire d'obtenir les commentaires du requérant sur ce point (voir plus haut sous la rubrique "Procédure devant la Commission").

EN DROIT (en ce qui concerne l'objection exposée au Par. II, 1).

Considérant que même si, aux termes du droit autrichien, seule la société en tant que telle, a le droit d'intenter une action en justice fondée sur les griefs formulés par le requérant, la Commission est d'avis que le requérant doit être considéré comme une victime, au sens de l'article 25 de la Convention, des violations alléguées de l'article 1er du Protocole additionnel; considérant qu'à ce propos, la Commission a tout particulièrement tenu compte du fait que le requérant possédait environ 91% des actions de ladite société; qu'il échet, en conséquence, de rejeter l'objection générale formulée par le Gouvernement sur ce point.

2. *Non-octroi de crédits et de garanties financières*

ARGUMENTATION

Le *requérant* a affirmé que des crédits d'équipement au titre du Programme de relèvement européen étaient envisagés pour son usine et que le contrat de vente du terrain stipulait qu'une demande de crédits devrait être présentée une fois que certaines conditions auraient été remplies. En particulier, une de ces conditions était que la production eût commencé et qu'elle fût de qualité satisfaisante. Le Gouvernement du Burgenland s'est engagé à accorder à la "... in Hirm A.G." une garantie équivalente à un million de dollars. Cette promesse, qui liait le Gouvernement, était une condition de l'implantation de l'usine et de l'achat du terrain à la République autrichienne. Bien que le requérant eût rempli toutes ses obligations, ni la République autrichienne ni le Gouvernement du Burgenland n'ont tenu leurs promesses. La "... in Hirm A.G." n'a reçu aucun crédit au titre du Programme de relèvement européen, ni aucune des garanties promises par le Gouvernement du Burgenland.

EN DROIT (en ce qui concerne les allégations exposées au par. II, 2).

Considérant que la Commission doute tout d'abord que l'on puisse considérer que le grief formulé par le requérant à ce sujet, pris isolément, concerne l'article 1er du Protocole additionnel; considérant toutefois que, si tel était le cas, la Commission observe que l'article 137 de la loi constitutionnelle fédérale autrichienne (*Bundesverfassungsgesetz*) prévoit que la Cour constitutionnelle (*Verfassungsgerichtshof*)

hof) is competent to decide on financial claims against the Federation and the Länder, in so far as the ordinary courts and the administrative authorities are not competent; whereas the Applicant has not stated that he availed himself of any legal remedies in regard to this particular complaint; whereas it follows that he has not exhausted the domestic remedies as required by Article 26 of the Convention.

3. *Disclosure of business secrets*

SUBMISSIONS

The *Applicant* stated that the supervisors (*Aufsichtsräte*) delegated by the *Landesregierung*, in violation of the Act on Shares, abused the confidence placed in them by disclosing factory plans and manufacturing secrets to his main competitor, the State-owned company. He further maintained that these supervisors were to be considered as official representatives of the Austrian Republic entrusted with the task of control on behalf of the Government.

THE LAW (regarding the allegations under II, 3).

Whereas the Commission observes that certain remedies existed in Austrian law in regard to this specific action complained of by the Applicant; whereas, first, the Applicant's company could have brought a claim for damages against members of the Supervisory Board according to the relevant provisions of the Act on Shares (*Aktiengesetz* of 1937 then in force); whereas a further remedy might have been an action against the State-owned company possibly based on alleged improper use by that company of protected business secrets; whereas apparently the Applicant did not avail himself of any of these remedies; whereas it follows that the domestic remedies have not been exhausted within the meaning of Article 26 of the Convention;

Whereas the Commission has also discussed the question whether the Applicant could have instituted proceedings against the *Landesregierung* based on an alleged violation of "intellectual property" as protected by Article 5 of the Basic Law (*Staatsgrundgesetz*); whereas a condition for such an action would be that the supervisors could be considered, in the present case, to be organs of the *Landesregierung*; whereas the Commission finds it doubtful whether under Austrian law the fact that the *Landesregierung* had appointed certain members of the Supervisory Board could create a liability for the Land in respect of their action; whereas, in any case, it is not necessary, in connection with the present Application, to examine this problem in greater detail in view of the finding that est compétente pour statuer sur les réclamations formulées contre la Fédération et les Länder en matière financière, pour autant que les tribunaux ordinaires et les autorités administratives ne sont pas compétents; considérant que le requérant n'a pas affirmé avoir utilisé un moyen de recours en ce qui concerne ce grief particulier; qu'il s'ensuit qu'il n'a pas épuisé les voies de recours internes, comme l'exige l'article 26 de la Convention.

3. *Divulgation de secrets industriels*

ARGUMENTATION

Le *requérant* a affirmé que les membres du conseil d'administration (*Aufsichtsräte*) délégués par le *Landesregierung*, ont abusé, en violation de la loi sur les sociétés par actions, de la confiance placée en eux en divulguant les plans de l'usine et des secrets de fabrication à son principal concurrent, la société d'Etat. Il a soutenu, en outre, que ces membres du conseil d'administration devaient être considérés comme les représentants officiels de la République autrichienne, chargés de la surveillance de la société au nom du Gouvernement.

EN DROIT (en ce qui concerne les allégations exposées au par. II, 3).

Considérant que la Commission observe qu'il existe certains recours dans le droit autrichien, en ce qui concerne ce grief particulier formulé pour le requérant; que, tout d'abord, la société du requérant aurait pu introduire une action en dommages-intérêts contre les membres du conseil d'administration, en vertu des dispositions pertinentes de la loi sur les sociétés par action (*Aktiengesetz* de 1937, qui était alors en vigueur); qu'elle aurait pu, en outre, intenter contre la Société d'Etat une action fondée éventuellement sur l'utilisation abusive par cette société de secrets industriels protégés; qu'apparemment, le requérant n'a utilisé aucune de ces voies de recours; qu'il s'ensuit que les voies de recours internes n'ont pas été épuisées au sens de l'article 26 de la Convention.

Considérant que la Commission a également examiné la question de savoir si le requérant aurait pu intenter contre le *Landesregierung* des poursuites fondées sur une violation alléguée de la "propriété intellectuelle" qui est protégée par l'article 5 de la Loi fondamentale (*Staatsgrundgesetz*); considérant que pour que cette action puisse être intentée, il aurait fallu que les membres du Conseil d'administration puissent être considérés en l'espèce comme les représentants du *Landesregierung;* que la Commission doute qu'aux termes du droit autrichien, le fait que le *Landesregierung* ait nommé certains membres du conseil d'administration puisse rendre le Land responsable de leurs actions; qu'en tout état de cause, il n'est pas nécessaire en l'espèce d'examiner ce problème d'une façon approfondie the Applicant had failed to exhaust certain other remedies.

4. *Interference with the Applicant's management of the company*

SUBMISSIONS

The *Applicant* stated that since his company did not receive the necessary credits he decided to give notice to all workmen and employees, to increase the share capital to cover all current obligations and, for the time being, to close down the factory. The Supervisory Board, composed of delegates of the *Landesregierung* opposed these measures on the ground that Burgenland was a distressed area with considerable unemployment, and the Applicant was compelled to follow their decision. Consequently, the Applicant was obliged to revoke his notices of dismissal.

THE LAW (regarding the allegations under II, 4).

Whereas, in respect of this complaint, the Applicant's company could have brought proceedings against members of the Supervisory Board in accordance with the Act on Shares (*Aktiengesetz* of 1937 then in force) claiming compensation in respect of negligence in the exercise of their duties; whereas it does not appear that this remedy was exhausted in the present case; whereas it follows that the Applicant has not complied with the conditions laid down in Article 26 of the Convention;

Whereas, in these circumstances, it is not necessary to examine the question whether the Applicant could also have instituted proceedings against the Land claiming compensation on account of the alleged action of the Supervisory Board.

5. *Withdrawal of credits*

SUBMISSIONS

The *Applicant* submitted that, through the intermediary of a Savings Bank and a private individual, the members of the Supervisory Board obtained for the benefit of the company certain provisional credits which were to be replaced by new credits after a Government guarantee had been granted in accordance with the terms of the purchase contract. However, the credits were withdrawn prematurely and without warning. As the company could not immediately make the payments due, the creditors at once applied to the District Court of Mattersburg for a compulsory administration of the company as a preliminary step to the transfer of its ownership to the State-owned company. This application was immediately granted by the District Court but the Court's decision could not be executed in view of a subsequent settlement.

puisque la Commission a estimé que le requérant n'avait pas épuisé certains autres remèdes.

4. *Ingérence dans la gestion de la société par le requérant*

ARGUMENTATION

Le *requérant* a déclaré que, puisque sa société n'avait pas reçu les crédits nécessaires, il avait décide de licencier tous les ouvriers et employés, d'augmenter le capital pour faire face à tous ses engagements et de fermer provisoirement l'usine. Le conseil d'administration, qui était composé de délégués du *Landesregierung*, s'est opposé à ces mesures, en raison du chômage important qui sévissait dans le Burgenland, et le requérant a été contraint de se conformer à leur décision. En conséquence, le requérant a été obligé d'annuler les licenciements.

EN DROIT (en ce qui concerne les allégations exposées au par. II, 4).

Considérant, en ce qui concerne ce grief, que la société du requérant aurait dû intenter une action contre les membres du conseil d'administration en vertu de la loi sur les sociétés par action (*Aktiengesetz* de 1937, qui était alors en vigueur) et de leur demander réparation pour négligence dans l'exercice de leurs fonctions; qu'il ne semble pas que cette voie de recours ait été épuisée en l'espèce; qu'il s'ensuit que le requérant n'a pas rempli les conditions imposées à l'article 26 de la Convention;

Considérant qu'en ces circonstances, il n'est pas nécessaire d'examiner la question de savoir si le requérant aurait pu également intenter une action contre le Land, en vue d'obtenir réparation pour les mesures qu'aurait prises le conseil d'administration.

5. *Retrait de crédits*

ARGUMENTATION

Le *requérant* a affirmé que, par l'intermédiaire d'une caisse d'épargne et d'un particulier, les membres du conseil d'administration avaient obtenu, pour le compte de la société, certains crédits provisoires qui devaient être remplacés par de nouveaux crédits, une fois que le Gouvernement aurait accordé une garantie conformément aux termes du contrat d'achat. Cependant, ces crédits ont été retirés prématurément et sans préavis. Comme la société était dans l'impossibilité de rembourser immédiatement les sommes dues, les créanciers ont demandé sur le champ au tribunal régional de Mattersburg de placer la société sous administration judiciaire, à titre préalable, en attendant qu'elle soit reprise par la société d'Etat. Le Tribunal régional a donné suite immédiatement à cette requête, mais la décision du tribunal n'a pas pu être exécutée, en raison d'un règlement qui est intervenu par la suite.

THE LAW (regarding the allegations under II, 5).

Whereas the Commission observes that, according to Article 25 of the Convention, it may only deal with petitions from individuals who allege to be victims of a violation of the Convention by one of the High Contracting Parties; whereas in so far as the present complaint is concerned the measures complained of have not been shown by the Applicant to involve the responsibility of the Austrian Republic under the Convention; whereas therefore the Applicant's complaint is incompatible with the Convention *ratione personae* within the meaning of Article 27, paragraph (2), of the Convention.

6. *Interference with the Applicant's sale of a piece of land*

SUBMISSIONS

The *Applicant* submitted that, in order to meet its obligations, the "... in Hirm A.G." decided to sell a small part of the buildings and the site. In order to prevent this, the Savings Bank, as mortgage creditor, applied for the sale of the whole factory estate, thereby preventing the proposed partial sale. This attitude of the Bank made a settlement impossible and the result was that another creditor applied for the institution of bankruptcy proceedings.

THE LAW (regarding the allegations under II, 6).

Whereas the Commission observes that, according to Article 25 of the Convention, it may only deal with petitions from individuals who allege to be victims of a violation of the Convention by one of the High Contracting Parties; whereas in so far as the present complaint is concerned the measures complained of do not appear to involve the responsibility of the Austrian Republic under the Convention; whereas therefore the Applicant's complaint is also in this respect incompatible with the Convention *ratione personae* within the meaning of Article 27, paragraph (2), of the Convention.

7. *Competent court in the bankruptcy proceedings*

SUBMISSIONS

The *Applicant* alleged that in the bankruptcy proceedings an improper collaboration between the judicial authorities and the Government became obvious. The "... in Hirm A.G." was then registered with the Commercial Court in Vienna and had its headquarters in Vienna. The Commercial Court in Vienna was therefore competent in the bankruptcy proceedings and the Regional Court of Eisenstadt had no jurisdiction. Nevertheless, bankruptcy pro-

EN DROIT (en ce qui concerne les allégations exposées au par. II, 5).

Considérant que la Commission observe qu'aux termes de l'article 25 de la Convention, elle ne peut être saisie que de requêtes émanant de personnes qui se prétendent victimes d'une violation de la Convention par l'une des Hautes Parties Contractantes; qu'en ce qui concerne le présent grief, le requérant n'a pas démontré que les mesures dont il se plaint engagent la responsabilité de la République autrichienne au terme de la Convention; considérant qu'en conséquence, le grief formulé par le requérant est incompatible avec les dispositions de la Convention *ratione personae*, au sens de l'article 27, par. 2, de la Convention.

6. *Ingérence dans la vente d'un terrain par le requérant*

ARGUMENTATION

Le *requérant* a affirmé qu'afin de faire face à ses obligations, la "... in Hirm A.G." a décidé de vendre une petite partie des bâtiments et du terrain. La caisse d'épargne, en tant que créancier hypothécaire, a demandé que toute l'usine soit vendue, empêchant ainsi la vente partielle envisagée. L'attitude de la caisse d'épargne a rendu tout règlement impossible et elle a eu pour résultat qu'un autre créancier a demandé qu'une procédure de faillite soit instituée.

EN DROIT (en ce qui concerne les allégations exposées au par. II, 6).

Considérant que la Commission observe qu'en vertu de l'article 25 de la Convention, elle ne peut être saisie que de requêtes émanant de personnes qui se prétendent victimes d'une violation de la Convention par l'une des Hautes Parties Contractantes; qu'en ce qui concerne le présent grief, les mesures évoquées ne semblent pas engager la responsabilité de la République autrichienne aux termes de la Convention; considérant que, par conséquent, le grief formulé par le requérant est également, à cet égard, incompatible avec les dispositions de la Convention *ratione personae*, au sens de l'article 27, par. 2, de la Convention.

7. *Tribunal compétent pour la procédure de faillite*

ARGUMENTATION

Le *requérant* a soutenu qu'au cours de la procédure de faillite, il était devenu évident qu'il y avait collusion entre les autorités judiciaires et le Gouvernement. La "... in Hirm A.G." était alors enregistrée auprès du Tribunal commercial de Vienne, mais avait son siège à Vienne. C'était donc le Tribunal commercial de Vienne qui était compétent dans la procédure de faillite, alors que le Tribunal régional d'Eisenstadt n'avait aucune compétence. Néanmoins, la ceedings were opened before that court and the Applicant's appeals to the Supreme Court were unsuccessful.

The *Government* replied on this point that, on ... 1960, the Burgenland Regional Workers' and Employees' Health Insurance Fund in Eisenstadt filed a petition in bankruptcy against the Applicant's company with the Regional Court of Eisenstadt. By decision of the Regional Court of ... 1960, this petition was transferred to the Commercial Court of Vienna where an action for settlement (*Ausgleichsverfahren*) against the debtor company was already pending. Following an appeal by the Applicant party, the Court of Appeal of Vienna quashed this decision by judgment of ... 1960, and instructed the Regional Court of Eisenstadt to review the matter and issue a fresh decision, since it was not a case of *Anschlusskonkurs* (bankruptcy ordered by the authorities following failure of an action for settlement) and for that reason the Court of Settlement (*Ausgleichsgericht*) was not competent to take a decision on the bankruptcy petition. Thereupon, on ... 1960, the Regional Court of Eisenstadt adjudged the debtor bankrupt and appointed as Official Receiver. Dr. G., a solicitor from Mattersburg, Burgenland. An appeal entered by the debtor company was dismissed on ... 1960, by a decision of the Court of Appeal of Vienna which affirmed the competence of the Regional Court of Eisenstadt on the ground that the debtor company's business had been *carried on* in Hirm, that is to say, in the said Court's circuit. In the appeal decision, insolvency was defined as the inability of a debtor to discharge fully and within a reasonable time his current liabilities towards several creditors; the questions whether and to what extent the assets exceeded the liabilities, whether and for what reasons the debtor could not satisfy his creditors and whether or not there was blame attaching to him in the matter were totally irrelevant.

THE LAW (regarding the allegations under II, 7).

Whereas an examination of the present complaint does not disclose any appearance of a violation of the rights and freedoms set forth in the Convention and the Protocol; whereas the Commission has frequently stated that in accordance with Article 19 of the Convention its only task is to ensure observance of the obligations undertaken by the Parties in the Convention; whereas, in particular, it is not competent to deal with an application alleging that errors of law or fact have been committed by domestic courts, except where the Commission considers that such errors might have involved a possible violation of any of the rights and freedoms limitatively listed in the Convention; whereas, in this respect, the Commission refers to its decisions Nos. 458/59 (X v. Belgium, Yearbook III, p. 233) and 1140/61 (X v. Austria, Collection of De-procédure de faillite s'est ouverte devant ce tribunal et les appels formulés par le requérant devant la Cour suprême ont été rejetés.

Le *Gouvernement* a répondu sur ce point que, le ... 1960, la Caisse régionale d'assurance-maladie des ouvriers et des employés du Burgenland a demandé au Tribunal régional d'Eisenstadt que la société du requérant soit mise en faillite. Par une décision du Tribunal régional en date du ... 1960, cette requête a été renvoyée devant le Tribunal commercial de Vienne, devant lequel une procédure de concordat (*Ausgleichsverfahren*) contre la société débitrice était déjà pendante. Sur appel du requérant, la Cour d'Appel de Vienne a cassé cette décision par un jugement en date du ... 1960, et elle a chargé le Tribunal régional d'Eisenstadt de procéder à un nouvel examen de l'affaire et de rendre un nouvel arrêt, puisqu'il ne s'agissait pas d'une *Anschlusskonkurs* (faillite décrétée par les autorités à la suite de l'échec d'un concordat) et que, pour cette raison, le Tribunal commercial (*Ausgleichsgericht*) n'était pas compétent pour prendre une décision sur la demande de mise en faillite. Là-dessus, le ... 1960, le Tribunal régional d'Eisenstadt a déclaré le débiteur en faillite et a nommé syndic de faillite M. G., avocat exerçant à Mattersburg, Burgenland. Un appel interjeté par la société débitrice a été rejeté le ... 1960 par une décision de la Cour d'Appel de Vienne qui a confirmé que le Tribunal régional d'Eisenstadt était compétent, puisque la société débitrice avait *exercé ses activités* à Hirm, c'est-à-dire dans une localité du ressort de ce tribunal. Dans la décision de la Cour d'Appel, l'insolvabilité a été définie comme étant l'incapacité, pour un débiteur, de s'acquitter, dans un délai raisonnable, de la totalité de ses dettes envers plusieurs créanciers. La question de savoir dans quelle mesure l'actif dépassait le passif, pour quelles raisons le débiteur ne pouvait pas s'acquitter de ses dettes et s'il y avait eu ou non faute de sa part, n'avait absolument rien à voir avec la décision.

EN DROIT (en ce qui concerne les allégations exposées au par. II, 7).

Considérant que l'examen du présent grief ne permet pas de dégager l'apparence d'une atteinte aux droits et aux libertés garantis par la Convention et par son Protocole additionnel; que la Commission a fréquemment précisé qu'en vertu de l'article 19 de la Convention, elle a pour seule tâche d'assurer le respect des engagements résultant de celle-ci pour les Parties Contractantes; qu'en particulier, elle n'a pas compétence pour se saisir d'une requête prétendant que des erreurs de fait ou de droit ont été commises par des tribunaux internes, sauf si elle considère que ces erreurs ont pu entraîner la violation de l'un des droits et libertés limitativement énumérés dans la Convention; qu'à ce propos, la Commission renvoie à ses décisions N° 458/59 (X. contre la Belgique, Annuaire III, p. 233) et 1140/61 (X. contre l'Autriche, Recueil de Décisions, vol.

cisions, vol. 8, p. 57); whereas there is no appearance of such a violation in the present case; whereas it follows that this part of the Application is manifestly ill-founded within the meaning of Article 27, paragraph (2), of the Convention.

8. *The Official Receiver's connections with the State-owned company*

SUBMISSIONS

The *Applicant* submitted that Dr. G, who was appointed Official Receiver in the bankruptcy proceedings, was also the attorney of the State-owned company and participated in the alleged conspiracy against the "... in Hirm A.G." Nevertheless the Court of Appeal in Vienna rejected the Applicant's complaint on this point.

The *Government* stated that already on ... 1961, and ... 1962, during the bankruptcy proceedings, the Applicant laid several charges against the Official Receiver. One of these was that, before the opening of bankruptcy proceedings, Dr. G had once represented the State-owned company which was a rival of the debtor company, had conducted negotiations for the take-over by the said State-owned company of the "... in Hirm A.G." and had collaborated in attempts to bring about the forced liquidation of the latter company. At the same time the Applicant lodged a petition for the removal from office of the Official Receiver and several members of the Supervisory Board. This petition was rejected by decision of the Regional Court of Eisenstadt on ... 1962. The Applicant's appeal from this decision was dismissed by decision of the Court of Appeal of Vienna on ... 1962.

The two court decisions referred to by the Government have been submitted to the Commission. It appears from these decisions that the Regional Court and the Court of Appeal found that the Official Receiver had previously worked for the State-owned company but were of the opinion that this fact could not affect his competence to act as Official Receiver in the bankruptcy proceedings. The Regional Court even indicated that his previous work for the State-owned company could make him more useful.

THE LAW (regarding the allegations under II, 8).

Whereas the Commission observes that the Applicant's allegations in this regard were examined both by the Regional Court and the Court of Appeal and that these courts found that the fact that the Official Receiver had previously been the adviser of the State-owned company did not affect his competence to act in the bankruptcy proceedings; whereas the Commission has had regard to the above findings of the Courts and finds no appearance of a violation of the Convention or the Protocol; whereas, consequently, the

8, p. 57); qu'il n'existe aucune apparence d'une telle violation en l'espèce; que cette partie de la requête est donc mal fondée au sens de l'article 27, par. 2, de la Convention.

8. *Relations du syndic de faillite avec la société d'Etat*

ARGUMENTATION

Le *requérant* a affirmé que M. G. qui a été nommé syndic dans la procédure de faillite, était également l'avoué de la société d'Etat et qu'il a participé à la conspiration dont la "... in Hirm A.G." aurait été victime. Néanmoins, la Cour d'Appel de Vienne a rejeté le grief du requérant concernant ce point.

Le *Gouvernement* a indiqué que le requérant avait déjà formulé plusieurs accusations contre le syndic, au cours de la procédure de faillite, le ... 1961 et le ... 1962. Il avait affirmé notamment, avant l'ouverture de la procédure de faillite, que M.G. avait naguère représenté la société d'Etat, rivale de la société débitrice, qu'il avait mené des négociations en vue du rachat par ladite société d'Etat de la "... in Hirm A.G." et qu'il avait participé à des tentatives ayant pour but la liquidation forcée de cette dernière société. En même temps, le requérant a introduit une requête demandant que le syndic de faillite et plusieurs membres du conseil d'administration soient démis de leurs fonctions. Cette requête a été rejetée par une décision du Tribunal régional d'Eisenstadt, en date du ... 1962. Le recours introduit par le requérant contre cette décision a été rejeté par un arrêt de la Cour d'Appel de Vienne en date du ... 1962.

Les deux décisions évoquées par le Gouvernement ont été communiquées à la Commission. Il ressort de ces décisions que le Tribunal régional et la Cour d'Appel ont constaté que le syndic de faillite avait été employé auparavant par la société d'Etat, mais que les deux tribunaux ont estimé que ce fait ne l'empêchait pas de remplir les fonctions de syndic dans la procédure de faillitte. Le Tribunal régional a même indiqué que le travail qu'il avait effectué auparavant pour la société d'Etat pouvait lui permettre de mieux remplir son rôle.

EN DROIT (en ce qui concerne les allégations exposées au par. II, 8).

Considérant que la Commission observe que les allégations formulées par le requérant à ce propos ont été examinées tant par le Tribunal régional que par la Cour d'Appel et que ces tribunaux ont estimé que le fait que le syndic de faillite avait été, auparavant, le conseiller de la société d'Etat ne l'empêchait pas de remplir des fonctions dans la procédure de faillite; que la Commission a tenu compte des conclusions précitées des deux tribunaux et qu'elle estime qu'il ne semble pas que la Convention ou le Protocole ad-

Applicant's complaint is manifestly ill-founded within the meaning of Article 27, paragraph (2), of the Convention.

9. *The sale of the bankrupt company's assets*

The *Applicant* submitted that the assets of the company were sold at ridiculously low prices. In this connection, he also alleged that the Official Receiver had refused to sell certain buildings to a bidder of Jewish origin (M), although his offer had been higher; on the other hand, a non-Jewish bidder had received subsidies out of public funds in order to meet the purchase price.

In respect of these allegations, the Parties made extensive submissions of fact and law both regarding the question of exhaustion of domestic remedies and other aspects of admissibility.

A. *Exhaustion of domestic remedies*

SUBMISSIONS

The *Applicant* stated that he had not been competent to avail himself of certain domestic remedies, since the rights resulting from his position as President of the company had lapsed upon the dissolution of the company.

The *Government* replied that, in spite of the bankruptcy, the Applicant had been competent, being the President of the company, to act as its representative and to avail himself of all remedies at the disposal of a bankrupt.

The *Applicant* did not pursue this issue in his subsequent submissions.

The *Government* submitted that the Applicant had not exhausted the domestic remedies. There were, according to the Government, three kinds of remedies which had been available, namely,

(a) request for the dismissal of the Official Receiver or members of the Board of Creditors (*Gläubigerausschluss*);
(b) civil action against the Official Receiver or members of the Board of Creditors;
(c) appeal (*Rekurs*) and objection (*Widerspruch*) in regard to sale by auction.

(a) In regard to the *request for the dismissal of the Receiver or members of the Board of Creditors*, the *Government* stated that the bankrupt person was entitled to make such a request, the bankruptcy court, i.e. the Regional Court, was competent to decide on such a request, and an appeal was available to the Court of Appeal. A further appeal (*Revisions-Rekurs*) was also available, but not ni cases where the decision of the Regional Court had been confirmed ditionnel aient été violés; que le grief du requérant est donc manifestement mal fondé au sens de l'article 27, par. 2, de la Convention.

9. *La vente des biens de la société en faillite*

Le *requérant* a prétendu que les biens de la société ont été vendus à des prix ridiculement bas. A ce propos, il a également soutenu que le syndic de faillite avait refusé de vendre certains bâtiments à un acquéreur d'origine israélite (M.), bien que celui-ci eût offert un prix plus élevé et que, d'autre part, des subventions provenant de fonds publics avaient été accordées à un acquéreur non israélite pour lui permettre de payer le prix demandé.

En ce qui concerne ces allégations, les parties ont présenté des arguments détaillés de fait et de droit sur la question de l'épuisement des voies de recours internes et sur d'autres aspects de la recevabilité.

A. *La vente des biens de la société en faillite*

ARGUMENTATION

Le *requérant* a soutenu qu'il n'avait pas pu faire usage de certaines voies de recours internes, puisqu'il avait cessé de jouir des droits que lui conféraient ses fonctions de Président de la société lors de la dissolution de celle-ci.

Le *Gouvernement* a répondu qu'en dépit de la faillite, le requérant pouvait, en sa qualité de Président de la société, représenter celle-ci et faire usage de toutes les voies de recours qui sont à la disposition d'un failli.

Le requérant n'a pas insisté sur ce point dans ses mémoires ultérieurs.

Le *Gouvernement* a soutenu que le requérant n'avait pas épuisé des voies de recours internes. Selon lui, le requérant disposait de trois voies de recours:

(a) demande de remplacement du syndic de faillite ou des membres du Comité des créanciers (*Gläubigerausschuss*);
(b) action civile contre le syndic de faillite ou les membres du Comité des créanciers;
(c) recours (*Rekurs*) et opposition (*Widerspruch*) en ce qui concerne la vente aux enchères.

(a) En ce qui concerne la *demande de remplacement du syndic de faillite ou des membres du Comité des créanciers, le Gouvernement* a indiqué que le failli était en droit de présenter une telle demande, que le tribunal chargé de l'affaire, c'est-à-dire le Tribunal régional, était compétent pour statuer sur cette demande et qu'il était possible d'interjeter appel devant la Cour d'Appel. Un pourvoi en cassation (*Revisions-Rekurs*) pouvait également être formulé, mais by the Court of Appeal.

Although mentioning in its observations the Applicant's petition regarding the dismissal of the Official Receiver and certain members of the Board of Creditors, the Government apparently considered that the Applicant had not availed himself of this remedy in respect of the particular allegations here concerned.

The *Applicant* replied that he had exhausted this remedy and referred to the decision of the Regional Court of Eisenstadt dated ... 1962, and the decision of the Court of Appeal in Vienna dated ... 1962. He stated that his petitions which resulted in these decisions had related to his present allegations.

(b) In regard to the possibility of bringing a *civil action*, the *Government* submitted that a bankrupt person was competent, in Austrian law, to bring such an action against the Official Receiver or any member of the Board of Creditors in respect of any loss or prejudice which they might have caused him. The Government considered that the Applicant had not exhausted this remedy. It mentioned, however, that in respect of his loss following the demolition of a certain building the Applicant had brought an action for damages against the Receiver. His claim had been rejected by the Regional Court and the Court of Appeal and the Applicant had not lodged a further appeal (*Revision*).

The *Applicant* replied that it would have been useless to file a claim for damages against the Receiver (or members of the Board of Creditors). In particular, he referred to the decisions of ... and ... 1962, by which the courts had already approved the measures taken by the Receiver (and the Board of Creditors) and to the facts that the Receiver (and the Board of Creditors) had allegedly acted on behalf of the authorities with a view to the destruction of Jewish assets and that the Receiver himself was not in a financial position to pay damages.

(c) The *Government* stated that *in regard to sale by auction,* the Supreme Court has always granted a bankrupt person the right to lodge an appeal against the sale of real property belonging to his estate. The bankrupt person could also raise objections (*Widerspruch*) during the auction; in this way he could contend that the offer of a particular bidder had been improperly rejected. The judge decided on such objections. Any decision by which property had been "knocked down" to a bidder could be contested by the bankrupt if his objection, made for the same purpose on the day of the sale by auction, had been dismissed. A further appeal (*Revisionsrekurs*) was not available after the Court of Appeal had confirmed pas dans les cas où la décision du Tribunal régional avait été confirmée par la Cour d'Appel.

Bien qu'il ait mentionné dans ses observations la demande du requérant visant au remplacement du syndic de faillite et de certains membres du Comité des créanciers, le Gouvernement a considéré apparemment que le requérant n'avait pas fait usage de cette voie de recours en ce qui concerne les allégations particulières dont il est question ici.

Le *requérant* a répondu qu'il avait épuisé cette voie de recours et il a fait état de la décision du Tribunal régional d'Eisenstadt en date du ... 1962 et de la décision de la Cour d'Appel de Vienne, en date du ... 1962. Il a soutenu que les requêtes à la suite desquelles ces décisions étaient intervenues contenaient ses allégations actuelles.

(b) En ce qui concerne la possibilité d'intenter une *action civile, le Gouvernement* a fait valoir qu'un failli avait la possibilkité, selon le droit autrichien, d'intenter une telle action contre le syndic de faillite ou contre un membre quelconque du Comité des créanciers, pour toute perte ou préjudice qu'il aurait subi de leur fait. Le Gouvernement a considéré que le requérant n'avait pas épuisé cette voie de recours. Il a précisé néanmoins que le requérant avait intenté une action en dommages-intérêts contre le syndic, pour une perte qu'il aurait subie du fait de la démolition d'un certain bâtiment. Cette plainte a été rejetée par le Tribunal régional et par la Cour d'Appel et le requérant ne s'est pas pourvu en cassation (*Revision*).

Le *requérant* a répondu qu'il aurait été inutile d'intenter une action en dommages-interêts contre le syndic de faillite (ou contre des membres du Comité des créanciers). Il a rappelé en particulier les décisions en date du ... et du ... 1962, par lesquelles les tribunaux avaient déjà approuvé les mesures prises par le syndic de faillite (et par le Comité des créanciers), et il a soutenu que le syndic (et le Comité des créanciers) avait agi pour le compte des autorités, en vue d'obtenir la liquidation de biens israélites et que la situation financière du syndic lui-même ne lui permettait pas de verser des dommages-intérêts.

(c) Le *Gouvernement* a fait valoir *qu'en ce qui concerne la vente aux enchères*, la Cour Suprême avait toujours reconnu au failli le droit de faire appel contre la vente d'une partie de ses biens. Le failli pouvait également faire opposition (*Widerspruch*) pendant la vente aux enchères; de cette façon, il pouvait faire, valoir que l'offre d'un acquéreur particulier avait été rejetée à tort. Il appartenait au juge de se prononcer sur de telles objections. Toute décision aux termes de laquelle des biens auraient été adjugés à vil prix à un acquéreur pouvait être contestée par le failli si l'objection qu'il avait formulée dans le même sens le jour de la vente aux enchères avait été rejetée. Un pourvoi en cassation (*Revisions-*

the decision of the Regional Court. The Government submitted that the Applicant had failed to avail himself of these remedies and added, in general terms, that in view of the fact that the bankruptcy proceedings were still going on, the domestic remedies had not been exhausted.

The *Applicant* replied that he could not avail himself of the remedies applicable to sales by auction since the assets had been sold *freihändig*, i.e. not by auction.

When asked to comment on this allegation, the *Government* confirmed that no assets had been sold by auction and added that only a part of the assets had been sold at all, since it had proved very difficult to find buyers. The Government further indicated that one sale (of superphosphate) had taken place, according to Article 117 of the Bankruptcy Act, after approval had been given by the Board of Creditors and the *Konkurskommissär* (a judge in charge of the bankruptcy proceedings) and that the Applicant had been heard before such approval had been given. The decision by which the sale had been approved on condition that no higher offers were made within a certain time had been communicated to the representative of the bankrupt company, but that company had not availed itself of any legal remedy against that decision. The Government, however, did not indicate what remedy had been available in that connection. As regards the other sales, the Government stated that these had been carried out by the Receiver with the approval of the Board of Creditors (Articles 115 and 116 of the Bankruptcy Act) and, as long as the Applicant resided in Austria, he had been informed of each proposed sale and had been asked to submit his comments and to indicate any higher bids. He had not availed himself of this possibility.

THE LAW (regarding the questions under II 9 A).

Whereas, first, the Applicant submitted that he had not been competent to avail himself of certain remedies, since after the dissolution of the company, he had no longer any rights as its President; whereas the Government has stated that, in spite of his bankruptcy, the Applicant was competent as President of the company to avail himself of all remedies at the disposal of a bankrupt person; whereas in his subsequent submissions the Applicant has not contested this statement by the Government; whereas the Commission is satisfied that the Applicant was competent, under Austrian law, to act as the representative of the company for the purpose of instituting the necessary proceedings;

Whereas the Government has submitted (see para. (a) above) that the Applicant could have raised his present allegations in *rekurs*) n'était pas possible, une fois que la Cour d'Appel avait confirmé la décision du Tribunal régional. Le Gouvernement a soutenu que le requérant n'avait pas fait usage de ces voies de recours et il a ajouté, d'une façon générale, qu'étant donné que la procédure de faillite était encore en cours, les voies de recours internes n'avaient pas été épuisées.

Le *requérant* a répondu qu'il ne pouvait pas faire usage des voies de recours relatives aux ventes aux enchères, car les biens avaient été vendus *freihändig*, et non aux enchères.

Lorsqu'il lui a été demandé de présenter ses observations sur cette allégation, le *Gouvernement* a confirmé qu'aucun bien n'avait été vendu aux enchères, et il a ajouté que seule une partie des biens avait été vendue, car il avait été très difficile de trouver des acquéreurs. Le Gouvernement a indiqué, en outre, qu'une vente (de superphosphate) avait eu lieu, en vertu de l'article 117 de la loi sur les faillites, avec l'approbation du Comité des créanciers et du *Konkurskommissär* (juge chargé de la procédure de faillite) et que le requérant avait été entendu avant que cette autorisation fût donnée. La décision aux termes de laquelle la vente avait été autorisée à condition qu'aucune offre plus élevée n'ait été reçue dans un certain délai avait été communiquée au représentant de la société en faillite, mais cette société n'avait fait usage d'aucune voie de recours contre cette décision. Le Gouvernement n'a cependant pas indiqué quelle voie de recours existait en l'espèce. En ce qui concerne les autres ventes, le Gouvernement a fait valoir que celles-ci avaient été effectuées par le syndic, avec l'autorisation du Comité des créanciers (articles 115 et 116 de la loi sur les faillites) et qu'aussi longtemps qu'il avait résidé en Autriche, le requérant avait été informé de chaque vente proposée et avait été prié de présenter ses observations et d'indiquer toute offre supérieure, mais qu'il n'avait pas fait usage de cette possibilité.

EN DROIT (en ce qui concerne les allégations exposées au par. II, 9A).

Considérant tout d'abord que le requérant a prétendu n'avoir pas eu la possibilité d'utiliser certaines voies de recours, étant donné qu'après la dissolution de la société, il ne jouissait plus des droits attachés à la fonction de Président, que le Gouvernement a déclaré que, malgré sa faillite, le requérant pouvait, en sa qualité de Président de la société, faire usage de toutes les voies de recours à la disposition d'un failli; considérant que, dans ses conclusions ultérieures, le requérant n'a pas contesté cette affirmation du Gouvernement; que la Commission estime que le requérant pouvait, selon le droit autrichien, agir en tant que représentant de la société, en vue d'instituer la procédure nécessaire;

Considérant que le Gouvernement a affirmé (voir par. (a) cidessus) que le requérant aurait pu exprimer ses griefs actuels dans connection with a request for the dismissal of the Official Receiver or members of the Board of Creditors; whereas it appears that the Applicant made such a request which was examined both by the Regional Court of Eisenstadt and the Court of Appeal of Vienna; whereas it also appears that, in connection with this request, the Applicant alleged that certain assets had been sold at excessively low prices; whereas, therefore, the Commission is satisfied that the Applicant exhausted this particular remedy;

Whereas the Government has also submitted (see para. (b) above) that the Applicant could have brought a civil action against the Official Receiver or members of the Board of Creditors in respect of any damage which he had suffered; whereas the Commission observes that the Applicant took action against the Receiver and members of the Board of Creditors by way of a request for their dismissal by the courts; whereas, in these circumstances, the Commission considers that the Applicant was not obliged also to bring a civil action in order to comply with Article 26 of the Convention;

Whereas, finally, the Government has submitted (see para. (c) above) that certain special remedies were available in respect of the sale of property by auction; whereas the Applicant has stated, and the Government has subsequently confirmed, that no property had in fact been sold by auction; whereas the Government has not indicated any specific remedy in regard to such sales as were concluded "freihändig", that is not by way of auction; whereas it follows that it has not been shown that the Applicant could have exhausted any further remedy regarding the sale of the property;

Whereas the Commission concludes that, in respect of the present allegations, the Applicant must be considered to have exhausted the domestic remedies within the meaning of Article 26 of the Convention.

B. *Other aspects of admissibility*

SUBMISSIONS

In regard to the Applicant's allegation that the assets had been sold at ridiculously low prices and that higher prices could have been obtained, the Parties have made very extensive submissions and various valuations of the bankrupt estate have been referred to by the Parties in order to show the real value of the property. The Parties' submissions may be summarised as follows:

(a) *Valuation of 7th September, 1958*

The *Applicant* maintained that the value of the property concerned was about *30 million schillings* and in this respect he referred une demande de remplacement du syndic de faillite ou de membres du Comité des créanciers; qu'il semble que le requérant ait présenté une telle demande, qui a été examinée par le Tribunal régional d'Eisenstadt et par la Cour d'Appel de Vienne; qu'il semble également que, dans cette demande, le requérant ait fait valoir que certains biens avaient été vendus à un prix excessivement bas; que la Commission estime donc que le requérant a épuisé ce moyen de recours particulier;

Considérant que le Gouvernement a également fait valoir (voir par. (b) ci-dessus) que le requérant aurait pu intenter une action civile contre le syndic de faillite ou contre les membres du Comité des créanciers pour tout préjudice subi par lui; que la Commission observe que le requérant a intenté une action contre le syndic et les membres du Comité des créanciers, en demandant aux tribunaux qu'ils soient remplacés; que, dans ces circonstances, la Commission considère que le requérant n'était pas obligé d'intenter également une action civile pour satisfaire aux dispositions de l'article 26 de la Convention;

Considérant finalement que le Gouvernement a fait valoir (voir par. (c) ci-dessus) qu'il existait certains recours particuliers en matière de vente de biens aux enchères; que le requérant a affirmé, et que le Gouvernement a confirmé par la suite, qu'aucun bien n'avait été en fait vendu aux enchères; que le Gouvernement n'a indiqué aucun moyen de recours particulier en ce qui concerne les ventes qui sont conclues "freihändig", c'est-à-dire autrement que par voie d'enchères; qu'il n'a donc pas été démontré que le requérant aurait pu épuiser d'autres voies de recours en ce qui concerne la vente des biens;

Considérant que la Commission conclut, en ce qui concerne les présentes allégations, que le requérant doit être considéré comme ayant épuisé les voies de recours internes au sens de l'article 26 de la Convention.

B. *Autres aspects de la recevabilité*

ARGUMENTATION

En ce qui concerne l'allégation du requérant selon laquelle les biens auraient été vendus à des prix ridiculement bas et que des prix plus élevés auraient pu être obtenus, les parties ont développé des arguments détaillés et ont présenté diverses évaluations des biens de la société en faillite, en vue de démontrer leur valeur réelle. L'argumentation des parties peut se résumer ainsi:

(a) *Evaluation du 7 septembre 1958*

Le *requérant* a soutenu que la valeur des biens en question s'élevait à *30 millions de schillings* environ et, à ce propos, il s'est to a detailed valuation by two experts. According to this report which is dated *7th September, 1958,* the total value was 29,940,000 schillings. The principal groups of property were valued as follows:

Real property (*Grundstücke*)	2,870,193
Machinery (*maschinelle und sonstige Einrichtungen*)	2,974,000
Buildings (*Baulichkeiten*)	24,097,836
	29,942,029

The *Government* contested this valuation by pointing out that the value could only concern the factory *in operation* but, in fact, the company was never able to start operating except for an experimental period and, on ... 1958, before it had even started operating, the Commercial Court of Vienna instituted composition proceedings (Ausgleichsverfahren).

The *Applicant* replied that the factory was *fit for operation* (*betriebsfähig*) and that the valuation of 7th September, 1958, indicated the real value of the property. He contested that composition proceedings had been instituted before the factory started working.

(b) *Valuation of 13th May, 1960*

The *Applicant* also referred to a valuation made by the Court of Mattersburg in the execution proceedings (*Exekutionsverfahren*). According to this valuation dated *13th May, 1960,* the property was worth about *12 million schillings.*

(c) *Valuation in bankruptcy proceedings*

The *Government* stated that in the bankruptcy proceedings an inventory was made of the debtor company's entire assets which were assessed by sworn valuers. This valuation was apparently made in 1963 and included the following figures:

Site and buildings	7,350,180,65
Machinery	349,100,—
Rail tracks	770,428,—
Farm land	42,864,50
	8,512,573,15

(d) *Demolition value*

The *Government* also stated that, as the buildings could no longer be used for active business, their value depreciated rapidly and the référé à une évaluation détaillée établie par deux experts. Selon leur rapport, en date du 7 septembre 1958, la valeur totale s'élevait à 29.940.000 schillings. Les principaux éléments étaient évalués de la façon suivante:

Biens immobiliers (*Grundstücke*)	2.870.193
Machines (*maschinelle und sonstige Einrichtungen*)	2.974.000
Bâtiments (*Baulichkeiten*)	24.097.836
	29.942.029

Le *Gouvernement* a contesté cette évaluation en soulignant que cette valeur ne pourrait s'appliquer qu'à l'usine *en exploitation*, mais qu'en fait, la société n'a jamais été en mesure de commencer son activité, sauf pour une période expérimentale, et, le ... 1958, avant même que l'usine ait commencé à fonctionner, le Tribunal commercial de Vienne a engagé la procédure de concordat (*Ausgleichsverfahren*).

Le *requérant* a répondu que l'usine était en état de *fonctionnement* (*betriebsfähig*) et que l'évaluation du 7 septembre 1958 représentait la valeur réelle des biens. Il a contesté que la procédure de concordat ait été engagée avant que l'usine ait commencé à fonctionner.

(b) *Evaluation du 13 mai 1960*

Le *requérant* a également mentionné une évaluation faite par le tribunal de Mattersburg au cours de la procédure d'exécution (*Exekutionsverfahren*). Selon cette évaluation, en date du *13 mai 1960*, la valeur des biens s'élevait à *12 millions de schillings* environ.

(c) *Evaluation au cours de la procédure de faillite*

Le *Gouvernement* a indiqué qu'au cours de la procédure de faillite, un inventaire a été dressé de l'ensemble des biens de la société débitrice, qui ont été évalués par des experts assermentés. Cette évaluation, faite apparemment en 1963, a donné les chiffres suivants:

Terrain et bâtiments	7.350.180,65
Machines	349.100,—
Voies ferrées	770.428,—
Terres arables	42.864,50
	8.512.573,15

(d) *Valeur de démolition*

Le *Gouvernement* a également indiqué que, comme les bâtiments ne pouvaient plus être utilisés pour une activité industrielle, leur

Board of Creditors pressed for realisation of the buildings through demolition.

In this context, the Government indicated that, according to an expert opinion, the demolition value of the buildings was estimated *at 992,274 schillings.*

(e) *What property has been sold and what prices have been obtained?*

The *Government* indicated that at the compulsory auction fixed on ... 1960, by the District Court of Mattersburg, there was no bidder for the "lowest bid" for the property which was 5,070,773 schillings. Therefore, the Receiver was faced with the necessity of finding buyers for the individual parts of the property by means of private contract. This met with enormous difficulties and it had not yet (in February 1966) been possible to sell more than a small portion of the whole property.

The Government also gave detailed information as to the property sold and indicated the prices obtained for that property. The total amount which had been obtained was 2,665,000 schillings.

(f) *Could higher prices have been obtained?*

The *Applicant* maintained that the prices obtained were ridiculously low and indicated the following examples:

a seven-floor building, assessed in the valuation report of 7th September, 1958, at 828, 750 schillings and on 13th May, 1960, at 1,030,000 (or 1,013,750) schillings, was demolished and sold for 10,000 schillings;
machinery assessed at a market value of 1,500,000 schillings was sold at 30,000 schillings;
two buildings and 20,000 square metres of land worth 2,300,000 schillings were sold for 800,000 schillings.

The *Government* stated that higher prices could not have been obtained. It pointed out that the plant, of which only a small part had been repaired by the bankrupt firm, had been left uninspected for many years; and that, as a result, the value of the existing premises was diminished not only by normal depreciation (the Government indicated that the normal annual depreciation amounted to 10%) but also by thefts to an unimaginable extent. The Government also stated that it had been impossible to realise the property as a whole (at the auction, the "lowest bid" had not been obtained) and that it had therefore been necessary to find buyers for the individual parts of the property. A realisation of the property had only seemed possible if the major part of the buildings was sold valeur s'est dépréciée rapidement et le Comité des créanciers a insisté pour que les bâtiments soient vendus à leur valeur de démolition.

Dans ce contexte, le Gouvernement a indiqué que, selon l'opinion d'un expert, la valeur de démolition des bâtiments s'élevait à *992.274 schillings.*

(e) *Quels biens ont été vendus et à quel prix?*

Le *Gouvernement* a indiqué qu'à la vente forcée fixée au ... 1960 par le Tribunal régional de Mattersburg, aucune offre correspondant à la mise à prix, qui était de 5.070.773 schillings, n'a été enregistrée. Le syndic a donc été contraint de trouver des acquéreurs pour les différents éléments par la voie de contrats de gré à gré. Il s'est heurté à d'énormes difficultés et, en février 1966, seule une petite partie de l'ensemble des biens avait pu être vendue.

Le Gouvernement a fourni également des renseignements détaillés sur les biens vendus et les prix obtenus. Le montant total s'élevait à 2.665.000 schillings.

(f) *Aurait-on pu obtenir des prix plus élevés?*

Le *requérant* a soutenu que les prix obtenus étaient ridiculement bas, et il a cité les exemples suivants:

> un bâtiment de sept étages, estimé à 828.750 schillings selon l'évaluation du 7 septembre 1958, ou à 1.030.000 (ou 1.013.750) schillings, d'après l'estimation du 13 mai 1960, a été démoli et vendu pour 10.000 schillings;
> des machines d'une valeur marchande de 1.500.000 schillings ont été vendues pour 30.000 schillings;
> deux bâtiments et 20.000 m^2 de terrain, valant 2.300.000 schillings, ont été vendus pour 800.000 schillings.

Le *Gouvernement* a affirmé qu'il n'avait pas été possible d'obtenir des prix plus élevés. Il a souligné que l'usine, dont une petite partie seulement avait été remise en état par la société en faillite, était restée à l'abandon pendant de nombreuses années et que, de ce fait, la valeur des installations existantes s'était trouvée diminuée, non seulement par la dépréciation normale (le Gouvernement a indiqué que la dépréciation normale annuelle représentait 10% de la valeur) mais aussi par des vols qui avaient atteint des proportions incroyables. Le Gouvernement a fait valoir également qu'il avait été impossible de vendre les biens en bloc (lors de la vente aux enchères, aucune offre n'avait été enregistrée pour le prix demandé) et qu'il avait donc été nécessaire de trouver des acquéreurs pour les difféfor demolition. These circumstances explained why higher prices had not been obtained.

The *Applicant* apparently considered that the Government's assertion that the plant had been left uninspected for years and that its value had thereby diminished was not correct in regard to the factory founded by him but only in respect of the factory which had previously worked on the same site. It was pointed out that the Applicant had entirely rebuilt or repaired the buildings so that his factory was in an excellent state and was actually worth 30 million schillings. The Applicant admitted, however, that it was not easy to find a buyer prepared to pay that sum, in particular, since any buyer would have to consider what had happened to his predecessor. Nevertheless, the manner in which the property had been sold was not reasonable and showed that the purpose was to bring the business to a standstill and to destroy Jewish property. It was emphasised that the property had been deprived of its value as a result of the demolition of all the buildings and the removal and sale of all iron and wooden parts. Many buildings had actually been razed to the ground and the building material sold at a break-up value. After the track system (*Gleisanlage*) had been removed from the factory (the Government had indicated that the track system had been sold) it was almost certain that no serious buyer could be found in respect of the various objects on the site. The Government had also indicated that four buildings had been sold for 30,000 schillings, and this price was, in the opinion of the Applicant, to be considered as ridiculously low.

(g) *The offer of M*

In order to show that the Receiver could have obtained higher prices for the property, the *Applicant* submitted that a person of Jewish origin, M, had been willing to buy certain buildings at a price higher than that which had been accepted by the Receiver.

The Applicant first stated that a higher offer by M had been rejected by the Official Receiver. In a subsequent pleading, he stated that M had not made any formal offer. He submitted, however, that M had been willing to pay a higher price but that he had been unable to make any offer since there had been no willingness to negotiate with him.

The Applicant's son, D, stated that he was personally present when M informed the Applicant that he was interested in buying the two buildings concerned and the ground on which they were situated.

rentes parties de l'ensemble. La vente des biens n'avait paru possible que si la majeure partie des bâtiments étaient vendus pour être démolis. Ces circonstances expliquaient pourquoi on n'avait pu obtenir des prix plus élevés.

Le *requérant* a considéré apparemment que l'affirmation du Gouvernement selon laquelle l'usine était restée à l'abandon pendant des années et que sa valeur s'en était trouvée diminuée n'était pas très exacte en ce qui concerne l'usine fondée par lui, mais qu'elle n'était valable que pour l'usine qui avait fonctionné auparavant au même endroit. Il a souligné qu'il avait entièrement construit et remis en état les bâtiments, de telle sorte que son usine était en excellent état et qu'elle valait réellement 30 millions de schillings. Le requérant a admis, toutefois, qu'il n'était pas facile de trouver un acquéreur disposé à payer cette somme, d'autant plus que tout acquéreur éventuel devait tenir compte de ce qui était arrivé à son prédécesseur. Néanmoins, la manière dont les biens avaient été vendus n'était pas raisonnable et prouvait que le but poursuivi était de provoquer l'arrêt des activités de l'entreprise et la saisie de biens israélites. Le requérant a souligné que des biens avaient été privés de toute valeur à la suite de la démolition de tous les bâtiments et de l'enlèvement et de la vente de toutes les installations en fer et en bois. De nombreux bâtiments avaient été effectivement rasés et des matériaux de construction vendus à un prix de liquidation. Après l'enlèvement du réseau de voies ferrées (*Gleisanlage*) – le Gouvernement avait indiqué que le réseau de voies ferrées avait été vendu – il était pratiquement certain qu'aucun acquéreur sérieux ne pourrait être trouvé pour les divers objets qui se trouvaient sur le terrain. Le Gouvernement avait également indiqué que 4 bâtiments avaient été vendus pour 30.000 schillings, prix qui était, de l'avis du requérant, ridiculement bas.

(g) *L'offre de M.*

Pour démontrer que le syndic de faillite aurait pu vendre les biens à un prix plus élevé, le *requérant* a fait valoir qu'une personne d'origine israélite du nom de M. avait été disposée à acheter certains bâtiments à un prix plus élevé que celui qui avait été accepté par le syndic.

Le requérant a affirmé, en premier lieu, qu'une offre plus élevée émanant de M. avait été rejetée par le syndic de faillite. Dans un mémoire ultérieur, il a indiqué que M. n'avait fait aucune offre officielle. Il a prétendu, néanmoins, que M. était disposé à payer un prix plus élevé mais qu'il avait été dans l'impossibilité de présenter une offre, car personne n'avait voulu négocier avec lui.

Le fils du requérant, D., a déclaré qu'il était présent lorsque M. a informé son père qu'il s'intéressait à l'achat des deux bâtiments en question et du terrain sur lequel ils se trouvaient. Le requérant a

The Applicant had then informed M that he had no objections to a sale to M but that an agreement had to be reached with the Receiver. After several days' negotiations with the Applicant, M declared that he was willing to buy the two buildings and the ground on the basis of a valuation of 2,300,000 schillings. M then wrote a letter to the Receiver but received no reply. D believed that M had also made further attempts to establish contact with the Receiver, but without success. He then decided to refrain from buying the property and informed the Applicant accordingly. The property concerned was then sold to the firm H for only 800,000 schillings.

The *Government* stated that the Receiver did not know any individual named M and that it was impossible that a man of that name or any other person had ever made a higher bid for any piece of property than the one he accepted.

It also indicated, apparently in view of its alleged attitude of antisemitism, that the firm H which bought the property concerned was a private partnership company and that one of the two partners, K, was of Jewish origin.

(h) *Subsidies out of public funds*

The *Applicant* submitted that the property which M wished to buy had, in fact, been sold to the firm H for a price of 800,000 schillings and that the firm H had only been able to pay this price because the municipality of Hirm had paid 300,000 schillings towards the purchase price. In fact, those premises which could still become operational could only become so because the firms in question could count on support from public funds. The Applicant added that such support had been promised to him in writing before he started the business, but it had not in fact been given to him; yet public funds were available for those who bought the property from the estate in bankruptcy.

The *Government* confirmed that the firm H had received a subsidy from the municipality of Hirm, but stated that the amount was 150,000 schillings.

THE LAW (regarding the allegations under II, 9 B).

Whereas, in so far as the Applicant complains of the prices at which certain property was sold, the complaint concerns the action of the Official Receiver (*Masseverwalter*); whereas, therefore, it is a preliminary question whether the Official Receiver is to be considered an organ whose action can involve the responsibility of the Austrian Government under the Convention; whereas, in this respect, the Commission has studied the functions and responsibility of the Official Receiver under Austrian law (Articles 80–84 of the Bankruptcy Act) and has reached the conclusion that, for the alors signalé à M. qu'il ne s'opposait pas à la vente, mais qu'un accord devait être conclu avec le syndic de faillite. Après plusieurs jours de négociations avec le requérant, M. a déclaré qu'il était disposé à acheter les deux bâtiments et le terrain pour un montant de 2.300.000 schillings. M. a écrit alors une lettre au syndic, mais il n'a reçu aucune réponse. D. pensait que M. avait également fait d'autres tentatives pour entrer en contact avec le syndic, mais sans succès. A la suite de quoi il a renoncé à acheter ces biens et il a fait part de sa décision au requérant. Les biens en question ont alors été vendus à l'entreprise H. pour 800.000 schillings seulement.

Le *Gouvernement* a précisé que le syndic ne connaissait aucune personne du nom de M. et qu'il était impossible qu'une personne portant ce nom ou toute autre personne ait jamais fait une offre plus élevée, pour quelqu'objet que ce soit, que celle qu'il avait acceptée.

Il a également précisé, apparemment pour répondre à l'accusation d'antisémitisme qui avait été portée contre lui, que l'entreprise H., qui avait acquis les biens, était une société en nom collectif et que l'un des deux associés, K., était d'origine israélite.

(h) *Subventions provenant de fonds publics*

Le *requérant* a fait valoir que les biens que M. souhaitait acquérir avaient en fait été vendus à la société H. pour 800.000 schillings, et que cette société n'avait été en mesure de payer ce prix que parce que la municipalité de Hirm lui avait accordé une subvention de 300.000 schillings. En fait, ces installations pouvaient encore être utilisées, mais seulement à la condition que les entreprises intéressées puissent compter sur des fonds publics. Le requérant a ajouté que cette aide lui avait été promise par écrit avant qu'il se lance dans cette activité, mais qu'elle ne lui avait pas été accordée en réalité; pourtant, des fonds publics ont été mis à la disposition de ceux qui ont acheté des biens de la société en faillite.

Le *Gouvernement* a confirmé que la société H. avait reçu une subvention de la municipalité de Hirm, mais il a précisé qu'elle s'élevait à 150.000 schillings.

EN DROIT (en ce qui concerne les allégations exposées au par. II, 9B).

Considérant que, pour autant que le requérant se plaint des prix auxquels certains biens ont été vendus, sa plainte concerne le comportement du syndic de faillite (*Masseverwalter*); qu'il faut donc déterminer, au préalable, s'il y a lieu de considérer que les mesures prises par le syndic peuvent engager la responsabilité du Gouvernement autrichien aux termes de la Convention; qu'à cet égard, la Commission a étudié les fonctions et les responsabilités du syndic de faillite aux termes du droit autrichien (articles 80 à 84 de la loi sur les faillites), et qu'elle est arrivée à la conclusion qu'aux fins d'appurpose of the Convention, the Austrian Government is to be considered responsible for his actions;

Whereas the Applicant has further submitted that in the bankruptcy proceedings the property was sold at ridiculously low prices; whereas, as a basis for this allegation, he maintained that the total value of the property was about 30 million schillings and, in this respect, referred to a valuation made on 7th September, 1958;

Whereas the Commission observes that, in so far as it is alleged that the prices obtained were excessively low, it is necessary to take into account the value of the property at the time of the sale; whereas it appears that the property was sold after 1960 and it is therefore interesting to note that the value of the property was, according to a valuation of 13th May, 1960, only about 12 million schillings; whereas it should also be observed that, according to a subsequent valuation made in the bankruptcy proceedings, the entire assets of the company were worth still less, namely, 8,500,000 schillings;

Whereas, as regards the prices obtained, the Government has stated that only a minor part of the property had been sold (in February 1966) and that the prices paid for that part of the property amounted to a total sum of 2,600,000 schillings;

Whereas, having regard to the valuations made in 1960 and subsequently, to the prices eventually paid for a minor part of the property and to the fact that the property was sold by forced sale, the Commission finds no such disproportion between value and price as would suggest that the Applicant's right of property had been violated;

Whereas, in regard to the Applicant's submissions regarding the alleged offer by M, the Commission observes that this issue is closely related to the question of the sale of the property at excessively low prices; whereas, indeed, it should be pointed out that, if M had made an offer higher than that which had been finally accepted by the Receiver, this would mean that a part of the property could have been sold at a higher price; whereas, in regard to the offer of M, the Parties have made contradictory statements; whereas the Applicant has submitted that M wrote a letter to the Receiver in regard to the purchase of certain property and that he probably made further attempts to establish contact with the Receiver; whereas, on the other hand, the Government has submitted that the Receiver did not know any person named M and that no higher offers had been made for any part of the property than those which had been accepted; whereas it appears, however, also from the later submissions of the Applicant and his son that M, although willing to buy for a higher price, did not in fact submit any formal offer to the Receiver; whereas, in his pleading of 10th July, 1965, plication de la Convention, le Gouvernement autrichien doit être tenu pour responsable de ses actions;

Considérant que le requérant a fait valoir en outre qu'au cours de la procédure de faillite ses biens ont été vendus à des prix ridiculement bas; que, pour appuyer cette allégation, il a soutenu que la valeur globale des biens était d'environ 30 millions de schillings et qu'à cet égard, il s'est référé à une évaluation faite le 7 septembre 1958;

Considérant que la Commission observe que, pour autant que le requérant a soutenu que les prix obtenus étaient ridiculement bas, il faut tenir compte de la valeur des biens au moment de la vente; qu'il apparaît que les biens ont été vendus après 1960 et qu'il est intéressant de remarquer que la valeur des biens n'était, selon l'évaluation en date du 13 mai 1960, que de 12 millions de schillings environ; qu'il convient également de remarquer que, selon une évaluation ultérieure faite au cours de la procédure de faillite, l'ensemble des avoirs de la société valait encore moins, à savoir 8.500.000 schillings;

Considérant, en ce qui concerne les prix obtenus, que le Gouvernement a déclaré que seule une petite partie des biens avait été vendue (en février 1966) pour un prix global de 2.600.000 schillings;

Considérant que, compte tenu des évaluations faites en 1960 et ultérieurement, des prix payés en fin de compte pour une petite partie des biens et du fait que les biens ont été vendus au cours d'une vente forcée, la Commission estime qu'il n'y a pas eu, entre la valeur et le prix, un écart qui permette de conclure que le droit de propriété du requérant ait été violé;

Considérant, en ce qui concerne les allégations du requérant au sujet de l'offre qui aurait été faite par M., que la Commission observe que ce point est étroitement lié à la question de la vente des biens à des prix excessivement bas; qu'il y a certes lieu de souligner que si M. avait fait une offre supérieure à celle qui avait été finalement acceptée par le syndic, cela voudrait dire qu'une partie des biens auraient pu être vendus à un prix plus élevé; qu'en ce qui concerne l'offre de M., les parties ont fait des déclarations contradictoires; que le requérant a soutenu que M. avait écrit au syndic au sujet de l'échat de certains biens et qu'il avait probablement fait d'autres tentatives pour entrer en contact avec le syndic, que, d'autre part, le Gouvernement a affirmé que le syndic ne connaissait aucune personne du nom de M. et qu'aucune offre plus élevée n'avait été faite pour une partie des biens que celle qui avait été acceptée; qu'il ressort toutefois des allégations faites ultérieurement par le requérant et par son fils que M., bien que désireux d'acheter ces biens pour un prix plus élevé, n'a en fait présenté aucune offre officielle au syndic; que, dans son mémoire du 10 juillet 1965, le the Applicant stated that M "was unable to make any offer for, as he told me, there was no willingness to negotiate with him, as he too was Jewish"; whereas the Applicant's son confirmed this in his statement of 23rd August, 1966, by submitting that, after trying in vain to establish contact with the Receiver, M "refrained from the purchase";

Whereas, consequently, it appears that, even if M was willing to buy, he made no formal offer which was rejected by the Receiver; whereas, in these circumstances, there is no appearance of an infringement of the Applicant's right of property;

Whereas the Applicant has also complained that a buyer of certain property received subsidies out of public funds; whereas the Commission considers that this fact could not in itself constitute a violation of the Convention or the Protocol, in particular, as there is no appearance of subsidies being given for discriminatory purposes;

Whereas, consequently, the Applicant's complaints dealt with in this paragraph are all manifestly ill-founded within the meaning of Article 27, paragraph (2), of the Convention.

10. *Admission of claims in the bankruptcy proceedings*

The Applicant submitted that the Board of Creditors had refused to admit any claims from Jewish creditors and that unjustified claims by non-Jewish creditors had been admitted.

A. *Exhaustion of domestic remedies*

SUBMISSIONS

As regards the Parties' submissions in this respect, reference is made to the corresponding submissions on the complaints dealt with under 9 above.

It is recalled that the *Government* has submitted in substance that the present allegations ought to have been raised in

- a request for the dismissal of the Official Receiver or members of the Board of Creditors;
- a civil action against the Receiver or members of the Board of Creditors.

The *Applicant* maintained that he had raised these complaints in a request for the dismissal of the Receiver and certain members of the Board of Creditors and also that a civil action could not be considered an effective remedy.

THE LAW (regarding the questions under II, 10 A).

Whereas the Commission observes that, in his application for the requérant a soutenu que M. "a été dans l'impossibilité de faire une offre car, m'a-t-il dit, personne ne voulait négocier avec lui, car il était lui aussi israélite"; que le fils du requérant a confirmé cette assertion le 23 août 1966, en indiquant qu'après avoir essayé en vain d'entrer en contact avec le syndic, M. "a renoncé à l'échat";

Considérant qu'il apparaît donc que, même si M. était prêt à acheter ces biens, il n'a fait aucune offre officielle qui ait été rejetée par le syndic; que, dans ces circonstances, il ne semble pas qu'il y ait eu violation du droit de propriété du requérant;

Considérant que le requérant s'est également plaint que l'acquéreur de certains biens ait reçu une subvention provenant de fonds publics, que la Commission considère que ce fait ne pourrait constituer en lui-même une violation de la Convention ou du Protocole additionnel, étant donné en particulier qu'il ne semble pas que la subvention ait été accordée à des fins discriminatoires;

Considérant que, par conséquent, les griefs du requérant évoqués dans le présent paragraphe sont tous manifestement mal fondés au sens de l'article 27, par. 2, de la Convention.

10. *Acceptation de créances au cours de la procédure de faillite*

Le requérant a soutenu que le Comité des créanciers avait refusé d'admettre des créances présentées par des créanciers israélites et qu'il avait admis des créances injustifiées présentées par des créanciers non israélites.

A. *Epuisement des voies de recours internes*

ARGUMENTATION

En ce qui concerne les allégations formulées par les parties à cet égard, la Commission renvoie aux allégations correspondantes relatives aux griefs exposés au par. 9 ci-dessus.

La Commission rappelle que le *Gouvernement* a affirmé en substance que les présentes allégations auraient dû être formulées

- dans une demande de remplacement du syndic de faillite ou des membres du Comité des créanciers;
- dans une action civile intentée contre le syndic ou contre des membres du Comité des créanciers.

Le *requérant* a soutenu qu'il avait fait état de ses griefs dans une demande de remplacement du syndic et de certains membres du Comité des créanciers, et qu'une action civile ne pouvait pas être considérée comme un recours effectif.

EN DROIT (en ce qui concerne les questions exposées au par. II, 10A).

Considérant que la Commission observe que, dans sa demande de dismissal of the Receiver and members of the Board of Creditors, the Applicant alleged that certain claims of Jewish creditors had been improperly rejected and that, on the other hand, certain unjustified claims had been admitted; whereas, consequently, the present allegations were already examined in substance, in the proceedings before the Austrian courts; whereas the Applicant has therefore apparently exhausted the first remedy referred to by the Government;

Whereas, in these circumstances, the Commission does not find that the Applicant should also have instituted civil proceedings, as submitted by the Government, in order to comply with Article 26 of the Convention;

Whereas it follows that, in respect of the present allegations, the Applicant must be considered to have exhausted the domestic remedies within the meaning of Article 26 of the Convention.

B. *Other aspects of admissibility*

SUBMISSIONS

The *Applicant* referred to a number of Jewish creditors whose claims had been rejected by the Board of Creditors, the reason being, in his opinion, the anti-semitic attitude which characterised the proceedings. On the other hand, claims of non-Jewish creditors had been admitted although they were unfounded.

The *Government* stated that the complaint that Jewish creditors had been excluded could not be considered a violation of the Convention of which the Applicant could claim to be a victim. He was, therefore, not competent, under Article 25 of the Convention, to lodge this complaint.

The *Applicant* replied that he was competent since, as a result of the refusal to admit these claims, he had been held liable for the money concerned.

The *Government* further contested that any claims had been refused by reason of the racial origin of the creditors.

THE LAW (regarding the allegations under II, 10 B).

Whereas the Applicant complains, in particular, of the action of the Board of Creditors (*Gläubigerausschuss*); whereas, therefore, the Commission has examined the question whether, under the Convention, the Austrian Government could be held responsible for the action of that Board; whereas the Board of Creditors consists of representatives of the creditors and has functions which are entirely different from those of the Receiver (see Articles 88–89 of the Bankruptcy Act); whereas, in the Commission's opinion, the action of that Board could not involve the responsibility of the Austrian remplacement du syndic et de certains membres du Comité des créanciers, le requérant a prétendu que certaines créances présentées par des créanciers israélites avaient été rejetées à tort et que, d'autre part, certaines créances injustifiées avaient été admises; qu'en conséquence, ces allégations ont déjà été examinées en substance, au cours de la procédure devant les tribunaux autrichiens; que le requérant a donc apparemment épuisé la première voie de recours indique par le Gouvernement;

Considérant que, dans ces circonstances, la Commission n'estime pas que le requérant aurait dû également engager une procédure civile, comme le prétend le Gouvernement, pour satisfaire aux dispositions de l'article 26 de la Convention;

Considérant, en ce qui concerne les présentes allégations, qu'il y a donc lieu de considérer que le requérant a épuisé les voies de recours internes au sens de l'article 26 de la Convention.

B. *Autres aspects de la recevabilité*

ARGUMENTATION

Le *requérant* a fait valoir que les créances présentées par plusieurs créanciers israélites avaient été rejetées par le Comité des créanciers, la raison étant, selon lui, l'atmosphère antisémite qui a caractérisé la procédure. D'autre part, des créances présentées par des créanciers non israélites ont été admises bien qu'elles ne fussent pas fondées.

Le *Gouvernement* a prétendu que le fait que les créances présentées par des créanciers israélites auraient été rejetées ne pouvait pas être considéré comme une violation de la Convention dont le requérant se prétend victime. Le requérant ne pouvait donc pas, aux termes de l'article 25 de la Convention, formuler un tel grief.

Le *requérant* a répondu qu'il pouvait formuler ce grief puisque, à la suite du refus d'admettre ces créances, il avait été tenu pour responsable des sommes en question.

Le *Gouvernement* a contesté, en outre, que les créances eussent été rejetées en raison de l'origine raciale des créanciers.

EN DROIT (en ce qui concerne les allégations exposées au par. II, 10B)

Considérant que le requérant se plaint en particulier du comportement du Comité des créanciers (*Gläubigerausschuss*); que la Commission a donc examiné de savoir si, aux termes de la Convention, le Gouvernement autrichien pouvait être tenu pour responsable des actes de ce Comité; que le Comité des créanciers est constitué par des représentants des créanciers et que ses fonctions sont totalement différentes de celles du syndic (voir articles 88 et 89 de la loi sur les faillites); que, de l'avis de la Commission, les actes de ce Comité ne peuvent pas engager la responsabilité du Gouvernement autrichien

Government under the Convention; whereas, consequently, in so far as the Applicant complains of the action of the Board, his complaint is incompatible with the Convention *ratione personae* and must be rejected according to Article 27, paragraph (2), of the Convention;

Whereas, however, it must be remembered that, in Austrian bankruptcy procedure, the Board of Creditors is not directly concerned with the admission or rejection of claims; whereas, when the Applicant raised the present allegation before the Regional Court of Eisenstadt, the Court replied in its decision: "Moreover, the Board of Creditors has nothing to do with the examination and admission of claims in the bankruptcy (see Articles 89 and 102 *et seq.* of the Bankruptcy Act)"; whereas, in these circumstances, it might be reasonable to consider the Applicant's complaints as being in fact directed against the Official Receiver and to examine them on such a basis;

Whereas in this examination the Commission observes that the Government has submitted that the Applicant was not a victim within the meaning of Article 25 in regard to the refusal to admit certain claims in the bankruptcy proceedings; whereas the Applicant has replied that, as a result of the refusal to admit certain claims, he personally would be considered as debtor in respect of these claims; whereas, in view of this statement by the Applicant, the Commission does not find that the complaint could be rejected on the formal ground raised by the Government;

Whereas, however, the Commission observes that the Applicant's complaint has been examined by Austrian Courts which found the rejection of the claims justified (Regional Court's decision of ... 1962); whereas this finding must be accepted by the Commission, in particular as there is no appearance of discrimination in regard to the refusal to admit these claims in the bankruptcy proceedings; whereas, consequently, the Applicant's complaint in this regard is manifestly ill-founded within the meaning of Article 27, paragraph (2), of the Convention;

Whereas, in regard to the Applicant's further allegation that certain unjustified claims were admitted, the Commission finds no appearance of a violation of the Convention or the Protocol; whereas, in fact, the Applicant provides no details about this allegation nor any evidence to support it; whereas, consequently, this complaint is also manifestly ill-founded within the meaning of Article 27, paragraph (2), of the Convention.

II. *The Application as a whole*

SUBMISSIONS

The *Applicant* alleged, in general, that the various specific aux termes de la Convention; que, par conséquent, pour autant que le requérant se plaint du comportement du Comité, sa requête est incompatible avec les dispositions de la Convention *ratione personae* et doit être rejetée en vertu de l'article 27, par. 2, de la Convention.

Considérant toutefois qu'il y a lieu de se rappeler que, dans la procédure autrichienne de faillite, il n'incombe pas directement au Comité des créanciers d'accepter ou de refuser des créances; que, lorsque le requérant a formulé la présente allégations devant le Tribunal régional d'Eisenstadt, le tribunal a répondu dans son arrêt: "En outre, le Comité des créanciers n'est aucunement chargé d'examiner et d'accepter les créances relatives à la faillite (voir articles 89 et 102ss. de la loi sur les faillites)"; considérant, dans ces circonstances, qu'il serait raisonnable de considérer que les griefs formulés par le requérant sont dirigés en fait contre le syndic de faillite et de les examiner dans cette optique;

Considérant que, dans cet examen, la Commission constate que le Gouvernement a prétendu que le requérant n'était pas une victime au sens de l'article 25 en ce qui concerne le refus d'admettre certaines créances au cours de la procédure de faillite; que le requérant a répondu qu'à la suite du refus d'admettre certaines créances, il serait considéré personnellement comme débiteur en ce qui concerne ces créances; étant donné l'argument avancé par le requérant, la Commission n'estime pas que les griefs pourraient être rejetés pour les motifs formels évoqués par le Gouvernement;

Considérant toutefois que la Commission constate que le grief formulé par le requérant a été examiné par les tribunaux autrichiens, qui ont estimé que le refus des créances était justifié (décision du Tribunal régional en date du ... 1962); que cette conclusion doit être acceptée par la Commission, étant donné en particulier qu'il ne semble pas que le refus d'admettre ces créances au cours de la procédure de faillite ait été fondé sur une discrimination quelconque; qu'à cet égard, la requête du requérant est donc manifestement mal fondée au sens de l'article 27, par. 2, de la Convention;

Considérant qu'en ce qui concerne l'allégation formulée par le requérant selon laquelle certaines créances injustifiées auraient été admises, la Commission estime qu'il ne semble y avoir eu violation de la Convention ou du Protocole additionnel, qu'en fait, le requérant ne fournit aucune précision relative à cette allégation, ni aucun moyen de preuve à l'appui; que ce grief est donc également manifestement mal fondé au sens de l'article 27, par. 2, de la Convention.

II. *La requête considérée dans son ensemble*

ARGUMENTATION

Le *requérant* a prétendu, d'une façon générale, que les diverses actions by the authorities were all part of a general plan to deprive him of his property, the reasons being, in part, an antisemitic attitude and, in part, the wish to remove a competitor of the State-owned company.

The *Government* contested that the authorities had acted from any such motives.

THE LAW (in regard to the question under II, 11).

Whereas, after examining the Applicant's allegations on specific points, the Commission has also examined the question whether these allegations could, if examined together, disclose any appearance of a violation of the Convention; whereas, however, an examination of the Application as a whole does not disclose any appearance of a violation of the Convention or the Protocol, in particular, Article 1 of the Protocol in conjunction with Article 14 of the Convention; whereas, therefore, the Application, considered as a whole, is manifestly ill-founded within the meaning of Article 27, paragraph (2), of the Convention.

Now therefore the Commission,

Having regard to its partial decision of 2nd July 1964 [1],

DECLARES THE REMAINDER OF THIS APPLICATION INADMISSIBLE.

...

Application No. 1760/63

X. *against* AUSTRIA

Decision of 23rd May 1966

... (*Translation*)

THE FACTS

Whereas the facts of the case may be summarised as follows:

At the time of lodging his Application, X., an Austrian citizen born in 1919, was serving a sentence of seven and a half years' hard labour in Stein prison (see X.'s first Application, No. 1098/61, declared inadmissible by the Commission on 19th December 1961: Collection of Decisions No. 8, pp. 50–56). He was released at the end of 1963 and is at present living in Linz. He is an electrical engineer.

On ... 1962 the prison authorities ordered the Applicant to be

[1] Not published.

mesures particulières prises par les autorités formaient toutes parties d'un plan général visant à le priver de ses biens dont les raisons étaient, d'une part, une attitude antisémite et, d'autre part, le désir d'éliminer un concurrent de la société d'Etat.

Le *Gouvernement* a contesté que les autorités eussent été poussées par de tels motifs.

EN DROIT (en ce qui concerne la question évoquée au par. II, 11).

Considérant qu'après avoir examiné les allégations formulées par le requérant sur des points particuliers, la Commission a également examiné la question de savoir si l'examen de ces allégations, considérées dans leur ensemble, permettait de dégager l'apparence d'une atteinte à la Convention; que, cependant, l'examen de la requête considérée dans son ensemble ne permet pas de dégager l'apparence d'une violation de la Convention ou du Protocole additionnel, en particulier de l'article 1er du Protocole combiné avec l'article 14 de la Convention; considérant donc que la requête, considérée dans son ensemble, est manifestement mal fondée au sens de l'article 27, par. 2, de la Convention.

Par ces motifs, la Commission,

Vu sa décision partielle du 2 juillet 1964 [1]

DECLARE LE RESTANT DE LA REQUETE IRRECEVABLE.

...

Requête No. 1760/63

X *contre* L'AUTRICHE

Décision du 23 mai 1966

...

EN FAIT

Considérant que les faits de la cause peuvent se résumer ainsi:

X, ressortissant autrichien né en 1919, se trouvait détenu au pénitencier de Stein à l'époque de l'introduction de sa requête; il y purgeait une peine de sept ans et demi de réclusion rigoureuse (cf. la première requête de X, N° 1098/61, déclarée irrecevable par la Commission du 19 décembre 1961 et reproduite au Recueil de décisions, N. 8 pp. 50–56). Elargi à la fin de 1963, il réside actuellement à Linz. X est ingenieur-électricien.

Le ... 1962, le requérant a été frappé par la direction du péni-

[1] Non publiée.

kept for two days in solitary confinement (*Einzelhaft*), sleeping hard (*hartes Lager*), because he had been found in possession of pornographic drawings and poems. On ... July 1962, for the same reasons, permission for the Applicant to study and write (*Lern- und Schreiberlaubnis*), for the purpose of his electronics and machine construction studies, and to paint and draw) *Mal- und Zeichenbewilligung*) was withdrawn. From ... to ... 1962 he was deprived of water for going on hunger strike.

The Applicant complained to the *Hauskommissär*, a member of the Public Prosecutor's Office at Krems, but his complaint was rejected on ... August 1962. He then appealed to the Ministry of Justice; his appeal was allowed on ... October 1962 to the extent that he was once again given permission to paint and draw. This ruling was challenged by the Applicant in the Administrative Court.

The file shows that the Applicant again went on hunger strike, from ... to ... 1962, during which period he was again deprived of water. A complaint by the Applicant was rejected by the *Hauskommissär* on ... 1963.

By a decision (*Erlass*) of ... March 1963, the Ministry of Justice cancelled the disciplinary action taken against the Applicant and set aside the decisions of ... August 1962 and ... October 1962. The situation that had existed before July 1962 was thus restored. As a result, the Administrative Court considered that the situation at issue had been redressed (*Klaglosstellung*) and on ... 1963 struck the matter off the register.

In the meantime, on ... 1962, the Krems Regional Court (*Kreisgericht*) rejected a request by the Applicant for conditional release. Three similar requests had already been rejected by the Regional Court on ... 1961, ... 1961 and ... 1962; by the Vienna Court of Appeal (*Oberlandesgericht*) ... 1961 and ... 1962.

On ... 1963, the Vienna Court of Appeal, sitting in camera after consultation with the Department of the Public Prosecutor (*in nichtöffentlicher Sitzung nach Anhörung der Oberstaatsanwaltschaft*), rejected the Applicant's appeal from the decision of the Regional Court. It held that, in view of the Applicant's criminal past and his recidivist tendencies, there was no reason to assume that he would behave well while on release; it also endorsed the "general prevention considerations" (*generalpräventive Bedenken*) which the Regional Court had taken into account. It based its decision on Sections 12 *et seq.* of the 1960 text of the Conditional Sentences (*bedingte Verurteilung*) Act.

On ... 1963, the Ministry of Justice ordered the Applicant to be transferred to Graz prison on the ground that he had disturbed order and discipline at Stein prison. On ... 1963, the Applicant tencier d'une sanction disciplinaire de deux jours d'emprisonnement individuel (*Einzelhaft*) avec un lit dur (*hartes Lager*) parce qu'on l'avait trouvé en possession de dessins et vers pornographiques. Pour ces raisons on lui a retiré le ... juillet 1962 la permission d'étudier et d'écrire (*Lern- und Schreiberlaubnis*) en ce qui concerne ses études d'électronique et de construction de machines, ainsi que la permission de peindre et de dessiner (*Mal- und Zeichenbewilligung*). Comme le requérant a fait la grève de la faim, les autorités l'ont privé d'eau du ... au ... 1962.

Le requérant s'est plaint auprès du *Hauskommissär*, membre du Parquet de Krems, qui a cependant repoussé la demande le ... août 1962. X a interjeté alors un recours auprès du Ministère de la Justice qui y a fait droit le ... octobre 1962 dans ce sens que l'autorisation de peindre et de dessiner lui a été à nouveau accordée. Cet arrêté a été attaqué par le requérant auprès de la Cour administrative.

Il ressort du dossier que le requérant a fait une deuxième grève de la faim du ... au ... 1962, période pendant laquelle il a été également privé d'eau. Une plainte du requérant a été repoussée par le *Hauskommissär* le ... 1963.

Ensuite, le Ministère de la Justice, par arrêté (*Erlass*) du ... mars 1963, a annulé les sanctions disciplinaires infligées au requérant, ainsi que la décision du ... août 1962 et l'arrêté du ... octobre 1962. Le Ministère a ainsi rétabli la situation telle qu'elle existait avant le mois de juillet 1962. En conséquence, la Cour administrative a considéré la situation litigieuse comme redressée (*Klaglosstellung*) et a rayé l'affaire du rôle le ... 1963.

Le ... 1962, par ailleurs, le Tribunal régional (*Kreisgericht*) de Krems a repoussé une demande de libération conditionnelle dont l'avait saisi le requérant. Trois demandes similaires avaient subi le même sort antérieurement (*Kreisgericht*, ... 1961, ... 1961 et ... 1962; *Oberlandesgericht* de Vienne, ... 1961 et ... 1962).

Le ... 1963, la Cour d'Appel (*Oberlandesgericht*) de Vienne, statuant à huis clos après consultation du Ministère public (*in nichtöffentlicher Sitzung nach Anhörung der Oberstaatsanwaltschaft*), a rejeté le recours de X contre la décision du *Kreisgericht*: la Cour d'Appel n'a pas cru pouvoir présumer que le requérant se conduirait bien durant le délai d'épreuve, vu son passé pénal et sa propension à la récidive; elle s'est ralliée en outre aux "considérations de prévention générale" (*generalpräventive Bedenken*) retenues par le *Kreisgericht*. La décision de l'*Oberlandesgericht* se fondait sur les articles 12 et suivants de la loi relative aux condamnations conditionnelles (*bedingte Verurteilung*), dans sa version de 1960.

Le ... 1963, le Ministère de la Justice a ordonné le transfert du requérant au pénitencier de Graz pour le motif que X avait troublé l'ordre et la discipline au pénitencier de Stein. Le ... 1963, le rewas temporarily transferred to the prison at St. Pölten, near Krems, where officials were being investigated following criminal allegations by the Applicant and criminal proceedings were pending against the Applicant. The Applicant's allegations were dismissed by the Public Prosecutor's Office.

In ... 1963, the President of the St. Pölten court reported that the Applicant was daily becoming increasingly arrogant (*anmassend*) and that he was afraid that there would be serious difficulties while he was away on leave. Accordingly, the Ministry of Justice ordered the Applicant to be immediately transferred to Graz prison.

The Applicant accuses the authorities of Stein and St. Pölten prisons of having intercepted letters.

A letter dated ... 1962, addressed to the Applicant's lawyer, Mr. Y., was held back in accordance with Article 20 (7) of the Regulations for Men's Prisons (*Hausordnung für Männerstrafanstalten*), which stipulates that "letters whose contents are offensive or otherwise punishable, morally improper or liable to prejudice order or security, or liable to facilitate escapes, shall not be delivered or posted; they shall be returned to the prisoner after his release unless there is any valid objection". The Applicant complained of this action; his complaint was rejected by the *Hauskommissär* on ... 1962.

Several other letters addressed to other persons were intercepted for the same reasons. Complaints by the Applicant were rejected on ... and ... 1963.

In the letter of ... August 1963 to the Commission the Applicant alleged that the authorities of St. Pölten prison had intercepted a letter sent to the Commission in April 1963 in which he made a complaint against the Ministry of Justice. However, this letter, dated ... April 1963, did in fact reach the Secretariat, on ... April 1963.

According to the file, the Ministry of Justice, on appeal by the Applicant, rescinded the decisions of the prison authorities by which three letters written by the Applicant – that of ... 1962 to Mr. Y., that of ... 1963 to Mr. Z., Member of Parliament, and that of ... 1963 to the Applicant's mother – had been held back.

Whereas the Applicant alleges breaches of the following provisions of the Convention:

– *Article 3*, through the disciplinary action taken against him in 1962 and through his transfer to the St. Pölten and Graz prisons.

The Applicant claims that after arriving at St. Pölten prison he was kept for about three months in seclusion (*in strengster Absonderungshaft*) and that the privileges withdrawn from him in 1962 quérant a été provisoirement transféré au pénitencier de St. Pölten non loin de Krems, où, d'une part, des enquêtes étaient en cours contre des fonctionnaires à la suite de plaintes pénales formées par le requérant et où, d'autre part, une procédure pénale était en instance contre le requérant. Les plaintes du requérant ont été classées par le Parquet.

En ... 1963, le Président du Tribunal de St. Pölten a rapporté que le requérant devenait de plus en plus arrogant (*anmassend*) de jour en jour et il craignait que des difficultés graves surgissent pendant la période de son absence en congé. Cette raison a amené le Ministère de la Justice à ordonner le transfert immédiat du requérant au pénitencier de Graz.

X accuse la direction des pénitenciers de Stein et de St. Pölten d'avoir intercepté des lettres.

Une lettre du ... 1962 adressée à Me Y a été retenue conformément à l'article 20 alinéa 7 du Règlement des pénitenciers pour hommes (*Hausordnung für Männerstrafanstalten*). Aux termes de cette disposition "des lettres dont le contenu est offensant ou autrement punissable, contraire aux bonnes moeurs ou de nature à porter atteinte à l'ordre ou à la sécurité, ou encore propre à faciliter des évasions, ne sont ni délivrées ni mises à la poste; elle seront rendues au prisonnier après son élargissement pourvu qu'il n'y ait pas d'objection justifiée". Le requérant a attaqué cette mesure. Le *Hauskommissär* a rejeté le ... 1962 la plainte du requérant.

De même, plusieurs autres lettres adressées à d'autres personnes, ont été interceptées pour les mêmes motifs. Les recours du requérant ont été rejetés les ... et ... 1963 respectivement.

Dans la lettre du ... août 1963 à la Commission, le requérant prétend que la direction du pénitencier de St. Pölten a intercepté une lettre adressée en avril 1963 à la Commission et dans laquelle il s'est plaint du Ministère de la Justice. Toutefois, cette lettre écrite le ... avril 1963 est bien arrivée au Secrétariat le ... avril 1963.

Il ressort du dossier qu'en ce qui concerne trois lettres – celles que le requérant avait écrites le ... 1962 à Me Y, le ... 1963 au député Z et le ... 1963 à sa mère – le Ministère de la Justice a, sur recours du requérant, abrogé les décisions des autorités pénitenciaires par lesquelles ces lettres avaient été retenues.

Considérant que le requérant allègue la violation des dispositions suivantes de la Convention:

– *article 3* en raison des sanctions disciplinaires qu'on lui a infligées en 1962 et par son transfert aux pénitenciers de St. Pölten et de Graz.

X prétend qu'à son arrivée au pénitencier de St. Pölten, il serait resté environ trois mois au secret (*in strengster Absonderungshaft*) et on ne lui aurait point accordé les autorisations qui lui avaietu were not restored. In its written observations on the admissibility of the Application, the Respondent Government claimed that "the Applicant himself expressed to the prison governor the wish to remain alone in a cell. There, he was quite able to study electronics with the help of publications on the subject with which he was provided".

The Applicant then alleges that the lawyer assigned to him by the Administrative Court had been persuaded by "the Justice" not to inform him until several months had passed that the Ministry of Justice's ruling of ... March 1963 had to be pronounced within two weeks. According to the Respondent Government, this allegation is "patently false and was probably made to create an impression".

The Applicant also claims that owing to his transfer to Graz prison his mother, aged 79, sick and without any means, was prevented from visiting him. In the Government's view, "the responsibility lies with the Applicant himself, because of his unruly behaviour."

– *Article 7*, through the refusal of the Krems Regional Court and the Vienna Court of Appeal to entertain the Applicant's request for conditional release.

The Applicant, who was sentenced in 1956, holds that the Court of Appeal should have applied to him the old (1949) text of the Conditional Sentences Act, which was less stringent than the new one because it did not involve "general prevention considerations". In his view, any prisoner has the right to be granted conditional release if he fulfils the requirements of the legislative authority on the matter. He infers that the Court "increased" his sentence by applying the 1960 Act in retrospect.

– *Article 10*, because of the interception by the authorities of Stein and St. Pölten prisons of letters written by the Applicant.

– *Article 13* "and other articles where relevant" (*und eventuell noch andere dafür zutreffende Artikel*).

Whereas the Applicant claims compensation for the injury allegedly suffered.

THE LAW

As to the Applicant's complaint against the Krems Regional Court and the Vienna Court of Appeal for having rejected his request for conditional release

Whereas, in the first place, Article 1 of the Convention for the Protection of Human Rights and Fundamental Freedoms guarantees solely "the rights and freedoms defined in Section I" (of the Convention); whereas any complaint made by a person, onn-governmental organisation or group of individuals must, according été retirées en 1962. Dans ses observations écrites sur la recevabilité de la requête, le Gouvernement défendeur a fait valoir que "le requérant lui-même a exprimé devant le directeur du pénitencier le désir de rester seul dans une cellule. Là, il était tout à fait en mesure de s'occuper des problèmes d'électronique avec l'aide de publications mises à sa disposition et portant sur cette matière".

D'autre part, le requérant allègue que l'avocat d'office, désigné par la Cour administrative, aurait été influencé par "la Justice", de n'aviser le requérant qu'après plusieurs mois qu'il fallait se prononcer dans les deux semaines sur l'arrêté du Ministère de la Justice en date du ... mars 1963. Cette allégation est selon le Gouvernement défendeur "manifestement fausse et a été faite probablement pour faire impression".

En raison du transfèrement au pénitencier de Graz, la mère du requérant, âgée de 79 ans, malade et sans ressources, aurait été empêchée de lui rendre visite. Aux yeux du Gouvernement, "la responsabilité en incombe au requérant lui-même, à cause de sa conduite indisciplinée".

– *article 7* par le refus du Tribunal régional de Krems et la Cour d'Appel de Vienne d'accueillir la demande du requérant tendant à sa libération conditionnelle.

X, dont la condamnation remonte à 1956, estime que la Cour d'Appel aurait dû lui appliquer l'ancien texte (1949) de la loi relative aux condamnations conditionnelles, moins rigoureux que le nouveau, car les "*general präventive Bedenken*" n'y entraient pas en ligne de compte. D'après lui, tout condamné a droit au bénéfice d'une mesure de libération conditionnelle pour peu qu'il réponde aux exigences du législateur en la matière. Il en infère que la Cour a "aggravé" sa peine en donnant un effet rétroactif à la loi de 1960.

– *article 10* du fait que la direction des pénitenciers de Stein et de St. Pölten ont intercepté certaines lettres du requérant.

– *article 13* ainsi que "d'autres articles éventuellement pertinents" (*und eventuell noch andere dafür zutreffende Artikel*).

Considérant que X réclame la réparation du préjudice prétendument subi.

EN DROIT

Pour autant que le requérant se plaint du Tribunal régional de Krems et de la Cour d'Appel de Vienne d'avoir rejeté sa demande de libération conditionnelle

Considérant tout d'abord, qu'aux termes de son article 1er, la Convention de Sauvegarde des Droits de l'Homme et des Libertés fondamentales garantit uniquement "les droits et libertés définis (en son) Titre I"; que tout grief formulé par une personne physique, une organisation non gouvernementale ou un groupe de particuliers to Article 25 (1) of the Convention, relate to an alleged violation of those rights and freedoms, otherwise the Commission is not competent *ratione materiae* to consider it; whereas the right to be granted conditional release does not appear as such among the said rights and freedoms, as the Commission has already found on numerous occasions (see, *inter alia*, the decision of 16th January 1963 on the admissibility of Application No. 1599/62, Yearbook VI, pages 354 and 356);

Whereas, in the second place, in so far as the Applicant complains of the proceedings held before the Court of Appeal in respect of his request for conditional release, those proceedings (independently of the foregoing: right to conditional release not guaranteed, incompetence *ratione materiae*), in which the Applicant appeared as a convicted person and not as "accused", related to neither a "criminal charge" against him nor a dispute as to "his civil rights and obligations", as specified in Article 6 of the Convention; whereas the Commission deems it necessary to point out that conditional release is not a "civil right" but an act of favour, the granting of which is a matter for the proper national authorities (see the decision on the admissibility of Application No. 369/58, Yearbook II, p. 382; *mutatis mutandis*, the Decisions on Applications Nos. 1140/61, Collection 8, pp. 61–62, and 1789/63, Collection 11, p. 28; and the decision of 22nd July 1963 on the admissibility of Application No. 1336/62); whereas, therefore, Article 6 of the Convention is irrelevant to the point under consideration;

Whereas, in the third place, assuming that the Court of Appeal did apply retrospectively the Conditional Sentences Act of 13th July 1960 (instead of the allegedly less stringent Act of 1949), it did not however infringe Article 7 of the Convention, since that Article is concerned with the sentencing of an accused person and not with the enforcement of a sentence already pronounced (see the decisions of 22nd and 24th July 1963 on the admissibility of Applications Nos. 1336/62, 1382/63 and 1603/62);

Whereas the Application is consequently, in these respects, incompatible with the provisions of the Convention (Article 27 (2) of the Convention);

As to the Applicant's complaint of having twice been deprived of water

Whereas the Commission, according to Article 26 of the Convention, "may only deal with a matter after all domestic remedies have been exhausted, according to the generally recognised rules of international law"; whereas the Applicant neglected to submit his complaint to the Constitutional Court, even though this facility was available to him; whereas, therefore, he has not exhausted the doit avoir trait, selon l'article 25 § 1, à une atteinte alléguée à ces droits et libertés, faute de quoi son examen échappe à la compétence *ratione materiae* de la Commission; que le droit au bénéfice d'une mesure de libération conditionnelle ne figure pas, en tant que tel, parmi lesdits droits et libertés, ainsi d'ailleurs que la Commission l'a constaté dans de nombreuses décisions antérieures (cf., p. ex., la décision du 16 janvier 1963 sur la recevabilité de la requête N° 1599/62, Annuaire VI, pages 355 et 357);

Considérant ensuite, pour autant que le requérant s'en prendrait à la procédure suivie par la Cour d'Appel, au sujet de sa demande de libération conditionnelle, que cette procédure (indépendamment de ce qui précède: droit à la libération conditionnelle non garanti, compétence *ratione materiae*), dans laquelle le requérant avait la qualité de condamné et non d'"accusé, ne concernait ni "une accusation en matière pénale", dirigée contre le requérant, ni une contestation "sur ses droits et obligations de caractère civil", au sens de l'article 6 de la Convention; que la Commission estime devoir souligner, spécialement, que la libération conditionnelle ne s'analyse point en un "droit civil", mais bien en une mesure de faveur dont l'octroi relève des autorités nationales compétentes (cf. la décision sur la recevabilité de la requête N° 369/58, Annuaire II, p. 382; cf. aussi, *mutatis mutandis*, les décisions relatives aux requêtes N° 1140/61, Recueil 8, pp. 61–62, et N° 1789/63, Recueil 11, p. 28; cf. enfin la décision du 22 juillet 1963 sur la recevabilité de la requête N° 1336/62); que l'article 6 de la Convention n'entre donc point en ligne de compte sur le point considéré;

Considérant enfin, à supposer que la Cour d'Appel ait appliqué rétroactivement la loi du 13 juillet 1960 sur la libération conditionnelle (au lieu de celle prétendument moins sévère de 1949), que ladite Cour n'a pas enfreint pour autant l'article 7 de la Convention, car cet article concerne la condamnation d'un accusé et non l'exécution d'une peine déjà prononcée (cf. les décisions des 22 et 24 juillet 1963 sur la recevabilité des requêtes N° 1336/62, 1382/63 et 1603/62);

Considérant que la requête est donc, sous ces rapports, incompatible avec les dispositions de la Convention, au sens de l'article 27 § 2;

Pour autant que le requérant se plaint d'avoir été privé d'eau à deux reprises

Considérant que la Commission, aux termes de l'article 26 de la Convention, "ne peut être saisie qu'après l'épuisement des voies de recours internes, tel qu'il est entendu selon les principes de droit international généralement reconnus"; que le requérant a omis de saisir la Cour constitutionnelle alors qu'il en avait la faculté; qu'il n'a par conséquent pas épuisé les voies de recours dont il disposait remedies open to him under Austrian law; whereas, moreover, examination of the file does not reveal, in the circumstances of the present case, any special ground which, under the generally recognised rules of international law, might have exempted the Applicant from exhausting domestic remedies; whereas it follows that the Applicant has not validly exhausted the domestic remedies available to him (Article 27 (3) of the Convention);

As to the remainder of the Application

Whereas examination of the file reveals no evidence of violation of the rights and freedoms guaranteed by the Convention, notably by Articles 3, 10 and 13;

Whereas, in the first place, in so far as the Applicant complains of the withdrawal, in July 1962, of certain privileges which he previously enjoyed (permission to study, to write scientific and technical works, to paint and to draw) the disputed action was taken, according to the Respondent Government, because the Applicant had been found in possession of pornographic drawings and poems; whereas the Applicant has claimed that the drawings and poems in question had been executed by fellow-prisoners at the request of warders who sold them outside the prison;

Whereas in its written observations the Respondent Government does not dispute, at least expressly, the veracity of the Applicant's allegation; whereas, however, the Commission finds that the Ministry of Justice cancelled the punishment in question and, furthermore, the Applicant has provided no evidence that he did not benefit from the Ministry of Justice's decision because of his transfer to St. Pölten and Graz;

Whereas, in the Commission's view, moreover, "the limits to the right set out in Article 10 (of the Convention) derive, for a person held in custody, from the special situation which he is in", for "the very purpose of the enforcement of a sentence involving deprivation of freedom entails restriction of certain rights and freedoms" (see the decision of 15th December 1965 on the admissibility of Application No. 1860/63, Popp against the Federal Republic of Germany, Collection 18, pages 47 *et seq.*); whereas the Commission therefore considers beyond any doubt that, in the circumstances of the present case, the restrictions in question did not overstep the limits defined in Article 10 (2) of the Convention;

Whereas, also, with regard to the restrictions to which the Applicant's correspondence with his family, his lawyer and a Member of Parliament was allegedly subjected, the file shows that, in respect of at least three letters written by the Applicant – that of ... 1962 to Mr. Y., his lawyer, that of ... 1963 to Mr. Z., Member of Parliament, and that of ... 1963 to his mother – the Ministry of Justice en droit autrichien; qu'au surplus, l'examen du dossier ne permet de discerner, en l'état, aucune circonstance particulière qui ait pu dispenser le requérant, selon les principes de droit international généralement reconnus en la matière, d'épuiser les voies de recours internes; qu'il appert, dès lors, que le requérant n'a pas valablement épuisé les voies de recours internes (article 27 § 3 de la Convention);

Quant au restant de la requête

Considérant que l'examen du dossier ne permet de dégager aucune apparence de violation des droits et libertés garantis par la Convention, et notamment par les articles 3, 10 et 13;

Considérant d'abord, pour autant que le requérant se plaint de s'être vu retirer, en juillet 1962, certains privilèges dont il jouissait auparavant (autorisation de s'adonner à l'étude, à la rédaction d'ouvrages scientifiques ou techniques, à la peinture et au dessin), que selon le Gouvernement défendeur la mesure litigieuse s'explique par le fait que l'on avait trouvé le requérant en possession de dessins et de poèmes pornographiques; que le requérant a fait valoir que les dessins et poèmes en question étaient réalisés par des codétenus à la demande de gardiens qui les vendaient à l'extérieur du pénitencier;

Que dans ses observations écrites le Gouvernement défendeur ne conteste pas, au moins expressément, l'exactitude de l'allégation du requérant; que la Commission estime cependant que le Ministère de la Justice a annulé les sanctions en question et que, d'autre part, le requérant n'apporte point la preuve qu'il n'a pas bénéficié de la décision du Ministère de la Justice en raison de son transfèrement à St. Pölten et à Graz;

Qu'aux yeux de la Commission, du reste, "les limites apportées au droit visé par l'article 10 (de la Convention) découlent, pour un détenu, de la situation particulière où il se trouve", car, "le but même de l'exécution d'une peine privative de liberté implique une limitation de certains droits et libertés" (cf. la décision du 15 décembre 1965 sur la recevabilité de la requête N° 1860/63, X. c/République Fédérale d'Allemagne; Recueil 18, page 47); que la Commission n'éprouve, dès lors, aucun doute pour estimer qu'en l'occurrence les restrictions dont il s'agit ne dépassaient pas le cadre tracé par l'article 10, par. 2 de la Convention;

Considérant enfin, quant aux restrictions que le requérant aurait subies dans sa correspondance avec sa famille, son avocat et un député, qu'il ressort du dossier qu'en ce qui concerne trois lettres – notamment celles que le requérant avait écrites le ... 1962 à Me Y, le ... 1963 au député Z et le ... 1963 à sa mère – le Ministre de la Justice a abrogé les décisions des autorités pénitentiaires par rescinded the decisions of the prison authorities by which these letters had been kept back; whereas, therefore, the Commission sees no appearance of infringement of Article 8 of the Convention;

Whereas the remainder of the Application must consequently be rejected as being manifestly ill-founded (Article 27 (2) of the Convention);

Now therefore

DECLARES THE APPLICATION TO BE INADMISSIBLE.

...

Application No. 1794/63

X. *against* THE FEDERAL REPUBLIC OF GERMANY
(X. assisted by Me Z., Barrister of the Strasbourg Bar)

Decision of 23rd May 1966

... (*Translation*)

THE FACTS

Whereas the facts of the case, as initially presented by the Applicant, may be summarised as follows:

The Applicant, a French citizen born on ... 1913, is at present living in Strasbourg (France).

He owns a wholesale toy business in Thionville (France). In ... 1953, he opened a sales branch in Saarbrücken (Saar). When examining, in ... 1954, the balance sheet drawn up by his accountant, he found that despite the gross profit made a large sum was missing from the branch's funds.

Believing that Mr. A., one of the branch's commercial travellers, was responsible for this state of affairs, the Applicant lodged a complaint against him on ..., 1954. On ..., 1954 the Office of the Public Prosecutor (*Staatsanwaltschaft*) at Saarbrücken dismissed the case.

In the meantime, the Applicant had a detailed report drawn up by his accountant, which showed a deficit of 3,481,892 (old) francs for the Branch. As a result, on ... 1955, he lodged another complaint, accusing Mrs. B., the manageress of the branch, Mr. A., (in a subordinate capacity) and Mr. C., who was responsible for supervising the management, of misappropriation of funds and goods, forgery and breach of trust. After an enquiry, the case was dismissed on ... 1955 for lack of evidence.

The Applicant lodged an objection (*Einspruch*) with the *Staats-*

lesquelles ces lettres avaient été retenues; qu'en conséquence, la Commission n'aperçoit aucune apparence de violation de l'article 8 de la Convention;

Considérant qu'il y a lieu, par conséquent, de rejeter le restant de la requête pour défaut manifeste de fondement (article 27 § 2);

Par ces motifs,

DECLARE LA REQUÊTE IRRECEVABLE.

...

Requête No. 1794/63

X *contre* LA REPUBLIQUE FEDERALE D'ALLEMAGNE
(X assisté de Me Z, Avocat au Barreau de Strasbourg)

Décision du 23 mai 1966

...

EN FAIT

Considérant que les faits de la cause, tels que le requérant les présentait à l'origine, peuvent se résumer ainsi:

Le requérant, ressortissant français né le ... 1913. réside actuellement à Strasbourg (France).

Propriétaire d'un commerce de jouets en gros à Thionville (France), X a créé, en ... 1953, une succursale de vente à Sarrebruck (Sarre). Après avoir pris connaissance, en ... 1954, du bilan établi par son comptable agréé, il a constaté que malgré le bénéfice brut réalisé il manquait une somme importante dans la caisse de la succursale.

Estimant que M. A, un des commis-voyageurs de la succursale, était responsable de cette situation, le requérant a porté plainte contre lui le ... 1954; le Parquet de Sarrebruck a classé l'affaire sans suite le ... 1954.

Entre-temps, le requérant a fait établir par son comptable une expertise détaillée qui a révélé, pour la succursale, un déficit de 3.481.892 (anciens) francs. Il a introduit, en conséquence, le ... 1955, une seconde plainte dirigée à la fois contre Mme B, gérante de la succursale, contre M. A, à titre subsidiaire, et contre M. C, chargé de surveiller la gérance, pour détournement de recettes et de marchandises, faux en écritures et abus de confiance. Après enquête, l'affaire a été classée le ... 1955, faute de preuves.

Le requérant a "fait opposition" (*Einspruch*) auprès du Parquet.

anwaltschaft. In ... 1955, the latter asked Mr. J., a fiscal adviser, to draw up a report. In his report (... 1957), Mr. J. stated that the branch's books, which were very disorderly, did not disclose any fraud. On ... 1957, in the light of the report, the *Staatsanwaltschaft* at Saarbrücken again dismissed the case. The Applicant had the option of appealing from this decision to the High Court (*Oberlandesgericht*) at Saarbrücken (*Klageerzwingungsverfahren*). According to him, he did not appeal as he felt that he had been "made fun of" enough.

On ... December 1957, the Applicant brought an action before the Labour Court (*Arbeitsgericht*) at Saarbrücken for the purpose of obtaining from Mr. A. and Mrs. B. repayment of 92,533 and 41,132 (old) francs, the amounts which they had allegedly misappropriated instead of depositing them in the branch's funds. The Court dismissed the claim on ... January 1962, after rejecting certain pleas in bar by the defendants.

The Applicant appealed on ... 1962; he complained of the manner in which the Court of first instance had appraised the evidence and used Mr. J.'s report.

On ... October 1962, the Regional Labour Court (*Landesarbeitsgericht*) at Saarbrücken delivered a partial decision (*Teilurteil*) relating solely to the complaints against Mrs. B. It rejected these for lack of evidence, finding in effect that the receipts signed by Mrs. B. were not enough to establish misappropriation of sums equal to the deficit in the branch's funds; according to customers, the manageress had issued some of these receipts without having received any money herself but after being informed by the Applicant that he had received the amounts concerned in person. The Court also found that, according to Mr. C. and Mr. A., the Applicant often removed all the branch's available cash without leaving any vouchers. It noted, moreover, that the branch's accounts were incomplete, and that this was so on the Applicant's instructions.

The Applicant appealed from the judgment of ... October 1962 to the Federal Constitutional Court; the appeal was rejected on ... November 1963 as being manifestly ill-founded;

Whereas the Applicant's complaints may be summarised as follows:

The Applicant relies on Articles 6, 10, 13 and 14 of the Convention. He alleges in effect that he was not given a fair hearing either by the *Staatsanwaltschaft* or by the various courts which dealt with his case. He claims that the procedural delays were excessive, that Mr. J's report was a "denial of justice" and a "tissue of lies", and that the *Arbeitsgericht* should have called in another expert instead of giving a ruling in the light of that report. He maintains that the courts failed to note a number of glaring acts of perjury at hearings

Celui-ci, en ... 1955, a chargé M. J, conseiller fiscal, d'établir une expertise. Dans son rapport (... 1957), M. J a conclu que la comptabilité, très confuse, de la succursale, ne démontrait nullement l'existence de fraudes. Sur la base dudit rapport, le Parquet de Sarrebruck a classé à nouveau l'affaire le ... 1957. X avait la faculté d'attaquer cette décision devant la Cour (*Oberlandesgericht*) de Sarrebruck (*Klageerzwingungsverfahren*); il déclare ne pas en avoir usé, trouvant qu'on s'était assez "moqué" de lui.

Le ... décembre 1957, le requérant a intenté une action devant le Tribunal du Travail (*Arbeitsgericht*) de Sarrebruck, en vue d'obtenir de M. A et de Mme B le remboursement de 92.533 et 41.132 (anciens) francs, représentant les sommes qu'ils auraient détournées au lieu de les déposer dans la caisse de la succursale. L'*Arbeitsgericht* l'a débouté le ... janvier 1962, après avoir repoussé certaines fins de non-recevoir soulevées par les défendeurs.

L'intéressé a interjeté appel le ... 1962; il reprochait aux juges de première instance la manière dont ils avaient apprécié les moyens de preuve et utilisé le rapport de M. J.

Le ... octobre 1962, le Tribunal régional du Travail (*Landesarbeitsgericht*) de Sarrebruck a rendu une décision partielle (*Teilurteil*) concernant uniquement les griefs articulés à l'encontre de Mme B, griefs qu'il a repoussés faute de preuves. Il a estimé, en substance, que les quittances signées par Mme B ne suffisaient pas pour établir le détournement de sommes correspondant au "trou" de caisse litigieux: selon les dires de plusieurs clients, la gérante avait délivré certaines de ces quittances sans avoir rien perçu elle-même, mais après avoir appris du requérant que celui-ci avait touché en personne les montants en question. Le Tribunal a constaté, en outre, qu'à en croire MM. C et A, le requérant vidait souvent la caisse de la succursale sans que ces prélèvements fussent comptabilisés. Il a également noté que la comptabilité de la succursale était fort incomplète, et ce sur les instructions de X.

X a attaqué le jugement du ... octobre 1962 devant la Cour Constitutionnelle fédérale, qui a rejeté son recours le ... novembre 1963, pour défaut manifeste de fondement;

Considérant que les griefs de l'intéressé peuvent se résumer ainsi:

Le requérant invoque les articles 6, 10, 13 et 14 de la Convention. Il allègue en substance que sa cause n'a été entendue équitablement ni par le Parquet ni par les différentes juridictions chargées de s'occuper de son affaire. Il prétend notamment que les délais de procédure ont été excessifs, que le rapport de M. J constituait un "déni de justice" et un "tissu de mensonges" et que l'*Arbeitsgericht* aurait dû faire appel à un autre expert au lieu de s'appuyer sur ledit rapport. Il affirme, en outre, que les juges n'ont pas relevé plusieurs and that they continuously disregarded his own evidence, in particular the witnesses proposed by him and the counter-report of his fiscal adviser. He holds, moreover, that his freedom of expression was violated because he was never granted the services of an interpreter, in spite of his demands and even though he does not have a thorough knowledge of German; admittedly, he had the assistance of a lawyer, Me. Y., but the latter was not in a position to interpret for him the sense or the purport of the proceedings. More generally, he alleges that the German judicial authorities were extremely biased against him, since they did not hesitate to slander him openly, use *ad hominem* arguments against him, call in question his professional ability etc.;

Whereas the Applicant asks the Commission to have the documents in the file examined by an Accountancy expert; whereas he requests that criminal proceedings be re-opened against the perpetrators of the acts of misappropriation and breach of trust of which he complains, and seeks compensation for the material and mental injury caused; whereas he points out, in this connexion, that he has had to file his petition in bankruptcy and that he has been declared bankrupt by the Trade Court at Thionville; whereas this state of affairs is alleged to be largely due to the shortcomings of the German judicial authorities;

PROCEEDINGS BEFORE THE COMMISSION

Whereas the proceedings before the Commission may be summarised as follows:

1. On 25th November 1964, a group of three members of the Commission made a preliminary examination of the admissibility of the Application, in accordance with Rules 34 and 45 (1) of the Rules of Procedure. It instructed the Secretary of the Commission to ask the Applicant:

- to state whether he had taken any steps in order to secure a ruling on his action against Mr. A.;
- to supply any information which might corroborate his allegation that the German courts concerned with his case had been very biased against him.

The Secretary of the Commission complied with this instruction on 30th November 1964.

2. According to the Applicant's reply, dated 3rd December 1964, the *Landesarbeitsgericht* at Saarbrücken gave a ruling on his dispute with Mr. A. on ... January 1963: it rejected, by default, the latter's objection (*Einspruch*) to a judgment which the same court had delivered, also by default, on ... October 1962.

The Applicant did not produce the judgment of ... October 1962.

délits flagrants de faux témoignage commis en cours d'audience et qu'ils ont systématiquement écarté ses propres moyens de preuve en particulier les témoins "à charge" proposés par lui et la contre-expertise de son conseiller fiscal. De plus, sa liberté d'expression aurait été violée, car il n'aurait jamais bénéficié des services d'un interprète, malgré ses réclamations et bien qu'il ne connaisse pas à fond la langue allemande; certes, il avait l'assistance d'un avocat (Me Y), mais celui-ci n'aurait pas été en mesure de lui traduire le sens ni la portée des débats. Plus généralement, la justice allemande aurait traité X avec une extrême partialité: elle n'aurait pas hésité à le calomnier publiquement, à user contre lui d'arguments *ad hominem*, à mettre en doute ses compétences professionnelles, etc.;

Considérant que le requérant invite la Commission à confier à un expert-comptable le soin d'examiner les pièces versées au dossier: qu'il demande la réouverture de poursuites criminelles contre les auteurs des détournements et abus de confiance dont il se plaint, ainsi que la réparation du préjudice matériel et moral subi; qu'il signale, à cet égard, qu'il lui a fallu déposer son bilan et qu'un jugement déclaratif de faillite a été rendu contre lui par le Tribunal de Commerce de Thionville; que cet état de choses s'expliquerait dans une large mesure, par la carence des autorités judiciaires allemandes;

PROCEDURE SUIVIE DEVANT LA COMMISSION

Considérant que le déroulement de l'instance introduite devant la Commission peut se résumer ainsi:

1. Le 25 novembre 1964, un groupe de trois membres de la Commission a procédé à un examen préliminaire de la recevabilité de la requête (articles 34 et 45 § 1 du Règlement intérieur). Il a chargé le Secrétaire de la Commission d'inviter le requérant:

- à préciser s'il avait pris des mesures tendant à ce qu'il fût statué sur son action contre M. A;
- à fournir tout élément de nature à corroborer son allégation d'après laquelle les juridictions allemandes compétentes avaient témoigné d'une grande partialité à son détriment.

Le Secrétaire de la Commission s'est acquitté de cette tâche le 30 novembre 1964.

2. De la réponse du requérant, datée du 3 décembre 1964, il ressort que le Tribunal régional du Travail de Sarrebruck a statué, le ... janvier 1963, sur le litige né entre X et M. A: il a rejeté, par défaut, l'opposition (*Einspruch*) que ce dernier avait formée contre un jugement rendu par la même juridiction, également par défaut, le ... octobre 1962.

Le requérant n'a pas produit le jugement du ... octobre 1962.

He simply stated that A. had "finally been ordered to repay the amount of money which he had taken and which was missing from the funds". In his view, "A.'s defaulting" at the appeal "was premeditated and calculated in collusion with B. and other accomplices, so as to put an end to the proceedings, for this act is subsequent to the *Teilurteil* of ... October 1962 which wrongly exonerated B. and others from their dishonest dealings".

On the "bias" of the German judicial authorities, the Applicant stated the following (excerpts):

> "Although the judicial authorities took care not to commit any procedural improprieties or directly infringe the law, it is nevertheless obvious that the spirit of justice was deliberately trampled on (...). They first and foremost sought means of rejecting my claim or making me give up invoking my rights, openly neglecting to take into consideration the direct and incontrovertible evidence of felonious dealings which I supplied (...).
>
> Certain indications lead me to believe that the fact that I am a Jew was not calculated to guarantee me the objectivity of all the judges or legal officials concerned with this case. This is a feeling which, up to now, I thought I should keep to myself, but I have come to think that it may elucidate the somewhat inexplicable behaviour of certain authorities.
>
> ...
>
> ...
>
> (...) It is common knowledge among the authorities that few French firms which have done business in the Saar and have had to resort to the local judiciary have obtained any satisfaction from the latter (...)."

The Applicant gave "some examples" to prove that his allegations were justified:

- The courts, he said, had continuously disregarded a number of statements accusing Mrs. B., including one by A. (before the *Arbeitsgericht* at Lübeck on ... 1961).
- The *Landesarbeitsgericht* at Saarbrücken had waited until ... May 1959 before declaring inadmissible a request for legal aid which the Applicant had made on ... December 1957 and which the *Arbeitsgericht* had rejected at the first instance on ... January 1959.

The Applicant suggested once more "the drawing up of an impartial report on the accounts" so as to save "the Commission the tedious task of going through voluminous documents" which, however, it would be "essential" to examine in order to establish the truth.

Il a signalé simplement que A avait "finalement été condamné à restituer le montant de sommes par lui encaissées et faisant défaut dans la caisse". A son avis, le "défaut de A", en appel, "était prémédité et calculé de connivence avec B et autres complices, dans le dessein de mettre un terme aux poursuites, car cet acte est postérieur au Teilurteil du ... octobre 1962 qui disculpait à tort B et autres de leurs agissements malhonnêtes".

Au sujet de la "partialité" de la justice allemande, X s'exprimait en ces termes (extraits):

> "Si les magistrats se sont gardés de commettre des vices de forme ou infractions directes à la législation, il n'en est pas moins flagrant que l'esprit de justice a été foulé de façon délibérée (...). On a essentiellement recherché les moyens de me débouter ou de me faire renoncer à faire valoir mes droits, négligeant ostensiblement de prendre en considération les preuves directes et irréfutables d'agissements délictueux que j'ai fournies (...).
>
> "Certains indices me donnent à penser que ma qualité d'Israélite n'a pas été de nature à m'assurer l'objectivité de tous les juges ou fonctionnaires de justice qui ont été appelés à intervenir dans cette affaire. C'est là une impression que j'ai cru devoir taire jusqu'ici, mais je crois finalement qu'elle est susceptible d'éclairer le comportement quelque peu inexplicable de certaines autorités.
>
> "...
>
> "...
>
> "(...) Il est de notoriété parmi les autorités que rares sont les entreprises françaises qui, (ayant) traité des affaires en Sarre et ayant dû avoir recours à la justice locale, ont obtenu gain de cause auprès de cette dernière (...)."

Le requérant a donné "quelques exemples" qui prouveraient le bien-fondé de ses allégations:

- Les tribunaux auraient systématiquement ignoré plusieurs dépositions chargeant Mme B, y compris celle de A (devant *l'Arbeitsgericht* de Lübeck, le ... 1961).
- Le *Landesarbeitsgericht* de Sarrebruck a attendu jusqu'au ... mai 1959 pour déclarer irrecevable une demande d'assistance judiciaire que X avait introduite dès le ... décembre 1957 et que l'*Arbeitsgericht* avait repoussée en première instance le ... janvier 1959.

Le requérant suggérait à nouveau "l'établissement d'une expertise impartiale de la comptabilité", afin d'épargner "à la Commission la fastidieuse tâche de compulser (des) documents volumineux" dont l'examen serait pourtant "indispensable" à la manifestation de la vérité.

3. The case was examined by another group of three members of the Commission on 15th December 1964. On 29th December 1964, the Secretary, on the group's instructions, sent the Applicant a letter containing the following:

> "...
>
> ...
>
> ... You reproach the German courts with not having given you a hearing "within a reasonable time", as provided for in Article 6 (1) of the Convention.
>
> (...) The Group has directed me to draw your attention to the fact that, according to the Commission's previous practice, exercise of the right in question is "dependent on the necessary activeness of the interested party" (Yearbook of the Convention, I, page 230). It has therefore asked me to invite you to supply particulars of any step you may have taken in order to expedite proceedings either in the A. case or in the B. case.
>
> Could you give me, for example, the exact date on which your lawyer notified Mr. A. of the judgment delivered against him, in his absence, on ... August 1959 (*Arbeitsgericht* at Saarbrücken)?
>
> It would also be useful if you could produce a copy of the judgment which the *Landesarbeitsgericht* at Saarbrücken pronounced against Mr. A., again in his absence, on ... October 1962 and which it confirmed on ... January 1963 ...".

4. On 4th January 1965, the Applicant replied as follows (excerpts):

> "...
>
> I lodged an initial complaint with the *Staatsanwaltschaft* on ... 1954.
>
> I lodged a second complaint with the *Staatsanwaltschaft* on . . 1955.
>
> The final judgment was pronounced on ... 1963.
>
> I filed my petition to the *Bundesverfassungsgericht* on ... 1962; it was rejected at the end of 1963.
>
> IN OTHER WORDS, NINE YEARS of continuous struggle and of actual uninterrupted proceedings trying in vain to have my rights recognised and respected ...
>
> (...) Such a length of time cannot be regarded as reasonable or natural.
>
> In view of the unenviable position in which I have been thrust by these malevolent acts, you will readily appreciate that I have neglected nothing (...) to achieve a result (...), just as you will acknowledge that I could not dictate or impose my wishes (...).

3. Un second groupe de trois membres de la Commission a examiné l'affaire le 15 décembre 1964. Sur ses instructions, le Secrétaire a adressé au requérant, le 29 décembre 1964, une lettre dont il échet de citer les passages que voici:

"...

"...

"... Vous reprochez aux tribunaux allemands de ne pas avoir entendu votre cause "dans un délai raisonnable", au sens de l'article 6 § 1 de la Convention.

"(...) Le Groupe m'a chargé d'attirer votre attention sur le fait que l'exercice du droit dont il s'agit est, selon la jurisprudence de la Commission, "subordonné à la diligence nécessaire de la partie intéressée" (Annuaire de la Convention, I, p. 230). Aussi m'a-t-il prié de vous ... inviter à fournir des précisions sur toute mesure que vous auriez prise, afin d'accélérer le déroulement de la procédure, tant dans l'affaire A que dans l'affaire B.

"Pourriez-vous m'indiquer, par exemple, à quelle date exacte votre avocat a signifié à M. A le jugement rendu contre celuici, par défaut, le ... août 1959 (*Arbeitsgericht* de Sarrebruck)?

"Par ailleurs, il serait utile que vous produisiez une copie du jugement que le *Landesarbeitsgericht* de Sarrebruck a prononcé contre M. A, également par défaut, le ... octobre 1962, et qu'il a confirmé le ... janvier 1963 ..."

4. Le 4 janvier 1965, le requérant a répondu en ces termes (extraits):

"...

"J'ai déposé au Parquet une première plainte le ... 1954.

"J'ai déposé au Parquet une seconde plainte le ... 1955.

"Le dernier jugement a été prononcé le ... janvier 1963.

"J'ai déposé ma requête au *Bundesverfassungsgericht* le ... 1962, laquelle requête a été rejetée sans autre fin 1963.

"SOIT NEUF ANNEES de lutte incessante et de procédures effectives et ininterrompues pour faire tenter en vain de reconnaître et valoir mes droits ...

"(...) Ce délai ne saurait être tenu pour raisonnable ou normal.

"Etant donné la situation peu enviable dans laquelle j'ai été précipité par ces actes malveillants, il vous est aisé de comprendre que je n'ai rien négligé (...) pour aboutir (...), tout comme vous admettez que je ne pouvais dicter ou imposer mes désirs (...).

(...) If my claims had been doubtful, they would have been dismissed out of hand; so they tried to wear me down and make me drop the proceedings.

(...) Public proceedings, on the few occasions they were held, always came at the end of hearings, so that they always took place when no members of the public were in court (...).

(...) As regards the judgment by default of ... August 1959 against A., I am sending you a copy which states that he was notified of the judgment on ... August 1959:

..."

The rest of the letter was primarily concerned with the Applicant's criminal complaints. The Applicant stated, inter alia, that he had not lodged a *Beschwerde* with the General Office of the Public Prosecutor (*Generalstaatsanwaltschaft*) because of the Office's "immobility" and "negligence". He said that his lawyer had convinced him that it was better to take "the shortest path", namely, "to bring a civil action directly" without waiting for a "problematical conclusion of police inquiries".

In a letter of ... 1965, the Applicant requested the *Landesarbeitsgericht* at Saarbrücken to send him a copy of the judgment it had pronounced against A. in his absence on ... October 1962.

The Court replied on ... 1965 that it would comply with the request only upon receipt of 90 DM 91 for outstanding legal expenses, plus 10 DM for the copy of the judgment.

On 25th January 1965, the Applicant verbally informed the Secretariat of the foregoing. He said that he did not wish to pay out another hundred marks and suggested that the Commission should apply direct to Saarbrücken for the text of the judgment.

5. On 3rd June 1965, the Application was examined by a third group of three members of the Commission. The group unanimously considered that the Application seemed admissible in respect of the allegation that the German judicial authorities had been abnormally slow in giving the Applicant a hearing (Article 6 (1) of the Convention).

Accordingly, on the instructions of the President of the Commission (Order of 13th June 1965), the Secretary notified the Respondent Government of the Application in a letter of 17th June 1965 and invited it to submit its observations on the admissibility of the Application in writing within eight weeks (Rule 45 (2) of the Rules of Procedure). This period was subsequently extended by six weeks at the Respondent Government's request (Order of 16th August 1965).

6. The Respondent Government's written observations reached

"(...) Si mes prétentions avaient été sujettes à caution, je me serais fait débouter d'emblée; alors, on a tenté de me lasser à l'usure et (de) provoquer l'abandon de mes poursuites.

"(...) Les rares débats publics eurent toujours lieu en fin d'audiences, de sorte qu'ils se sont toujours déroulés dans une salle vide de public (...).

"(...) Concernant le jugement par défaut du ... août 1959 contre A, je vous en adresse une copie, laquelle mentionne que ledit jugement lui a été signifié le ... août 1959:

"..."

Le reste de la lettre en question avait trait, pour l'essentiel, aux plaintes pénales du requérant. Ce dernier exposait, entre autres, que s'il n'avait pas introduit de *Beschwerde* auprès du Parquet Général (*Generalstaatsanwalt*), c'était en raison de l'"immobilisme" et de la "négligence" du Parquet. Son avocat l'aurait convaincu que mieux valait choisir "le chemin le plus court", c'est-à-dire "intenter directement l'action civile" sans attendre "un problématique aboutissement d'enquête policière".

Par une lettre du ... 1965, d'autre part, X a prié le *Landesarbeitsgericht* de Sarrebruck de lui adresser une copie du jugement que cette juridiction avait prononcé par défaut contre A le ... octobre 1962.

Le Tribunal lui a répondu, le ... 1965, qu'il ne déférerait à cette demande qu'après le paiement de 90 DM 91 de frais judiciaires non encore acquittés, plus 10 DM de frais de copie.

Le 25 janvier 1965, le requérant a informé verbalement le Secrétariat de ce qui précède. Il a déclaré qu'il ne tenait pas à dépenser encore une centaine de DM et a suggéré que la Commission réclame directement à Sarrebruck le texte du jugement dont il s'agit.

5. Le 3 juin 1965, un troisième groupe de trois membres de la Commission a repris l'examen de la requête; il a estimé à l'unanimité que celle-ci semblait recevable dans la mesure où elle dénonçait la lenteur anormale avec laquelle la justice allemande aurait entendu la cause de l'intéressé (article 6, § 1 de la Convention).

En conséquence, et sur les instructions du Président de la Commission (Ordonnance du 13 juin 1965), le Secrétaire a donné connaissance de la requête au gouvernement défendeur par une lettre du 17 juin 1965. En même temps, il a invité ledit gouvernement à présenter, dans un délai de huit semaines, ses observations écrites sur la recevabilité du grief susmentionné (article 45, § 2 du Règlement Intérieur). Par la suite, ce délai a été prorogé de six semaines à la demande du Gouvernement de la République Fédérale d'Allemagne (Ordonnance du 16 août 1965).

6. Les observations écrites du gouvernement défendeur sont

the Secretariat on 14th October 1965. They were as follows:

I

"In connection with the Applicant's complaints whose treatment has been criticised by the Applicant, the Federal Minister of Justice has received from the Saar Minister of Justice a statement which includes the following:

(a) As to inquiry ... of the *Staatsanwaltschaft* at Saarbrücken:

"On ... 1954, the Applicant lodged a complaint with the *Landeskriminalpolizei* at Saarbrücken, accusing A. of misappropriation and other offences. He stated that A. had been employed as a commercial traveller at the Saarbrücken branch of his toy business and, taking advantage of the absence of the manageress of the branch, Mrs. B., had obtained goods from a girl apprentice with a view to selling them for his own profit. He claimed that he subsequently checked his accounts and found that 17 of a consignment of 80 scooters ordered by his firm were not accounted for. He also suspects A. of having unlawfully obtained other toys on other occasions.

On ... and ... 1954 the branch manageress and the apprentice employed by the Applicant, D., were examined as witnesses. As they did not confirm the Applicant's allegations, the Applicant was re-examined on ... 1954, as a witness. At the examination he promised to submit to the *Landeskriminalpolizei* the result of an inventory being made at his Saarbrücken branch, with a view to further inquiries concerning A.

On ... 1954, the first complaint was lodged with the *Staatsanwaltschaft* at Saarbrücken. On ... 1954, the Public Prosecutor directed the file to be transmitted to the *Landeskriminalpolizei* at Saarbrücken for clarification of the facts. A. was then examined on ... 1954 by the Gendarmerie at Uberherrn. He denied having committed an offence and it was not possible to prove otherwise, since the Applicant – contrary to the assurances he had given on ... 1954 – had neither supplied the *Landeskriminalpolizei* with the result of the inventory, together with the relevant documents, nor given any explanation of his failure to do so.

On ... 1954, the proceedings were dropped for lack of evidence of an offence. The Applicant was not formally notified parvenues au Secrétariat le 14 octobre 1965. Elles étaient ainsi conçues:

I

"Par rapport aux plaintes du requérant dont l'accueil a été critiqué par celui-ci, le Ministre fédéral de la Justice vient de recevoir une prise de position du Ministre de la Justice du Pays de la Sarre, disant entre autres:

(a) en ce qui concerne la procédure d'enquête ... du Parquet à Sarrebruck:

"Le ... 1954, le requérant a porté plainte auprès de la *Landeskriminalpolizei* à Sarrebruck contre A pour détournement et autres. Il a indiqué que l'inculpé avait travaillé en tant que commis-voyageur dans la succursale de son commerce de jouets à Sarrebruck et qu'il avait profité de l'absence de la gérante de la succursale, Mme B, pour se faire remettre des marchandises par une jeune apprentie en vue de les vendre à son propre compte. Il a allégué avoir par la suite vérifié sa comptabilité et avoir constaté que 17 trottinettes, faisant partie d'une livraison de 80 trottinettes et ayant été commandées par sa maison, n'étaient pas comptabilisées. Il soupçonne l'inculpé de s'être procuré illégalement, de même, d'autres jouets à d'autres occasions.

"Du ... 1954 au ... 1954, la gérante de la succursale et l'apprentie au service du requérant, D, ont été entendues en qualité de témoins. Etant donné qu'elles n'ont pas confirmé les allégations du requérant, celui-ci a été entendu à nouveau le ... 1954, en qualité de témoin; lors de cette audition, il a promis à la *Landeskriminalpolizei* de lui soumettre le résultat d'un inventaire déjà commencé dans sa succursale à Sarrebruck, en vue d'autres enquêtes à l'égard de l'inculpé.

"Le ... 1954, la première plainte a été déposée au Parquet à Sarrebruck. Le ... 1954, le procureur a ordonné la transmission du dossier à la *Landeskriminalpolizei* de Sarrebruck, en vue de mieux éclaircir les faits. Sur cela, l'inculpé a été entendu le ... 1954 par la Gendarmerie à Überherrn. Il a contesté s'être rendu coupable et il n'a pas été possible de prouver le contraire, étant donné que le requérant avait omis – contrairement à ses affirmations faites au ... 1954 – de fournir à la *Landeskriminalpolizei* ni le résultat de l'inventaire, accompagné des pièces s'y référant, ni aucun renseignement sur l'omission de la présentation de ce dernier.

"Le ... 1954, la procédure a été classée sans suite faute de preuves d'infraction. Le requérant n'a pas reçu un avis formel of this step because the Public Prosecutor had to infer from the Applicant's failure to submit the result of the inventory that he was no longer interested in the proceedings and did not therefore wish to be informed of the decision to drop them.

In the light of these facts, there can no longer, I feel, be any question of the Applicant's not having been given a hearing within a reasonable time, as provided for in Article 6 (1) of the Convention on Human Rights.

Inquiries were made without delay; there was nothing to prevent the Applicant from submitting facts of importance to the inquiry or making observations on them.

At his hearing on ... 1954, the *Landeskriminalpolizei* not only acquainted the Applicant with the current state of the inquiries but also informed him that the result of the inventory of his Saarbrücken branch was essential to prove the guilt of the person incriminated. It was not unreasonable to ask him to produce this document in due course. A period of one month should have been sufficient to allow him to produce the evidence or at least explain why it had not been produced. However, from the Applicant's behaviour it had to be inferred that he did not wish to make any further statements concerning his case and, consequently, there is no reason to suppose that he was not given a fair hearing.

(b) As to inquiry ... of the *Staatsanwaltschaft* at Saarbrücken:

Following the Applicant's complaint of ... 1955, it was found on ... 1955, that the proceedings related to the same matter as inquiry ... which the *Staatsanwaltschaft* at Saarbrücken had already opened.

On ... 1955 the file of the latter inquiry was consulted. On ... 1955 the accused was examined. The documents which the Applicant had added to the file in the meantime provided no evidence of an offence. A photocopy of the report of the *Kriminalpolizei's* inquiry, dated ... 1955, is attached hereto (Appendix 1).

On ... 1955, the account books of the Applicant, who had in the meantime been declared bankrupt at Thionville, where his principal establishment was situated, were requested from the *Procureur de la République* at Thionville. On ... the *Staatsanwaltschaft* received a considerable amount of material which, according to a list attached, comprised:

de classement de non-lieu, parce que le Procureur a dû conclure de la non-présentation du résultat de l'inventaire que le requérant n'était plus intéressé à connaître la suite de la procédure et, par conséquent, ne tenait pas non plus à recevoir une ordonnance de non-lieu.

"En raison de ces faits, il ne peut plus, à mon avis, être question de ce qu'on n'aurait pas entendu la cause du requérant dans un délai raisonnable au sens de l'article 6, alinéa 1 de la Convention des Droits de l'Homme. Les enquêtes ont été menées sans délai; il n'y avait pas de raison empêchant le requérant d'apporter des faits importants à la procédure d'enquête ou de faire des observations sur ceux-ci.

"Lors de son audition du ... 1954, la *Landeskriminalpolizei* ne l'avait pas seulement familiarisé avec la situation actuelle des enquêtes, mais lui avait également indiqué que le résultat de l'inventaire de sa succursale de Sarrebruck était indispensable pour convaincre la personne qu'il avait inculpée. Ce n'était pas trop d'exiger de lui de présenter ce document-ci en temps utile. Un délai d'un mois pendant lequel on attendait la présentation du document devrait lui permettre de produire le moyen de preuve ou d'expliquer au moins la non-présentation. Toutefois, par le comportement du requérant on devait conclure qu'il ne tenait plus à faire d'autres déclarations relatives à sa cause et, par conséquent, il n'y a pas lieu de supposer de ce fait que la cause du requérant n'ait pas été entendue équitablement.

(b) en ce qui concerne la procédure d'enquête ... du Parquet à Sarrebruck:

"A la suite de la plainte du requérant, en date du ... 1955, il a été constaté, le ... 1955, que la procédure traitait du même objet que la procédure d'enquête ..., ouverte par le Parquet à Sarrebruck. Le ... 1955, le dossier de cette procédure a été consulté. Le ... 1955, l'inculpé a été entendu. Sur la base des pièces entre-temps versées au dossier par le requérant, aucune infraction n'a pu être prouvée. La photocopie du rapport de l'enquête de la *Kriminalpolizei*, en date du ... 1955, a été jointe à la présente en Annexe n° 1.

"Par commission rogatoire du ... 1955, les livres de comptes du requérant qui, entre-temps, avait fait faillite à Thionville, lieu de son établissement principal, ont été demandés à M. le Procureur de la République à Thionville. Une ample documentation est parvenue le ... 1955 au Parquet. D'après un tableau figurant dans la documentation, il s'agissait des pièces suivantes:

A record of stock movements,
A purchase book, 1953 and 1954,
A sales book, 1953 and 1954,
A centralising book,
A cash receipts register,
A ledger,
A batch of bookkeeping vouchers – copies of invoices – and order forms, cash vouchers etc.

On ... 1955, an expert's report on the books received was called for.

Despite numerous reminders to the expert, the report was not received until ... 1957. The delay was in the first place due to the volume of the material presented, which was mostly in disorder. However, the material available was not sufficient for the expert. He therefore applied direct to the Applicant for further documents. The fact that the Applicant was very late in sending the expert these documents was the chief cause of the delay in drawing up the report. Attached hereto (Appendix 2) is a photocopy of a letter of ... 1956 from the expert to the *Oberstaatsanwalt* at Saarbrücken stating that the Applicant did not send the main documents to the expert until a few weeks before ... 1956.

As regards the disorder and volume of the account books, a reference is made thereto in the expert's report of ... 1957, attached (Appendix 3). From the report it is also clear that the material was examined as carefully and as conscientiously as its poor state allowed. The delay is therefore due solely to the poor state and the volume of the documents. These are facts which must be attributed to the Applicant himself.

In this connection, it should also be mentioned that the Land had to pay 112,224 French francs for the expert's report.

In the light of the report, the dropping of proceedings on the basis of the Amnesty Law of 22nd December 1956 (Official Gazette of the Saar, page 1653) (Appendix 4) was considered justified.

In 1959 prosecution of facts on which a resumption of inquiries was being sought became statute-barred.

"Classeur de mouvements de stock,
Livre d'achats de marchandises 1953 et 1954,
Livre de sortie de marchandises 1953 et 1954,
Un journal centralisateur,
Un registre recettes comptant,
Un livre de débits,
Un grand livre,
Un lot de pièces comptables – doubles de factures – et de bons de commandes, pièces de caisse, etc.

"Le ... 1955, l'établissement d'une expertise a été ordonnée sur la base des livres envoyés.

"Malgré de multiples rappels adressés à l'expert, l'expertise n'a été remise que le ... 1957. Le retard y apporté était d'abord dû au volume du matériel présenté qui, pour la plupart, était en désordre. Toutefois, le matériel disponible ne suffisait pas à l'expert. Il s'adressa donc directement au requérant en vue d'obtenir de lui d'autres documents. Du fait que le requérant a transmis à l'expert ces pièces extrêmement tard, il résulte surtout le retard intervenu dans l'établissement du rapport. Ci-joint, en Annexe n° 2, la photocopie d'une lettre de l'expert, en date du ... 1956, adressée à M. l'*Oberstaatsanwalt* de Sarrebruck et disant que le requérant n'a transmis à l'expert les documents les plus importants que quelques semaines avant le ... 1956.

"Quant au désordre et au volume des livres de comptes, il y est fait allusion dans le texte de l'expertise du ... 1957 qui est joint en Annexe n° 3. Du texte de l'expertise, il ressort également que l'examen a été effectué d'une manière aussi soigneuse et consciencieuse que possible, compte tenu du mauvais état du matériel. Le retard est, par conséquent, uniquement dû au mauvais état et au volume des documents. Ce sont des faits qui doivent être attribués au requérant lui-même. Dans cet ordre d'idées, il y a lieu de mentionner également que le Land a dû dépenser une somme de 112.224 ffrs pour la rédaction de cette expertise.

"Etant donné le résultat de l'expertise, le non-lieu de la procédure semble justifié en raison de la loi d'amnistie du 22 décembre 1956 (Journal Officiel du pays de la Sarre, p. 1653) (Annexe 4).

"En 1959, la poursuite des faits qui font l'objet d'une reprise envisagée des enquêtes est tombée sous le coup de la prescription."

II

With regard to the proceedings instituted by the Applicant before the Labour Court (*Arbeitsgericht*) and Regional Labour Court (*Landesarbeitsgericht*) at Saarbrücken – file No. ... –, the Federal Minister of Justice received through the Saar Minister of Labour and Social Affairs (*Minister für Arbeit und Sozialwesen*) the following statement by the President of the *Landesarbeitsgericht* at Saarbrücken:

"In respect of the Applicant's complaint that the action which he brought before the *Arbeitsgericht* and *Landesarbeitsgericht* at Saarbrücken, file No. ..., against (1) B. at Saarbrücken and (2) A. commercial traveller at Lübeck, was not dealt with within a reasonable time (breach of Article 6 (1) of the Convention), I venture to make the following statement:

The Applicant's suit, together with a request for legal aid, came before the *Arbeitsgericht* at Saarbrücken on ... April 1958. Since, in order to justify his motion, the Applicant referred to the contents of the documents submitted to the Court of First Instance (*Landgericht*) at Saarbrücken at inquiry ... this file was consulted first of all. After four requests, it finally reached the *Arbeitsgericht*. It was not possible to send it earlier because of an appeal pending before the *Oberlandesgericht* at Saarbrücken. The *Arbeitsgericht* then arranged to hear the request for legal aid on ... October 1958. At the hearing, the Applicant, who had been represented by lawyers since ... October 1958, presented a certificate of indigence. At the hearing of ... October 1958, the parties unanimously expressed themselves in favour of an adjournment. The hearing arranged for ... December 1958 could not take place because the Applicant's representatives *ad litem* had not returned the file (*Beiakten*) ... which they had been given to study. By a decision of ... January 1959, the *Arbeitsgericht* rejected the request for legal aid. On ... February 1959, the Applicant appealed to the *Landesarbeitsgericht*. After hearing the other party, the *Landesarbeitsgericht* rejected the appeal by decision of ... May 1959. The Applicant's complaint that the *Landesarbeitsgericht* waited until ... May 1959 before declaring inadmissible his request of ... December 1957 for legal aid is therefore rebutted by the actual course of the proceedings.

After rejection of the request for legal assistance had become *res judicata*, the plaintiff resumed proceedings on ... July 1959, but considerably reduced his claims. At the hearing of ... August 1959

II

"En ce qui concerne la poursuite engagée par le requérant devant le Tribunal du Travail (*Arbeitsgericht*) et le Tribunal régional de Travail (*Landesarbeitsgericht*) de Sarrebruck – N° du dossier ... – le Ministre fédéral de la Justice a reçu par l'intermédiaire du Ministre du Travail et des Affaires sociales (*Minister für Arbeit und Sozialwesen*) du pays de la Sarre et du Ministre de la Justice du pays de la Sarre l'exposé suivant du Président du *Landesarbeitsgericht* de Sarrebruck:

"A l'égard du reproche fait par le requérant dans ce sens que la procédure engagée par lui-même devant l'*Arbeitsgericht* et le *Landesarbeitsgericht* de Sarrebruck, N° du dossier ..., contre 1) B à Sarrebruck et 2) le représentant A à Lübeck, n'ait pas été exécuté dans un délai raisonnable (infraction à l'article 6 alinéa 1 de la Convention), je me permets d'exposer ce qui suit:

"L'action intentée par le requérant, conjointement avec une demande en assistance judiciaire, était parvenue à l'*Arbeitsgericht* de Sarrebruck le ... avril 1958. Etant donné que le requérant a renvoyé au contenu des documents soumis au Tribunal de Grande Instance (*Landgericht*) de Sarrebruck au cours de la procédure ... pour motiver sa plainte, ce dossier a été consulté d'abord. A la suite de quatre demandes, il est enfin parvenu à l'*Arbeitsgericht*. En raison d'une procédure de recours suivie devant l'*Oberlandesgericht* de Sarrebruck, il n'était pas possible de l'expédier plus tôt. L'*Arbeitsgericht* a ensuite fixé au ... octobre 1958 la date de la procédure d'examen de la demande en assistance judiciaire. Au cours de l'audience, le requérant, qui était représenté par des avocats depuis le ... octobre 1958, présenta un certificat d'indigence. A l'audience du ... octobre 1958, les parties se prononcèrent à l'unanimité en faveur d'un ajournement. L'audience fixée au ... décembre 1958 ne put pas avoir lieu, parce que les mandataires *ad litem* du demandeur n'avaient pas rendu le dossier (*Beiakten*) ... qui leur avait été remis pour en prendre connaissance. Par décision de l'*Arbeitsgericht* en date du ... janvier 1959, la demande en assistance judiciaire a été rejetée. Le ... février 1959, le demandeur s'est pourvu auprès du *Landesarbeitsgericht*. Après avoir entendu la partie opposée, le *Landesarbeitsgericht* a rejeté le pourvoi par décision du ... mai 1959. Le reproche avancé par le requérant en ce sens que le *Landesarbeitsgericht* avait attendu jusqu'au ... mai 1959, pour déclarer non recevable sa demande du ... décembre 1957 en assistance judiciaire est donc réfuté par le déroulement effectif de la procédure.

"Le rejet de la demande en assistance judiciaire passé en force de chose jugée, le demandeur a repris la procédure le ... juillet 1959, mais en a considérablement réduit la demande en justice. Lors des before the *Arbeitsgericht*, defendant (2) was ordered in his absence to make the payment requested by the plaintiff, and the proceedings against defendant (1) were deferred to ... October 1959, so that other files could be consulted. At the request of the plaintiff's representatives *ad litem*, this hearing was deferred to ... November 1959. At the hearing of ... November 1959, the representatives *ad litem* of both parties requested an adjournment. At the new hearing on ... November 1959, both parties applied to have evidence heard. Defendant (1), summoned to the personal hearing, and the witness summoned were unable to appear on ... January 1960, the date fixed for the collection of evidence. The Court therefore re-arranged the hearing for ... 1960, on which date it decided on the motions to have evidence heard. The hearing of evidence arranged for ... March 1960 did not take place because the witnesses summoned were once more, for valid reasons, unable to appear. The Court then decided to issue a commission to have a witness living in Frankfurt-am-Main examined. The examination was held by the *Arbeitsgericht* at Frankfurt on ... April 1960. On ... May 1960, the Court sought the parties' consent to have another witness examined by commission. On ... July 1960, the plaintiff's representatives *ad litem*, after twice being asked for a reply, asked that the Court itself should examine the witness. The Court arranged the examination for ... August 1960. On that date the witness was examined and letters of request were issued for the examination, by the proper court, of a witness living in Nancy. The letters of request, duly acted on, returned from the Court of First Instance at Nancy on ... March 1961. At the new hearing on ... January 1961, the Court decided, in pursuance of the decision of ... February 1960 on the motions to have evidence heard, to issue a commission to have defendant (2), who was living in Lübeck, examined by the *Arbeitsgericht* in that town. The examination took place on ... August 1961. At the next hearing, on ... 1961 before the *Arbeitsgericht* at Saarbrücken, the case was adjourned to ... January 1962 because no one had appeared for defendant (2) and the plaintiff's representatives *ad litem* had made no application for a decision by default. On ... January 1962, the *Arbeitsgericht* pronounced the judgment by which the complaints against both defendants were rejected.

On ... February 1962, the plaintiff appealed from this decision, of which he had been notified on ... January 1962, to the *Landesarbeitsgericht* at Saarbrücken. At the request of his representatives *ad litem*, the time-limit for stating the grounds of the appeal was extended to ... March 1962. The grounds were received that day.

débats devant l'*Arbeitsgericht* en date du ... août 1959, le défendeur ad 2) a été condamné par défaut au versement, conformément à la demande formulée, et la procédure en cause de la défenderesse ad 1) a été renvoyée au ... octbore 1959 en vue de permettre la consultation d'autres dossiers. Sur la demande des mandataires *ad litem* du demandeur, cette audience a été renvoyée au ... novembre 1959. Lors de l'audience du ... novembre 1959, les mandataires *ad litem* des deux parties demandèrent l'ajournement. A la nouvelle audience du ... novembre 1959, les deux parties firent des offres de preuve. La défenderesse ad 1) citée à l'audition personnelle et le témoin cité ne purent comparaître à la date du ... janvier 1960, fixée pour l'administration de la preuve. Le Tribunal fixa donc la nouvelle date d'audience au ... 1960. Au cours de cette audience, il prononça une ordonnance de preuves. L'instruction prévue pour le ... mars 1960 n'eut pas lieu pour la raison que les témoins cités étaient une fois de plus, pour des motifs bien fondés, empêchés de comparaître. Le Tribunal décida ensuite de donner commission rogatoire pour entendre un témoin domicilié à Francfort-sur-Main. L'audition demandée à l'*Arbeitsgericht* de Francfort eut lieu le ... avril 1960. Le ... mai 1960, le Tribunal demanda aux parties de donner leur consentement à l'audition demandée d'un autre témoin. Ayant été invités deux fois à faire une réponse à cette demande, les mandataires *ad litem* du demandeur se prononcèrent le ... juillet 1960 en faveur de l'audition du témoin en question devant le Tribunal chargé de l'instance. Le Tribunal fixa la date de l'audition au ... août 1960. Lors de cette audience, le témoin a été entendu et le Tribunal a ordonné l'audition par le Tribunal compétent d'un témoin demeurant à Nancy. La commission rogatoire exécutée revint le ... mars 1961 du Tribunal de Grande Instance de Nancy. Lors de la nouvelle audience en date du ... janvier 1961, le Tribunal décida de charger, par commission rogatoire, l'*Arbeitsgericht* de Lübeck de procéder à l'audition du défendeur ad 2) demeurant à Lübeck, audition qui avait été ordonnée le ... février 1960 par l'ordonnance de preuves. Cette audition eut lieu le ... août 1961. Lord de l'audience suivante, ouverte devant l'*Arbeitsgericht* de Sarrebruck le ... 1961, la cause a été renvoyée au ... janvier 1962, étant donné que personne ne représentait le défendeur ad 2) et que les mandataires *ad litem* du demandeur ne formulaient pas de demande en décision par défaut. Lors de l'audience du ... janvier 1962, l'*Arbeitsgericht* prononça le jugement, rejetant les plaintes formulées contre les deux défendeurs.

"Le ... février 1962, le demandeur a fait appel auprès du *Landesarbeitsgericht* de Sarrebruck de cette décision qui lui avait été signifiée le ... janvier 1962. A la demande exprimée par ses mandataires *ad litem*, le délai pour motiver l'appel a été prolongé au ... mars 1962. La motivation parvint ce jour-là. La signification de la moti-

Defendant (2) was not notified of them until ... April 1962 because he had changed his residence. The appeal was heard, and evidence, taken, by the *Landesarbeitsgericht* on ... October 1962. An earlier hearing was not possible because of the *Landesarbeitsgericht's* volume of business.

At this hearing, the *Landesarbeitsgericht* delivered a partial judgment (*Teilurteil*) and a final judgment (*Schlussurteil*) (Appendix 5). During the final proceedings before the *Landesarbeitsgericht*, on ... January 1963, the second judgment by default was delivered.

In my view, the course of the proceedings described above does not indicate any delay through unfair or tardy direction by the presidents of the chambers concerned. The relative protractedness of the proceedings before the *arbeitsgericht* was due, in the first instance, to the lengthiness of the preliminary examination owing to the need to have two witnesses (one of whom was abroad) and defendant (2) examined by Commission, secondly, to the failure of the witnesses to appear at the preliminary examination, and, thirdly, to the inexpeditious direction of the proceedings by the plaintiff and his representatives *ad litem*."

III

With regard to the Applicant's appeal to the Federal Constitutional Court, it is not clear from the documents which the Commission sent to the Federal Government whether the Commission is in possession of the text of the letter, referred to in the Federal Constitutional Court's decision of ... 1963, which the rapporteur sent to the Applicant on ... 1963. This text is therefore also attached hereto (Appendix 6).

IV

Having regard to the above statement, the Federal Government considers that the Application is manifestly ill-founded and therefore asks that it be declared inadmissible.

Should the Commission deem it necessary to consider whether the Applicant, in respect of the result of the criminal inquiry, has exhausted domestic remedies in accordance with Article 26 of the Convention, it would be appreciated if the Federal Government could be informed.

7. On the instructions of the President (Order of 15th October

vation au défendeur ad 2) subit un retard par le fait que celui-ci avait changé de domicile; elle n'eut lieu que le ... avril 1962. L'audience d'appel devant le *Landesarbeitsgericht* avec instruction eut lieu le ... octobre 1962. Compte tenu du plan de travail très chargé du *Landesarbeitsgericht*, il n'avait pas été possible de fixer une date plus avancée.

"Lors de cette audience, le *Landesarbeitsgericht* prononça un jugement partiel (*Teilurteil*) et un jugement final (*Schlussurteil*, Annexe 5). Au cours des derniers débats devant le *Landesarbeitsgericht*, le ... janvier 1963, le deuxième jugement par défaut a été prononcé.

"J'estime que le déroulement de la procédure décrit ci-dessus ne fait pas preuve d'un retard en raison d'une direction déloyale et tardive du procès par les présidents des chambres en question. La durée relativement longue de la procédure suivie devant l'*Arbeitsgericht* est, en premier lieu, due aux délais étendus de l'instruction en raison de l'audition nécessaire de deux témoins, dont l'un a été interrogé à l'étranger, et du défendeur ad 2), et en plus elle est due à la non-comparution des témoins lors des audiences d'instruction et, en fin de compte, à la direction du procès par le demandeur et par ses mandataires *ad litem*, qui n'a point contribué à l'accélération de la procédure."

III

"En ce qui concerne le recours constitutionnel formé par le requérant devant la Cour Constitutionnelle fédérale, il ne ressort pas clairement des documents adressés par la Commission au Gouvernement Fédéral si la Commission tient en main le texte de la lettre mentionnée dans la décision de la Cour Constitutionnelle Fédérale en date du ... 1963, lettre qui a été adressée par le rapporteur au requérant le ... 1963. Le texte de cette lettre est donc également joint à la présente (Annexe 6)."

IV

"Vu l'exposé énoncé ci-dessus, le Gouvernement Fédéral estime que la requête est manifestement mal fondée. Le Gouvernement Fédéral demande, par conséquent, que la requête soit déclarée non recevable.

"Si la Commission juge essentielle la discussion de la question de savoir si, à l'égard du résultat obtenu dans la procédure d'instruction en matière de droit pénal, le requérant a épuisé les voies de recours internes au sens de l'article 26 de la Convention, le Gouvernement Fédéral a l'honneur de demander à la Commission de l'en informer."

7. Sur les instructions du Président (Ordonnance du 15 octobre

1965 – Rule 46 (1) and (2) of the Rules of Procedure), the Secretary of the Commission communicated to the Applicant the above written observations, asking him to reply to them within four weeks (letter of 15th October 1965). At the Applicant's request, this time-limit was extended by the President to 30th November 1965 (Order of 8th November 1965).

8. On 27th November 1965, Mr. Z. addressed to the Secretary of the Commission, on behalf of the Applicant, the following counter-memorial:

"(...)

I. *Procedure ... of the Staatsanwaltschaft at Saarbrücken*

The Respondent claims that responsibility for the dismissal of this initial complaint lies with the Applicant because he did not provide the *Landeskriminalpolizei* with the inventory of his branch at Saarbrücken.

It is quite true that this document was requested from the Applicant – probably on ... 1954 –, but, as the Applicant informed the Commissioner of Police at the time, the situation regarding stock missing was apparent from the documents he supplied in support of his complaint and it was impossible for him to provide the inventory before the end of January. For, obviously, a toy merchant cannot undertake a big operation like stock-taking in the weeks preceding the Christmas holidays at a time when his stock is at its largest and he has strict delivery dates to keep to.

In any case, as Mr. X. explained to the Commissioner, the inventory would have provided details of the missing stock but not the names of the persons who had stolen it.

The file was therefore closed on ... 1954 (the date stated in the Federal Government's memorial); Mr. X. was not warned, nor was the search for the culprits continued by the *Staatsanwaltschaft*.

Moreover, the Applicant had told the *Staatsanwaltschaft* of several witnesses who could help to establish the truth, notably Mrs. E., the owner of the premises. None of these witnesses was examined.

As for the two witnesses summoned, one was examined a month after the other, whereas they worked at the same firm.

II. *Procedure ... of the Staatsanwaltschaft at Saarbrücken*

Following the Applicant's second complaint, a new inquiry was opened, but it was not until ... 1955, more than four months after the complaint had been deposited, that the accused was examined.

1965, article 46, §§ 1 et 2 du Règlement Intérieur), le Secrétaire de la Commission a communiqué au requérant les observations précitées en l'invitant à y répondre dans un délai de quatre semaines (lettre du 15 octobre 1965). A la demande de X, ce délai a été prorogé par le Président jusqu'au 30 novembre 1965 (Ordonnance du 8 novembre 1965).

8. Le 27 novembre 1965, Me Z a adressé au Secrétaire de la Commission, au nom du requérant, le contre-mémoire ci-après.

"(...)

"I. *Procédure ... du Parquet de Sarrebruck*

"Le défendeur prétend faire poser sur le demandeur la responsabilité du classement sans suite de cette première plainte, au motif que M. X n'aurait pas fourni à la *Landeskriminalpolizei* l'inventaire de sa succursale de Sarrebruck.

"Il est parfaitement exact que cette pièce a été demandée au demandeur – probablement le ... 1954 – mais M. X avait alors répondu au Commissaire de Police, d'une part que l'état des manquants ressortait des pièces fournies à l'appui de sa plainte et, d'autre part, qu'il lui était impossible avant la fin du mois de janvier de fournir cet inventaire; en effet, il est évident qu'un commerçant en jouets ne peut entreprendre une tâche aussi importante qu'un inventaire au cours des semaines qui précèdent les fêtes de Noël, au moment même où le stock est gonflé au maximum et qu'il est astreint à des délais impératifs de livraison envers ses clients.

"De toute façon, comme l'avait expliqué M. X au Commissaire, l'inventaire permettait de connaître la consistance exacte des manquants, mais non pas les noms des auteurs de ces vols.

"Le dossier a donc été classé le ... 1954 (cette date étant celle indiquée dans le mémoire du Gouvernement Fédéral) sans que M. X en ait été averti et sans que la recherche des coupables ait été poursuivie par le Parquet.

"Au surplus, le requérant avait indiqué au Parquet plusieurs témoins utiles à la recherche de la vérité, notamment de la Dame E, propriétaire du local; aucun de ces témoins n'a été entendu.

"Quant aux deux témoins cités, ils ont été entendus à un mois d'intervalle, alors qu'ils travaillaient tous deux dans la même maison.

"II. *Procédure ... du Parquet de Sarrebruck*

"A la suite de la seconde plainte déposée par le requérant, une nouvelle instruction fut ouverte, mais il fallut attendre le ... 1955 pour que l'inculpé soit enfin entendu, c'est-à-dire plus de quatre mois après le dépôt de cette plainte.

Then another two and a half months elapsed before letters of request were issued to Thionville for the purpose of obtaining account documents (representing only a very small fraction of the account books) from the Official Receiver at Thionville.

It was, however, these documents alone, listed in the Federal Government's memorial (and quite inadequate for an examination of the case), that were to be given to the expert. The Applicant was never invited to supply other account documents and it was only incidentally that he learned from Mr. F., *Kriminalsekretär*, the name and address of the expert appointed (whom he hastened to provide with the account documents still in his possession).

In 1955–56, Mr. X. approached the expert more than fifteen times, but the latter did not tell him until ... 1956 that he did not have the pieces of evidence which the *Staatsanwaltschaft* at Saarbrücken had failed to give him, even though they had been at the *Staatsanwaltschaft* ever since the complaint had been filed in ... 1955. The Applicant then went himself to get these documents from the *Staatsanwaltschaft* at Saarbrücken and take them to the expert.

Therefore, the tardiness of the expert's report cannot be blamed on the Applicant. While Mr. X. approached the expert numerous times to expedite the drawing up of the report, the *Staatsanwaltschaft* at Saarbrücken, contrary to what is stated in the Respondent's memorial, sent the expert only one reminder (on ... 1956), as can be seen from his letter of ... 1956 (Appendix 2).

The expert then promised to hand in his report by ... at the latest.

The report was not in fact completed until the end of ... 1957, the *Staatsanwaltschaft* showing no concern at this further delay.

The Applicant categorically denies that these inadmissible delays were caused by the poor state of the account documents produced, some of which came from the Official Receiver.

III. *Labour Court proceedings*

The Applicant is not, of course, in a position to verify the course of the proceedings, but it may be wondered how it was that a *suit filed on ... December 1957* did not reach the *Arbeitsgericht* at Saarbrücken until ... April 1958, four months later. Then it was another six months before a hearing was arranged for ... October 1958!! Obviously, such dilatoriness is prejudicial to the proper administration of justice.

Again, it was not until ... January 1959 that the request for legal aid was rejected on the ground that the Applicant did not satisfy the necessary conditions of residence in the Saar.

Mr. X. then reduced his initial claims simply because he could not pay the large deposit which would have been demanded and not, as the Respondent would like to imply, because his original claims were

"Ensuite un nouveau délai de deux mois et demi s'écoula avant que fût délivrée une commission rogatoire à Thionville pour réclamer des pièces comptables au syndic de Thionville, pièces qui ne constituaient qu'une très faible partie des livres comptables.

"Ce sont cependant ces seuls livres énumérés dans le mémoire du Gouvernement fédéral (tout à fait insuffisants pour connaître de l'affaire) qui devaient être remis à l'expert. Jamais le requérant ne fut invité à remettre d'autres documents comptables et ce n'est qu'incidemment que M. X apprit du *Kriminalsekretär* F le nom et l'adresse de l'expert désigné auquel M. X s'empressa d'apporter les pièces comptables se trouvant encore chez lui.

"Au cours de l'année 1955/56, M. X avait relancé l'expert plus de quinze fois sans que ce dernier lui eût indiqué avant ... 1956 qu'il lui manquait les pièces de preuve que le Parquet de Sarrebruck n'avait pas remises à l'expert et qui, pourtant, s'y trouvaient depuis le dépôt de la plainte en ... 1955. Le requérant alla alors lui-même rechercher ces pièces au Parquet de Sarrebruck et les porter à l'expert.

"Ainsi donc, le retard apporté à cette expertise ne peut incomber au requérant. Alors que M. X était intervenu de nombreuses fois auprès de l'expert pour faire avancer l'expertise, le Parquet de Sarrebruck, contrairement à ce qui est exposé dans le mémoire adverse, n'a adressé qu'un seul rappel à l'expert le ... 1956, ainsi qu'il résulte de sa lettre du ... 1956 (Annexe 2).

"L'expert promit alors de déposer son rapport d'expertise pour le ... au plus tard.

"L'expertise n'a été terminée, en fait, qu'à la fin du mois de ... 1957, sans que le Parquet parût s'émouvoir de ce nouveau retard.

"Le requérant conteste formellement que ces retards inadmissibles aient pour cause un mauvais état de la comptabilité produite, alors que partie de celle-ci provenait du syndic."

"III. *Procédures de Prud'homme*

"Le requérant n'est évidemment pas en mesure de vérifier le déroulement de la procédure, mais on peut se demander comment il se fait qu'*une demande déposée le ... décembre 1957* n'est parvenue à l'*Arbeitsgericht* de Sarrebruck que le ... avril 1958, soit quatre mois plus tard. Ensuite, il fallut attendre six nouveaux mois pour qu'une audience soit fixée au ... octobre 1958!! Il est certain que semblables lenteurs sont préjudiciables à une saine justice.

"Finalement, ce fut le ... janvier 1959 seulement que la demande d'assistance judiciaire fut rejetée au motif que le requérant ne remplissait pas les conditions de résidence en Sarre exigées.

"S'il est vrai que M. X réduisit alors ses conclusions initiales, c'est simplement parce qu'il ne pouvait pas payer la caution élevée qui lui aurait été réclamée, et non pas parce que, comme voudrait unfounded.

With regard to the Applicant's refusal to agree to an examination of the witness proposed by his opponents in the Labour Court proceedings, it should be pointed out that the refusal was motivated by the fact that one of the witnesses, C., was, in the Applicant's view, the organiser of the theft from his business at Saarbrücken, and the other Nancy witness was a 14-year-old apprentice who knew nothing about the case. Yet the Applicant cannot be blamed for any delay: he was anxious that the case should be dealt with as quickly as possible, since its outcome could have had a favourable bearing on his own bankruptcy petition.

But the other party's appeal to the *Landesarbeitsgericht* further delayed a settlement of the case. However, the six months' interval between notification of the judgment on ... April 1962 and the first hearing by the *Landesarbeitsgericht* seems quite anomalous.

From these facts it can be seen that neither the *Staatsanwaltschaft* at Saarbrücken nor the Labour Courts heard the Applicant fairly or within a reasonable time, within the meaning of Article 6 of the Convention on Human Rights.

The inadmissible dilatoriness of these authorities did not allow the Applicant to provide the Trade Court at Thionville, which was dealing with the bankruptcy proceedings, with the evidence of the acts of misappropriation of which he had been victim. This precipitated the Applicant's bankruptcy.

For all these reasons, the Applicant stands by his submissions."

9. On 4th February 1966, the Application was given further consideration by a fourth group of three members of the Commission. On 23rd May 1966 the plenary Commission examined the group's report and adopted the present decision.

THE LAW

Whereas, in the first place, as regards the Applicant's two criminal complaints, Article 1 of the Convention for the Protection of Human Rights and Fundamental Freedoms guarantees solely "the rights and freedoms defined in Section I" (of the Convention); whereas any complaint made by a person, non-governmental organisation or group of individuals must, according to Article 25 (1) of the Convention, relate to an alleged violation of those rights and freedoms, otherwise the Commission is incompetent *ratione materiae* to consider it; whereas the right to have criminal proceedings opened by the proper authorities against third parties whose Acts it is felt necessary to report does not appear as such among the said rights and freedoms; whereas, on this point, the Commission refers to le laisser entendre la partie adverses, les prétentions initiales n'étaient pas fondées.

"En ce qui concerne le refus du requérant de laisser entendre les témoins offerts par ses adversaires dans la procédure prud'homale, il y a lieu de souligner que ce refus était motivé par le fait qu'un des témoins C était, selon le requérant, l'organisateur du pillage de son commerce de Sarrebruck et l'autre témoin de Nancy, une apprentie de 14 ans qui ne savait rien de cette affaire. Aucun retard ne peut être reproché cependant au requérant qui avait hâte de voir avancer ces affaires dont l'issue pouvait avoir une influence favorable dans sa propre mise en faillite.

"L'appel de l'adversaire devant le *Landesarbeitsgericht* provoqua cependant une nouvelle fois un retard dans le règlement de cette affaire; toutefois, le délai de six mois qui s'écoula entre la signification du jugement le ... avril 1962 et la première audience devant le *Landesarbeitsgericht* apparaît tout à fait anormal.

"Il résulte du rappel de ces quelques faits que le Parquet de Sarrebruck, de même que les juridictions prud'homales, n'ont entendu la cause du requérant ni équitablement ni dans un délai raisonnable, au sens de l'article 6 de la Convention des Droits de l'Homme.

"Les retards inadmissibles de ces autorités n'ont pas permis au requérant d'apporter au Tribunal de Commerce de Thionville, devant lequel se déroulait l'assignation en faillite, les preuves des détournements dont il avait été victime; cette carence a précipité l'état de faillite du requérant.

"Pour toutes ces raisons, le défendeur a l'honneur de persister dans ses conclusions."

9. Le 4 février 1966, un quatrième groupe de trois membres de la Commission a repris l'examen de la requête. Son rapport a été étudié en séance plénière le 23 mai 1966, à la suite de quoi la Commission a adopté la présente décision.

EN DROIT

Considérant tout d'abord, en ce qui concerne les deux plaintes pénales du requérant, qu'aux termes de son article 1er, la Convention de Sauvegarde des Droits de l'Homme et des Libertés fondamentales garantit uniquement "les droits et libertés définis (en son) Titre I"; que tout grief formulé par une personne physique, une organisation non gouvernementale ou un groupe de particuliers doit avoir trait, selon l'article 25 § 1, à une atteinte prétendue à ces droits et libertés, faute de quoi son examen échappe à la compétence *ratione materiae* de la Commission; que le droit à l'ouverture, par les autorités compétentes, poursuites pénales contre les tiers dont on estime devoir dénoncer les agissements, ne figure pas en tant que tel parmi lesdits droits et libertés; que la Commission se réfère sur its consistent practice (see, for example, the decision of 16th January 1963 on the admissibility of Application No. 1599/62, Yearbook IV, pages 354 and 356);

Whereas the dismissal of criminal complaints, and the prior proceedings, may nevertheless, in certain cases, raise problems under the Convention, notably under Article 13 and, in the case of the complaints accompanied by claims for damages, under Article 6 (1) (see, in respect of the latter provision, the decisions of 18th December 1963 and 17th December 1965 on the admissibility of Applications Nos. 1420/62, 1477/62, 1478/62 (Yearbook VI, page 624 and 2118/64); whereas, however, there is no need to determine whether this is so in the present case, for "the Commission may only deal with a matter after all domestic remedies have been exhausted, according to the generally recognised rules of international law ..." (Article 26 of the Convention); whereas the Applicant did not appeal from the dismissal decision of ... 1954, even though he had the option of contesting it before the General Office of the Public Prosecutor (*Generalstaatsanwaltschaft*) and later, if necessary, before the Court of Appeal (*Oberlandesgericht*) at Saarbrücken; whereas he also did not contest before the same authority the decisions relating to his second complaint ... 1955 and ... 1957) (see, *inter alia*, the decision of 3rd November 1964 on the admissibility of Application No. 1404/62, Wiechert versus the Federal Republic of Germany, Collection 15, page 22); whereas moreover, the Commission cannot find, either on the basis of the Applicant's explanations or *proprio motu*, any special circumstance which might have warranted not making use of these remedies;

Whereas the Application is therefore, on this count, incompatible with the provisions of the Convention (cf. the first paragraph of the present recital) and inadmissible because of failure to exhaust domestic remedies, (cf. the second paragraph of the present recital) (Article 27 (2) and (3) of the Convention);

Whereas, secondly, as regards the Applicant's complaint of not having been granted the services of an interpreter, it might be wondered whether this complaint is not also in conflict with Articles 26 and 27 (3) of the Convention, since it was not invoked before the Federal Constitutional Court until after the statutory time-limit of one month had expired and does not even seem to have been invoked at all before the lower courts (*Arbeitsgericht* and *Landesarbeitsgericht*) (see Appendix 6 to the Respondent Government's written observations);

Whereas, moreover, Article 6 (3) (e) of the Convention, which guarantees to a person the right to have the free assistance of an interpreter "if he cannot understand or speak the language used in court", is not relevant to the present case, since it applies only to persons "charged with a criminal offence" (see, *inter alia*, the de-ce point à sa jurisprudence constante (cf., par exemple, la décision du 16 janvier 1963 sur la recevabilité de la requête n° 1599/62, Annuaire VI, pages 355 et 357);

Que le classement de plaintes pénales et la procédure antérieure peuvent néanmoins, dans certains cas, soulever des problèmes sur le terrain de la Convention, notamment sur celui de l'article 13 et, pour les plaintes assorties d'une constitution de partie civile, sur celui de l'article 6 § 1 (cf., pour ce dernier texte, les décisions des 18 décembre 1963 et 17 décembre 1965 sur la recevabilité des requêtes n° 1420/62, 1477/62, 1478/62 (Annuaire VI, page 625) et 2118/64); qu'il n'y a cependant pas lieu de rechercher s'il en est ainsi en l'espèce; qu'en effet, "la Commission ne peut être saisie qu'après l'épuisement des voies de recours internes, tel qu'il est entendu selon les principes de droit international généralement reconnus ..." (article 26 de la Convention); que le requérant n'a introduit aucun recours contre la décision de classement du ... 1954, alors pourtant qu'il avait la faculté de l'attaquer devant le Parquet Général (*Generaalstaatsanwalt*), puis au besoin devant la Cour d'Appel (*Oberlandesgericht*) de Sarrebruck; qu'il n'a pas non plus contesté auprès de cette même juridiction les décisions relatives à sa seconde plainte (... 1955 et ... 1957) (comp., entre autres, la décision du 3 novembre 1964 sur la recevabilité de la requête n° 1404/62, Wiechert contre République Fédérale d'Allemagne, Recueil 15, page 22); que la Commission n'aperçoit au surplus, que ce soit sur la base des explications du requérant ou d'office, aucune circonstance particulière qui ait pu justifier le non-exercice de ces recours;

Que la requête est donc, à cet égard, incompatible avec les dispositions de la Convention (cf. le premier alinéa du présent considérant) et irrecevable pour non-épuisement des voies de recours internes (cf. le deuxième alinéa du présent considérant) (article 27, §§ 2 et 3);

Considérant, d'autre part, dans la mesure où l'intéressé se plaint de ne pas avoir bénéficié des services d'un interprète, que l'on pourrait se demander si ce grief ne se heurte pas, lui aussi, aux exigences des articles 26 et 27, § 3 de la Convention, car il n'a été invoqué devant la Cour Constitutionnelle Fédérale qu'après l'expiration du délai légal d'un mois et semble même ne pas l'avoir été du tout devant les juridictions inférieures (*Arbeitsgericht* et *Landesarbeitsgericht*) (cf. l'Annexe 6 aux observations écrites du gouvernement défendeur);

Qu'au demeurant, l'article 6, § 3 de la Convention, dont l'alinéa e) garantit à "tout accusé" le droit à l'assistance gratuite d'un interprète, "s'il ne comprend pas ou ne parle pas la langue employée à l'audience", n'entre point en ligne de compte dans la présente affaire, puisqu'il vaut uniquement pour les personnes inculpées, cision of 13th April 1961 on the admissibility of Application No. 858/60, Yearbook IV, pages 238 and 240);

Whereas, also, an examination of the file does not disclose, in this regard, any sign of violation of the rights and freedoms set out in the Convention, notably in Article 6 (1) and Articles 10, 13 and 14; whereas the Commission notes, in this connection, that the Applicant was assisted by a German lawyer and that the nature of the case did not make it necessary for him to attend the proceedings in person [see the decisions on the admissibility of Applications Nos. 434/58 (Yearbook II, pages 370–374), 438/58 (Collection 6, page 61), 696/60 (not published) and 1169/61 (Yearbook VI, pages 570 and 572)];

Whereas it follows that the complaint in question is incompatible with the provisions of the Convention when considered from the standpoint of Article 6 (3) and, furthermore, manifestly ill-founded (Article 27 (2));

Whereas, in the third place, as regards the complaint that the Applicant was not given an impartial hearing, the Commission cannot find, here either, any appearance of violation of the rights and freedoms guaranteed by the Convention, including Article 6 (1); whereas the Applicant has not provided, on this point, adequate *prima facie* evidence in support of his contentions (cf. his reply of 3rd December 1964 to the letter of 25th November 1964 from the Secretary of the Commission);

Whereas, at first sight, some of the facts of the case even run counter to his argument; whereas the Commission notes, in this connection, that, before dismissing the Applicant's claim, the *Arbeitsgericht* at Saarbrücken rejected preliminary objections entered by Mrs. B. and Mr. A. and that, finally, the *Landesarbeitgericht* upheld the Applicant's claim against Mr. A.; whereas the complaint in question is manifestly ill-founded (Article 27 (2) of the Convention);

Whereas, finally, in so far as the Applicant complains of the slowness with which justice was administered by the *Arbeitsgericht* and *Landesarbeitsgericht* at Saarbrücken, Article 6 (1) of the Convention, which is applicable to the present case, states that "in the determination of his civil rights and obligations (...) everyone is entitled to a (...) hearing within a reasonable time (...)";

Whereas more than five years elapsed between the date on which the Applicant submitted his case to the *Arbeitsgericht* (... December 1957) and that on which the final judgment of the *Landesarbeitsgericht* was pronounced (... January 1963); whereas, moreover, there were in some cases fairly long intervals between the various stages of the disputed proceedings, particularly between the subprévenues ou accusées d'une infraction pénale (cf., parmi beaucoup d'autres, la décision du 13 avril 1961 sur la recevabilité de la requête n° 858/60, Annuaire IV, pages 239 et 241);

Qu'en outre, l'examen du dossier ne permet de dégager, à cet égard, aucune trace de violation des droits et libertés définis dans la Convention, notamment à l'article 6, § 1, et aux articles 10, 13 et 14; que la Commission constate, à ce sujet, que X était assisté d'un avocat allemand et que la nature du litige ne rendait pas indispensable sa participation personnelle aux débats [comp. les décisions sur la recevabilité des requêtes n° 434/58 (Annuaire II, pages 371 à 375), n° 438/58 (Recueil 6, page 61), n° 696/60 (non publiée) et n° 1169/61. (Annuaire VI, pages 571 et 573)];

Qu'il s'ensuit que le grief en question est incompatible avec les dispositions de la Convention lorsqu'on l'envisage sous l'angle de l'article 6, § 3, et pour le surplus, manifestement mal fondé (article 27, § 2);

Considérant en troisième lieu, quant au manque d'impartialité que le requérant reproche à ses juges, que la Commission n'aperçoit, ici encore, aucune apparence de violation des droits et libertés garantis par la Convention, y compris l'article 6, § 1; qu'en effet, le requérant n'a pas apporté, sur ce point, un commencement de preuve suffisant à l'appui de ses affirmations (cf. sa réponse du 3 décembre 1964 à la lettre que le Secrétaire de la Commission lui avait adressée le 25 novembre 1964); que certains des faits de la cause vont même, de prime abord, à l'encontre de sa thèse; que la Commission relève, dans cet ordre d'idées, qu'avant de débouter X au fond, l'*Arbeitsgericht* de Sarrebruck avait rejeté des exceptions préliminaires invoquées par Mme B et M. A et qu'en définitive, le *Landesarbeitsgericht* a donné gain de cause au requérant contre M. A; que le grief dont il s'agit se révèle donc manifestement mal fondé (article 27, § 2 de la Convention);

Considérant enfin, pour autant que le requérant se plaint de la lenteur avec laquelle le Tribunal du Travail et le Tribunal régional du Travail de Sarrebruck auraient administré la justice, qu'aux termes de l'article 6, § 1 de la Convention, applicable en l'espèce, "toute personne a droit à ce que sa cause soit entendue (...) dans un délai raisonnable par un tribunal qui décidera (...) des contestations sur ses droits et obligations de caractère civil (...)";

Que plus de cinq ans ont passé entre la date à laquelle le requérant a saisi le Tribunal du Travail (... décembre 1957) et celle du prononcé du dernier jugement du Tribunal régional du Travail (... janvier 1963); qu'en outre, des délais assez longs se sont parfois écoulés entre les différentes étapes de la procédure litigieuse, en particulier entre l'introduction (... décembre 1957) et le rejet mission (... December 1957) and the rejection (... January and ... May 1959) of the Applicant's request for legal aid;

Whereas, however, in the Commission's view, responsibility for this state of affairs does not, at least altogether, lie with the competent German judicial authorities; whereas the written observations of the Respondent Government, set out above, indicate that the delays complained of were in the main due to the inability of certain witnesses to appear on time and the need to issue letters of request, including in one case abroad; as well as to A.'s change of residence and the attitude of the Applicant and his representatives *ad litem* (requests for adjournment of ... October 1958 and ... November 1959; delay in replying to a question asked by the *Arbeitsgericht* on ... May 1960; failure on ... December 1961, to apply for an immediate decision by default; request for an extension of the time-limit set for the submission of the amplifying memorial at the appeal stage);

Whereas it should be stressed, in regard to this last point, that exercise of the right to a hearing "within a reasonable time" is, particularly in civil matters, dependent on the diligence of the interested party [see the decisions on the admissibility of Applications Nos. 107/55 (Yearbook I, page 230) and 2118/64];

Whereas the Secretary of the Commission, referring to this principle, asked the Applicant on 29th December 1964 to supply particulars of any step he had taken in order to expedite the proceedings, either in the A. case or in the B. case; whereas the Applicant has not provided adequate information in this regard, either in his letter of 4th January 1965 or in his reply of 27th November 1965 to the written observations of the Government of the Federal Republic of Germany;

Whereas it follows that the remainder of the Application is manifestly ill-founded (Article 27 (2) of the Convention);

Now therefore

DECLARES THE APPLICATION INADMISSIBLE.

...

(... janvier et ... mai 1959) de la demande d'assistance judiciaire de X;

Qu'aux yeux de la Commission, cependant, la responsabilité de cet état de choses n'incombe pas, au moins dans l'ensemble, aux juridictions allemandes compétentes; que les observations écrites, précitées, du gouvernement défendeur donnent, en effet, à penser que les délais incriminés s'expliquaient pour la plupart tantôt par l'empêchement de certains témoins, tantôt par la nécessité de délivrer des commissions rogatoires, dont une à l'étranger; tantôt par le changement de domicile de A, tantôt par l'attitude du requérant et de ses mandataires *ad litem* (demandes d'ajournement des ... octobre 1958 et ... novembre 1959; retard apporté à répondre à une question posée par l'*Arbeitsgericht* le ... mai 1960; non-formulation, le ... décembre 1961, d'uhe demande de décision immédiate par défaut; demande de prorogation du délai fixé pour le dépôt du mémoire ampliatif en appel);

Qu'il échet de souligner, quant à ce dernier point, que l'exercice du droit à ce que sa cause soit entendue "dans un délai raisonnable" est subordonné, singulièrement en matière civile, à la diligence de la partie intéressée [cf. les décisions sur la recevabilité des requêtes n° 107/55 (Annuaire I, page 230) et n° 2118/64];

Que le Secrétaire de la Commission, se référant à ce principe, a invité X, le 29 décembre 1964, à fournir des précisions sur toute mesure qu'il aurait prise, afin d'accélérer le déroulement de la procédure, tant dans l'affaire A que dans l'affaire B; que le requérant n'a pas donné, à cet égard, de précisions suffisantes, que ce soit dans sa lettre du 4 janvier 1965 ou dans sa réponse du 27 novembre 1965, aux observations écrites du Gouvernement de la République Fédérale d'Allemagne;

Qu'il appert, dès lors, que le restant de la requête est manifestement mal fondé (article 27, § 2 de la Convention);

Par ces motifs,

DÉCLARE LA REQUÊTE IRRECEVABLE.

...

Application No. 1821/63

Anna HUDETZ *against* AUSTRIA

and

Application No.1822/63

Irma HAIEK AND Friedl von BERINGE *against* AUSTRIA

Decision of 9th February 1966

...

THE FACTS

Whereas the facts as presented by the Parties may be summarised as follows:

I. The Applicant Anna HUDETZ, is an Austrian citizen living in Vienna. She is represented by Dr. Adolf Weiss-Tessbach, a barrister practising in Vienna.

The Applicant, Irma HAIEK, is an Austrian citizen living in Vienna. She is represented by Dr. von Beringe, a lawyer practising in Düsseldorf.

The Applicant Dipl. Ing. Friedl von BERINGE, is Austrian by birth. On 12th November 1945 she acquired German nationality by marriage while retaining her Austrian citizenship. This Applicant is also represented by Dr. von Beringe, who is her husband.

II. The Applicants are heirs to the gross royalty rights (*Bruttoprozentberechtigung*) of Dipl. Ing. Anton HAIEK who died in Vienna on 8th March 1948.

Anton Haiek was manager and owner of the "Österreichische Bohr- und Schurfgesellschaft m.b.H.", a private limited company in Vienna. He and his company held prospecting rights for the area described as "prospecting area 1 b" (*Freischurfgebiet* 1 b) in the map attached to the Federal Law of 12th July 1960 (*BGBl.* No. 151/1960). By agreement of 28th September 1934, between, on the one hand, Mr. Haiek and his company and, on the other hand, the "Vacuum Oil Company A.G.", a joint-stock company in Vienna, the above prospecting rights were transferred to the "Vacuum Oil Company" which undertook to pay gross royalties (*Bruttoprozente*) on the production to Mr. Haiek and his company. By a further agreement of 1st August 1940, between the same parties, the amount of the gross royalties was reduced from 12% to 4%.

In 1941 the gross royalty rights of the "Österreichische Bohr- und Schurfgesellschaft" were transferred to Mr. Haiek who thus became the sole beneficiary of the agreements of 1934 and 1940- The "Vacuum Oil Company" was later converted into the "Rohöl. Gewinnungs-A.G."

Requête No. 1821/63

ANNA HUDETZ *contre* L'AUTRICHE

et

Requête No. 1822/63

Irma HAIEK et Friedl von BERINGE *contre* L'AUTRICHE

Décision du 9 février 1966

... (*Traduction*)

EN FAIT

Considérant que les faits présentés par les parties peuvent se résumer comme suit:

I. La requérante Anna HUDETZ, citoyenne autrichienne, habite à Vienne. Elle est représentée par Me Adolf Weiss-Tessbach, avocat au barreau de Vienne.

La requérante Irma HAIEK, citoyenne autrichienne, habite à Vienne. Elle est représentée par Me von Beringe, avocat au barreau de Düsseldorf.

La requérante Friedl von BERINGE, ingénieur diplômé, est Autrichienne de naissance. Le 12 novembre 1945, elle a acquis la nationalité allemande par mariage en conservant sa nationalité autrichienne. Elle est représentée par Me von Beringe, son mari.

II. Les requérantes sont héritières des droits à des redevances brutes (*Bruttoprozentberechtigung*) d'Anton HAIEK, ingénieur diplômé, mort à Vienne le 8 mars 1948.

Anton Haiek était directeur et propriétaire de la "Österreichische Bohr- und Schürfgesellschaft m.b.H.", société à responsabilité limitée, sise à Vienne. Sa société et lui détenaient des droits de prospection pour la zone dite "zone de prospection 1 b" (*Freischurfgebiet* 1 b) indiquée sur la carte annexée à la loi fédérale du 12 juillet 1960 (*BGBl* n° 151/1960). Aux termes d'un accord conclu le 28 septembre 1934 entre, d'une part, M. Haiek et sa société et, d'autre part, la "Vacuum Oil Company A.G.", société par actions sise à Vienne, lesdits droits de prospection ont été transférés à la "Vacuum Oil Company", qui s'est engagée à payer des redevances brutes (*Bruttoprozente*) sur la production à M. Haiek et sa compagnie. Aux termes d'un autre accord, conclu le 1er août 1940 entre les mêmes parties, le taux des redevances brutes a été réduit de 12% à 4%.

En 1941, les droits de la "Österreichische Bohr- und Schürfgesellschaft" à des redevances brutes ont été transférés à M. Haiek, qui est ainsi devenu le seul bénéficiaire des accords de 1934 et 1940. Plus tard, la "Vacuum Oil Company" est devenue la "Rohöl-Gewinnungs-A.G.".

III. The Bitumen Act (*Bitumengesetz*) of 31st August 1938 (*Gesetzblatt für das Land Österreich*, No. 375/1938) provided in Article 1 that the prospecting and production of bitumen in solid, liquid and gaseous state were in principle reserved to the State (*Die Aufsuchung und Gewinnung von Bitumen in festem flüssigem und gasförmigem Zustande ... steht allein dem Staate zu, soweit* § 5 *nichts anderes bestimmt*). Applications for mining rights (*Grubenmasse*) had to be lodged before 1st August 1940 in accordance with Article 5 of the Act.

On 5th August 1942, an agreement was reached between, on the one hand, Mr. Haiek and various other persons entitled to gross royalties and, on the other hand, the German Oil Companies. Under this agreement, the German Oil Companies, which had been or would be granted licences in accordance with the Bitumen Act, undertook, with effect from 1st August 1940, to 31st July 1960 to pay to the gross royalty recipients such gross royalties to an amount not exceeding 3%. The limit of 3%, however, did not apply in cases where the rate of gross royalties was payable in accordance with agreements which had been concluded prior to 31st December, 1941, taking the Bitumen Act into consideration. Such an agreement with a rate of 4% had been entered into by Mr. Haiek on 1st August 1940.

IV. On 5th November 1942, the General Director of Commerce (*Generalbevollmächtiger für die Wirtschaft*) signed the "Order Concerning Charges on Production of Mineral Oil in the Alpine and Danube Provinces and in the Province Sudetenland" (*Verordnung über Förderabgaben von Erdöl in den Alpen- und Donau-Reichsgauen sowie im Reichsgau Sudetenland, RGBl.* 1 p. 642) by which the *Reichsminister* for Economic Affairs was authorised to regulate the production fees for bitumen in these provinces and, in particular, "to reduce them to an economically feasible extent and to limit their duration" (*sie auf ein wirtschaftlich tragbares Mass herabzusetzen und zeitlich zu begrenzen*).

On 15th September 1944, the *Reichsminister* for Economic Affairs, acting under the above Order of 1942, issued an implementing Order (*Reichsministerialblatt des Reichswirtschaftsministeriums*, p. 291) whereby an agreement of 5th August 1942, between the Special Section of Mineral Oil Production (*Fachgruppe Erdölgewinnung*) and several holders of gross royalty rights was declared binding in respect of all mineral oil royalties concerning former prospecting rights in the Alpine and Danube Provinces. The said gross royalties were accordingly limited in time and amount.

V. After 27th April 1945 (the day of the declaration of independence of Austria), the oil-fields to which Mr. Haiek's gross royalty rights related were exploited by oil companies under Soviet administration.

III. La loi sur le bitume (*Bitumengesetz*) du 31 août 1938 (*Gesetzblatt für das Land Österreich*, n° 375/1938) disposait en son article 1er que la prospection et la production du bitume à l'état solide, liquide ou gazeux étaient en principe réservées à l'Etat ("*Die Aufsuchung und Gewinnung von Bitumen in festem, flüssigem und gasförmigem Zustande ... steht allein dem Staate zu, soweit* § 5 *nichts anderes bestimmt.*"). Les demandes de droits d'exploitation minière (*Grubenmasse*) devaient être présentées avant le 1er août 1940 en vertu de l'article 5 de la loi.

Le 5 août 1942, un accord a été conclu entre, d'une part, M. Haiek et divers autres bénéficiaires de redevances brutes et, d'autre part, les sociétés pétrolières allemandes. Aux termes de cet accord, les sociétés pétrolières allemandes qui avaient obtenu ou obtiendraient des licences en vertu de la loi sur le bitume se sont engagées à verser aux bénéficiaires, du 1er août 1940 au 31 juillet 1960, des redevances brutes s'élevant à 3% au plus. Toutefois ce maximum de 3% ne s'appliquait pas dans le cas où les redevances brutes étaient payables aux termes d'accords conclus avant le 31 décembre 1941, compte tenu de la loi sur le bitume. C'est un tel accord, prévoyant un pourcentage de 4%, que M. Haiek avait conclu le 1er août 1940.

IV. Le 5 novembre 1942, le responsable général de l'économie (*Generalbevollmächtiger für die Wirtschaft*) signa l'ordonnance sur les redevances d'exploitation du pétrole dans les régions Alpes et Danube et dans la région des Sudètes (*Verordnung über Förderabgaben von Erdöl in den Alpen- und Donau-Reichsgauen sowie im Reichsgau Sudetenland, RGBl.* 1 p. 642) qui autorisait le Ministre des Affaires économiques à régler les taxes de production du bitume dans ces régions et notamment "à les réduire à un chiffre économiquement supportable et à limiter leur durée" ("*sie auf ein wirtschaftlich tragbares Mass herabzusetzen und zeitlich zu begrenzen*").

Le 15 septembre 1944, le Ministre des Affaires économiques du Reich, se fondant sur ladite ordonnance de 1942, promulgua une ordonnance complémentaire (*Reichsministerialblatt des Reichswirtschaftsministeriums*, p. 291) dans laquelle un accord signé le 5 août 1942 entre le Groupe technique Extraction du pétrole (*Fachgruppe Erdölgewinnung*) et plusieurs bénéficiaires de redevances brutes était déclaré obligatoire pour toutes les redevances pétrolières liées à d'anciens droits de prospection dans les régions Alpes et Danube. La durée et le montant desdites redevances brutes ont donc été limités.

V. Après le 27 avril 1945 (jour de la déclaration d'indépendance de l'Autriche), les gisements pétrolifères à l'égard desquels M. Haiek détenait des droits à des redevances brutes ont été exploités par des sociétés pétrolières sous administration soviétique.

The State Treaty for the re-establishment of an independent and democratic Austria, which was signed in Vienna on 15th May 1955, provided in Part IV, Article 22:

"German Assets in Austria

The Soviet Union, the United Kingdom, the United States of America and France have the right to dispose of all German assets in Austria in accordance with the Protocol of the Berlin Conference of 2nd August 1945.

1. The Soviet Union shall receive, for a period of validity of thirty years, concessions to oil fields equivalent to 60 per cent of the extraction of oil in Austria for 1947, as well as property rights to all buildings, constructions, equipment, and other property belonging to these oil fields, in accordance with list No. 1 and map No. 1 annexed to the Treaty.

2. The Soviet Union shall receive concessions to 60 per cent of all exploration areas located in Eastern Austria that are German assets to which the Soviet Union is entitled in conformity with the Potsdam Agreement and which are in its possession at the present time, in accordance with list No. 2 annexed to the Treaty.

The Soviet Union shall have the right to carry out explorations on the exploration areas mentioned in the present paragraph for eight years and to subsequent extraction of oil for a period of twenty-five years beginning from the moment of the discovery of oil.

3. The Soviet Union shall receive oil refineries having a total annual production capacity of 420,000 tons of crude oil in accordance with list No. 3.

4. The Soviet Union shall receive those undertakings concerned in the distribution of oil products which are at its disposal, in accordance with list No. 4.

...

7. Legal position of Assets:

...

(e) The rights, properties and interests transferred to the Soviet Union ... shall be transferred without any charges or claims ...

...

14. The provisions of this Article shall be subject to the terms of Annex II of this Treaty."

Annex II of the State Treaty stated as follows:

"Having regard to the arrangements made between the Soviet Union and Austria, and recorded in the Memorandum signed at Moscow on April 15 1955, Article 22 of the present Treaty shall have effect subject to the following provisions:

(1) On the basis of the pertinent economic provisions of the April

Le Traité d'Etat rétablissant l'Autriche indépendante et démocratique, signé à Vienne le 15 mai 1955, disposait en son titre IV, article 22, ce qui suit:

"Avoirs allemands en Autriche

L'Union Soviétique, le Royaume-Uni, les Etats-Unis d'Amérique et la France ont le droit de disposer de tous les avoirs allemands en Autriche, conformément au protocole de la Conférence de Berlin du 2 août 1945.

1. L'Union Soviétique recevra, pour une durée de trente ans, des concessions sur les zones d'extraction du pétrole correspondant à 60% de l'extraction en Autriche pour l'année 1947, ainsi que le droit de propriété sur tous les bâtiments, installations, équipements et autres biens qui appartiennent à ces zones d'extraction, conformément à la liste n° 1 ci-dessous et à la carte n° 1 annexée au Traité.

2. L'Union Soviétique recevra des concessions sur 60% de toutes les zones de prospection situées en Autriche orientale qui sont des avoirs allemands auxquels l'Union Soviétique a droit en vertu de l'accord de Potsdam et qui sont actuellement en sa possession, conformément à la liste n° 2 ci-dessous et à la carte n° 2 annexée au Traité.

L'Union Soviétique aura pendant huit ans le droit de procéder à des recherches dans les zones de prospection visées au présent paragraphe; elle aura un droit sur l'extraction subséquente du pétrole pendant une durée de vingt-cinq ans à partir de la date de la découverte du pétrole.

3. L'Union Soviétique recevra des raffineries de pétrole représentant une capacité annuelle totale de production de 420.000 tonnes de pétrole brut, conformément à la liste n° 3 ci-dessous.

4. L'Union Soviétique recevra celles des entreprises employées à la distribution des produits pétroliers qui sont à sa disposition, conformément à la liste n° 4 ci-dessous.

...

7. Situation juridique des avoirs

...

e) Les biens, droits et intérêts transférés à l'Union Soviétique ... seront transférés sans aucune charge ou revendication ...

...

14. Les stipulations de cet article seront appliquées conformément aux dispositions de l'annexe II au Traité."

L'annexe II au Traité d'Etat disposait ce qui suit:

"En raison des arrangements conclus entre l'Union Soviétique et l'Autriche et relatés dans le mémorandum signé à Moscou le 15 avril 1955, l'article 22 sera appliqué sous réserve des dispositions ci-après:

(1) Dans les deux mois qui suivront l'entrée en vigueur du présent

15 1955, arrangements between the Soviet Union and Austria, the Soviet Union will transfer to Austria, within two months from the date of entry into force of the present Treaty, all property, rights and interests to be retained or received by it in accordance with Article 22, except the Danube Shipping Company (D.D.S.G.) assets in Hungary, Roumania and Bulgaria.

(2) It is agreed that in respect of any property, right or interest transferred to Austria in accordance with this Annex, Austria's rights shall be limited only in the manner set out in paragraph 13 of Article 22."

According to Article 36 of the State Treaty, the Annexes constituted integral parts of the Treaty.

The State Treaty came into force on 27th July 1955. Subsequently, the former German-owned oil-companies, then under Russian management, were handed over to the Austrian Republic; the latter merged them to form a single company to which, as the "Österreichische Mineralölverwaltungs-AG", it granted a licence under the Bitumen Act of 1938.

VI. On 25th July 1956, the Austrian Parliament (*Nationalrat*) enacted "Order No. 1 in Application of the State Treaty" (1. *Staatsvertragsdurchführungsgesetz, BGBl.* No. 165/1956). This Order concerned, *inter alia*, "the properties, rights and interests (assets)", whose ownership had been transferred to the Republic of Austria by the Soviet Union in accordance with the State Treaty of 1955. Article 20, paragraph (7), of the Order stated:

"Claims for charges on production of bitumen (gross royalties) can be brought only on the basis of special federal legislation."

[*"Ansprüche auf Förderabgaben von Bitumen (Bruttoprozente) können nur auf Grund einer besonderen bundesgesetzlichen Regelung geltend gemacht werden."*]

VII. On 3rd September 1958, Austria ratified the Convention on Human Rights and the Protocol to the Convention. "Being desirous of avoiding any uncertainty concerning the application of Article 1 of the Protocol in connection with the State Treaty of 15th May 1955", Austria declared the Protocol ratified with the reservation "that there shall be no interference with the provisions of Part IV 'Claims arising out of the War' and Part V 'Property, Rights and Interests' of the above-mentioned State Treaty".

VIII. The "special legislation" envisaged in Article 20, paragraph (7), of Order No. 1 in Application of the State Treaty was passed by means of the "Federal Act Concerning the Settlement of Charges on Production of Bitumen (Gross Royalties)" [*Bundesgesetz be-*

Traité, l'Union Soviétique transférera à l'Autriche, à l'exception des avoirs de la Compagnie de navigation du Danube (D.D.S.G.) en Hongrie, en Roumanie et en Bulgarie, aux conditions prévues dans les dispositions économiques relatives à ce transfert qui figurent dans les arrangements du 15 avril 1955 entre l'Union Soviétique et l'Autriche, tous les droits et intérêts qu'elle conserve ou reçoit en application de l'article 22.

(2) Il est entendu qu'en ce qui concerne tous les biens, droits et intérêts transférés à l'Autriche conformément aux dispositions de la présente annexe, les droits de l'Autriche ne seront limités que dans les stipulations du paragraphe 13 de l'article 22."

Aux termes de l'article 36 du Traité d'Etat, les annexes font partie intégrante du Traité.

Le Traité d'Etat est entré en vigueur le 27 juillet 1955. Par la suite, les anciennes sociétés pétrolières allemandes alors sous direction soviétique ont été remises à la République d'Autriche; celle-ci les a fondues en une seule société et, en vertu de la loi de 1938 sur le bitume, a accordé un permis à cette société dont la raison sociale était "Österreichische Mineralölverwaltungs-AG".

VI. Le 25 juillet 1956, le Parlement autrichien (*Nationalrat*) promulgua la première loi d'application du Traité d'Etat (1. *Staatsvertragsdurchführungsgesetz*, *BGBl.* n° 165/156). Cette loi visait notamment "les biens, droits et intérêts" dont la propriété avait été transférée à la République d'Autriche par l'Union Soviétique en vertu du Traité d'État de 1955. L'article 20, paragraphe 7, de cette loi disposait ce qui suit:

"Des redevances d'exploitation du bitume (redevances brutes) ne peuvent être revendiquées qu'en vertu d'une réglementation fédérale spéciale à caractère législatif."

["*Ansprüche auf Förderabgaben von Bitumen* (*Bruttoprozente*) *können nur auf Grund einer besonderen bundesgesetzlichen Regelung geltend gemacht werden*".]

VII. Le 3 septembre 1958, l'Autriche ratifia la Convention des Droits de l'Homme et son Protocole. "Désireuse d'éviter toute incertitude quant à l'application de l'article 1er du Protocole additionnel par rapport au Traité d'Etat du 15 mai 1955", l'Autriche déclara ratifier le Protocole "sans préjudice des dispositions de la Partie IV ("Réclamations nées de la guerre") et de la Partie V ("Biens, droits et intérêts") dudit Traité d'Etat".

VIII. La "règlementation spéciale" envisagée à l'article 20, paragraphe 7, de la première loi d'application du Traité d'Etat a été introduite par la "loi fédérale portant réglementation des redevances d'exploitation du bitume (redevances brutes") [*Bundesgesetz be-*

treffend die Regelung der Förderabgaben von Bitumen (*Bruttoprozente*), *BGBl.* No. 151/1960] of 12th July 1960.

Article 1 of this Act stated:

"The prospecting and production agreements for bitumen, entered into with the German Reich, are deemed null and void as of 27th April, 1945. The same applies in respect of the rights and obligations to gross royalties in conjunction with such agreements."

("*Die vom Deutschen Reich abgeschlossenen Schürf- und Gewinnungsverträge auf Bitumen gelten mit 27. April 1945 als erloschen. Das gleiche gilt hinsichtlich der im Zusammenhang mit diesen Verträgen stehenden Berechtigungen und Verpflichtungen aus Bruttoprozenten.*")

Similarly, Article 8 stated:

"With effect from the date indicated in Article 1, the Order of 5th November 1942, Concerning Charges on Production of Mineral Oil in the Alpine and Danube Provinces and in the Province Sudetenland ... and the Order of 15th September 1944, Concerning Charges on Production of Mineral Oil in the Alpine and Danube Provinces ... have become invalid as being inapplicable."

("*Mit dem in § 1 genannten Zeitpunkt sind die Verordnung über Förderabgaben von Erdöl in den Alpen- und Donau-Reichsgauen sowie im Reichsgau Sudetenland vom 5. November 1942 ... und die Anordnung über Förderabgaben von Erdöl in den Alpen- und Donau-Reichsgauen vom 15. September 1944 ... als unanwendbar ausser Kraft getreten.*")

Article 2 of the Act provided that, "for formerly existing claims for gross royalties on the production of mineral oil in the territory of prospecting claims compensation shall be payable according to this Federal Act" ("*Für ehemals bestandene Ansprüche auf Bruttoprozente an der Förderung von Erdöl, die sich aus Gebieten von Freischürfen abgeleitet haben, sind Vergütungen nach diesem Bundesgesetz zu leisten.*"). According to Article 4, claims for compensation had to be lodged with the Federal Ministry for Trade and Reconstruction which alone was competent to decide upon them.

IX. By decision of 10th August 1961, the Ministry awarded the Applicants a total of 12,976,000 Austrian schillings under the above Gross Royalties Act.

On 27th September 1961, the Applicants lodged appeals (*Beschwerden*) with the Constitutional Court (*Verfassungsgerichtshof*) from these decisions. They alleged violations of the Austrian Constitution and of Articles 6 and 14 of the Convention and Article 1 of the Protocol. The Applicants submitted that on the basis of the legislation applicable before the entry into force of the Gross Royalties Act on 1st August 1960, they were entitled to royalties totalling 250,489,622 Austrian schillings.

treffend die Regelung der Förderabgaben von Bitumen (Bruttoprozente), BGBl. n° 151/1960] du 12 juillet 1960.

L'article 1er de cette loi disposait que:

"Les accords de prospection et de production du bitume conclus par le Reich allemand sont considérés comme périmés à dater du 27 avril 1945. Il en va de même des droits et obligations prévus par ces accords en matière de redevances brutes".

("*Die vom Deutschen Reich abgeschlossenen Schürf- und Gewinnungsverträge auf Bitumen gelten mit 27. April 1945 als erloschen. Das gleiche gilt hinsichtlich der im Zusammenhang mit diesen Verträgen stehenden Berechtigungen und Verpflichtungen aus Bruttoprozenten.*").

De même, l'article 8 disposait ce qui suit:

"A partir de la date indiquée à l'article 1er, l'ordonnance du 5 novembre 1942 sur les redevances d'exploitation du pétrole dans les régions Alpes et Danube et dans la région des Sudètes ... et l'ordonnance du 15 septembre 1944 sur les redevances d'exploitation du pétrole dans les régions Alpes et Danube ont cessé d'être en vigueur parce qu'elles sont inapplicables".

("*Mit dem in § 1 genannten Zeitpunkt sind die Verordnung über Förderabgaben von Erdöl in den Alpen- und Donau-Reichsgauen sowie im Reichsgau Sudetenland vom 5. November 1942 ... und die Anordnung über Förderabgaben von Erdöl in den Alpen- und Donau-Reichsgauen vom 15. September 1944 ... als unanwendbar ausser Kraft getreten.*")

L'article 2 de la loi disposait que "les anciens droits en matière de redevances brutes sur l'exploitation du pétrole dans les zones des concessions donnent lieu à indemnisation conformément à la présente loi fédérale" ("*Für ehemals bestandene Ansprüche auf Bruttoprozente an der Förderung von Erdöl, die sich aus Gebieten von Freischürfen abgeleitet haben, sind Vergütungen nach diesem Bundesgesetz zu leisten.*"). Aux termes de l'article 4, les demandes d'indemnisation devraient être présentées au Ministère fédéral du Commerce et de la Reconstruction, seul compétent pour prendre une décision à leur égard.

IX. Par décision du 10 août 1961, le Ministère a accordé aux requérantes, en application de la loi sur les redevances brutes, un total de 12 976 000 schillings autrichiens.

Le 27 septembre 1961, les requérantes ont introduit des recours (*Beschwerden*) contre cette décision devant la Cour Constitutionnelle (*Verfassungsgerichtshof*), alléguant la violation de la Constitution autrichienne, des articles 6 et 14 de la Convention et de l'article 1er du Protocole additionnel. Les requérantes ont fait valoir qu'en vertu de la législation applicable avant l'entrée en vigueur – le 1er août 1960 – de la loi sur les redevances brutes, elles avaient droit à des redevances s'élevant à 250.489.622 schillings autrichiens au total.

On 27th June 1962, the Constitutional Court dismissed their appeals and stated in particular:

1. that the Applicant's gross royalty rights were founded on an agreement entered into with the German Reich as the supreme mining authority (*Träger der Berghoheit*);
2. that, with Austria's restoration on 27th April, 1945, the administration of the mines had passed into Austrian hands with the result that, where Austrian territory was concerned, the other party to the agreement had ceased to exist;
3. that Article 20, paragraph (7), of Order No. 1 in Application of the State Treaty was to be interpreted not as a mere suspension of existing claims for gross royalties but as an indication that there was no legal basis for such claims and that the future legislator was free to decide whether such a basis should be created;
4. that Articles 1 and 8 of the Gross Royalties Act of 1960 correctly stated the legal situation as of 27th April 1945; and
5. that the decision of the Ministry for Trade and Reconstruction, which was given in application of the Gross Royalties Act, did not violate any constitutional rights of the Applicants.

The decision of the Constitutional Court was communicated to the Applicants on 10th September 1962.

Submissions of the Parties

Whereas the *Applicants* allege violations of Articles 6 and 14 of the Convention and of Article 1 of the Protocol; whereas their arguments may be summarised as follows:

The Applicants submit that their gross royalty rights were founded not on a contract concluded with the German Reich but on certain legal provisions, namely the Orders concerning Charges on Production of Mineral Oil of 1942 and 1944. These Orders became part of Austrian law by virtue of the "Transfer of Law Act" (*Rechts-Überleitungsgesetz, StGBl.* No. 6/1945) of 1st May 1945. Under Article 20, paragraph (7), of Order No. 1 of 1956 in Application of the State Treaty, only the procedural right to seize the courts of claims for gross royalties was suspended (*Klagestop*) but otherwise the Orders of 1942 and 1944 remained operative until they were repealed by the Gross Royalties Act of 1960. This is confirmed by the legal opinions of Professor Gschnitzer and Professor Kralik, dated 8th January 1956, and 28th September 1965 respectively.

The Applicants further submit that their claims under the Convention, concerning royalties for the period between 13th August

Le 27 juin 1962, la Cour Constitutionnelle a rejeté leurs recours et déclaré notamment:

1. que les droits des requérantes en matière de redevances brutes étaient fondés sur un accord conclu avec le Reich allemand, autorité minière suprême (*Träger der Berghoheit*);
2. qu'avec la reconstitution de l'Autriche le 27 avril 1945, l'administration des mines était passée entre des mains autrichiennes et que, en ce qui concernait le territoire autrichien, l'autre partie à l'accord avait donc cessé d'exister;
3. que l'article 20, paragraphe 7, de la première loi d'application du Traité d'Etat ne devait pas être interprété comme une simple suspension des prétentions existances à des redevances brutes mais comme la constataion qu'il n'existait pas de base juridique pour ces prétentions et que le législateur futur était libre de décider si cette base devait être créée;
4. que les articles 1er à 8 de la loi de 1960 sur les redevances brutes dataient à juste titre cette situation légale du 27 avril 1945, et
5. que la décision du Ministère du Commerce et de la Reconstruction, rendue en application de la loi sur les redevances brutes, ne violait aucun des droits constitutionnels des requérantes.

La décision de la Cour Constitutionnelle a été communiquée aux requérantes le 10 septembre 1962.

Thèses des parties

Considérant que les *requérantes* allèguent la violation des articles 6 et 14 de la Convention et de l'article 1er du Protocole additionnel et que leurs arguments peuvent se résumer comme suit:

Les requérantes soutiennent que leurs droits à des redevances brutes étaient fondés non sur un contrat conclu avec le Reich allemand, mais sur certaines dispositions légales, à savoir les ordonnances de 1942 et 1944 sur les redevances d'exploitation du pétrole. Ces lois sont devenues partie intégrante de la législation autrichienne en vertu de la loi sur le transfert de la législation (*Rechts-Überleitungsgesetz, StGBl.* n° 6/1945) du 1er mai 1945. Aux termes de l'article 20, paragraphe 7, de la première loi d'application du Traité d'Etat (1956), seul a été suspendu sur le plan de la procédure, le droit de saisir les tribunaux de prétentions à des redevances brutes (*Klagestop*); mais pour le reste, les ordonnances de 1942 et 1944 sont restées en vigueur jusqu'à leur abrogation par la loi de 1960 sur les redevances brutes. C'est ce que confirment les avis juridiques du professeur Gschnitzer et du professeur Kralik datés respectivement du 8 janvier 1956 et du 28 septembre 1965.

En outre, les requérantes soutiennent que les droits qu'elles font valoir en se fondant sur la Convention et qui portent sur les rede-

1955, and 1st August 1960, are not affected by the Austrian reservation to Article 1 of the Protocol, made under Article 64 of the Convention in respect of Parts IV and V of the Austrian State Treaty. According to the generally recognised rules of international law, this reservation must be interpreted restrictively. In support of this submission the Applicants have referred to the legal opinion of 17th January 1966, of Professor Kipp and to Article 6 of the State Treaty which states as follows:

"Human Rights

1. Austria shall take all measures necessary to secure to all persons under Austrian jurisdiction, without distinction as to race, sex, language or religion, the enjoyment of human rights and of the fundamental freedoms, including freedom of expression, of press and publication, of religious worship, of political opinion and of public meeting.

2. Austria further undertakes that the laws in force in Austria shall not, either in their content or in their application, discriminate or entail any discrimination between persons of Austrian nationality on the ground of their race, sex, language or religion, whether in reference to their persons, property, business, professional or financial interests, status, political or civil rights or any other matter."

Finally, the Applicants refer to Article 124 of the Mining Act (*Berggesetz*) of 1854 which is still applicable today and which provides that minerals do not become the property of the holder of the concession until they are extracted. The Applicants submit that consequently Article 22 of the State Treaty and the above Austrian reservation do not cover bitumen products which were extracted after the entry into force of this Treaty on 27th July 1955.

Whereas the *Respondent Government* submits that the Applications are inadmissible both *ratione temporis* and as a result of the reservation made by Austria in respect of Article 1 of the Protocol; whereas the arguments of the Government may be summarised as follows:

The Orders Concerning Charges on Production of Mineral Oil of 1942 and 1944, on which the Applicants base their claims, became invalid as being inapplicable as at 27th April 1945, when the mines administration passed into Austrian hands. Article 8 of the Gross Royalties Act of 1960 merely confirmed this legal situation. The Act did not retroactively repeal the said German provisions and did not, therefore destroy any rights of the Applicants relating to the period between 1945 and 1960. It follows that the gross royalty vances pour la période du 13 août 1955 au 1er août 1960 ne sont pas visés par la réserve autrichienne à l'égard de l'article 1er du Protocole additionnel formulée en vertu de l'article 64 de la Convention et concernant les Parties IV et V du Traité d'Etat autrichien. Conformément aux règles de droit international généralement reconnues, cette réserve doit être interprétée restrictivement. A l'appui de cette thèse, les requérantes ont cité l'avis juridique émis le 17 janvier 1966 par le professeur Kipp et l'article 6 du Traité d'Etat qui dispose ce qui suit:

"Droits de l'homme

1. L'Autriche prendra toutes les mesures nécessaires pour assurer à toutes les personnes relevant de sa juridiction, sans distinction de race, de sexe, de langue ou de religion, la jouissance des droits de l'homme et des libertés fondamentales, y compris la liberté d'expression de la pensée, la liberté de presse et de publication, la liberté de culte, la liberté d'opinion et de réunion.

2. L'Autriche s'engage en outre à ce que les lois en vigueur en Autriche n'entraînent, ni par leur texte, ni par les modalités de leur application, aucune discrimination directe ou indirecte contre les ressortissants autrichiens en raison de leur race, de leur sexe, de leur langue ou de leur religion, tant en ce qui concerne leur personne, leurs biens, leurs intérêts commerciaux, professionnels ou financiers, leur statut, leurs droits politiques ou civils qu'en toute autre matière.»

Enfin, les requérantes citent l'article 124 de la loi de 1854 sur les mines qui est encore en vigueur et selon lequel les minéraux ne deviennent la propriété du titulaire de la concession qu'une fois extraits. Les requérantes soutiennent que, par conséquent, l'article 22 du Traité d'État et la réserve autrichienne précitée ne s'appliquent pas aux produits bitumineux extraits après l'entrée en vigueur dudit Traité le 27 juillet 1955.

Considérant que le *Gouvernement défendeur* soutient que les requêtes sont irrecevables tant *ratione temporis* que du fait de la réserve formulée par l'Autriche à l'égard de l'article 1er du Protocole additionnel et que les arguments du Gouvernement peuvent se résumer ainsi:

Les ordonnances de 1942 et 1944 sur les redevances d'exploitation du pétrole sur lesquelles les requérantes fondent leurs revendications ont cessé d'être en vigueur puisqu'elles ont cessé d'être applicables le 27 avril 1945, date à laquelle l'administration des mines est passée entre des mains autrichiennes. L'article 8 de la loi de 1960 sur les redevances brutes ne faisait que confirmer cette situation juridique. Cette loi n'abrogeait pas rétroactivement lesdites ordonnances allemandes et n'enlevait donc aux requérantes aucun droit afférent à rights of the Applicants lapsed on 27th April 1945, that is thirteen years before 3rd September 1958, the date of the entry into force of the Convention with respect to Austria. Consequently, the Applications are inadmissible *ratione temporis*.

Moreover, in 1956, which was two years before the entry into force of the Convention with respect to Austria, Article 20, paragraph (7), of Order No. 1 in Application of the State Treaty stated that there was no legal basis for gross royalty rights as claimed by the Applicants. In this respect, too, the Applications are inadmissible *ratione temporis*.

The Government further submits that the Austrian reservation to Article 1 of the Protocol applies in the present cases. Under Article 22 of Part IV of the State Treaty, the Soviet Union was to receive concessions in regard to the oil fields to which the Applicants' gross royalty claims related. Order No. 1 in Application of the State Treaty implemented Part IV of this Treaty and the "special legislation" mentioned in Article 20, paragraph (7), of Order No. 1 was passed by means of the Gross Royalties Act of 1960. Thus the Gross Royalties Act was issued in indirect application of Part IV of the State Treaty. It follows that, in view of the Austrian reservation in respect of Part IV of the State Treaty, the Commission is not competent to examine the question of the compatibility of the Gross Royalties Act with Article 1 of the Protocol to the Convention.

THE LAW

I. *Whereas* the Applicants complain that the Gross Royalties Act of 1960 violated their rights under Article 1 of the Protocol to the Convention on Human Rights by depriving them of possessions and offering them inadequate compensation; whereas the Respondent Government submits that examination of this complaint by the Commission is excluded by virtue of the Austrian reservation to Article 1 of the Protocol;

Whereas it is true that Austria, when ratifying the Convention and the Protocol, "being desirous of avoiding any uncertainty concerning the application of Article 1 of the Protocol in connection with the State Treaty" (*"vom dem Wunsch geleitet, jede Unsicherheit betreffend die Anwendung des Artikels 1 des Zusatzprotokolls im Zusammenhang mit dem Staatsvertrag ... zu vermeiden"*), made the reservation "that there shall be no interference with the provisions of Part IV ... and Part V ... of the ... State Treaty" (*"dass die Bestimmungen des Teiles IV ... und des Teiles V ... des ... Staatsvertrages unberührt bleiben"*);

la période de 1945 à 1960. Il s'ensuit que les droits des requérantes à des redevances brutes étaient périmés le 27 avril 1945, c'est-à-dire treize ans avant le 3 septembre 1958, date de l'entrée en vigueur de la Convention à l'égard de l'Autriche. En conséquence, les requêtes sont irrecevables *ratione temporis*.

De plus, en 1956, c'est-à-dire deux ans avant l'entrée en vigueur de la Convention pour l'Autriche, l'article 20, paragraphe 7, de la première loi d'application du Traité d'Etat précisait que les droits à des redevances brutes – tels que ceux revendiqués par les requérantes – étaient dépourvus de base juridique. Sur ce point aussi, les requêtes sont irrecevables *ratione temporis*.

Le Gouvernement soutient en outre que la réserve autrichienne à l'article 1er du Protocole additionnel est applicable en l'espèce. Aux termes de l'article 22 de la Partie IV du Traité d'Etat, l'Union Soviétique devait recevoir des concessions sur les zones d'extraction de pétrole auxquelles se référaient les prétentions des requérantes à des redevances brutes. La première loi d'application du Traité d'Etat mettait en oeuvre la Partie IV de ce Traité, alors que la "réglementation spéciale" mentionnée à l'article 20, paragraphe 7, de la première loi était introduite par la loi de 1960 sur les redevances brutes. La loi sur les redevances brutes a ainsi été promulguée en application indirecte de la Partie IV du Traité d'Etat. Il s'ensuit que, étant donné la réserve autrichien à l'égard de la Partie IV du Traité d'Etat, la Commission n'est pas compétente pour examiner la question de la compatibilité de la loi sur les redevances brutes avec l'article 1er du Protocole additionnel à la Convention.

EN DROIT

I. *Considérant* que les requérantes se plaignent que la loi de 1960 sur les redevances brutes viole leurs droits, qui sont garantis par l'article 1er du Protocole additionnel à la Convention des Droits de l'Homme, en enlevant aux intéressés des biens et en leur proposant une indemnisation insuffisante; considérant que le Gouvenement défendeur soutient que l'examen de cette plainte par la Commission est impossible, étant donné la réserve autrichienne à l'article 1er du Protocole additionnel;

Considérant que, en ratifiant la Convention et le Protocole additionnel, l'Autriche, "désireuse d'éviter toute incertitude quant à l'application de l'article 1er du Protocole additionnel par rapport au Traité d'Etat", a en fait déclaré qu'elle ratifiait le Protocole "sans préjudice des dispositions de la Partie IV ... et de la Partie V ... dudit Traité d'Etat";

Whereas this reservation was made under Article 64 of the Convention which permits reservations in respect of any particular provision of the Convention to the extent that any law then in force in the territory of the State concerned is not in conformity with this provision; whereas reservations of a general character are not permitted under Article 64; whereas the Commission finds that the reservation made by Austria to Article 1 of the Protocol is in accordance with the conditions mentioned in Article 64 of the Convention; whereas, in particular, this reservation is not of a "general character", but relates specifically to Parts IV and V of the State Treaty which, apart from being an international treaty, has been a law in force in Austria since 1955;

Whereas, in respect of the above reservation, reference has also been made by the Applicants to certain obligations, concerning the protection of human rights, which Austria accepted under Article 6 of the State Treaty; whereas, in this regard, the Commission points out that, under Article 19 of the Convention on Human Rights, it is only competent to ensure the observance of the engagements undertaken by the Contracting States in the Convention; whereas it follows that the Commission has no jurisdiction to decide whether or not a Contracting Party to the Convention has observed its obligations under other international agreements; whereas, therefore, it cannot examine whether or not the Austrian reservation to Article 1 of the Protocol to the Convention is compatible with Article 6 of the State Treaty;

Whereas it results from the above findings that the Commission, when considering the admissibility of the Applicants' complaint that the Gross Royalties Act of 1960 violated their rights under Article 1 of the Protocol, must take into account the terms of the Austrian reservation to this provision; and whereas it cannot deal with the complaint if it finds that the Gross Royalties Act, insofar as it concerns the claims of the Applicants, falls within the terms of the reservation;

Whereas the Gross Royalties Act related to claims of the Applicants in respect of the production of oil in a certain area and during a certain period; whereas, consequently, the following questions arise: whether the oil production concerned falls within the terms of the Austrian reservation to Article 1 of the Protocol; whether, if so, the corresponding royalty claims of the Applicants are equally covered by the reservation; and whether, if this is also found to be the case, the reservation excludes examination by the Commission of the Gross Royalties Act, insofar as it concerned the claims of the Applicants;

Whereas, with regard to the area of the oil production concerned, it is to be observed that the Austrian reservation to Article 1 of the

Considérant que cette réserve a été faite en vertu de l'article 64 de la Convention, qui autorise tout Etat à formuler des réserves au sujet d'une disposition particulière de la Convention dans la mesure où une loi alors en vigueur sur son territoire n'est pas conforme à cette disposition; que les réserves de caractère général ne sont pas autorisées aux termes dudit article 64; que la Commission estime que la réserve formulée par l'Autriche à l'égard de l'article 1er du Protocole additionnel répond aux termes de l'article 64 de la Convention; qu'en particulier, cette réserve n'est pas de "caractère général" mais se rapporte spécialement aux Parties IV et V du Traité d'Etat, qui est un traité international et qui est par ailleurs en vigueur en Autriche depuis 1955;

Considérant que, s'agissant de la réserve citée, les requérantes se sont aussi référées à certaines obligations relatives à la sauvegarde des droits de l'homme, acceptées par l'Autriche aux termes de l'article 6 du Traité d'Etat; qu'à cet égard, la Commission fait observer qu'aux termes de l'article 19 de la Convention des Droits de l'Homme, elle n'est compétente que pour assurer le respect des engagements résultant pour les Parties contractantes de la Convention; qu'il s'ensuit que la Commission n'est pas compétente pour décider si un Etat Partie à la Convention a respecté des engagements résultant d'autres accords internationaux; qu'elle ne peut donc pas examiner la question de savoir si la réserve autrichienne à l'égard de l'article 1er du Protocole additionnel à la Convention est compatible avec l'article 6 du Traité d'Etat;

Considérant qu'il ressort des conclusions formulées ci-dessus que la Commission, en examinant la recevabilité de la plainte des requérantes selon laquelle la loi de 1960 sur les redevances brutes violait les droits garantis par l'article 1er du Protocole additionnel, doit prendre en considération les termes de la réserve de l'Autriche à l'égard de ladite loi; et qu'elle ne peut pas examiner la plainte si elle estime que la loi sur les redevances brutes, dans la mesure où elle concerne les prétentions des requérantes, relève de ladite réserve;

Considérant que la loi sur les redevances brutes s'applique aux prétentions des requérantes sur l'extraction de pétrole dans une certaine zone et pour une certaine durée; que la question se pose donc de savoir premièrement si l'extraction de pétrole en question relève de la réserve formulée par l'Autriche à l'égard de l'article 1er du Protocole additionnel, deuxièmement si dans ce cas les prétentions des requérantes aux redevances correspondantes relèvent également de ladite réserve, troisièmement dans le cas où la Commission estimerait qu'il en est ainsi, la réserve interdit l'examen de la loi sur les redevances brutes par la Commission dans la mesure où elle concerne les prétentions des requérantes.

Considérant qu'au sujet de la zone de production de pétrole en question, il convient de noter que la réserve formulée par l'Autriche

Protocol includes, *inter alia*, Article 22 of the State Treaty; whereas this Article provided in paragraph 1 that the Soviet Union should receive "concessions to oil fields ... in accordance with list No. 1 and map No. 1 annexed to the Treaty"; and whereas it is not disputed between the Parties to the present case that Article 22 of the State Treaty covered the oil fields to whose production the Applicants' royalty claims related;

Whereas, further, with respect to the period of the oil production concerned, the Commission observes that, according to Article 22 of the State Treaty, the Soviet Union should receive concessions to the oil fields in question "for a period of validity of thirty years"; and whereas the State Treaty was signed and entered into force in 1955; whereas it follows that the period referred to in Article 22 was to run from 1955 until 1985; whereas, on the other hand, under the agreement of 5th August 1942, and the Order Concerning Charges on Production of Mineral Oil of 15th September 1944, the duration of the Applicants' royalty rights was limited until 31st July 1960, that is before the end of the period for which the Soviet Union should receive concessions under the said provision of Article 22 of the State Treaty; whereas it follows that the period of oil production, to which the Applicants' royalty claims related, falls also within the terms of this provision;

Whereas it results from the above findings that both the area and the period of oil production, with regard to which the Applicants claim royalties, are covered by Article 22 of the State Treaty which, as stated above, falls within the terms of the Austrian reservation to Article 1 of the Protocol to the Convention;

Whereas, in this connection, the Commission has also considered the Applicants' reference to Article 124 of the Mining Act of 1854 and their submission that, in view of this provision, Article 22 of the State Treaty cannot be interpreted as covering bitumen products which were extracted after the entry into force of this Treaty on 27th July, 1955; whereas, however, it results from the above findings of the Commission that Article 22 of the State Treaty covers production for a period of thirty years after 1955; whereas a different interpretation does not appear to be in accordance with the clear text and purpose of Article 22; and whereas the Applicants themselves do not contest that Article 22 covers the production for some time after the entry into force of the State Treaty; whereas, consequently, consideration of Article 124 of the Mining Act does not affect the above finding of the Commission that the oil production with respect to which the Applicants claim gross royalties falls within the terms of Article 22 of the State Treaty;

à l'égard de l'article 1er du Protocole additionnel porte notamment sur l'article 22 du Traité d'Etat; qu'aux termes du paragraphe 1er de cet article, l'Union Soviétique recevra "des concessions sur les zones d'extraction de pétrole ... conformément à la liste n° 1 ... et à la carte n° 1 annexée au Traité"; et que les parties à la présente affaire ne contestent pas que l'article 22 du Traité d'Etat vise des zones d'extraction de pétrole sur la production desquelles portent les prétentions des requérantes à des redevances;

Considérant en outre que, pour ce qui est de la durée de la production de pétrole en question, la Commission constate qu'en vertu de l'article 22 du Traité d'Etat, l'Union Soviétique doit recevoir des concessions sur lesdites zones d'extraction du pétrole "pour une durée de trente ans"; que le Traité d'Etat a été signé et est entré en vigueur en 1955; que la durée mentionnée à l'article 22 s'étend donc de 1955 à 1985; que d'autre part, aux termes de l'accord du 5 août 1942 et de l'ordonnance du 15 septembre 1944 sur les redevances d'exploitation du pétrole, la durée de validité des droits des requérantes à des redevances ne s'étend que jusqu'au 31 juillet 1960, c'est-à-dire qu'elle expirera avant la fin de la période pendant laquelle l'Union Soviétique doit recevoir des concessions en vertu de ladite disposition de l'article 22 du Traité d'Etat; que par conséquent la durée de production du pétrole sur laquelle portent les prétentions des requérantes à des redevances répond aux termes de ladite disposition;

Considérant qu'il ressort des conclusions formulées ci-dessus que, tant la zone que la durée de la production de pétrole à l'égard desquelles les requérantes réclament des redevances, sont visées par l'article 22 du Traité d'Etat qui, comme il est dit plus haut, relève de la réserve autrichienne concernant l'article 1er du Protocole additionnel à la Convention;

Considérant qu'à ce sujet, la Commission a aussi pris en considération la référence des requérantes à l'article 124 de la loi de 1854 sur les mines et leur thèse selon laquelle, étant donné cette disposition, l'article 22 du Traité d'Etat ne peut pas être interprété comme s'appliquant aux produits bitumineux extraits après l'entrée en vigueur dudit Traité le 27 juillet 1955; mais qu'il ressort des conclusions formulées ci-dessus par la Commission que l'article 22 du Traité d'Etat s'applique à la production des trente années postérieures à 1955; qu'une interprétation différente ne paraît pas conforme au texte et au sens de l'article 22, qui sont claires l'un et l'autre; et que les requérantes elles-mêmes ne contestent pas que l'article 22 s'applique à la production quelque temps après l'entrée en vigueur du Traité d'Etat; que l'examen de l'article 124 de la loi sur les mines ne modifie donc pas la conclusion déjà formulée par la Commission, selon laquelle la production de pétrole au titre de laquelle les requérantes réclament des redevances briutes relève de l'article 22 du Traité d'Etat;

Whereas it remains to be examined whether the corresponding royalty claims of the Applicants are equally covered by Article 22 of the State Treaty; whereas, in this respect, it results from paragraph 7, sub-paragraph (e), of the Article that the concessions to oil fields, which the Soviet Union should receive in accordance with paragraph 1, were to be granted "without any charges or claims"; whereas, in other words, the Soviet Union should have the "uncurtailed benefit" from the production of these oil fields (opinion of Professor Kipp, page 14); whereas, consequently, the Applicants' royalty claims, which related to the production of the oil referred to in Article 22, paragraph 1, of the State Treaty, must be considered as "charges" within the meaning of paragraph 7, sub-paragraph (e), of this Article; whereas it follows that these claims are equally covered by Article 22 of the State Treaty;

Whereas, in this connection, the Commission has also considered Annex II of the State Treaty; whereas, in this Annex, the Soviet Union, having regard to the Memorandum signed in Moscow on 15th April, 1955, undertook to "transfer to Austria, within two months from the date of entry into force of the present Treaty, all property, rights and interest to be ... received by it in accordance with Article 22"; and whereas, in pursuance of this provision, the oil fields in question were in fact already handed over to Austria on 13th August, 1955; whereas, however, it results from the Moscow Memorandum that, in exchange, Austria promised to deliver crude oil to the Soviet Union; whereas this shows that Annex II of the State Treaty, though modifying the ultimate consequences of Article 22, took into account that certain rights of the Soviet Union had been created in this Article; whereas these included the right to be granted concessions to the oil fields in question "for a period ... of thirty years"; whereas, consequently, an examination of Annex II does not change the conclusion which the Commission has reached above in respect of Article 22 of the State Treaty;

Whereas, moreover, the finding that the royalty claims of the Applicants are covered by this Treaty is confirmed by certain considerations which are based on Order No. 1 in Application of the State Treaty; whereas Order No. 1 concerned, *inter alia*, "the properties, rights and interests (assets)", whose ownership had been transferred to Austria by the Soviet Union under the State Treaty; whereas Article 20, paragraph (7) of the Order stated that claims for gross royalties could be brought only on the basis of special federal legislation; and whereas it is not disputed between the Parties that this provision covered the royalty claims of the Applicants; whereas it is further to be observed that Order No. 1 in Application of the State Treaty was enacted on 25th July, 1956, that is more than two years before 3rd September, 1958, the date

Considérant qu'il reste à examiner si les prétentions des requérantes aux redevances correspondantes sont également visées par l'article 22 du Traité d'Etat; qu'à cet égard il ressort du paragraphe 7, alinéa (e), dudit article que les concessions sur les zones d'extraction de pétrole à attribuer à l'Union Soviétique en vertu du paragraphe 1er devaient être accordées "sans aucune charge ou revendication"; qu'en d'autres termes, l'Union Soviétique doit "bénéficier intégralement" de la production de ces zones d'extraction de pétrole (opinion du professeur Kipp, page 14); que les prétentions des requérantes à des redevances, qui portent sur la production des zones d'extraction de pétrole citées à l'article 22, paragraphe 1er, du Traité d'Etat, doivent donc être considérées comme des "charges" au sens du paragraphe 7, alinéa (e), dudit article; qu'il s'ensuit que ces prétentions sont également visées par l'article 22 du Traité d'Etat;

Considérant que, sur ce point, la Commission a aussi pris en considération l'annexe II du Traité d'Etat; que dans cette annexe, l'Union Soviétique, vu le mémorandum signé à Moscou le 15 avril 1955, s'est engagée à transférer à l'Autriche, dans les deux mois qui suivent l'entrée en vigueur du Traité d'Etat, tous les droits et intérêts qu'elle aura reçus en application de l'article 22; qu'en vertu de cette disposition, les zones d'extraction de pétrole en question ont déjà été remises en fait à l'Autriche le 13 août 1955; mais qu'il ressort du mémorandum de Moscou qu'en échange l'Autriche a promis de livrer du pétrole brut à l'Union Soviétique; que l'annexe II au Traité d'Etat, bien que modifiant les ultimes conséquences de l'article 22, tenait donc compte du fait que cet article ouvrait certains droits à l'Union Soviétique; que ces droits comprenaient celui de recevoir des concessions sur les zones d'extraction de pétrole en question "pour une durée de trente ans"; que l'examen de l'annexe II ne modifie donc pas la conclusion formulée ci-dessus par la Commission à propos de l'article 22 du Traité d'Etat;

Considérant en outre que la conclusion selon laquelle les prétentions des requérantes à des redevances sont visées par ledit Traité est confirmée par certaines considérations reposant sur la première loi d'application du Traité d'Etat; que cette loi concerne notamment "les biens, droits et intérêts (actif)" dont la propriété a été transférée à l'Autriche par l'Union Soviétique aux termes du Traité d'Etat; que l'article 20, paragraphe 7, de cette loi stipule que des redevances brutes ne pourraient être réclamées qu'en vertu d'une réglementation fédérale spéciale à caractère législatif; que les parties ne contestent pas que ledit article s'applique aux prétentions des requérantes à des redevances; qu'il convient en outre de noter que la première loi d'application du Traité d'Etat a été promulguée le 25 juillet 1956, c'est-à-dire plus de deux ans avant le 3 septembre when Austria ratified the Convention and the Protocol with the above reservation in respect of Parts IV and V of the State Treaty; whereas, in interpreting this reservation with regard to its obvious motives, account must be taken of the legislation which was in force in Austria at that time; and whereas it is clear from the relevant provision, namely, Article 20, paragraph (7), of Order No. 1 in Application of the State Treaty, that the royalty claims of the Applicants were then considered under Austrian law to be a matter dealt with in this Treaty;

Whereas it results from the above findings that the royalty claims of the Applicants fall within the terms of the Austrian reservation to Article 1 of the Protocol to the Convention, made in respect of Parts IV and V of the State Treaty of 1955; whereas, consequently, the regulations which, with regard to these same claims, were subsequently issued in the Gross Royalties Act of 1960 are also covered by the reservation; whereas, in this connection, the Commission refers to its decisions on the admissibility of Applications Nos. 473/59 and 1731/62 (Yearbook of the European Convention on Human Rights, Vol. 2, pages 400–406, and Collections of Decisions of the Commission, Vol. 15, pages 33–39); whereas it follows that the Commission has no competence to examine the complaint of the Applicants that the Gross Royalties Act violated their rights under Article 1 of the Protocol; whereas, therefore, this complaint is incompatible with the provisions of the Convention and the Protocol as applicable to Austria (Article 27, paragraph 2, of the Convention);

II. *Whereas*, with reference to the Gross Royalties Act of 1960 and the subsequent proceedings before the Constitutional Court, the Applicants further allege a violation of Article 6 of the Convention; whereas paragraph (1) of this Article states that, in the determination of his civil rights, everyone is entitled to a fair and public hearing by an independent and impartial tribunal established by law; and whereas it is true that the text of the reservation made by Austria in respect of the State Treaty refers only to Article 1 of the Protocol and not to Article 6 of the Convention;

Whereas, however, in its decisions on the admissibility of Applications Nos. 473/59 and 1008/61 (Yearbook, Vol. 2, pages 400, 406, and Vol. 5, pages 82, 86), the Commission has already stated that certain complaints under Article 6 of the Convention, which were made in those cases and which were similar to the present complaint, could not "be dissociated from the subject of the reservation" to Article 1 of the Protocol, so that the Commission "could not accept them without disregarding the obvious intention of the reservation";

Whereas, in respect of the present complaint under Article 6 of

1958, date à laquelle l'Autriche a ratifié la Convention et le Protocole additionnel en formulant la réserve ci-dessus mentionnée au sujet des Parties IV et V du Traité d'Etat; qu'en interprétant cette réserve quant à ses motifs manifestes, il faut tenir compte de la législation qui était en vigueur en Autriche à cette époque-là; et qu'il ressort de l'article 20, paragraphe 7, de la première loi d'application du Traité d'Etat que les prétentions des requérantes à des redevances étaient considérées alors en droit autrichien comme une question relevant dudit Traité;

Considérant qu'il ressort des conclusions formulées ci-dessus que les prétentions des requérantes à des redevances relèvent de la réserve formulée par l'Autriche à l'égard de l'article 1er du Protocole additionnel à la Convention et au sujet des Parties IV et V du Traité d'Etat de 1955; que les dispositions qui, à l'égard de ces mêmes prétentions, ont été prises ensuite dans la loi de 1960 sur les redevances brutes sont ainsi également visées par cette réserve; que sur ce point, la Commission renvoie à ses décisions sur la recevabilité des requêtes n° 473/59 et 1731/62 (Annuaire de la Convention européenne des Droits de l'Homme, vol. 2, pages 401–407, et Recueil des Décisions de la Commission, vol. 15, pages 33–39); qu'il s'ensuit que la Commission n'a pas compétence pour examiner le grief des requérantes selon lequel la loi sur les redevances brutes violerait les droits que leur reconnait l'article 1er du Protocole additionnel; que la requête est ainsi incompatible avec les dispositions de la Convention et du Protocole telles qu'elles s'appliquent à l'Autriche (article 27, paragraphe 2, de la Convention);

II. *Considérant* que, à propos de la loi de 1960 sur les redevances brutes et de la procédure subséquente devant la Cour Constitutionnelle, les requérantes allèguent en outre la violation de l'article 6 de la Convention; que le paragraphe 1er de cet article stipule que "toute personne a droit à ce que sa cause soit entendue équitablement, publiquement ... par un tribunal indépendant et impartial, établi par la loi, qui décidera ... des contestations sur ses droits ..., et qu'en effet le texte de la réserve formulée par l'Autriche au sujet du Traité d'Etat ne se réfère qu'à l'article 1er du Protocole et non à l'article 6 de la Convention;

Considérant toutefois que, dans ses décisions sur la recevabilité des requêtes n° 473/59 et 1008/61 (Annuaire, vol. 2, pp. 401, 407, et vol. 5, pp. 83, 87) la Commission a déjà précisé que certains griefs fondés sur l'article 6 de la Convention, qui ont été formulés dans le cas des requêtes précitées et qui sont semblables au présent grief, ne pouvaient pas "se dissocier de l'objet de la réserve" (faite au sujet de l'article 1er du Protocole additionnel)" de sorte que la Commission ne saurait les retenir sans méconnaître le but manifeste de celle-ci";

Considérant que pour le présent grief relatif à l'article 6 de la the Convention, the Commission has also had regard to Order No. 1 in Application of the State Treaty; whereas Article 20, paragraph (7), of the Order stated that claims for gross royalties "can be brought only on the basis of special federal legislation" ("*können nur auf Grund einer besonderen bundesgesetzlichen Regelung geltend gemacht werden*"); whereas, although the opinions of the Parties differ as to the interpretation of this provision, it is not disputed between them that it excluded, for the time being, any court action in respect of the royalty claims concerned; and whereas it has already been observed that Order No. 1 in Application of the State Treaty, having been enacted in 1956 with express reference to this Treaty, is relevant for the interpretation of the reservation which Austria made subsequently when ratifying the Convention and the Protocol in 1958; whereas, consequently, in considering the effect of the reservation on the present complaint under Article 6 of the Convention, account must be taken of Article 20, paragraph (7), of Order No. 1, which, before the entry into force of the Convention with respect to Austria, affected the Applicants' right to seize the courts of claims for royalties;

Whereas, having regard to Order No. 1 in Application of the State Treaty, the Commission finds that the Applicants' complaints under Article 6 cannot be dissociated from the subject of the Austrian reservation to Article 1 of the Protocol made in regard to Parts IV and V of this Treaty; whereas, therefore, the Commission cannot accept the complaint without disregarding the obvious intention of the Austrian reservation; whereas it follows that this complaint is also incompatible with the provisions of the Convention as applicable to Austria (Article 27, paragraph 2);

III. *Whereas*, finally, the Applicants allege a violation of Article 14 of the Convention; whereas this Article prohibits discrimination only with reference to the rights and freedoms set forth in the Convention and the Protocol (see Application No. 911/60, Yearbook, Vol. 4, pages 198, 222); and whereas it has already been stated that the Commission has no competence to examine the Applicants' complaints under Article 6 of the Convention and Article 1 of the Protocol; whereas it follows that their remaining complaint under Article 14 is equally outside the jurisdiction of the Commission and, consequently, incompatible with the Convention (Article 27, paragraph 2).

Now therefore the Commission

DECLARES THESE APPLICATIONS INADMISSIBLE

. . .

Convention, la Commission a déjà tenu compte de la première loi d'application du Traité d'Etat; qu'aux termes de l'article 20, paragraphe 7, de cette loi, des prétentions à des redevances brutes "ne peuvent être soutenues qu'en vertu d'une réglementation fédérale spéciale à caractère législatif" (*"können nur auf Grund einer besonderen bundesgesetzlichen Regelung geltend gemacht werden"*); que si elles sont en désaccord sur l'interprétation de cet article, les parties ne contestent pas qu'il empêche pour l'instant l'introduction de toute action en justice en ce qui concerne ces prétentions; que la Commission a déjà fait observer que la première loi d'application du Traité d'Etat, ayant été promulgée en 1956 avec référence expresse audit Traité, est importante pour l'interprétation de la réserve que l'Autriche a formulée ensuite en ratifiant la Convention et son Protocole en 1958; qu'en examinant l'effet de cette réserve sur le présent grief relatif à l'article 6 de la Convention, il faut donc tenir compte de l'article 20, paragraphe 7, de cette première loi qui, avant l'entrée en vigueur de la Convention pour l'Autriche, influait sur le droit des requérantes à revendiquer des redevances devant les tribunaux;

Considérant qu'eu égard à la première loi d'application du Traité d'Etat, la Commission estime que les griefs des requérants relatifs à l'article 6 ne peuvent pas se dissocier de l'objet de la réserve formulée par l'Autriche à l'égard de l'article 1er du Protocole additionnel et motivée par les Parties IV et V dudit Traité; que la Commission ne peut donc pas recevoir ce grief sans méconnaître l'intention manifeste de la réserve autrichienne; qu'il s'ensuit que la requête est aussi incompatible avec les dispositions de la Convention telles qu'elles s'appliquent à l'Autriche (article 27, paragraphe 2);

III. *Considérant* enfin que les requérantes allèguent la violation de l'article 14 de la Convention; que cet article n'interdit toute discrimination que pour les droits et libertés reconnus dans la Convention et le Protocole additionnel (voir Requête n° 911/60, Annuaire, Vol. 4, pp. 199, 223); et qu'il a déjà été signalé que la Commission n'a pas compétence pour examiner les griefs des requérantes relatifs à l'article 6 de la Convention et à l'article 1er du Protocole additionnel; qu'il s'ensuit que le reste de leur grief relatif à l'article 14 échappe de même à la compétence de la Commission et qu'il est donc incompatible avec la Convention (article 27, paragraphe 2).

Par ces motifs, la Commission

DECLARE LES REQUETES IRRECEVABLES.

. . .

Application No. 1850/63

RUDOLF KÖPLINGER *against* AUSTRIA

Decision of 29th March 1966

...

THE FACTS *(Translation)*

Whereas the facts of the case may be summarised as follows:

The Applicant, an Austrian national, born at Vienna on 27th July, 1910, is at present detained at Stein Penitentiary.

Criminal proceedings were opened against him because in an application for a good conduct certificate he had wrongfully claimed to hold the university degree of Doctor. He was suspected of having forged personal documents. Information was laid against him with the Public Prosecutor's Office, Vienna, on 10th July 1957 and preliminary enquiries (*Vorerhebungen*) were opened. On 24th September 1957 he was heard for the first time by the Examining Judge. Following numerous other complaints against him the Regional Court of Summary Jurisdiction of Vienna decided on 3rd May 1958, at the request of the Public Prosecutor's Office, to open a preliminary investigation into the case. On 31st August 1959 the Examining Judge issued a warrant of arrest. In view of the heavy sentence likely to be imposed on the Applicant and the fact that he had spent fairly frequent periods abroad, Köplinger was suspected of intending to abscond; moreover, the danger of repetition of the offences appeared a real one in view of his previous convictions (Section 175 (1) 2 and 4 of the Austrian Code of Criminal Procedure). On 4th September 1959 he was arrested and placed in detention pending trial.

The Applicant lodged a complaint against this measure on 5th September 1959. His complaint was rejected by decision dated 7th September of the Judges' Chamber of the Regional Court of Summary Jurisdiction of Vienna.

According to the Applicant the preliminary investigation was closed in December 1959 and the case record transmitted to the Public Prosecutor, in accordance with Section 112 (1) of the Code of Criminal Procedure. Under this Section the Public Prosecutor is obliged within a fortnight thereof "either to lodge the indictment with the Examining Judge or to return the case record to him with a declaration that he sees no reason to continue the prosecution". However, the Public Prosecutor is said to have returned the record for further investigation (see Section 112 (3)).

On 5th January 1960 the Applicant applied for release on parole in accordance with Section 191. The Examining Judge rejected his application by decision dated 12th January.

Requête No. 1850/63

RUDOLF KÖPLINGER *contre* L'AUTRICHE

Décision du 29 mars 1966

...

EN FAIT

Considérant que les faits de la cause peuvent se résumer ainsi:

Le requérant, ressortissant autrichien né le 27 juillet 1910 à Vienne, est actuellement détenu au pénitencier de Stein.

La procédure pénale a été introduite contre le requérant parce qu'il s'était attribué abusivement le titre universitaire de "docteur" dans une demande de certificat de bonne conduite. Köplinger était soupçonné d'avoir falsifié des documents personnels. Il a été dénoncé au Parquet de Vienne le 10 juillet 1957 et une information (*Vorerhebungen*) a été ouverte. Le 24 septembre 1957, il a été entendu une première fois par le Juge d'instruction. A la suite de nombreuses autres plaintes portées contre le requérant, le Tribunal Correctionnel régional de Vienne a décidé, sur réquisition du Parquet, le 3 mai 1958 d'ouvrir l'instruction de l'affaire. Le Juge d'instruction a décerné le 31 août 1959 un mandat d'arrêt. En raison de la gravité de la peine à laquelle le requérant devait s'attendre et d'assez nombreux séjours à l'étranger, Köplinger était suspect de vouloir prendre la fuite; le danger de récidive, d'autre part, apparaissait réeel on raison des condamnations antérieures subies par Köplinger (dangers de fuite et de récidive, article 175 par. 1er alinéas 2 et 4 du Code de procédure pénale autrichien). Le 4 septembre 1959, Rudolf Köplinger a été arrêté et mis détention préventive.

Contre cette mesure le requérant a porté plainte le 5 septembre 1959. Cette plainte a été rejetée par décision du 7 septembre 1959 rendue par la Chambre du Conseil du Tribunal correctionnel régional de Vienne.

D'après le requérant, l'instruction préparatoire a été close en décembre 1959 et le dossier a été transmis au Procureur conformément à l'article 112 par. 1er du Code autrichien de procédure pénale. En vertu de cette disposition, le Procureur est alors obligé dans les quinze jours qui suivent "ou bien d'établir l'acte d'accusation auprès le Juge d'instruction ou bien lui retourner le dossier en déclarant qu'il ne découvre pas de raisons pour des poursuites ultérieures". Le Procureur, toutefois, aurait renvoyé le dossier pour compléter l'instruction préparatoire (cf. l'article 112 par. 3 du Code en question).

Le 5 janvier 1960, le requérant a formulé, selon l'article 191 du Code de procédure pénale, une demande de libération sur parole. Le Juge d'instruction a rejeté cette demande par décision du 12 janvier 1960.

On 10th February 1960, following termination of the preliminary investigation, the Examining Judge sent the case record to the Vienna Public Prosecutor's Office for its comments. On the same day he asked the District Court of Innsbruck for assistance, and this was granted on 18th February 1960. On 10th February the Office of the Provincial Government of Vienna had asked for the writ of bankruptcy, which was in the case record; this was returned to the Regional Court of Summary Jurisdiction on 15th March 1960. The Public Prosecutor's Office subsequently received further supplementary documents, dated 22nd February, 11th March and 19th May 1960, requesting further comments, after which the record was finally made available to the Public Prosecutor's Office on 24th May 1960. According to the Applicant, in a letter dated 20th May, the Examining Judge asked the Public Prosecutor's Office to "complete investigation of the case as soon as possible".

The responsible official in the Public Prosecutor's Office prepared the indictment, which comprised 159 typed pages, by 30th September 1960. A separate file on the Applicant was then opened in connection with Sections 35 and 38 (a) of the Financial Offences Act; it was sent to the Vienna Public Prosecutor's Office for further comments. At the same time the proceedings against Herbert Manhart, Raoul Konitz and Karl Kühne were severed. When the indictment was notified to the Applicant, so becoming effective, the Examining Judge on 14th December 1960 sent the case record to the Presiding Judge responsible so that the hearing might be fixed, in accordance with Section 210 of the Code of Criminal Procedure.

Proceedings on several counts were shelved, and the publisher Kühne, claiming damage as a result of the acts in question, filed a subsidiary application (*Subsidiarantrag*), which was rejected on 3rd February 1961. After the case record had been returned to the Examining Judge he sent it back to the Presiding Judge on 10th February 1961. On 20th June 1961 the Presiding Judge fixed the hearing for the period 15th September – 6th October 1961. On the same day (20th June) the Court appointed Mr. Walter Haindl to represent the Applicant. This barrister, who had previously been instructed by the Applicant, had returned his brief on 1st March 1961. It is claimed that Köplinger never saw Mr. Haindl, and several days later Mr. König is said to have called on the Applicant, informing him that he would undertake his defence. As Mr. König was to go on holiday during the period for which the hearing had been fixed, Mr. Jakob Berger was appointed on 28th August 1961. He, although willing, was elderly and ailing, and according to the Applicant he would not have had time to prepare properly for the proceedings.

The proceedings before the Regional Court of Summary Juris-

Le 10 février 1960, le Juge d'instruction, après la clôture de l'instruction, a remis le dossier au Parquet de Vienne pour le dépôt des réquisitions. Le même jour, le Juge d'instruction a adressé au Tribunal de District d'Innsbruck une demande d'entraide judiciaire qui a été satisfaite le 18 février 1960. Egalement le 10 février 1960, l'Office du Gouvernement provincial de Vienne a sollicité la remise de l'acte de faillite qui se trouvait dans le dossier; ledit acte a été rendu le 15 mars 1960 au Tribunal correctionnel régional. Dans la suite, le Parquet a reçu encore des documents annexes qui sollicitaient de sa part, les 22 février, 11 mars et 19 mai 1960, le dépôt de réquisitions supplémentaires, après quoi le dossier a été mis définitivement à la disposition du Parquet à partir du 24 mai 1960. Selon le requérant, le Juge d'instruction a demandé par lettre du 20 mai 1960 au Parquet "de mener à une bonne fin l'examen de l'affaire dans les meilleurs délais".

Le rapporteur compétent du Parquet a rédigé jusqu'au 30 septembre 1960 l'acte d'accusation comprenant 159 pages dactylographiées. Ensuite un dossier séparé a été constitué au sujet du requérant concernant les articles 35 et 38 a) de la Loi pénale financière; il a été transmis au Parquet de Vienne pour le dépôt de nouvelles réquisitions. En outre, la procédure pénale introduite contre Herbert Manhart, Raoul Konitz et Karl Kühne a été disjointe. Lorsque l'acte d'accusation a été notifié au requérant et a acquis un caractère exécutoire, le Juge d'instruction a remis le dossier le 14 décembre 1960 au Président compétent pour la fixation de l'audience conformément à l'article 210 du Code de procédure pénale.

Plusieurs faits ont été classés et l'éditeur Kühne se prétendant lésé par un de ces faits, a introduit une demande subsidiaire (*Subsidiarantrag*) qui a été rejetée le 3 février 1961. Lorsque le dossier a été renvoyé au Juge d'instruction, il l'a retransmis le 10 février 1961 au Président compétent. Celui-ci a fixé, le 20 juin 1961, l'audience à la période du 15 septembre au 6 octobre 1961. Le même jour (20 juin 1961) Me Walter Haindl a été désigné d'office pour représenter le requérant. L'avocat, qui était auparavant mandaté par le requérant, a renoncé à ce mandat le 1er mars 1961. Köplinger n'aurait jamais vu Me Haindl et quelques jours plus tard, Me König se serait présenté au requérant l'informant qu'il assumerait désormais sa défense. Comme Me König devait partir en vacances à l'époque à laquelle l'audience avait été fixée, Me Jakob Berger a été nommé le 28 août 1961. Ce dernier, bien que de bonne volonté, mais assez âgé et souffrant, n'aurait pu, d'après le requérant, se préparer correctement pour les débats, faute de temps.

Les débats devant le Tribunal correctionnel régional, constitué diction, sitting as a Lay Judge Court (*Schöffengericht*), lasted from 15th September to 13th October 1961, when judgment was given. The Applicant was found guilty of the crime of fraud (Sections 197, 200, 201 (d) and 203 of the Criminal Code), that of attempted breach of trust (Sections 8 and 205 (c)), that of fraudulent bankruptcy (Section 205 (a)), the correctional offence covered by Section 114 of the General Social Insurance Act and the crime of aiding and abetting fraud (Sections 5, 197 and 199 (a) of the Criminal Code). He was sentenced to 9 years' rigorous imprisonment, his detention for the period from 4th September 1959 to 13th October 1961 being counted as part of the sentence. Placing under police supervision was authorised at the same time.

The Presiding Judge finished his drafting of the written sentence on 23rd March 1962. On 3rd May 1962 a first authentic copy of the judgment was sent to Mr. Gottfried Weidenfeld, the barrister appointed by the Court on 25th October 1961 to handle the Applicant's plea of nullity (*Nichtigkeitsbeschwerde*) and appeal (*Berufung*). The written grounds for them were to be submitted within three weeks. As Mr. Weidenfeld was not familiar with the case the Applicant wished to submit his comments on it to him in writing. Mr. Weidenfeld is said to have asked the Examining Judge immediately for authority for this. The Judge having agreed, the Applicant is stated to have received paper on 7th May. When the lawyer visited him in prison two days later the Applicant wished to take his written comments to the visiting room, but the warder on duty is said not to have allowed it. It is alleged that on every subsequent visit care was taken to ensure that the Applicant did not have his written memorandum with him. As he had to return paper and pencil at 4.30 p.m. every day it would not have been possible for him to work in the evening. Nevertheless, Mr Weidenfeld lodged the plea of nullity within the period allowed by law and the hearing before the Supreme Court was fixed for 17th October 1962. The Applicant is said to have been informed on 14th September 1962 that another barrister, Mr. Kollmann, had been appointed to represent him at the hearing. On 3rd October 1962 it is alleged that the Applicant was told that Mr. Musil's office had been put in charge of the defence. The Applicant was represented before the Supreme Court by Mr. Alexander Koch.

On 17th October the Supreme Court ruled on the Applicant's plea of nullity and his appeal, following a public session at which the Judge in charge of the Court's enquiry gave his report, and explanations by the lawyer and the representative of the Attorney-General's Office were heard. The Court rejected the plea of nullity. On one count however the contested decision was set aside (fraud relating to the Elektrizitats, Gas- und Wirtschafts-Trust, registered at Vaduz) and the Supreme Court reduced the sentence to 8 years.

comme Tribunal d'Echevins (*Schöffengericht*), ont duré du 15 septembre au 13 octobre 1961, date du jugement. Le requérant a été reconnu coupable du crime d'escroquerie (articles 197, 200, 201 d) et 203 du Code pénal), du crime de tentative de gestion infidèle (articles 8 et 205 c), du crime de banqueroute frauduleuse (article 205 a) du délit tombant sous le coup de l'article 114 de la Loi générale sur les assurances sociales et du crime de complicité d'escroquerie (articles 5, 197 et 199 a). Il a été condamné à neuf ans de réclusion rigoureuse, la détention préventive du 4 septembre 1959 au 13 octobre 1961 étant imputée sur la durée de la peine. En même temps, la mise sous surveillance policière a été autorisée.

Le Président a terminé le 23 mars 1962 la rédaction de la sentence écrite. Le 3 mai 1962 une grosse du jugement a été remise à l'avocat d'office, Me Gottfried Weidenfeld, désigné par le tribunal dès le 25 octobre 1961 pour le développement des recours interjetés par le requérant, c'est-à-dire un pourvoi en cassation et un appel (*Nichtigkeitsbeschwerde und Berufung*). Le développement écrit des recours devait être présenté dans les quinze jours. Comme Me Weidenfeld ne connaissait pas l'affaire, le requérant a voulu lui soumettre ses conclusions par écrit et Me Weidenfeld aurait demandé aussitôt au Juge d'instruction de donner l'autorisation au requérant. Le Juge ayant acquiescé à ladite demande, le requérant aurait reçu le 7 mai du papier. Lorsque l'avocat a visité deux jours plus tard le requérant dans la prison, celui-ci a voulu emporter ses conclusions écrites au parloir, mais l'agent de surveillance ne l'aurait pas permis. A chacune des visites ultérieures, on se serait assuré que le requérant n'emportait point son mémoire écrit. Comme le requérant devait remettre tous les soirs vers 16 h. 30 papier et crayon, il n'aurait pu travailler les soirs. Me Weidenfeld a néanmoins introduit le pourvoi en cassation dans le délai légal et l'audience devant la Cour Suprême a été fixée au 17 octobre 1962. On aurait informé le 14 septembre 1962 le requérant qu'un autre avocat, Me Kollmann, a été désigné pour sa représentation à l'audience. Le 3 octobre 1962, on aurait notifié au requérant que le bureau de Me Musil a été chargé de la défense. Le requérant a été représenté devant la Cour Suprême par Me Alexander Koch.

Le 17 octobre 1962, la Cour Suprême a statué sur les deux recours du requérant après une audience publique, après audition du Juge rapporteur et après avoir entendu les explications de l'avocat et du représentant de la Procurature Générale. La Cour a rejeté le pourvoi en cassation. Sur un point cependant, la décision contestée a été annulée (le fait d'escroquerie se rapportant à la Société Elektrizitäts-, Gas- und Wirtschafts-Trust, reg. Vaduz) et la Cour Suprême a ramené la peine à huit ans. Les autres points du jugement

On other points the judgment of first instance was confirmed. With regard to his appeal the Applicant was referred to this decision by the Supreme Court (*mit seiner Berufung wird der Angeklagte auf diese Entscheidung verwiesen*).

In its decision the Supreme Court also ordered that the detention pending trial between 30th November and 14th December 1953 imposed by the Regional Court of Nuremberg-Furth should be counted as part of the Applicant's sentence. By a decision dated 13th November 1962 Köplinger's detention between 13th October 1961 (the date of judgment by the Regional Court of Summary Jurisdiction) and 22nd October 1962 was also ordered to be so counted. Detention is to end on 21st August 1967.

Rudolf Köplinger complains of violation of the following provisions:

– Article 5 (1) (c), (3) and (4) and Article 6 (1) of the Convention. His detention pending trial is said to have exceeded "a reasonable time". Moreover, his request for release was rejected in closed session at which the Public Prosecutor was heard but the accused and his lawyer were not present.

– Article 6 (3) (b) and (c) of the Convention, in view of the allegedly late appointment of lawyers by the Court, the frequent changes of lawyer and the difficulties encountered by the Applicant in preparing his defence, in particular in submitting his plea of nullity.

– Article 13 of the Convention, since assessment of the evidence in the first instance cannot be challenged in a plea of nullity.

The Applicant requests compensation for the damage he claims to have suffered.

ARGUMENTS OF THE PARTIES

Whereas the arguments advanced by the parties in their written observations and oral explanations may be summarised as follows:

With regard to the alleged violation of Article 5 (1) (c) of the Convention

The respondent Government states, in reply to the complaint in question, that the Applicant did not avail himself of the right of appeal open to him under Section 114 of the Code of Criminal Procedure. Thus in this respect he has not exhausted domestic remedies as required by Article 26 of the Convention.

The Applicant points out that, in his opinion, the reasons stated for his arrest in the warrant were devoid of any foundation, having regard to Austrian law and the provisions mentioned above. He acknowledges that he omitted to contest the decision of 7th Sepde première instance ont été confirmés. Quant à l'appel, le requérant a été renvoyé aux termes de l'arrêt de la Cour Suprême (*mit seiner Berufung wird der Angeklagte auf diese Entscheidung verwiesen*).

Par son arrêt, la Cour Suprême a aussi imputé sur la peine du requérant la détention préventive subie au Tribunal régional de Nuremberg-Furth du 30 novembre 1953 au 14 décembre 1953. En outre, par décision du 13 novembre 1962, la détention subie par Köplinger du 13 octobre 1961 (jugement du Tribunal correctionnel régional) au 22 octobre 1962, a été également imputée sur sa peine. La fin de la détention est prévue pour le 21 août 1967.

Rudolf Köplinger se plaint d'une violation des dispositions suivantes:

– Article 5 par. 1c), par. 3, par. 4 et Article 6 par. 1 de la Convention. Sa détention préventive aurait dépassé un délai "raisonnable". D'autre part, sa demande de libération été rejetée en séance non publique après audition du Procureur, mais en l'absence de l'inculpé ou de son avocat.

– Article 6 par. 3 b) et c) de la Convention, du fait du changement fréquent et la nomination prétendument tardive des avocats d'office, et en raison des difficultés qu'il a rencontrées dans la préparation de sa défense, notamment en présentant son pourvoi en cassation.

– Article 13 de la Convention, parce qu'on ne peut mettre en cause l'appréciation des preuves de la première instance dans un pourvoi en cassation.

Le requérant demande la réparation du préjudice prétendument subi.

ARGUMENTS DES PARTIES

Considérant que les arguments présentés par les Parties dans leurs observations écrites et explications orales peuvent se résumer ainsi:

Quant à la violation alléguée de l'article 5 par. 1 c de la Convention

Le Gouvernement défendeur a objecté au grief en question que le requérant n'a pas fait usage du droit de recours qui lui était offert selon l'article 114 du Code de procédure pénale. Le requérant n'a donc pas épuisé, sur ce point, les voies de recours internes conformément à l'article 26 de la Convention.

Le requérant a relevé qu'à son avis les motifs donnés dans le mandat d'arrêt pour son arrestation ne se justifiaient point au regard du droit autrichien et de la disposition susmentionnée. Il reconnaît d'avoir omis d'attaquer la décision du 7 septembre 1959 devant la tember 1959 before the Court of Appeal. However, there was no hope of any other result before that Court which, like the Judges' Chamber, examines appeals "after hearing the Public Prosecutor's Office". Moreover, the Examining Judge is said to have stated that such an appeal would only delay proceedings.

With regard to the alleged violation of Article 5 (3) of the Convention

The respondent Government points out that the Applicant has not exhausted domestic remedies with regard to the length of detention pending trial either. He did not contest the decision of 12th January 1960 in which the Examining Judge rejected a request for release. The Applicant could have appealed to the Judges' Chamber and subsequently to the Court of Appeal.

Moreover, what is a "reasonable time" within the meaning of Article 5 (3) is a matter of fact, and the reply to the question must take special circumstances into account (on this point the Representative of the Government refers to the Commission's jurisprudence). It cannot be doubted that this case is a very complicated one. Furthermore, the period of detention pending trial has been counted as part of the Applicant's sentence, so that he has served a large part of his 8 years in conditions of detention pending trial, which are considerably easier than those of punitive detention. Finally, the time-limit of a fortnight laid down in Section 112 (1) of the Code of Criminal Procedure does not have the effect of barring action. The Applicant's grievance is unfounded, especially since the Vienna Public Prosecutor's Office did everything in its power to submit its final comments as soon as possible.

The Applicant maintains that his detention pending trial exceeded "a reasonable time". On many counts the prosecution was stopped after a considerable period of time had elapsed. Moreover, the complexity of the case is no excuse for prolonged detention. One cannot ignore the untoward effects of protracted detention pending trial on the final judgment, for prejudices may form in the minds of some judges. The Applicant also points out that under Section 112 (1) of the Code of Criminal Procedure the Public Prosecutor must, within a fortnight of receiving the case record from the Examining Judge, either prepare the indictment or return the record with a declaration that he sees no reason to continue the prosecution. In fact more than six months elapsed before the indictment was completed. Furthermore, the fact that detention pending trial can be counted as part of the sentence does not alter the obligation laid down in Article 5 (3) of the Convention. The Applicant also disputes the respondent Government's statement that detention pending trial is subject to milder conditions that punitive detention.

Cour d'Appel. Toutefois, on n'aurait pu espérer un autre résultat devant cette juridiction, car la Cour, tout comme la Chambre du Conseil, n'examine le recours qu'"après audition du Ministère Public". Par ailleurs, le Juge d'instruction aurait affirmé qu'un tel recours ne saurait que retarder la procédure.

Quant à la violation alléguée de l'article 5 par. 3 de la Convention

Le Gouvernement défendeur a fait valoir qu'en ce qui concerne la longueur de la détention préventive le requérant n'a pas non plus épuisé les voies de recours internes. En effet, il n'a pas attaqué la décision du 12 janvier 1960, par laquelle le Juge d'instruction a rejeté une demande de libération. Le requérant aurait pu former un recours auprès de la Chambre du Conseil et, ensuite, auprès de la Cour d'Appel.

En outre, l'appréciation du "délai raisonnable" de l'article 5 par. 3 est une question de fait qui appelle une réponse tenant compte des circonstances particulières (le représentant du Gouvernement renvoie, sur ce point, à la jurisprudence de la Commission). Il ne fait aucun doute que la présente affaire est très complexe. Au surplus, la durée de la détention préventive a été imputée sur la peine du requérant, de sorte qu'il a subi, pour une grande part, sa peine de huit ans dans les conditions de la détention préventive qui sont consi dérablement moins dures que celles de la détention répressive. Enfin, le délai de quinze jours visé à l'article 112 par. 1 du Code de procédure pénale n'est pas un délai de forclusion. Le grief du requérant est dépourvu de justification, d'autant plus que le Parquet de Vienne a tout mis en oeuvre de son côté, dans la mesure du possible, pour que le dépôt final des réquisitions intervienne le plus tôt possible.

Le requérant a soutenu que sa détention préventive a dépassé un "délai raisonnable". Sur de nombreux points, les poursuites ont été arrêtées après des laps de temps considérables. Par la complexité d'une affaire on ne saurait d'autre part excuser une détention prolongée. On ne peut négliger les conséquences fâcheuses d'une longue détention préventive pour le jugement final, car des préjugés peuvent se former chez certains juges. En outre, le requérant fait observer qu'après la remise du dossier par le Juge d'instruction au Procureur, celui-ci doit, selon l'article 112 par. 1 du Code de procédure pénale, établir dans les quinze jours l'acte d'accusation ou retourner le dossier expliquant qu'il ne voit aucun motif de nouvelles poursuites. Or, plus de six mois se sont écoulés jusqu'à l'établissement de l'acte d'accusation. Enfin, la possibilité de l'imputation de la détention préventive sur la durée de la peine ne modifie pas l'obligation contenue dans l'article 5 par. 3 de la Convention. Le requérant conteste aussi l'exactitude de l'affirmation du Gouvernement défendeur selon laquelle les conditions de la détention préventive sont moins dures que celles de la détention répressive.

With regard to the alleged violation of Article 5 (4) of the Convention

The respondent Government has pointed out first that, under Article 25, only acts as a result of which an applicant claims to have suffered violation of the Convention can be examined by the Commission. In this context the representatives of the respondent Government recall that in his written observations the Applicant did not invoke Article 5 (4) of the Convention. Moreover, at one point in the hearing, his lawyer said that his intention was not to allege violation of Article 5 (4).

Be that as it may, the Government maintains that the presence of a representative of the Public Prosecutor's Office when the Judges' Chamber examined the Applicant's request for release does not violate the principle of "equality of arms". The position of the Public Prosecutor's Office in Austrian criminal proceedings is in no way comparable with that of the accused. Whereas in the Anglo-American legal system accuser and accused are opposing parties and the Court must base its decision on the evidence brought by the parties, another form of indictment proceedings has developed in Austria. The Court may not, it is true, open or continue criminal proceedings unless requested by a duly qualified complainant, but once a request for proceedings has been lodged the investigation is conducted by the Court, not the parties. The proceedings are thus governed by the "inquisitory principle", according to which it is for the Court to try to establish the truth *ex officio.*

The indictment lodged by the Public Prosecutor gives a full account of the subject of the complaint and provides the Court with a sound basis for its decision. Moreover, the objectives of criminal proceedings (truth, justice and legal security) are also those of the work of the Public Prosecutor's Office, which must also consider all exonerating circumstances (Section 3 of the Code of Criminal Procedure). In addition, the Public Prosecutor's Office has the power – to take one example – to lodge an appeal or a plea of nullity on behalf of the accused. Furthermore it is obliged (see Section 354 of the Code) to inform a convicted person of any circumstance of which it may be aware that might justify an appeal.

To conclude, the Government refers on this point to its observations in the cases of MATZNETTER (No. 2178/64), STÖGMÜLLER (No. 1602/62) and NEUMEISTER (No. 1936/63).

The Applicant complains of the rejection of his request for release, which he made during his detention pending trial, at a closed session at which the Public Prosecutor was heard but he himself and his lawyer were not present. On that point Köplinger expressly invoked Article 5 (4) of the Convention in his original application. In his written observations in reply to those of the respondent

Quant à la violation alléguée de l'article 5 par. 4 de la Convention

Le Gouvernement défendeur a relevé tout d'abord que, selon l'article 25 de la Convention, seuls les faits au sujet desquels un requérant se prétend victime peuvent donner lieu à un examen par la Commission. A cet égard, les représentants du Gouvenement défendeur ont rappelé que le requérant n'avait pas affirmé dans ses observations écrites se fonder sur l'article 5 par. 4 de la Convention. D'autre part, au cours de l'audience, l'avocat du requérant a déclaré, à un moment donné de ne pas vouloir alléguer une violation de l'article 5 par. 4.

Quoi qu'il en soit, le Gouvernement a soutenu que la présence d'un représentant du Parquet à la Chambre du Conseil, lors de l'examen de la demande de libération du requérant, ne viole pas le principe de l' "égalité des armes". En effet, la position du Parquet dans la procédure pénale autrichienne ne saurait être comparée avec celle de l'inculpé. Alors que dans le système juridique anglo-américain, l'accusateur et l'accusé sont des parties adverses et que le tribunal ne doit statuer que d'après les éléments de preuve apportés par les parties, c'est une autre forme de procédure d'accusation qui s'est constituée en Autriche. Le tribunal ne peut pas, il est vrai, introduire ou poursuivre une procédure pénale sans qu'une demande soit déposée par un plaignant habilité à le faire, mais après le dépôt d'une demande de poursuite, l'instruction n'est pas le fait des parties, mais celui du tribunal. La procédure est donc régie par le principe inquisitoire selon lequel il appartient au tribunal de rechercher d'office la vérité.

L'acte d'accusation déposé par le Procureur a l'avantage de bien cerner le sujet de la plainte et d'offrir au Tribunal une base sûre pour sa décision. De plus, les buts de la procédure pénale (vérité, justice et sécurité juridique) sont aussi les buts de l'activité du Parquet. Celui-ci doit aussi considérer toutes les circonstances qui sont à la décharge de l'inculpé (article 3 du Code de procédure pénale). Par ailleurs, le Parquet est habilité, par exemple, à interjeter également en faveur de l'accusé un appel ou un pourvoi en cassation. Il est d'autre part tenu (cf. l'article 354 du Code susmentionné) d'informer le condamné, lorsqu'il en a connaissance, de toute circonstance qui peut justifier une demande en révision.

Enfin, le Gouvernement a renvoyé, sur ce point, aux observations qu'il avait formulées dans les affaires MATZNETTER (N° 2178/64), STÖGMÜLLER (N° 1602/62) et NEUMEISTER (N° 1936/63).

Le requérant s'est plaint du rejet de sa demande de libération, formulée pendant sa détention préfentive, en séance non publique après audition du Procureur, mais en son absence et en l'absence de son avocat. A cet égard, Köplinger a invoqué expressément dans sa requête introductive l'article 5 par. 4 de la Convention. Dans ses observations écrites, par lesquelles il a répondu aux observations

Government he upheld this complaint, without however basing himself on the provision mentioned above. Finally, his lawyer, at the hearing before the Commission in the presence of the parties, expounded the grievance relating to the absence of "equality of arms" between the Public Prosecutor's Office on the one hand and the defendant and his counsel on the other. On this point he first invoked Article 5 (4) but subsequently stated that he did not wish to base himself on that provision.

According to Mr. Stern the grievance in question concerns the entire preliminary proceedings and is in no way confined to consideration of the defendant's request for release (*Haftprüfungsverfahren*). The defence does not enjoy a position equal to that of the Public Prosecutor's Office. Mr. Stern recognises that even the Public Prosecutor is bound to see that the defendant's rights are respected. However, he is in the position of a party to the trial (*Parteistellung*). The two parties cannot exert equally effective influence on the course of proceedings. With regard to requests for release made by a defendant in detention pending trial, Mr. Stern recalls that they are considered after the Public Prosecutor has been heard and in the defendant's absence. Moreover, counsel for the defence has not free access to the case record before the indictment is prepared; the Examining Judge may decide that certain documents shall not be seen. Furthermore, defence counsel may not converse with a client except in the presence of the Examining Judge or an official. In general Mr. Stern states that, in point of law as well as from the angle of the facts of the case, the outcome of the trial is to some extent determined in advance, under the preponderant influence of the Public Prosecutor's Office, well before the hearing opens. It is therefore very difficult for the defence to exercise any decisive influence on the subsequent course of the trial.

With regard to the alleged violation of Article 6 (3) (b) and (c) of the Convention

The Respondent Government maintains that Article 6 (3) of the Convention does not apply to the period spent by the Applicant in detention before his committal for trial. On the other hand, once he has been notified of the indictment the defendant may converse with his counsel without a court official being present, and both of them are entitled to consult the case record (see Section 45 (2) of the Code of Criminal Procedure).

With regard to consultation of the case record (*Akteneinsicht*) and supervision of conversations between lawyer and defendant (*Sprechkontrolle*) during the period before committal, in the past the Bar has criticised the judicial authorities for interpreting the rules on the subject too narrowly (Section 45 (1) of the Code). As a écrites du Gouvernement défendeur, le requérant a maintenu ce grief sans pourtant se fonder sur la disposition susmentionnée. Enfin, l'avocat du requérant a, au cours de l'audience contradictoire devant la Commission, développé le grief concernant le manque de l'"égalité des armes" entre le Parquet d'une part et l'inculpé et son défenseur d'autre part. A ce sujet, il a d'abord invoqué l'article 5 par. 4, mais déclaré ensuite ne pas vouloir se fonder sur cette disposition.

D'après Me Stern le grief en question concerne toute la procédure préliminaire et ne saurait être restreint à l'examen des demandes de libération formulées par l'inculpé (*Haftprüfungsverfahren*). La défense ne bénéficie pas d'une position égale à celle du Parquet. Me Stern reconnaît que même le Procureur a le devoir de veiller au respect des droits de l'inculpé. Toutefois, il a qualité d'une partie au procès (*Parteistellung*). Les deux parties ne peuvent exercer avec la même efficacité leur influence sur la marche de la procédure. En ce qui concerne les demandes de libération que l'inculpé formule pendant sa détention préventive, Me Stern rappelle qu'elles sont examinées après audition du Procureur et en l'absence de l'inculpé. En outre, le défenseur n'a pas le droit de consulter librement le dossier avant l'établissement de l'acte d'accusation; le Juge d'instruction peut exclure de cette consultation certaines pièces. D'autre part, le défenseur ne peut s'entretenir avec son client qu'en présence du Juge d'instruction ou d'un fonctionnaire. De manière générale, Me Stern affirme que tant du point de vue des faits de la cause qu'en ce qui concerne la qualification juridique, le résultat du procès est en quelque sorte fixé, sous une influence prépondérante du Parquet, bien avant l'ouverture des débats. Il est alors très difficile pour la défense d'exercer une influence décisive sur le cours ultérieur du procès.

Quant à la violation alléguée de l'article 6 par. 3 b et c de la Convention

Le Gouvernement défendeur a soutenu qu'en ce qui concerne la période de détention du requérant, antérieure à la mise en accusation, les dispositions de l'article 6 par. 3 de la Convention ne s'appliquent pas. A partir de la notification de l'acte d'accusation par contre l'inculpé peut s'entretenir avec son défenseur hors de la présence d'un fonctionnaire du Tribunal et tous deux ont le droit de consulter les pièces du dossier (cf. l'article 45 par. 2 du Code de procédure pénale).

Quant à la consultation du dossier (*Akteneinsicht*) et le contrôle des entretiens entre avocat et inculpé (*Sprechkontrolle*) durant la période antérieure à la mise en accusation, le barreau a critiqué dans le passé les autorités judiciaires d'interpréter trop strictement les règles régissant la matière (article 45 par. 1 du Code susmentionné).

result the Ministry of Justice has issued certain orders, including one dated 3rd August 1954, which according to the Government representatives have made the rules more flexible. Although application of the rules may have given rise to criticisms by the Bar in the past there is no justification for such complaints now, for the practice followed has changed radically.

With regard to the time available to the accused to prepare for the hearing, Section 221 of the Code of Criminal Procedure lays down minimum periods of notice of the trial; these are three days in the case of hearings before a Lay Judge Court and 8 days for hearings before an Assize Court. However, usually the period is longer.

The Applicant has complained in particular of the difficulties he encountered in preparing his plea of nullity. In this connection it must be remembered that permission to write, which was duly granted to Köplinger, does not necessarily mean that notes prepared by him are not subject to supervision by the prison authorities. Such censorship is no hindrance to the defence; it did not prevent the Applicant from exercising his right to submit a plea of nullity. On this point the Government refers to the Commission's jurisprudence, in particular the decision of 19th September 1961 on the admissibility of Application No. 960/60 (Collection of Decisions 8, p. 135). The Applicant was perfectly at liberty to send his notes to the lawyer appointed for him by the Court, through the governing authorities of the prison. Moreover, faced with the difficulties he alleges, the Applicant could at any time have addressed himself directly to the Presiding Judge of the Court. Thus he has not utilised all remedies, but in any case his grievances are ill-founded.

Finally, with regard to the changes of lawyer by the Court, the Government points out that Article 6 (3) (c) confers no right to the appointment of one barrister for the entire proceedings. It is not even necessary for the defence to be conducted by a barrister. It may be conducted by some other lawyer. On this point the Government refers to the decision on the admissibility of Application No. 509/59 (Yearbook 3, p. 174). In any event, in this case the designation of the lawyers appointed by the Court was a matter for the Council of the Order of Barristers (Section 42 (2) of the Code of Criminal Procedure), over which the Courts may not exert any influence.

The Applicant points out that he did not have the time and facilities necessary to prepare his defence. He did not receive effective assistance from the lawyers appointed by the Court. They changed too frequently and often were not able to study this complex affair because of their late appointment.

Mr. Stern has recalled that before the indictment is drawn up the defence has not free access to the case record and talks between the

En conséquence, le Ministère de la Justice a promulgué des arrêtés qui ont, d'après les représentants du Gouvernement, assoupli les règles en question, notamment l'arrêté du 3 août 1954. Si par le passé l'application des règles susmentionnées a été une source de critiques de la part du barreau, ces plaintes ne sont point justifiées actuellement, car la pratique a changé radicalement.

En ce qui concerne le temps dont l'accusé dispose pour se préparer aux débats, l'article 221 du Code de procédure pénale prescrit, entre la convocation et l'audience principale, des délais minimum de trois et huit jours respectivement selon qu'il s'agit des débats devant le Tribunal d'Echevins ou devant la Cour d'Assises. En règle générale cependant, le délai accordé est plus long.

Le requérant s'est plaint, en particulier, des difficultés qu'il a rencontrées pour le développement de son pourvoi en cassation. A cet égard, il faut rappeler que l'autorisation d'écrire, accordée à temps à Köplinger, n'implique pas nécessairement que les notes préparées par lui ne soient pas soumises au contrôle des autorités pénitentiaires. Cette censure n'est pas une entrave à la défense; elle n'a pas empêché le requérant d'exercer son droit de se pourvoir en cassation. Le Gouvernement se réfère, sur ce point, à la jurisprudence de la Commission, notamment la décision du 19 septembre 1961 sur la recevabilité de la requête N° 960/60 (Recueil 8, p. 135). Le requérant avait toute liberté d'adresser ses notes à son avocat d'office, par l'intermédiaire de la direction du pénitencier. En outre, devant les difficultés alléguées, le requérant aurait pu, à tout moment et directement, s'adresser au Président du Tribunal. Il n'a donc pas utilisé tous les recours, mais les griefs sont, en tout état de cause, mal fondées.

Enfin, en ce qui concerne le changement des avocats d'office, le Gouvernement relève que l'article 6 par. 3 c ne donne aucun droit à la désignation d'un avocat pour l'ensemble de la procédure. Il n'est même pas nécessaire que la défense soit assurée par un avocat. Elle peut aussi être assurée par un autre juriste. Le Gouvernement se réfère, sur ce point, à la décision sur la recevabilité de la requête N° 509/59 (Annuaire III, p. 175). En tout état de cause, la désignation des avocats d'office incombait, en l'espèce, au conseil de l'ordre des avocats (article 42 par. 2 du Code de procédure pénale) sur lequel les tribunaux ne sauraient exercer aucune influence.

Le requérant a relevé qu'il n'a pas eu le temps et les facilités nécessaires pour préparer sa défense. Il n'a pas été assisté efficacement par les avocats qui lui avaient été désignés d'office. Ceux-ci ont changé trop fréquemment et n'ont souvent pas pu étudier cette affaire complexe en raison de leur nomination tardive.

Me Stern a rappelé qu'avant l'établissement de l'acte d'accusation la défense ne peut librement consulter le dossier et les entretiens lawyer and his client are supervised. Whereas the Public Prosecutor's Office may, at any time during the proceedings, consult the record, the Examining Judge may forbid the defence to consult certain documents in it. It is true that the defendant may appeal to the Judges' Chamber against such a measure. However, the Chamber then takes its decision after consulting the Public Prosecutor. Moreover, investigation of the case is suspended pending the outcome of such an appeal. Such delays inevitably prolong the defendant's detention, which makes him chary of exercising this remedy.

Only after the indictment has been drawn up may the accused discuss the result of the preliminary investigation with his lawyer. It is then difficult for the lawyer to effect any change in the result in the preliminary proceedings, which has been arrived at under the preponderant influence of the Public Prosecutor and the Examining Judge. The accused's lawyer may if necessary try to come to some arrangement with the Presiding Judge of the Court which is to hear the case in order to obtain more time to prepare for the trial. However, he may not demand it under Austrian law, even if he has been appointed at a late stage.

The Applicant did not enjoy the necessary facilities, in particular those relating to presentation of the appeal and plea of nullity he lodged against the judgment of 13th October 1961. A detainee's communications with his lawyer are censored by the prison authorities, and personal interviews of any length are not allowed. In the circumstances it was difficult for the lawyer, who had a fortnight in which to prepare the appeal and plea, to exert any influence on the results of proceedings which had then lasted four years.

With regard to the alleged violation of Article 13 of the Convention

The Respondent Government has pointed out that Article 13 of the Convention only provides a remedy for the violation of rights guaranteed. The Applicant did not claim prejudice, as a result of the judgment of first instance, to any rights safeguarded by the Convention, thus Article 13 is not applicable. No provision of the Convention provides any remedy with regard to questions of fact. The Government refers on this point to decision No. 277 (Yearbook I, p. 219).

Speaking generally the respondent Government asserts that the Applicant was less concerned to complain to the Commission about alleged procedural vices than to ask for reconsideration of his case. But the right of appeal to the Commission cannot be exercised with the object of contesting a conviction that has acquired the force of *res judicata*.

The Applicant states that a plea of nullity is certainly not an entre l'avocat et son client sont surveillés. Alors que le Parquet peut à tout moment de la procédure consulter le dossier, le Juge d'instruction peut interdire à la défense de consulter certaines pièces du dossier. Il est vrai que l'inculpé peut interjeter contre une telle mesure un recours devant la Chambre du Conseil. Toutefois, celle-ci décide alors, après consultation du Procureur. D'autre part, l'instruction de l'affaire est suspendue en attendant le résultat d'un tel recours. Or, les délais prolongent inévitablement la détention de l'inculpé qui, de ce fait, hésitera à exercer le recours on question.

Après l'établissement de l'acte d'accusation seulement, l'accusé peut discuter le résultat de l'instruction préparatoire avec son avocat. Celui-ci ne peut alors que difficilement modifier le résultat de la procédure préliminaire auquel on est arrivé sous l'influence prépondérante du Procureur et du Juge d'instruction. L'avocat de l'accusé peut, le cas échéant, essayer de s'arranger avec le Président du Tribunal devant lequel les débats doivent se dérouler, pour obtenir une extension du temps pour la préparation aux débats. Toutefois, il ne peut l'exiger en droit autrichien, même s'il a été nommé tardivement.

Le requérant n'a pas bénéficié des facilités nécessaires notamment en ce qui concerne la présentation des recours qu'il avait interjetés contre le jugement du 13 octobre 1961. Les communications d'un détenu avec son avocat passent par la censure des autorités pénitentiaires et des entretiens personnels d'une certaine longueur ne sont pas autorisés. En l'occurence, il a été difficile à l'avocat, chargé du développement des recours dans un délai de quinze jours, d'exercer une influence sur les résultats de la procédure qui avait alors duré quatre années.

Quant à la violation alléguée de l'article 13 de la Convention

Le Gouvernement défendeur a fait valoir que le droit de recours n'est accordé, selon l'article 13 de la Convention, que pour la violation de droits garantis. Le requérant ne prétendait pas avoir été lésé par le jugement de première instance dans un droit protégé par la Convention. L'article 13 ne s'applique donc pas. Aucune disposition de la Convention n'accorde un droit de recours en ce qui concerne les questions de fait. Le Gouvernement se réfère sur ce point à la décision n° 277 (Annuaire I, p. 219).

De manière générale, le Gouvernement défendeur a allégué que le requérant avait moins l'intention de se plaindre devant la Commission des prétendus vices de procédure, mais de demander un nouvel examen de son cas. Or, le droit de recours devant la Commission ne saurait être exercé dans le but d'attaquer une condamnation passée en force de chose jugée.

Le requérant a allégué qu'un pourvoi en cassation n'est point un effective remedy, since a large part of the judgment of first instance – assessment of the evidence – cannot be contested.

THE LAW

With regard to the alleged violation of Article 5 (1) (c) of the Convention

Whereas, firstly, Article 5 (1) (c) of the Convention provides as follows:

"(1) Everyone has the right to liberty and security of person.

No one shall be deprived of his liberty save in the following cases and in accordance with a procedure prescribed by law:

(a) ...

(b) ...

(c) the lawful arrest or detention of a person effected for the purpose of bringing him before the competent legal authority on reasonable suspicion of having committed an offence or when it is reasonably considered necessary to prevent his committing an offence or fleeing after having done so;"

Whereas, furthermore, the Applicant was arrested on 4th September 1959 by virtue of the warrant of arrest issued by the Examining Judge and was placed in detention pending trial; whereas his complaint against this measure was rejected by the Judges' Chamber of the Regional Court of Summary Jurisdiction of Vienna on 7th September 1959 and the Applicant did not contest this decision;

Whereas, finally, under Article 26 of the Convention for the Protection of Human Rights and Fundamental Freedoms, "the Commission may only deal with the matter after all domestic remedies have been exhausted, according to the generally recognised rules of international law"; whereas the Applicant omitted to appeal to the Court of Appeal against the decision of 7th September 1959, in accordance with Section 114 of the Austrian Code of Criminal Procedure, and has therefore not exhausted the remedies available to him under Austrian law; whereas, moreover, this being so, examination of the file reveals no special circumstance that may have exempted the Applicant, under the generally recognised rules of international law, from exhausting domestic remedies; whereas, therefore, it appears that the Applicant has not validly exhausted domestic remedies (Article 27 (3) of the Convention); whereas, this being so, examination of the files does not in any case disclose any *prima facie* violation of the rights and freedoms set forth in the Convention, in particular in Article 5 (1) (c); whereas, therefore, the complaint in question must be rejected as manifestly ill-founded (Article 27 (2));

recours effectif, étant donné qu'une grande partie du jugement de première instance – l'appréciation des preuves – ne peut plus être attaquée.

EN DROIT

Quant à la violation alléguée de l'article 5 par. 1 c de la Convention

Considérant d'abord que l'article 5 par. 1 c de la Convention prévoit:

"1. Toute personne a droit à la liberté et à la sûreté.

Nul ne peut être privé de sa liberté, sauf dans les cas suivants et selon les voies légales:

(a) ...

(b) ...

(c) s'il a été arrêté et détenu en vue d'être conduit devant l'autorité judiciaire compétente, lorsqu'il y a des raisons plausibles de soupçonner qu'il a commis une infraction ou qu'il y a des motifs raisonnables de croire à la nécessité de l'empêcher de commettre une infraction ou de s'enfuir après l'accomplissement de celle-ci";

Considérant ensuite que le requérant a été arrêté le 4 septembre 1959 en vertu d'un mandat d'arrêt décerné par le Juge d'instruction et qu'il a été placé en détention préventive; que la plainte formulée par le requérant contre cette mesure a été rejetée le 7 septembre 1959 par la Chambre du Conseil du Tribunal correctionnel régional de Vienne et que le requérant n'a pas attaqué cette décision;

Considérant enfin que la Commission, aux termes de l'article 26 de la Convention de Sauvegarde des Droits de l'Homme et des Libertés fondamentales, "ne peut être saisie qu'après l'épuisement des voies de recours internes, tel qu'il est entendu selon les principes de droit international généralement reconnus"; que le requérant a omis d'introduire, conformément à l'article 114 du Code de procédure pénale autrichien, un recours auprès de la Cour d'Appel contre la décision du 7 septembre 1959, qu'il n'a par conséquent pas épuisé les voies de recours dont il disposait en droit autrichien; qu'au surplus, l'examen du dossier ne permet de discerner, en l'état, aucune circonstance particulière qui ait pu dispenser le requérant, selon les principes de droit international généralement reconnus en la matière, d'épuiser les voies de recours internes; qu'il appert, dès lors, que le requérant n'a pas valablement épuisé les voies de recours internes (article 27 § 3 de la Convention);

Qu'en tout état de cause l'examen du dossier ne permet de dégager, en l'état, aucune apparence de violation des droits et libertés garantis par la Convention, et notamment par l'article 5 § 1 c; qu'en conséquence, le grief dont il s'agit doit être repoussé pour défaut manifeste de fondement (article 27 § 2);

With regard to the alleged violation of Article 5 (3) of the Convention

Whereas, firstly, Article 5 (3) of the Convention provides as follows:

"Everyone arrested or detained in accordance with the provisions of paragraph 1 (c) of this Article shall be brought promptly before a judge or other officer authorised by law to exercise judicial power and shall be entitled to trial within a reasonable time or to release pending trial. Release may be conditioned by guarantees to appear for trial."

Whereas on 5th January 1960 the Applicant submitted a request for release and the Examining Judge rejected this request by decision dated 12th January 1960;

Whereas, furthermore, the Applicant did not contest the decision of the Examining Judge before the Judges' Chamber and if necessary before the Court of Appeal, as required by Sections 113 and 114 of the Austrian Code of Criminal Procedure;

Whereas the Commission has decided that this complaint should be examined independently of the problem raised by Article 5 (4) in connection with the present Application; whereas the Commission also considers that the Austrian system of appeals in this matter meets the requirements laid down in Article 26 of the Convention; whereas, furthermore, examination of the files reveals no special circumstance that might exempt the Applicant, under the generally recognised rules of international law, from exhausting domestic remedies;

Whereas it therefore appears that the Applicant has not validly exhausted domestic remedies and the Application must therefore be rejected on this count under Article 27 (3) of the Convention;

With regard to the alleged violation of Article 5 (4) of the Convention

Whereas, firstly, Article 5 (4) of the Convention provides as follows:

"Everyone who is deprived of his liberty by arrest or detention shall be entitled to take proceedings by which the lawfulness of his detention shall be decided speedily by a court and his release ordered if the detention is not lawful."

Whereas, the Applicant has complained that on 7th September 1959 the Judges' Chamber rejected his request for release at a session held *in camera* after hearing the Public Prosecutor but in the absence of himself and his lawyer; whereas, even if in this connection the Applicant has not at all stages of the proceedings before the Commission invoked a violation of Article 5 (4), the Commission observes that it is competent to examine, if need be *proprio motu*, the Applicant's complaint from the point of view of Article 5 (4);

Quant à la violation alléguée de l'article 5 par. 3 de la Convention

Considérant d'abord que l'article 5 § 3 de la Convention prévoit:

"Toute personne arrêtée ou détenue, dans les conditions prévues au paragraphe 1 c) du présent article, doit être aussitôt traduite devant un juge ou un autre magistrat habilité par la loi à exercer des fonctions judiciaires et a le droit d'être jugée dans un délai raisonnable, ou libérée pendant la procédure. La mise en liberté peut être subordonnée à une garantie assurant la comparution de l'intéressé à l'audience."

Considérant en second lieu que le requérant a formulé, le 5 janvier 1960, une demande tendant à sa libération et que le Juge d'instruction a rejeté cette demande par décision du 12 janvier 1960;

Considérant ensuite que le requérant n'a pas attaqué la décision du Juge d'instruction devant la Chambre du Conseil et, le cas échéant, devant la Cour d'Appel, conformément aux articles 113 et 114 du Code de procédure pénale autrichienne.

Que la Commission a décidé que le présent grief doit être examiné indépendamment du problème que pose l'article 5 § 4 dans la présente requête; que la Commission a estimé d'autre part que le système de recours prévu en Autriche en la matière satisfait aux exigences définies à l'article 26 de la Convention; qu'au surplus, l'examen du dossier ne permet de discerner aucune circonstance particulière qui ait pu dispenser le requérant, selon les principes de droit international généralement reconnus en la matière, d'épuiser les voies de recours internes;

Qu'il appert, dès lors, que le requérant n'a pas valablement épuisé les voies de recours internes et qu'il échet donc de rejeter la requête, à cet égard, en vertu de l'article 27 § 3 de la Convention;

Quant à la violation alléguée de l'article 5 par. 4 de la Convention

Considérant d'abord que l'article 5 § 4 de la Convention prescrit:

"Toute personne privée de sa liberté par arrestation ou détention a le droit d'introduire un recours devant un tribunal, afin qu'il statue à bref délai sur la légalité de sa détention et ordonne sa libération si la détention est illégale."

Considérant d'autre part que le requérant s'est plaint du rejet de sa demande de libération le 7 septembre 1959 par la Chambre du Conseil, en séance non publique après audition du Procureur, mais en son absence et en l'absence de son avocat; que même si le requérant n'a pas, sous ce rapport, invoqué à tous les stades de la procédure devant la Commission une violation de l'article 5 § 4 de la Convention, la Commission relève qu'elle est compétente d'examiner au besoin d'office le grief du requérant sous l'angle de l'article 5 § 4;

Whereas, finally, the Commission considers that at the present stage of the proceedings it is not possible to rule out the hypothesis that the lack of "equality of arms" between the Public Prosecutor's Office and the defence in proceedings on requests for release submitted by detained persons under Austrian law may have entailed a violation of Article 5 (4) of the Convention to the Applicant's detriment; whereas in the circumstances the question of failure to exhaust domestic remedies does not arise in relation to Article 5 (4); whereas, therefore, this part of the Application cannot be rejected as manifestly ill-founded;

With regard to Article 6 (1) of the Convention

Whereas under Article 6 (1) of the Convention:

"In the determination ... of any criminal charge against him, everyone is entitled to a ... hearing within a reasonable time by (a) ... tribunal ...".

Whereas, although the Applicant has not expressly based his Application on this provision of the Convention, the Commission has decided to examine the Application on this count *proprio motu* and has considered that the problem that arises with regard to the "reasonable time" mentioned in the said provision is sufficiently complex in this case to require examination on the merits; whereas, therefore, the Application cannot be rejected on this count as manifestly ill-founded;

With regard to the alleged violation of Article 6 (3) (b) of the Convention

Whereas Article 6 (3) (b) of the Convention provides as follows:

"Everyone charged with a criminal offence has the following minimum rights:

(a) ...

(b) to have adequate time and facilities for the preparation of his defence;"

Whereas the Commission considers that, at the present stage of proceedings, the hypothesis cannot be ruled out that after he was charged the Applicant did not have full enjoyment of the rights guaranteed by Article 6 (3) (b) of the Convention, in particular in respect of the restrictions placed on his communications with his Counsel and their facilities for following the course of the investigation; whereas the Applicant's complaints relating to the abovementioned provision of the Convention cannot therefore be rejected as manifestly ill-founded;

Considérant enfin que la Commission estime qu'au stade actuel de la procédure on ne peut exclure l'hypothèse que l'absence d'"égalité des armes" entre le Ministère Public et la défense pendant la procédure relative aux demandes de libération présentées par des détenus en vertu du droit autrichien, ait pu entraîner, au détriment du requérant, une violation de l'article 5 § 4 de la Convention; que dans ces circonstances la question du non-épuisement des voies de recours internes ne se pose pas par rapport à l'article 5 § 4; qu'il s'ensuit que cette partie de la requête ne saurait être rejetée pour défaut manifeste de fondement;

En ce qui concerne l'article 6 par. 1 de la Convention

Considérant qu'en vertu de l'article 6 § 1 de la Convention:

"Toute personne a droit à ce que sa cause soit entendue ... dans un délai raisonnable, par un tribunal ... qui décidera ... du bien-fondé de toute accusation en matière pénale dirigée contre elle."

Considérant, bien que le requérant n'ait pas expressément fondé sa requête sur cette disposition de la Convention, que la Commission a décidé d'examiner d'office la présente requête sur ce point et qu'elle a été d'avis que le problème qui surgit quant au "délai raisonnable" visé dans la disposition susmentionnée, se révèle dans la présente affaire suffisamment complexe pour que sa solution doive relever de l'examen du fond; que la requête ne saurait, dès lors, être rejetée, sous ce rapport, pour défaut manifeste de fondement;

Quant à la violation alléguée de l'article 6 par. 3 b de la Convention

Considérant que l'article 6 § 3 b de la Convention prescrit:

"Tout accusé a droit notamment à:

a) ....

b) disposer du temps et des facilités nécessaires à la préparation de sa défense."

Considérant que la Commission estime qu'au stade actuel de la procédure on ne peut écarter l'hypothèse que le requérant, à partir du moment où il se trouvait en état d'inculpation, n'ait pas pleinement bénéficié des droits garantis par l'article 6 § 3 b de la Convention, et notamment en ce qui concerne les restrictions apportées aux communications du requérant avec ses défenseurs et leurs possibilités de suivre le cours de l'instruction; que les griefs du requérant relatifs à la disposition susmentionnée de la Convention ne sauraient, dès lors, être repoussés pour défaut manifeste de fondement;

With regard to the alleged violation of Article 6 (3) (c) of the Convention

Whereas, firstly, Article 6 (3) (c) of the Convention provides as follows:

"Everyone charged with a criminal offence has the following minimum rights:

(a) ...

(b) ...

(c) to defend himself in person or through legal assistance of his own choosing or, if he has not sufficient means to pay for legal assistance, to be given it free when the interests of justice so require";

Whereas, moreover, the Applicant claims to have suffered violation of the said provision as a result of the frequent changes in the lawyers appointed by the Court;

Whereas, furthermore, in so far as the Applicant's complaints are directed against his lawyer under Article 19 of the Convention, the Commission's sole task is to ensure observance of the engagements undertaken by the High Contracting Parties to the Convention, that is to say the member States of the Council of Europe that have signed the Convention and deposited their ratifications; whereas Article 25 (1) provides that the Commission may not receive petitions from any person, non-governmental organisation or group of individuals unless the applicant claims to be the victim of a violation by one of the High Contracting Parties of the rights set forth in the Convention and unless that State has recognised the Commission's competence to receive such petitions; whereas these provisions clearly show that the Commission is not competent *ratione personae* to consider violations of the Convention attributed to individuals; whereas in this respect the Application is therefore incompatible with the provisions of the Convention within the meaning of Article 27 (2) (see Application No. 1599/62, Yearbook Vol. 6, pages 348, 366);

Whereas, finally, in so far as the Applicant's complaint is directed against the Order of Barristers, which was in fact responsible for nominating the various lawyers who assisted him, the question arises whether the Application is not inadmissible for the same reason; whereas, however, the circumstances do not call for a decision on this point;

Whereas, to the extent that the above-mentioned complaint may raise the question whether the Courts concerned failed in their duty to provide the Applicant with adequate assistance, so that he did not receive a fair hearing in the light of Article 6 (3) (c) of the Convention, examination of the files, even if *ex officio*, discloses no *prima facie* violation of the said right; whereas, therefore, on

Quant à la violation alléguée de l'article 6 par. 3 (c) de la Convention

Considérant d'abord que l'article 6 par. 3 (c) de la Convention prescrit:

"3. Tout accusé a droit notamment à:

(a) ...
(b) ...
(c) se défendre lui-même ou avoir l'assistance d'un défenseur de son choix et, s'il n'a pas les moyens de rémunérer un défenseur, pouvoir être assisté gratuitement par un avocat d'office, lorsque les intérêts de la justice l'exigent";

Considérant d'autre part que le requérant s'est prétendu victime d'une violation de ladite disposition du fait du changement fréquent des avocats qui avaient été désignés d'office;

Considérant ensuite, pour autant que les griefs du requérant se dirigent contre son avocat, que la Commission, aux termes de l'article 19 de la Convention, a pour seule tâche d'assurer le respect des engagements résultant de celle-ci pour les Hautes Parties Contractantes, c'est-à-dire pour les Etats membres du Conseil de l'Europe qui ont signé la Convention et déposé leur instrument de ratification; que l'article 25 § 1er stipule, de son côté, que la Commission ne peut être valablement saisie par une personne physique, une organisation non gouvernementale ou un groupe de particuliers que si le requérant se prétend victime d'une violation, par l'un des Etats contractants, des droits reconnus dans la Convention et que cet Etat ait accepté la compétence de la Commission en la matière; qu'il ressort clairement de ces prescriptions que la Commission n'a pas compétence, *ratione personae*, pour connaître des violations de la Convention imputées aux simples particuliers; qu'il s'ensuit que la requête est donc, sur ce point, incompatible avec les dispositions de la Convention au sens de l'article 27 § 2 (cf. la requête N° 1599/62, Annuaire Vol. 6, pages 349, 367);

Considérant enfin, pour autant que le requérant se plaindrait de l'ordre des avocats qui était, en l'occurence, responsable pour la désignation des divers avocats qui ont assisté le requérant, que l'on pourrait se demander si la requête ne se heurte pas au même chef d'irrecevabilité; qu'il n'y a cependant pas lieu, en l'espèce, de se prononcer sur ce point;

Considérant d'autre part, dans la mesure où le grief susvisé pourrait donner lieu à la question de savoir si les tribunaux intéressés ont manqué à leur devoir d'assurer au requérant une assistance adéquate, de sorte que sa cause n'aurait pas été entendue équitablement au sens de l'article 6 § 3 c) de la Convention, que l'examen du dossier ne permet de dégager en l'état, même d'office, aucune appathis point the Application is manifestly ill-founded within the meaning of Article 27 (2) of the Convention;

With regard to the alleged violation of Article 13 of the Convention

Whereas, firstly, Article 13 of the Convention provides as follows: "Everyone whose rights and freedoms as set forth in this Convention are violated shall have an effective remedy before a national authority notwithstanding that the violation has been committed by persons acting in an official capacity."

Whereas, moreover, the Applicant alleges violation of the said provision in that assessment of the evidence in the first instance cannot be contested in a plea of nullity;

Whereas, finally, Article 1 of the Convention guarantees solely "the rights and freedoms defined in Section I" of the Convention; whereas under Article 25 (1) any complaint by a person, non-governmental organisation or group of individuals must relate to an alleged infringement of the said rights and freedoms, otherwise the Commission is not competent *ratione materiae* to examine it; whereas the right to the benefit of two levels of jurisdiction in matters of fact is not stated as such among the said rights and freedoms, as indeed the Commission has found in certain earlier decisions (e.g. decision of 20th December 1957 on the admissibility of Application No. 277/57, Yearbook 1, p. 219); whereas in this respect the Application is therefore incompatible with the provisions of the Convention within the meaning of Article 27 (2);

Now therefore the Commission,

1. DECLARES THE APPLICATION ADMISSIBLE IN RESPECT OF THE ALLEGED VIOLATION OF ARTICLES 5 (4) and 6 (1) and 3 (b) OF THE CONVENTION;
2. DECLARES THE APPLICATION INADMISSIBLE IN RESPECT OF THE REMAINDER.

...

rence de violation dudit droit; qu'il s'ensuit que la requête est, sous ce rapport, manifestement mal fondée au sens de l'article 27 § 2 de la Convention;

Quant à la violation alléguée de l'article 13 de la Convention

Considérant d'abord que l'article 13 de la Convention prescrit:

"Toute personne dont les droits et libertés reconnus dans la présente Convention ont été violés, a droit à l'octroi d'un recours effectif devant une instance nationale, alors même que la violation aurait été commise par des personnes agissant dans l'exercice de leurs fonctions officielles."

Considérant d'autre part que le requérant a allégué une violation de ladite disposition du fait qu'on ne peut mettre en cause l'appréciation des preuves de la première instance dans un pourvoi en cassation;

Considérant enfin qu'aux termes de son article 1er, la Convention garantit uniquement "les droits et libertés définis (en son) Titre I"; que tout grief formulé par une personne physique, une organisation non gouvernementale ou un groupe de particuliers doit avoir trait, selon l'article 25 § 1, à une atteinte alléguée à ces droits et libertés, faute de quoi son examen échappe à la compétence *ratione materiae* de la Commission; que le droit au bénéfice du double degré de juridiction pour les questions de fait ne figure pas, en tant que tel, parmi lesdits droits et libertés, ainsi d'ailleurs que la Commission l'a constaté dans certaines décisions antérieures (cf. p. ex. la décision du 20 décembre 1957 sur la recevabilité de la requête N° 277/57, Annuaire I, p. 219); que la requête est donc, sous ce rapport, incompatible avec les dispositions de la Convention, au sens de l'article 27 § 2;

Par ces motifs,

1. DECLARE LA REQUETE RECEVABLE QUANT A LA VIOLATION ALLEGUEE DES ARTICLES 5 PAR. 4 ET 6, PAR. 1 ET 3 C DE LA CONVENTION;

2. DECLARE LA REQUETE IRRECEVABLE QUANT AU SURPLUS.

...

Applications Nos. 1904/63, 2029/63, 2094/63, and 2217/64

A, B, C AND D *against* THE NETHERLANDS

Decision of 23rd May 1966

. . .

THE FACTS

Whereas the facts as presented by the Applicants may be summarised as follows:

The Applicants are Dutch citizens and were first represented before the Commission by a certain Mr. X living at Gasselter Nyveen. After Mr. X's death in August 1965, the Applicant A has acted before the Commission on his own behalf and as representative of the other Applicants.

The Applicants are all children of Y and his wife, Z. Y owned one of the biggest building-contracting companies in the north of the Netherlands. When he died in 1940, the shares in the company were transferred partly to his widow, Z, and partly to his children. The widow, however, also retained a certain right in respect of the shares owned by the children. It appears that Z is now also deceased.

1. *Application No. 1904/63*

The Act on Taxation of Increased Fortunes (*Wet op de vermogensaanwasbelasting*) provided for a special war-profit tax to be levied on such increases of fortunes as had arisen in the years 1940–45. The Applicants state that in the determination of this tax, the Tax Inspector was obliged, according to the relevant legislation, to refer questions concerning the valuation of shares and bonds to a special Valuation Commission (*Schattingscommissie*), if he did not agree with the tax-payer on the value of such property.

The Applicants state that in the present case the Tax Inspector at Harlingen estimated that, in 1940, the shares in the Company had only been worth about 35,000 guilders; in the opinion of the Applicants this value was far too low. On the basis of this value it was considered that a substantial war-profit had been made and a tax amounting to about 175,000 guilders was imposed on Z.

The Applicants state that, at the beginning of the War, the shares had already, for tax purposes, been valued at 350,000 guilders and a profit tax of 151,000 guilders had then been levied; the value which the Tax Inspector attached to the shares could therefore not be correct. They also point to a number of other facts

Requêtes Nos. 1904/63, 2029/63, 2094/63 et 2217/64

A., B., C. ET D. *contre* LES PAYS-BAS

Décision du 23 mai 1966

... (*Traduction*)

EN FAIT

Considérant que les faits de la cause peuvent être résumés ainsi:

Les requérants, de nationalité néerlandaise, ont tout d'abord été représentés devant la Commission par M. X., domicilié à Gasselter Nyveen. Après le décès de M. X., survenu en août 1965, le requérant A. a pris en charge la procédure devant la Commission à la fois en son propre nom et en tant que représentant des autres requérants.

Les requérants sont les enfants de Y. et de son épouse Z. Y. était propriétaire de l'une des plus grandes entreprises de construction du Nord des Pays-Bas. A sa mort, en 1940, les actions de ladite entreprise ont été transférées en partie à sa veuve, Z. et en partie à ses enfants. La veuve, toutefois, conservait également un certain droit sur les actions dont avaient hérités les enfants. Z. est également décédée.

1. *Requête n° 1904/63*

La loi sur l'imposition des plus-values des patrimoines (*Wet op de vermogensaanwasbelasting*) instituait un impôt spécial sur les bénéfices de guerre, à parcevoir sur les plus-values réalisées pendant la période 1940–1945. Les requérants prétendent que, pour déterminer le montant de cet impôt, l'Inspecteur des Contributions étant tenu, d'après la législation en vigueur, de soumettre à une Commission spéciale de taxation (*Schattingscommissie*), les questions concernant l'évaluation des actions et obligations, en cas de désaccord avec le contribuable au sujet de la valeur de ces biens.

Les requérants déclarent qu'en l'espèce, l'Inspecteur des Contributions de Harlingen a estimé qu'en 1940, les actions de la Société ne valaient que 35.000 florins environ; les requérants considèrent que cette valeur est de beaucoup inférieure à la réalité. En se fondant sur cette évaluation, le fisc a constaté l'existence d'un bénéfice de guerre important et a réclamé à Z. le paiement d'un impôt d'un montant approximatif de 175.000 florins.

Les requérants affirment qu'au début de la guerre, le fisc avait déjà évalué les actions en question à 350.000 florins et perçu, à l'époque, un impôt sur les bénéfices d'un montant de 151.000 florins; l'évaluation faite par l'Inspecteur des Contributions ne saurait donc être exacte. Les requérants mettent également en évidence in order to show that the value of the shares had not increased between 1940 and 1945 and that no tax should have been imposed.

The Applicants complain that, while the shares owned by Z were valued by the Valuation Commission, the Tax Inspector refused to send the shares owned by the children for a similar valuation, although, in their opinion, he was legally obliged to do so; they maintain that these other shares had, in fact, a higher value which should have been considered when deciding on the value of the company in 1940.

It seems that by letters of ... and ... 1958 the Tax Inspector ultimately refused to send these shares for valuation. The Applicants then lodged an appeal with the Court of Appeal (*Gerechtshof*) at Leeuwarden which, on ... 1959, decided that it was not competent to deal with an appeal against such a decision. On ... 1961 the Supreme Court (*Hoge Raad*) dismissed a further appeal against the decision of the Court of Appeal.

The Applicants state that they were told by the President of the Court of Appeal that they ought to complain to the Tax Inspector's superiors in the Ministry of Finance. Such a complaint was lodged but, on ... 1963, the Minister of Finance refused to take any action.

In referring to the dismissal of their appeals, the Applicants complain that in Dutch law no remedy exists in regard to the illegal decision of a Tax Inspector, as complained of in this case.

They further state that they were responsible as "second degree tax-payers" for the taxes imposed on their mother and they indicate that they have actually paid 51,000 guilders of the taxes concerned. They allege violations of Articles 3, 4, 5, 6, 8 and 13 of the Convention and request compensation.

2. *Application No. 2029/63*

The Applicants state that Z's shares had first been valued by the State Auditors (*Rijksaccountantsdienst*) at Leeuwarden. This valuation was allegedly not correct and, on ... 1958, the Supreme Court refused to accept the estimates of the auditors and ordered a revaluation. It is alleged, however, that on ... 1958 the Tax Inspector sent the incorrect figures to the Valuation Commission without informing it of the decisions of the Supreme Court. The Applicants further state that the Valuation Commission, believing that the figures were correct, confirmed the valuation of the auditors.

The Applicants maintain that appeals relating to the valuation un certain nombre de faits tendant à prouver que les actions n'ont pas augmenté de valeur entre 1940 et 1945 et qu'elles ne devraient faire l'objet d'aucun impôt.

Les requérants se plaignent de ce que, tandis que les actions de Z. ont été évaluées par la Commission de taxation, l'Inspecteur des Contributions a refusé de faire évaluer par cette Commission les actions dont ils sont eux-mêmes propriétaires bien qu'à leur avis, l'Inspecteur des Contributions ait été légalement tenu de prendre une telle mesure. Ils soutiennent que lesdites actions avaient en réalité une valeur plus élevée dont il aurait fallu tenir compte pour déterminer quelle était la valeur de la Société en 1940.

Il semble que l'Inspecteur des Contributions, par lettres en date des ... et ... 1958, refusa définitivement de faire évaluer ces actions. Les requérants introduisirent alors un recours devant la Cour d'Appel (*Gerechtshof*) de Leeuwarden qui, le ... 1959 se déclara incompétente pour connaître d'un recours contre une décision de ce genre. Le ... 1961, la Cour Suprême (*Hoge Raad*) rejeta un pourvoi intenté contre le jugement de la Cour d'Appel.

Les requérants déclarent que le Président de la Cour d'Appel leur a conseillé de sa plaindre aux supérieurs hiérarchiques de l'Inspecteur des contributions au Ministère des Finances. Une telle plainte fut, en effet, déposée, mais le ... 1963, le Ministre des Finances refusa d'y donner suite.

A propos du rejet de leurs recours, les requérants se plaignent de ce que le droit néerlandais n'offre aucune voie de recours contre les décisions illégales d'un Inspecteur des Contributions, telle que la décision incriminée en l'espèce.

Ils déclarent en outre qu'en tant que "contribuables au deuxième degré", ils sont tenus au paiement des impôts dus par leur mère et ils précisent qu'ils ont effectivement payé à ce titre 51.000 florins. Ils allèguent des violations des articles 3, 4, 5, 6, 8 et 13 de la Convention et réclament des dommages-intérêts.

2. *Requête n° 2029/63*

Les requérants déclarent que les actions de Z. ont été évalués en premier lieu par le Bureau National de Commissaires aux Comptes (*Rijksaccountantsdienst*) de Leeuwarden. Cette évaluation avait été inexacte et, le ... 1958, la Cour Suprême refusa d'accepter les chiffres indiqués par les Commissaires aux Comptes et ordonna une nouvelle évaluation. Les requérants prétendent toutefois que le ... 1958, l'Inspecteur des Contributions adressa les chiffres erronés à la Commission de taxation sans porter à la connaissance de celle-ci la décision de la Cour Suprême. Ils déclarent en outre que la Commission de taxation, supposant que les chiffres étaient exacts, confirma l'évaluation des Commissaires aux Comptes.

Les requérants affirment que leurs recours contre cette évaluation have been dismissed by the Court of Appeal on ... 1959 and by the Supreme Court on ... 1963. On ... 1963, the Minister of Finance refused to take any action.

The Applicants complain of the incorrect valuation of the auditors and of the Tax Inspector's action in forwarding the figures without giving adequate information about the Supreme Court's decision. They also complain that no domestic remedy exists in this regard, although, in fact, a decision of the Supreme Court has been disregarded.

They allege violations of Articles 3, 4, 5, 6, 8 and 13 of the Convention and request compensation.

3. *Application No. 2094/63*

The Applicants maintain that they and their brother E deposited a total amount of 51,000 guilders as security for certain taxes for which they themselves were liable but that the Tax Collector at Bolsward used this amount in order to pay their mother's taxes.

They allege that, when doing this, the Tax Collector acted contrary to law since, according to the relevant legal provisions, property cannot be seized in payment of taxes unless the Tax Collector presents an order issued "in the name of the Queen"; the tax-payer will then have the possibility of raising objections against this order and of having such objections tried by a Court. The Applicants now complain that by the Tax Collector's unofficial action they were not only illegally deprived of their money but also of any remedy before a Court. They indicate that the Courts have dismissed their appeals and refer to decisions of the Supreme Court dated ... 1961 and ... 1963. On ... 1963 the Minister of Finance refused to take any action.

The Applicants add that the Tax Collector had at his disposal assets, deposited or seized, belonging to Z and that these assets should first have been used in payment of her taxes. They maintain, however, that although in Dutch law taxes take precedence over other debts, some of these assets were used by the Tax Collector for other payments.

They allege violations of Articles 6 and 13 and request compensation.

4. *Application No. 2217/64*

As mentioned above, Z inherited a part of the shares in the company and retained, furthermore, an interest in the shares of her children. She subsequently transferred to her children her remaining ont été rejetés par la Cour d'Appel le ... 1959 et par la Cour Suprême le ... 1963. Le .... 1963, le Ministre des Finances refusa de s'occuper de l'affaire.

Les requérants se plaignent de ce que les Commissaires aux Comptes se soient trompés dans leur évaluation et de ce que l'Inspecteur des Contributions ait transmis les comptes sans faire état de la décision de la Cour Suprême; ils se plaignent également de ne disposer à cet égard d'aucune voie de recours interne, bien qu'en fait, une décision de la Cour Suprême ait été méconnue.

Les requérants allèguent des violations des articles 3, 4, 5, 6, 8 et 13 de la Convention et réclament des dommages-intérêts.

3. *Requête n° 2094/63*

Les requérants affirment qu'eux-mêmes et leur frère E. ont déposé une somme totale de 51.000 florins en garantie du paiement de certains impôts dus par eux, mais que le Percepteur des Contributions de Bolsward affecta cette somme au paiement des impôts de leur mère.

Les requérants soutiennent que de ce fait, le Percepteur des Contributions a agi illégalement, étant donné qu'en vertu de la législation en vigueur, le fisc ne peut procéder à une saisie que sur présentation d'un mandat délivré "au nom de la reine"; le contribuable a alors la possibilité de formuler des objections contre ce mandat et de soumettre ces objections au jugement d'un tribunal. Les requérants se plaignent de ce qu'en raison des agissements irréguliers du Percepteur des Contributions, ils ont été illégalement privés non seulement de leur argent, mais aussi de la possibilité d'exercer un recours en justice. Ils indiquent que les tribunaux ont rejeté leurs recours et se réfèrent aux décisions de la Cour Suprême en date du ... 1961 et du ... 1963. Le ... 1963, le Ministre des Finances refusa de s'occuper de l'affaire.

Les requérants ajoutent que le Percepteur des Contributions détenait, soit après saisie, soit à titre de gage, des avoirs appartenant à Z. et que ces avoirs auraient dû être affectés en premier lieu au paiement des impôts de ladite Z. Les requérants affirment toutefois que, bien qu'en droit néerlandais les créances du fisc soient privilégiées par rapport aux autres créances, certains des avoirs en question ont été affectés par le Percepteur des Contributions à d'autres paiements.

Les requérants allèguent des violations des articles 6 et 13 et réclament des dommages-intérêts.

4. *Requête n° 2217/64*

Comme il est dit plus haut, Z. avait hérité d'une partie des actions de la Société et conservait par ailleurs, un droit sur les actions de ses enfants. Par la suite, elle céda à ces derniers le droit dont elle jouisright to their shares. The Applicants state that the right so transferred was first considered as a usufruct and its value was estimated at 137,000 guilders. When calculating the war-profit, the Tax Inspector took this value into account, and the tax was thereby increased.

The Applicants state, however, that on ... 1962 the Court of Appeal at Leeuwarden reconsidered the nature of the gift and concluded that it did not concern a usufruct but a "personal right", and this decision was upheld on ... 1963 by the Supreme Court.

The Applicants consider that, as a consequence of the decision of the Courts, the gift would have to be revalued, since the previous valuation was based on the assumption that the right transferred was a usufruct. Accordingly, they submitted a request for revaluation to the Tax Inspector at Harlingen, but on ... 1964 this request was rejected, and subsequently the Minister of Finance refused to intervene.

The Applicants complain that the decisions of the Courts have not been taken into account when determining the tax and that no domestic remedy exists.

They allege violations of Articles 6 and 13.

Proceedings before the Commission

Whereas the proceedings before the Commission may be summarised as follows:

On 11th February 1965, a group of three members of the Commission made a preliminary examination as to the admissibility of the four Applications, in accordance with Rule 45, paragraph 1, of the Commission's Rules of Procedure and the group reported unanimously that the Applications appeared to be admissible. Consequently, the President of the Commission, acting in accordance with Rule 45, paragraph 2, of the Rules of Procedure, gave notice of the Applications to the Netherlands Government and invited it to submit to the Commission its observations in writing on the admissibility.

On 16th June 1965, the Netherlands Permanent Representative at the Council of Europe submitted the Government's written observations. Subsequently, X submitted a number of pleadings in reply to the Government's observations.

On 24th September 1965, the Commission examined the four Applications. The Commission considered that certain passages in X's pleadings contained insulting and provocative expressions and decided to indicate to him that, unless he was willing to withdraw or amend these parts of his submissions, the Commission would sait sur leurs actions. Les requérants déclarent que le droit ainsi cédé fut tout d'abord considéré comme un usufruit et que sa valeur fut estimée à 137.000 florins. Lorsqu'il fit ses calculs pour déterminer le montant des bénéfices de guerre, l'Inspecteur des Contributions prit cette somme en considération, d'où augmentation de l'impôt fixé.

Les requérants déclarent, par ailleurs, que le ... 1962, la Cour d'Appel de Leeuwarden réexamina la nature du droit faisant l'objet de la donation et conclut qu'il ne s'agissait pas d'un usufruit, mais bien d'un droit personnel; la Cour Suprême confirma cette décision le ... 1963.

Les requérants estiment qu'à la suite de la décision des tribunaux, la donation devrait faire l'objet d'une nouvelle évaluation, la première ayant été fondée sur l'hypothèse que le droit transféré était un usufruit. En conséquence, ils ont présenté une demande dans ce sens à l'Inspecteur des Contributions de Harlingen, mais cette demande fut rejetée le ... 1964, et par la suite, le Ministre des Finances refusa d'intervenir.

Les requérants se plaignent de ce qu'il n'a pas été tenu compte des décisions des tribunaux lors du calcul du montant de l'impôt, et qu'il n'existe aucune voie de recours interne.

Les requérants allèguent des violations des articles 6 et 13.

Procédure devant la Commission

Considérant que la procédure devant la Commission peut être résumée ainsi qu'il suit:

Le 11 février 1965, un groupe de trois membres de la Commission a procédé à un examen préalable de la recevabilité des quatre requêtes, en application de l'article 45 – § 1 du Règlement Intérieur de la Commission; ce groupe a estimé à l'unanimité que ces requêtes semblaient recevables. En conséquence, le Président de la Commission, agissant en vertu de l'article 45 – § 2 du Règlement Intérieur, a donné connaissance de ces requêtes au Gouvernement des Pays-Bas et a invité celui-ci à présenter à la Commission ses observations écrites sur la recevabilité desdites requêtes.

Le 16 juin 1965, le Représentant Permanent des Pays-Bas auprès du Conseil de l'Europe présenta les observations écrites de son Gouvernement. Par la suite, M. X. présenta un certain nombre de conclusions écrites en réponse aux observations du Gouvernement.

Le 24 septembre 1965, la Commission examina les quatre requêtes. Elle estima que certains passages des conclusions de M. X. contenaient des expressions injurieuses et décida de lui faire savoir que, à moins qu'il ne soit disposé à retirer ou à modifier les passages incriminés, la Commission examinerait l'opportunité de déclarer les consider whether or not it should declare the Applications inadmissible as being an abuse of the right of petition within the meaning of Article 27, paragraph (2), of the Convention.

On 3rd January 1966, A informed the Commission that X had died in August 1965. He also asked the Commission to discontinue the proceedings in regard to the Applications since he could not afford to engage another person to represent him and the other Applicants.

On 7th January 1966, the Secretary to the Commission replied that it would be for the Commission to consider what action to take in regard to the intended withdrawal and that, in the meanwhile, the Applicants should indicate their position as to the insulting and provocative expressions used by X.

On 20th January 1966, A informed the Commission that the Applicants were prepared to withdraw the expressions concerned.

On 26th January 1966, the Secretary stated, in a letter to A, that he had noted that the only reason given for the proposed withdrawal was lack of financial means to instruct a lawyer and he pointed out that the Commission had the power, subject to certain conditions, to grant legal aid.

On 3rd February 1966, A stated that he no longer wished to withdraw the four Applications; he considered, however, that he could not ask for legal aid.

By letters of 8th February, 15th March and 19th April 1966, the Secretary asked A to indicate whether he was prepared to rely on the submissions made by X (excluding the insulting and provocative expressions already withdrawn) or whether he had any further comments to make.

On 25th April 1966, A informed the Commission that he relied on X's submissions.

Submissions of the Parties

Whereas the further submissions of the Parties may be summarised as follows:

1. *Application No. 1904/63*

The Government stated that under Dutch law the Tax Inspector had no obligation to ask for a valuation by the Valuation Commission unless he intended to impose a tax on a certain person and he could not reach an agreement with that person on the value of the shares concerned. However, the Tax Inspector did not, and does not, intend to impose a war-profit tax on the Applicants and, consequently, he was not obliged to proceed to a valuation of their shares. An appeal would only be available in regard to the taxation itself and no tax has been imposed on the Applicants. They have requêtes irrecevables comme abusives au sens de l'article 27 – § 2 de la Convention.

Le 3 janvier 1966, M. A. informait la Commission que M. X. était décédé en août 1965. Il demandait également à la Commission d'abandonner la procédure relative aux présentes requêtes car il ne disposait pas des moyens financiers nécessaires pour se faire représenter, ainsi que les autres requérants, par un autre mandataire.

Le 7 janvier 1966, le Secrétaire de la Commission répondit qu'il appartenait à la Commission de décider des suites à donner au retrait envisagé et que, entretemps, les requérants devaient faire connaître leurs intentions quant aux expressions injurieuses utilisées par M. X.

Le 20 janvier 1966, M. A. fit savoir à la Commission que les requérants étaient disposés à retirer les expressions incriminées.

Le 26 janvier 1966, le Secrétaire de la Commission écrivit à M. A. qu'il avait remarqué que la seule raison invoquée pour retirer les requêtes était l'absence des moyens financiers nécessaires pour s'assurer le concours d'un avocat, et il faisait observer que la Commission pouvait, sous certaines conditions, accorder l'assistance judiciaire.

Le 3 février 1966, M. A. déclarait qu'il renonçait à retirer les quatre requêtes; il ne s'estimait toutefois pas en droit de solliciter l'assistance judiciaire.

Par lettres des 8 février, 15 mars et 19 avril 1966, le Secrétaire de la Commission pria M. A. de dire s'il était disposé à se fonder sur les conclusions déposées par M. X. (à l'exclusion des expressions injurieuses déjà retirées), ou s'il avait d'autres observations à formuler.

Le 25 avril 1966, M. A. informa la Commission qu'il fonderait son action sur les conclusions de M. X.

Argumentation des parties

Considérant que l'argumentation complémentaire des parties peut être résumée ainsi qu'il suit:

1. *Requête n° 1904/63*

Le Gouvernement a fait valoir qu'en droit néerlandais, l'Inspecteur des Contributions n'est pas tenu de demander à la Commission de taxation de procéder à une évaluation, sauf dans le cas où il a l'intention de réclamer le paiement d'un impôt à une personne déterminée et où il ne parvient pas à s'entendre avec cette personne sur la valeur des actions imposables. Or, l'Inspecteur des Contributions n'avait pas et n'a pas l'intention de réclamer aux requérants le paiement d'un impôt sur les bénéfices de guerre et, par conséquent, il n'était pas obligé de procéder à l'évaluation de leurs actions.

merely been held responsible for Z's tax by reason of a gift received from her.

The representative of the Applicants replied that their shares ought to have been valued since their value was important for the calculation of the tax to be imposed.

2. *Application No. 2029/63*

The Government stated that the Supreme Court had not, in its decision of ... 1958, indicated any opinion as to whether the valuation by the State Auditors (*Rijksaccountantsdienst*) was correct but had merely stated that, contrary to the law, the Valuation Commission had not been asked to value Z's shares. It is irrelevant whether the Tax Inspector, when subsequently asking for such a valuation, informed the Valuation Commission of the contents of the decision of the Supreme Court.

The representative of the Applicants again stated, in reply, that the incorrect valuation of the Valuation Commission was a result of the Tax Inspector's failure to inform the Valuation Commission of the Supreme Court's decision.

3. *Application No. 2094/63*

The Government stated that the Tax Inspector had fixed, on ... 1949, the amount for which each Applicant was responsible in respect of the war-profit tax imposed upon Z. The remedies available in regard to this decision were exhausted and the final decisions were given by the Supreme Court on ... 1963. Consequently, the Tax Collector was entitled to use such assets of the Applicants as were at his disposal as payment of these amounts. It was not necessary to issue a summons against the Applicants as he could use the Applicants' claims against the authorities to balance their debts in respect of the war-profit tax concerned. This could be done in accordance with Articles 1461 *et seq.* of the Civil Code and the Applicants could have instituted civil proceedings if they did not agree, but they failed to do this. It is not true that under Dutch law the Tax Collector had first to seize certain other assets, since, according to Articles 437 and 598 of the Code of Civil Procedure, it is for the creditor to choose the assets which he wishes to use in payment of the debt.

The representative of the Applicants contested the Government's statement that a remedy existed before the civil courts and referred

Un recours n'eut été possible qu'au sujet de la taxation elle-même; or, aucune taxation n'a été imposée aux requérants. Ces derniers ont simplement été considérés comme débiteurs des impôts dus par Z. à raison d'une donation reçue de celle-ci.

Le représentant des requérants a répondu que les actions des requérants auraient dû être évaluées car il importait de connaître leur valeur pour calculer l'impôt à percevoir.

2. *Requête n° 2029/63*

Le Gouvernement fait valoir que la Cour Suprême, dans sa décision du ... 1958, n'avait formulé aucune opinion sur l'exactitude de l'évaluation des services comptables de l'Etat (*Rijksaccountantsdienst*), mais s'était borné à déclarer que, contrairement à la loi, la Commission de taxation n'avait pas été chargée d'évaluer les actions de Z. Il importe peu de savoir si l'Inspecteur des Contributions, lorsqu'il a, par la suite, demandé cette évaluation, a fait connaître ou non à la Commission de taxation le contenu de la décision de la Cour Suprême.

Le représentant des requérants a de nouveau affirmé, en réponse, que l'évaluation inexacte de la Commission de taxation provenait de ce que l'Inspecteur des Contributions avait omis de faire connaître la décision de la Cour Suprême à la Commission de taxation.

3. *Requête n° 2094/63*

Le Gouvernement a déclaré que l'Inspecteur des Contributions avait fixé le ... 1949 la somme que chacun des requérants devait payer au titre de l'impôt sur les bénéfices de guerre dû par Z. Les voies de recours possibles contre cette décision étaient épuisées et la Cour Suprême avait statué en dernier ressort, le ... 1963. En conséquence, le Percepteur des Contributions avait le droit d'affecter au paiement de ces sommes, les avoirs des requérants qu'il détenait. Il n'était pas nécessaire de citer les requérants en justice car l'Inspecteur des Contributions pouvait compenser les dettes des requérants au titre de l'impôt sur les bénéfices de guerre, au moyen des sommes réclamées par les requérants aux autorités. Cette procédure est autorisée par les articles 1461 et suivants du Code civil et les requérants, s'ils n'étaient pas d'accord, auraient pu intenter une action devant les tribunaux civils, ce qu'ils ont omis de faire. Il est inexact que le droit néerlandais exige que le Percepteur des Contributions saisisse en premier lieu certains autres biens, car, en vertu des articles 437 et 598 du Code de procédure civile, c'est au créancier qu'il appartient de choisir les biens qu'il entend affecter au paiement de la dette.

Le représentant des requérants a prétendu que le Gouvernement avait soutenu à tort qu'une voie de recours existait devant les trito a statement by the Minister of Finance. He maintained that the procedure followed in the present case had been contrary to Dutch law and repeated that certain property seized from Z or deposited by her ought to have been used for the payment of the war-profit tax and not of other debts.

4. *Application No. 2217/64*

The Government stated that the Tax Inspector, when calculating the war-profit tax, had rightly taken into account the gifts to the Applicants, and the Government referred to decisions of the Appeals Board for Direct Taxes (*Raad van Beroep voor de directe belastingen*) of Leeuwarden dated ... 1957, and of the Supreme Court dated ... 1958 and ... 1961. The Applicant's assertion that the Courts had found that the gift concerned a "personal right" is not correct and the Government referred in this respect to statements by the Supreme Court in its decisions of ... 1963. The Tax Inspector was under no obligation to proceed to a revaluation of the gifts.

The representative of the Applicants maintained that the courts had finally decided that the gift concerned a personal right and they stated that for this reason a revaluation ought to have taken place.

5. *Conclusion*

The Government stated that the Applicants' complaints were manifestly ill-founded and added:

(a) in regard to the alleged violations of Articles 3, 4, 5, and 8 of the Convention, that "the Applicants do not complain of torture or of inhuman or degrading treatment or punishment, nor of slavery or of compulsory labour, nor of deprivation of liberty or of security, nor of interference with the right to private life or to correspondence: apparently these Articles have been enumerated in order to make a weak contention more impressive";

(b) in regard to the alleged violations of Article 6 of the Convention, that "there has been no infringement of Article 6, of which notably para. 1 deals with matters pertaining to the subject of these claims, viz. the fair and public determination of civil rights and obligations (*in casu* the extent of taxes to be levied), since it is evident from the annexe mentioned above that the claimants, in so far as they have followed the procedure known to Netherlands law, have bunaux civils et il s'est référé à une déclaration du Ministre des Finances. Il a maintenu que la procédure suivie en l'occurrence était contraire au droit néerlandais et a réaffirmé que certains biens saisis dans le patrimoine de Z. ou remis en dépôt par celle-ci auraient dû être affectés au paiement de l'impôt sur les bénéfices de guerre et non pas au paiement d'autres dettes.

4. *Requête n° 2217/64*

Le Gouvernement a soutenu que l'Inspecteur des Contributions, lorsqu'il a évalué l'impôt sur les bénéfices de guerre, avait tenu compte à juste titre des donations faites aux requérants et le Gouvernement a invoqué la décision de la Commission d'Appel des Impôts directs (*Raad van Beroep voor de directe belastingen*) de Leeuwarden en date du ... 1957, et les arrêts de la Cour Suprême en date des ... 1958 et ... 1961. C'est à tort que les requérants ont prétendu que les tribunaux avaient conclu que la donation portait sur un droit personnel, et le Gouvernement a invoqué à cet égard l'arrêt de la Cour Suprême en date du ... 1963. L'Inspecteur des Contributions n'était absolument pas obligé de procéder à une nouvelle évaluation de la donation.

Le représentant des requérants a continué à prétendre que les tribunaux avaient finalement décidé que la donation portait sur un droit personnel et que, pour ce motif, une nouvelle évaluation aurait dû avoir lieu.

Conclusion

Le Gouvernement a déclaré que les griefs du requérant étaient manifestement mal fondés pour les motifs suivants:

(a) en ce qui concerne les violations alléguées des articles 3, 4, 5 et 8 de la Convention, "les requérants ne se plaignaient pas d'avoir été soumis à la torture ni à des peines ou traitements inhumains ou dégradants, ni d'avoir été tenus en esclavage ou en servitude, ni d'avoir été privés de leur droit à la liberté ou à la sûreté, ni d'une ingérence dans l'exercice de leur droit au respect de leur vie privée et familiale ou de leur correspondance. Ces articles ont apparemment été invoqués dans le but de renforcer artificiellement une thèse difficilement soutenable";

(b) en ce qui concerne les prétendues violations de l'article 6 de la Convention, "il n'y a eu aucune violation de l'article 6 dont le paragraphe 1, notamment, vise les questions qui font l'objet des présentes requêtes, c'est-à-dire le droit pour toute personne à ce que sa cause soit entendue équitablement et publiquement, par un tribunal indépendant et impartial ... qui décidera ... des contestations sur ses droits et obligations de caractère civil (en l'espèce le mon-received a fair and public hearing of their case within a reasonable time by an independent and impartial tribunal, whereas, in so far as they do not make use of the existing procedures, they cannot blame the Netherlands Government of an act contrary to the Convention";

(c) in regard to the alleged violations of Article 13 of the Convention that "There has been no infringement of Article 13 since, as stated under 2, no right whatever of the claimants has been violated and, even if this had occurred or in so far as they thought this had occurred, they have been free to use existing legal remedies and, in one instance, use has been deliberately not made of an existing legal remedy".

The Government further stated that the Applications might even be considered as an abuse of the right of petition (Article 27, paragraph (2), of the Convention) since they had been lodged "following upon many contentions and complaints made in this cause by the same claimants and subsequently found inaccurate by several Netherlands tribunals".

The representative of the Applicants replied that the Applicants had been subjected to mental torture and to degrading and inhuman treatment, since their money and their business had been confiscated and, as a result, their mother had died from a heart disease and they had been obliged to work for people who had previously been their employees. He stated that there had not been any fair and public hearing since taxation cases are never dealt with in public, not even by the courts.

THE LAW

Whereas, in regard to the alleged violations of Articles 3, 4, 5 and 8 of the Convention, an examination of the case as it has been submitted does not disclose any appearance of a violation of any of the rights and freedoms set forth in the Convention; whereas it follows that these parts of the Applications are manifestly ill-founded within the meaning of Article 27, paragraph (2), of the Convention;

Whereas, in regard to the alleged violations of Article 6 of the Convention, the Commission first observes that paragraphs (2) and (3) of this Article are clearly not applicable to the circumstances of the present case since these paragraphs only concern persons "charged with a criminal offence";

tant des impôts à percevoir) étant donné qu'il apparaît clairement de l'annexe mentionnée ci-dessus que les plaignants, pour autant qu'ils ont fait usage de la procédure mise à leur disposition par le droit néerlandais, ont vu leur cause entendue équitablement, publiquement et dans un délai raisonnable par un tribunal indépendant et impartial, tandis que, dans la mesure où ils n'ont pas fait usage des procédures prévues par la loi, ils ne peuvent reprocher au Gouvernement néerlandais d'avoir agi contrairement à la Convention";

(c) en ce qui concerne les prétendues violations de l'article 13 de la Convention, "aucune violation de l'article 13 n'a été commise étant donné que, comme il est dit au point 2, aucun droit des plaignants n'a été violé, et, même si une violation avait été commise ou si les plaignants pensaient qu'il en avait été ainsi, rien ne les empêchait de faire usage des voies de recours prévues par la loi et, dans un cas, ils se sont délibérément abstenus d'utiliser une voie de recours qui leur était ouverte".

Le Gouvernement a en outre soutenu que les requêtes pouvaient même être considérées comme abusives (article 27, paragraphe (2) de la Convention) en ce qu'elles ont été introduites "à la suite de nombreuses allégations et plaintes émanant des mêmes plaignants, que plusieurs tribunaux néerlandais avaient rejetées comme dénuées de fondement".

Le représentant des requérants a répliqué que les requérants ont été soumis à la torture psychologique et à des traitements inhumains et dégradants: en effet, leur argent et leur fond de commerce ont été saisis, à la suite de quoi leur mère est décédée d'une maladie de coeur et ils ont été contraints de travailler pour leurs anciens employés. Le représentant des requérants a prétendu que leur cause n'avait pas été entendue de façon impartiale et publiquement car les affaires fiscales ne sont jamais examinées en public, même par les tribunaux.

EN DROIT

Considérant, quant à la violation alléguée des articles 3, 4, 5 et 8 de la Convention, que l'examen de l'affaire ne permet de déceler aucune apparence de violation des droits ou libertés garantis par la Convention; qu'il s'ensuit que cette partie des requêtes est manifestement mal fondée au sens de l'article 27, paragraphe (2) de la Convention;

Considérant, en ce qui concerne les violations alléguées de l'article 6 de la Convention, que la Commission constate tout d'abord que les paragraphes (2) et (3) dudit article ne sont manifestement pas applicables en l'espèce car ils visent uniquement les personnes accusées d'une infraction;

Whereas, however, Article 6, paragraph (1), gives everyone certain procedural guarantees "in the determination of his civil rights and obligations or of any criminal charge against him"; whereas, consequently, the question arises whether the proceedings in the present case concerned the determination of the Applicants' civil rights or obligations;

Whereas all the proceedings complained of concerned the imposition of a tax or the execution of decisions by which a tax had been imposed; whereas, in a previous case (Application No. 2145/64 X against Belgium, Collection of Decisions, Vol. 18, p. 1), the Commission has already found that Article 6, paragraph (1), was not applicable to certain proceedings regarding taxation; whereas the Commission stated in this previous decision that these proceedings concerned a matter falling under public law and not under private law, although the fiscal measure complained of had had repercussions on the Applicants' property rights;

Whereas, in reliance upon this previous decision, the Commission finds that the proceedings complained of in the present case fall outside the competence of the Commission *ratione materiae* and that, consequently, these parts of the Application are incompatible with the provisions of the Convention within the meaning of Article 27, paragraph (2), of the Convention.

Whereas, in regard to the alleged violations of Article 13 of the Convention, it is to be observed that, according to this provision, an effective remedy shall be given to "everyone whose rights and freedoms as set forth in this Convention are violated"; whereas the Commission has held above that none of the provisions of the Convention invoked by the Applicants have been violated in the present case; whereas it follows that Article 13 has not been violated and that these parts of the Applications are manifestly ill-founded within the meaning of Article 27, paragraph (2), of the Convention.

Now therefore the Commission

DECLARES THESE APPLICATIONS INADMISSIBLE.

. . .

Considérant toutefois que l'article 6, paragraphe (1) stipule que toute personne a droit à certaines garanties d'ordre procédural en matière de contestations sur ses droits et obligations de caractère civil ou sur le bien-fondé de toute accusation en matière pénale dirigée contre elle; qu'en conséquent il faut se demander si en l'espèce la procédure concernait des contestations sur les droits et obligations de caractère civil des requérants;

Considérant que toutes les procédures incriminées concernaient la perception d'un impôt ou l'exécution de décisions ordonnant une imposition; que, dans une affaire précédente (requête n° 2145/64 X contre Belgique, Recueil de décisions Vol. 18 p. 1), la Commission a déjà décidé que l'article 6, paragraphe (1) n'était pas applicable à certaines procédures de caractère fiscal; que la Commission a déclaré, dans ladite décision antérieure, que les procédures ressortissaient à l'un des domaines du droit public et non pas au droit privé, encore que la mesure fiscale incriminée ait entraîné des répercussions sur les droits patrimoniaux des requérants;

Qu'en se fondant sur cette décision, la Commission constate que les procédures incriminées en l'espèce échappent à sa compétence *ratione materiae* et qu'en conséquence, ces parties de la requête sont incompatibles avec les dispositions de la Convention au sens de l'article 27, par. (2) de la Convention.

Considérant, en ce qui concerne les violations alléguées de l'article 13 de la Convention, qu'il échet de remarquer que, conformément à cet article, un droit de recours effectif doit être octroyé "à toute personne dont les droits et libertés reconnus dans la présente Convention ont été violés"; que la Commission a conclu ci-dessus qu'aucune des dispositions de la Convention invoquées par les requérants n'avait été violée en l'espèce; qu'il s'ensuit que l'article 13 n'a pas été violé et que ces parties des requêtes sont manifestement mal fondées au sens de l'article 27, paragraphe (2) de la Convention.

Par ces motifs

DECLARE LES REQUETES IRRECEVABLES.

. . .

Application No. 1983/63

X *against* THE NETHERLANDS

Final decision of 13th July 1966 [1]

...

THE FACTS

Whereas the facts presented by the Applicant – excluding those which relate to complaints already rejected by the Commission – may be summarised as follows:

The Applicant is an American citizen, born in 1929, and seems to be at present detained in prison in the USA. He is represented before the Commission by Mr. S, a lawyer practising in Amsterdam.

After serving a sentence in the Netherlands for illegal possession of narcotics, the Applicant was detained by the Dutch Aliens Police from ... November 1962 to 13th September 1963.

He states that he was first told that he was being detained pending the decision of the authorities whether he should be declared "an undesirable alien". He was detained at a Rotterdam police station until ... December 1962 and subsequently in a house of detention (*Huis van Bewaring*) in Rotterdam. On ... February 1963, he was declared to be an "undesirable alien" and he states that he was then notified that he was being held in detention pending his deportation from the Netherlands.

The Applicant took two lines of action before the Netherlands courts:

1. He submitted a petition to the District Court (*Arrondissementsrechtbank*) in Rotterdam, alleging that his *detention* was illegal and that, under Article 5, paragraph (4), of the Convention, he was entitled to have the lawfulness of his detention decided by a court. He also invoked the Aliens Act of 1918 according to which an "interned" alien was entitled to obtain a court decision as to the lawfulness of the measure by which he was interned; although not being an interned alien within the meaning of that Act, he considered that the provision referred to could be applied to his case by way of analogy.

On ... June 1963, the District Court dismissed his complaint, stating that neither Article 5, paragraph (4), of the Convention nor any domestic legal provision gave the Court competence to examine the lawfulness of his detention. The Court added, however, the following statement:

"considering that in particular it can also be left out of account

[1] A partial decision given on 13th December 1965 has been published in Yearbook, Volume VIII, pp. 228 to 266.

Requête No. 1983/63

X. *contre* LES PAYS-BAS

Décision finale du 13 juillet 1966 [1]

...

(*Traduction*)

EN FAIT

Considérant que les faits tels qu'ils sont exposés par le requérant – à l'exclusion de ceux qui concernent les griefs déjà rejetés par la Commission – peuvent être résumés comme suit:

Le requérant, ressortissant américain, est né en 1929 et semble être incarcéré actuellement aux Etats-Unis. Il est représenté devant la Commission par M. S., Avocat du barreau d'Amsterdam.

Après avoir purgé une peine aux Pays-Bas pour possession illégale de stupéfiants, le requérant a été incarcéré par la police néerlandaise des étrangers du ... novembre 1962 au 13 septembre 1963.

Il affirme qu'on lui a dit tout d'abord qu'il serait détenu en attendant que les autorités décident s'il convenait de le considérer comme un "étranger indésirable". Il fut détenu dans un poste de police de Rotterdam jusqu'au ... décembre 1962, puis il fut placé dans une maison d'arrêt (*Huis van Bewaring*) à Rotterdam. Le ... février 1963, on le déclara "étranger indésirable" et on lui fit savoir, affirme-t-il, qu'il serait maintenu en détention jusqu'au moment de son expulsion des Pays-Bas.

Le requérant engage deux sortes de procédures devant les tribunaux néerlandais:

1. Il présenta une pétition au tribunal d'arrondissement (*Arrondissementsrechtbank*) de Rotterdam, alléguant que sa détention était illégale et qu'aux termes du paragraphe 4 de l'article 5 de la Convention, il était en droit de demander qu'un tribunal statue sur la légalité de sa détention. Il invoqua également la loi de 1918 sur les étrangers, selon laquelle un étranger "interné" peut exiger qu'un tribunal se prononce sur la légalité de la mesure d'internement; sans être un étranger interné au sens de cette loi, il estimait que la disposition invoquée pouvait lui être appliquée par analogie.

Le ... juin 1963, le tribunal d'arrondissement rejeta sa requête, affirmant que ni le paragraphe 4 de l'article 5 de la Convention, ni aucune disposition de droit interne, n'habilitaient le tribunal à statuer sur la légalité de sa détention. Le tribunal ajouta toutefois:

"Considérant, notamment, qu'il n'y pas non plus lieu de se

[1] Une décision partielle rendue le 13 décembre 1965 a été publiée dans le Volume VIII de l'Annuaire, p. 229 à 267.

whether 'proceedings' in Article 5, paragraph (4), of the Convention can (also) have regard to a civil action to be instituted by summons against the State – concerning which the competent judge would be indicated in the relevant provisions of the Code of Civil Procedure – since such action has not been brought and this Court would not be competent in respect of such an action, as the Government has not its seat within the arrondissement of Rotterdam".

He then lodged an appeal (*beroep in cassatie*) to the Supreme Court (*Hoge Raad*) which, on 13th September 1963, declared the appeal inadmissible. In its decision, the Supreme Court stated that the Applicant's appeal had been lodged according to rules laid down in the Code of Criminal Procedure; that, however, the decision appealed against did not concern a criminal matter and that, consequently, an appeal submitted according to these rules could not be admitted; that, moreover, it was not necessary to decide whether an appeal had been possible in the present case since the Applicant had, in any event, not complied with the provisions in the Code of Civil Procedure when lodging his appeal.

2. In regard to his *deportation*, the Applicant instituted proceedings against the Minister of Justice and the Netherlands State before the District Court (*Arondissementsrechtbank*) in The Hague. He applied, in particular, for a court order that he should not be deported from the Netherlands. By decision of ... June 1963, the District Court declared his claim against the Minister of Justice inadmissible and rejected his claim against the State. He appealed but his appeal was rejected, on ... July 1963, by the Court of Appeal (*Gerechtshof*) in The Hague and his further appeal was also rejected on 13th September 1963, by the Supreme Court.

Immediately after the two decisions had been given by the Supreme Court, the Applicant was transported, on 13th September 1963, in an aeroplane to New York where he was at once arrested by the US authorities.

SUBMISSIONS OF THE PARTIES

Whereas the submissions of the Parties may be summarised as follows:

1. *As to the question whether the Applicant's detention was permissible under Article 5, paragraph (1), of the Convention*

The Applicant's lawyer submitted that, according to information given to the Applicant, he had been detained first pending the decision to declare him "an undesirable alien" and, after such a decision had been given, pending his deportation. The Applicant's demander si par "recours" au sens de l'article 5, paragraphe 4, de la Convention, on peut également entendre une action civile intentée contre l'Etat – (les dispositions pertinentes du Code de procédure civile permettant alors de déterminer quel est le juge compétent), étant donné qu'aucune action de ce genre n'a été introduite et qu'en tout état de cause le tribunal ne serait pas compétent en la matière, le siège du gouvernement ne se trouvant pas dans le ressort du "tribunal d'arrondissement de Rotterdam".

Le requérant fit appel (*beroep in cassatie*) devant la Cour suprême (*Hoge Raad*), qui déclara son recours irrecevable le 13 septembre 1963. Dans son arrêt, la Cour suprême précisait que le recours du requérant avait été introduit selon les règles définies dans le Code de procédure pénale; que toutefois, la décision contre laquelle il était fait appel ne concernait pas une affaire pénale et que, partant, un recours formé suivant ces règles était irrecevable; que, par ailleurs, il n'était pas nécessaire de se prononcer sur la possibilité d'un recours dans le cas présent, puisqu'en interjetant appel, le requérant ne s'était de toute manière pas conformé aux dispositions du Code de procédure civile.

2. En ce qui concerne son expulsion, le requérant introduisit une instance contre le Ministre de la Justice et l'Etat néerlandais devant le tribunal d'arrondissement (*Arrondissementsrechtbank*) de la Haye. Il demandait, notamment, au tribunal de ne pas autoriser son expulsion des Pays-Bas. Par décision du ... juin 1963, le tribunal d'arrondissement déclara irrecevable le recours contre le Ministre de la Justice et rejeta le recours contre l'Etat. L'intéressé interjeta appel, mais son appel fut rejeté le ... juillet 1963 par la Cour d'appel (*Gerechtshof*) de la Haye. Un nouvel appel fut rejeté le 13 septembre 1963 par la Cour suprême.

Aussitôt après ces deux décisions négatives de la Cour suprême, le requérant fut transporté par avion – le 13 septembre 1963 – à New-York où il fut immédiatement arrêté par les autorités des Etats-Unis.

THESES DES PARTIES

Considérant que les thèses des Parties peuvent se résumer comme suit:

1. *Quant à la question de savoir si la détention du requérant était régulière au sens du paragraphe 1 de l'article 5 de la Convention*

L'Avocat du requérant a affirmé que, selon les renseignements donnés au requérant, celui-ci avait d'abord été détenu en attendant qu'il fût déclaré "étranger indésirable"; puis, une fois prise cette décision, en attendant qu'il fût expulsé. L'Avocat a soutenu que lawyer alleged that this detention had not been permissible under Article 5, paragraph (1), of the Convention, for the following reasons:

(a) The Applicant had not been detained "awaiting procedure and decision of a deportation court as there is no deportation court in the Netherlands".

(b) His detention had not been lawful, there being no provision in Dutch law which provided for detention in his case. As to the application of the Convention itself, the lawyer submitted that, according to a decision by the Netherlands Supreme Court, the Convention was not considered to give the judicial authorities any greater legal powers than were accorded them under national law (*Nederlandse Jurisprudentie* 1960 No. 483). In internal law, Article 9 of the Aliens Act of 1849 simply provided that aliens who had not been admitted and could not obtain a visitor's permit should be taken across the frontier, but this Article did not contain any provision regarding detention. It was not justified to state that detention was lawful because it was necessary for the purpose of detention, since the concepts of "necessary" and of "lawful" were quite different. Moreover, in the present case it was not even clear that the Applicant's detention had been necessary for the purpose of deportation. In fact, aliens in the Netherlands enjoyed no legal protection but were exposed to the discretionary power of the administrative authorities. It was a current but unlawful practice in the Netherlands to deprive every person to be deported of his freedom. The illegality of such detention appeared from the new Dutch Aliens Act which had not yet come into force and its Explanatory Memorandum. The length of the Applicant's detention must be attributed to the fact that the Netherlands authorities insisted on deporting him to the USA instead of sending him to Germany or Belgium or letting him remain in the Netherlands.

(c) The Applicant was detained with a view to extradition *de facto*, but this extradition was carried out as an act of deportation, since extradition could not legally take place. Although the extradition treaty between the Netherlands and the USA did not provide for extradition in respect of narcotics offences or passport frauds which were the offences for which the Applicant was claimed in the USA, the US authorities, by letters of ... 1960 and ... 1961, had requested the assistance of the Netherlands authorities in bringing the Applicant back to the USA. The US authorities had even offered to pay for his transport and they probably had paid for it. Finally the Netherlands authorities transported him to New York where cette détention n'était pas régulière au sens de l'article 9, paragraphe 1, de la Convention, pour les motifs suivants:

(a) Le requérant n'a pas été détenu "en attendant la procédure et la décision d'un tribunal d'expulsion, puisqu'il n'existe pas de tribunal d'expulsion aux Pays-Bas".

(b) Sa détention n'était pas régulière, puisqu'aucune loi aux Pays-Bas ne prévoit la détention dans un tel cas. En ce qui concerne l'application de la Convention elle-même, l'Avocat a allégué que, conformément à une décision de la Cour suprême des Pays-Bas, la Convention ne peut être interprétée comme donnant aux autorités judiciaires d'un pays des pouvoirs plus larges que ceux qui leur sont accordés par la législation nationale (*Nederlandse Jurisprudentie* 1960 N° 483). Or, dans le droit interne néerlandais, l'article 9 de la loi de 1849 relative aux ressortissants étrangers dispose simplement que "si l'on constate la présence, dans le pays, d'étrangers qui n'ont pas été admis et qui ne peuvent obtenir un passeport, les autorités leur font franchir la frontière"; mais l'article ne contient aucune disposition relative à la détention. Il est impossible de prétendre que la détention était régulière sous prétexte qu'elle était nécessaire pour les besoins de l'expulsion, étant donné que les concepts de "nécessité" et de "régularité" sont tout à fait différents. Par ailleurs, il n'est même pas évident en l'espèce que la détention du requérant était nécessaire aux fins de son expulsion. En fait, les étrangers ne bénéficient d'aucune protection juridique aux Pays-Bas et sont soumis au pouvoir discrétionnaire des autorités administratives. Il est de pratique courante aux Pays-Bas, bien que non autorisée par la loi, de priver de sa liberté toute personne sur le point d'être expulsée. La nouvelle loi néerlandaise relative aux étrangers, qui n'est pas encore entrée en vigueur, et son exposé des motifs, mettent en lumière l'illégalité d'une détention de ce genre. La durée de la détention du requérant s'explique par le fait que les autorités néerlandaises ont tenu à expulser le requérant aux Etats-Unis au lieu de le conduire en Allemagne ou en Belgique ou de lui permettre de demeurer aux Pays-Bas.

(c) Le requérant a été détenu en vue de son extradition *de fait*, mais cette extradition a pris la forme d'une expulsion, l'extradition par la voie légale n'étant pas prévue dans son cas. Bien que le traité d'extradition conclu entre les Pays-Bas et les Etats-Unis ne prévoit pas l'extradition des personnes ayant violé la législation sur les stupéfiants ou la réglementation en matière de passeports, délits qui sont précisément ceux pour lesquels le retour du requérant a été réclamé par les Etats-Unis, les autorités américaines ont, par lettres du ... 1960 et du ... 1961, demandé l'assistance des autorités néerlandaises pour ramener le requérant aux Etats-Unis. Les autorités des Etats-Unis ont même proposé d'assumer les frais they delivered him to the US authorities. It was true that the Netherlands Government tried to avoid any appearance of extradition but, nevertheless, the Applicant was subjected to extradition *de facto* contrary to the existing extradition treaty. Consequently, as the purpose of his detention was an unlawful extradition, the detention could not be considered to be lawful.

The Government submitted that the Applicant had been told immediately after arriving on ... November 1962 at the Rotterdam Police Station that he was being held pending his deportation. The Government contested that his detention had been contrary to the Convention, for the following reasons:

(a) Neither the first part of Article 5 ("in accordance with a procedure prescribed by law", "selon les voies légales"), nor the wording of Article 5, paragraph (1) (f) ("action ... with a view to deportation or extradition", "une procédure d'expulsion ou d'extradition") of the Convention could be held to require specific court proceedings as a condition of detention. Consequently, the fact that there were not, under Dutch law, any specific court proceedings in deportation cases could not make the Applicant's detention contrary to the Convention.

(b) As regards the legal ground for detention of aliens, it should first be remembered that the Convention, of which Article 5, paragraph (1) (f) authorises detention with a view to deportation, formed part of Netherlands domestic law. This fact was not affected by the decision of the Supreme Court referred to by the Applicant as this decision dealt with a different question. Moreover, deportation of an alien was permitted under Article 9 of the Aliens Act and the lawfulness of detention by the authorities was consequent upon the lawfulness of the deportation of which it was an essential part. If the deportee did not voluntarily leave the country, the authorities had to arrest him to send him out of the country. In Dutch law, the police had the competence to carry out a deportation as part of its duty to maintain law and order and, consequently, the police was also competent to enforce detention which formed part of the deportation procedure. For such detention, the police normally used the detention quarters available at the police stations. In the present case, the Applicant was detained longer than usual at a police station. In regard to his subsequent detention at a house of detention, it should be observed that, according to a provision in the Act regarding the principles of the prison system (*Beginselenwet gevangeniswezen*), these houses were designed to accommodate persons lawfully deprived of their liberty by public order, in so far de voyage du requérant et l'ont probablement fait. Enfin, les autorités néerlandaises ont assuré le transfert du requérant d'Amsterdam à New-York, où elles l'ont remis aux autorités des Etats-Unis. Il est vrai que le gouvernement des Pays-Bas a voulu éviter de donner toute apparence d'extradition à la mesure prise par lui mais que le requérant n'en a pas moins été extradé *en fait*, contrairement aux dispositions du traité en vigueur. La détention du requérant, décidée en vue d'une extradition illégale, ne peut donc pas être considérée comme régulière.

Le gouvernement a déclaré que le requérant avait été prévenu aussitôt après son arrivée au poste de police de Rotterdam, le ... novembre 1962, qu'il serait détenu en attendant son expulsion. En réponse aux allégations du réquerant, le gouvernement a exposé que la détention n'était pas contraire aux dispositions de la Convention pour les motifs suivants:

(a) Ni la première partie de l'article 5 ("selon les voies légales"), ni le libellé du paragraphe 1 (f) de l'article 5 ("une procédure d'expulsion ou d'extradition") de la Convention ne subordonnent la détention à une procédure judiciaire spécifique. Par conséquent, le fait que la loi néerlandaise ne prévoit pas de procédure judiciaire spéciale dans les cas d'expulsion n'a pas pour effet de rendre la détention du requérant contraire aux dispositions de la Convention.

(b) En ce qui concerne la base légale de la détention d'étrangers, il convient de rappeler, tout d'abord, que la Convention, dont l'article 5, paragraphe 1 (f), autorise la détention en vue de l'expulsion, fait partie du droit interne néerlandais. La décision de la Cour suprême invoquée par le requérant ne change rien à ce fait, car elle a trait à une question différente. En outre, l'expulsion d'un étranger est autorisée aux termes de l'article 9 de la loi sur les ressortissants étrangers et la régularité de la détention est fonction de la régularité de l'expulsion dont elle est partie intégrante. Lorsque l'expulsé ne quitte pas volontairement le territoire du pays en cause, les autorités de ce pays sont contraintes de l'arrêter pour procéder à son expulsion. En droit néerlandais, la police est habilitée à appliquer une mesure d'expulsion dans le cadre de ses fonctions, qui consistent à faire observer la loi et à maintenir l'ordre; elle est donc également habilitée à imposer la détention qui fait partie de la procédure d'expulsion. A cette fin, la police utilise normalement les locaux de détention des postes de police. En l'espèce, le requérant a été détenu plus longtemps qu'il n'est d'usage dans un poste de police. En ce qui concerne sa détention ultérieure dans une maison d'arrêt, il y a lieu d'observer qu'en vertu d'une disposition de la loi relative au système des prisons (*Beginselenwet gevangeniswezen*), ces établissements sont destinés à héberger des personnes régulièrement privées de leur as no other place of detention was appointed for them. The duration of the Applicant's detention was due to the particular circumstances of his case. If it was possible to deport an alien to a neighbouring country which was willing or obliged to receive him, such an alien would not be detained longer than it took the authorities to transport him across the frontiers. In such a case, it would be a matter of hours or perhaps one day. If, however, deportation could not be effected over a land frontier but necessitated the use of sea or air transport, the deportee might be detained longer, namely until such time as suitable transport could be found. Detention might then last for days or even weeks. The authorities were acting lawfully in detaining a deportee until such time as transport could be arranged, since the deportee would otherwise be able to avoid deportation. In this respect, the Government also referred to a decision of the Rotterdam District Court (*Nederlandse Jurisprudentie* 1947 No. 617). In regard to the length of the detention in the present case, the Government pointed out that the Applicant had refused to co-operate with the authorities for the purpose of his transport to the USA. Steps had then been taken to ascertain whether he could obtain a passport which would enable him to enter any other country, but this proved impossible. As the Applicant and his lawyer protested against deportation to the USA, they were allowed to enquire themselves whether any country other than the USA would be prepared to receive the Applicant. The time-limit granted for these enquiries was repeatedly extended at the request of the Applicant's lawyer. Meanwhile, the Government sought the advice of Professor A on the question as to whether the Applicant's deportation would be permissible. This advice was received on ... January 1963. On ... February 1963, the Minister of Justice informed the Applicant that he was granted a period of ten days in which to name a country willing to receive him. This period was extended at the request of the Applicant's lawyer. The Applicant then summoned the State of the Netherlands to appear before the President of the District Court at The Hague on ... May 1963, and pursued this case through three courts. The Government awaited the result of these proceedings and then promptly deported him. Consequently, in the Government's submission, the exceptionally long duration of the Applicant's detention was due solely to his own wishes.

(c) As regards the Applicant's allegation that he had been subjected to an extradition *de facto*, the Government submitted that the measure taken by the Netherlands authorities was deportation, the reason being that the Applicant had twice violated Netherlands hospitality by entering the country with a false passport and by liberté par décret officiel, dans la mesure où aucun autre lieu de détention ne leur est affecté. La durée de la détention du requérant résulte des circonstances particulières de l'affaire. Lorsqu'un étranger peut être expulsé vers un pays voisin tenu de le recevoir, ou disposé à l'accueillir, l'intéressé ne sera pas détenu plus longtemps qu'il ne faut aux autorités pour lui faire franchir la frontière. Ce sera alors l'affaire de quelques jours ou peut-être d'une journée. Toutefois, si l'expulsion ne peut s'effectuer en faisant franchir à l'intéressé une frontière terrestre et qu'il faut recourir à un moyen de transport aérien ou maritime, il peut arriver que l'expulsé soit détenu plus longtemps, c'est-à-dire jusqu'à ce qu'un moyen de transport approprié ait été trouvé. La détention peut alors durer plusieurs jours, voire plusieurs semaines. Les autorités ne transgressent pas la loi en maintenant l'expulsé en détention jusqu'à ce que son transport soit assuré; s'il n'avait pas été détenu, l'expulsé aurait en effet été à même de se soustraire à l'expulsion. A cet égard, le gouvernement a également invoqué une décision du tribunal de district de Rotterdam (*Nederlandse Jurisprudentie* 1947 N° 617). En ce qui concerne la durée de la détention en l'espèce, le gouvernement a souligné que le requérant avait refusé de coopérer avec les autorités en vue de son transport aux Etats-Unis. Les autorités néerlandaises ont alors cherché à savoir si le requérant avait la possibilité d'obtenir un passeport lui permettant de se rendre dans un pays autre que les Etats-Unis, mais elles ont constaté que tel n'était pas le cas. Le requérant et son avocat ayant protesté contre l'expulsion à destination des Etats-Unis, ils ont été autorisés à rechercher par eux-mêmes si un autre pays était disposé à accueillir le requérant. Le délai accordé pour ces démarches a été prorogé à plusieurs reprises à la demande de l'avocat du requérant. Entre temps, le gouvernement consulta le professeur A. sur la question de savoir si l'expulsion du requérant serait régulière. Ce professeur donna son avis le ... janvier 1963. Le ... février 1963, le Ministre de la Justice fit savoir au requérant qu'il lui était accordé un délai de dix jours pour indiquer un pays disposé à le recevoir. Ce délai fut prorogé à la demande de l'avocat du requérant. Le requérant cita ensuite l'Etat des Pays-Bas à comparaître devant le Président du Tribunal d'arrondissement de la Haye le ... mai 1963 et porta l'affaire devant trois juridictions. Le gouvernement attendit l'issue de cette procédure, puis expulsa immédiatement le requérant. Le gouvernement soutient donc que la durée exceptionnellement longue de la détention du requérant est uniquement attribuable à la volonté de celui-ci.

(c) En ce qui concerne l'allégation du requérant selon laquelle il aurait été soumis à une extradition *de fait*, le gouvernement a précisé que c'est à une expulsion que les autorités des Pays-Bas avaient procédé, pour le motif que le requérant avait violé à deux reprises l'hospitalité des Pays-Bas en y pénétrant avec un faux committing an offence in regard to narcotics. For this reason he was not desired in the Netherlands. He was given the possibility of indicating a country willing to receive him but was unable to obtain a permit to enter any country other than the USA. The Netherlands authorities could therefore only deport him by sending him to the USA. As the measure proposed was not extradition, the Netherlands authorities avoided making contact with the US authorities but found it necessary to obtain an entry document before deporting the Applicant to the USA. The travel tickets however, were ordered and paid for by the Netherlands Ministry of Justice and payment from the US authorities was neither asked for nor received. Consequently, the Applicant was deported and not extradited to the USA.

As regards the alleged violation of Article 5, paragraph (1), *the Government* also submitted that the Applicant had failed to exhaust the domestic remedies, since he had not taken action against the State based on Article 1401 of the Civil Code (*Burgerlijk Wetboek*). *The Applicant's lawyer* objected that this would not have been an effective remedy in view of the limited competence of the courts in aliens' matters. (As to the submissions of the Parties on the character of this particular remedy, see below.)

2. *As to the question whether, during his detention, the Applicant had at his disposal a remedy satisfying the requirements of Article 5, paragraph (4), of the Convention*

The Applicant's lawyer alleged that the Applicant was a victim of a violation of Article 5, paragraph (4), of the Convention since he had not been able to take any action satisfying the requirements of that provision. There were no remedies in Dutch law, by which an alien could obtain a decision on the lawfulness of his detention (except under certain special provisions which were not applicable in the present case). He added in this respect that the Netherlands Basic Law (*Grondwet*) contained no real *habeas corpus* principle and that, although the Convention formed part of Dutch law, Article 5, paragraph (4), and Article 13 were not considered to be "self-executing". Although an alien, on the basis of Article 1401 of the Civil Code, could bring a civil action, alleging "détournement de pouvoir" by the authorities, this could not be considered a remedy satisfying the particular requirements of Article 5, paragraph (4). Where such action was brought, the courts were only competent to proceed to a *marginal* examination of the issue of detention. In fact, they could only consider whether the authorities had acted from wrongful motives but they were not competent to re-examine the administrative decisions as such. This limitation of the competence passeport et en commettant une infraction en matière de stupéfiants. Pour cette raison, le requérant était indésirable aux Pays-Bas. Il a eu la possibilité d'indiquer un pays disposé à le recevoir, mais n'a pu obtenir l'autorisation de pénétrer dans un pays autre que les Etats-Unis. Les autorités néerlandaises n'ont donc pu expulser le requérant qu'en l'envoyant aux Etats-Unis. Etant donné que la mesure en question ne constituait pas une extradition, les autorités néerlandaises ont évité d'entrer en contact avec les autorités des Etats-Unis, dont il leur a cependant fallu obtenir un document d'entrée avant d'expulser le requérant. Les billets, toutefois, avaient été retenus et payés par le Ministère de la Justice des Pays-Bas et leur payement n'avait été ni demandé aux autorités des Etats-Unis ni effectué par elles. En conséquence, le requérant a été expulsé et non extradé aux Etats-Unis.

En ce qui concerne la prétendue violation de l'Article 5, paragraphe 1, *le gouvernement* a également déclaré que le requérant n'avait pas épuisé les voies de recours internes, étant donné qu'il n'avait introduit contre l'Etat aucune instance fondée sur l'Article 1401 du Code civil (*Burgerlijk Wetboek*). *L'avocat du requérant* a objecté à cela qu'il n'y aurait pas eu voie de recours efficace en raison de la compétence restreinte des tribunaux pour les questions concernant les étrangers. (Pour l'argumentation des parties au sujet de la nature de cette voie de recours, voir ci-dessous).

2. *Quant à la question de savoir si, au cours de sa détention, le requérant disposait d'une voie de recours au sens de l'Article 5, paragraphe 4, de la Convention*

L'avocat du requérant a prétendu que son client avait été victime d'une violation de l'Article 5, paragraphe 4, de la Convention, car il ne lui a pas été possible d'utiliser une voie de recours répondant aux prescriptions de l'Article 5, paragraphe 4. En droit néerlandais, il n'existe pas de voie de recours permettant à un ressortissant étranger d'obtenir une décision sur la légalité de sa détention (sauf en vertu de certaines dispositions spéciales, qui n'étaient pas applicables en l'espèce). A ce propos, l'avocat du requérant a ajouté que la loi fondamentale néerlandaise (*Grondwet*) n'était pas fondée sur un principe d'*habeas corpus* véritable et que, si la Convention fait partie du droit néerlandais, l'Article 5, paragraphe 4, et l'Article 13 ne sont pas pour autant considérés comme étant automatiquement exécutoires. Bien qu'un étranger, invoquant l'Article 1401 du Code civil, puisse introduire une action civile en alléguant un détournement de pouvoirs de la part des autorités, il ne peut s'agir là d'une voie de recours répondant aux prescriptions de l'Article 5, paragraphe 4. Lorsqu'une telle action est introduite, les tribunaux sont habilités seulement à procéder à un examen *marginal* de la question de la détention. En fait, ils peuvent uniquement examiner of the courts made any such action by a detained alien ineffective, since the motives from which the officials had acted could hardly ever be proved.

The Applicant's lawyer also referred, in this regard, to certain passages in the report submitted by Professor A to the Minister of Justice. In this report, Professor A stated, *inter alia*, that an action based on alleged "détournement de pouvoir" could only be successful if it was evident that the competence of the authorities had been used for a purpose other than that for which it had been given and that, therefore, the Courts did not look at the factual consequences of the measures taken by the authorities but merely examined whether the motives which inspired the authorities were acceptable in view of the purpose of the legal provisions concerned.

The Applicant's lawyer concluded that a court, acting on the basis of Article 1401 of the Civil Code, could not be considered as a court having such competence as was required by Article 5, paragraph (4). In his opinion, this provision of the Convention could not at all be considered to refer to civil proceedings before a court.

The Government submitted that the question whether or not the Applicant's detention was lawful could have been examined by a court if he had brought an action based on Article 1401 of the Civil Code which provided that "any wrongful act, as a result of which damage has been inflicted on another person, makes the person, by whose fault damage has been caused, liable to pay compensation". This provision was also applicable to the conduct of the public authorities and, when such action was brought, it was regular practice to test the conduct of the authorities in respect not only of possible violations of the system of law and justice, but also of "détournement de pouvoir" or "abus de droit". The courts could also investigate the question whether or not deprivation or restriction of liberty had been lawful (*rechtmatig*). What the courts were not competent to examine was the manner in which the administrative authorities had used their discretion. The Applicant could in fact still bring such an action in regard to his detention and it would be incorrect to consider this remedy inadequate or ineffective. Although, according to its wording, Article 1401 only dealt with compensation, the courts were also competent, on the basis of that provision, to prohibit unlawful actions if they should still continue or threaten to continue at the time of the summons or judgment. This was an established jurisprudence in the Netherlands la question de savoir si les autorités ont agi en se fondant sur des *motifs illicites* et ne sont pas habilités à réexaminer les décisions administratives elles-mêmes. Les restrictions ainsi apportées à leur compétence rendent toute action inefficace, des preuves ne pouvant guère être produites quant aux motifs qui ont incité les autorités à agir.

L'avocat du requérant a également évoqué à cet égard certains passages du rapport que le professeur van Panhuys a présenté au Ministre de la Justice. Dans ce rapport, le professeur A. a déclaré notamment qu'une action fondée sur un prétendu détournement de pouvoirs peut aboutir seulement s'il est évident que les autorités intéressées ont utilisé leurs attributions à des fins autres que celles auxquelles elles étaient primitivement destinées et que, par conséquent, les tribunaux ne tiennent pas compte des conséquences effectives des mesures prises par les autorités mais examinent seulement le point de savoir si les motifs qui les ont inspirées correspondent au but visé par les dispositions juridiques sur lesquelles sont fondées les attributions des autorités en cause.

L'avocat du requérant concluait qu'un tribunal rendant un arrêt sur la base de l'Article 1401 du Code civil ne saurait être considéré comme un tribunal ayant la compétence requise par l'Article 5, paragraphe 4. De l'avis de l'avocat, cette disposition de la Convention ne peut absolument pas être considérée comme visant une instance civile.

Le gouvernement a soutenu qu'un tribunal aurait pu se prononcer sur la question de savoir si la détention du requérant était ou non conforme à la loi si celui-ci avait introduit une action en se fondant sur l'Article 1401 du Code civil, qui stipule que "tout acte illicite à la suite duquel une personne a subi un préjudice expose la personne responsable de ce préjudice à verser un dédommagement". Cette disposition est également applicable à la conduite des autorités publiques et, lorsqu'une telle action est introduite, il est d'usage d'examiner la conduite des autorités non seulement du point de vue d'une violation possible du système juridique et judiciaire, mais encore de celui d'un détournement de pouvoirs ou abus de droit éventuel. Les tribunaux peuvent également examiner la question de savoir si le fait d'avoir privé une personne de sa liberté ou d'avoir limité celle-ci était conforme à la loi (*rechtmatig*). Ce que les tribunaux n'ont pas compétence pour examiner, c'est la façon dont les autorités administratives ont fait usage de leur pouvoir discrétionnaire. En fait, le requérant pouvait encore introduire une telle action au sujet de sa détention et il serait inexact de décrire cette voie de recours comme étant inappropriée ou inefficace. Bien que l'Article 1401 ne vise expressément que les dommages-intérêts, les tribunaux sont également habilités, en vertu de cet article, à ordonner la cessation d'actes illégaux si ceux-ci se poursuivent ou and the Applicant could therefore have summoned the State of the Netherlands to appear before a civil court and in these proceedings he could have claimed a judgment obliging the State to terminate immediately the allegedly unlawful detention, if necessary, on penalty of a considerable fine for every day that the State permitted the unlawful detention to continue after the court had passed judgment. In such proceedings, the civil court would have decided on the lawfulness of the Applicant's detention, and the detention would no longer have continued, if found to be unlawful. Proceedings before an ordinary civil court would have required a considerable time but in urgent cases a claim based on Article 1401 could be settled in anticipation by the President of the District Court in summary proceedings. Judgment could be passed very quickly and could be declared immediately executable, despite the right of appeal to a higher court. In particular, cases concerning unlawful actions were often dealt with in summary proceedings in order to terminate any unlawful situation as soon as possible. Consequently, the Applicant by instituting such summary proceedings could have obtained promptly a court decision on the lawfulness of his detention.

In support of their interpretations of Netherlands law as indicated above, the Parties also referred to a number of court decisions dealing with the competence of the Netherlands courts to decide on questions of aliens' law, in particular, detention of aliens (*Nederlandse Jurisprudentie* 1932 p. 214, 1933 p. 1625, 1938 No. 656, 1947 No. 617, 1948 No. 511, 1950 No. 79 and 1955 No. 558) or on other matters which basically fall within the discretion of the administrative authorities (*Nederlandse Jurisprudentie* 1960 No. 475 and 1964 No. 204).

THE LAW

Whereas the Applicant alleges that his detention in the Netherlands, which lasted from ... November 1962 to 13th September 1963, was not permissible under Article 5, paragraph (1), of the Convention; whereas, in particular, he alleges that his detention was not lawful in Dutch law, as required by Article 5, paragraph (1) (f), of the Convention;

Whereas Article 26 of the Convention provides that the Commission may only deal with a matter after all domestic remedies have been exhausted, according to the generally recognised rules of international law;

Whereas the Government has submitted that the Applicant had not exhausted the domestic remedies, since he had not, in regard to his detention, instituted civil proceedings against the State on the basis of Article 1401 of the Civil Code; whereas the Applicant has submitted in reply that this remedy should be left out of account, risquent de se poursuivre au moment de l'introduction de l'instance ou du jugement. La jurisprudence néerlandaise étant constante sur ce point, le requérant aurait pu citer l'Etat devant un tribunal civil et demander à celui-ci d'ordonner qu'il soit mis fin immédiatement à la détention illégale, une forte astreinte devant être prévue le cas échéant. Le tribunal civil se serait alors prononcé sur la légalité de la détention du requérant et, si cette détention avait été déclarée illégale, il y aurait été mis fin. Une instance devant un tribunal civil ordinaire aurait duré très longtemps; mais en cas d'urgence, une demande fondée sur l'Article 1401 peut être jugée par le Président du tribunal d'arrondissement agissant en qualité de juge des référés. L'arrêt aurait pu intervenir très rapidement et être déclaré immédiatement exécutoire nonobstant appel. Les affaires portant sur des actes illégaux sont souvent l'objet d'une procédure de référé afin de faire cesser sans retard la situation illégale. En sollicitant un référé, le requérant aurait donc pu obtenir très rapidement un arrêt du tribunal au sujet de la légalité de sa détention.

A l'appui de leur interprétation du droit des Pays-Bas, *les Parties* se sont également référées à un certain nombre de décisions judiciaires ayant trait à la compétence des tribunaux néerlandais en matière de statut des étrangers et plus particulièrement de détention de ressortissants étrangers (*Nederlandse Jurisprudentie* 1932, p. 214, 1933, p. 1625, 1938, N° 656; 1947, N° 617; 1948, N° 511; 1950, N° 79, et 1955, N° 558) ou à d'autres questions qui, pour l'essentiel, sont soumises au pouvoir discrétionnaire des autorités administratives (*Nederlandse Jurisprudentie* 1960 N° 475 et 1964 N° 204).

EN DROIT

Considérant que le requérant soutient que sa détention aux Pays-Bas, qui a duré du ... novembre 1962 au 13 septembre 1963, n'était pas régulière au sens de l'article 5, paragraphe 1, de la Convention; qu'il soutient notamment que sa détention n'était pas régulière selon le droit néerlandais, et qu'elle constitue donc une violation de l'article 5, paragraphe 1, (f), de la Convention;

Considérant qu'aux termes de l'article 26 de la Convention, la Commission ne peut être saisie qu'après épuisement des voies de recours internes, tel qu'il est entendu selon les principes de droit international généralement reconnus;

Considérant que le gouvernement a soutenu que le requérant n'avait pas épuisé les voies de recours internes, étant donné qu'il n'avait introduit aucune action civile contre l'Etat au sujet de sa détention en se fondant sur l'article 1401 du Code civil; que le requérant a répliqué qu'il ne devait pas être tenu compte de cette for the purposes of Article 26, since, in matters affecting aliens, the courts had no competence to intervene, save in exceptional cases of "détournement de pouvoir";

Whereas the Commission observes that, in so far as a violation of Article 5, paragraph (1), of the Convention is alleged, the Applicant was obliged, in order to comply with Article 26 of the Convention, to exhaust all effective and sufficient remedies at his disposal; whereas such remedies, which are to be determined within the meaning of Article 26 of the Convention, are not necessarily equivalent to the proceedings which a Contracting Party is obliged to make available within the meaning of Article 5, paragraph (4), of the Convention;

Whereas it appears from the submissions of the Parties that, although in Dutch law the question of the deportation of an alien and of his detention pending deportation fall in principle within the discretion of the administrative authorities, the courts are at least competent to examine, whether, in taking their decision, these authorities are guilty of "détournement de pouvoir" or "abus de pouvoir"; whereas, for the purpose of such examination by a court, a detained alien can bring a civil action based on Article 1401 of the Civil Code;

Whereas the Commission considers that, even if the courts were thereby only competent to determine particular aspects of a detention alleged to be unlawful, such action under Article 1401 of the Civil Code is to be considered a remedy which an alien who claims to be unlawfully detained must exhaust in order to comply with Article 26;

Whereas the Applicant failed to bring such action in regard to his detention;

Whereas it follows that, in respect of the alleged violation of Article 5, paragraph (1), of the Convention, he has not exhausted the domestic remedies within the meaning of Article 26;

Whereas the Applicant also alleges a violation of Article 5, paragraph (4), of the Convention on the ground that, in respect of his detention, he did not have at his disposal the possibility of taking proceedings by which the lawfulness of his detention would be decided by a court and his release ordered if the detention was not lawful; whereas, in particular, he has submitted that proceedings under Article 1401 of the Civil Code did not satisfy these requirements; whereas the Government has contradicted this view;

Whereas there is a question whether the procedure available under Article 1401 satisfied the requirements of Article 5, paragraph (4), by expressly empowering and directing the courts to order the release of a person found to be unlawfully detained;

voie de recours, aux fins de l'article 26, étant donné que les tribunaux ne sont pas compétents pour les questions concernant les étrangers, sauf dans des cas exceptionnels de "détournement de pouvoir";

Considérant que la Commission constate que, pour autant qu'une violation de l'article 5, paragraphe 1, de la Convention est alléguée, le requérant était tenu, conformément à l'article 26 de la Convention, d'épuiser toutes les voies de recours efficaces qui lui étaient ouvertes; que ces voies de recours, qui doivent s'apprécier d'après l'article 26 de la Convention, ne sont pas nécessairement équivalentes au recours que les Parties Contractantes sont obligées de prévoir aux termes de l'articles 5, paragraphe 4, de la Convention;

Considérant qu'il résulte de l'argumentation des parties que, s'il est exact qu'en droit néerlandais la question de l'expulsion d'un étranger et de sa détention, en attendant l'expulsion, relève en principe du pouvoir discrétionnaire des autorités administratives, les tribunaux sont tout au moins compétents pour examiner si, en prenant leur décision, les dites autorités se sont rendues coupables de "détournement de pouvoir" ou "d'abus de pouvoir"; que, pour provoquer cet examen par un tribunal, un étranger détenu peut intenter une action civile fondée sur l'article 1401 du Code civil;

Considérant que, de l'avis de la Commission, une action introduite sur la base de l'article 1401 du Code civil constitue un recours qui doit, conformément à l'article 26, avoir été épuisé par l'étranger qui se plaint d'avoir été illégalement détenu, même si les tribunaux n'ont compétence que pour se prononcer sur certains aspects particuliers d'une détention prétendument illégale;

Considérant que le requérant a omis d'intenter une telle action au sujet de sa détention;

Considérant qu'il s'en suit que, pour autant qu'il allègue une violation de l'article 5, paragraphe 1, de la Convention, le requérant ne s'est pas prévalu des voies de recours internes, au sens de l'article 26 de la Convention;

Considérant que le requérant allègue également une violation de l'article 5, paragraphe 4, de la Convention en ce qu'il n'a pas eu la possibilité d'introduire un recours devant un tribunal, afin que celui-ci statue sur la légalité de sa détention et ordonne sa libération si la détention était illégale; qu'il a soutenu notamment, que l'action fondée sur l'article 1401 du Code civil ne répondait pas à ces prescriptions; que le gouvernement a rejeté ce point de vue;

Considérant qu'on peut se demander si la procédure prévue à l'article 1401 répond aux prescriptions de l'article 5, paragraphe 4, en permettant et en enjoignant aux tribunaux d'ordonner la mise en liberté d'une personne dont la détention est illégale;

Whereas, however, even if such proceedings were not effective for this purpose, the Applicant could not be regarded as a victim of a violation of the Convention for the two following reasons; whereas, first, given the necessity for deportation, the continuance of the detention from November 1962 to May 1963 was in large part to meet his own desire to avoid, if possible, deportation to the USA; whereas, secondly, the further continuance of his detention from May to September 1963, enabled him to challenge in the courts the legality of the order for deportation;

Whereas, consequently, the Applicant has not been a victim of a violation by the Netherlands Government of Article 5, paragraph (4), of the Convention; whereas it follows that this part of the Application is incompatible with the provisions of the Convention, in particular with Article 25, which governs the conditions under which the Commission may receive an application from an individual.

Now therefore the Commission

DECLARES THIS APPLICATION INADMISSIBLE

...

Application No. 2004/63

HEINZ KORNMANN *against* THE FEDERAL REPUBLIC OF GERMANY

Final decision of 24th May 1966

...

THE FACTS

Whereas the facts presented by the Applicant – excluding those which relate to the complaints already rejected by the Commission – may be summarised as follows:

The Applicant is a German citizen, born in 1930 and at present detained in prison in Berlin. He is represented before the Commission by Mr. Hasso Fügart, a lawyer practising in Berlin.

He alleges that on 28th October 1963 he was ill-treated by prison officers in the Tegel prison in Berlin and he describes the incident as follows:

After a dispute between him and a certain Mr. K, an official in the prison administration, in regard to the refusal of the prison authorities to forward a letter from the Applicant to the Landgericht, Mr. K ordered him to be brought to an isolation cell. Following this order, his arms were twisted behind his back by the prison

Considérant toutefois que, même si une telle procédure était inefficace en l'espèce, le requérant ne peut pas être considéré comme victime d'une violation de la Convention pour les deux motifs suivants: premièrement, étant donné qu'il était nécessaire d'expulser le requérant, le fait qu'il a été maintenu en détention de novembre 1962 à mai 1963 est dû en grande partie à son propre voeu d'éviter d'être expulsé à destination des Etats-Unis; deuxièmement, la prolongation de sa détention de mai à septembre 1963 lui permettait de soumettre aux tribunaux la question de la légalité de l'ordonnance d'expulsion le concernant;

Considérant en conséquence que le requérant n'a pas été victime d'une violation de l'article 5, paragraphe 4, de la Convention de la part du gouvernement des Pays-Bas; qu'il s'ensuit que cette partie de la requête est incompatible avec les dispositions de la Convention, notamment avec l'article 25, qui stipule dans quelles conditions la Commission peut être saisie d'une requête individuelle.

Par ces motifs, la Commission

DECLARE LA REQUETE IRRECEVABLE.

. . .

Requête No. 2004/63

HEINZ KORNMANN *contre* LA REPUBLIQUE FEDERALE D'ALLEMAGNE

Décision finale du 24 mai 1966

. . . (*Traduction*)

EN FAIT

Considérant que les faits de la cause, tels qu'ils sont présentés par le requérant – à l'exclusion de ceux qui se rapportent aux griefs déjà rejetés par la Commission – peuvent se résumer ainsi:

Le requérant, de nationalité allemande, est né en 1930; il est actuellement détenu à Berlin. Il est représenté devant la Commission par Me. Hasso Fügart, avocat exerçant à Berlin.

Il prétend avoir été maltraité par des gardiens dans la prison de Tegel, à Berlin le 28 octobre 1963, et il décrit l'incident de la façon suivante:

Après une altercation qui l'avait opposé à un certain M. K, fonctionnaire de l'administration pénitentiaire, au sujet du refus des autorités pénitentiaires de transmettre une lettre du requérant au *Landgericht*, M. K ordonna qu'on le mît au cachot. A la suite de cet ordre, ses bras furent tordus derrière son dos par les gardiens officers L and H while another prison officer S hit him and jabbed him with keys. He was then dragged along like an animal down the three staircases to the solitary confinement cell. While in this cell, H, S and a third officer named entered, and he was pushed into a corner. L then choked him from behind so that he could hardly breathe and S hit him in the face so that his glasses fell on the stone floor and were broken. O, H and S then secured him with chains using much brutality and violence. He was thrown on the floor and an old scar from a fracture of his head was affected and began bleeding, as well as his nose. O then trod on his back in order to pull the chain even tighter with the result that he had pains in his stomach and kidneys. He was then pulled up by his hair and handcuffed with equal brutality. The handcuffs which were so tight that his hands became swollen were tied to the chain which had already been fastened to his body. While he was tied up in such a way that he could hardly move for pain, H hit his head with a truncheon. His teeth bled and have subsequently remained loose. He lost consciousness and cannot say what else was done to him. When he regained consciousness, he was lying on the floor and had horrible pains in his head, stomach, kidneys and teeth. He could no longer move his wrists because of the tight handcuffs. In the afternoon of 29th October, he was taken from the cell where he had then been lying for 24 hours on the stone floor without care or medical treatment.

In his original submissions regarding this incident, the Applicant stated that he had tried to lodge several complaints regarding the alleged ill-treatment but that these complaints had all been returned to him under some pretext. The further submissions by the Parties on the question of exhaustion of domestic remedies are set out below.

PROCEEDINGS BEFORE THE COMMISSION

Whereas the proceedings before the Commission may be summarised as follows:

On 1st June 1965, the Commission, while declaring [1] other parts of the present Application inadmissible, decided, in accordance with Rule 45, paragraph 3 (b), of its Rules of Procedure, to give notice of the Application, in so far as it related to the alleged ill-treatment, to the Federal Government and to invite it to submit its observations in writing on the question of admissibility. The Government

[1] Decision not published.

L et H pendant qu'un autre gardien, S le frappait et lui portait des coups avec des clés. On lui fit ensuite descendre trois escaliers en le traînant comme un animal et on le mit au cachot. Pendant qu'il s'y trouvait, H, S, et un troisième gardien, du nom d'O, entrèrent et lacculèrent dans un coin. L lui fit alors une prise d'étranglement par derrière, si bien qu'il ne pouvait presque plus respirer et S le frappa au visage; ses lunettes tombèrent sur le sol de pierre et se brisèrent. O, H et S l'enchaînèrent alors avec une violence et une brutalité extrêmes. Ils le jetèrent à terre et la vieille cicatrice d'une ancienne fracture du crâne se rouvrit et se mit à saigner, ainsi que son nez. O appuya alors son pied sur le dos du requérant, afin de resserrer la chaîne, ce qui lui causa des douleurs à l'estomac et aux reins. On le remit debout en le saisissant par les cheveux et on lui passa des menottes avec la même brutalité. Les menottes, qui étaient si serrées que ses mains enflèrent, furent attachées à la chaîne qui l'entravait déjà. Une fois qu'il fut enchaîné de telle manière qu'il ne pouvait presque plus bouger tellement il souffrait, H le frappa sur la tête avec une matraque. Ses gencives se mirent à saigner et ses dents sont restées branlantes depuis lors. Il perdit connaissance et est incapable de dire quel traitement lui fut infligé par la suite. Quand il reprit connaissance, il était étendu sur le sol et souffrait horriblement de la tête, de l'estomac, des reins et de la mâchoire. Il ne pouvait plus bouger ses poignets tellement les menottes étaient serrées. Dans l'après-midi du 29 octobre, on le fit sortir du cachot où il était resté pendant 24 heures couché à même le sol de pierre, sans soins médicaux.

Dans ses premières conclusions relatives à cet incident, le requérant a déclaré qu'il avait essayé de déposer plusieurs plaintes concernant ces mauvais traitements mais que ces plaintes lui avaient toutes été retournées sous un prétexte quelconque. Les autres arguments présentés par les parties sur la question de l'épuisement des voies de recours internes sont exposés ci-après.

PROCEDURE DEVANT LA COMMISSION

Considérant que la procédure devant la Commission peut se résumer ainsi:

Le 1er juin 1965, la Commission, tout en déclarant irrecevables [1] d'autres parties de la présente requête, a décidé, conformément à l'Article 45, paragraphe 3 (b) de son Règlement intérieur, de communiquer la requête, pour autant qu'elle concernait les mauvais traitements allégués, au Gouvernement fédéral et d'inviter ce dernier à présenter ses observations écrites sur la question de la

[1] Décision non publiée.

was requested, primarily, to comment on the issue of exhaustion of domestic remedies.

On 21st July 1965, the Government submitted its observations on admissibility.

The Applicant's reply to the Government's observations was submitted by his lawyer in a pleading of 1st September 1965 and, in addition, the Applicant himself submitted a number of letters to the Commission.

On 10th December 1965, the Commission decided to hold an oral hearing in the case.

Both Parties submitted further written pleadings, the Applicant's lawyer on 31st January 1966 and the Government on 4th February 1966.

The oral hearing was held on 11th and 12th February 1966. Following the hearing, the Commission decided to adjourn its decision on admissibility and, in the meanwhile, to ask the Government to provide certain further information and documents.

The Government submitted further information and documents in two pleadings of 1st April and 9th May 1966. The Applicant's lawyer submitted, in reply, two pleadings of 6th and 17th May 1966.

The Government also submitted a statement on 20th May 1966. The Commission decided, however, on 24th May 1966 not to take note of that statement as it had been submitted after the closing of the Government's written pleadings.

SUBMISSIONS OF THE PARTIES

Whereas the submissions of the Parties may be summarised as follows:

1. *As to the question of the Applicant's withdrawal of his Application*

The Government has submitted on 4th February 1966 a photocopy of a document which states as follows:

"Berlin, 27th January 1964

I hereby declare that I withdraw my submissions of 1st January 1964 to the Council of Europe in Strasbourg.

Heinz Kornmann"

The Government further explained that this declaration had, by mistake, been filed with the Berlin authorities instead of being forwarded to the Commission. In the Government's opinion, this document seemed to show that the Applicant had not been clear recevabilité. Le Gouvernement a été prié, principalement, de faire connaître ses commentaires sur la question de l'épuisement des voies de recours internes.

Le 21 juillet 1965, le Gouvernement a présenté ses observations sur la recevabilité.

La réponse du requérant aux observations du Gouvernement a été communiquée par son avocat, sous la forme d'un mémoire, le 1er septembre 1965; en outre, le requérant a lui-même adressé plusieurs lettres à la Commission.

Le 10 décembre 1965, la Commission a décidé de tenir une audience contradictoire.

Les deux parties ont présenté de nouvelles observations écrites, l'avocat du requérant le 31 janvier 1966 et le Gouvernement le 4 février 1966.

L'audience contradictoire s'est tenue les 11 et 12 février 1966. A la suite de cette audience, la Commission a décidé de surseoir à statuer sur la recevabilité et, en attendant, d'inviter le Gouvernement à lui fournir certains renseignements et documents complémentaires.

Le Gouvernement a communiqué ces renseignements et documents complémentaires dans deux mémoires, le 1er avril et le 9 mai 1966. L'avocat du requérant a présenté, en réponse, deux mémoires les 6 et 17 mai 1966.

Le Gouvernement a également adressé à la Commission une déclaration le 20 mai 1966. Toutefois, celle-ci a décidé, le 24 mai 1966, de ne pas la prendre en considération, car elle lui avait été adressée après l'expiration du délai imparti au Gouvernement pour présenter ses observations écrites.

ARGUMENTATION DES PARTIES

Considérant que l'argumentation des parties peut se résumer ainsi:

1. *En ce qui concerne la question du retrait par le requérant de sa requête*

Le Gouvernement a fourni, le 4 février 1966, une photocopie d'un document dont voici la teneur:

"Berlin, le 27 janvier 1964

Je déclare par ces présentes que je retire les allégations que j'ai formulées le 1er janvier 1964 auprès du Conseil de l'Europe à Strasbourg.

Heinz Kornmann"

Le Gouvernement a expliqué en outre que cette déclaration avait été conservée par erreur par les autorités de Berlin, au lieu d'être transmise à la Commission. De l'avis du Gouvernement, ce document montre que le requérant ne s'était pas fait lui-même une idée très himself as to the effect of his Application and had not attached any great importance to it. On the other hand, the declaration of withdrawal was apparently also of interest in regard to the question whether the Applicant had exhausted domestic remedies. The fact that he had even withdrawn his Application with the Commission seemed to support the Government's submission that he had not exhausted the domestic remedies (as to the Government's submissions on exhaustion, see below). This declaration might also indicate that the Applicant himself had doubts as to whether the allegations made in his Application were well-founded.

The Applicant's lawyer stated that it was not clear whether the declaration referred to by the Government concerned the incident of 28th October 1963. The declaration might have concerned some other submissions which had remained in the files of the Berlin authorities. If, however, the declaration concerned the case of ill-treatment, the Applicant's own conduct showed that he did not intend to withdraw his complaint, since, in fact, he had persistently pursued this case. Moreover, a withdrawal would not prevent the Commission from examining the case since the Commission's proceedings were not bound by formal considerations, their purpose being to examine the substance of the alleged facts.

2. *As to the question of exhaustion of domestic remedies (Article 26 of the Convention)*

A. *Legal remedies available*

The Government submitted that, in German law, the alleged acts by prison officers would constitute the offence of causing bodily harm in the exercise of official duties (*Körperverletzung im Amt*). As this was a criminal offence, the primary remedy at the Applicant's disposal would be the lodging of a *penal charge* (*Strafanzeige*) with the competent Public Prosecutor (*Staatsanwalt*) and, if the Public Prosecutor decided to take no action, he could appeal to the Senior Public Prosecutor (*Generalstaatsanwalt*).

If the Senior Public Prosecutor also decided not to institute criminal proceedings, he could avail himself of the "prosecution enforcement procedure" (*Anklageerzwingungsverfahren*) provided for by Article 172 of the Code of Criminal Procedure (*Strafprozessordnung*). This meant that the Applicant could have lodged an application with the competent Court of Appeal, in the present case, the Kammergericht in Berlin.

In the Government's opinion, these proceedings would have constituted the principal remedies.

The Government also referred to the possibility of lodging an claire de l'effet de sa requête et qu'il n'y avait pas attaché une grande importance. D'autre part, cette déclaration de retrait semble également présenter de l'intérêt en ce qui concerne la question de savoir si le requérant a épuisé les voies de recours internes. Le fait qu'il ait retiré la requête qu'il avait introduite devant la Commission semble confirmer l'argument du Gouvernement suivant lequel il n'a pas épuisé les voies de recours internes (en ce qui concerne les conclusions du Gouvernement sur l'épuisement des voies de recours, cf. *infra*). Cette déclaration peut aussi indiquer que le requérant lui-même nourrissait des doutes sur le bien-fondé des allégations contenues dans sa requête.

L'avocat du requérant a déclaré qu'il n'était pas évident que la déclaration mentionnée par le Gouvernement visât l'incident du 28 octobre 1963. Elle pourrait se rapporter à d'autres conclusions qui seraient restées dans les dossiers des autorités de Berlin. Même, si la déclaration concernait les mauvais traitements, le propre comportement du requérant montrait qu'il n'avait aucune intention de retirer sa plainte, puisqu'en fait, il avait constamment poursuivi son action. Au demeurant, un retrait n'empêchait pas la Commission d'examiner l'affaire puisque la procédure devant la Commission ne portait pas sur dcs considérations de forme, mais qu'elle avait pour but d'examiner la substance des faits allégués.

2. *En ce qui concerne la question de l'épuisement des voies de recours internes* (*Article 26 de la Convention*)

A. *Voies de recours disponibles*

Le Gouvernement fait valoir qu'aux termes du droit allemand, les actes qu'auraient commis les gardiens de prison constituent le délit de lésion corporelle infligée dans l'exercice de fonctions officielles (*Körperverletzung im Amt*). Etant donné qu'il s'agirait là d'une infraction pénale, le premier recours à la disposition du requérant serait le dépôt d'une *plainte* (*Strafanzeige*) auprès du procureur (*Staatsanwalt*) compétent et, si ce dernier décidait de ne prendre aucune mesure, un recours pourrait être formulé auprès du procureur général (*Generalstaatsanwalt*).

Si le procureur général décidait également de ne pas engager de procédure pénale, le requérant pourrait se prévaloir de la "procédure coercitive en matière de poursuites" (*Anklageerzwingungsverfahren*) prévue par l'article 172 du Code de Procédure pénale (*Strafprozessordnung*). Autrement dit, le requérant aurait pu introduire un recours devant le Kammergericht de Berlin.

De l'avis du Gouvernement, ces procédures auraient été des recours d'ordre principal.

Le Gouvernement signale aussi la possibilité d'introduire un recours devant le Kammergericht, conformément à *l'article 23 de la* application to the Kammergericht in accordance with *Article 23 of the Introductory Act to the Judicature Act* (*Einführungsgesetz zum Gerichtsverfassungsgesetz*) which provides for an administrative appeal in regard to decisions and measures taken by the prison authorities.

The Government further indicated the possibility of bringing *civil proceedings* against the Land Berlin in respect of malfeasance (*Amtspflichtverletzung*) by officers of justice. The right to bring such proceedings is embodied in Article 34 of the Basic Law (*Grundgesetz*) and details are given by the relevant provisions of the Civil Code (*Bürgerliches Gesetzbuch*), in particular Article 839. Proceedings should have been instituted before the Landgericht and the right course for the Applicant would have been to file an application for legal aid and for the appointment of a lawyer by the Court.

The Government emphasised, however, that the principal remedy in the present case was a criminal charge lodged with the Public Prosecutor.

The Applicant's lawyer contested the submission that *criminal proceedings* were the principal remedy in the present case. He stated that an application under *Article 23 of the Introductory Act to the Judicature Act* was also a remedy which could be considered and, in fact, it was up to any prisoner who had been ill-treated to decide which of these two remedies he wished to choose. If he chose an application under Article 23, he would not have to bring also a criminal charge.

The Applicant's lawyer did not consider *civil proceedings* to be an effective remedy in respect of alleged punishable acts, unless it had first been established in criminal proceedings that an offence had been committed. The Courts would never grant legal aid unless this condition was satisfied.

In regard to criminal proceedings, the Applicant's lawyer submitted that the appeal from the Senior Public Prosecutor to the Court of Appeal was not an effective remedy in cases of this kind. He considered that this remedy which had been introduced by a 1951 amendment to the Code of Criminal Procedure was ineffective. The application to the Court of Appeal must be signed by a lawyer. The appellant has the possibility of asking for legal aid but this is only granted if his application is considered to offer some prospect of success and this would certainly not be the case after two Public Prosecutors had rejected the charge. The most serious difficulty was, however, that no lawyer could be found who would be willing to assist an applicant in such proceedings. No lawyer would sign an application for the prosecution of prison officers with whom he inevitably had constant dealings. There was a system according to which, in cases of this kind, one generally turned to a lawyer practising on another circuit but, in the present case the Applicant

Loi sur l'organisation judiciaire (*Einführungsgesetz zum Gerichtsverfassungsgesetz*), qui prévoit un recours administratif contre les décisions et les mesures prises par les autorités pénitentiaires.

Le Gouvernement a indiqué en outre la possibilité d'intenter une *action civile* contre le Land de Berlin pour violation du devoir professionnel (*Amtspflichtverletzung*) par des agents de l'administration judiciaire. Le droit d'intenter une telle action est prévu à l'article 34 de la loi fondamentale (*Grundgesetz*) et se trouve développé dans les dispositions pertinentes du Code civil (*Bürgerliches Gesetzbuch*), en particulier à l'article 839. L'action aurait dû être intentée devant le *Landgericht* et le requérant aurait dû demander l'assistance judiciaire et la désignation d'un avocat par le Tribunal.

Le Gouvernement a souligné néanmoins que la principale voie de recours en l'espèce était le dépôt d'une plainte auprès du Procureur.

L'avocat du requérant a contesté l'allégation selon laquelle une *action pénale* constituait la principale voie de recours en l'espèce. Il a déclaré qu'on pouvait également envisager une requête aux termes de l'*article 23 de la loi d'introduction à la loi d'organisation judiciaire* et qu'en fait, il appartenait à tout détenu qui avait été maltraité de décider laquelle de ces deux voies de recours il préférait utiliser. S'il présentait un recours aux termes de l'article 23, il ne devait pas pas aussi porter plainte.

L'avocat du requérant ne considère pas qu'une *action civile* soit un recours effectif dans le cas d'actes punissables, à moins qu'une procédure pénale n'ait été établie auparavant, qu'une infraction a été commise. Les tribunaux n'accorderaient jamais l'assistance judiciaire si cette condition n'était pas remplie.

En ce qui concerne la procédure pénale, l'avocat du requérant a fait valoir que l'appel interjeté devant la Cour d'Appel contre la décision du Procureur général ne constituait pas un recours effectif dans les affaires de ce genre. Il considère que ce recours, qui a été institué en 1951 par un amendement au Code de procédure pénale, est inefficace. Le recours présenté à la Cour d'appel doit être signé par un avocat. Le requérant a la possibilité de solliciter l'assistance judiciaire, mais celle-ci n'est accordée que si l'on juge que sa demande a quelque chance de succès; or cela n'aurait certainement pas été le cas après le rejet de la plainte par deux procureurs. La difficulté la plus sérieuse, toutefois, réside dans le fait qu'on ne peut trouver aucun avocat qui soit prêt à assister un requérant dans une telle procédure. Aucun avocat n'accepterait de signer une plainte dirigée contre des gardiens de prison avec lesquels il a inévitablement des rapports constants. En général, dans les affaires de ce genre, on s'adresse à un avocat exerçant dans une autre circonscription mais, would not have been technically able to establish contact with such a lawyer. It would have been impossible for him to find a lawyer who dealt with criminal cases in another town and who was prepared to represent him before the Kammergericht. It was true that there existed a possibility to have an "emergency lawyer" (*Notanwalt*) appointed. This meant that, if there was no qualified barrister on the Court circuit who was willing to accept a case, the Presiding Judge of the Court could appoint a lawyer to take up the case. But current jurisprudence – which, however, was in dispute – did not allow the appointment of an "emergency lawyer" in the "prosecution enforcement procedure". Moreover, if an application was lodged with the Court of Appeal, the chance of success would be insignificant (less than one per thousand) when two Public Prosecutors had already rejected the charge.

The Applicant's lawyer added that, on principle, he himself refused to represent his clients in such proceedings before the Kammergericht since, in any case, they offered no chance of success. He did not remember whether the Applicant had asked him to assist him in proceedings before the Kammergericht but thought it possible that he had done so. If so, the Applicant's lawyer had certainly refused to assist him in accordance with his general principle in these matters.

The Government contested that the "prosecution enforcement procedure" was without practical importance and referred to the commentary of Schwarz-Kleinknecht on the Code of Criminal Procedure. In this commentary there are references to a number of decisions by Courts of Appeal in regard to Article 172 of the Code of Criminal Procedure. The Government also referred to certain decisions by which applications under Article 172 had been granted. Moreover, if the Applicant was unable, for lack of funds or any other reason, to find a lawyer to take such an appeal in hand within a month, he had the possibility, according to Article 299 of the Code of Criminal Procedure, to place this fact on the record of the Amtsgericht, and this would constitute a due observance of the time-limit. It was not understandable on what ground the Applicant's lawyer believed that no lawyer would have been willing to assist the Applicant in these proceedings, unless their refusal would be due to the fact that they did not take seriously the idea of pursuing such a charge. In any case, it had not been shown that the Applicant tried to find a lawyer to assist him for such purpose. The Government also submitted that the question whether or not an "emergency lawyer" could be appointed only arose if legal aid had been refused since, if legal aid was granted, a counsel would also be assigned *ex officio*.

dans le cas présent, le requérant n'aurait pas pu, pratiquement, entrer en contact avec un tel avocat. Il lui aurait été impossible de trouver un avocat qui s'occupât d'affaires pénales dans une autre ville et qui fût prêt à le représenter devant la Kammergericht. Il est exact que l'on peut demander la désignation d'office d'un avocat (*Notanwalt*). Cela signigie que, s'il n'y a pas, dans le ressort du tribunal, d'avocat qualifié qui accepte de se charger de l'affaire, le juge présidant le tribunal peut désigner d'office un avocat. La jurisprudence actuelle – qui, toutefois, est contestée – ne permet pas la désignation d'office d'un avocat dans la "procédure coercitive en matière de poursuites". Au demeurant, si un recours avait été introduit auprès de la Cour d'appel, ses chances de succès auraient été insignifiantes (moins d'une sur mille) dès lors que deux procureurs avaient déjà rejeté la plainte.

L'avocat du requérant a ajouté que lui-même, en principe, refusait de représenter ses clients dans cette procédure devant la Kammergericht puisqu'en tout état de cause, les chances de succès étaient nulles. Il ne se rappelle pas si le requérant lui a demandé de l'assister dans cette procédure devant la Kammergericht mais il admet qu'il est possible qu'il l'ait fait. Dans ce cas, l'avocat du requérant a certainement refusé de l'assister, conformément au principe général qu'il observe en la matière.

Le Gouvernement a contesté que la "procédure coercitive en matière de poursuites" n'ait aucune utilité pratique, et il a évoqué les commentaires de Schwarz-Kleinknecht sur le Code de procédure pénale. Ce commentaire mentionne plusieurs décisions prises par des Cours d'appel et se rapportant à l'article 172 du Code de procédure pénale. Le Gouvernement a rappelé également certains décisions aux termes desquelles des requêtes formulées conformément à l'article 172 avaient été jugées recevables. Au demeurant, si le requérant était dans l'impossibilité, en raison d'un manque de moyens pécuniaires ou pour tout autre motif, de trouver un avocat qui se charge de présenter un tel recours dans un délai d'un mois, il avait la possibilité, aux termes de l'article 299 du code de procédure pénale, de faire constater le fait par l'Amtsgericht, ce qui aurait constitué une observation des délais. Le Gouvernement ne comprend pas pour quelle raison l'avocat du requérant estime qu'aucun avocat n'aurait accepté d'assister le requérant dans cette procédure, à moins que leur refus ne soit dû au fait qu'ils ne prenaient pas au sérieux l'idée de formuler une telle plainte. En tout état de cause, il n'a pas été démontré que le requérant ait essayé de trouver un avocat pour l'assister à cette fin. Le Gouvernement a également fait valoir que la question de savoir s'il pouvait ou non y avoir désignation d'office d'un avocat ne se posait que si l'assistance judiciaire avait été refusée puisque, si celle-ci était accordée, un avocat était également désigné d'office.

B. *Implementation of the legal remedies available*

(a) *The Applicant* stated that, on 10th November 1963, he handed over to the prison authorities a letter addressed to the Landgericht and containing a complaint concerning the incident of 28th October 1963. He added that he received no reply to that letter.

The Government's representative submitted, at the oral hearing, that a letter from the Applicant to the Landgericht had been sent from the prison on 15th November 1963 but that no further information was available in regard to the fate of that letter.

Subsequently, the Government, at the Commission's request, made further investigations but informed the Commission that the result had been negative. No letter of November 1963 had been traced, and the Government referred to the following statement made in this regard by the Berlin Senator for Justice: "There is a possibility that the letter of 10th or 15th November 1963 was returned to the Applicant at the time. It happened several times that Kornmann, when being heard personally, withdrew his complaint and that the letter containing the complaint was then returned to him."

The Applicant's lawyer submitted that, in view of the Government's failure to trace the letter concerned, it had to be assumed, for the purposes of the present Application, that the Applicant, by sending this letter, had complied with Article 26 of the Convention.

(b) *The Government,* while referring to a statement by the Berlin Senator for Justice, informed the Commission that, on 27th January 1964 the Applicant sent to the Senator a letter in which he described the incident of 28th October 1963 as he saw it. He withdrew this letter by a declaration of 3rd March 1964 and it was therefore taken to his prison record.

(c) *The Government* also informed the Commission that on 11th September 1964 the Applicant submitted to the Public Prosecutor at the Landgericht a charge (*Strafanzeige*) in respect of the alleged ill-treatment; that, on 26th October 1964 the Public Prosecutor at the Landgericht decided to discontinue the proceedings in respect of that charge, since the investigation had shown that the prison officers concerned had acted in the exercise of their official duties; that, on 14th November 1964 the Applicant appealed from that decision; and that this appeal was rejected on 26th November 1964 by the Senior Public Prosecutor at the Kammergericht; that, in his decision, the Senior Public Prosecutor indicated that there was a further appeal to the Kammergericht; that, however, the Applicant failed to avail himself of that remedy.

The Government also mentioned that the Applicant complained

B. *Utilisation des voies de recours disponibles*

(a) *Le requérant* a déclaré avoir remis, le 10 novembre 1963, aux autorités pénitentiaires une lettre adressée au Landgericht et contenant une plainte relative à l'incident du 28 octobre 1963. Il a ajouté qu'il n'avait reçu aucune réponse à cette lettre.

Le représentant du Gouvernement a soutenu, au cours de l'audience contradictoire, qu'une lettre du requérant au Landgericht avait quitté la prison le 15 novembre 1963 mais qu'il ne pouvait donner aucun autre renseignement sur le sort de cette lettre.

A la suite de cela, le Gouvernement, à la demande de la Commission, s'est livré à de nouvelles enquêtes, mais il a informé la Commission qu'elles n'avaient eu aucun résultat. Aucune lettre de novembre 1963 n'a été retrouvée et le Gouvernement a évoqué la déclaration ci-après, faite à ce sujet par le Ministre de la Justice du Land de Berlin: "Il est possible que la lettre du 10 ou du 15 novembre 1963 ait été renvoyée au requérant à l'époque. A plusieurs reprises, Kornmann, lorsqu'il a été entendu en personne, a retiré sa plainte et la lettre contenant cette plainte lui a été retournée."

L'avocat du requérant a soutenu qu'étant donné que le Gouvernement n'avait pas pu retrouver la trace de la lettre en question, il fallait supposer, aux fins de la présente requête, que le requérant, en envoyant cette lettre, avait satisfait aux exigences de l'article 26 de la Convention.

(b) *Le Gouvernement* tout en rappelant une déclaration du Ministre de la Justice du Land de Berlin, a informé la Commission que, le 27 janvier 1964, le requérant avait envoyé au Ministre une lettre dans laquelle il donnait sa version de l'incident du 28 octobre 1963. Par une déclaration du 3 mars 1964, le requérant a retiré les allégations contenues dans cette lettre; celle-ci a donc été placée dans son dossier à la prison.

(c) *Le Gouvernement* a également informé la Commission que, le 11 septembre 1964, le réquérant a porté plainte (*Strafanzeige*) devant le procureur auprès du Landgericht, au sujet des mauvais traitements qu'il aurait subis; que, le 26 octobre 1964, le procureur auprès du Landgericht a décidé de classer la plainte, car l'enquête avait montré que les gardiens de prison mis en cause avaient agi dans l'exercice de leurs fonctions officielles; que, le 14 novembre 1964, le requérant a fait appel de cette décision; que cet appel a été rejeté le 26 novembre 1964 par le Procureur général auprès du *Kammergericht*; que, dans sa décision, le Procureur général a indiqué qu'un nouveau recours pouvait être formé devant le *Kammergericht*; que, néanmoins, le requérant n'a pas fait usage de ce recours.

Le Gouvernement a également signalé que le requérant s'est

of the same incident in a letter of 14th October 1964 to the Senior Public Prosecutor at the Kammergericht; that this letter was transferred, on 2nd November 1964 to the Public Prosecutor at the Landgericht; and that, on 15th March 1965 the Public Prosecutor informed the Applicant that his allegations had already been examined in connection with the previous proceedings and that therefore the Public Prosecutor did not find any further action required.

The Government has also submitted the files of the Public Prosecutor in regard to the Applicant's complaint. It appears from these files that, after receiving the Applicant's charge of 11th September 1964 the Public Prosecutor transmitted the complaint to the Prison Director (*Vorstand der Strafanstalt Tegel*) on 6th October 1964 asking him to submit the comments of the prison officers concerned. On 14th October, 1964 the Prison Director replied by referring to a previous statement of 4th August 1964 regarding the same incident. In this statement of 4th August 1964, the Prison Director had stated, in particular, that on 28th October 1963 the Applicant had committed a serious breach of prison discipline; that he had shown active resistance against the prison officer O and had bitten another prison officer's hand; and that his resistance had been broken with two strokes of a truncheon. In this respect, the Prison Director referred to a short statement by O dated 7th November 1963. He added that the Applicant had withdrawn his complaints regarding this incident. The Prison Director also submitted a statement by a psychiatrist on the Applicant's mental condition.

The contents of these files do not show that any further investigations were made by the prosecuting authorities.

The Government has also submitted the Applicant's medical record relating to his period of detention. It appears from this record that, while in prison, the Applicant has been under almost continuous medical treatment. It seems, however, that he did not see the Prison Doctor between 28th October and 12th November 1963. On the latter date, the Applicant apparently complained of stomach pains and the doctor gave him some tablets. There is no appearance of any medical examination having been carried out in view of the Applicant's allegations regarding ill-treatment. On 20th December 1963 the doctor has noted: "Loosening of teeth". Similar entries appear, however, even before 28th October 1963 and in a certificate of 20th August 1965 it is stated that these symptoms result from a dental disease from which the Applicant has been suffering for years.

The Applicant's lawyer submitted that the Applicant had not lodged an application with the Kammergericht in the form required by Article 172 of the Code of Criminal Procedure since it had not plaint du même incident dans une lettre du 14 octobre 1964 adressée au Procureur général auprès du Kammergericht; que cette lettre a été communiquée, le 2 novembre 1964, au Procureur auprès du Landgericht; et que, le 15 mars 1965, le Procureur a informé le requérant que ses allégations avaient déjà été examinées au cours de la procédure précédente et qu'il ne voyait pas la nécessité de prendre d'autres mesures.

Le Gouvernement a également communiqué les dossiers du procureur concernant la plainte du requérant. Il ressort de ces dossiers qu'après avoir reçu la plainte formulée par le requérant le 11 septembre 1964, le procureur l'a transmise au directeur de la prison (*Vorstand der Strafanstalt Tegel*) le 6 octobre 1964, en lui demandant de lui communiquer les observations des gardiens mis en cause. Le 14 octobre 1964, le directeur de la prison a répondu en se référant à une déclaration antérieure, en date du 4 août 1964, concernant le même incident. Dans cette déclaration, le directeur de la prison avait précisé en particulier que, le 28 octobre 1963, le requérant s'était rendu coupable d'un grave manquement à la discipline de la prison; qu'il avait opposé une résistance active au gardien O ; qu'il avait mordu un autre gardien à la main; et que deux coups de matraque lui avaient été appliqués pour venir à bout de sa résistance. A ce sujet, le directeur de la prison renvoyait à une brève déclaration d'O , en date du 7 novembre 1963. Il ajoutait que le requérant avait retiré les plaintes qu'il avait formulées au sujet de cet incident. Le directeur de la prison a également communiqué le rapport d'un psychiatre concernant l'état mental du requérant.

Le contenu de ce dossier n'indique pas que le parquet ait effectué d'autres enquêtes.

Le Gouvernement a également communiqué le dossier médical du requérant pendant sa période de détention. Il ressort de ce dossier qu'au cours de sa détention, le requérant a été presque constamment l'objet d'un traitement médical. Néanmoins, il semble qu'il n'ait pas vu le médecin de la prison entre le 28 octobre et le 12 novembre 1963. A cette date, le requérant semble s'être plaint de maux d'estomac et le médecin lui a donné des cachets. Il ne semble pas que le requérant ait fait l'objet d'un examen médical à la suite de ses allégations concernant les mauvais traitements qu'il aurait subis. A la date du 20 décembre 1963, le médecin a noté: "dents branlantes". Toutefois, des remarques analogues figurent dans le dossier, dès avant le 28 octobre 1963 et un certificat en date du 20 août 1965 précise que ces symptômes résultent d'une affection dentaire dont le requérant souffrait depuis des années.

L'avocat du requérant a soutenu que si son client n'avait pas introduit une requête auprès de la *Kammergericht* sous la forme prescrite par l'article 172 du Code de procédure pénale, c'est parce qu'il been possible for him to find a lawyer willing to represent him (as to the details, see the Applicant's lawyer's submissions as quoted above). He maintained, however, that the Applicant, without the assistance of a lawyer and consequently not in the form required by German law, had applied to the Kammergericht but he provided no details about such a petition by the Applicant.

(d) *The Applicant's lawyer* submitted that the Applicant had lodged an application with the Kammergericht pursuant to Article 23 of the Introductory Act to the Judicature Act, but he was unable to indicate the date of this application or the decision, if any, which had been given by the Kammergericht.

The Government contested that such an application had been lodged, since neither the Government nor the Applicant's lawyer had been able to find any trace of such an Application.

3. *As to the substance of the complaint*

The Government referred to the following statement by the Berlin Senator for Justice in regard to the incident concerned:

"On 28th October 1963, the principal of House III of Tegel Prison had the Applicant brought before him at the central office of his house to question him on the letters which the Applicant had written. When asked by the principal if the letters should be forwarded, the Applicant replied in an irritated and insolent manner something to this effect: 'Of course, I wrote the letters in order that they should be despatched and not for your waste-paper basket'. As a result of this, the Applicant was taken to an isolated cell (*Absonderungszelle*). While in this cell (from about 10.30 a.m. to 13.45 p.m.) he raged and rioted continuously to such an extent that the quiet and order of the house were considerably disturbed. For that reason his arms were eventually tied to his body by three prison officers on orders of the house guardian. While this was being done, he insulted the three officers by calling them: 'SS-pigs, rotters, blackguards, and gangsters'. Apart from that, he put up a strong fight when his hands were chained, thereby wounding one of the officers by a scratch wound. Another officer had his hand bitten by the Applicant. In order to manage him and to prevent further injury, the officers broke his resistance by two blows with a truncheon. On this occasion the Applicant's glasses were damaged. After being chained, the Applicant was taken to an isolated cell in House I of the institution".

The Government also referred to certain written statements made on 28th October 1963 by the prison officers concerned.

In subsequent submissions, the Government took the view that comments on the substance of the case were not required in view ne lui avait pas été possible de trouver un avocat qui accepte de le représenter (pour les détails, voir plus haut les conclusions de l'avocat du requérant). Il a affirmé, toutefois, que le requérant, sans le ministère d'un avocat et, par conséquent, sans observer les formes prescrites par le droit allemand, avait interjeté appel devant la Kammergericht, mais il n'a fourni aucun détail sur le recours qu'aurait ainsi introduit le requérant.

(d) *L'avocat du requérant* a soutenu que le requérant avait introduit un recours auprès du *Kammergericht*, conformément à l'article 23 de la loi d'introduction à la loi d'organisation judiciaire, mais il n'a pas pu indiquer la date de son recours ou de la décision qui aurait été rendue, le cas échéant, par la *Kammergericht.*

Le Gouvernement a contesté qu'une telle requête ait été introduite, puisque ni le Gouvernement ni l'avocat du requérant n'ont pu en retrouver la trace.

3. *En ce qui concerne la substance des griefs*

Le Gouvernement a évoqué la déclaration ci-après, faite par le Ministre de la Justice du Land de Berlin au sujet de l'incident en question:

"Le 28 octobre 1963, le chef de la IIIème section de la prison de Tegel convoqua le requérant au bureau central de sa section pour l'interroger sur les lettres qu'il avait écrites. Comme il lui demandait si ces lettres devaient être expédiées, le requérant répondit en substance, sur un ton irrité et insolent: "Bien sûr, j'ai écrit ces lettres pour qu'elles soient envoyées, et non pas pour votre corbeille à papier." A la suite de cela, le requérant fut placé dans un cachot (*Absonderungszelle*). Pendant son séjour au cachot (qui dura de 10h.30 environ à 13h.45) il ne cessa pas de faire un tel vacarme que le calme et l'ordre de la section en furent considérablement troublés. Pour cette raison, trois gardiens lui lièrent finalement les bras au corps, sur l'ordre du gardien-chef de la section. Pendant l'opération, il insulta les trois gardiens, les traitant de "cochons de SS, vauriens, salauds et bandits". En outre, alors qu'on lui enchaînait les mains, il se débattit vigoureusement, égratignant un des gardiens et mordant un autre gardien à la main. Afin de le contenir et de l'empêcher de causer d'autres blessures, les gardiens brisèrent sa résistance en lui administrant deux coups de matraque. A cette occasion, les lunettes du requérant furent endommagées. Une fois enchaîné, il fut placé dans un cachot, dans la Ière section de l'établissement."

Le Gouvernement a également évoqué certaines déclarations écrites faites le 28 octobre 1963, par les gardiens en question.

Dans les conclusions qu'il a déposées par la suite, le Gouvernement a estimé qu'il n'avait pas à présenter des observations sur la sub-of its submission regarding the non-exhaustion of domestic remedies.

The Applicant's lawyer referred to the Applicant's statement on the incident as set out above and added certain comments on the administration of the Tegel Prison and on the situation of the detainees in that prison in general.

4. *Conclusions of the Parties*

The Government requested that the Application should be declared inadmissible for non-exhaustion of domestic remedies.

The Applicant's lawyer submitted that the Applicant had exhausted the domestic remedies and requested that the Application should be declared admissible.

THE LAW

Whereas the Government has submitted a declaration of 27th January 1964 in which the Applicant states that he withdraws his submissions to the Council of Europe dated 1st January 1964; whereas the Applicant's complaint regarding the alleged ill-treatment on 28th October 1963 was first submitted to the Commission by a letter dated 1st January 1964; whereas, therefore, the Commission finds it clear that the declaration of withdrawal concerns the Applicant's complaint regarding the incident of 28th October 1963;

whereas it has not been indicated to the Commission in what circumstances this declaration was signed by the Applicant; and whereas there is some reason to doubt that this declaration was sincere since the Applicant has subsequently made it clear, on many occasions, that he wished to pursue the proceedings before the Commission;

whereas, in regard to a declaration of withdrawal of an application made before the Commission's decision on its admissibility, the Commission, in its decision to strike out the application concerned, has consistently included the following proviso: where "nul impératif d'ordre général, touchant aux exigences de la Convention ... ne s'oppose à la radiation du rôle", i.e. where no reasons of a general character affecting the observance of the Convention necessitate a further examination of the complaint (see Applications Nos. 2169/64, 2204/64 and 2326/64, Collection of Decisions Vol. 14, pages 76 (82–83)); whereas, in one case where a declaration of withdrawal was submitted after admissibility, the Commission found that the Application concerned raised problems under the Convention which might extend beyond the interests of the particular Applicants and decided, on that ground, to retain it in spite of their declaration of withdrawal (see Application No. 2294/64 X and Y against the Federal Republic of Germany);

stance de l'affaire, puisqu'il affirmait que les voies de recours internes n'avaient pas été épuisées.

L'avocat du requérant a rappelé les déclarations du requérant relatives à l'incident ci-dessus et a ajouté certaines observations sur l'administration de la prison de Tegel et sur la situation des détenus de cette prison en général.

4. *Conclusion des parties*

Le Gouvernement a demandé que la requête soit déclarée irrecevable pour non-épuisement des voies de recours internes.

L'avocat du requérant a soutenu que le requérant avait épuisé les voies de recours internes et a demandé que la requête soit déclarée recevable.

EN DROIT

Considérant que le Gouvernement a présenté une déclaration du 27 janvier 1964 dans laquelle le requérant précise qu'il retire les allégations qu'il a formulées auprès du Conseil de l'Europe le 1er janvier 1964; que la plainte du requérant concernant les mauvais traitements qu'il aurait subis le 28 octobre 1963 a été présentée pour la première fois à la Commission dans une lettre en date du 1er janvier 1964; que, par conséquent, la Commission juge clairement établi que la déclaration de retrait concerne la plainte du requérant au sujet de l'incident du 28 octobre 1963;

que les circonstances dans lesquelles cette déclaration a été signée par le requérant n'ont pas été portées à la connaissance de la Commission; et qu'il y a quelque raison de douter que cette déclaration ait été sincère puisque le requérant a montré clairement par la suite, en de nombreuses occasions, qu'il souhaitait poursuivre la procédure devant la Commission;

qu'en ce qui concerne une déclaration de retrait d'une requête faite avant que la Commission ait rendu une décision sur la recevabilité, la Commission, dans sa décision de rayer de son rôle la requête en question, a constamment inclus la condition ci-après: que "nul impératif d'ordre général, touchant aux exigences de la Convention ... ne s'oppose à la radiation du rôle "(cf. requêtes nos 2169/64, 2204/64 et 2326/64, Recueil de Décisions, vol. 14, pages 76ss. (82–83)); que, dans une affaire où la déclaration de retrait a été faite après la décision sur la recevabilité, la Commission a estimé que la requête en question soulevait, dans le cadre de la Convention, des problèmes dominant la personne et les intérêts des requérants et a décidé, pour ce motif, de ne pas se dessaisir, malgré la déclaration de retrait (cf. requête N° 2294/64, X et Y contre la République Fédérale d'Allemagne);

whereas the Commission finds that the present Application also raises problems under the Convention which may extend beyond the interests of the particular Applicant; and whereas, consequently, the Commission considers that there are sufficient reasons to examine the admissibility of the Application irrespective of the possible existence of a declaration of withdrawal on the part of the Applicant;

whereas, accordingly, it is not necessary to examine the precise circumstances in which the declaration was made by the Applicant or the further question whether the fact that the Applicant has since made it clear that he intends to pursue the proceedings could affect the validity of his previous declaration;

Whereas Article 26 of the Convention provides that the Commission may only deal with a matter after all domestic remedies have been exhausted, according to the generally recognised rules of international law;

whereas the Respondent Government has submitted that the principal remedy available to the Applicant was the remedy by means of lodging penal proceedings (*Strafanzeige*) with the Public Prosecutor;

whereas the Commission observes that the Applicant complains of ill-treatment by prison officers and that the alleged acts constitute criminal offences in German law;

whereas, therefore, the Commission accepts the Government's submission that, in order to comply with Article 26, the Applicant was obliged to lodge a charge (*Strafanzeige*) with the competent Public Prosecutor and, in the case of refusal by the Public Prosecutor to institute criminal proceedings, to use all remedies available under German law against such decision by the Public Prosecutor;

whereas, as regards the question of the implementation of this remedy, the Applicant has stated that, on 10th November 1963, he handed over to the prison authorities a letter to be forwarded to the Landgericht; whereas the Government has confirmed that a letter from the Applicant to the Landgericht was sent from the prison on 15th November 1963; whereas, in spite of investigations having been made, the Government has failed to obtain any further information as to the fate of that letter;

whereas the Commission observes that the contents of the letter of November 1963 are not known and that, moreover, the letter was not sent to the Public Prosecutor but to the Landgericht; whereas, consequently, the Commission does not find it possible to take this letter into account as being an indication that the Applicant has exhausted domestic remedies;

whereas it also appears that the Applicant complained of the incident concerned in a letter to the Senator of Justice dated 27th que la Commission estime que la présente requête soulève également, dans le cadre de la Convention, des problèmes dépassant la personne et les intérêts du requérant et qu'elle considère par conséquent qu'il y a des motifs suffisants d'examiner la recevabilité de la requête sans tenir compte de l'existence éventuelle d'une déclaration de retrait de la part du requérant;

qu'il s'ensuit qu'il n'est pas nécessaire d'examiner les circonstances précises dans lesquelles la déclaration a été faite par le requérant ou la question de savoir si le fait que le requérant a depuis lors clairement montré qu'il entend poursuivre la procédure pourrait affecter la validité de sa déclaration antérieure;

Considérant que l'article 26 de la Convention précise que la Commission ne peut être saisie qu'après épuisement des voies de recours internes tel qu'il est entendu selon les principes de droit international généralement reconnus;

que le Gouvernement mis en cause a soutenu que le principal recours dont disposait le requérant était le dépôt d'une plainte (*Strafanzeige*) auprès du Procureur;

que la Commission constate que le requérant se plaint de mauvais traitements de la part de gardiens de prison et que les actes allégués constituent un délit au regard du droit allemand;

que, par conséquent, la Commission accepte l'argument du Gouvernement selon lequel, pour satisfaire à l'article 26, le requérant devait porter plainte (*Strafanzeige*) auprès du procureur compétent et, dans le cas où celui-ci aurait refusé d'entreprendre une procédure pénale, faire usage de tous les recours dont il disposait, aux termes du droit allemand, contre la décision du procureur;

qu'en ce qui concerne la question de l'utilisation de ce recours, le requérant a déclaré avoir remis aux autorités pénitentiaires le 10 novembre 1963, une lettre destinée au Landgericht; que le Gouvernement a confirmé qu'une lettre du requérant destinée au Landgericht a été expédiée de la prison le 15 novembre 1963; que, malgré les enquêtes qui ont été menées, le Gouvernement n'a pu obtenir aucune autre information sur le sort de cette lettre;

que la Commission fait remarquer que le contenu de la lettre de novembre 1963 n'est pas connu et qu'au demeurant, cette lettre n'était pas adressée au procureur mais au Landgericht; que la Commission n'estime donc pas possible de considérer cette lettre comme une indication du fait que le requérant a épuisé les voies de recours internes;

qu'il apparaît également que le requérant s'est plaint de l'incident en question dans une lettre en date du 27 janvier 1964, adressée

January 1964; whereas this letter also was addressed to an authority other than the Public Prosecutor and whereas it appears that the Applicant withdrew this letter on 3rd March 1964; whereas it follows that it cannot be taken into consideration for the purpose of deciding whether the domestic remedies have been exhausted;

whereas it also appears that on 11th September 1964, the Applicant submitted a charge (*Strafanzeige*) to the Public Prosecutor at the Landgericht; whereas, on 26th October 1964, the Public Prosecutor decided not to institute criminal proceedings; whereas, on 14th November 1964, the Applicant appealed from that decision; whereas, on 26th November 1964 his appeal was rejected by the Senior Public Prosecutor at the Kammergericht; whereas the Senior Public Prosecutor informed the Applicant that, in respect of that decision, he could lodge an application for a judicial decision with the Kammergericht; whereas the Applicant has in no way shown that he availed himself of this possibility;

whereas the Applicant's lawyer has submitted that an application to the Kammergericht was not to be considered as an effective remedy which had to be exhausted under Article 26 of the Convention; whereas, in particular, he has stated that the Applicant would not have been able to find a lawyer willing to represent him in the proceedings before the Kammergericht and that, moreover, the chance of success in such proceedings would have been insignificant;

whereas the Commission considers that, in general, an application lodged in accordance with Article 172 of the Code of Criminal Procedure must be considered as an effective and sufficient remedy which has to be exhausted within the meaning of Article 26 of the Convention; whereas, in this respect, the Commission refers to its decision in regard to Application No. 1404/62 (Wiechert v. Federal Republic of Germany, Yearbook VII, p. 124 *et seq.*);

whereas, in regard to the circumstances of the present case, the Commission observes that the Applicant has submitted that it would have been impossible for him to find a lawyer willing to assist him, but that, on the other hand, he has in no way shown that he made any attempts to obtain the assistance of a lawyer in the proceedings concerned; and whereas, moreover, he has not shown that he applied to the Kammergericht for legal aid in respect of these proceedings;

whereas the Commission finds no special circumstances which dispensed the Applicant from exhausting this particular remedy;

whereas, consequently, in this particular respect, the Applicant has not exhausted the domestic remedies within the meaning of Article 26;

whereas, in those circumstances, the Commission does not find au Ministre de la Justice du Land de Berlin que cette lettre était également adressée à une autre autorité que le Procureur et qu'il apparaît que le requérant a retiré les allégations contenues dans cette lettre le 3 mars 1964; qu'il s'ensuit qu'elle ne peut pas être prise en considération pour décider si les voies de recours internes ont été épuisées ou non;

qu'il apparaît également que, le 11 septembre 1964, le requérant a porté plainte (*Strafanzeige*) devant le Procureur auprès du Landgericht; que, le 26 octobre 1964, le Procureur a décidé de ne pas engager de procédure pénale; que, le 14 novembre 1964, le requérant a fait appel de cette décision; que, le 26 novembre 1964, son appel a été rejeté par le Procureur général auprès du Kammergericht; que le Procureur général a informé le requérant qu'il pouvait présenter au Kammergericht une demande de décision judiciaire; que le requérant n'a montré en aucune façon qu'il avait fait usage de cette possibilité;

que l'avocat du requérant a fait valoir qu'une requête adressée au Kammergericht ne devait pas être considérée comme un recours effectif qui devait être utilisé aux termes de l'article 26 de la Convention; et qu'en particulier, il a affirmé que le requérant n'aurait pas pu trouver d'avocat qui accepte de le représenter dans la procédure devant le Kammergericht et qu'au demeurant, ses chances de succès dans une telle procédure auraient été insignifiantes;

que la Commission estime qu'en général, une requête introduite conformément à l'article 172 du Code de procédure pénale doit être considérée comme un recours effectif et suffisant qui doit être épuisé au sens de l'article 26 de la Convention; qu'à cet égard, la Commission rappelle sa décision relative à la requête N° 1404/62 (Wiechert contre la République fédérale d'Allemagne, Annuaire VII, pp. 125 et suiv.)

qu'en ce qui concerne les circonstances de la présente affaire, la Commission fait observer que le requérant a soutenu qu'il lui aurait été impossible de trouver un avocat qui accepte de l'assister mais que, d'autre part, il n'a prouvé en aucune façon qu'il ait essayé d'obtenir l'assistance d'un avocat dans la procédure en question; et qu'au demeurant, il n'a pas prouvé qu'il ait sollicité l'assistance judiciaire auprès du Kammergericht pour cette procédure;

que la Commission estime qu'aucune circonstance particulière ne dispensait le requérant d'épuiser ce recours particulier; qu'en conséquence, dans ce domaine particulier, le requérant n'a pas épuisé les voies de recours internes au sens de l'article 26;

que dans ces circonstances, la Commission ne juge pas nécessaire it necessary to comment on the submissions of the Parties as to the existence of other legal remedies in the present case.

Now therefore the Commission

DECLARES THIS APPLICATION INADMISSIBLE

...

Application No. 2120/64

ARMIN POERSCHKE, REPRESENTED BY MR. MAHLER, OF BERLIN,

against THE FEDERAL REPUBLIC OF GERMANY

Supplementary decision of 14th February 1966

... *(Translation)*

THE FACTS

...

PROCEEDINGS BEFORE THE COMMISSION

Whereas the proceedings before the Commission can be summed up as follows:

The Secretary to the Commission informed the parties by letters of 21st and 22nd December 1965 of the decision taken by the Commission on 17th December 1965 [1], whereby the President of the Commission had fixed 14th February 1966 as the date for the oral hearing of the parties.

The following appeared before the Commission in Strasbourg on that date:

for the Government of the Federal Republic of Germany (Rule 36 (1)):

Ministerialrat Bertram, of the Federal Ministry of Justice, *Agent*;

Ministerialrat Gottwaldt, of the same Ministry,

Langerichtsrat Dr. Seidel, of the Office of the Senator for Justice of Berlin,

and

Staatsanwalt Hagemann, of the Department of the Public Prosecutor, attached to the Regional Court of Berlin, *Counsel*;

for the Applicant (Rule 36 (2)):

Mr. Horst Mahler, barrister of Berlin.

[1] Cf.: Collections of Decisions of the European Commission of Human Rights, No. 19 (September 1966).

de faire des observations sur les conclusions des parties relatives à l'existence d'autres voies de recours légales dans la présente affaire.

Par ces motifs

DECLARE CETTE REQUETE IRRECEVABLE.

. . .

Requête No. 2120/64

ARMIN POERSCHKE, REPRESENTE PAR ME MAHLER, DE BERLIN

contre LA REPUBLIQUE FEDERALE D'ALLEMAGNE

Décision complémentaire du 14 février 1966

. . .

EN FAIT

. . .

HISTORIQUE DE LA PROCEDURE DEVANT LA COMMISSION

Considérant que la procédure devant la Commission peut se résumer ainsi:

Par lettres des 21 et 22 décembre 1965, le Secrétaire de la Commission a informé les parties de la décision que la Commission avait prise le 17 décembre 1965 [1] par laquelle le Président de la Commission avait fixé au 14 février 1966 la date pour l'audience orale des parties.

Ont comparu devant la Commission, à Strasbourg, à la date prévue:

pour le Gouvernement de la République Fédérale d'Allemagne (article 36 § 1 du Règlement intérieur):

Ministerialrat Bertram, du Ministère fédéral de la Justice, *Agent*;

Ministerialrat Gottwaldt, du même Ministère,

Landgerichtsrat Dr. Seidel, de l'Office du Sénateur de la Justice de Berlin,

Staatsanwalt Hagemann, du Ministère public près le Tribunal régional de Berlin, *Conseils*;

pour le requérant (article 36 § 2 du Règlement intérieur):

Me Horst Mahler, avocat à Berlin.

[1] Cf.: Recueil de Décisions de la Commission européenne des Droits de l'Homme, N° 19 (Septembre 1966).

Acting under the powers delegated to him by the Commission in this case, the President of the Commission decided, on 14th February 1966, to grant the request of the Applicant's counsel and allow the Applicant legal aid for the hearing of the parties.

The Commission heard the arguments and submissions of the parties and put certain questions to them (Rules 53 and 63, read in conjunction).

The hearing of the parties concluded at about 12.30 p.m. on Monday, 14th February 1966. After deliberating, the Commission adopted on the same day the present decision, of which the parties were informed on 16th February 1966. The final text of this decision was signed by the President of the Commission on ...

THE SUBMISSIONS OF THE PARTIES

I. *In respect of the reception given to certain applications submitted by the Applicant to the judicial authorities during and concerning his detention*

A. *Whereas* the complaints and submissions of the Applicant, as presented by Mr. Mahler in his *memorials of 15th March and 30th June 1965*, can be summed up as follows:

The Applicant complained that, on instructions from the President of the Criminal Division of the Berlin Regional Court

– certain of his pleas for release from custody ("*Haftbeschwerden*") were filed away, for instance those of 26th August 1963 and 8th February 1964, or, at least,

– were not referred to the court competent to consider the pleas (*Beschwerdegericht*) which was in this case the Court of Appeal (*Kammergericht*) of Berlin, within three days as prescribed by law (Article 306 of the Code of Criminal Procedure), for instance those of 8th May 1964 and 1st April 1965.

Furthermore, certain of his applications which ought undoubtedly to have been treated as appeals to higher authority from the decisions of the President of the Criminal Division of the Berlin Regional Court, were not referred to the Supervisory Authority (*Dienstaufsichtsbehörde*) but, on the instructions of the President of the Criminal Division in question, were filed away without further ado, or at least without legitimate grounds, for instance those of 12th August 1963, 10th January 1964 and 14th February 1964.

This dilatory handling or outright shelving of certain of his applications thus constituted a violation of the law and a denial of justice.

In its observations as to the admissibility of Poerschke's Application, the respondent Government disputed the Applicant's allegations in part. In his *rejoinder of 15th November 1965*, however

Agissant en vertu des puvooirs que la Commission lui avait délégués en l'espèce, le Président de la Commission a décidé, le 14 février 1966, de donner suite à la demande du conseil du requérant et d'octroyer au requérant l'assistance judiciaire pour cette audience contradictoire.

La Commission a entendu les parties en leurs moyens et conclusions et leur a posé différentes questions (articles 53 et 63, combinés, du Règlement intérieur).

L'audience contradictoire s'est terminée le lundi matin 14 février 1966 vers 12h.30. Après en avoir délibéré, la Commission a adopté, le même jour, la présente décision dont – les parties ont été informées le 16 février 1966. Le Président de la Commission a signé le texte définitif de cette décision le ...

ARGUMENTATION DES PARTIES

I. *Quant au sort de certaines requêtes que le requérant a adressées aux autorités judiciaires pendant sa détention et au sujet de celle-ci*

A. *Considérant* que les griefs et arguments du requérant, tels qu'ils ont été présentés par Me Mahler dans ses *mémoires des 15 mars et 30 juin 1965*, peuvent se résumer ainsi:

Le requérant s'est plaint que, sur les instructions du Président de la Chambre criminelle du Tribunal régional de Berlin,

– certaines de ses requêtes relatives à son maintien en détention préventive (*Haftbescwerden*) ont été versées au dossier, notamment celles des 26 août 1963 et 8 février 1964, ou, tout au moins,

– n'ont pas été transmises à la juridiction compétente (*Beschwerdegericht*), en l'occurrence la Cour d'Appel (*Kammergericht*) de Berlin, dans le délai de trois jours fixé par la loi (article 306 du Code de procédure pénale), notamment celles des 8 mai 1964 et 1er avril 1965.

D'autre part, certaines de ses requêtes, qui sans nul doute auraient dû être considérées comme des recours hiérarchiques contre des décisions du Président de la Chambre criminelle du Tribunal régional de Berlin, n'auraient pas été soumises à l'autorité hiérarchique (*Dienstaufsichtsbehörde*), mais, sur les instructions du Président de la Chambre criminelle mis en cause, elles auraient été versées au dossier telles quelles ou, tout au moins, sans motif légitime, notamment celles des 12 août 1963, 10 janvier 1964 et 14 février 1964.

Ce traitement dilatoire ou classement pur et simple de certaines de ses requêtes constituerait une violation de la loi et un déni de justice.

Dans ses observations sur la recevabilité de la requête de Poerschke, le Gouvernement défendeur a partiellement contesté ces allégations du requérant. Le conseil du requérant, dans sa *réplique du*

Counsel for the Applicant pressed these complaints and specified, *inter alia*, that:

- as to Poerschke's plea of *26th August 1963* for release from custody, "the Court was required by law to submit the application to the "*Kammergericht*" within three days. The fact that the President of the 11th Criminal Division ignored this provision (*sich ... hinwegsetzte*) and that the "*Kammergericht*" only gave a ruling on the application on 4th November 1963 cannot be held against the Applicant";

  Frequently "the Examining Magistrate or the Prosecution recommends an accused person on remand not to appeal against the order for committal, pointing out that such an application would hold up proceedings considerably"; "such advice influenced the accused in an inadmissible manner and is often looked upon by the accused as a form of pressure"; it would be sufficient to prepare special files containing copies of all the relevant documents; this procedure would not be costly and would make it possible to avoid delays in the preliminary investigation due to pleas for release ("*Haftbeschwerden*") or other claims by the person concerned; furthermore, in the case in point, the Applicant's petitions "had no influence on the length of proceedings" and could not be "considered to be the cause of the delay";

- as to the appeal sent by Poerschke on *10th January 1964* to the Senator for Justice, "it might be asked whether the confiscation of insulting letters seemed justified by the purpose of remand in custody", and the decisions quoted by the respondent Government in the matter certainly did not constitute a justification of such actions; "in a Constitutional State (*Rechtsstaat*) it should be taken for granted that appeals to higher authority or applications concerning procedure must on no account be liable to confiscation by the officials whose conduct is criticised in the confiscated documents"; furthermore, the Applicant had only expressed an opinion, "an action which is in no way punishable", and the confiscation was thus illegal;

At the hearing of the parties on 14th February 1966, Counsel for the Applicant added further:

- As to Poerschke's "*Haftbeschwerde*" of *26th August 1963*, that the fact that no special file had been prepared for Poerschke's applications (a procedure adopted in difficult cases such as that of Wemhoff) destroyed the respondent Government's argument that proceedings had been prolonged and delayed by the fact that Poerschke had lodged a number of applications and thus made it necessary for his file to be passed from one department to

15 novembre 1965, a pourtant maintenu ces griefs et précisé notamment

- quant à la requête de Poerschke relative à son maintien en détention préventive du *26 août 1963*, que "selon la loi, le Tribunal était tenu de présenter la requête au *Kammergericht* dans les trois jours. Le fait que le Président de la 11ième Chambre criminelle n'a pas tenu compte (*sich ... hinwegsetzte*) de cette disposition et que le *Kammergericht* ne s'est prononcé sur la requête que le 4 novembre 1963 ne peut être mis à la charge du requérant';
  Souvent "le juge d'instruction ou le Parquet recommande(raient) à un accusé se trouvant en détention préventive de ne pas introduire de recours contre le mandat d'arrêt, en faisant valoir qu'une requête retarderait considérablement la procédure"; "de tels conseils influencent l'accusé de manière inadmissible et sont souvent considérées par lui comme une contrainte"; il suffirait d'établir des dossiers spéciaux contenant des copies de tous les documents pertinents; une telle façon de procéder ne serait pas coûteuse et permettrait d'éviter les retards de la procédure d'instruction dus à des requêtes (*Haftbeschwerden*) ou à d'autres réclamations de l'intéressé; par ailleurs, en l'espèce, les pétitions du requérant n'auraient eu "aucune incidence sur la durée de la procédure" et ne sauraient être "considérées comme étant à l'origine du retard" de celle-ci;
- quant à la requête que Poerschke avait adressée, le *10 janvier 1964*, au Ministre (*Senator*) de la Justice, qu' "on peut se demander si la confiscation de lettres à contenu diffamatoire paraît justifiée par l'objet de la détention préventive" et que les décisions citées par le Gouvernement défendeur à cette fin ne constituent point une justification en l'espèce; "dans un Etat de droit (*Rechtsstaat*), il devrait aller de soi que des recours hiérarchiques ou des requêtes concernant la procédure ne doivent en aucun cas pouvoir être confisqués par les fonctionnaires dont le comportement est incriminé dans les pièces confisquées"; par ailleurs, le requérant n'y aurait émis qu'un simple avis, "fait qui n'est nullement punissable", et la confiscation aurait donc été illégale;

A l'*audience contradictoire des parties, du 14 février 1966*, le conseil du requérant a encore ajouté:

- quant à la *Haftbeschwerde* de Poerschke du *26 août 1963*, que le fait que l'on aurait omis de constituer un dossier spécial pour les requêtes de Poerschke (procédure qui serait appliquée dans des affaires difficiles comme celle de Wemhoff) exclurait l'argument du Gouvernement défendeur qui fait valoir que la procédure a été prolongée et retardée du fait que Poerschke aurait introduit nombre de requêtes et causé ainsi, par les transferts indispenanother, causing yet further delay; that the delay in forwarding this application to the "Kammergericht" could not be justified either by the fact that this Court had already decided on 15th July 1963 not to allow an appeal that Poerschke had lodged against a decision of the Berlin Regional Court ordering that he be held on remand; that, indeed, the "*Kammergericht*", at the time of this decision, in July 1963, could not foresee that the hearing of 8th August 1963 would be adjourned; that, in the new situation which arose after the adjournment of the hearing of 8th August 1963, it was even more essential to bring before the "*Kammergericht*", within the time prescribed by law, the question whether Poerschke should be kept in custody pending a hearing whose date could not yet be known; that the delay in this procedure, that is to say the delay in the "*Kammergericht's*" decision on Poerschke's application of 26th August 1963, constituted a serious *wrong* to the Applicant who, for this reason, had been unable to approach the European Commission of Human Rights until mid-November 1963;

- as to Poerschke's appeal of *12th August 1963*, that it was quite understandable that the Applicant, who had become impatient for good reason, had reacted to the handling of his earlier pleas by multiplying his petitions; that the large number of petitions however, could neither explain nor justify the long period spent in custody since their quantity was caused by the treatment Poerschke had received at the hands of the judicial authorities;

- as to Poerschke's appeal of *14th February 1964*, that the Respondent Government's contention that it could not be considered an appeal to higher authority was incorrect; in fact, the fixing of the date for a hearing (*Terminbestimmung*) was not subject to supervision by higher authority (*Dienstaufsicht*) in so far as objective factors were decisive ("*wenn sachliche Erfordernisse des Verfahrens für die Termingestaltung massgeblich sind*"); nevertheless, in so far as this was not the case, and where there was a suspicion (*Verdacht*) of abuse of office (*Amtspflichtverletzung*) by the judge, in that he had chosen a very distant date for the hearing, higher authority could intervene (*eingreifen*) – just as in the case of a judge who had not fixed a date at all – and order the judge to fix a date for the hearing, having due regard to the roll of the Court (*Geschäftslage*); it would have been possible for higher authority to intervene in the case in question, and the fact that the President of the Criminal Division, against whom Poerschke's plea was directed, did not forward it to higher authority but had it filed away could in no way be justified; moreover, according to Section 26 (2) of the German Judges Act sables de son dossier, un retard supplémentaire; que l'on ne pourrait pas non plus justifier le retard dans la transmission de cette requête au *Kammergericht* du fait que cette Cour avait décidé, le 15 juillet 1963 encore, de ne pas donner suite au recours que Poerschke avait introduit contre une décision du Tribunal régional de Berlin ordonnant le maintien du requérant en détention préventive; qu'en effet, le "Kammergericht", à l'époque de cette décision, en juillet 1963, ne pouvait prévoir que l'audience du 8 août 1963 serait ajournée; que dans la nouvelle situation qui se présentait après l'ajournement de l'audience le 8 août 1963, il aurait été d'autant plus indispensable de soumettre au "Kammergericht", dans le délai légal, la question de savoir s'il y avait lieu de maintenir Poerschke en détention préventive dans l'attente d'une audience dont la date ne pouvait encore être prévue; que le retard dans cette procédure, c'est-à-dire le retard dans la décision du *Kammergericht* sur la requête de Poerschke du 26 août 1963, constituerait un *préjudice* considérable pour le requérant qui, de ce fait, n'aurait pu saisir la Commission européenne des Droits de l'Homme qu'à la mi-novembre 1963;

- quant au recours de Poerschke du *12 août 1963*, qu'il était tout à fait compréhensible que le requérant, devenu impatient à juste titre, ait réagi à la façon dont ses premières requêtes avaient été traitées, en multipliant ses pétitions; qu'une telle multiplication de pétitions ne saurait toutefois expliquer la longue durée de la détention préventive, ni constituer une justification de celle-ci, puisque pareille multiplication de pétitions aurait été provoquée, chez Poerschke, par les autorités judiciaires;
- quant au recours de Poerschke du *14 février 1964*, que la thèse du Gouvernement défendeur, suivant laquelle cette pétition ne pouvait pas être considérée comme recours hiérarchique n'était pas exacte; en fait la fixation du jour des débats (*Terminbestimmung*) ne serait pas sujette au contrôle hiérarchique (*Dienstaufsicht*) dans la mesure où des facteurs concrets ont une importance décisive (*wenn sachliche Erfordernisse des Verfahrens für die Termingestaltung massgeblich sind*); toutefois, dans la mesure où tel n'est pas le cas et où il y a apparence (*Verdacht*) d'abus de pouvoir (*Amtspflichtverletzung*) de la part du juge qui a fixé les débats à une date très lointaine, l'autorité hiérarchique pourrait intervenir (*eingreifen*) – tout comme dans le cas où un juge ne fixerait pas d'audience du tout – et ordonner au juge de fixer une date d'audience, compte tenu du rôle des affaires pendantes (*Geschäftslage*); en l'espèce, il aurait été possible que l'autorité hiérarchique intervienne, et le fait que le Président de la Chambre criminelle contre lequel la requête de Poerschke était dirigée, ne l'a pas transmise à l'autorité hiérarchique, mais l'a fait classer au dossier, ne saurait en aucune façon être justifié; par ailleurs,

(*Deutches Richtergesetz*), "having regard to Sub-section 1, supervision by higher authority includes the power to reprimand (*vorhalten*) for the irregular conduct (*ordnungswidrig*) of official business (*Amtsgeschäft*) and instruct (*ermahnen*) that official business be discharged without delay and in accordance with regular procedure (*ordnungsmässig*)"; in his Commentary on this Act, Schwarz-Kleinknecht maintained that the fixing of dates for hearings came within the sphere of judicial independence and was therefore not subject to supervision by higher authority, but he had not been able to refer in this matter to any new precedents; now, having regard to Section 26 (2) of the Act, it must be presumed that precedents established prior to the Act had not been upset and that, according to this earlier practice, higher authority was empowered to intervene in the case in point; in any event, it was not for the judge complained of in the application to decide whether his own conduct was subject to supervision and whether, consequently, the application should or should not be referred to higher authority.

B. *Whereas* the observations and arguments of the respondent Government can be summed up as follows:

In its observations as to the admissibility of the application dated 7th October 1965 the respondent Government put forward the following arguments and explanations:

1. *in respect of the shelving or dilatory handling of certain of Poerschke's "Haftbeschwerden"*

– as to the plea for release (*Haftbeschwerde*) of *26th August 1963*, that "this request was first filed away by decision of the President [of the Criminal Division of the Berlin Regional Court] dated 30th August 1963, apparently in order not to hold up the expert report by calling for the file, the Applicant having already complained of the adjournment of the hearing by letter of 12th August 1963 ..."; "after the Institute had requested a further delay, the Criminal Division decided on 9th September not to alter its decision of 30th July 1963 by which it had ordered that the accused be kept in custody. By a decision taken on the same day, instructions were given for the application to be forwarded to the Public Prosecutor at the Berlin Regional Court. On 17th September 1963, he had instructed that the file should be obtained from the Regional Institute of Forensic and Social Medicine, and that the request should be marked "very urgent". When the Applicant had complained again of his detention on 10th September and 3rd October 1963 – pleas which the Criminal suivant le paragraphe 2 de l'article 26 de la Loi allemande concernant les juges (*Deutsches Richtergesetz*), "compte tenu du paragraphe 1, le contrôle hiérarchique comprend également la compétence de faire des remontrances (*vorhalten*) quant à l'exécution irrégulière (*ordnungswidrig*) d'une affaire de service (*Amtsgeschäft*) et de demander (*ermahnen*) la liquidation régulière (*ordnungsmässig*) et sans délai des affaires de service"; Schwarz-Kleinknecht soutiendrait, dans son Commentaire de cette Loi, que la fixation des débats tomberait dans le domaine de l'indépendance judiciaire et ne serait donc pas soumise au contrôle hiérarchique, mais il ne pourrait se référer à ce sujet à une jurisprudence nouvellement établie; or, compte tenu du paragraphe 2 de l'article 26 de cette Loi, il faudrait supposer que la pratique antérieure à cette Loi n'est pas mise en cause et que, selon cette jurisprudence antérieure, l'autorité hiérarchique était en l'espèce compétente pour intervenir auprès du juge; en tout cas, il ne pouvait appartenir au juge mis en cause par cette requête de décider si son comportement était assujetti au contrôle hiérarchique et si, en conséquence, la requête devait ou non être soumise à l'autorité hiérarchique;

B. *Considérant* que les observations et arguments du Gouvernement défendeur peuvent se résumer ainsi:

Dans ses *observations sur la recevabilité de la présente requête datées du 7 octobre 1965*, le Gouvernement défendeur a fait valoir et exposé ce qui suit:

1. *quant au classement ou traitement dilatoire de certaines "Haftbeschwerden" de Poerschke*

- quant à la requête (*Haftbeschwerde*) du *26 août 1963*, que "cette demande a été d'abord versée au dossier par décision du Président [de la Chambre criminelle du Tribunal régional de Berlin] en date du 30 août 1963, apparemment pour le motif de ne pas retarder l'établissement de l'expertise par une réclamation du dossier. C'est en effet par lettre du 12 août 1963 que le requérant s'était déjà plaint de l'ajournement de l'audience ..."; "après que l'Institut eut demandé une extension du délai, la Chambre a décidé le 9 septembrc de ne pas modifier sa décision du 30 juillet 1963 par laquelle elle avait ordonné le maintien de la détention. Par décision du même jour il a été ordonné de transmettre la requête au Procureur Général près le Tribunal régional de Berlin. Celui-ci a ordonné le 17 septembre 1963 de réclamer, muni de la mention "très urgent", le dossier à l'Institut régional de Médecine légale et sociale. Après que le requérant se fut plaint de nouveau de sa détention les 10 septembre et 3 octobre 1963 – recours auxquels la Chambre n'a pas donné suite par décision du

Division rejected by decision of 8th October 1963 – and 11th October 1963, the Court of Appeal confirmed, by decision of 4th November 1963, the decision of the Regional Court";

- as to the plea for release (*Haftbeschwerde*) of 8th February 1964, that "the plea of 8th February 1964 mentioned in the grounds of the Application (page 8) is not in the file. The reference is probably to the letter of 18th February 1964. The reason why this letter was marked "file" by decision of the President of the Criminal Division of 21st February 1964 was apparently that as recently as 4th and 17th February 1964 the Criminal Division had decided to reject the Applicant's pleas (*Haftbeschwerden*) of 25th January, 3rd and 6th February 1964 and, consequently, to submit the file to the Court of Appeal for decision"; "... the file had also to be sent for opinion to the Public Prosecutor's office as a result of a plea for release from custody presented on 20th February by Counsel for the co-defendant ... Having regard to the large number of appeals received, it was no longer possible to decide immediately what action should be taken. The Applicant had asked to be released by letters of 22nd, 24th, 26th, 27th and 28th February 1964. Thus, it was necessary to seek the opinion of the Prosecution on all these requests (Article 33 of the Code of Criminal Procedure). A delay was therefore inevitable. When the Prosecution had finally given its views on all these requests, on 25th March 1964, the Court decided on 3rd April 1964 not to grant these latest applications. Immediate transmission to the Court of Appeal was impossible, since the Applicant continued to send many other letters to the Court asking to be released, the Criminal Division had to give a ruling and appeals before forwarding them to the Court of Appeal together with the other requests. These other letters are dated 3rd, 10th, 16th, 26th, 30th March, 4th, 8th, 15th, 20th, 23rd April and, finally, 2nd, 4th, 11th, 16th and 25th May 1964. Moreover, rulings had to be given, on 7th and 28th April 1964, on two other requests in which the Applicant had challenged the President and judges of the XIth Criminal Division on grounds of partiality. It was on 13th March, 17th and 20th April 1964 that the Criminal Division decided not to allow the pleas for release (*Haftbeschwerden*). Largely because the Public Prosecutor's Office had to be consulted in all these cases, it was only in May 1964 that the file could be passed to the Court of Appeal for a ruling on the appeals, and, by decision of 1st June 1964, it dismissed them";
- as to the plea for release from custody (*Haftbeschwerde*) of *8th May 1964*, that this plea "was not forwarded immediately, because at the time of its receipt (*Eingang*) the file had already been sent to the Public Prosecutor's Office in connection with other requests for transmission to the Court of Appeal, and the Criminal Division

8 octobre 1963 – et le 11 octobre 1963, la Cour d'Appel a confirmé par décision du 4 novembre 1963 la décision du Tribunal régional";

- quant à la requête (*Haftbeschwerde*) du 8 février 1964, que "la demande du 8 février 1964 mentionnée dans les motifs de la requête (page 8) ne se trouve pas dans le dossier. On a probablement voulu se référer à la lettre du 18 février 1964. Si cette lettre a été munie de la mention "à verser au dossier" par décision du Président de la Chambre en date du 21 février 1964, elle l'a été apparemment pour le motif que les 4 et 17 février 1964 seulement la Chambre avait décidé de ne pas donner suite aux requêtes (*Haftbeschwerden*) du requérant des 25 janvier, 3 et 6 février 1964 et, par conséquent, de soumettre le dossier pour décision à la Cour d'Appel"; "... le dossier a dû être soumis pour avis au Parquet également en raison d'une demande en libération de la détention préventive, présentée le 20 février 1964 par le défenseur du coaccusé ... Vu le grand nombre des recours reçus, il n'était plus possible de prendre tout de suite une décision sur la suite à y donner. Le requérant avait en effet demandé à être libéré par lettres des 22, 24, 26, 27 et 28 février 1964. Or, il a fallu entendre le Parquet sur toutes ces demandes (article 33 C.P.P.). Un retard était donc inévitable. Après que le Parquet eut enfin pris position, le 25 mars 1964, à l'égard de toutes les demandes, le Tribunal a décidé le 3 avril 1964 de ne pas donner suite aux demandes citées en dernier lieu. Une transmission immédiate à la Cour d'Appel n'était pas possible étant donné que le requérant continuait d'adresser au Tribunal un grand nombre d'autres lettres demandant sa mise en liberté, recours sur lesquels la Chambre criminelle était tenue de statuer avant de les soumettre à la Cour d'Appel conjointement avec les autres demandes. Ces autres lettres sont datées des 3, 10, 16, 26, 30 mars, 4, 8, 15, 20, 23 avril et, enfin, des 2, 4, 11, 16 et 25 mai 1964. De plus, il a fallu statuer, les 7 et 28 avril 1964, sur deux autres demandes par lesquelles le requérant a récusé pour partialité le Président et les juges de la XIème Grande Chambre criminelle. C'est les 13 mars, 17 et 20 avril 1964 que la Chambre a décidé de ne pas donner suite aux recours concernant la détention (*Haftbeschwerden*). Du fait notamment que le Parquet a dû être entendu dans tous les cas, ce n'était qu'en mai 1964 que le dossier, pour qu'il soit statué sur les recours, a pu être transmis à la Cour d'Appel qui les a rejetés par décision en date du 1er juin 1964";
- quant à la requête (*Haftbeschwerde*) du *8 mai 1964*, que cette requête "n'a pas été immédiatement transmise du fait qu'au moment de son entrée (*Eingang*) le dossier était déjà, à cause d'autres demandes, expédié au Parquet pour être transmis à la Cour d'Appel et que la Chambre n'était donc pas en mesure de décider

was thus unable to decide whether the decision in dispute should be altered. Since objections had been raised as to the confiscation of a letter addressed to the Editor of the Berlin newspaper "BZ", it was not possible to reach a decision without having this letter available. Later, it had apparently been overlooked at first that the application of 8th May 1964 was still awaiting decision. The fact that the file had only been sent to the Court of Appeal for a ruling shortly before the hearing of 7th July did not prejudice Poerschke in any way, since this hearing would, in any case, as has been said above, have had to be adjourned";

- as to the plea for release (*Haftbeschwerde*) of *1st April 1965*, that "the Criminal Division had already decided on 6th April 1965 not to grant it by issuing instructions on the same day, that the file be sent, through the Public Prosecutor's Office, to the Court of Appeal. The file actually reached the Public Prosecutor on 12th April 1965. It is no longer possible to establish the reasons for the delay in transmission. The Court of Appeal subsequently rejected the appeal by decision of 14th May 1965";

2. *in respect of the shelving of certain of Poerschke's appeals to higher authority*

- as to the complaint of *12th August 1963*, that "the passages in the memorial ("*Beschwerdeschrift*") (page 6) referring to the action taken on this petition are accurate";
- as to the complaint of *10th January 1964*, that the Criminal Division confiscated this letter, addressed to the Senator for Justice, "by decision of 21st January 1964 'because it contained seriously insulting matter and was important as evidence in criminal proceedings for insult which might possibly be instituted at a later date agaist Poerschke'"; the Applicant had written, among other things, that "there should be no place for a vengeful justice in a civilised world" and that "the Court had shown an indifference (*Interesselosigkeit*) in the case which was indistinguishable from the rules of the game laid down by 'rote Hilde'"; the Court's opinion to the effect that insulting letters written by prisoners should not be forwarded was based on several precedents;
- as to the complaint of *14th February 1964*, that, in this appeal, "the Applicant complained that it had been decided to keep him in custody and that the hearing had only been arranged for 7th July 1964. It is true that this appeal was first marked 'file' since the file was not available owing to the numerous requests, but it was sent later to the Public Prosecutor's Office for an opinion, and was mentioned by the latter in its explanations of 25th March 1964. It was considered as an appeal on the merits (*Sachbeschwer-*

s'il y avait lieu de modifier la décision attaquée. Comme des objections avaient été formées à l'égard de la confiscation d'une lettre adressée à la rédaction du quotidien berlinois "BZ", il n'était pas possible de prendre une décision sans disposer de cette lettre. Plus tard, on a apparemment d'abord omis de prendre en considération que la requête du 8 mai 1964 était encore en suspens de décision. Le fait que le dossier n'a été transmis que peu avant l'audience du 7 juillet à la Cour d'Appel pour qu'elle statue sur cette requête, n'a causé aucun préjudice à Poerschke du fait que cette audience, ainsi qu'il a été dit plus haut, aurait en tout état de cause due être ajournée";

- quant à la requête (*Haftbeschwerde*) du *1er avril 1965*, que "la Chambre criminelle a décidé déjà le 6 avril 1965 de ne pas y donner suite en ordonnant, le même jour, de transmettre le dossier, par l'intermédiaire du Parquet, à la Cour d'Appel. Le dossier est effectivement parvenu le 12 avril 1965 au Parquet. Il n'est plus possible de constater pourquoi la transmission a été retardée. La Cour d'Appel a ensuite rejeté le recours par décision du 14 mai 1965";

2. *quant au classement de certains recours hiérarchiques de Poerschke*

- quant à la plainte du *12 août 1963* que "ce qui est dit dans le mémoire (*Beschwerdeschrift*) (page 6) sur la suite qui a été donnée à cette pétition est exact";
- quant à la plainte du *10 janvier 1964*, que la Chambre criminelle a confisqué cette lettre, adressée au Sénateur de la Justice, "par décision du 21 janvier 1964 'parce qu'elle comportait des injures graves et qu'elle avait de l'importance comme pièce à conviction dans une procédure pénale pour injure à intenter éventuellement plus tard contre Poerschke'"; le requérant y aurait écrit entre autres 'qu'il devrait être déplacé dans un monde civilisé que la Justice se vengeât' et que 'pour l'éclaircissement de cette affaire, le tribunal fait preuve d'un manque d'intérêt (*Interesselosigkeit*) qui ressemble aux règles de jeu de la 'rote Hilde' comme deux gouttes d'eau'; l'avis du Tribunal selon lequel des lettres diffamatoires de détenus peuvent ne pas être transmises, serait fondé sur divers précédents;
- quant à la plainte du *14 février 1964*, que, dans ce recours, "le requérant s'est plaint de ce que sa détention préventive a été maintenue et que les débats ont été fixés seulement au 7 juillet 1964. Ce recours, il est vrai, a été d'abord muni de la mention 'à verser au dossier' du fait que le dossier n'était apparemment pas disponible à cause des nombreuses demandes, mais a été transmis plus tard pour avis au Parquet qui l'a mentionné également dans ses explications du 25 mars 1964. Il a été considéré

de), which, in view of its contents, does not give rise to any objection, particularly as the fixing of the date for hearings comes within a sphere of judicial activity which is only subject to limited supervision by higher authority (Schmidt-Räntsch, Judicature Act, note 20 on Section 26). Apparently owing to an error, no mention was made of this appeal in the subsequent decision of the Criminal Division, dated 3rd April 1964. It is certain that, in any case, it was sent to the Court of Appeal for a decision";

Following Mr. Mahler's rejoinder to its observations as to the admissibility of Poerschke's Application, the respondent Government, in a *communication* which reached the Secretary to the Commission on *9th February 1964*, reiterated the various arguments referred to above. In particular, the Government of the Federal Republic of Germany pointed out, with regard to Poerschke's plea for release (*Haftbeschwerde*) dated *26th August 1963*, that "there can be no question here of a denial of justice, since the President only had the choice of ruling on the appeal, and thus holding up the expert report and the proceedings, or of first postponing action on the appeal in view of recent decisions relating to the detention (pending trial)".

Furthermore, with respect to the handling of Poerschke's appeal of *10th January 1964*, that is to say, the confiscation of the letter addressed to the Senator for Justice, the respondent Government stated that a petition addressed by Poerschke to the Mayor of Berlin on 1st February 1965, which was passed by the Senator for Justice to the Public Prosecutor at the Berlin Regional Court and which had been considered by that Court as a plea for release from detention, had finally been rejected. The respondent Government concluded that "it was not possible to treat the letter of 10th January 1965 addressed to the Senator for Justice differently from the petition addressed to the Mayor of Berlin".

At the hearing of the parties on *14th February 1966*, the Agent of the respondent Government added further:

- as to the argument that a *special file* should have been prepared to deal with each of Poerschke's "*Haftbeschwerden*" separately and within the time prescribed by law (cf. above, Applicant's arguments relating to the handling of the "*Haftbeschwerde*" dated 26th August 1963), that, unlike the Wemhoff case, it had not been possible in the case in point to predict that the proceedings and the detention pending trial would last for a particularly long time;

comme recours au fond (*Sachbeschwerde*) ce qui, vu son contenu, ne prête à aucune objection, d'autant plus que la fixation du jour des débats tombe dans le domaine de l'activité judiciaire dont le contrôle hiérarchique est limité (Schmidt-Räntsch, *Richtergesetz*, note 20 ad § 26). Il a été omis, apparemment par erreur, de mentionner ce recours dans la décision ultérieure de la Chambre criminelle du 3 avril 1964. Il est sûr, de toute façon, qu'il a été soumis pour décision à la Cour d'Appel";

A la suite de la réplique de Me Mahler à ses observations sur la recevabilité de la requête Poerschke, le Gouvernement défendeur, dans une *communication* qui est parvenue au Secrétaire de la Commission le *9 février 1964*, a confirmé ses divers arguments mentionnés plus haut. En particulier, le Gouvernement de la République Fédérale d'Allemagne a fait observer, en ce qui concerne la requête (*Haftbeschwerde*) de Poerschke en date du *26 août 1963*, qu'"il ne peut être question ici d'un déni de justice puisque le Président avait seulement le choix ou de faire statuer sur le recours et de retarder de ce fait l'établissement de l'expertise ainsi que la procédure ou d'ajourner d'abord le traitement du recours vu les décisions récentes relatives à la détention (préventive)".

D'autre part, en ce qui concerne le traitement réservé au recours de Poerschke du *10 janvier 1964*, c'est-à-dire la confiscation de cette lettre adressée au Sénateur de la Justice, le Gouvernement défendeur a fait savoir qu'une pétition que Poerschke avait adressée au Maire de Berlin le 1er février 1965, qui avait été transmise par le Sénateur de la Justice au Procureur Général près le Tribunal régional de Berlin et qui avait été considérée par ce Tribunal comme demande de mise en liberté de la détention, avait finalement été rejetée. Le Gouvernement défendeur en conclut qu'"il n'avait pas été possible de donner d'autres suites à la lettre du 10 janvier 1965 adressée au Sénateur de la Justice que celles réservées à la pétition adressée au Maire de Berlin".

A l'*audience contradictoire des parties du 14 février 1966*, l'Agent du Gouvernement défendeur a encore ajouté

- quant à l'argument suivant lequel il y avait lieu de constituer un *dossier spécial* pour décider séparément et dans les délais légaux sur les *Haftbeschwerden* de Poerschke (cf. *supra*, argumentation du requérant relative au sort réservé à la *Haftbeschwerde* du 26 août 1963), que, contrairement à l'affaire Wemhoff, il n'était pas prévisible en l'espèce que la procédure et la détention préventive devaient durer pendant un temps particulièrement long;

- as to Poerschke's appeal of *12th August 1963*, that it was for the lawyer representing Poerschke's interests at the time to ask the Applicant if he agreed with the way in which his appeal had been dealt with: that this appeal had not been sent in the form of an appeal to higher authority, but had been simply placed in the file;
- as to the *general question* whether the Applicant had been the victim of a violation of one of the rights guaranteed by the Convention, and in particular by Article 13, in that certain of his pleas had not immediately been passed on, or in that some appeals had been shelved, that, having regard to the large number of pleas lodged by Poerschke, it had not been possible to rule *separately* on each one of his petitions; nor had it been possible to rule *immediately* on each plea without holding up proceedings; that, where there was any doubt as to the juridicial character of certain petitions, they had not been considered to be appeals to higher authority (*Dienstaufsichtsbeschwerden*) but had been treated as *appeals on the merits* (*Sachbeschwerden*) and, as such, were added to the file to be sent on later; that the Applicant had not been *wronged* thereby but, on the contrary, from the procedural point of view, had derived advantages; that, in any case, Poerschke had not been harmed by the fact that he might, perhaps, have submitted his Application earlier to the European Commission of Human Rights: for, owing to the heavy burden of work before the Commission (*grosse Geschäftsbelastung*), this Application had not been transmitted to the respondent Government until long after it had first been submitted (cf. *above*, Applicant's arguments on the handling of his "*Haftbeschwerde*" of 26th August 1963, *last sentence*); that appeals (on the merits) provided for by the Code of Criminal Procedure constituted appeals within the meaning of Article 13 of the Convention, which, in this case, would not be true of appeals to higher authority, because practically nothing could have been done in the matter through that channel; in particular,
- as to Poerschke's appeal of *14th February 1964*, that, according to Section 26 of the German Judges Act (*Deutches Richtergesetz*), "the judge is only subject to supervision by higher authority in so far as his independence is not impaired (*beeinträchtigt*)" and that, according to the most recent Commentary on this Act by Schwarz-Kleinknecht, the fixing of a date for a hearing (*Terminbestimmung*), since it was part of the preparation for a judicial decision, was definitely not subject to supervision by higher authority; that the reason for these rules, which required that the judge should be independent in so far as he was engaged in specifically judicial activity – and this would be the case when the date of a hearing was being fixed – was precisely that the questions re-

- quant au recours de Poerschke du *12 août 1963*, qu'il appartenait à l'avocat qui représentait à l'époque les intérêts de Poerschke, de demander au requérant s'il était d'accord avec la façon dont son recours avait été traité: que ce recours n'avait pas été transmis en tant que recours hiérarchique, mais qu'il avait été simplement versé au dossier;
- quant à la *question générale* de savoir si le requérant a été victime de la violation de l'un des droits garantis par la Convention, et notamment par l'article 13 de celle-ci, du fait que certaines de ses requêtes n'ont pas été immédiatement transmises ou que des recours ont été classés, que, vu le grand nombre de requêtes introduites par Poerschke, il n'a pas été possible de statuer *séparément* sur chacune de ses pétitions; qu'il n'a pas été possible non plus de statuer *immédiatement* sur chaque requête à moins de retarder la procédure en cours; qu'en cas de doute sur le caractère juridique de certaines pétitions, celles-ci n'ont pas été considérées comme recours hiérarchiques (*Dienstaufsichtsbeschwerden*), mais ont été traitées comme des *recours au fond* (*Sachbeschwerden*) et, en tant que tels, ont été versées au dossier pour être transmises par la suite; que, de ce fait, le requérant n'aurait pas subi de *préjudice*, bien au contraire, du point de vue procédural, il en aurait tiré des avantages; qu'en tout état de cause, Poerschke n'aurait pas subi de préjudice, du fait qu'il aurait, peut-être, pu introduire plus tôt sa requête auprès de la Commission européenne des Droits de l'Homme: en effet, à cause du rôle très chargé de la Commission (*grosse Geschäftsbelastung*), la présente requête n'aurait été communiquée au Gouvernement défendeur que bien après son introduction (cf. *supra*, argumentation du requérant relative au sort réservé à sa *Haftbeschwerde* du 26 août 1963, *in fine*); que les recours (au fond) prévus par le Code de procédure pénale constitueraient des recours au sens de l'article 13 de la Convention, ce qui, en l'espèce, ne serait point le cas des recours hiérarchiques car, par voie hiérarchique, pratiquement rien n'aurait pu être fait à ce sujet; en particulier,
- quant au recours de Poerschke du *14 février 1964*, que, suivant l'article 26 de la Loi allemande concernant les juges (*Deutsches Richtergesetz*). "Le juge n'est soumis au contrôle hiérarchique que pour autant que son indépendance n'est pas mise en cause (*beeinträchtigt*)" et que, suivant le Commentaire le plus récent de cette Loi, par Schwarz-Kleinknecht, la fixation du jour des débats (*Terminbestimmung*), du fait qu'elle sert à la préparation d'une décision judiciaire, est précisément en dehors du contrôle hiérarchique; que la raison d'être de cette réglementation qui exige que le juge soit indépendant pour autant qu'il exerce une activité spécifiquement judiciaire – et tel serait le cas de la fixation de la date d'une audience –, serait précisément que les

lating to the conduct of this judicial activity constituted a whole which could only be examined within the framework of ordinary procedural remedies (*normale prozessurale Rechtsmittel*), such as an appeal concerned with the extent to which the court had deducted the period of detention pending trial from the sentence; that, moreover, the judge had not been completely inactive in the case in point and one could not attribute negligence (*Nachlässigkeit*) to his decisions relating to the adjournment of the hearing, even if there were reason to admit that some of the measures he had taken were, perhaps, not very clever or appropriate; as to the roll of outstanding business (*Geschäftslage*), that it was hardly possible at the time to know how feasible it would be to ask the President of the Criminal Division to arrange an earlier date for the hearing in question;

II. *As to the period of time spent by Poerschke in detention pending trial and the length of proceedings*

A. *Whereas* the Applicant's complaints and submissions, as presented by Mr. Mahler in his *memorials of 15th March and 30th June 1965*, may be summed up as follows:

(a) – The Berlin Regional Court waited unduly long before commissioning an expert to study the question whether Poerschke had been criminally responsible for his acts when they were committed. In the case in point, the Prosecution ought to have called for an expert report at the time of the preliminary investigations (*Ermittlungsverfahren*). In any case, the Court should have taken this measure immediately after the charge had been drawn up in order to prepare for the hearing: the adjournment, announced on 8th August 1963, would then have been avoided;

(b) – After the charge had been read (15th March 1963), the Regional Court should have arranged the hearing for a date earlier than 8th August 1963: in the first place, the enquiry was simple and only lasted five weeks and, in the second place, there was no material obstacle to prevent the Court from deciding the case earlier; in any event the concept of the Constitutional State (*Rechtsstaat*) invalidated the argument (put forward by the respondent Government) that the fact that the Regional Court was overburdened with business could, if need be, justify a delay of almost six months between the charge and the hearing;

(c) – On 8th August 1963, the Berlin Regional Court ought to have commissioned someone other than Dr. Sprengler to draw up the expert report, since he was on holiday until midquestions relatives à l'exercice de cette activité judiciaire constituent un ensemble que l'on peut seulement examiner dans le cadre des recours de procédure ordinaire (*normale prozessurale Rechtsmittel*), tels que le recours qui a pour objet la mesure dans laquelle le tribunal a imputé la détention préventive sur la peine; que, par ailleurs, le juge ne serait pas en l'espèce resté complètement passif et que l'on ne saurait qualifier de négligence (*Nachlässigkeit*) ses décisions relatives à l'ajournement de l'audience même s'il y avait lieu d'admettre que différentes mesures qu'il avait prises ont, peut-être, été peu habiles et peu appropriées; quant au rôle des affaires pendantes (*Geschäftslage*), qu'il n'aurait guère été possible de savoir à l'époque dans quelle mesure l'on pouvait demander au Président de la Chambre criminelle de fixer une date plus rapprochée pour l'audience en question;

II. *Quant à la durée de la détention préventive de Poerschke et quant à la longueur de son procès*

A. *Considérant* que les griefs et arguments du requérant, tels qu'ils ont été présentés par Me Mahler dans ses *mémoires des 15 mars et 30 juin 1965*, peuvent se résumer ainsi:

(a) – Le Tribunal régional de Berlin aurait indûment tardé à confier à un expert le soin d'étudier la question de savoir si Poerschke était pénalement responsable de ses actes au moment de leur commission. En l'espèce, le Parquet aurait dû demander une expertise dès le stade de l'enquête (*Ermittlungsverfahren*). En tout cas, le Tribunal aurait dû prendre cette mesure aussitôt après l'établissement de l'acte d'accusation, en vue de la préparation de l'audience: l'ajournement des débats, prononcé le 8 août 1963, eût ainsi été évité;

(b) – Après le dépôt de l'acte d'accusation (15 mars 1963), le Tribunal régional aurait dû fixer l'audience à une date plus rapprochée que le 8 août 1963: d'une part, l'enquête aurait été simple et n'aurait duré que cinq semaines et, d'autre part, il n'aurait existé aucune impossibilité matérielle excluant que le Tribunal régional statue à plus courte échéance; en tout état de cause, l'idée de *Rechtsstaat* rendrait caduc l'argument (avancé par le Gouvernement défendeur) suivant lequel le fait que le Tribunal régional était débordé de travail pourrait, le cas échéant, justifier un délai de presque six mois entre la mise en accusation et l'audience;

(c) – Le 8 août 1963, le Tribunal régional de Berlin aurait dû confier l'expertise à une personne autre que le Dr. Spengler puisque ce dernier était en vacances jusqu'à la mi-octobre.

October. More than fifty experts competent in the field were available in Berlin. If it had not been decided to undertake an expert enquiry earlier, the "fault" lay with the prosecuting authorities (*Strafverfolgungsorgane*). Consequently, proceedings in this case ought to have been speeded up: in fact, the expert report could have been available before October and the hearing taken place before the end of 1963;

(d) – As from 8th August 1963, the Regional Court should have released the Applicant on bail: Article 5 (3) of the Convention made such a decision mandatory, as did the concept of the "*Rechtsstaat*", according to which, in certain cases, the right of the individual (to liberty) took precedence over the interest of the community (in the punishment of criminal offences);

(e) – After receiving the expert report, in January 1964, the Berlin Regional Court ought to have arranged a date for the hearing much earlier than that of 7th July 1964;

(f) – The Berlin Regional Court should not have adjourned the hearing of 7th July 1964, since neither the fact that Dr. Sprengler could not attend, nor the absence on holiday of the witness Jockiel, were sufficient grounds to justify this decision.

In his *rejoinder of 15th November 1965 to the Observations of the respondent Government* as to the admissibility of the Application, Mr. Mahler commented further on the complaints referred to above:

(a) "... the Federal Government states that the Prosecution did not at first feel it necessary to arrange for a psychiatrist's report on the Applicant since file 272 Gs 169/62 of the Tiergarten District Court contained a certificate from Dr. Helbig, Medical Director of the Karl-Bonhoeffer Hospital, dated 3rd December 1962, according to which the Applicant's fractured skull did not reduce his capacity to resist the effects of alcohol.
"The official preparing the case (*Sachbearbeiter*) for the Prosecution thus rightly concluded, on the basis of the note of 9th February 1963, that the question of the Applicant's criminal responsibility for his actions should be studied independently, having regard to the accused's fractured skull and his state of intoxication when he committed the offence.
"Counsel for the Prosecution (*Sitzungsvertreter der Staatsanwaltschaft*) must also be given credit for having taken the initiative, at the hearing of *8th August 1963*, of asking for a psychiatric report, on which it might be possible to base the study of the Applicant's criminal responsibility for his actions.

Plus de cinquante experts, compétents en la matière, se trouveraient à Berlin à la disposition de la justice. Si une expertise n'avait pas été décidée antérieurement, la "faute" en incomberait au Ministère Public (*Strafverfolgungsorgane*). Par conséquent, une accélération de la procédure se serait imposée en l'espèce: en fait, l'expertise aurait pu être établie avant octobre et l'audience se tenir avant la fin de 1963;

(d) – A partir du 8 août 1963, le Tribunal régional aurait dû mettre le requérant en liberté provisoire: une telle décision se serait imposée en vertu de l'article 5 par. 3 de la Convention et aurait également découlé de la notion de *Rechtsstaat* suivant laquelle, dans certains cas, le droit de l'individu (à la liberté) primerait l'intérêt de la collectivité (à la répression d'une infraction pénale);

(e) – Après réception du rapport d'expertise, en janvier 1964, le Tribunal régional de Berlin aurait dû fixer les débats à une date beaucoup plus rapprochée que le 7 juillet 1964;

(f) – Le Tribunal régional de Berlin n'aurait pas dû ajourner l'audience du 7 juillet 1964, car ni l'empêchement du Dr. Spengler ni les vacances du témoin Jockiel n'auraient constitué des motifs suffisants pour justifier cette décision.

Dans sa *réplique du 15 novembre 1965* aux observations du Gouvernement défendeur sur la recevabilité de cette requête, Me Mahler élabore quant aux griefs mentionnés ci-dessus ce qui suit:

> *ad* (*a*) "... le Gouvernement fédéral déclare que le Parquet avait d'abord cru pouvoir renoncer à l'établissement d'une expertise psychiatrique du requérant, le dossier 272 Gs 169/62 du Tribunal cantonal de Tiergarten comportant une attestation du Dr. Helbig, médecin-chef de l'Hôpital Karl-Bonhoeffer, en date du 3 décembre 1962, selon laquelle la fracture de crâne du requérant n'avait pas pour conséquence de restreindre sa capacité de supporter l'alcool.
>
> "Le rédacteur (*Sachbearbeiter*) du Parquet avait donc, sur la base de l'annotation du 9 février 1963, conclu à juste titre que la question de la responsabilité pénale du requérant devait être étudiée à part, compte tenu de la fracture du crâne que l'intéressé avait subie et de l'état d'ébriété dans lequel il s'était trouvé au moment où il avait commis l'infraction.
>
> "Il faut également savoir gré au Parquet (*Sitzungsvertreter der Staatsanwaltschaft*) d'avoir, à l'audience du 8 août 1963, pris l'initiative de demander une expertise psychiatrique, sur laquelle puisse se fonder l'examen de la responsabilité pénale du requérant.

"Nevertheless, it was during the preparation for the hearing that the Court ought to have arranged for a psychiatrist's report on the Applicant. Between 29th April 1963, when the case opened, and the first day of the hearing, on 8th August 1963, the expert would have had ample time to write his report. He could then have presented it at the hearing in August 1963. Proceedings before the trial court could then have been concluded in August 1963.

"The reference to Dr. Helbig's certificate of 3rd December 1962 is not sufficient in this respect, since this certificate does not constitute, in pending criminal proceedings, a valid piece of evidence with which to determine the Applicant's criminal responsibility.

"The Code of Criminal Procedure only permits to a very limited extent the reading of medical certificates and opinions, and the conditions are laid down in Article 256. Yet, they were not satisfied in the case of the attestation dated 3rd December 1962. Dr. Helbig's attestation is not a declaration by a public authority (*öffentliche Behörde*). This is clear from the fact that Dr. Helbig was certainly not acting as a representative of the Karl-Bonhoeffer Hospital, an establishment under public law, but supplied his certificate as an expert at the request of the Court. It was mere chance that the expert was also Medical Director of a hospital under public law, and his attestation does not therefore become a declaration by a public authority.

"Nor could there be any question of reading the attestation as a medical certificate within the meaning of Article 256 (1) of the Code of Criminal Procedure, since it did not refer to bodily injuries, but to the physical and mental state of the Applicant at the time when he committed an offence which did not concern the proceedings in question. It was absolutely necessary to hear a psychiatric expert at the hearing at which the Applicant was being tried. Thus, the Court did not prepare the case (*Hauptverhandlung vorbereitet*) with all due care. The further delay in the proceedings must, in essence, be attributed to this lack of preparation.

"...

"It is true that, at the hearing of 8th August 1963, the Applicant would not permit his counsel to read a request for a psychiatric examination, since he believed that the adjournment which would have inevitably followed would delay the proceedings unduly."

"Toutefois, c'est pendant la préparation de l'audience déjà que le Tribunal aurait dû ordonner l'expertise psychiatrique du requérant. Entre le 29 avril 1963, date d'ouverture des débats, et le premier jour de l'audience, le 8 août 1963, l'expert aurait eu suffisamment de temps pour établir son rapport. Il aurait alors pu présenter son expertise à l'audience en août 1963. La procédure devant la première instance aurait ainsi pu être terminée en août 1963.

"La référence à l'attestation du 3 décembre 1962 du Dr. Helbig est insuffisante à cet égard, cette attestation ne constituant pas, dans la procédure pénale pendante, un moyen de preuve valable pour la détermination de la responsabilité pénale du requérant.

"Le Code de procédure pénale autorise seulement dans une mesure très limitée que l'on donne lecture de certificats et d'avis médicaux. Les conditions dans lesquelles il peut être donné lecture de certificats et d'avis médicaux pendant les débats sont précisées à l'article 256 du Code de procédure pénale. Or, elles n'étaient pas réunies en ce qui concerne l'attestation du 3 décembre 1962. L'attestation du Dr. Helbig ne constitue pas une déclaration d'une autorité publique (*öffentliche Behörde*). Cela résulte déjà du fait que le Dr. Helbig n'avait manifestement pas agi en qualité de représentant de l'Hôpital Karl-Bonhoeffer, établissement hospitalier de droit public, mais qu'il avait établi son certificat en tant qu'expert, à la demande du Tribunal. C'est seulement par hasard que l'expert était en même temps médecin-chef d'un établissement hospitalier de droit public et son attestation ne devient pas pour autant une déclaration d'une autorité publique.

"Il ne pouvait pas non plus être donné lecture de l'attestation comme d'un certificat médical au sens de l'article 256, paragraphe 1, du Code de procédure pénale, étant donné qu'elle n'avait pas trait à des dommages corporels, mais à l'état physique et psychique du requérant à l'époque où il avait commis une infraction ne faisant pas l'objet de la présente procédure. Il fallait absolument qu'un expert psychiatrique soit entendu à l'audience où était le requérant. Le Tribunal n'a donc pas instruit l'affaire (*Hauptverhandlung vorbereitet*) avec tout le soin requis. C'est essentiellement à cette préparation insuffisante qu'il faut imputer le nouveau retard dans la procédure.

"...

"Il est exact que, à l'audience du 8 août 1963, le requérant a interdit à son défenseur de donner lecture d'une demande d'expertise psychiatrique, étant donné qu'il considérait que l'ajournement des débats qui en aurait inévitablement résulté retarderait indûment la procédure."

(*b*) [*and* (*d*)]
"The Federal Government clearly bases its arguments on the same inaccurate interpretation of Article 5 (3) of the European Convention for the Protection of Human Rights as did the '*Kammergericht*' in its ruling of 4th November 1963. The Berlin Court of Appeal regarded as 'immaterial' the Applicant's observation relating to this provision of the Convention. Both the '*Kammergericht*' and the Federal Government seem to hold that a period spent in detention pending trial is reasonable as long as it does not exceed the prison sentence which is finally imposed. This is tantamount to saying that remand in custody for five or six years is admissible if the accused is eventually sentenced to a term of five or six years' imprisonment. This concept is reflected in practice by the fact that the tradesman Karl-Heinz Wemhoff, for example, has already been detained for four years by the judicial authorities of West Berlin, and this simply cannot be justified. In fact, the Federal Government's thesis is based on an incorrect interpretation of the provisions of the Convention.

"The 'probable sentence' only has a negative, restrictive significance when determining 'the reasonable duration of remand in custody'. It follows that a period of detention cannot be looked upon as reasonable if it is out of proportion to the maximum sentence to be expected. This means that if the facts recorded in the file justify a maximum sentence of six months, having regard to the sentences normally pronounced by the courts, it is quite wrong to keep the accused in custody for more than six months, even if the investigation was not complete after this period of time has elapsed. It is only in this negative sense that the concept of the 'severity of the expected sentence' acquires importance for interpreting Article 5 (3). Furthermore, the words 'reasonable time' must, in essence, be interpreted in accordance with the principle that no citizen shall be deprived of his liberty without final judgment to this effect having been pronounced by a court. This monopoly of the judicial power, which principle is laid down in the Basic Law of the Federal Republic of Germany (Article 104) and elsewhere, is generally held to be one of the foundations of a liberal democracy mindful of human dignity. It is on this monopoly of the judiciary that the modern Constitutional State rests in the last resort.

"The length of detention pending trial in each particular case *ad* (*b*) [*et* (*d*)]

"Le Gouvernement fédéral fonde manifestement son argumentation sur la même interprétation inexacte de l'article 5, paragraphe 3, de la Convention européenne de Sauvegarde des Droits de l'Homme que le *Kammergericht* dans son arrêt du 4 novembre 1963. La Cour Suprême de Berlin a considéré comme 'non pertinente' l'observation du requérant relative à cette disposition de la Convention. Tant le *Kammergericht* que le Gouvernement fédéral semblent estimer que la durée de la détention préventive est raisonnable, dans la mesure où elle ne dépasse pas celle de la peine d'emprisonnement finalement infligée. Cela revient à dire que des périodes de détention préventive de cinq à six ans sont admissibles si l'interessé se voit condamné en dernier ressort à une peine d'emprisonnement ou de réclusion de cinq ou de six ans. Cette conception se traduit dans la pratique par le fait que le négociant Karl-Heinz Wemhoff, par exemple, est détenu depuis quatre ans déjà à titre préventif par les autorités judiciaires de Berlin-Ouest, ce qui est simplement inadmissible. En fait, la thèse du Gouvernement fédéral est fondée sur une interprétation inexacte des dispositions de la Convention.

"La 'peine à prévoir' n'a qu'une signification négative, restrictive, lorsqu'il s'agit de déterminer la 'durée raisonnable de la détention préventive'. Il s'ensuit qu'une période de détention préventive ne peut pas être considérée comme raisonnable si elle n'a aucune commune mesure avec la peine maximum à prévoir. Cela signifie que, si les faits mentionnés dans le dossier justifient une peine d'emprisonnement de six mois au maximum, compte tenu des peines normalement infligées par les tribunaux, il est inadmissible de maintenir l'accusé en détention préventive pendant plus de six mois, même si l'instruction ne devait pas être terminée après l'expiration de ce délai. Ce n'est que dans ce sens négatif que la notion de 'gravité de la peine à prévoir' revêt de l'importance pour l'interprétation de l'article 5, par. 3 de la Convention. Par ailleurs, les mots 'délai raisonnable' doivent essentiellement être interprétés en fonction du principe qu'aucun citoyen ne peut être privé de sa liberté sans qu'un jugement définitif ait été prononcé à cet effet par un tribunal. Ce monopole du troisième pouvoir indépendant, dont le principe est énoncé entre autres à l'article 104 de la Loi fondamentale de la République Fédérale d'Allemagne, est généralement considéré comme l'un des éléments de base d'une démocratie libérale, respectueuse de la dignité humaine. C'est sur ce monopole du pouvoir judiciaire que repose finalement l'Etat de droit moderne.

"La durée de la détention préventive dans chaque cas parti-is limited objectively and absolutely by this principle, which overrides all others. The determination of what is meant by 'a reasonable time' cannot, therefore, depend either on the time required for the preparation of the case, or on the probable severity of the sentence. It must, in fact, be remembered that remand in custody constitutes – as a temporary deprivation of liberty justified by its purpose – a special sacrifice imposed upon a citizen in the interest of the maintenance of organised criminal justice, the basis of a Constitutional State.

"It is precisely this character of special sacrifice which determines the inherent limits of detention pending trial. By virtue of this concept, detention must not, in character or length, exceed what could be demanded of an innocent person, in accordance with generally accepted standards, in order to protect the higher interests of the community, such as the maintenance of order within the State, thanks to a criminal justice conforming to the Constitution.

"It cannot seriously be doubted that, according to the legal and moral standards generally accepted in Western Europe, a citizen who may be innocent should not be deprived of his liberty for some years, simply to assure the State a hypothetical right of punishment, particularly when the material requirements of the preliminary investigation cannot be invoked to justify extending the period of remand. Apart from its economic and social consequences, such long detention, especially when the prisoner has not the slightest idea of what fate has in store for him, may lead to serious mental disorders and destroy his links with society. It may thus literally ruin a human life. It is obvious that no Constitutional State, unless it ceases to be such, can subject one of its nationals to such an ordeal, without first conducting normal legal proceedings terminating in a final judgment.

"Having regard to Article 6 (2) of the European Convention for the Protection of Human Rights, this principle must not be made subject to a restriction based on the total length of the expected sentence; otherwise the assumption of innocence embedded in this provision would cease to have any meaning . . ."

(*c*)

(i) "It should be pointed out ... that it would have been logical, following the requests from the Prosecution [preculier est limitée de façon objective et absolue, en vertu de ce principe, qui l'emporte sur tous les autres. La détermination du 'délai raisonnable' ne peut donc dépendre ni du délai requis pour l'instruction, ni de la gravité de la peine à prévoir. Il faut se dire, en fait, que la détention préventive constitue – en tant que privation provisoire de liberté, justifiée par son objet – un sacrifice spécial imposé au citoyen dans l'intérêt du maintien d'une justice pénale organisée, fondement d'un Etat de droit.

"C'est précisément ce caractère de sacrifice spécial qui détermine les limites immanentes de la détention préventive. En vertu de cette conception, la détention préventive ne doit pas, quant à son caractère et à sa durée, excéder celle qui pourrait, selon les normes généralement admises, être exigée d'un innocent à titre de sacrifice pour défendre les intérêts supérieurs de la communauté tels que le maintien de l'ordre étatique grâce à une justice pénale conforme à la Constitution.

"On ne saurait sérieusement mettre en doute que, selon les normes juridiques et morales généralement admises en Europe Occidentale, une privation de liberté de plusieurs années ne doit pas être imposée à un citoyen, qui peut être innocent, dans le seul but d'assurer à l'Etat un droit éventuel à la répression, en particulier lorsque les exigences matérielles de la procédure d'instruction ne peuvent pas être invoquées pour justifier une prolongation de la détention préventive. Indépendamment de ces conséquences économiques et sociales, une privation de liberté d'une telle durée, notamment lorsque l'intéressé la subit sans avoir la moindre idée du sort qui l'attend, est susceptible de provoquer chez lui un grave traumatisme psychique et d'anéantir toutes ses attaches sociales. Une détention préventive d'une telle durée peut donc littéralement ruiner une existence. Il est évident qu'aucun Etat de droit, à moins de renoncer à cet attribut, ne peut imposer une telle épreuve à un de ses ressortissants sans que se soit déroulée auparavant une procédure judiciaire régulière, close par un jugement définitif.

"Compte tenu de l'article 6, paragraphe 2, de la Convention européenne de Sauvegarde des Droits de l'Homme, ce principe ne doit pas faire l'objet d'une restriction fondée sur le montant de la peine à prévoir; dans le cas contraire, la présomption d'innocence ancrée dans cette disposition serait, en effet privée de tout contenu. ..."

ad (*c*)

(i) "Il faut signaler ... qu'il eut été indiqué, qu'à la suite de la demande du Parquet [présentée à l'audience du 8 sented at the hearing of 8th August 1963 with the object of obtaining consent for the Applicant to be examined by a psychiatrist], for the President to invite Dr. Helbig to make a report. Dr. Helbig had already thoroughly examined the accused in 1962 and analysed the consequences of the fracture of the skull. He could have made considerable use of his observations at that time. A few hours would have sufficed for the supplementary examination required. He could at the same time have cleared up the question as to the possibility of diminished responsibility under the influence of alcohol. Dr. Helbig would at least have been able to complete his report and present it to the Court within the time laid down for the suspension of proceedings in Article 229 of the Code of Criminal Procedure; it would not then have been necessary to adjourn the hearing. In August 1963, Dr. Helbig was at the Court's disposal. Having returned from holiday on 16th August 1963, he resumed his duties at the Karl-Bonhoeffer Hospital on 19th August. It would have been easy to ascertain from the Hospital the date of his arrival and return to work. I should like to suggest that, if need be, Dr. Hans Helbig, Berlin 10, Bonhoeffer Ufer 17, be invited to make an official declaration.

"Such a measure, which might be regarded as obvious, would have prevented any delay in the proceedings.

"...

(ii) "Since the detention pending trial had already lasted for some months by August 1963, the fact that the President granted the expert, Dr. Sprengler, an extension of time constituted a violation of the law. In this connection, it should be remembered that the Public Prosecutor's Office sent the file to the Regional Institute for Forensic and Social Medicine (*Landesinstitut für gerichtliche und soziale Medizin*) in Berlin on 12th August 1963, but that this Institute only reported on 30th August 1963, by letter, that the expert, Obermedizinalrat Sprengler, was on holiday until mid-October.

"Obermedizinalrat Sprengler, who is an official of the Regional Institute, presumably only enjoys the period of annual leave normally granted to officials of his rank. This may not in any circumstances exceed six weeks. If Dr. Sprengler only returned from his holidays in mid-October 1963, they could not have begun before 1st September 1963. Thus he would have been able to draw up his findings between 13th and 31st August. If his other duties prevented him, he ought not to have accepted the août 1963 et tendant à l'obtention d'une expertise psychiatrique du requérant], le Président invite le Dr. Helbig à procéder à l'expertise. Le Dr. Helbig avait déjà examiné l'accusé à fond en 1962 et analysé les conséquences de la fracture du crâne. Il aurait pu se référer dans une large mesure aux constatations faites à cette époque. Il aurait suffi de quelques heures pour procéder à l'indispensable examen complémentaire du requérant. A l'occasion de cet examen, l'expert aurait également pu éclaircir la question de l'atténuation éventuelle de la responsabilité à la suite de l'absorption d'alcool. Le Dr. Helbig aurait pour le moins pu achever son rapport et le présenter au Tribunal dans les limites du délai de suspension de la procédure prévu à l'article 229 du Code de procédure pénale; il n'aurait alors pas été nécessaire d'ajourner l'audience. En août 1963, le Dr. Helbig était à la disposition du Tribunal. Rentré de vacances le 16 août 1963, il a repris ses activités à l'Hôpital Karl-Bonhoeffer le 19 août. Il aurait été facile de se renseigner auprès de l'Hôpital Karl-Bonhoeffer quant à la date de son retour et de la reprise de son travail. Je me permets de suggérer que, le cas échéant, le docteur Hans Helbig, Berlin 10, Bonhoeffer Ufer 17, soit invité à faire une déclaration officielle.

"Une telle mesure, qui s'imposait pour ainsi dire, aurait permis d'éviter tout retard de la procédure.

" . . .

(ii) "La détention préventive ayant déjà duré depuis plusieurs mois en août 1963, le fait que le Président eût accordé une prolongation du délai à l'expert, le Dr. Sprengler, constituait par ailleurs une violation de la loi. A ce propos, il faut se rappeler que c'est dès le 12 août 1963 que le Parquet a transmis le dossier à l'Institut régional de Médecine légale et sociale (*Landesinstitut für gerichtliche und soziale Medizin*) de Berlin, mais que cet Institut a seulement fait savoir le 30 août 1963, dans une lettre, que l'expert, l'Obermedizinalrat Sprengler, était en vacances jusqu'à la mi-octobre.

"L'Obermedizinalrat Sprengler, qui est fonctionnaire de l'Institut régional, ne bénéficie sans doute que du congé annuel normalement prévu pour les fonctionnaires de son grade. Celui-ci ne peut en aucun cas dépasser six semaines. Si le Dr. Sprengler n'est rentré de vacances qu'à la mi-octobre 1963, celles-ci n'ont ainsi pas pu commencer avant le 1er septembre 1963. Il aurait donc été en mesure de formuler ses conclusions entre le 13 et le 31 août. Si son travail ne le lui avait pas permis, il n'aurait pas dû acceptask just before his annual leave. The Institute should then have entrusted the job to another specialist chosen from among the numerous psychiatrists on call. For it is hardly likely that all these doctors would have been on leave at the same time, that is to say in August 1963. And finally, the Court was not bound to approach the Regional Institute: many neurologists who are not employed at the Regional Institute often give evidence as experts before the Berlin courts.

(iii) "Moreover, the President of the Court countenanced a further considerable delay on the part of the expert, Dr. Sprengler, in presenting his report. From the explanations on page 4 of the Federal Government's observations, it appears that, following a request from Dr. Sprengler on 30th August 1963, he was granted an extension only until 1st November 1963. Yet his report did not finally reach the Court until the beginning of January 1964.

(iv) "The explanations given by the Federal Government under item 4 of Part I of its observations might create the impression that this new delay in the preparation of the report was due to several pleas for release (*Haftbeschwerden*) by the Applicant. But this argument has absolutely no foundation. One has to start with the application of 26th August 1963 ...

"Nor can the applications lodged on 10th September and 3rd October be considered as the origin of the delay ...

"...

"There is no point in analysing the Federal Government's observations under item 6 of Part I, since the Applicant's petitions referred to there had no influence on the length of the proceedings; in fact, the President had already arranged the hearing of 7th July 1964 when these applications reached the Court."

(v) "The remainder of the Federal Government's statement (page 9 of the observations) is incomprehensible when dealing with the opinion requested from Dr. Sprengler. The Federal Government does, however, concede that the conclusions would have been available to the Court by mid-October, had an expert other than Dr. Sprengler been approached. It is evidently forgotten that, because of his leave, Dr. Sprengler was given an extension of the time limit until the beginning of November 1963 by the President of the Court, and that he overstepped that time limit by two months."

ter cette tâche, étant donné l'imminence de son congé annuel. L'Institut aurait alors dû confier cette besogne à un autre expert, choisi parmi les nombreux psychiatres auxquels il peut faire appel. Il est, en effet, peu probable que tous ces médecins aient été en congé à la même époque, à savoir en août 1963. Enfin, le Tribunal n'était pas tenu d'avoir recours à l'Institut régional: de nombreux neurologues qui ne sont pas employés à l'Institut régional déposent souvent en qualité d'experts devant les Tribunaux correctionnels de Berlin.

(iii) "Qui plus est, le Président du Tribunal a toléré un nouveau dépassement important du délai de la part de l'expert, le Dr. Sprengler. Il ressort des explications données en page 4 des observations du Gouvernement fédéral, qu'à la suite de la demande du Dr. Sprengler, en date du 30 août 1963, une prolongation du délai n'avait été accordée à l'intéressé que jusqu'au 1er novembre 1963. Or, le rapport de l'expert n'est parvenu au Tribunal qu'au début de janvier 1964.

(iv) "Les explications données par le Gouvernement fédéral au point 4 de la première partie de ses observations pourraient produire l'impression que le nouveau retard dans l'établissement du rapport s'explique par diverses plaintes (*Haftbeschwerden*) du requérant. Mais cette thèse est absolument insoutenable. Il faut partir de la requête du 26 août 1963. ...

"Les requêtes introduites le 10 septembre et le 3 octobre 1963 ne peuvent pas, elles non plus, être considérées comme étant à l'origine du retard, ...

"...

"Il est inutile d'analyser les observations formulées par le Gouvernement fédéral au point 6 de la 1ère partie, les pétitions du requérant qui y sont mentionnées n'ayant aucune incidence sur la durée de la procédure; le Président avait en effet déjà fixé l'audience au 7 juillet 1964 lorsque ces requêtes parvinrent au Tribunal."

(v) "La suite de l'exposé du Gouvernement fédéral (page 9 des observations) est incompréhensible dans la mesure où elle a trait à l'avis demandé au Dr. Sprengler. Le Gouvernement fédéral concède toutefois que les conclusions auraient été déposées dès la mi-octobre si l'on avait fait appel à un expert autre que le Dr. Sprengler. On oublie manifestement que, en raison de son congé, le Dr. Sprengler s'est vu accorder par le Président du Tribunal une prolongation du délai, jusqu'au début de novembre 1963, délai que l'expert a dépassé de deux mois."

(*d*) cf. (*b*) above;

(*e*) "The remarks under item 5 of Part I of the observations are correct ... Here, too, it must be stressed that the length of detention complained of (*gerügt*) in the Application, can on no account be attributed to the attitude of the Public Prosecutor's Office."

(*f*) "The cancellation of the hearing arranged for 7th July 1964 cannot ... be justified. On that day the expert also had to present his findings in another criminal case before a Criminal Division of the Berlin Regional Court. There is little reason to believe that the accused in this other case had been kept in custody as long as the Applicant. It would thus have been more proper to adjourn that hearing, in order to reach a decision at last in the Applicant's case. In view of the special circumstances the Court ought not to have allowed the witness Jockiel to absent himself from the hearing of 7th July. It ought perhaps to have ordered him to postpone his departure on holiday; the Applicant's desire that the proceedings should be concluded rapidly was far more important than the interests of the witness Jockiel, if only because the latter's leave was only due to begin on 7th July, that is to say the day of the hearing. The witness could perfectly well have put off his departure for one day ..."

At the hearing of the parties on 14th February 1966, Counsel for the Applicant further developed his arguments as follows:

(*a*) It was not disputed that, having regard to Poerschke's fractured skull, the state of intoxication in which he committed the offence and the fact that he claimed not to be able to recollect what had happened, the questions of the Applicant's criminal responsibility would be raised at the hearing. There was thus good cause (*Anlass bestand*) to study this question. In examining the question, the Court had to rely exclusively on the factors established during the course of the preliminary investigation (*Ermittlungsverfahren*). If these factors seemed to make a psychiatric examination necessary, the Court, when preparing the hearing, should have arranged for one. The facts established in the case in point made such a psychiatric examination essential at the outset: the special nature (*Besonderheit*) of the case ruled out the possibility of the question of criminal responsibility being settled at the hearing by the usual (*üblich*) medical expert who was competent to tell the Court in a general way to what extent the accused had been under the *ad* (*d*) cf. supra, ad (b);

ad (*e*) "Ce qui est dit au point 5 de la première partie des observations est exact ... Par ailleurs, il faut souligner, là aussi, que la longue durée de la détention préventive, mise en cause (*gerügt*) dans la requête, ne doit en aucune façon être imputée à l'attitude du Parquet."

ad (*f*) "L'annulation de l'audience fixée au 7 juillet 1964 ne peut pas ... être justifiée. Ce jour-là, l'expert devait également présenter ses conclusions dans une autre affaire pénale devant une Chambre criminelle du Tribunal régional de Berlin. Il n'y a guère lieu de croire qu'on allait juger dans cette affaire un accusé ayant derrière lui une détention préventive aussi longue que que celle du requérant. Il eût donc été plus normal d'ajourner cette audience, afin d'aboutir enfin à une décision dans le cas du requérant. Etant donné les circonstances particulières, le Tribunal n'aurait pas dû dispenser le témoin Jockiel de paraître aux débats du 7 juillet. Il aurait éventuellement dû ordonner au témoin d'ajourner son départ en congé; l'intérêt du requérant à ce que la procédure s'achève rapidement l'emportait en effect de beaucoup sur les intérêts du témoin Jockiel, ne serait-ce que parce que le congé de ce dernier devait seulement commencer le 7 juillet 1964, c'est-à-dire le jour de l'audience. Le témoin aurait parfaitement pu retarder son départ d'un jour ..."

A l'audience contradictoire des parties du 14 février 1966, le conseil du requérant a encore développé ces arguments et ajouté ce qui suit:

ad (*a*) Il n'est pas contesté que, compte tenu de la fracture du crâne que Poerschke avait subie, de l'état d'ébriété dans lequel il s'était trouvé lors de la commission de l'infraction et du fait qu'il avait déclaré ne pas pouvoir se rappeler de ce qui s'était passé, la question de la responsabilité pénale du requérant allait se poser à l'audience. Il y avait donc lieu (*Anlass bestand*) d'examiner cette question. Pour l'examen de cette question, le Tribunal devait se baser exclusivement sur les facteurs établis au cours de l'investigation (*Ermittlungsverfahren*). Si ces facteurs paraissaient rendre nécessaire une expertise psychiatrique, le Tribunal, en préparant l'audience, devait y faire procéder. Les faits établis en l'espèce rendaient dès le début indispensable une telle expertise psychiatrique: le caractère spécial (*Besonderheit*) de l'affaire excluait que la question de la responsabilité pénale pouvait être résolue à l'audience par l'expert médical ordinaire (*üblich*) compétent pour indiquer au Tribunal de façon générale dans quelle mesure influence of alcohol. The rule of oral testimony (*Mündlichkeit*) in criminal proceedings made it impossible to use the expert report prepared by Dr. Helbig on the Applicant's criminal responsibility in connection with another case; thus a new report was needed in any event. By virtue of the same principle, moreover, the Court could not rely on Dr. Helbig's report when deciding whether, even before the hearing, Poerschke should be examined by a psychiatrist. In brief, the results of the preliminary investigations (*Ermittlungsergebnis*) showed that there was good cause (*Anlass bestand*) to call for a psychiatric examination. The doubts which had arisen were removed (*ausgeräumt*) by referring to an earlier psychiatric report. From the point of view of criminal procedural law, this was not admissible (*zulässig*).

(*b*) *and* (*d*)

(i) The fact that the Applicant, after having been released on bail on 9th July 1965, committed *a new offence* on 1st October 1965 and was arrested again and remanded in custody (the appeal in cassation of 29th November 1965 against the judgment of the trial Court was still pending in February 1966) had no inflence on the legal proceedings. Thus, it was necessary to consider the question whether the time spent by Poerschke in detention before the end of the first trial (*bis zum Abschluss des ersten Verfahrens*) was excessive (*unangemessen lang*) in relation to the new offence. Moreover, the fact that Poerschke had committed a fresh crime after being released during proceedings Relating to the first offence and that, in the eyes of the respondent Government, he had thus made "strange use" (*merkwürdig nutzen*) of his liberty, in no way justified the [excessive] length of the previous detention: in a Constitutional State (*Rechtsstaat*), the enforcement of the law should not depend upon the type of life led by those subject to it.

(ii) It was the right of every accused person placed under arrest that a court or a magistrate should give a ruling immediately or as soon as possible on his loss of liberty – this was the keynote of Article 5 (3) of the Convention. Thus, it was not sufficient that the accused should be heard: there must also be a judicial decision on his loss of liberty, since the right to liberty must not be left in suspense. Thus, in the case in point, reliance should be placed not on the English text of the Convention but on the *French text*.

l'alcool avait agi sur l'accusé. Le principe de l'oralité (*Mündlichkeit*) en matière de procédure pénale, de son côté, excluait que l'expertise sur la responsabilité pénale du requérant qu'avait établie le Dr. Helbig dans une autre affaire, fût prise en considération en la présente cause; une nouvelle expertise devait donc être établie de toute façon. En vertu de ce même principe le Tribunal ne devait pas non plus avoir égard à l'expertise du Dr. Helbig pour résoudre la question de savoir si, déjà avant l'audience, il y avait lieu de procéder à une expertise psychiatrique de Poerschke. En somme, il ressortait de l'investigation (*Ermittlungsergebnis*) qu'il y avait lieu (*Anlass bestand*) de procéder à une expertise psychiatrique. Le doute qui avait surgi fut éliminé (*ausgeräumt*) par référence à une expertise psychiatrique antérieure. Au point de vue du droit de la procédure pénale, ceci n'est pas permis (*zulässig*).

ad (*b*) *et* (*d*)

(i) Le fait que le requérant, après avoir été libéré de la détention préventive le 9 juillet 1965, a commis une *nouvelle infraction* le 1er octobre 1965 et a été de nouveau arrêté et placé en détention préventive depuis (le pourvoi en cassation contre la décision de la première instance, en date du 29 novembre 1965, étant encore pendant en février 1966) n'a aucune influence sur la procédure litigieuse. Ainsi, il faut examiner la question de savoir si [la durée de] la détention préventive que Poerschke avait subie avant la fin du premier procès (*bis zum Abschluss des ersten Verfahrens*), était excessive (*unangemessen lang*), en fonction de la nouvelle infraction. D'autre part, le fait que Poerschke a commis une nouvelle infraction lorsqu'il a été libéré au cours de la procédure relative à la première infraction, et que, aux yeux du Gouvernement défendeur, il aurait ainsi fait un "usage étrange" (*merkwürdig nutzen*) de sa liberté, ne saurait en aucune façon justifier la longueur [excessive] de la détention préventive antérieure: dans un Etat de droit (*Rechtsstaat*), l'application de la loi ne saurait être subordonnée au train de vie des justiciables.

(ii) Tout prévenu se trouvant en détention préventive a droit à ce qu'un tribunal ou un juge statue immédiatement ou aussitôt que possible sur sa privation de liberté – voici l'idée maîtresse de l'article 5, par. 3 de la Convention. Il ne suffit donc pas que le détenu soit entendu, mais il faut en plus une décision judiciaire relative à cette privation de liberté, car le droit d'une personne à la liberté ne doit pas rester en suspens. Ainsi, il faudrait se baser, en l'espèce, non sur le texte anglais, mais sur le *texte français* de la Convention.

(iii) Contrary to the submissions of the Respondent Government (see below), the delay (*Verzögerung*) in the proceedings was not, in this case, due to the force of circumstances (*Macht des Faktischen*). Indeed, being aware that time must be allowed for any proceedings, Poerschke did not lodge his "first application for exemption from custody (*Haftverschonungsantrag*) until four and a half months after his arrest", and it was only later that Poerschke, rightly becoming alarmed at the reception given to his pleas, partly lost his self-control and started multiplying his appeals (cf. *above* the arguments of Counsel for the Applicant relating to the reception given to the applications lodged by Poerschke). In brief, having regard to all that had been said by the parties in their written observations, there could hardly be any doubt that, specifically in the Poerschke case, "the long period of detention pending trial was based neither on the nature of the proceedings (*sachliche Begebenheiten des Verfahrens*), nor on the complexity of the investigations (*Notwendigkeit, den Sachverhalt aufzuklären*), nor on the Applicant's behaviour (*Verhalten*). As a result of many abuses (*Missgriffe*), the detention was prolonged to an intolerable degree (*über das erträgliche Mass hinaus*) and this fact could not be justified."

(iv) It mattered little whether the period spent in detention on remand was included (*Anrechnung*) in the final sentence, or what was the ratio of the sentence to the period of remand in custody. Since the proceedings had not yet been completed and since there was still pendency, this question could not be answered at this stage of the proceedings. Nevertheless, what did matter, in the case in point, as regards the question whether Poerschke was the *victim* of too long a period in custody, were the effects of the detention on the person subjected to it, and the very special psychological tensions (*ganz besondere psychologische Belastungen*) to which a person was exposed when deprived of his liberty without a judicial decision. Thus, the Applicant remained a victim (*beschwert*), even if his period in detention were later counted as part of his sentence, since, because of uncertainty as to his fate, his situation whilst remanded in custody was not comparable to that of a person who had been detained as the result of a criminal conviction; (for the rest, Mr. Mahler referred to his arguments on this subject before the Commission in the Wemhoff case);

(iii) Contrairement à l'argumentation du Gouvernement défendeur (cf. *infra*), le retard (*Verzögerung*) dans la procédure ne serait pas, en l'espèce, dû à la nature des choses (*Macht des Faktischen*). En effet, convaincu que toute procédure demande son temps, Poerschke n'aurait introduit sa "première demande de libération de la détention préventive (*Haftverschonungsantrag*) que quatre mois et demi après son arrestation", et ce ne serait que par la suite que Poerschke, s'inquiétant à juste titre du sort réservé à ses requêtes, aurait en partie perdu le contrôle de lui-même et aurait multiplé ses recours (cf. *supra*, argumentation du conseil du requérant relative au sort réservé aux requêtes introduites par Poerschke). En somme, compte tenu notamment de ce qui a été exposé par les Parties dans leurs observations écrites, il n'y a guère de doute que, précisément dans l'affaire Poerschke, "la longue durée de la détention préventive n'était basée ni sur la nature de la procédure (*sachliche Begebenheiten des Verfahrens*), ni sur la complexité de l'investigation (*Notwendigkeit, den Sachverhalt aufzuklären*), ni sur le comportement (*Verhalten*) du requérant". "A la suite de multiples abus (*Missgriffe*), la détention préventive a été prolongée dans une mesure intolérable (*über das erträgliche Mass hinaus*) et ce fait ne peut être justifié."

(iv) Peu importe la question de savoir si la détention préventive a été imputée (*Anrechnung*) sur la peine finalement infligée, et peu importe la relation entre le montant de la peine et la durée de la détention préventive. Puisque la procédure n'est pas encore terminée, puisqu'il y a encore litispendance, cette question ne saurait en effet être tranchée au stade actuel de la procédure. Toutefois, ce qui importe en l'espèce, quant à la question de savoir si Poerschke a été *victime* d'une détention préventive trop longue, ce sont les effets de la détention préventive sur celui qui la subit, la tension psychologique toute particulière (*ganz besondere psychologische Belastungen*) à laquelle se trouve exposé celui qui est privé de sa liberté sans décision judiciaire. Ainsi, le requérant reste victime (*beschwert*), même lorsque sa détention préventive est plus tard imputée sur sa peine, car, du fait de l'incertitude sur son sort dans laquelle il s'est trouvé, sa situation en détention préventive n'est point comparable à celle de quelqu'un qui s'est trouvé détenu en vertu d'une condamnation pénale; (quant au surplus, Me Mahler se réfère à ses plaidoiries, sur ce point, devant la Commission dans l'affaire Wemhoff);

(*c*)
(iv) [See also, *below*, the submissions of the Applicant and the respondent Government relating to (e) and (f) and, *above* I., the Applicant's submissions with reference to the handling of his plea of 26th August 1963.]
The respondent Government's intention that Dr. Sprengler's report had been delayed, because the Court of Appeal (*Kammergericht*) had to rule on several of the Applicant's pleas lodged in August 1963 and, for this purpose, had to request the Institute to return Poerschke's file, was based on an inaccurate interpretation of the facts. It was not disputed that the Institute, in a letter dated 30th September, had asked the Court to extend the time allowed for the preparation of the expert's report on the ground that Dr. Sprengler was on holiday until mid-October 1963. Thus, the Court had been aware at that time that Poerschke's file would be lying around (*herumliegen*) in the Institute until Dr. Sprengler returned. Yet the Court did not ask for the return of the file in order to decide during this interval (Pause) (i.e. at the beginning of September), on the petitions lodged by the Applicant in August 1963. Had it done so, it could have decided the appeals of 14th and 26th August 1963 and sent the file back to the Institute long *before* the return of the psychiatrist, that is to say before mid-October 1963. Therefore the delay in the preparation of the psychiatric report could not be explained in that manner.
Similarly, the petitions lodged between February and July 1964 had had no influence on the proceedings or, in particular, on the date of the July 1964 hearing: it had been postponed because of the expert and because of a witness, but not – as noted by the President of the Court – because of Poerschke's applications;

(*e*) The reference to the very full roll of outstanding business (*Geschäftslage*) did not entirely answer the question why, in January 1964, the hearing had only been arranged for July 1964. In Mr. Mahler's opinion, no Criminal Division in Berlin had actually been so overloaded with business at that time. And if the 11th Criminal Division were really in that situation, a parallel Division (*A-Kammer*) should have been set up to enable work to be redistributed (*Änderung der Geschäftsverteilung*), in accordance with Section 63 (2) of the Judicature Act (*Gerichtsverfassungsgesetz*), which was applicable in such case;

ad (*c*)

(iv) [Voir aussi, *infra*, l'argumentation du requérant et du Gouvernement défendeur ad (e) et (f) et, *supra*, I. l'argumentation du requérant au sujet du traitement réservé à la requête du 26 août 1963.]

L'argument du Gouvernement défendeur suivant lequel l'établissement de l'expertise du Dr. Sprengler a été retardé du fait que la Cour d'Appel (*Kammergericht*) devait statuer sur plusieurs pétitions du requérant en date d'août 1963 et, à cette fin, devait se faire retourner le dossier de Poerschke de la part de l'Institut, se base sur une interprétation inexacte des faits. Il n'est pas contesté que l'Institut, par lettre du "30 septembre", a demandé, au Tribunal, une extension du délai pour l'établissement de l'expertise pour le motif que le Dr. Sprengler était en vacances jusqu'à la mi-octobre 1963. Le Tribunal savait donc à ce moment que le dossier de Poerschke allait traîner (*herumliegen*) à l'Institut jusqu'au retour du Dr. Sprengler. Pourtant le Tribunal ne s'est pas fait restituer le dossier pour décider, pendant cet entracte (Pause) (soit au début du mois de septembre), sur les pétitions que le requérant avait introduites en août 1963. S'il avait agi ainsi, il aurait pu décider sur les recours des 14 et 26 août 1963 et renvoyer le dossier à l'Institut longtemps *avant* le retour de l'expert psychiatrique, soit avant la mi-octobre 1963. On ne saurait donc expliquer, de ce point de vue, le retard dans l'établissement de l'expertise psychiatrique. Pareillement, les pétitions introduites entre février et juillet 1964 n'ont eu aucune incidence sur la procédure et notamment la date de l'audience de juillet 1964: celle-ci a été renvoyée à cause de l'expert et à cause d'un témoin, mais non – ainsi que le Président de la Chambre avait annoté – à cause des requêtes de Poerschke;

ad (*e*) La référence au rôle des affaires pendantes (*Geschäftslage*), très chargé, ne saurait entièrement répondre à la question: pourquoi, en janvier 1964, l'audience n'a-t-elle été fixée qu'en juillet 1964? De l'avis de Me Mahler, aucune Chambre criminelle de Berlin n'a en pratique été tellement débordée de travail à l'époque. Et si cela était vraiment le cas de la 11ème Chambre criminelle, il fallait constituer une Chambre parallèle (*A-Kammer*) pour équilibrer le travail (*Änderung der Geschäftsverteilung*), suivant l'article 63, par. 2, de la Loi relative aux tribunaux (*Gerichtsverfassungsgesetz*), qui devait être appliqué en l'espèce;

(*f*) [See also *above*, (c) – (iv) – *in fine*, the influence of Poerschke's petitions on the postponement of the July 1964 hearing];
The witness Jockiel could and should have been obliged to appear at the hearing arranged for 7th July 1964. Normally (*normalerweise*), courts took witnesses' holidays into account, but only in so far as this was compatible with the exigencies (*Erfordernisse*) of the proceedings. In the case in point, Poerschke's interest in having his case examined took precedence over Jockiel's desire to leave for his holidays as planned. Moreover, in this case, it would only have been necessary to make Jockiel postpone his departure for one day, reimbursing his extra costs, if any. If the Court had exercised its discretion in a reasonable manner (*im Wege eines ordentlich ausgeübten Ermessens*), it should not have considered Jockiel's excuse to be sufficient.

There was a causal link between the adjournment of the hearing and Jockiel's non-appearance, that is to say his departure on holiday. Indeed, since there was no hearing before the 16th Criminal Division as urgent as Poerschke's case, the hearing arranged for 7th July before the 16th Division should have been postponed so that the expert who had been summoned to appear before it could give evidence at Poerschke's hearing before the 11th Criminal Division, which had been arranged for the same day.
As to the question whether it was possible for the psychiatrist to appear on the same day before both Divisions, the answer should be in the affirmative. It was true that an expert was supposed to be present throughout the hearing, and the failure of the Court to comply with this procedural rule constituted a technical ground for quashing a judgment. Nevertheless it was the practice in many cases by common agreement between the parties, for experts to attend only for certain parts of the proceedings or, sometimes to appear only in order to testify orally on the subject of their report. This was possible in the case in point; it was mainly a question of knowing what the medical conclusions were, and the accused would probably have agreed with a view to speeding up the proceedings. But this possibility was not utilised, nor was that of giving the expert permission to leave after the calling of the case (*Aufruf der Sache*) and summoning him to give evidence on one of the following days, repeating certain parts of the hearing, if need be.

ad (*f*) [Voir aussi, *supra*, ad (c) – (iv) – *in fine*, incidence des pétitions de Poerschke sur l'ajournement de l'audience de juillet 1964];
Le témoin Jockiel aurait pu et dû être obligé de comparaître à l'audience fixée au 7 juillet 1964. De façon générale (*normalerweise*), les tribunaux tiennent compte des projets de vacances des témoins, mais seulement dans la mesure où cela est compatible avec les besoins (*Erfordernisse*) de la procédure. En l'espèce, l'intérêt de Poerschke de voir son affaire examinée primait l'intérêt de Jockiel de partir comme prévu en vacances. Par ailleurs, en l'espèce, il ne fallait faire retarder à Jockiel son départ en vacances que d'un seul jour. Le cas échéant, il fallait lui rembourser des frais supplémentaires. Si le Tribunal avait fait raisonnablement usage de sa discrétion (*im Wege eines ordentlich ausgeübten Ermessens*), il n'aurait pas dû considérer l'excuse de Jockiel comme suffisante.
Un lien de causalité existe entre l'ajournement de l'audience et la non-comparution, c'est-à-dire le départ en vacances de Jockiel. En effet, puisqu'il n'y avait pas d'audience devant la 16ème Chambre criminelle, qui présentait un caractère aussi urgent que celle de Poerschke, il y avait lieu de renvoyer l'audience prévue le 7 juillet 1964 à la 16ème Chambre criminelle pour que l'expert qui y était convoqué puisse déposer à l'audience de Poerschke devant la 11ème Chambre criminelle, qui était prévue pour le même jour.
Quant à la question de savoir s'il n'était pas possible que l'expert psychiatrique comparaisse le même jour devant les deux Chambres, il y a lieu de répondre par l'affirmative. Il est certes prévu que l'expert soit présent pendant toute la durée de l'audience, et l'inobservation, de la part du Tribunal, de cette règle de procédure est un motif formel pour la cassation du jugement litigieux. Pourtant, dans beaucoup d'affaires, il est d'usage que, d'un commun accord de toutes les Parties, les experts sont seulement présents pendant certaines périodes de la procédure ou, parfois, se présentent uniquement pour déposer oralement au sujet de leur expertise. Cela était possible en l'espèce; la question était notamment celle de savoir quelles étaient les conclusions médicales; et, en vue d'une accélération de la procédure, l'accusé y aurait probablement consenti. Mais on ne s'est pas servi de cette possibilité. On ne s'est pas non plus servi de la possibilité de congédier l'expert après l'appel de l'affaire (*Aufruf der Sache*) et de le convoquer pour l'un des jours suivants pour sa déposition, en y répétant, le cas échéant, certaines parties de l'audience.

B. *Whereas* the observations and arguments of the Respondent Government may be summed up as follows:

In its *observations as to the admissibility* of this Application, *dated 7th October 1965*, the respondent Government put forward the following arguments and explanations:

(*a*) "... The note entered by the police on the file, in which reference was made to the Applicant's character, is correctly reported in the Application (page 3). Before and immediately after committal for trial, however, it was not felt necessary to obtain the opinion of a medical expert, since the file 272 Ds 169.62, which had been called for, contained a declaration by Dr. Helbig, senior physician (*Oberarzt*) at the Karl-Bonhoeffer Hospital, dated 3rd December 1962, in which he stated that, when examining the accused, he had found no reason for believing that the fracture to the skull and the resulting lesion of the brain could have influenced his criminal responsibility. Hence the intoxicated state in which he committed the (previous) crime should be appraised in the same way as that of any other person who had not previously suffered a lesion of the brain.

"At the hearing of 8th October 1963, Counsel for the Prosecution (*Sitzungsvertrete der Staatsanwaltschaft*) did, however, come to the conclusion that it would be necessary to ask for an expert report on Poerschke's criminal responsibility at the time the crime was committed, and that the report should cover the question whether the conditions of Article 42 b or 42 c of the German Penal Code had been satisfied in his case. Poerschke had maintained, among other things, that he had been accustomed to liquor since the age of 15 and that he had not stopped drinking since that time. The detailed analysis, during the hearing, of Poerschke's way of life, together with the fact that the accused had forbidded his Counsel, Mr. Derge, to ask for an examination by a medical expert, led the Prosecution to make this request themselves ...";

(*b*) "In view of the probable severity of the sentence, due to the criminal record and the past history of the accused, the date chosen by the President of the Court for the hearing of 8th August 1963 could not be considered to constitute a 'disproportionate' deferment (*'unangemessene' Hinauszögerung*). If the hearing could have taken place on that day – and it was not possible to foresee the contrary when the case opened – the Applicant would have spent six months in detention pending trial";

(*c*) "The letter from the Regional Institute of Forensic and Social Medicine, which stated that Dr. Sprengler would be on

B. *Considérant* que les observations et arguments du Gouvernement défendeur peuvent se résumer ainsi:

Dans ses *observations sur la recevabilité* de la présente requête, *datées du 7 octobre 1965*, le Gouvernement défendeur a fait valoir et exposé ce qui suit:

ad (*a*) "... Ce qui est dit dans la requête (page 3) sur l'annotation apportée au dossier par la police relative à la personnalité du requérant est exact. Avant ou immédiatement après la mise en accusation, on n'a cependant pas jugé nécessaire de demander l'expertise d'un médecin légiste étant donné que le dossier 272 Ds 169.62 dont la transmission avait été demandée comportait une attestation du Dr. Helbig, médecin (*Oberarzt*) de l'Hôpital Karl-Bonhoeffer, en date du 3 décembre 1962, selon laquelle il avait constaté au cours de ses examinations pratiquées sur l'accusé qu'il n'était pas à croire que sa fracture du crâne et la lésion du cerveau en résultant aient pu avoir de l'influence sur sa responsabilité pénale. C'est pourquoi l'état d'ébriété dans lequel il s'était trouvé au moment de la commission de l'infraction (antérieure) devrait être apprécié comme celui de toute autre personne sans lésion cérébrale antérieure.

"Aux débats du 8 août 1963, le Parquet (*Sitzungsvertreter der Staatsanwaltschaft*) est cependant arrivé à la conclusion qu'il faudrait demander une expertise sur la responsabilité pénale de l'accusé Poerschke au moment de la commission de l'infraction, examen qui devrait porter notamment sur la question de savoir si en son cas les conditions des articles 42 b ou 42 c du Code pénal allemand étaient réunies. Poerschke avait affirmé entre autres qu'il serait habitué à la boisson depuis l'âge de 15 ans et qu'il n'aurait cessé de boire depuis lors. L'examen détaillé, lors des débats, du train de vie de l'accusé Poerschke ainsi que le fait qu'il avait défendu même à son défenseur, l'avocat Derge, de demander l'établissement d'un tel examen par un médecin-expert a amené le Parquet à formuler lui-même cette demande. ...";

ad (*b*) "Vu la gravité de la peine qui était à prévoir à cause du casier judiciaire et des antécédents de l'accusé, la fixation, par le Président de la Chambre, des débats au 8 août 1963 ne saurait être considérée comme ajournement à une date trop lointaine (*'unangemessene' Hinauszögerung*). Si l'audience avait pu avoir lieu ce jour là – le contraire n'était pas prévisible dès le début – le requérant se serait trouvé, jusqu'à cette date, six mois en détention préventive.";

ad (*c*) "La communication de l'Institut régional de Médecine légale et sociale selon laquelle le Dr. Sprengler se trouvait en holiday until mid-October, was presented to the Court on 4th September 1963. Even if another expert had been asked to draw up the report, it could hardly have been completed by mid-October.";

(*d*) *No further comment;*

(*e*) *No further comment;*
In fact, the expert's report had not reached the Public Prosecutor's Office until 8th January 1964; on 9th January 1964, the competent Prosecutor had already given orders to ask the Institute what point the matter had reached; this Prosecutor had been on duty at the hearing of 9th January 1964; the next day he arranged for the file to be sent on and marked "very urgent";

(*f*) "The hearing had to be adjourned yet again for the reasons correctly given in the grounds for the Application. The account given by the President of the Court, as quoted on page 9, does not correspond to the facts in that it attributes the length of the period spent in detention to the fault of the accused. It is true that his repeated appeals caused the file to be constantly on the move. But, as the date of the hearing had been arranged at the outset for 7th July 1964, this fact could not cause a delay. This hearing would have had to be adjourned, in any case, since the expert and the main witness for the prosecution were not available. It was impossible to continue with the hearing in the absence of the main witness for the prosecution, and another expert could not have made a report, since he would first have had to examine the accused again";

Furthermore, the respondent Government stated as to the "facts" that from

"6th November to 5th December 1963, the period of detention pending trial had been interrupted to allow the Applicant to serve a sentence of one month's imprisonment in connection with another case."

Moreover,

"the grounds of the judgment, according to which the Applicant was responsible for the length of the proceedings, are not ... accurate on this point. Since the judgment was quashed, however, by decision of the Federal Court on 25th May 1965, the Applicant is no longer aggrieved ('*beschwert*') on that score."

vacances jusqu'à la mi-octobre a été soumise au Tribunal le 4 septembre 1963. Même en chargeant un autre expert de l'établissement de l'expertise, elle n'aurait guère pu être terminée à la mi-octobre.";

ad (d) néant;

ad (e) néant;
en fait, l'expertise ne serait parvenue au Greffe du Parquet que le 8 janvier 1964; encore le 9 janvier 1964, le Procureur compétent aurait ordonné de demander à l'Institut où en était l'affaire; ce Procureur aurait été de service aux débats le 9 janvier 1964; le lendemain, il aurait fait transmettre le dossier muni de la mention "très urgent";

ad (f) "C'est pour les raisons correctement indiquées dans les motifs de la requête que les débats ont dû être ajournés une fois de plus. La notice du Président de la Chambre citée en page 9 ne correspond pas aux faits en tant que selon elle, la longue durée de la détention préventive est attribuée à la faute de l'accusé. Il est vrai qu'il n'a cessé de causer, par ses demandes permanentes, les transmissions du dossier. Mais comme le jour des débats avait été fixé, dès le début, au 7 juillet 1964, ce fait ne pouvait causer un retard. L'ajournement de cette audience aurait dû être ordonné en tout cas du fait que l'expert et le témoin à charge principal n'étaient pas disponibles. Il était impossible de procéder à l'audience en l'absence du témoin à charge principal et un autre expert n'aurait pu établir l'expertise étant donné qu'il aurait dû d'abord réexaminer l'accusé";

Par ailleurs, le Gouvernement défendeur précise quant aux "faits" que du

"6 novembre au 5 décembre 1963 la détention préventive avait été interrompue par l'expiation d'un emprisonnement d'un mois infligé au requérant dans une autre affaire".

D'autre part,

"les motifs du jugement selon lesquels le requérant serait responsable de la longue durée de la procédure ne sont pas ... exacts à ce point. Étant donné, cependant, que le jugement a été annulé par décision de la Cour fédérale de Justice en date du 25 mai 1965, le requérant n'est plus grevé" (*beschwert*).

Following Mr. Mahler's rejoinder to the respondent Government's observations, summed up above, the respondent Government, in a *communication* which reached the Secretary to the Commission on *9th February 1966*, drew attention to the following points:

(*a*) "The complaint concerns the fact that the Court did not call for a report from a medical expert in the early stages of the case and that Dr. Helbig was not subsequently invited to make this report.
It should be remembered in this connection that the doubts expressed by the criminal police in their note of 9th February 1963 (cf. p. 3 of Mr. Mahler's memorial of 15th March 1965) as to Poerschke's criminal responsibility had been removed by Dr. Helbig's medical certificate of 3rd December 1962. There were no other doubts as to the Applicant's responsibility. Since Poerschke himself did not adduce this fact, there was also no reason to call for a new report. These doubts only arose as a result of Poerschke's behaviour during the first hearing.";

(*c*) [cf. Applicant's argument (i)]
"It is no longer possible to establish why Obermedizinalrat Dr. Sprengler was asked to prepare the report. However, since the report had been asked for by the defence [*sci lic.*: the *Public Prosecutor*; cf. report of the hearing of 14th February 1966, p. 4], it is surely right that the Court, in the interests of truth, should have entrusted the report to a doctor other than the one who had previously established the full responsibility of the accused. In this case the defence would certainly have asked – with good reason – that another expert be requested to draw up the report";

[cf. Applicant's argument (ii)]
"It is complained that the Regional Institute of Forensic and Social Medicine only reported on 30th August 1963 that Obermedizinalrat Dr. Sprengler was on holiday although the file had been sent to the Institute on 12th August 1963.
It is no longer possible to establish why the Institute delayed its reply. 16th August 1963 was Dr. Sprengler's last day on duty before going on holiday";

[cf. Applicant's argument, (iii) – (iv)]
"It is objected that the date of 1st November set for the expert's report was not observed and that it was not presented until the beginning of January 1964.
It must be pointed out that on 17th September, after receiving

A la suite de la réplique de Me Mahler aux observations du Gouvernement défendeur résumées ci-dessus, le Gouvernement défendeur, dans une *communication* parvenue au Secrétaire de la Commission le *9 février 1966*, a encore fait remarquer ce qui suit:

ad (*a*) "Le grief porte sur le fait que le Tribunal n'a pas ordonné déjà dans le stade préparatoire des débats l'établissement d'une expertise par un médecin légiste et que le Dr. Helbig n'a pas été invité par la suite à établir l'expertise.
Il y a lieu de faire remarquer à ce sujet que les doutes que la Police criminelle avait exprimés dans son annotation du 9 février 1963 (cf. p. p. 3 du mémoire de Me Mahler du 15 mars 1965) quant à la responsabilité pénale de Poerschke étaient éliminés par le certificat médical du Dr. Helbig en date du 3 décembre 1962. Il n'y avait pas d'autres doutes en ce qui concerne la responsabilité du requérant. Etant donné que Poerschke lui-même n'a pas invoqué ce fait, il n'y avait pas non plus lieu d'ordonner l'établissement d'une nouvelle expertise. Ce n'est que par le comportement de Poerschke durant la première audience que ces doutes ont été suscités.";

ad (*c*) [cf. argumentation du requérant (i)]
"Il n'est plus possible de constater les motifs pour lesquels l'Obermedizinalrat Dr. Spengler avait été chargé de l'expertise. Comme cependant l'établissement de l'expertise avait été demandé par la défense [*sci. lic.*: le *parquet*; cf. compte rendu de l'audience du 14 février 1966, p. 4], il ne paraît que trop juste que le Tribunal, dans l'intérêt de la véracité, eût chargé de l'expertise un médecin autre que celui qui avait déjà constaté auparavant la pleine responsabilité de l'accusé. En ce cas la défense aurait certes demandé – à juste titre – de charger un autre expert de l'établissement de l'expertise";

[cf. argumentation du requérant (ii)]
"La critique porte sur le fait que l'Institut régional de Médecine légale et sociale n'a communiqué que le 30 août 1963 que l'Obermedizinalrat Dr. Spengler était en vacances quoique le dossier eût été transmis à l'Institut déjà le 12 août 1963.
Il n'est plus possible de constater pour quel motif l'Institut a retardé sa communication. Le 16 août 1963 était le dernier jour de service du Dr. Spengler avant d'aller en vacances";

[cf. argumentation du requérant, (iii) – (iv)]
"Il est critiqué que la date du 1er novembre 1963 fixée pour l'établissement de l'expertise a été dépassée et qu'elle n'a été présentée qu'au début de janvier 1964.
Il faut souligner à ce sujet qu'après avoir reçu la communication

the Institute's message relating to Dr. Sprengler's holidays, the Public Prosecutor's Office asked for the file to be returned and marked its request "very urgent" because it was still necessary to give a ruling on the petition of 26th August 1963. The Court of Appeal finally announced its decision on 4th November 1963. On 11th November 1963 the file was returned to the Public Prosecutor's Office and was forwarded next day to the Institute of Forensic and Social Medicine, arriving on 15th November 1963. A medical report was to be drawn up there not only on Poerschke but also on his co-defendant Henke. On 19th December 1963 Dr. Sprengler dictated the report on Henke and on 23rd December that concerning Poerschke. The further delay was due to the fact that the following days were public holidays.

It should be noted that Poerschke complains, on the one hand, that no decision was reached on his appeal of 26th August 1963 – a decision which could only have been arrived at by asking for the return of the file – and, on the other hand, that the proceedings were delayed by the fact that the file had finally to be sent to the Court of Appeal".

At the hearing of the parties of 14th February 1966, Mr. Bertram, the Agent of the respondent Government, returned to these arguments and developed them as follows:

(*a*) The question was not whether Dr. Helbig's report of December 1962 could have been used as valid technical evidence at the hearing of 8th August 1963 – this had certainly not been possible. The real question was whether, having regard to the state and findings of the preliminary investigation (*Ermittlungen*) at the time the indictment was drawn up (*Anklageerhebung*) and when the hearing was being prepared, it was possible to recognise that the services of a specialist in forensic medicine (*besonderer gerichtsmedizinischer Sachverständige*) and an expert report on the Applicant were necessary (*erforderlich*). Here it should be said: that the doubts expressed by the criminal police in connection with Poerschke's criminal responsibility were, at first sight, considered to be without foundation because of Dr. Helbig's report in an earlier case, when he had concluded that the conduct of the accused in a state of intoxication was not qualitatively different from that of another person in the same state who had not suffered a fracture to the skull; that there were no other doubts on this matter; that Poerschke himself had not invoked Article 51 of the Penal Code during the hearing, but had even objected during the proceedings to an expert report on his criminal responsibility; that an expert

de l'Institut relative aux vacances du Dr. Spengler, le Ministère Public a demandé le 17 septembre 1963 de lui retourner le dossier avec la mention 'très urgent' parce qu'on devait encore statuer sur la pétition du 26 août 1963. Par la suite, la Cour d'Appel a enfin rendu sa décision du 4 novembre 1963. Le 11 novembre 1963, le dossier fut retourné au Greffe du Ministère Public d'où il a été transmis le lendemain à l'Institut de Médecine légale et sociale où il est parvenu le 15 novembre 1963. Une expertise devait y être établie non seulement à l'égard de Poerschke, mais aussi en ce qui concerne son coaccusé Henke. Le 19 décembre 1963, le Dr. Spengler a dicté l'expertise concernant Henke et le 23 décembre 1963 celle de Poerschke. Le retard supplémentaire était dû au fait que les jours suivants étaient fériés.
Il y a lieu d'observer que Poerschke se plaint d'une part de ce qu'on n'ait pas statué sur son recours du 26 août 1963 – décision qui n'aurait pu être prise qu'en demandant le retour du dossier – et d'autre part, de ce que la procédure a été retardée, étant donné que le dossier a dû, en fin de compte, être transmis à la Cour d'Appel."

A l'audience contradictoire du 14 février 1966, M. Bertram, Agent du Gouvernement défendeur, a repris et développé ces arguments et ajouté ce qui suit:

ad (*a*) La question n'est pas de savoir si l'expertise du Dr. Helbig de décembre 1962 pouvait servir de preuve formelle et valable à l'audience du 8 août 1963 – certes, cela n'était pas possible. La question est, en effet, de savoir si, compte tenu de l'état et du résultat de l'investigation préliminaire (*Ermittlungen*) au moment de l'établissement de l'acte d'accusation (*Anklageerhebung*) et à l'époque de la préparation de l'audience, il était possible de reconnaître que la convocation d'un médecin-légiste spécialisé (*besonderer gerichtsmedizinischer Sachverständige*) et l'expertise du requérant s'avéraient nécessaires (*erforderlich*). A ce sujet, il y a lieu d'observer: que les doutes que la police criminelle avait exprimés quant à la responsabilité pénale de Poerschke devaient être considérés, de prime abord, comme éliminés, eu égard à l'expertise du Dr. Helbig qui, dans une affaire antérieure, avait conclu à ce que la conduite de l'accusé en état d'ébriété n'était pas qualitativement différente de celle d'une autre personne en même état d'ébriété mais qui n'avait pas subi une fracture du crâne; qu'il n'y avait pas d'autres doutes à ce sujet; que notamment Poerschke lui-même, au cours de l'enquête, n'avait pas invoqué l'article 51 du Code pénal, mais qu'il s'est même opposé, au cours des had been summoned, and had appeared at the hearing on 8th August 1963, to state to what extent the accused had acted under the influence of alcohol; that it was only Poerschke's behaviour at this hearing which had given rise (*begründet*) to doubts concerning his criminal responsibility; and that there had therefore been no cause (*Notwendigkeit, Anlass*) to have the Applicant examined before this hearing;

(*b*) *and* (*d*)

(i) Released from detention pending trial on 9th July 1965, Poerschke had committed a new offence (rape) on the night of 30th September – 1st October 1965. He gave himself up to the police in order – as he himself said – to make a fool of the judiciary and cause it to investigate a crime which would turn out never to have been committed. However that may be, on 29th November 1965, the Berlin Regional Court sentenced Poerschke, on the one hand for compound larceny (committed in February 1963) and, on the other hand, for aggravated rape (committed in October 1965) to a total term of imprisonment of four years, from which the period of remand in custody up to then was deducted in full. Since Poerschke's appeal against this judgment was still pending, he was still remanded in custody. Nevertheless, a distinction must be made between two periods of remand, one from 9th February 1963 to 9th July 1965, and another which commenced on 1st October 1965 and still continued.

It had to be admitted that, because of "an unfortunate sequence of events", the *first period* had lasted a long time. Here, however, it must be remembered that the first hearing had taken place in August 1963, that is to say six months after Poerschke's arrest; there was a discrepancy between the English and the French texts of Article 5 (3) of the Convention as to the legal significance of the opening of a trial. Furthermore, it should be borne in mind that, although an Applicant had the right to lodge all sorts of petitions, the fact that he availed himself of this right necessarily slowed up proceedings in practice (cf. *below*, "*Macht des Faktischen*").

As for the *second period* of remand which began on 1st October 1965 and was still continuing, it had to be supposed that, if Poerschke's appeal against the judgment of 29th November 1965 was dismissed and the judgment became final, "the Applicant would have been sentenced débats, à ce qu'une expertise de sa responsabilité pénale soit établie; qu'un expert avait été convoqué et s'est présenté pour répondre, à l'audience du 8 août 1963, à la question de savoir dans quelle mesure l'accusé avait agi sous l'influence de l'alcool; que c'est seulement le comportement de Poerschke à cette audience qui a causé (*begründet*) des doutes quant à sa responsabilité pénale; et qu'il n'y avait donc pas lieu (*Notwendigkeit, Anlass*) de faire expertiser le requérant déjà avant cette audience;

ad (*b*) *et* (*d*)

(i) Libéré de la détention préventive le 9 juillet 1965, Poerschke a commis une nouvelle infraction (un viol) dans la nuit du 30 septembre au 1er octobre 1965. Il s'est dénoncé lui-même à la police dans le but – ainsi qu'il l'a exposé lui-même – de se moquer de la Justice et de l'inciter à enquêter sur un crime qui, à ses yeux, se révélerait comme inexistant par la suite. Quoi qu'il en soit, le 29 novembre 1965, le Tribunal régional de Berlin a condamné Poerschke, d'une part, pour vol qualifié (commis en février 1963) et, d'autre part, pour viol qualifié (commis en octobre 1965) à une peine globale de quatre ans de réclusion sur laquelle la détention préventive subie jusqu'alors a été imputée en entier. Puisque le pourvoi en cassation de Poerschke contre ce jugement est encore pendant, le requérant se trouve toujours en détention préventive. Toutefois, il faut distinguer entre deux périodes de détention préventive, celle allant du 9 février 1963 au 9 juillet 1965, et celle qui a commencé le 1er octobre 1965 et qui continue toujours. Il y a lieu d'admettre qu'à cause d'une "suite malheureuse de circonstances diverses", la *première période* a duré longtemps. A ce sujet, il faut pourtant noter que la première audience a eu lieu en août 1963, soit six mois après l'arrestation de Poerschke; il y a divergence entre le texte anglais et le texte français de l'article 5, par. 3 de la Convention, quant à la portée juridique de l'ouverture des débats. D'autre part, il y a lieu d'observer que, bien qu'un requérant ait le droit d'introduire toutes sortes de pétitions, le fait qu'il en fait usage ralentit en pratique nécessairement la procécure (cf. *infra, Macht des Faktischen*).

En ce qui concerne la *seconde période* de détention préventive qui a commencé le 1er octobre 1965 et qui continue encore, il faut supposer que, si le pourvoi de Poerschke contre la décision du 29 novembre 1965 était rejeté et si celle-ci devenait définitive, "le requérant aurait été con-

to a penalty involving deprivation of liberty for forty-eight months, from which the two periods of remand in custody would have been deducted in full. This means that, of these forty-eight months, twenty-nine would be counted". In this connection, however, it had to be asked whether the principle of Article 26 of the Penal Code, according to which a prisoner could be granted remission of the remainder of his sentence if he had already served two-thirds of it, could be applied in the case in point. When studying this question, the Court could not fail to bear in mind that shortly after his release from custody, Poerschke had once again committed a crime of violence without being in financial difficulties. This question would have to be studied in the near future.
Nevertheless, from the purely psychological point of view, the Applicant's behaviour shortly after his release had shown that Poerschke "used his freedom in a rather strange manner". But this must not be a ground for the length of the detention pending trial, for the laws must be enforced in exactly the same manner for asocial individuals (*Asoziale*) as for others.

(ii) According to whether the English or the French text was taken as a basis, Article 5 (3) of the Convention stated that everyone arrested or detained "shall be entitled to trial within a reasonable time" *or* "a le droit d'être jugée dans un délai raisonable". If the English text were used, Poerschke's first period of detention was not so long since, in such a case, it would end with the opening of the hearing, on 8th August 1963, and it mattered little that this hearing had been immediately adjourned (*keine Aburteilung*). But, even if such an interpretation of the Convention were followed, it would be impossible to accept without question a further long (*weitere*) period of detention pending trial as reasonable, or to justify *ipso facto* the total length of this first period.

(iii) As to the conduct, in practice, of the work carried out by the judicial authorities and the courts, it was obvious that a criminal trial could be a complicated and lengthy procedure (*stark . . . behindert*) where an applicant exercised his undisputed right to lodge numerous pleas. This phenomenon (*Macht des Faktischen*) perhaps arose also in the work of the Commission and had probably affected the preparation by the Secretariat of the Commission of this Application, which, though it had been made by Poerschke in November 1963 and presented by Mr. Mahler in January damné à une peine privative de liberté de quarante-huit mois sur laquelle la détention préventive des deux périodes serait imputée en entier. Cela veut dire que sur ces quarante-huit mois approximativement vingt-neuf mois seraient comptés". A ce propos, il faut pourtant se demander si le principe de l'article 26 du Code pénal, suivant lequel l'on peut remettre le restant de sa peine à un condamné qui en a subi deux tiers, pourrait être appliqué en l'espèce. En examinant cette question, le Tribunal ne saurait ignorer que, peu de temps après sa libération de la détention préventive, Poerschke, de façon brutale et sans se trouver dans des difficultés financières, a de nouveau commis une infraction. Cette question devra être examinée dans un proche avenir.

Toujours est-il que du point de vue purement psychologique, le comportement du requérant peu de temps après sa libération de la détention préventive a montré que Poerschke "s'est servi de sa liberté d'une façon quelque peu étrange". Toutefois, ceci ne doit nullement justifier la durée de la détention préventive, car les lois doivent être appliquées à des éléments indésirables (*Asoziale*) autant qu'à d'autres personnes.

(ii) Suivant que l'on se base sur le texte anglais ou le texte français de l'article 5, par. 3 de la Convention, toute personne arrêtée ou détenue "shall be entitled to trial within a reasonable time" *ou* "a le droit d'être jugée dans un délai raisonnable". Si l'on se basait sur le texte anglais, la première période de détention préventive de Poerschke serait moins longue car, en pareil cas, elle se serait terminée par l'ouverture de l'audience, le 8 août 1963, peu importe le fait que cette audience avait aussitôt été ajournée (*keine Aburteilung*). Mais même en suivant une telle interprétation de la Convention, l'on ne saurait quand même pas sans autre considérer comme raisonnable une longue détention préventive supplémentaire (*weitere*) ni justifier *ipso facto* la durée entière de cette première période.

(iii) Du point de vue du déroulement en pratique du travail des autorités et tribunaux judiciaires, il est certain qu'un procès pénal peut être très alourdi et ralenti (*stark ... behindert*), du fait qu'un requérant exerce son droit incontestable d'introduire nombre de requêtes. Ce phénomène (*Macht des Faktischen*) se présente peut-être même dans le travail de la Commission et a probablement aussi joué un rôle dans la préparation, par le Secrétariat de la Commission, de la présente requête qui, introduite par Poerschke en novembre 1963 et présentée par Me Mahler

1965, had not been sent to the respondent Government until July 1965, that is to say soon after the Applicant had been released after a long period in custody. It appeared that from this point of view (*Standpunkt der Behördenpraxis*), "there was no wilful negligence or carelessness in the handling of this case by the judicial authorities", but it was, on the whole, a series of accidental events which gave rise to this situation.

Moreover, as to the question of the roll of business (*Geschäftslage*) of the Division which had been seized of Poerschke's case, Counsel for the Applicant could not prove his allegation that the President of the Criminal Division could and ought to have arranged an earlier date for the hearing. The President in question had died and had not been asked why he had only arranged the hearing for 8th August 1963, although it had been decided to institute proceedings in April 1963. Probably the Court had an overcrowded timetable (*mit Terminen überlastet*).

(iv) Finally, in order to determine, in the general context, whether the detention pending trial had been reasonable in length (*Angemessenheit*), it was necessary to ascertain in the first place – and this was still not possible in the case in point, since there was still another action pending – to what extent this period of detention had been offset (*Anrechnung*) against the sentence, and it was necessary to know the sentence imposed and its ratio to the period of remand in custody. The question whether the Applicant had been the victim (*Beeinträchtigung*) of a violation of Article 5 (3) of the Convention depended on objective data, and the answer would differ according to the specific circumstances of the case since the interpretation of the term "reasonable" had to be flexible (*flexible Auslegung der Frage der Angemessenheit*); for the rest Mr. Bertram referred to his arguments on this subject before the Commission during the Wemhoff case; [cf., *above* (i), for the psychological aspect of the question whether Poerschke had been remanded in custody for too long; cf. *above*, handling of the Applicant's appeals and applications, for the question whether Poerschke had suffered prejudice by the fact that the roll of outstanding business (*Geschäftsbelastung*) was so heavy that it had not been possible to give a decision on his petitions immediately];

en janvier 1965, n'a été communiquée au Gouvernement défendeur qu'en juillet 1965, soit peu de temps après que le requérant, à la suite d'une longue détention préventive, avait été libéré. Il en ressort que de ce point de vue (*Standpunkt der Behördenpraxis*), "il n'y a pas eu négligence consciente ou insouciance de la part des autorités judiciaires dans le traitement de cette affaire", mais c'est une série d'événements s'enchaînant plutôt accidentellement qui a eu cette situation pour cause.

D'autre part, en ce qui concerne plus particulièrement la question du rôle d'audience (*Geschäftslage*) de la Chambre qui était appelée à statuer sur l'affaire de Poerschke, le conseil du requérant ne saurait prouver son allégation suivant laquelle le Président de la Chambre criminelle aurait pu et dû fixer l'audience à une date plus rapprochée. Ce Président de la Chambre criminelle est décédé et n'a pas été interrogé sur la question de savoir pourquoi il n'a fixé qu'au 8 août 1963 l'audience, bien que la décision relative à l'ouverture des débats date d'avril 1963. Probablement la raison en a été que la Chambre était surchargée (*mit Terminen überlastet*).

(iv) Pour déterminer enfin, dans le contexte général, si la détention préventive a été raisonnable (*Angemessenheit*), il faut savoir tout d'abord – ce qui n'est pas encore possible en l'espèce où il y a encore litispendance – dans quelle mesure cette détention préventive a été imputée (*Anrechnung*) sur la peine et il faut connaître le montant de cette peine ainsi que la proportion entre cette peine et la détention préventive. La question de savoir si le requérant a été victime (*Beeinträchtigung*) d'une violation de l'article 5, par. 3 de la Convention, dépend donc de données concrètes et varie selon les circonstances spécifiques de l'affaire puisque l'interprétation du terme "raisonnable" doit être souple (*flexible Auslegung der Frage der Angemessenheit*] M. Bertram se réfère, quant au surplus, à ses plaidoiries, sur ce point, devant la Commission dans l'affaire Wemhoff); [cf., *supra*, (i), quant à l'aspect psychologique de la question de savoir si Poerschke a été victime d'une détention préventive trop longue; cf., *supra*, traitement des recours et requêtes du requérant, quant à la question de savoir si Poerschke a subi des préjudices du fait que le rôle des affaires pendantes était si chargé (*Geschäftsbelastung*) qu'il n'était pas possible de décider tout de suite sur ses pétitions];

(*c*) See *above*, letter from the respondent Government of 8th February 1966; cf. *above*, (b) and (d), (iii), the submissions as to the force of circumstances (*Macht des Faktischen*) and the very full roll of outstanding business (*Geschäftsbelastung*);

(*e*) The heavy burden of outstanding business (*Geschäftslage*) seemed to have been the reason why, in January 1964, the President of the 11th Criminal Division (who had since died) did not arrange the hearing until July 1964. Indeed, when the Prosecution enquired whether the hearing could not be brought forward, the President had simply referred to this situation. Although Counsel for the Prosecution (*Staatsanwalt Hagemann*) had had the impression that, bearing in mind the first adjournment of the hearing, the date arranged was rather late, he had felt unable, in view of the principle of judicial independence, to intervene in the matter.
Moreover, as to Mr. Mahler's argument relating to the possibility of redistributing business (*Möglichkeit einer Änderung der Geschäftsverteilung*) during the current judicial year, the application of Section 63 (2) of the Judicature Act (*Gerichtsverfassungsgesetz*) would scarcely have been appropriate (*adäquat*) in these proceedings.
After all, a person could not be removed from the jurisdiction of the judge prescribed by law (*Frage der Entziehung des gesetzlichen Richters*) without other ground. The case in question was not an exceptionally big one, and any redistribution of business would first have required a general examination of the state of business in all the Criminal Divisions;

(*f*) [See also, *above*, (c) – (iv) – *in fine*, *Applicant's* submissions relating to the influence of Poerschke's petitions on the development of the proceedings];
Before the hearing, the witness Jockiel had called at the registry (*Geschäftsstelle*) of the 11th Criminal Division, produced two airline tickets and stated that he could not cancel his reservations, made long before the hearing had been arranged. He had been told that he need (*brauche*) not appear. The Court could have told him that he had to (*solle*) appear notwithstanding. Nevertheless, having regard to Article 51 (2) of the Code of Criminal Procedure, which forbids the punishment of a witness whose absence has been sufficiently justified (*Ausbleiben genügend entschuldigt*), there had been, in practice, scarcely any possibility of forcing Jockiel to appear at the hearing.

A declaration such as that made by Jockiel was normally considered an adequate justification (*ausreichende Entschuldigung*) *ad* (*c*) Voir *supra*, communication du Gouvernement défendeur du 8 février 1966; cf. *supra*, ad (b) et (d), (iii), l'argumentation relative à la nature des choses (*Macht des Faktischen*) et au rôle, très chargé, des affaires pendantes (*Geschäftsbelastung*);

ad (*e*) Le rôle des affaires pendantes (*Geschäftslage*) très chargé semble avoir été la raison pour laquelle, en janvier 1964, le Président de la 11ème Chambre criminelle (qui est mort entre-temps) n'a fixé l'audience qu'au mois de juillet 1964. En effet, à la demande du Parquet d'examiner si l'audience ne pouvait avoir lieu à une date plus rapprochée, ledit Président s'est simplement référé à ce critère. Bien que le représentant du Parquet (*Staatsanwalt Hagemann*) eût l'impression que, compte tenu du premier ajournement de l'audience, cela fût relativement tard, il ne s'est pas senti en mesure, vu le principe de l'indépendance judiciaire, d'intervenir à ce sujet.
D'autre part, en ce qui concerne l'argument de Me Mahler relatif à la possibilité d'une redistribution des affaires (*Möglichkeit einer Änderung der Geschäftsverteilung*) pendant l'année judiciaire en cours, l'application de l'article 63, par. 2 (*Gerichtsverfassungsgesetz*) n'aurait guère été appropriée (*adäquat*) dans la présente procédure.
Après tout, une personne ne saurait sans autre motif être privée du juge prévu par la loi (*Frage der Entziehung des gesetzlichen Richters*). La présente affaire n'aurait pas été d'une envergure extraordinaire et toute redistribution des affaires aurait nécessité auparavant un examen général de l'état de travail de toutes les Chambres criminelles;

ad (*f*) [Voir aussi, *supra*, ad (c) – (iv) – *in fine*, argumentation du *requérant* quant à l'incidence des pétitions de Poerschke sur le déroulement de la procédure];
Le témoin Jockiel s'est présenté avant l'audience au Greffe (*Geschäftsstelle*) de la 11ème Chambre criminelle, y a produit deux billets d'avion et a déclaré qu'il n'était pas en mesure de décommander le départ en vacances qu'il avait fait réserver longtemps avant que l'audience avait été fixée. Il lui avait été répondu qu'il ne devait (*brauche*) pas venir. Le Tribunal aurait pu lui dire qu'il devait (*solle*) quand même comparaître à l'audience. Toutefois, vu l'article 51, par. 2 du Code de procédure pénale qui interdit la punition d'un témoin dont la non-comparution est suffisamment excusée (*Ausbleiben genügend entschuldigt*), la possibilité de contraindre Jockiel à comparaître à l'audience n'a guère existé en pratique.
Normalement, une déclaration telle que celle de Jockiel est considérée comme excuse suffisante (*ausreichende Entschuldi-*

for the non-appearance of a witness. As to the link between this declaration and the adjournment of the hearing in the case in point, it had to be remembered that the hearing would also have had to be postponed because the psychiatric expert was not available (*zur Verfügung*). If the latter had been replaced by another expert, he would also have needed time to prepare his report. The decision as to Jockiel's appearance had thus only had a limited effect on the adjournment of the hearing.

Having regard to the principle of judicial independence, the President of the 11th Criminal Division had had no way of persuading (*Weisungsmöglichkeit und Einflussmöglichkeit*) the President of the 16th Criminal Division that he should adjourn his hearing and release the psychiatrist to give evidence before the 11th Division.
According to the Code of Criminal Procedure, it would have been absolutely inadmissible for the psychiatrist to appear in both cases at the same time. According to the law, the expert was required to be in attendance (*anwesend*) throughout the proceedings, and failure to comply with this rule would have given the defence a ground for lodging a plea of nullity. But, irrespective of this legal rule, "the really decisive factor (*in tatsächlicher Hinsicht entscheidend*) in the case in point was what the accused had to say when describing his life and his act". Since the hearing began with the questioning of the accused on his person and his action (*zur Person und dann zur Sache*), and the psychiatrist had to express an opinion not only on what the accused had said at the hearing but also on his behaviour at the time of the offence, it follows that the expert had to be present not only when the accused was being questioned at the beginning of the hearing but also later during the questioning of the witnesses of the offence. On these objective grounds (*tatsächliche Gründe*) "neither the Applicant nor his Counsel would have agreed to the expert being absent from the Court at any time during the hearing and, in particular, when evidence was being taken (*Beweisaufnahme*)."

THE LAW

I. *As regards the reception given to certain applications addressed by the Applicant to the judicial authorities during and concerning his detention*

Whereas, inasmuch as the Applicant complains that certain applications made by him to the judicial authorities during and concerning his detention were handled in a dilatory manner or *gung*) de la non-comparution d'un témoin. En l'espèce, quant à la causalité de cette déclaration et de l'ajournement de l'audience, il y a lieu de tenir compte du fait que l'audience aurait également dû être renvoyée parce que l'expert psychiatrique n'était pas disponible (*zur Verfügung*). Si on avait remplacé ce dernier par un autre expert psychiatrique, celui-ci aurait également eu besoin de quelque temps pour se préparer. La décision sur la comparution de Jockiel n'a donc causé l'ajournement de l'audience que dans une mesure limitée.

Vu le principe de l'indépendance judiciaire, le Président de la 11ème Chambre criminelle n'aurait eu aucune possibilité pour convaincre (*Weisungsmöglichkeit und Einflussmöglichkeit*) le Président de la 16ème Chambre criminelle d'ajourner son audience et de se dessaisir de l'expert psychiatrique convoqué pour que celui-ci puisse déposer devant la 11ème Chambre.

Suivant le Code de procédure pénale, il aurait été absolument inadmissible que l'expert psychiatrique comparaisse à la fois dans les deux procédures. Suivant la loi, l'expert doit en effet être présent (*anwesend*) tout au long de l'audience, et l'inobservation de cette règle aurait constitué pour la défense un motif pour se pourvoir en cassation. Mais quoi qu'il en soit de cette règle juridique, "ce qui, en l'espèce, était en fait décisif (*in tatsächlicher Hinsicht entscheidend*), c'était ce que le requérant avait à dire en donnant une description de sa vie et de son action". L'audience commençant par l'interrogatoire de l'accusé au sujet de sa personne et de son action (*zur Person und dann zur Sache*), et l'expert psychiatrique devant se prononcer non seulement au sujet de ces remarques de l'accusé, mais encore au sujet du comportement de l'accusé au moment de l'infraction, il s'ensuit que l'expert devait être présent non seulement lors de l'interrogatoire de l'accusé au début de l'audience, mais également par la suite lors de l'interrogatoire des témoins de l'infraction. Pour ces raisons concrètes (*tatsächliche Gründe*) "ni le requérant ni son conseil n'auraient renoncé à ce que l'expert ne soit pas présent dans la salle du Tribunal pendant toute la durée de l'audience et notamment pendant l'examen des preuves (*Beweisaufnahme*)".

EN DROIT

I. *Quant au sort de certaines requêtes que le requérant a adressées aux autorités judiciaires pendant sa détention et au sujet de celle-ci*

Considérant, pour autant que le requérant se plaint de ce que certaines requêtes qu'il a adressées aux autorités judiciaires pendant sa détention et au sujet de celle-ci, auraient été traitées de simply shelved, there was reason to examine, *proprio motu*, whether there was a *prima facie* violation of Article 13 of the Convention in this case; whereas the Commission deferred, as far as this point was concerned, its decision as to the admissibility of the Application, pending receipt of the oral explanations of the parties; whereas the examination of the arguments presented on this matter by the parties, both orally and in writing, does not disclose, in the case in point, any *prima facie* violation of the rights and freedoms set forth in the Convention, with particular reference to Article 13; whereas it appears at most that certain of the Applicant's pleas for release from custody (*Haftbeschwerden*) were not forwarded within the time laid down by German law, but that they were all examined, if not immediately, by the competent authorities; whereas it appears, secondly, as regards the Applicant's appeals against the fixing of the hearing at a distant date, that the fact that they were not treated as appeals to higher authority (*Dienstaufsichtsbeschwerden*) but were regarded as appeals on the merits (*Sachbeschwerden*) and, as such, were subjected to a different procedure, could not be deemed a denial of justice, as Counsel for the Applicant maintains, nor could this in any other way constitute a violation of Article 13 of the Convention; whereas this part of the Application should be rejected under Article 27 (2) as manifestly ill-founded;

II. *As regards the duration of Poerschke's remand in custody and the length of his trial*

Whereas, according to *Article 5* (3) of the Convention, "everyone arrested or detained ... has the right to trial within a reasonable time or to release pending trial ..." and whereas, according to *Article 6* (*1*) of the Convention, "everyone is entitled to a fair and public hearing within a reasonable time";

Whereas the Applicant was arrested on 9th February 1963 and remanded in custody until 9th July 1965, when he was released on bail;

Whereas on the one hand, the Applicant alleges that Article 5 (3) of the Convention has been violated because he was neither tried "within a reasonable time" nor "released pending trial", and whereas he also complains of the undue length of his trial;

Whereas, on the other hand, the respondent Government, while not denying that the remand in custody "lasted a long time", maintained that the fact that the Applicant lodged numerous appeals concerning the time spent in custody and the length of his trial inevitably held up proceedings in practice; that the interpretation of the term "reasonable time" should be flexible; that the question façon dilatoire ou auraient été purement et simplement classées; qu'il y avait lieu de rechercher, d'office, s'il existe ou non, en l'espèce, une apparence de violation de l'article 13 de la Convention; que la Commission a ajourné sur ce point sa décision sur la recevabilité, dans l'attente des explications orales des Parties; que l'examen des arguments présentés à ce sujet par les Parties, tant oralement que par écrit, ne permet de dégager, en l'espèce, aucune apparence de violation des droits et libertés définis dans la Convention, et notamment à l'article 13; qu'il en ressort tout au plus que certaines requêtes par lesquelles le requérant a demandé sa libération de la détention préventive (*Haftbeschwerden*) n'ont pas été transmises dans les délais prévus par la loi allemande, mais que ces requêtes, sinon immédiatement, ont toutes été examinées par les autorités compétentes; qu'il apparaît, d'autre part, en ce qui concerne les recours du requérant contre la fixation de l'audience à une date lointaine, que le fait que ces recours n'ont pas été traités comme recours hiérarchiques (*Dienstaufsichtsbeschwerden*), mais ont été considérés comme recours au fond (*Sachbeschwerden*) et, en tant que tels, ont été soumis à une procédure différente, ne saurait être considéré comme déni de justice, ainsi que le conseil du requérant le soutient, ni ne saurait d'une autre manière constituer une violation de l'article 13 de la Convention; qu'il y a lieu, par conséquent, de repousser cette partie de la requête, en vertu de l'article 27, par. 2 de la Convention, pour défaut manifeste de fondement;

II. *Quant à la durée de la détention préventive et à la longueur du procès de Poerschke*

Considérant que, suivant l'*article 5, par. 3* de la Convention, "toute personne arrêtée ou détenue ... a le droit d'être jugée dans un délai raisonnable, ou libérée pendant la procédure ...", et que, suivant l'*article 6, par. 1* de la Convention, "toute personne a droit à ce que sa cause soit entendue ... dans un délai raisonnable";

Considérant que le requérant a été arrêté le 9 février 1963 et s'est trouvé en détention préventive jusqu'au 9 juillet 1965, date à laquelle il a été mis en liberté provisoire;

Considérant d'une part que le requérant allègue la violation de l'article 5, par. 3 de la Convention, du fait qu'il n'a pas été "jugé dans un délai raisonnable", ni "libéré pendant la procédure", et qu'il se plaint également de la longueur de son procès;

Considérant d'autre part que le Gouvernement défendeur, sans contester que la détention préventive "a duré longtemps", a soutenu, d'autre part, que le fait que le requérant a introduit nombre de requêtes au sujet de la durée de sa détention préventive et de la longueur de son procès aurait inévitablement, en pratique, retardé la procédure; que l'interprétation du terme "delai raisonnable" whether, in the case in point, the Applicant was the victim of a violation of Article 5 (3) of the Convention would depend upon certain concrete data, such as the deduction of the period of detention from the sentence finally imposed, which could not yet be determined, and that, in any event, there had been no wilful negligence or carelessness on the part of the judicial authorities in the conduct of this case;

Whereas on several occasions, and recently in Applications No. 1602/62 Stögmüller against Austria, No. 1936/63 Neumeister against Austria, No. 2122/64 Wemhoff against the Federal Republic of Germany (cf. Collection of Decisions 14, pp. 62, 38 and 29) and No. 2178/64 (cf. Collection of Decisions 15, pp. 40, 48), the Commission has been asked for a ruling as to the length of detention pending trial; whereas, according to previous decisions of the Commission, the "reasonableness" or "unreasonableness" of the period between arrest and judgment must be decided not *in abstracto* but in the light of the particular circumstances of each case; whereas Article 27 (2) of the Convention, in requiring the Commission to declare "inadmissible" any applications from an individual which it considers to be "manifestly ill-founded", does not thereby authorise it to reject, at the stage of examination of admissibility, an application whose lack of foundation cannot be so described (cf., for example, Applications Nos. 1474/62 and 1769/63, Collection 11, pp. 50 and 59, or Application No. 1727/62, Collection 12, p. 29);

Whereas, in the present case, the Commission has carried out a preliminary examination of the information and arguments submitted to it by the parties, orally and in writing, concerning the complaints as to the duration of Poerschke's detention pending trial and the length of the trial; whereas the Commission feels that the problems arising in the case in point are of such complexity that their solution should depend on an examination of the merits of the case; whereas it follows that these complaints by the Applicant cannot be rejected as manifestly ill-founded;

Now therefore the Commission:

1. DECLARES INADMISSIBLE THE APPLICANT'S COMPLAINTS ABOUT HANDLING OF CERTAIN APPLICATIONS ADDRESSED BY POERSCHKE TO THE JUDICIAL AUTHORITIES DURING AND CONCERNING HIS DETENTION PENDING TRIAL;

2. DECLARES ADMISSIBLE AND RETAINS THE APPLICANT'S COMPLAINTS CONCERNING THE DURATION OF HIS DETENTION PENDING TRIAL AND THE LENGTH OF HIS TRIAL.

. . .

devrait être souple; que la question de savoir si, en l'espèce, le requérant a été victime d'une violation de l'article 5, par, 3 de la Convention dépendrait de certaines données concrètes, telles que l'imputation de la détention préventive sur la peine finalement infligée, qui ne pourraient pas encore être déterminées; et que, en tout état de cause, il n'y aurait pas eu négligence consciente ou insouciance de la part des autorités judiciaires dans le traitement de cette affaire;

Considérant qu'à diverses reprises, et récemment dans les affaires N° 1602/62 Stögmüller c/Autriche, N° 1936/63 Neumeister c/Autriche, N° 2122/64 Wemhoff c/République Fédérale d'Allemagne [cf. Recueil des décisions 14, pp. 62, 38 et 29] et N° 2178/64 [cf. Recueil des décisions 15, p. 40, 48], la Commission a été appelée à se prononcer sur la longueur de la détention préventive; que, selon la jurisprudence de la Commission, le caractère "raisonnable" ou "déraisonnable" du délai qui s'écoule entre l'arrestation et le jugement doit s'apprécier non pas *in abstracto*, mais à la lumière des données concrètes d'une affaire; que l'article 27 par. 2 de la Convention, s'il oblige la Commission à déclarer "irrecevables" des requêtes individuelles qu'elle estime "manifestement mal fondées", ne l'autorise pas pour autant à rejeter, dès le stade de l'examen de leur recevabilité, les recours dont le mal-fondé ne tombe pas sous le sens (cf., p. ex., requêtes N° 1474/62 et 1769/63, Recueil des décisions 11, pp. 50 et 59, ou requête N° 1727/62, Recueil 12, p. 29);

Considérant que, dans la présente affaire, la Commission a procédé à un examen préliminaire des renseignements et arguments que les Parties lui ont présentés, oralement et par écrit, au sujet des griefs relatifs à la durée de la détention préventive et à la longueur du procès de Poerschke; que la Commission estime que les problèmes qui surgissent en l'espèce se révèlent suffisamment complexes pour que leur solution doive relever de l'examen du fond de l'affaire; que ces griefs du requérant ne sauraient, dès lors, être repoussés pour défaut manifeste de fondement;

Par ces motifs,

1. DECLARE IRRECEVABLES LES GRIEFS DU REQUERANT RELATIFS AU SORT DE CERTAINES REQUETES QUE POERSCHKE A ADRESSEES AUX AUTORITES JUDICIAIRES PENDANT SA DETENTION PREVENTIVE ET AU SUJET DE CELLE-CI;

2. DECLARE RECEVABLES ET RETIENT LES GRIEFS DU REQUERANT RELATIFS A LA DUREE DE SA DETENTION PREVENTIVE ET A LA LONGUEUR DE SON PROCES.

...

Application No. 2208/64

JEAN ALBERT JOSEPH BINET *against* BELGIUM

Decision of 14th February 1965

. . . (*Translation*)

THE FACTS

Whereas the facts of the case may be summed up as follows:

The Applicant, a Belgian national, born in 1916, resides at La Roche-en-Ardenne; he states that he practises the profession of tax adviser and insurance broker.

Binet alleges that on 25th November 1963 the gendarme challenged him at Dinant station and then took him to the "B.S.R." Gendarmerie post to check his identity.

On the following day, the Applicant appeared before Magistrate G (*Dinant Police Court*), who ordered him to be detained "at the disposal of the Government" under the Act of 27th November 1891.

Sections 8, 12, 16, 17 and 18 of this Act read as follows:

Section 8 – "Any person found in a state of vagrancy shall be arrested and shall be brought before the police court".

Section 12 – "The magistrates shall check the identity, age, physical condition, mental condition and way of life of any persons brought before the police court on a charge of vagrancy...".

Section 16 – "The magistrates may order any person found in a state of vagrancy to be detained with a view to committal to an institution ..., even in the absence of all the circimstances referred to above in Section 13". (The latter provision has not been applied in the case in point.)

Section 17 – "Any person committed to an institution shall be released when his accumulated earnings have reached a figure to be set by the Minister of Justice in accordance with the class in which such detainees are placed and with the trade they practise."

Section 18 – "A person committed to an institution may not in any circumstances be kept there against his will for more than one year.

The Minister of Justice shall order the release of any person committed to an institution if he considers that detention is no longer necessary."

Requête No. 2208/64

JEAN ALBERT JOSEPH BINET *contre* LA BELGIQUE

Décision du 14 février 1966

...

EN FAIT

Considérant, que les faits de la cause peuvent se résumer ainsi:

Le requérant, ressortissant belge né en 1916, a son domicile à La Roche-en-Ardenne; il déclare exercer la profession de conseiller fiscal et de courtier d'assurances.

Le 25 novembre 1963, à la gare de Dinant, le gendarme L aurait interpellé Binet, puis l'aurait amené au bureau de gendarmerie "B.S.R." pour vérification d'identité.

Le lendemain, le requérant comparut devant le Juge de Paix G (Tribunal de Police de Dinant) qui le mit "à la disposition du Gouvernement", en vertu de la loi du 27 novembre 1891.

Les articles 8, 12, 16, 17 et 18 de cette loi sont ainsi libellés:

> *Article 8* – "Tout individu trouvé en état de vagabondage sera arrêté et traduit devant le tribunal de police."
>
> *Article 12* – "Les juges de paix vérifient l'identité, l'âge, l'état physique, l'état mental et le genre de vie des individus traduits devant le tribunal de police du chef de vagabondage ...".
>
> *Article 16* – "Les juges de paix pourront mettre à la disposition du gouvernement, pour être internés dans une maison de refuge, les individus trouvés en état de vagabondage ..., sans aucune des circonstances ci-dessus mentionnées à l'article 13." (Ce dernier texte n'a pas reçu application en l'espèce).
>
> *Article 17* – "Les individus internés dans les maisons de refuge seront mis en liberté lorsque leur masse de sortie aura atteint le chiffre qui sera fixé par le Ministre de la Justice pour les différentes catégories dans lesquelles ces reclus seront rangés et d'après le métier qu'ils exerceront."
>
> *Article 18* – "Les individus internés dans une maison de refuge ne pourront en aucun cas y être retenus contre leur gré au-delà d'un an.
>
> Le Ministre de la Justice fera mettre en liberté tout individu interné dans une maison de refuge, dont il jugera que l'internement n'est plus nécessaire."

In accordance with the practice of the Court of Cassation (judgments of 1st April 1901 and 4th May 1953), decisions taken under these sections are merely administrative measures and therefore not subject to appeal.

On the other hand, it is alleged that Magistrate G stated that the Applicant could appeal. Binet alleges that he in fact sought to avail himself of this "right", but his appeal was "publicly rejected at the Registry of the Court" on 6th December 1963. Prior to this, the Applicant had written to Mr. G (28th November 1963). The latter replied on 30th November 1963 that he should address his "petition for clemency" directly to the King.

The Applicant lodged a complaint of unlawful and arbitrary arrest with the Public Prosecutor (*Procureur du Roi*) of Dinant (8th, 14th, 17th and 22nd December 1963), with the Chief Public Prosecutor (*Procuereur Général*) of Liège (22nd December 1963) and with the Chief Public Prosecutor (*Procureur Général*) at the Court of Cassation (26th January 1964). He also sent petitions to the Minister of Justice (3rd December 1963), to the Prime Minister (4th December 1963) and to the Belgian Senate (27th January 1964). He also alleges that he alerted Senator Chot, a barrister at Dinant, on 12th January 1964; it is further alleged that in conversation with this Senator (15th January 1964) the Public Prosecutor (*Procureur du Roi*) admitted the truth of Binet's allegations, which two gendarmes (26th December 1963) and a Superintendent (*Commissaire*) of the Criminal Investigation Department (*Police Judiciare*) (17th January 1964) verified for themselves at the Dinant police gaol.

The Applicant was finally released on 1st February 1964 by order of the Minister of Justice (31st January 1964).

Whereas the Applicant alleges the violation of the following Articles:

(I) *Article 5 (1) of the Convention* (and Article 7 of the Belgian Constitution)

Binet complains that he remained in detention for 68 days without warrant or charge, "having been cleverly framed". He alleges that he was not liable under any of the following provisions:

- Article 5 (1) which permits "the lawful detention ... of vagrants";
- the aforesaid Act of 27th November 1891;
- Article 347 of the Belgian Penal Code.

This last text specifies that the term "vagrants" ("*vagabonds*") shall be construed as referring to persons "who have no fixed abode or means of support and who do not habitually practise any trade or occupation".

D'après la jurisprudence de la Cour de Cassation (arrêts des 1er avril 1901 et 4 mai 1953), les décisions prises sur la base de ces articles constituent de simples mesures administratives et, partant, ne peuvent faire l'objet d'un pourvoi.

En revanche, le Juge G aurait affirmé que le requérant pourrait interjeter appel. Binet aurait effectivement cherché à user de cette "faculté", mais son appel aurait été "refusé publiquement au greffe" le 6 décembre 1963. Auparavant, le requérant avait écrit à M. G (28 novembre 1963). Celui-ci lui répondit, le 30 novembre 1963, qu'il devait adresser directement au Roi son "recours en grâce".

Le requérant a porté plainte, pour détention illégale et arbitraire, auprès du Procureur du Roi de Dinant (8, 14, 17 et 22 décembre 1963), du Procureur Général de Liège (22 décembre 1963) et du Procureur Général à la Cour de Cassation (26 janvier 1964). Il a envoyé en outre des pétitions au Ministre de la Justice (3 décembre 1963), au Premier Ministre (4 décembre 1963) et au Sénat de Belgique (27 janvier 1964). Il aurait également alerté, le 12 janvier 1964, le Sénateur Chot, avocat à Dinant; lors d'un entretien avec ce parlementaire (15 janvier 1964), le Procureur du Roi aurait reconnu l'exactitude des allégations de Binet, que deux gendarmes (26 décembre 1963) et un commissaire de la Police Judiciaire (17 janvier 1964) auraient vérifiée de leur côté à la maison d'arrêt de Dinant.

En définitive, le requérant a recouvré sa liberté le 1er février 1964, sur l'ordre du Ministre de la Justice (31 janvier 1964).

Considérant que l'intéressé allègue la violation des articles suivants:

(I) *Article 5 § 1 de la Convention* (et article 7 de la Constitution Belge)

Binet se plaint d'être resté détenu durant 68 jours, sans mandat ni inculpation, "dans le cadre d'un scénario habilement monté". Il ne tomberait sous le coup

- ni du § 1 de l'article 5, qui autorise "la détention régulière ... d'un vagabond";
- ni de la loi précitée du 27 novembre 1891;
- ni de l'article 347 du Code pénal belge.

Ce dernier texte précise qu'il faut entendre, par "vagabonds", les personnes "qui n'ont ni domicile certain, ni moyens de subsistance, et qui n'exerce habituellement ni métier, ni profession".

The Applicant, however, alleges that he proved to the Police Court at Dinant – and is endeavouring to prove to the Commission with certain documents in support – that none of the elements of that definition applies to him;

- He alleges that some weeks before 25th November 1963 he left Hotton and settled at La Roche, after duly notifying the competent authorities of his change of address (Royal Ordinances of 6th and 8th February 1919);
- he alleges that he rented "a smart little house furnished and insured (by himself)" at La Roche and was not in debt to the lessor;
- he alleges that as a result of his work and the rents (60,000 Belgian Francs a year) derived from a building owned by him he was comfortably off, if not wealthy;
- he alleges that at the time of his arrest he was carrying "sufficient cash", a recently extended (21st November 1961) identity card and a railway return ticket La Roche – Dinant.

(II) *Articles 5 (4) and 13 of the Convention*
Binet considers that he was deprived of the guarantees laid down in these two Articles. He alleges that by failing to provide legal remedies the Act of 27th November 1891 vests in the magistrates "powers which (do not exist) in any democratic country".

(III) *Article 5 (5) of the Convention*
The Applicant alleges that by ordering his release the Minister of Justice implicitly acknowledged the illegality of the detention in dispute, but did not admit it explicitly. In his anxiety to protect the "guilty persons", he allegedly overlooked Article 147 of the Penal Code. Far worse, he placed Binet in the care of a Board of Guardians (*Comité de Patronage*).

(IV) *Article 6 (1) of the Convention*
Contrary to what appears in the record of the hearing of 26th November 1963, it is alleged that the judgment was not pronounced publicly, but *in camera*, in Magistrate G's chambers.

(V) *Article 6 (3) (b) and (c) of the Convention*
The Applicant alleges that his trial lasted less than an hour, contrary to section 3 *in fine* of the Act of 1st May 1849. He further alleges that he was prevented from consulting his lawyer, Mr. B, whose chambers were, however, less than 100 yards from the Court.

Or, le requérant aurait prouvé au Tribunal de Police de Dinant – et s'efforce de prouver à la Commission en produisant certaines pièces - qu'il ne remplit aucune de ces conditions:

- quelques semaines avant le 25 novembre 1963, il aurait quitté Hotton pour aller s'établir à la Roche, non sans avoir dûment notifié son changement de résidence aux autorités compétentes (arrêtés royaux des 6 et 8 février 1919);
- il serait locataire, à La Roche, d'une "coquette petite maison meublée et assurée par (lui)", et n'aurait pas de dettes envers son bailleur;
- grâce à son travail et aux loyers (60.000 FB par an) qu'il tirerait d'un immeuble lui appartenant, il vivrait dans l'aisance, sinon dans la richesse;
- au moment de son arrestation, il aurait été porteur d'"assez d'argent", d'une carte d'identité fraîchement renouvelée (le 21 novembre 1961) et d'un billet de chemin de fer La Roche-Dinant et retour.

(II) *Articles 5 § 4 et 13 de la Convention*
Binet estime avoir été privé des garanties énoncées dans ces deux articles. Faute d'organiser des voies de recours, la loi du 27 novembre 1891 accorderait aux juges de paix "une prérogative qui (n'existerait) dans aucun pays démocratique".

(III) *Article 5 § 5 de la Convention*
En ordonnant la libération du requérant, le Ministre de la Justice aurait implicitement reconnu l'illégalité de la détention litigieuse, mais il ne l'aurait pas expressément admise. Soucieux de protéger les "coupables", il aurait perdu de vue l'article 147 du Code pénal. Bien pis: il aurait placé Binet sous la tutelle d'un Comité de patronage.

(IV) *Article 6 § 1 de la Convention*
Contrairement à ce qui figure à la minute de l'audience du 26 novembre 1963, le jugement n'aurait pas été rendu en public mais à huis clos, dans le cabinet du Juge G.

(V) *Article 6 § 3 b) et c) de la Convention*
L'intéressé aurait été jugé en moins d'une heure, au mépris de l'article 3 *in fine* de la loi du 1er mai 1849. De plus, on l'aurait empêché de consulter son avocat, Me B, dont l'étude se trouverait pourtant à moins de cent mètres du siège du tribunal.

(VI) *Article 6 (3) (d) of the Convention*

The Law Officers of the Crown (*Ministère Public*), as represented by Superintendent M, allegedly refused to communicate with the municipal authorities of La Roche in order to confirm the veracity of the Applicant's statements.

It is likewise alleged that gendarme L, called as witness, was present throughout the hearing of 26th November 1963 instead of entering the courtroom immediately before taking his stand; here again, it is alleged that the Court record distorts the facts. To make matters worse, Magistrate G allegedly confined himself to requesting the witness to confirm orally a confidential report in writing, so that Binet had no opportunity to confute the gendarme. The Applicant alleges that he did not discover the tenor of this report until 6th December 1963 and that he lodged a complaint under this head on 11th January 1964.

(VII) *Article 7 of the Convention*

Although he does not expressly rely upon this Article, the Applicant stresses that the criminal law – e.g. the Act of 27th November 1891 and Article 347 of the Penal Code – calls for a restrictive interpretation; he complains that the Dinant Police Court infringed this principle to his own detriment (see above, Article 5 (1)).

Whereas the Applicant is demanding both material (B. fr. 168,000) and moral redress (acknowledgment by the Belgian State of the injury committed, including notices in the press); whereas he lays special emphasis on the harm to his professional reputation as a result of his detention (reflection on his reputation, necessity of building up his practice again, or even of leaving La Roche);

PROCEDURE BEFORE THE COMMISSION

Whereas the procedure so far before the Commission may be summed up as follows:

1. In a letter dated 22nd September 1965 the Secretary of the Commission requested Binet to produce a copy of the Magistrate's decision of 26th November 1963 and the Ministerial order of 31st January 1964.

2. On 27th September 1965 a group of three members of the Commission made the preliminary examination provided for in Rules 34 and 45 (1) of the Rules of Procedure; the group unanimously decided that the Application appeared to be admissible as it stood.

Accordingly, the President of the Commission instructed the Secretary to inform the respondent Government of the Appli-

(VI) *Article 6 § 3 d) de la Convention*

Le Ministère public, en la personne du commissaire de police M, aurait refusé de prendre contact avec l'administration communale de La Roche pour contrôler la véracité des déclarations du requérant.

D'autre part, le gendarme L, cité comme témoin, aurait assisté à toute l'audience du 26 novembre 1963, au lieu de pénétrer dans la salle immédiatement avant de déposer; ici encore, le procès-verbal travestirait la réalité. Du surcroît, le juge G se serait borné à prier le témoin de confirmer de vive voix un rapport écrit et confidentiel, de sorte que Binet n'aurait pas eu la possibilité de contredire le gendarme. Le requérant n'aurait découvert le contenu de ce rapport que le 6 décembre 1963; il aurait porté plainte à ce sujet le 11 janvier 1964.

(VII) *Article 7 de la Convention*

Sans invoquer expressément cet article, l'intéressé souligne que les lois pénales – par exemple la loi du 27 novembre 1891 et l'article 347 du Code pénal – appellent une interprétation restrictive; il reproche au Tribunal de Police de Dinant d'avoir transgressé ce principe à son détriment (cf. *supra*, sous art. 5 § 1).

Considérant que le requérant réclame une réparation à la fois matérielle (168.000 FB) et morale (reconnaissance par l'Etat belge de la violation commise, notamment par voie d'insertions dans la presse); qu'il insiste spécialement sur le préjudice professionnel que lui aurait causé sa détention (atteinte à sa réputation, obligation de se recréer une clientèle, voire de quitter La Roche);

PROCEDURE SUIVIE DEVANT LA COMMISSION

Considérant que la procédure suivie à ce jour devant la Commission peut se résumer ainsi:

1. Par une lettre du 22 septembre 1965, le Secrétaire de la Commission a prié Binet de produire une copie du jugement du 26 novembre 1963 et de la décision ministérielle du 31 janvier 1964.

2. Le 27 septembre 1965, un groupe de trois membres de la Commission a procédé à l'examen préliminaire prévu aux articles 34 et 45 § 1 du Règlement Intérieur; il a estimé, à l'unanimité, que la requête semblait recevable en l'état.

En conséquence, le Président de la Commission a chargé le Secrétaire de donner connaissance de la requête au Gouvernement cation and to invite it to present its observations in writing on the admissibility of the Applicant's complaints within two months (Rule 45 (2) of the Rules of Procedure; Order of 1st October 1965).

At the request of the Belgian Government, the time-limit was extended to 1st January 1966 (order of the President of the Commission dated 30th November 1965).

3. On 6th December 1965, the Permanent Representative of Belgium to the Council of Europe informed the Secretary of the Commission that Mr. A. Gomrée, Magistrate-Delegate in the Ministry of Justice of Belgium, had been appointed Agent of the respondent Government for this case.

4. On 28th December 1965, the Permanent Representative of Belgium transmitted the following observations to the Secretary on behalf of his Government:

> "The Belgian Government leans on the wisdom of the Commission without prejudice to the merits of any argument which it may deem fit to adduce."
>
> "It wishes, however, to observe that the decision complained of is not a sentence under criminal law, but an administrative order, the magistrate being in this instance, by the intention of the legislature, an auxiliary agent of the executive authority. That is the reason why no appeal lies from this order".

5. On 30th December 1965, the Secretary of the Commission transmitted these observations to the Applicant, notifying him that, if he should wish to reply to them, his counter-memorial should reach the Secretariat not later than 28th January 1966 (Rule 46 (1) and (2); order of the President dated 29th December).

6. On 17th January 1966, the Secretary received the Applicant's reply dated 14th January, reading as follows (Doc. DH/Misc (66) 1):

> "After numerous attempts, I have succeeded in obtaining a copy of the decision of 26th November 1963, whihc is the subject of my Application. Unfortunately, my requests for a copy of the order for release proved vain – inevitably so. Since the decision which I am criticising was based on completely wrong grounds, it was hardly possible to issue the order for my release giving reasons. This is why the Governor of the Dinant Prison, where I was detained in the cells, received only an order for my release without any reasons given.
>
> I therefore request the President and members of the Commission to be good enough to consider all the arguments adduced with 'proofs' in my Application as reproduced here.
>
> The Belgian State has no ground for relying on the argument

défendeur et d'inviter celui-ci à présenter, dans un délai de deux mois, ses observations écrites sur la recevabilité des griefs de l'intéressé (article 45 § 2 du Règlement Intérieur; ordonnance du 1er octobre 1965).

A la demande du Gouvernement belge, le délai susmentionné a été prolongé jusqu'au 1er janvier 1966 (ordonnance du Président de la Commission, en date du 30 novembre 1965).

3. Le 6 décembre 1965, le Représentant Permanent de Belgique auprès du Conseil de l'Europe a informé le Secrétaire de la Commission que M. A. Gomrée, Magistrat-Délégué au Ministère de la Justice de Belgique, avait été désigné comme Agent du Gouvernement défendeur pour cette affaire.

4. Le 28 décembre 1965, le Représentant Permanent de Belgique a transmis au Secrétaire, au nom de son Gouvernement, les observations que voici:

> "Le Gouvernement belge s'en réfère à la sagesse de la Commission, tout en se réservant de faire valoir au fond tout argument qu'il estimera opportun.
>
> "Il tient toutefois à faire remarquer que la décision incriminée ne constitue pas un jugement pénal, mais une ordonnance en matière administrative, le Juge de Paix étant en l'occurrence, de par la volonté du législateur, l'auxiliaire du pouvoir administratif. C'est ce qui explique que cette ordonnance est sans appel."

5. Le 30 décembre 1965, le Secrétaire de la Commission a communiqué au requérant les observations précitées, en l'avisant que s'il désirait y répondre, son contre-mémoire devrait parvenir au Secrétariat le 28 janvier 1966 au plus tard (article 46 §§ 1 et 2 du Règlement Intérieur; ordonnance du Président, en date du 29 décembre).

6. Le 17 janvier 1966, le Secrétaire a reçu la réponse du requérant, datée du 14 janvier et ainsi libellée (Doc. DH/Misc (66) 1):

> "Après de nombreuses démarches, je suis parvenu à obtenir la copie du jugement du 26/11/1963 faisant l'objet de la requête susvisée. Malheureusement, c'est en vain que j'ai sollicité la copie de l'ordre de libération et pour cause. En effet, le jugement critiqué ayant été motivé par des motifs absolument faux, il n'était guère possible de me libérer par un ordre motivé. C'est la raison pour laquelle M. le Directeur de la Prison de Dinant, où je subissais une détention en Maison d'Arrêt, n'a reçu qu'un ordre non motivé d'élargissement.
>
> "Je sollicite donc, M. le Président et MM. les Membres de la Commission, de bien vouloir considérer comme ici reproduits tous les arguments formulés avec "preuves" dans ma requête.
>
> "L'Etat Belge est mal fondé de se prévaloir d'une mesure

of an administrative measure, since even such a measure must be accompanied by a statement of reasons, if it is to be justified.

Lack of residence: I have clearly demonstrated the reality of my residence.

Lack of means of support: I have clearly demonstrated that I was in enjoyment of the rents from a four-storey house, bringing me in 5,500 B. fr. monthly.

Lack of occupation: I have clearly demonstrated that I was a tax adviser with a regular practice and a registered insurance broker.

At the time of my arrest I had adequate cash and my railway ticket.

All this was proved to the Magistrate with supporting documents.

For the Belgian State to find a justification for my arbitrary arrest, *lettres de cachet* and Hitlerian arrests would have to be regarded as moral.

But it was precisely for this reason that the States signed the Rome Convention to prevent arbitrary and unlawful arrests justified by false reasons and, as a rule, merely the result of the whim of some policeman or magistrate. The fact remains, however, that in Belgium I have been deprived of my freedom in an ignominious manner, although I had a home, money, resources and two gainful professions and had not committed the slightest offence. I thought such things happened only in States with a concentration-camp regime.

If need be, I shall be able to demonstrate that the Belgian State is a persistent offender against me, for twenty years ago I was subjected to political internment for the sole reason that I knew too much about Belgian policy during the war. After several months' deprivation of liberty, despite congratulations from the French, the Russians and British Field Security, I was released, being discharged since there were no grounds for prosecution, but I had lost my respectable status and my household.

This by the way, on the assumption that the present case is a sequel to that political incident.

I therefore request the President and the members of the Commission to be good enough to consider my case with the wisdom unanimously attributed to them. It is obviously a hard thing for an individual to struggle to obtain justice against a powerful State but, fortunately, the Rome Convention was drawn up for that purpose. I remain at the disposal of the Commission for any further information and am even prepared, if authorised, to expound my complaints against the Belgian State in the presence of its representatives."

administrative, car pour que celle-ci se justifie, encore faut-il qu'elle soit motivée.

"Absence de domicile: j'ai bien démontré la réalité de mon domicile.

"Absence de ressources: j'ai bien démontré que j'étais bénéficiaire des loyers d'une maison de quatre étages me rapportant 5.500 Frs par mois.

"Absence de profession: j'ai bien démontré que j'étais conseiller fiscal avec clientèle et courtier d'assurances immatriculé.

"Au moment de ma privation de liberté, j'avais suffisamment d'argent et mon coupon de chemin de fer.

"Tout cela prouvé au juge pièces à l'appui.

"Si l'Etat Belge devait trouver la justification de mon arrestation arbitraire, il faudrait considérer les lettres de cachet et les arrestations hitlériennes comme morales.

"Or, c'est précisément la raison qui a fait que les Etats ont signé la Convention de Rome. Empêcher les arrestations arbitraires et illégales que l'on justifie par des faux motifs et qui, le plus souvent, n'ont été provoquées que par l'humeur d'un policier ou d'un magistrat. Il n'en reste pas moins qu'en Belgique j'ai été privé de ma liberté, de manière infamante, alors que j'avais un domicile, de l'argent, des ressources et deux professions lucratives, sans avoir commis le moindre délit. Je pense que cela ne se produisait que dans les Etats à régime concentrationnaire.

"Les cas échéant, je pourrai démontrer que l'Etat Belge est en récidive contre moi, car j'ai subi, il y a 20 ans, un internement politique pour la seule raison que j'avais été trop au courant de la politique belge pendant la guerre. Après de nombreux mois de privation de liberté, malgré les félicitations françaises, russes et de la Field Security Britannique, je fus libéré purement et simplement avec non-lieu, mais j'avais perdu ma situation importante et mon ménage.

"Cette parenthèse pour supposer que la présente action est consécutive à cette affaire politique.

"Je demande donc à M. le Président et MM. les Membres de la Commission de bien vouloir examiner mon cas avec la sagesse qui leur est unanimement reconnue. Il est évidemment dur pour un individu de lutter pour obtenir justice contre un Etat puissant, mais heureusement la Convention de Rome a été rédigée à cette fin. Je me tiens à la disposition de la Commission pour tous autres renseignements et même pour exposer, contradictoirement si j'y suis autorisé, mes griefs contre l'Etat Belge."

A certified true copy of the judgment of 26th November 1963 in dispute was attached to this letter, and it will be pertinent to reproduce here the following extracts from it.

> "The Police Court of the Canton of Dinant (...) has given the following judgment:
> Public hearing of 26th November 1963
> In the case of the Crown (*Ministère Public*)
> Against:
> Binet Jean, divorced, tax adviser, born at La-Roche-en-Ardenne on 3rd February 1916, resident at Hotton, rue Simon 55.
> Brought before the Court on a charge of having been found in a state of vagrancy at Dinant on 25th November 1963 (...)
> Section 16 of the Act of 27th November 1891
> Having regard to the report made in the case
> Having heard the answers and defence of the accused, having heard the testimony of the witness, having listened to the addresses and the case for the Crown;
> Whereas it appears from the preliminary examination and the hearings that the charge (...) is adequately proven, the facts being established and appearing from the file, namely":
> 1. failure to show an actual place of abode;
> 2. lack of means of support;
> "Seeing that the report is in good and due form;
> Having regard to section 16 of the Act of 27th November 1891;
> For these reasons and pursuant to the Articles cited above and 28, 38 and 40 of the Penal Code, to Articles 149, 153, 156, 159, 161, 162 and 163 of the Code of Criminal Procedure, and to the Act of 15th June 1935;
> The Court, giving judgment in the presence of the parties,
> Places the accused at the Government's disposal for committal to an institution for an indeterminate period pursuant to section 16 of the Act of 27th November 1891
>
> Orders him in addition to pay the costs (...);
> Instructs the Law Officers of the Crown (*Ministère public*) to carry out this judgment in so far as it concerns them;
> Judgment made and given in public hearing at the Police Court, Town Hall, Dinant,
> Sitting: MM.
> G... Magistrate, Presiding Judge
> M... Superintendent of Police, *Officier du Ministère public*
> L... Acting Registrar of the Court, duly sworn (...)."

7. On 20th January 1966, the Secretary of the Commission sent the Agent of the respondent Government for his information the

A cette lettre était annexée une copie certifiée conforme du jugement litigieux du 26 novembre 1963, jugement dont il échet de reproduire les extraits ci-dessous:

"Le tribunal de police du Canton de Dinant (...) a rendu le jugement suivant:

"Audience publique du 26 novembre 1963

"En cause du Ministère Public, demandeur, d'une part

"Contre:

"Binet Jean, divorcé, Conseiller fiscal, né à La-Roche-en-Ardenne le 3 février 1916, domicilié à Hotton, rue Simon, n° 55

"Cité comme prévenu du chef d'avoir été trouvé en état de vagabondage à Dinant, le 25 novembre 1963 (...)

"Article 16 de la loi du 27 novembre 1891

"Vu le procès-verbal dressé en la cause

"Entendu le prévenu dans son interrogatoire et ses moyens de défense, entendu le témoin dans sa déposition, ouï le Ministère public en ses réquisitions et en ses conclusions;

"Considérant qu'il résulte de l'instruction et des débats que la prévention (...) est suffisamment éta[illegible] les éléments requis étant avérés et résultant du dossier, à savoir:

1. absence de justification de domicile réel
2. absence de ressources;

"Attendu que le procès-verbal est régulier en la forme;

"Vu l'article 16 de la loi du 27 novembre 1891

"Par ces motifs et en vertu des articles susvisés et 28, 38, 40 du Code pénal, (des) articles 149, 153, 156, 159, 161, 162, 163 du Code d'instruction criminelle; loi du 15 juin 1935;

"Le tribunal, statuant contradictoirement,

"Met le prévenu à la disposition du Gouvernement pour être placé dans une maison de refuge et ce pour une durée indéterminée, en vertu des dispositions de l'article 16 de la loi du 27 novembre 1891

"Le condamne en outre aux frais (...);

"Charge le Ministère public de l'exécution du présent jugement en ce qui (le) concerne;

"J'ai jugé et prononcé en audience publique du tribunal de police, Justice de Paix, Hôtel de Ville à Dinant où siégeaient: Messieurs

G, Juge de Paix, Président

M, Commissaire de police, Officier du Ministère public

L, greffier assumé, lequel a prêté le serment légal (...)."

7. Le 20 janvier 1966, le Secrétaire de la Commission a communiqué à l'Agent du Gouvernement défendeur, pour information, le

Applicant's counter-memorial and a photostat copy of the judgment in question.

8. On 27th January 1966, the Secretary wrote to the Applicant asking him for fuller information on certain points.

9. On 4th February 1966, a second group of three members of the Commission resumed the consideration of the admissibility of the Application. The present decision has been taken on the basis of their report.

THE LAW

Whereas Article 27, paragraph 2, of the Convention for the Protection of Human Rights and Fundamental Freedoms requires the Commission to declare "inadmissible" any individual application which it considers "manifestly ill-founded" but does not thereby entitle it to reject, at the stage of its decision as to admissibility, an application which is not obviously well-founded (cf., *inter multa alia,* the decision of 9th June 1958 on the admissibility of Application No. 214/56, De Becker v. Belgium, Yearbook II, pages 253 and 255);

Whereas the problems involved are complex enough to require for their solution an examination of the substance of the case;

Whereas Binet's complaints should not be rejected for manifest lack of grounds;

Whereas they do not collide with any other ground on which the Commission must declare itself incompetent or the Application inadmissible; whereas it appears in particular that the Applicant has complied with the requirements of Article 26 of the Convention;

Whereas in any case the respondent Government does not contest the admissibility of the Application, since it "leans on the wisdom of the Commission, without prejudice to the merits of any argument which it may deem fit to adduce";

FOR THESE REASONS,

DECLARES THE APPLICATION TO BE ADMISSIBLE.

. . .

contre-mémoire du requérant et une photocopie du jugement dont il s'agit.

8 Le 27 janvier 1966, le Secrétaire a écrit au requérant pour lui demander certaines précisions.

9 Le 4 février 1966, un second groupe de trois membres de la Commission a repris l'examen de la recevabilité de la requête. C'est sur la base de son rapport qu'a été rendue la présente décision.

EN DROIT

Considérant que l'article 27 § 2 de la Convention de sauvegarde des Droits de l'Homme et des Libertés fondamentales, s'il oblige la Commission à déclarer "irrecevables" les requêtes individuelles qu'elle estime "manifestement mal fondées", ne l'autorise pas pour autant à rejeter, dès le stade de l'examen de leur recevabilité, celles dont le malfondé ne tombe pas sous le sens (cf., parmi beaucoup d'autres, la décision du 9 juin 1958 sur la recevabilité de la requête N° 214/56, De Becker contre Belgique, Annuaire II, pages 253 et 255);

Que les problèmes qui se posent en l'espèce se révèlent assez complexes pour que leur solution doive relever de l'examen du fond de l'affaire;

Que les griefs de Binet ne sauraient, dès lors, être repoussés pour défaut manifeste de fondement;

Qu'ils ne se heurtent à aucune autre cause d'incompétence ou d'irrecevabilité; qu'il appert, notamment, que le requérant a respecté les conditions de l'article 26 de la Convention;

Qu'au demeurant, le Gouvernement défendeur ne conteste point la recevabilité de la requête, puisqu'il "s'en réfère à la sagesse de la Commission, tout en se réservant de faire valoir au fond tout argument qu'il estimera opportun";

PAR CES MOTIFS,

DECLARE LA REQUETE RECEVABLE.

...

Application No. 2213/64

X ON BEHALF OF A, B, C, AND D
against THE FEDERAL REPUBLIC OF GERMANY

Decision of 12th July 1966

... (*Translation*)

THE FACTS

Whereas the facts of the case may be summarised as follows:

Mr. X, born in Karlsruhe on ... 1891 and domiciled in Erlangen, had already lodged two applications , the first (No. 185/56) in his own name and the second (No. 1285/61) on behalf of Mrs. D. and Mrs. A.

I. Application *No. 185/56* was declared inadmissible on 28th September 1956 because:

- the Commission was incompetent *ratione temporis* in respect of the facts dating before 3rd September 1953;
- the Application was manifestly ill-founded in respect of the disputed judicial proceedings; the Commission also included the "fourth instance" formula.

II. Application *No. 1285/61* was declared inadmissible because:

- the Commission was incompetent *ratione temporis*;
- Domestic remedies had not been exhausted.

III. The *present Application* was lodged on 28th November 1963 by X. on behalf of:

- A. born in Braunschweig, on ... 1901, German nationality, no occupation, residing in Erlangen (Federal Republic of Germany);
- B, born in Berlin on ... 1915, Israeli nationality, businessman, residing in Israel;
- C, born in Berlin on ... 1923, of Israeli nationality, businessman, residing in Israel;
- D, born in Berlin on ... 1919, British nationality, no occupation, residing in England.

Maîtres P. and A. E., Barristers of the Strasbourg Bar, informed the Secretary of the Commission, by letter of 27th April 1964, that they had been appointed by Mr. X., to argue the Applicant's case before the Commission. They presentend the Application as follows:

Requête No. 2213/64

X AU NOM DE A, B, C ET D
contre LA REPUBLIQUE FEDERALE D'ALLEMAGNE

Décision du 12 juillet 1966

...

EN FAIT

Considérant que les faits de la cause peuvent se résumer ainsi:

M. X, né le ... 1891 à Karlsruhe et domicilié à Erlangen avait déjà introduit deux requêtes, la première (N° 185/56) en son propre nom et la deuxième (N° 1285/61) au nom de Mmes D et A.

I. La requête *N° 185/56* a été déclarée irrecevable le 28 septembre 1956 pour les motifs suivants:

- Incompétence *ratione temporis* quant aux faits survenus avant le 3 septembre 1953;
- Défaut manifeste de fondement quant aux procédures judiciaires litigieuses; la Commission a en outre inséré la formule dite de "4ème instance".

II. La requête *N° 1285/61* a été déclarée irrecevable pour les motifs suivants:

- Incompétence *ratione temporis*;
- Non-épuisement des voies de recours internes.

III. La *présente requête* a été introduite le 28 novembre 1963 par X pour:

- A, née le ... 1901 à Braunschweig, de nationalité allemande, sans profession, domiciliée à Erlangen (République Fédérale d'Allemagne);
- B, né le ... 1915 à Berlin, de nationalité israélienne, commerçant, domicilié en Israël;
- C, né le ... 1923 à Berlin, de nationalité israélienne, commerçant, domicilié en Israël;
- D, née le ... 1919 à Berlin, de nationalité britannique, sans profession, domiciliée en Angleterre.

Maîtres P. et A. E, avocats du barreau de Strasbourg, ont informé le Secrétaire de la Commission, par lettre du 27 avril 1964, qu'ils ont été constitués par M. X pour soutenir la requête devant la Commission. Les avocats des requérants ont présenté la requête comme suit:

1. The Applicants are the legal heirs to one-third of the estate of Mr. F.Z. who died childless in 1938 and had been the sole heir of his wife, T.Z. Mr. F.Z. was a sleeping partner, with 25 per cent of the shares, in the limited company "F.T.K.G., Karlsruhe/Baden", whose purpose was to manage a printing and publishing works of the "... Presse". The firm was taken over in 1934 by the National Socialist Party and placed in the hands of a publisher called H.

In accordance with the military Restitution Law (*Rückerstattungsgesetz, R.E.G.*), American Zone, an application for restitution to the company was made in 1948 on behalf of all the partners, including the Applicants who were anonymously designated as "*Relatives in the East Zone, without known addresses*". Wrongful seizure to the detriment of the company, and entitlement to restitution, were recognised.

The partners holding 75 per cent of the company's capital then concluded a transaction with the current owners of the "... druck" printing works, Mr. H. publisher, and the ... verlag Karlsruhe. The transaction concluded by *75 per cent* of the former partners in respect of the whole of the company's capital, was approved by order of ... 1949 of the Wiedergutmachungskammer I of the Karlsruhe Court of First Instance. It may be regarded (under Section 15, paragraph 3 – added by the Law of 3.7.1950 – of the Restitution Law) as being in its effects, a *decision* of the authorities responsible for the restitution of wrongfully taken property.

However, the transaction was concluded without the participation of the holders of the other 25 per cent of the share capital; these were neither notified of the procedure nor represented in the transaction. The elementary rights of the Applicants were thus violated.

2. Despite all the steps taken since 1957, the Applicants have not succeeded in gaining possession of their property, of which they were wrongfully deprived in the person of their *de cujus*, Mr. F. Z. Nor have they secured application in their regard of the transaction concluded without their participation.

The law has been infringed on a number of counts:

(a) The partners representing 75 per cent of the share capital who declared the wrongful seizure and concluded the transaction in 1949 have false information. They were fully acquainted with the partners of the Z. group holding the other 25 per cent of the capital. This is obvious from the very text of the decision of ... 1961 of the *Rückerstattungskammer* of the Karlsruhe Court of First Instance, in which, among the reasons on page 7, a person belonging to that group, *Wirtschaftsprüferin S.Z.*, is named.

And yet in their declaration, the other partners referred to "relatives living in the East Zone, without known addresses", instead of giving at least the name Z with which they were perfectly

1. Les requérants sont pour 1/3 les héritiers légaux de Monsieur F. Z. qui est décédé en 1938 sans enfants et qui avait été le seul héritier de son épouse T. Z. M. F. Z. était, avec 25% des parts, commanditaire dans la société en commandite "F.T.K.G. Karlsruhe Baden", qui avait pour objet la gestion d'une imprimerie et édition de la "... Presse". L'entreprise fut accaparée en 1934 par le parti national-socialiste et fut mise dans les mains d'un éditeur nommé H.

Conformément à la loi militaire sur les restitutions (*Rückerstattungsgesetz, R.E.G.*), Zone américaine, la demande de restitution à la société a été formulée en 1948 au nom de tous les associés, y compris les requérants, qui y figuraient sous la dénomination anonyme: *Parents dans la zone de l'Est, sans adresses connues*. La spoliation au préjudice de la société fut admise et le droit à restitution reconnu.

Les associés dans les mains desquels se trouvaient 75% du capital de la société, ont alors conclu une transaction avec les propriétaires actuels de l'imprimerie, le "... druck", M. H. éditeur, et le ... verlag Karlsruhe. Cette transaction, conclue *par* 75% des anciens associés pour la totalité du capital de la société, a été homologuée par ordonnance de la Wiedergutmachungskammer I près le Tribunal de Grande Instance de Karlsruhe datée du ... 1949. Elle peut être considérée (d'après l'art. 15 R.E.G. alinéa 3 ajouté par loi du 3.7.1950) dans ses effets comme une *décision* des autorités compétentes pour la restitution des biens spoliés.

Toutefois, cette transaction a été conclue sans le concours des détenteurs des autres 25% des parts du capital social, lesquels n'étaient ni avertis de la procédure, ni représentés lors de la tranaction. Les droits élémentaires des requérants ont ainsi été violés.

2. Malgré toutes les démarches entreprises depuis 1957, les requérants n'ont pas réussi à entrer en possession de leur propriété dont ils été spoliés en la personne de leur *de cujus*, M.F.Z. Ils n'ont non plus obtenu l'application de la transaction conclue en 1949 sans leur participation à leur égard.

Il y a violation de la loi pour plusieurs raisons:

(a) Les associés réunissant 75% des parts de la société qui ont déclaré la spoliation et qui ont conclu la transaction en 1949, ont fait de fausses indications. Ils connaissaient parfaitement les associés du groupe Z représentant les autres 25% des parts. La preuve en est fournie par le texte même du jugement de la Rückerstattungskammer du tribunal de Grande Instance de Karlsruhe du ... 1961 où on nomme dans les motifs page 7 une personne appartenant à ce groupe, la *Wirtschaftsprüferin S.Z.*

Et pourtant les autres associés ont fait état dans leur déclaration de "parents habitant la zone de l'Est, sans adresses connues", au lieu d'indiquer au moins le nom de Z qu'ils connaissaient bien. Ils familiar. Moreover, they concluded the transaction in 1949 in respect of the whole share capital without mentioning the Z. group or entering any reservation in its favour. The Leipzig domicile of the group's representatives was known to them and the group's representatives could have been notified. In bad faith, they did nothing in this connection and gave inadequate, even false, information. They were therefore liable to the penalties (imprisonment and fine) prescribed in Section 75, paragraph 1 (b) of the Restitution Law.

Instead of prosecuting them, the authorities and courts responsible for settling the restitution of wrongfully seized property endorsed their attitude and disregarded the claims of the Applicants.

(b) The department responsible for protecting the interests of persons wrongfully deprived of property (*Amt für gesperrte Vermögen des Landes Baden*) failed to represent the claims of the absent partners, nor did it enter any reservations on the Applicants' behalf. On the contrary; it took part in the second wrongful seizure of which they were victims, through the 1949 transaction. In fact, the Applicants should have been notified in accordance with Section 61 of the Restitution Law.

Furthermore, a trustee should have been appointed for the absent partners, for example Mr. S., a Karlsruhe lawyer who was known to be defending the interests of the Z. group.

Also, recourse should have been had to the Jewish Restitution Successor Organisation (JRSO), set up in the United States as a *Nachfolgeorganisation* for the purpose of taking possession of property belonging to Jews whose whereabouts were for the time being unknown.

Nor was any entry made on the Applicant's behalf in the real estate register.

It can be seen that a whole series of illegalities were committed in order to oust the Applicants from their rights of ownership. Section 9 of the Restitution Law was infringed. The Applicants therefore consider that the 1949 transaction, in which they took no part, does not dispose of their entitlement to compensation. The transaction cannot be invoked against them. Nevertheless, they are prepared to conclude a transaction on the same terms. The partners who concluded the transaction in 1949 received 39 per cent of the capital instead of 75 per cent. The Applicants would therefore receive 13 per cent instead of the 25 per cent which they represented. Only by including the Applicants as well could the 1949 transaction become legal and valid.

3. The provisions of the Convention have been infringed in several respects:

(a) According to Article 6 of the Convention, everyone is entitled ont en outre conclu la transaction de 1949 pour la totalité du capital social sans mentionner le groupe Z et sans aucune réserve en sa faveur. Le domicile des représentants de ce groupe à Leipzig leur était connu et ceux-ci auraient pu être avertis. De mauvaise foi, ils n'ont rien fait à ce sujet et ont donné des indications insuffisantes voire fausses. Ils étaient par conséquent passibles des peines prévues à l'article 75 (1 b) de la loi R.E.G. (peine de prison et amende).

Au lieu de les poursuivre, les autorités et tribunaux compétents pour le règlement de la restitution des biens spoliés ont entériné leur attitude et ont ignoré les droits des requérants.

(b) Le Service compétent (*Amt für gesperrte Vermögen des Landes Baden*) pour la sauvegarde des intérêts des personnes spoliées n'a pas fait valoir les droits des absents, ni fait de réserves en faveur des requérants. Au contraire, il a participé à la deuxième spoliation dont ils ont fait l'objet par la transaction de 1949. Or, les requérants en auraient dû être avertis en vertu de l'article 61 R E G.

En outre un curateur pour les absents aurait dû être nommé, p. ex. en la personne de l'avocat S à Karlsruhe, qui était connu pour défendre les intérêts du groupe Z.

Enfin, il aurait dû être fait appel à un organisme qui a été créé aux Etats-Unis sous le nom de "J R S O" (Jewish Restitution Successor Organisation) comme *Nachfolgeorganisation*, et dont le but était d'entrer en possession de valeurs appartenant à des juifs qui étaient momentanément introuvables.

Une inscription dans le livre foncier en faveur des requérants n'a pas davantage eu lieu.

On voit que toute une série d'illégalités ont été commises pour éliminer les requérants de leurs droits de propriété. L'article 9 de la loi R E G a été violé. Les requérants estiment donc que la transaction de 1949 à laquelle ils n'ont pas pris part, n'épuise pas leur droits à réparation. La transaction leur est inopposable. Toutefois ils sont prêts à conclure une transaction aux mêmes conditions. Les associés ayant conclu la transaction en 1949 ont reçu 39% au lieu de 75% du capital. Les requérants auraient donc à recevoir 13% au lieu des 25% qu'ils représentent. C'est seulement en englobant aussi les requérants que la transaction de 1949 pourrait devenir légale et valable.

3. Les principes de la Convention ont été violés à plusieurs points de vue:

(a) D'après l'article 6 de la Convention toute personne a droit to a hearing *within a reasonable time*. Although the authorities had known of the Applicants' existence since 1948, they ignored them until 1957, when the Applicants themselves took the matter to the courts. Until then the authorities had not given any consideration to their interests, even though, under Article 61 of the Restitution Law, they had a duty to protect their interests. Not until 1961 did the Karlsruhe Court of First Instance finally give a decision by which it rejected the Applicants' claim.

(b) Under Article 1 of the Protocol to the Convention, every person is entitled to the *peaceful enjoyment of his possessions* and no one may be *deprived of his possessions* except in the public interest and subject to the conditions provided for by law and by the general principles of international law.

The Applicants were wrongfully deprived of their property both in 1934, by the Nazi regime, and in 1949, by the authorities responsible for the restitution of wrongfully seized property, as a result of the transaction approved by the judicial authorities (order of ... 1949 of the Wiedergutmachungskammer I of the Karlsruhe Court of First Instance by which the transaction, debarring the Applicants from their shares representing 25 per cent of the share capital, acquired the force of a judicial decision).

(c) Article 14 of the Convention provides for the enjoyment of rights *without discrimination* on any ground such as race, religion and property.

The Applicants were deprived of their property by the responsible authorities, while the same authorities caused the *other* partners of the "F.T. K.G. Karlsruhe/Baden" company to be compensated. Such discrimination is inadmissible.

(d) Article 7, paragraph 2, of the Convention refers to the principle of the punishment of any person for any criminal act or omission.

This penalty is also prescribed by Section 75 of the Restitution Law.

Despite this text, the partners who immediately claimed restitution of the wrongfully seized property and gave, in this connection, false and misleading information were not punished. It should be noted that, by stating that there were still "relatives in the East Zone" without specifying who the relatives were when they were in a position to do so, they rendered themselves guilty of an offence.

Moreover, the responsible authorities failed to enter the necessary reservations and did not even try to find out who were the persons referred to in such vague terms.

(e) Article 6 of the Convention entitles everyone to a hearing by an *impartial* tribunal.

à ce que sa cause soit entendue *dans un délai raisonnable*. Bien que leur existence ait été connue des autorités dès 1948, celles-ci ont ignoré les requérants jusqu'en 1957, moment où ils ont eux-mêmes saisi les tribunaux. Jusque là leurs intérêts n'ont pas été pris en considération par les autorités qui devaient pourtant sauvegarder leurs intérêts d'après l'article 61 R E G. Ce n'est qu'en 1961 qu'enfin le Tribunal de Grande Instance de Karlsruhe a rendu un jugement par lequel il déboutait les requérants.

(b) D'après l'article 1 du Protocole Additionnel à la Convention toute personne a droit au *respect de ses biens* et nul ne peut être *privé de sa propriété* si ce n'est pour cause d'utilité publique et dans les conditions prévues par la loi et les principes généraux du droit international.

Les requérants ont été spoliés de leurs biens aussi bien en 1934 par le régime nazi qu'en 1949 par les autorités responsables de la restitution des biens spoliés, à la suite de la transaction validée par les autorités judiciaires (ordonnance de la Wiedergutmachungskammer I du Tribunal de Grande Instance de Karlsruhe du ... 1949, par laquelle cette transaction a acquis la force d'une décision, transaction qui a exclu les requérants de leurs parts représentant 25% du capital social).

(c) L'article 14 de la Convention prévoit la jouissance des droits *sans aucune distinction* fondée p. ex. sur la race, la religion, la fortune, etc. ...

Les requérants ont été privés par les autorités responsables de leur fortune, tandis que les mêmes autorités ont fait dédommager les *autres* associés de la société "F. T. K. G. Karlsruhe/Baden". Cette différence de traitement est inadmissible.

(d) L'article 7 alinéa 2 de la Convention se réfère au principe de la punition d'une personne coupable d'une action ou d'une omission criminelle.

Cette sanction est prévue également par l'art. 75 R E G.

Malgré ce texte les associés qui ont immédiatement agi pour obtenir la restitution des biens spoliés et qui ont porté à cette occasion des indications fausses et prêtant à la confusion, n'ont pas été sanctionnés. Il est rappelé qu'en indiquant qu'il y avait encore "des parents en zone de l'Est", sans préciser de quelles personnes il s'agissait, alors qu'ils étaient en mesure de le faire, ils se sont rendus coupables d'un délit.

D'autre part, les autorités responsables n'ont pas fait les réserves qui s'imposaient et surtout n'ont pas même essayé d'élucider le point de savoir qui étaient les personnes aussi vaguement désignées.

(e) L'article 6 de la Convention donne à toute personne le droit à ce que sa cause soit examinée par un tribunal *impartial*.

The judicial authorities, however, examined the Applicant's claims in such a way that their impartiality may be doubted.

In the first instance, the courts recognised and registered the transaction concluded in 1949 between a group of former partners (representing 75 per cent of the capital) and the current managers of the business. Thereby they also *recognised wrongful seizure.*

On the other hand, by subsequently dismissing the Applicants' claim, they refused to recognise wrongful seizure in their case. Here is a glaring contradiction which cannot be accounted for in law.

The courts of first and second instance rejected the Applicants' claim by refusing to recognise in their case the wrongful seizure which had been recognised in the case of the T. group.

The final court dismissed their claim *without giving any reasons at all.*

The reasons given by the first two courts show a complete misapprehension of the actual situation.

An impartial court could not have made any differentiation between the claims of the T. group and those of the Z. group.

4. The requirements of Article 26 of the Convention have been satisfied. The present case was the subject of the following decisions:

- Decision (*Beschluss*) of ... *1961* of the Rückerstattungskammer of the Karlsruhe Court of First Instance;
- Judgment of ... *1963* of the Karlsruhe Court of Appeal;
- Judgment of ... *1963* of the *Oberstes Rückerstattungsgericht* (Supreme Restitution Court), 3rd Chamber, at Herford.

The six-month period prescribed by Article 26 of the Convention has been observed: the decision of the Supreme Restitution Court dates from ... 1963 and the Application was lodged by Mr. X. on ... 1963.

THE LAW

Whereas, in the first place, certain facts of the case, including the Applicants' allegation of having been "wrongfully deprived of their property both in 1934, by the Nazi regime, and in 1949, by the authorities responsible for the restitution of wrongfully seized property", predate the entry into force of the Convention for the Protection of Human Rights and Fundamental Freedoms (3rd September 1953) and of the first Protocol thereto (13th February 1957) with respect to the Federal Republic of Germany; whereas to this extent, the Commission is incompetent *ratione temporis* to consider the Application, since, in accordance with the generally recognised rules of international law, the Convention governs, for each Contracting State, only the period subsequent to its entry into force with respect to that State;

Or, les droits des requérants ont été examinés par les autorités judiciaires de manière telle que leur impartialité peut être mise en doute.

Les tribunaux ont d'une part reconnu et enregistré la transaction conclue en 1949 entre un groupe d'anciens associés (75%) et les gérants actuels du fonds. Ils ont par là même *reconnu l'existence de la spoliation.*

Par contre, en les déboutant par la suite de leur demande, ils ont refusé aux requérants de reconnaître la spoliation. Il y a là une contradiction flagrante qui ne trouve pas d'explication en droit.

Les tribunaux de première et deuxième instance ont en effet débouté les requérants, en leur refusant de reconnaître la spoliation admise vis-à-vis du groupe T.

Le tribunal de dernière instance les a déboutés *sans indiquer de motifs du tout.*

Les motifs indiqués par les 2 premières instances prouvent une méconnaissance totale de la situation réelle.

Une juridiction impartiale ne pouvait faire une discrimination entre les droits du groupe T et ceux du groupe Z.

4. Les conditions de l'article 26 de la Convention sont remplies. La présente affaire a été l'objet des décisions suivantes:

- Décision (*Beschluss*) de la Rückerstattungskammer du Tribunal de Grande Instance de Karlsruhe du ... 1961;
- Arrêt de la Cour d'Appel de Karlsruhe du ... 1963;
- Arrêt du *Oberstes Rückerstattungsgericht,* (Supreme Restitution Court) 3ème Chambre, à Herford du ... 1963.

Le délai de six mois prescrit par l'article 26 de la Convention a été respecté, la décision de la Cour Suprême des Restitutions date du ... 1963 et la requête a été introduite par M. X en date du ... 1963.

EN DROIT

Considérant tout d'abord que certains faits de la cause, y compris l'allégation des requérants d'avoir été "spoliés de leurs biens aussi bien en 1934 par le régime nazi qu'en 1949 par les autorités responsables de la restitution des biens spoliés", remontent à une époque antérieure à l'entrée en vigueur de la Convention de Sauvegarde des Droits de l'Homme et des Libertés fondamentales (3 septembre 1953) et du premier Protocole additionnel (13 février 1957) à l'égard de la République Fédérale d'Allemagne; que, dans cette mesure, l'examen de la requête échappe à la compétence *ratione temporis* de la Commission, car ladite Convention, selon les principes de droit international généralement reconnus, ne régit, pour un Etat contractant déterminé, que la période postérieure à son entrée en vigueur à l'égard de cet Etat;

Whereas, also, examination of the alleged acts and omissions of the Court of Appeal and of the Supreme Restitution Court is outside the comptence of the Commission, and whereas the Commission refers on this point to its previous practice [see the decision of 10th June 1958 on the admissibility of Application No. 235/56, Yearbook II, pages 256 *et seq.*];

Whereas the Commission recalls that the Supreme Restitution Court is an international tribunal, is not a court within the jurisdiction of the Federal Republic of Germany nor subject to its sovereign power or control; whereas, accordingly, the Commission has decided that the Federal Republic of Germany is not responsible in law for the alleged acts or omissions of the Supreme Restitution Court;

Whereas, in so far as the Court of Appeal is concerned, the Commission likewise considers that the Federal Republic of Germany is not responsible in law for any defective decision of that court; whereas a decision of that court is in the present circumstances regarded as absorbed by the higher decision of the Supreme Restitution Court, whose decisions are not subject to examination by the Commission under the Convention;

Whereas it follows that the Commission is incompetent *ratione personae* to deal with the alleged breaches of the Convention by the aforesaid courts; whereas therefore the Application is, on this point, incompatible with the provisions of the Convention [Article 27 (2)];

Now therefore,

DECLARES THE APPLICATION TO BE INADMISSIBLE.

. . .

Application No. 2332/64

X AND Y *against* BELGIUM

Decision of 7th October 1966

. . . (*Translation*)

THE FACTS

Whereas the facts of the case may be summarised as follows:

The Applicants are husband and wife; the husband is a Belgian citizen, the wife is French. They live at Leeuw-St. Pierre and are among the signatories of Application No. 2333/64, lodged by a group of inhabitants of that place. There are three children of their marriage, Patricia, Béatrice and Georges.

Considérant enfin que l'examen des actes et des omissions allégués de la Cour d'Appel et de la Cour Suprême des Restitutions, échappe à la compétence de la Commission et que la Commission se réfère, sur ce point, à sa jurisprudence (cf. la décision du 10 juin 1958 sur la recevabilité de la requête N° 235/56, Annuaire II, p. 257);

Que la Commission rappelle que la Cour Suprême des Restitutions est un tribunal international qui ne relève ni de la juridiction, ni des pouvoirs et du contrôle souverains de la République Fédérale d'Allemagne; qu'en conséquence, la Commission a décidé que la République Fédérale d'Allemagne n'est pas responsable en droit des actes ou des omissions allégués de la Cour Suprême des Restitutions;

Qu'en ce qui concerne, d'autre part, la Cour d'Appel, la Commission estime de même que la République Fédérale d'Allemagne n'est pas responsable en droit d'une décision fautive éventuelle de cette juridiction; qu'une décision de cette juridiction est en l'occurrence considérée comme couverte par la décision au ressort supérieur de la Cour Suprême des Restitutions, dont les arrêts ne peuvent, aux termes de la Convention, être mis en cause par la Commission;

Qu'il s'ensuit que la Commission n'a pas compétence, *ratione personae*, pour connaître des violations de la Convention imputées aux juridictions susmentionnées; que la requête est donc, sur ce point, incompatible avec les dispositions de la Convention (article 27 § 2).

Par ces motifs,

DECLARE LA REQUETE IRRECEVABLE.

...

Requête No. 2332/64

X ET Y *contre* LA BELGIQUE

Décision du 7 octobre 1966

...

EN FAIT

Considérant que les faits de la cause peuvent se résumer ainsi:

Le requérant, ressortissant belge, est l'époux de la requérante qui possède la nationalité française; ils ont leur domicile à Leeuw-St. Pierre et comptent parmi les signataires de la requête N° 2333/64, introduite par un groupe d'habitants de cette localité. De leur union sont issus trois enfants, Patricia, Béatrice et Georges.

Originally the Application had a third signatory, viz. Mr. K., the father of the Applicants' wife and likewise a French national (of Algerian origin). But Mr. K. died at Nanterre (France) in March 1965. However, his daughter and son-in-law say that they maintain his petition to the Commission.

In the evening of ... 1963, Jeanne B. born in 1951, was out shopping for her mother, one of the Applicants, when she was knocked down by a car at the side of the Chaussée de Mons. She died a few hours later in hospital without seeing the Applicants again.

The Applicants took proceedings against the driver of the car, C. a butcher from Ruisbroek.

On ... 1964, the 24th Chamber of the Correctional Court of Brussels found C. wholly responsible for the accident, and sentenced him to three months' imprisonment, with enforcement suspended, imposed on him a fine of 6,000 Belgian francs (or one month's additional imprisonment), prohibited him from driving a motor vehicle for six months, and ordered him to pay damages totalling 266,850 Belgian francs (131,850 to the mother, 75,000 to her husband, and 30,000 to each of the victim's half-sisters). It refused to award any damages to the Applicants' son because he had been born (... 1963) after the death of Jeanne B.

Appeals were lodged by the Applicants, the Prosecution (*Ministère public*) and C.

On ... 1964, the 15th Chamber of the Brussels Court of Appeal increased the term of additional imprisonment by two months, but shortened the driving ban by four months and reduced the damages to 205,118 Belgian francs (115,118 to the mother, 40,000 to her husband, and 25,000 to each of their daughters); it confirmed the judgment *a quo* as to the remainder.

The Applicants contemplated appealing from this decision, but refrained on the advice of Maître F., Barrister at the Court of Cassation.

Whereas the complaints of the Applicants may be summarised as follows:

X and Y protest strongly against the excessive leniency with which they consider C to have been treated. They claim that C's morals are not unimpeachable and that this was not his first offence. Neither by word nor by deed, they say, did he express any regret for what he had done; quite the contrary, he put on a display of arrogant indifference. He is alleged to have tried to move Jeanne B's shopping bag immediately after the accident but to have been stopped by a policeman in plain clothes. Evidence about this is said to have been given by a witness, a Mr. M. at the preliminary investigation. The Applicants reproach the trial Court and the Court of Appeal with not having summoned this witness to the hearing.

Sous sa forme initiale, la requête portait une troisième signature, celle de M. K, père de la requérante et lui aussi Français (d'origine algérienne), mais M. K est décédé en mars 1965 à Nanterre (France). Sa fille et son gendre déclarent toutefois maintenir la demande dont il avait saisi la Commission.

Dans la soirée du ... 1963, la petite Jeanne B, née en 1951, faisait des courses pour sa mère, la requérante, lorsqu'une voiture la renversa sur l'accotement de la Chaussée de Mons; elle mourut quelques heures plus tard à l'hôpital sans avoir revu les requérants.

Ces derniers assignèrent en justice l'auteur de l'accident, un certain C, boucher à Ruisbroek.

Le ... 1964, la 24ème Chambre du Tribunal Correctionnel de Bruxelles condamna C, reconnu intégralement responsable, à trois mois d'emprisonnement avec sursis, à 6000 FB d'amende (ou un mois d'emprisonnement subsidiaire), à six mois d'interdiction de conduire un véhicule automobile et à 266.850 FB de dommages-intérêts, soit 131.850 FB pour la requérante, 75.000 FB pour le requérant et 30.000 FB pour chacune des demi-soeurs de la victime. Elle refusa en revanche d'allouer une indemnité au fils des requérants pour le motif qu'il était né après la disparition de Jeanne B (le ... 1963).

Les requérants, le Ministère public et C interjetèrent appel.

Le ... 1964, la 15ème Chambre de la Cour d'Appel de Bruxelles augmenta de deux mois la durée de l'emprisonnement subidiaire mais diminua de quatre celle de l'interdiction infligée à C et ramena le montant des dommages-intérêts à 205.118 FB (115.118 FB pour la requérante, 40.000 FB pour le requérant et 25.000 FB pour chacune de leurs deux filles); elle confirma le jugement *a quo* pour le surplus.

Les requérants envisagèrent de se pourvoir contre cet arrêt; ils y renoncèrent cependant sur le conseil de Me F., avocat à la Cour de Cassation.

Considérant que les griefs des requérants peuvent se résumer ainsi:

X et Y s'élèvent avec force contre l'indulgence excessive dont a bénéficié, d'après eux, C. Celui-ci, dont la moralité laisserait à désirer et qui n'en serait pas à sa première infraction, n'aurait eu ni un mot ni un geste de regret pour son acte; bien au contraire, il aurait affiché une indifférence arrogante. Aussitôt après l'accident, il aurait essayé de déplacer le sac à provisions de Jeanne B, mais un gendarme en civil l'en aurait empêché. Un témoin, le sieur M, aurait déposé à ce sujet pendant l'instruction préparatoire; les requérants reprochent au Tribunal et à la Cour de ne pas l'avoir cité à l'audience.

Furthermore, the Applicants regard the damages awarded them as inadequate. They point out that the loss of Jeanne B. has caused them deep and lasting grief and has affected their health. They maintain that the shock to the wife, who was pregnant at the time, may upset the nervous system of their son Georges, who is in any event said to have something wrong with his heart.

Lastly, the Applicants complain that, despite their repeated requests for the use of French, the proceedings were held in Flemish both at the trial and at the appeal stage. This, they hold, prevented them from following the hearings directly.

Whereas X and Y who rely on no particular article of the Convention, claim 4 million Belgian francs in damages (one million for the wife, one million for the husband, 250,000 for each of their three children and 250,000 for the late Mr. K.)

Whereas the Applicants lay great stress on the tokens of sympathy which they have received in Belgium and France; whereas hundreds of Belgians have expressed strong indignation at C and the shortcomings of the authorities (the Chaussée de Mons has or had no pavements), mainly through petitions in French or Flemish; whereas this public feeling has led to the creation of a non-profit-making association of which Mr. X., the Applicant, is national vice-president ("*Association de parents pour la protection des enfants sur les routes*");

THE LAW

As to the Applicant's complaints concerning the language used

Whereas the Applicants complain that the disputed proceedings were held in Flemish and not in French, despite their repeated requests;

Whereas the right thus invoked does not appear as such among those guaranteed by the Convention for the Protection of Human Rights and Fundamental Freedoms and the first Protocol thereto;

Whereas none of the articles of these two instruments expressly provides for "linguistic freedom"; whereas the only clauses of the Convention which deal with the use of languages, Articles 5 (2) and 6 (3) (a) and (e), are limited in scope and are not relevant to the present case, since the Applicants have not been arrested or charged with a criminal offence;

Whereas, in this respect, the Commission refers *inter alia* to its decisions on the admissibility of Applications Nos. 808/60 (Isop v. Austria, Yearbook V, p. 122), 1474/62 (inhabitants of Alsemberg and Beersel v. Belgium, Yearbook VI, pp. 340 and 342), 2145/64 (X v. Belgium, Collection No. 18 p. 17) and 2333/64 (inhabitants of Leeuw-St. Pierre v. Belgium, Collection No. 17, pp. 71–73);

En outre, les requérants estiment insuffisante la réparation pécuniaire qu'ils ont obtenue. Ils soulignent que la perte de Jeanne B leur a causé une souffrance profonde et durable et que leur santé s'en trouve altérée. A leurs yeux, le choc subi par la requérante, qui était enceinte à l'époque, risque d'entraîner des répercussions sur l'équilibre nerveux de leur fils Georges. Ce dernier aurait en tout cas quelque chose au coeur.

Les requérants se plaignent enfin de ce que malgré leurs demandes réitérées tendant à l'emploi du français, la procédure s'est déroulée en flamand tant en première instance qu'en appel, ce qui les aurait mis dans l'impossibilité de suivre directement les débats.

Considérant que X et Y, qui n'invoquent aucun article particulier de la Convention, réclament 4.000.000 FB de dommages-intérêts (1.000.000 pour la requérante, 1.000.000 pour le requérant, 250.000 pour chacun de leurs trois enfants et 250.000 pour feu M. K);

Considérant que les requérants insistent beaucoup sur les manifestations de sympathie dont ils ont été l'objet en Belgique et en France; que des centaines de Belges ont exprimé une vive indignation contre C et contre la carence des autorités (la Chaussée de Mons est ou était dépourvue de trottoirs), notamment au moyen de pétitions rédigées en français ou en flamand, selon le cas; que ce mouvement d'opinion a abouti à la création d'une association sans but lucratif, dont le requérant est le Vice-Président national ("Association de parents pour la protection des enfants sur les routes");

EN DROIT

Sur les griefs d'ordre linguistique des requérants

Considérant que les requérants se plaignent de ce que la procédure litigieuse s'est déroulée en flamand et non en français, malgré leurs demandes réitérées;

Que le droit ainsi invoqué ne figure point, par lui-même, au nombre de ceux que garantissent la Convention de Sauvegarde des Droits de l'Homme et des Libertés fondamentales et le premier Protocole additionnel;

Qu'en effet, aucun article de ces deux instruments ne consacre expressément la "liberté linguistique"; que les seules clauses de la Convention qui traitent de l'emploi des langues, l'article 5 § 2 et l'article 6 § 3 a) et e), ont une portée restreinte et sont étrangères au cas d'espèce car les requérants n'ont fait l'objet ni d'une arrestation ni d'une accusation pénale;

Que la Commission se réfère à cet égard, entre autres, à ses décisions sur la recevabilité des requêtes n° 808/60 (Isop c/Autriche, Annuaire V, p. 123), n° 1474/62 (habitants d'Alsemberg et de Beersel c/Belgique, Annuaire VI, pp. 341–343), n° 2145/64 (X c/Belgique, Recueil n° 18, p. 17) et n° 2333/64 (habitants de Leeuw-St. Pierre c/Belgique, Recueil n° 17, pp. 71–73);

Whereas the Application is therefore incompatible with the provisions of the Convention within the meaning of Article 27 (2), in so far as it claims the above-mentioned right as such;

Whereas it is nevertheless conceivable that violation of that right may, in certain cases, result in indirect violation of one of the rights and freedoms defined in the Convention and First Protocol, especially the right of everyone "to a fair hearing (...) by a tribunal (...) in the determination", as in the present case, "of his civil rights and obligations" (Article 6 (1) of the Convention); whereas, however, the Commission discovers no sign of such a violation in the present case; whereas it should be noted that the Correctional Court and the Court of Appeal of Brussels followed the Belgian law on the use of languages in judicial matters, since the accused, was Dutch-speaking; whereas, moreover, the Applicants had the services of a bilingual barrister (see the decision on the admissibility of Application No. 808/60, Isop v. Austria, Yearbook V, p. 124); whereas it follows that the Application is manifestly ill-founded in this respect (Article 27 (2) of the Convention);

As to the remainder of the Application

Whereas, for the rest, an examination of the file reveals no apparent violation of the rights and freedoms guaranteed by the Convention (including Article 6) and the first Protocol;

Whereas the Commission recalls, in this connexion, that its sole task is to ensure observance of the engagements undertaken by the Contracting States in the Convention (Article 19); whereas, therefore, the Commission may not deal with an individual petition (Article 25) imputing to domestic courts, rightly or wrongly, errors of fact or law, for example with respect to the culpability of an accused or the amount of injury suffered by a plaintiff, save if, and in so far as, it considers that such errors may have resulted in prejudice to the rights and freedoms protected by the Convention (see, among many others, the decision on the admissibility of Application No. 1599/62, Yearbook VI, p. 356); whereas this is not the case in respect of the present Application;

Whereas the admissibility of the remainder of the Application is, consequently, precluded by Article 27 (2) of the Convention;

Now therefore THE COMMISSION

DECLARES THE APPLICATION INADMISSIBLE.

...

Que la requête est donc incompatible avec les dispositions de la Convention, au sens de l'article 27 § 2, pour autant qu'elle revendique le droit susmentionné, envisagé en tant que tel;

Que l'on conçoit néanmoins que la méconnaissance de ce droit puisse, dans certaines hypothèses, aboutir à une violation indirecte de l'un des droits et libertés définis dans la Convention et le premier Protocole additionnel, et spécialement du droit "à ce que sa cause soit entendue équitablement (...) par un tribunal (...) qui décidera (...) des contestations" relatives, comme en l'occurence, à "ses droits et obligations de caractère civil" (article 6 § 1 de la Convention); que la Commission ne découvre cependant aucune trace de pareille violation dans la présente affaire; qu'il échet de constater notamment, que le Tribunal Correctionnel et la Cour d'Appel de Bruxelles ont respecté la loi belge sur l'emploi des langues en matière judiciaire, le prévenu C étant d'expression néerlandaise; qu'en outre et surtout, les requérants ont bénéficié des services d'un avocat bilingue (comp. la décision sur la recevabilité de la requête n° 808/60, Isop c/Autriche, Annuaire V, p. 125); qu'il s'ensuit que la requête est manifestement mal fondée sous ce rapport (article 27 § 2 de la Convention);

Sur les autres aspects de la requête

Considérant pour le surplus, que l'examen du dossier ne permet de dégager aucune apparence de violation des droits et libertés garantis par la Convention (y compris l'article 6), et le premier Protocole additionnel;

Que la Commission rappelle, à cette occasion, qu'elle a pour seule tâche d'assurer le respect des engagements résultant de la Convention pour les Etats Contractants (article 19); qu'elle ne doit, dés lors, retenir une requête individuelle (article 25) reprochant à des juridictions internes, à tort ou à raison, des erreurs de fait ou de droit, par exemple quant à la cupabilité d'un prévenu ou à l'ampleur du préjudice subi par un plaideur, que si et dans la mesure où ces erreurs lui semblent avoir pu entraîner une atteinte aux droits et libertés protégés par la Convention (cf. parmi beaucoup d'autres, la décision sur la recevabilité de la requête n° 1599/62, Annuaire VI, p. 357); que tel n'est pas le cas en l'espèce;

Que la recevabilité du restant de la requête se heurte, par conséquent, à l'article 27 § 2 de la Convention;

Par ces motifs,

DECLARE LA REQUETE IRRECEVABLE.

...

Application No. 2424/65

LOTHAR RAFAEL *against* AUSTRIA

Final decision of 24th May 1966

. . .

THE FACTS

Whereas the facts of the case as presented by the Applicant may be summarised as follows:

The Applicant is an Austrian citizen, born in 1911 and at present living in Vienna. He is represented before the Commission by Dr. Herbert Schaller, a lawyer practising in Vienna.

At the request of the Austrian authorities, he was arrested in Germany on 22nd June 1961 and was detained there pending extradition (*Auslieferungshaft*) until 21st December 1961, when he was extradited to Austria.

Following his extradition, he was held in detention on remand (*Untersuchungshaft*) in Austria. On 31st October and 6th November 1962, he lodged requests for his release (*Haftbeschwerden*) which were rejected on 21st December 1962 by the Judges' Chamber (*Ratskammer*) of the Regional Court for Criminal Cases (*Landesgericht für Strafsachen*) in Vienna. His appeal from that decision was rejected on 19th February 1963 by the Court of Appeal (*Oberlandesgericht*) in Vienna.

In November 1963, the preliminary investigation was completed and the file was transferred to the Public Prosecutor who, on 17th March 1964, issued the indictment (*Anklageschrift*) against the Applicant. In this indictment, he was charged with a number of offences of fraud.

On 9th November 1964, the trial opened before the Regional Court but, on 18th June 1965, the proceedings were adjourned *sine die* pending further investigations by the investigating judge. On the same day, a request by the Applicant for his release was rejected by the Regional Court. On his appeal from that decision, the Court of Appeal decided, however, that the Applicant should be released on parole (*Gelöbnis*) and bail (*Kaution oder Bürgschaft*) to be determined by the Regional Court. In July 1965, the Applicant was released on bail of 20,000 Schillings.

The Applicant made a number of allegations which were directed against the German and Austrian Governments and which mostly concerned his detention and the proceedings against him. He

Requête No. 2424/65

LOTHAR RAFAEL *contre* L'AUTRICHE

Décision finale du 24 Mai 1966

... (*Traduction*)

EN FAIT

Considérant que les faits de la cause, tels qu'ils sont présentés par le requérant, peuvent se résumer ainsi:

Le requérant, ressortissant autrichien, né en 1911, vit actuellement à Vienne. Il est représenté devant la Commission par Me Herbert Schaller, avocat exerçant à Vienne.

A la suite d'une demande d'extradition formulée par les autorités autrichiennes, il fut arrêté en Allemagne le 22 juin 1961 et détenu dans ce pays (*Auslieferungshaft*) jusqu'au 21 décembre 1961, date à laquelle il fut extradé en Autriche.

Après son extradition, il fut placé en détention préventive (*Untersuchungshaft*) en Autriche. Le 31 octobre et le 6 novembre 1962, il présenta des demandes de libération (*Haftbeschwerden*) qui furent rejetées le 21 décembre 1962 par la Chambre du Conseil (*Ratskammer*) du Tribunal criminel régional (*Landesgericht für Strafsachen*) de Vienne. Son recours contre cette décision fut rejeté le 19 février 1963 par la Cour d'Appel (*Oberlandesgericht*) de Vienne.

En novembre 1963, l'instruction préliminaire fut close et le dossier fut transmis au Procureur qui, le 17 mars 1964, inculpa (*Anklageschrift*) le requérant de divers délits d'escroquerie.

Le 9 novembre 1964, le procès du requérant s'ouvrit devant le Tribunal régional mais, le 18 juin 1965, il fut ajourné *sine die* et un supplément d'enquête fut confié au juge d'instruction. Le même jour, une demande de mise en liberté présentée par le requérant fut rejetée par le Tribunal régional. Toutefois, le requérant ayant fait appel de cette décision, la Cour d'appel ordonna la libération sur parole (*Gelöbnis*) du requérant, contre versement d'une caution (*Kaution oder Bürgschaft*) dont le montant devait être fixé par le Tribunal régional. En juillet 1965, le requérant fut mis en liberté contre versement d'une caution de 20.000 Schillings.

Le requérant a formulé plusieurs allégations visant les gouverenments allemand et autrichien et concernant surtout sa détention et la procédure engagée contre lui. Il a invoqué un grand nombre de invoked a great many provisions of the Convention including Articles 5, paragraph (3), and 6, paragraphs (1) and (2).

Proceedings before the Commission

Whereas the proceedings before the Commission may be summarised as follows;

On 17th February 1965, the President of the Commission decided to give precedence to this Application under Rule 38 of the Commission's Rules of Procedure.

On the same day, the Application was examined by a group of three members of the Commission pursuant to Rule 45, paragraph 1, of the Rules of Procedure. The group reported unanimously that the Application appeared admissible in so far as it was directed against Austria and concerned the alleged violations of Articles 5, paragraph (3), and 6, paragraphs (1) and (2), of the Convention. Consequently, the President of the Commission, acting in accordance with Rule 45, paragraph 2, of the Rules of Procedure, gave notice of these parts of the Application to the Austrian Government and invited it to submit its observations in writing on the admissibility.

In its observations submitted on 26th April 1965, the Austrian Government maintained that the Application, in so far as it had been communicated to the Government, was inadmissible as being manifestly ill-founded.

The Applicant's reply to the Austrian Government's observations was submitted on 12th May 1965.

On 1st June 1965, the Commission decided [1]:

(a) to declare the Application inadmissible in regard to the alleged violations of the Convention by the German Government and certain of the alleged violations by the Austrian Government;

(b) to invite the Parties to make oral explanations on the admissibility of those parts of the Application which had already been communicated to the Austrian Government;

(c) to ask the German Government for information as to the Applicant's allegation that, during his detention in Germany, his right to communicate with the Commission had been violated.

As regards the question of interference with the Applicant's correspondence with the Commission, the German Government submitted its comments on 6th August, 1965 and the Commission decided, on 24th September 1965 [1] in the light of these comments, not to take any further action in this regard.

[1] Decisions not published.

dispositions de la Convention, notamment les articles 5, paragraphe (3), et 6 paragraphe (1) et (2).

Procédure devant la Commission

Considérant que la procédure devant la Commission peut se résumer ainsi:

Le 17 février 1965, le Président de la Commission a décidé de traiter cette requête par priorité, conformément à l'article 38 du Règlement intérieur de la Commission.

Le même jour, la requête a été examinée par un groupe de trois membres de la Commission, conformément à l'article 45, paragraphe (1) du Règlement intérieur. Le Groupe a été unanime à estimer que la requête semblait recevable pour autant qu'elle était dirigée contre l'Autriche et qu'elle concernait les violations alléguées des Articles 5, paragraphe (3), et 6, paragraphes (1) et (2), de la Convention. En conséquence, le Président de la Commission agissant conformément à l'article 45, paragraphe (2), du Règlement intérieur, a communiqué ces parties de la requête au Gouvernement autrichien et l'a invité à présenter à la Commission ses observations écrites sur la recevabilité de la requête.

Dans ses observations, présentées le 26 avril 1965, le Gouvernement autrichien a soutenu que la requête, pour autant qu'elle lui avait été communiquée, était irrecevable pour défaut manifeste de fondement.

La réponse du requérant aux observations du Gouvernement autrichien fut présentée le 12 mai 1965.

Le 1er juin 1965, la Commission a décidé [1]:

(a) de déclarer la requête irrecevable en ce qui concerne les violations de la Convention qui auraient été commises par le Gouvernement allemand et certaines des violations qui auraient été commises par le Gouvernement autrichien;
(b) d'inviter les Parties à présenter des explications orales sur la recevabilité des parties de la requête qui avaient déjà été communiquées au Gouvernement autrichien;
(c) de demander au Gouvernement allemand des renseignements sur le grief formulé par le requérant selon lequel, au cours de sa détention en Allemagne, son droit de communiquer avec la Commission aurait été violé.

En ce qui concerne la question de l'ingérence dans la correspondance du requérant avec la Commission, le Gouvernement allemand a communiqué ses observations le 6 août 1965 et la Commission a décidé, le 24 septembre 1965 [1] à la lumière de ces observations, de ne pas donner suite à cette question.

[1] Décision non publiée.

As regards the remaining complaints directed against Austria, an oral hearing was fixed for 12th July 1965. The Applicant informed the Commission that he would be represented by a certain lawyer in Vienna, but on 8th July 1965, the Secretary to the Commission was informed by that lawyer that he would not appear at the hearing and that the Applicant had asked for an adjournment.

On 12th July 1965, the Commission rejected the application for adjournment and the hearing was held in the absence of the Applicant's representative.

During the hearing, the Government's representative objected to certain parts of the Applicant's written submissions in the case which, in the Government's opinion, were insulting and provocative. Without making any specific request, the Government's representative suggested that the Commission should take measures to protect the Republic of Austria against such defamatory remarks as had been made by the Applicant.

In view of the Government's objections, the Commission decided to invite the Applicant to withdraw or amend certain parts of his submissions which the Commission found objectionable.

By letter received on 13th August 1965, the Applicant informed the Commission that he was not willing to withdraw or amend the passages concerned. In view of the contents of this letter, the Commission decided, on 24th September 1965, to state to the Applicant that, unless he informed the Commission within a certain time-limit that he was willing to withdraw or amend the relevant parts of his submissions, the Commission would consider whether or not it should declare the Application to be inadmissible on the ground of its being an abuse of the right of petition within the meaning of Article 27, paragraph (2), of the Convention. In reply, the Applicant informed the Commission, by a letter of 16th October 1965 from his newly-appointed lawyer, Dr. Schaller, that he was prepared to withdraw the passages concerned.

In the meanwhile, the Austrian Government had submitted two letters to the Commission in which it drew the Commission's attention to the language used by the Applicant and to his general attitude to the proceedings before the Commission. Together with his letter of 16th July 1965, the Government's representative submitted a press cutting reproducing certain statements by the Applicant, and the Government's representative suggested that these statements reflected the Applicant's attitude in regard to the proceedings before the Commission. In his subsequent letter of 19th August 1965, the Government's representative stated that certain statements by the Applicant, other than those which he had been invited to withdraw or amend, were also insulting and provocative and that the Government reserved the right to object to these parts

En ce qui concerne le reste des griefs formulés contre l'Autriche, une audience contradictoire fut fixée au 12 juillet 1965. Le requérant informa la Commission qu'il serait représenté par un certain avocat de Vienne mais, le 8 juillet 1965, cet avocat informa le Secrétaire de la Commission qu'il n'assisterait pas à l'audience et que le requérant avait demandé que celle-ci fût ajournée.

Le 12 juillet 1965, la Commission rejeta la demande d'ajournement et l'audience eut lieu en l'absence du représentant du requérant.

Au cours de l'audience, le représentant du Gouvernement protesta contre certaines parties des conclusions présentées par écrit par le requérant, qu'il jugeait de caractère insultant et provocateur. Sans formuler de requête spécifique, le représentant du Gouvernement suggéra que la Commission prît des mesures pour protéger la République d'Autriche contre les remarques diffamatoires qui avaient été formulées par le requérant.

Etant donné la protestation du Gouvernement, la Commission décida d'inviter le requérant à retirer ou à modifier certaines parties de ses conclusions, que la Commission jugeait critiquables.

Par une lettre reçue le 13 août 1965, le requérant informa la Commission qu'il n'acceptait pas de retirer ou de modifier les passages en question. Etant donné le contenu de cette lettre, la Commission décida, le 24 septembre 1965, de faire savoir au requérant qu'à moins qu'il n'informe la Commission, dans un certain délai, qu'il acceptait de retirer ou de modifier les parties visées de ses conclusions, la Commission examinerait la question de savoir si elle devrait déclarer ou non la requête irrecevable comme abusive au sens de l'Article 27, paragraphe (2) de la Convention. En réponse, le requérant informa la Commission, par lettre en date du 16 octobre 1965 de son nouvel avocat, Maître Schaller, qu'il était prêt à retirer les passages en question.

Entretemps, le Gouvernement autrichien avait adressé à la Commission deux lettres dans lesquelles il appelait son attention sur les termes utilisés par le requérant et sur son attitude générale à l'égard de la procédure devant la Commission. Le représentant du Gouvernement avait joint à sa lettre du 16 juillet 1965 une coupure de presse reproduisant certaines déclarations du requérant, et il suggérait que ces déclarations témoignaient de l'attitude du requérant à l'égard de la procédure devant la Commission. Dans une autre lettre du 19 août 1965, le représentant du Gouvernement indiquait que certaines déclarations du requérant, autres que celles qu'il avait été invité à retirer ou à modifier, avaient également un caractère insultant et provocateur et que le Gouvernement se réservait le droit de protester contre ces parties des conclusions du of his pleadings. The Government's representative maintained this position in his letter of 17th November 1965.

On 13th December 1965, the Commission decided that the Applicant's withdrawal of defamatory passages in his pleadings was adequate at that stage of the proceedings but it left open the possibility of requiring the withdrawal of any other passages in the memorials which might appear abusive in the light of a further examination of the case. The Commission also decided to inform the Parties that "the Commission would be prepared to treat the whole Application as abusive in the sense of Article 27, paragraph (2), of the Convention if the Applicant made any further defamatory statements of the kind now withdrawn".

The Parties were informed accordingly by letters of 22nd December 1965.

On 13th December 1965, the Commission also decided to invite the Applicant to submit in writing his reply to the oral submissions made by the Government's representatives at the hearing on 12th July 1965; after receiving this reply, the Commission would consider whether to hold a further oral hearing, as had been requested by the Applicant.

After receiving the Applicant's reply dated 17th January 1966, the Commission decided, on 14th February 1966:

(a) not to grant the Applicant's request for a further oral hearing on the issue of admissibility;

(b) to invite the Austrian Government to submit any observations it might wish to make in reply to the Applicant's submissions of 17th January 1966;

(c) on receipt of these observations to regard the pleadings of the Parties on the issue of admissibility as closed.

The Government's further observations were submitted on 8th April 1966.

On 27th April 1966, the Commission's Secretary received from the Applicant a further pleading of 11th April 1966, signed by himself and not by his lawyer. In this pleading, he referred, *inter alia*, to certain statements made by the representatives of the Austrian Government at the hearing on 12th July 1965 and he commented on these statements in the following manner:

(a) "In reply, I can only state that the gentleman representing the Government has either no idea of the contents of the files or he *deliberately misinforms* the High Commission of Human Rights in order to disguise the real legal situation in requérant. Le représentant du Gouvernement maintint sa position dans une lettre du 17 novembre 1965.

Le 13 décembre 1965, la Commission décida que le retrait par le requérant des passages diffamatoires de son argumentation était suffisant à ce stade de la procédure, sans toutefois exclure la possibilité de demander le retrait de tout autre passage des mémoires qui pourrait apparaître abusif à la lumière d'un nouvel examen de l'affaire. La Commission décida également d'informer les Parties que "la Commission était prête à déclarer la requête toute entière abusive au sens de l'article 27, paragraphe (2), de la Convention, si le requérant faisait d'autres déclarations diffamatoires analogues à celles qu'il venait de retirer".

Cette décision fut portée à la connaissance des Parties par lettre du 22 décembre 1965.

Le 13 décembre 1965, la Commission décida également d'inviter le requérant à présenter par écrit sa réponse aux conclusions présentées oralement par les représentants du Gouvernement lors de l'audience du 12 juillet 1965; après avoir reçu sa réponse, la Commission examinerait la question de savoir s'il y avait lieu de tenir une autre audience contradictoire, comme l'avait demandé le requérant.

Après avoir reçu la réponse du requérant, en date du 17 janvier 1966, la Commission décida, le 14 février 1966:

(a) de ne pas accéder à la demande par laquelle le requérant sollicitait une nouvelle audience contradictoire sur le point de la recevabilité;
(b) d'inviter le Gouvernement autrichien à présenter les observations qu'il désirerait éventuellement formuler en réponse aux arguments présentés par le requérant le 17 janvier 1966;
(c) de considérer comme close, au reçu de ces observations, les plaidoiries des Parties concernant le problème de la recevabilité.

Les nouvelles observations du Gouvernement ont été présentées le 8 avril 1966.

Le 27 avril 1966, le Secrétaire de la Commission a reçu du requérant un nouveau mémoire, en date du 11 avril 1966, signé par lui-même et non par son avocat. Dans ce mémoire, il évoquait notamment certaines déclarations faites par les représentants du Gouvernement autrichien au cours de l'audience du 12 juillet 1965 et il commentait ces déclarations en ces termes:

(a) "Tout ce que j'ai à répondre, c'est que M. le Représentant du Gouvernement n'a aucune notion de ce que contient le dossier ou qu'il donne volontairement de *faux renseignements* à la Haute Commission des Droits de l'Homme, afin

Austria" ("*Ich habe daraufhin nur zu erwidern, dass der Herr Behördenvertreter entweder keine Ahnung von der Aktenlage hat, oder dass er die Hohe Menschenrechtskommission bewusst falsch unterrichtet um die wahren Rechtsverhältnisse in Österreich zu verschleiern*").

(b) "When, on page 17 of the verbatim record, the gentleman representing the Government speaks of contempt of court, I am quite willing to agree with his statement, but this only relates to the conduct of the Government representatives and not at all to my own conduct, since I would never dare *to misinform* such a high institution as the High Council of Europe" ("*Wenn der Herr Behördenvertreter auf Seite 17 des Verhandlungsprotokolles von einem Contempt of Court spricht, dann stimme ich auch dieser Ausführung vollinhaltlich bei, nur liegt diese Tatsache auf Seite der Behördenvertreter und keinesfalls auf meiner Seite, da ich es niemals wagen würde, ein so Hohes Forum wie einen Hohen Europarat, falsch zu unterrichten*").

THE LAW

Whereas Article 27, paragraph (2), of the Convention provides that "the Commission shall consider inadmissible any petition submitted under Article 25 which it considers an abuse of the right of petition";

whereas, in the present case, the Applicant's pleadings which had been submitted before the oral hearing on 12th July 1965 contained a number of passages which were provocative and insulting to the Austrian Government; whereas, therefore, the Commission invited the Applicant to withdraw or amend these passages; whereas the Commission also informed him that, unless he withdraw or amended these passages, the Commission would consider whether or not it should declare the Application to be inadmissible on the ground of being an abuse of the right of petition within the meaning of Article 27, paragraph (2), of the Convention;

whereas, on 13th December 1965, after the Applicant had withdrawn his previous defamatory submissions, the Commission decided to inform the Parties that it would be prepared to treat the whole Application as an abuse of the right of petition within the meaning of Article 27, paragraph (2), if the Applicant made any further defamatory statements of the same character; whereas the Parties were informed of this decision by letters of 22nd December 1965;

whereas, in spite of this clear warning the Applicant, in his pleading of 11th April 1966, made the statements which are quoted de dissimuler la situation juridique réelle en Autriche". ("*Ich habe daraufhin nur zu erwidern, dass der Herr Behördenvertreter entweder keine Ahnung von der Aktenlage hat, oder dass er die Hohe Menschenrechtskommission bewusst falsch unterrichtet um die wahren Rechtsverhältnisse in Österreich zu verschleiern*").

(b) "Lorsque, à la page 17 du compte rendu analytique, M. le Représentant du Gouvernement parle d'outrage à la Commission, je suis tout à fait d'accord avec lui, et cette expression s'applique uniquement au comportement des représentants du Gouvernement et pas du tout au mien, car je ne me permettrais jamais de donner de *faux renseignements* à une juridiction aussi importante que le Haut Conseil de l'Europe" ("*Wenn der Herr Behördenvertreter auf Seite 17 des Verhandlungsprotokolles von einem Contempt of Court spricht, dann stimme ich auch dieser Ausführung vollinhaltlich bei, nur liegt diese Tatsache auf Seite der Behördenvertreter und keinesfalls auf meiner Seite, da ich es niemals wagen würde, ein so Hohes Forum wie einen Hohen Europarat, falsch zu unterrichten*").

EN DROIT

Considérant que l'article 27, paragraphe (2) de la Convention stipule que "la Commission déclare irrecevable toute requête introduite par application de l'article 25 lorsqu'elle estime la requête abusive";

qu'en l'espèce, les conclusions présentées par le requérant avant l'audience contradictoire du 12 juillet 1965 contenaient plusieurs passages qui avaient un caractère provocateur et insultant à l'égard du Gouvernement autrichien; que la Commission a invité en conséquence le requérant à retirer ou à modifier ces passages; que la Commission l'a également informé qu'à moins qu'il retire ou modifie ces passages, la Commission examinerait la question de savoir si elle devrait ou non déclarer la requête irrecevable comme étant abusive au sens de l'article 27, paragraphe (2) de la Convention;

que, le 13 décembre 1965, après le retrait par le requérant de ces déclarations diffamatoires antérieures, la Commission a décidé d'informer les Parties qu'elle estimerait la requête toute entière abusive au sens de l'article 27, paragraphe (2), si le requérant faisait d'autres déclarations diffamatoires de même nature; que les Parties ont été informées par lettre de cette décision le 22 décembre 1965;

que, malgré cette nette mise en garde, le requérant, dans son mémoire du 11 avril 1966, a fait les déclarations précitées que la Commis-above and which the Commission considers clearly defamatory in regard to the Austrian Government; whereas the Commission observes, in particular, that the Applicant's remarks are directed against persons who represent the Government in the present proceedings before the Commission and who should enjoy a special protection against defamatory statements concerning the manner in which they exercise these functions;

whereas, consequently, the Commission finds that the Applicant has abused the right of petition and decides, in so far as the Application has not been finally dealt with in the Commission's partial decisions of 1st June and 24th September 1965 and without further examining the substance of the case, to declare the Application inadmissible according to Article 27, paragraph (2), of the Convention.

Now therefore the Commission, having regard to its partial decisions of 1st June and 24th September 1965,

DECLARES THE REMAINING PARTS OF THE APPLICATION INADMISSIBLE

...

Application No. 2516/65

X *against* THE FEDERAL REPUBLIC OF GERMANY

Decision of 23rd May 1966

...

THE FACTS

Whereas the facts presented by the Applicant may be summarised as follows:

The Applicant, a German citizen, is at present detained in prison at Bielefeld. From his lengthy statements and the numerous documents submitted by him, the facts of his case appear as follows:

The Applicant was born in 1915 near Magdeburg and grew up in Germany until his parents moved to Poland about 1930. Later he served both in the Polish Army (1937–1939) and in the German Navy (1944–1945). After the war the Applicant remained in Germany and, in 1962, he married Y.

In 1964, the Applicant's wife instituted divorce proceedings and, on ... April, a hearing of the parties took place before the Regional Court (*Landgericht*) of Bielefeld. After the hearing the Applicant left sion juge clairement diffamatoires à l'égard du Gouvernement autrichien; que la Commission constate, en particulier, que les remarques du requérant sont dirigées contre des personnes qui représentent le Gouvernement dans la procédure actuelle devant la Commission et qui doivent jouir d'une protection particulière contre les déclarations diffamatoires concernant la façon dont elles s'acquittent de ces fonctions;

que, par conséquent, la Commission estime que le requérant a abusé de son droit de recours et décide, pour autant que la requête n'a pas fait l'objet d'une décision finale dans les décisions partielles de la Commission du 1er juin et du 24 septembre 1965 et sans examiner davantage le fond de l'affaire, de déclarer la requête irrecevable aux termes de l'article 27, paragraphe (2) de la Convention.

Par ces motifs, vu ses décisions partielles du 1er juin et du 24 septembre 1965,

DECLARE LE RESTANT DE LA REQUETE IRRECEVABLE.

Requête No. 2516/65

X *contre* LA REPUBLIQUE FEDERALE D'ALLEMAGNE

Décision du 23 mai 1966

(*Traduction*)

...

EN FAIT

Considérant que les faits présentés par le requérant peuvent se résumer comme suit:

Le requérant, ressortissant allemand, est actuellement détenu à la prison de Bielefeld. Les faits de la cause, tels qu'ils ressortent des longues déclarations du requérant et des nombreux documents présentés par lui, sont les suivants:

Le requérant est né en 1915 près de Magdebourg et a vécu en Allemagne jusqu'au moment de l'installation de ses parents en Pologne vers 1930. Plus tard, il a servi successivement dans l'armée polonaise, de 1937 à 1939, et dans la marine allemande de 1944 à 1945. Après la guerre, le requérant est resté en Allemagne, en 1962 il a épousé Y.

En 1964, la femme du requérant a intenté une action en divorce et, le ... avril, une audience contradictoire eut lieu devant le Tribunal régional (*Landgericht*) de Bielefeld. A l'issue de cette audience, the Court together with his wife and, on the street, he hit her on the head and she fell on the pavement. He then stabbed her with a paper knife and wounded her with some 18 stabs in the head, neck, shoulder, breast, arm, thigh and foot. By the intervention of other persons he was prevented from doing further injury.

The Applicant was arrested on the same day and on ... April 1964, a warrant for his arrest was issued in which it was stated that he was suspected of attempted murder. In October 1965, the Applicant was formally charged (*angeklagt*) with attempted murder and, on ... November 1965, he was sentenced by the Regional Court of Bielefeld to three years' imprisonment for dangerous assault and battery. His appeal (*Revision*) from this judgment was dismissed by the Federal Court (*Bundesgerichtshof*) on ... April 1966.

The Applicant's complaints and the corresponding facts appear as follows:

I. *Length of detention pending trial and pending appeal*

1. A warrant for the Applicant's arrest (*Haftbefehl*) was issued by the District Court (*Amtsgericht*) of Bielefeld on ... April 1964. It was stated that the Applicant was strongly suspected of attempted murder and that there was a danger that he might escape unless remanded into custody; reasons were given for these findings.

2. On ... 1965, the Applicant's lawyer *Rechtsanwalt* Z., applied for the cancellation of the detention order. He submitted that the Applicant would probably not be convicted on a charge of attempted murder (*Mord*) under Article 211 or attempted manslaughter (*Totschlag*) under Article 212 of the Criminal Code (*Strafgesetzbuch*). He further pointed out that, under Article 223a of the Code the minimum sentence for dangerous assault and battery was two months: imprisonment.

This application was refused by the Regional Court on ... 1965 and, on appeal (*Beschwerde*) by the Court of Appeal (*Oberlandesgericht*) of Hamm on ... 1965. The Court of Appeal confirmed the finding of the Regional Court that the Applicant was strongly suspected of having attacked his wife with an intention to kill her and stated with reference to Article 120 (new version) of the Code of Criminal Procedure (*Strafprozessordnung*) that the length of the Applicant's detention pending trial (at that time 13 months) was not out of proportion to the sentence which he might receive if convicted on a charge of attempted murder or manslaughter.

The Applicant then instructed his lawyer to lodge a further

le requérant quitta le tribunal en compagnie de sa femme et, arrivé dans la rue, la frappa à la tête, à la suite de quoi elle tomba sur le troitoir. Il la poignarda alors avec un coupe-papier et lui causa environ 18 blessures à la tête, au cou, à l'épaule, à la poitrine, au bras, à la cuisse et au pied. L'intervention de tiers l'empêcha de poursuivre ses violences.

Le requérant fut arrêté le même jour et, le ... avril 1964, un mandat d'arrêt fut décerné à son encontre, où il était dit qu'on le soupçonnait de tentative d'assassinat. En octobre 1965, le requérant fut formellement accusé (*angeklagt*) de tentative d'assassinat et, le ... novembre 1965, le Tribunal régional de Bielefeld le condamna à 3 ans de prison pour coups et blessures. Son pourvoi en cassation (*Revision*) contre ce jugement fut rejeté par la Cour Suprême fédérale (*Bundesgerichtshof*) le ... avril 1966.

Les griefs du requérant et les faits y afférents sont les suivants:

I. *Durée de la détention pendant l'instruction et pendant la procédure de pourvoi en appel*

1. Un mandat d'arrêt (*Haftbefehl*) à l'encontre du requérant a été décerné le ... avril 1964 par le Tribunal de district (*Amtsgericht*) de Bielefeld. Il était dit que le requérant était fortement soupçonné de tentative d'assassinat et qu'il y avait danger de le voir prendre la fuite si on ne le plaçait pas en détention préventive; ces conclusions étaient motivées.

2. Le ... 1965, l'avocat du requérant, le *Rechtsanwalt* Z. a demandé l'annulation de l'ordonnance de mise en détention en faisant valoir que le requérant ne serait probablement pas condamné pour tentative d'assassinat (*Mord*) au titre de l'article 211, ou pour tentative de meurtre (*Totschlag*) au titre de l'article 212 du Code pénal (*Strafgesetzbuch*). Il faisait en outre observer, qu'en vertu de l'article 223a du Code, les coups et blessures sont punis d'une peine d'emprisonnement de deux mois au minimum.

Cette demande a été rejetée par le Tribunal régional le ... 1965 et, en appel (*Beschwerde*), par la Cour d'Appel (*Oberlandesgericht*) de Hamm le ... 1965. La Cour d'Appel se rangeait à l'avis du Tribunal régional qui avait conclu que le requérant était fortement soupçonné d'avoir attaqué sa femme avec l'intention de la tuer, et déclarait, en se référant à l'article 120 (nouvelle version) du Code de procédure pénale (*Strafprozessordnung*) que la durée de la détention préventive du requérant (13 mois à ce moment-là) n'était pas hors de proportion avec la peine qui pouvait lui être infligée s'il était condamné pour tentative d'assassinat ou de meurtre.

Le requérant chargea alors son avocat d'introduire un nouveau appeal against the decision of the Court of Appeal. On ... 1965, Mr. Z replied that no further appeal lay under Article 304, paragraph (4), of the Code of Criminal Procedure. Nevertheless, the Applicant addressed several petitions to the Federal Court which, by letters of ..., ... and ... 1965, informed him that it was not competent to deal with these complaints.

3. In the meanwhile, the Applicant had, without success:

(a) brought criminal charges of "breach of trust in the exercise of his duties" ("*Untreue im Amt*") against the investigating judge (*Untersuchungsrichter*), Dr. A;

(b) challenged the judges of the Regional Court including the investigating judge, on the ground of partiality and requested the transfer of his case to another court;

(c) brought criminal charges of defamation against the judges of the Regional Court and the Court of Appeal.

4. On ... 1965, the investigating judge declared the preliminary investigation (*Voruntersuchung*) closed. He stated that the investigation had been particularly difficult and that it had been delayed by several petitions of the Applicant which had necessitated the transmission of the case-file to other authorities.

5. On ... 1965, the Court of Appeal made a new order for the continued detention of the Applicant. This decision was taken under Article 121 (new version) of the Code of Criminal Procedure which states as follows:

"(1) As long as no sentence imposing imprisonment or some preventive and rehabilitation measure involving a deprivation of liberty has been passed, a period of remand in custody for the same offence may exceed six months only in cases where the special difficulty or extent of the investigations or some other important reason renders the passing of judgment temporarily impossible and justifies such prolongation.

(2) In the case mentioned in paragraph (1), the warrant of arrest shall be withdrawn at the expiry of six months unless its execution is suspended under Article 116 or the Court of Appeal orders the continuance of the remand in custody.

..."

("(1) *Solange kein Urteil ergangen ist, das auf Freiheitsstrafe oder eine freiheitsentziehende Massregel der Sicherung und Besserung erkennt, darf der Vollzug der Untersuchungshaft wegen derselben Tat über sechs Monate hinaus nur aufrechterhalten* recours contre la décision de la Cour d'Appel. Le ... 1965, M. Z. répondît qu'il n'existait pas d'autres possibilités de recours au titre de l'article 304, paragraphe (4), du Code de procédure pénale. Le requérant n'en adressa pas moins plusieurs pétitions à la Cour Suprême fédérale qui, par lettres datées des ..., ... et ... 1965, l'informa qu'elle n'était pas compétente pour en connaître.

3. Entretemps, le requérant avait, sans succès:

(a) porté des accusations en matière pénale contre le juge d'instruction (*Untersuchungsrichter*), Dr. A., l'accusant de "manquements aux devoirs de sa charge" ("*Untreue im Amt*");
(b) contesté l'impartialité des juges du tribunal régional, y compris le juge d'instruction, et demandé le transfert de son dossier à un autre tribunal;
(c) porté des accusations en matière pénale contre les juges du tribunal régional et de la Cour d'Appel, les accusant de diffamation.

4. Le ... 1965, le juge d'instruction a déclaré close l'enquête préliminaire (*Voruntersuchung*) en déclarant que celle-ci avait été particulièrement difficile et qu'elle avait été retardée par plusieurs pétitions du requérant qui avaient nécessité la transmission du dossier à d'autres autorités.

5. Le ... 1965, la Cour d'Appel rendit une nouvelle ordonnance prolongeant la détention du requérant. Cette décision a été prise en application de l'article 121 (nouvelle version) du Code de procédure pénale qui stipule ce qui suit:

"(1) Tant qu'une sentence ordonnant une peine d'emprisonnement ou une mesure de sûreté et de redressement privative de liberté n'a pas été prononcée, la durée de la détention préventive pour la même infraction ne peut excéder 6 mois que lorsque les difficultés ou l'ampleur particulières de l'instruction ou quelque autre motif important rendent le prononcé du jugement temporairement impossible et justifient la prolongation de cette détention.

(2) Dans les cas mentionnés au paragraphe (1), le mandat d'arrêt doit être annulé à l'expiration de ce délai de 6 mois, à moins que son exécution ne soit suspendue en vertu de l'article 116 ou que la Cour d'Appel n'ordonne la prolongation de la détention préventive.

..."

("(1) *Solange kein Urteil ergangen ist, das auf Freiheitsstrafe oder eine freiheitsentziehende Massregel der Sicherung und Besserung erkennt, darf der Vollzug der Untersuchungshaft wegen derselben Tat über sechs Monate hinaus nur aufrechterhalten werden, wenn die besondere Schwierigkeit oder der besondere Umfang der Ermittlungen oder ein anderer wichtiger Grund das Urteil noch nicht zulassen und die Fortdauer der Haft rechtfertigen.*

(2) *In den Fällen des Absatzes 1 ist der Haftbefehl nach Ablauf der sechs Monate aufzuheben, wenn nicht der Vollzug des Haftbefehls nach § 116 ausgesetzt wird oder das Oberlandesgericht die Fortdauer der Untersuchungshaft anordnet.*

. . .")

The Court of Appeal, considering the result of the preliminary investigation and, in particular, the Applicant's own statements, found that he was strongly suspected of attempted manslaughter. Having regard to the sentence which he might receive and pointing out that he had no fixed address and that his marriage was ruined, the Court further found that there was a danger that he might escape unless remanded in custody. With regard to the length of the Applicant's detention (at that time 16 months), the Court held that it was not out of proportion to the sentence which he might receive; in this connection, the Court observed that the minimum sentence for attempted manslaughter was one year and three months: penal servitude, but that there was no reason to assume that the alleged crime of the Applicant was a particularly light case. Finally, the Court found that there were certain "important reasons" within the meaning of the above Article 121, paragraph (1), of the Code of Criminal Procedure which rendered the passing of judgment temporarily impossible and justified the prolongation of the Applicant's detention on remand. These reasons were: the delay caused by the preparation of an expert opinion on the question of the Applicant's criminal responsibility and, secondly, the introduction by the Applicant of several unfounded petitions.

6. The indictment (*Anklageschrift*) was completed on ... 1965 and, on ... the Applicant was committed for trial.

7. The trial lasted from ... to ... November 1965.

8. In its judgment of ... November 1965, the Regional Court decided that the period spent by the Applicant in detention pending trial should be counted as part of his sentence.

9. New orders for the continued detention (pending appeal) of the Applicant were made by the Regional Court on ... 1965, ... and ... 1966, and by the Court of Appeal on ... 1966.

10. The Federal Court decided on ... April 1966, in respect of the period which the Applicant had spent in detention during his appeal proceedings (... November 1965, until ... April 1966) that

werden, wenn die besondere Schwierigkeit oder der besondere Umfang der Ermittlungen oder ein anderer wichtiger Grund das Urteil noch nicht zulassen und die Fortdauer der Haft rechtfertigen.

(2) *In den Fällen des Absatzes 1 ist der Haftbefehl nach Ablauf der sechs Monate aufzuheben, wenn nicht der Vollzug des Haftbefehls nach Art. 116 ausgesetzt wird oder das Oberlandesgericht die Fortdauer der Untersuchungshaft anordnet.*

. . .")

La Cour d'Appel, après avoir examiné les résultats de l'enquête préliminaire et, notamment, les propres déclarations du requérant, conclut que de graves soupçons de tentative de meurtre pesaient sur lui. Tenant compte de la peine qui pouvait être infligée au requérant et soulignant que celui-ci n'avait pas de domicile fixe et que son mariage était ruiné, la Cour conclut en outre qu'il y avait danger de le voir prendre la fuite s'il n'était placé en détention préventive. Quant à la durée de la détention du requérant (16 mois à ce moment-là), la Cour a estimé qu'elle n'était pas hors de proportion avec la peine qu'il encourait; à ce propos, la Cour a fait observer qu'une tentative de meurtre entraîne une condamnation à une peine d'au moins un an et trois mois de travaux forcés, mais qu'il n'y avait aucune raison de considérer que le crime supposé du requérant fût un acte particulièrement bénin. Finalement, la Cour conclut que certains "motifs importants" au sens de l'article 121, paragraphe (1), ci-dessus du Code de procédure pénale rendaient le prononcé du jugement temporairement impossible et justifiaient la prolongation de la détention préventive du requérant. Ces motifs étaient les suivants: le retard imputable au délai qu'il a fallu à un expert pour se prononcer sur la responsabilité criminelle du requérant et, deuxièmement, le fait que le requérant ait présenté plusieurs pétitions non fondées.

6. L'acte d'accusation (*Anklageschrift*) a été achevé le . . . 1965 et le procès du requérant s'est ouvert le . . .

7. Le procès a duré du . . . au . . . novembre 1965.

8. Dans son jugement du . . . novembre 1965, le tribunal régional a décidé que la période passée par le requérant en détention préventive serait déduite de la durée de sa peine.

9. De nouvelles ordonnances prolongeant la détention du requérant (pendant la procédure d'appel) ont été rendues le . . . 1965 et les . . . et . . . 1966 par le tribunal régional, et le . . . 1966 par la Cour d'Appel.

10. Le . . . avril 1966, la Cour Suprême fédérale a décidé qu'en ce qui concerne la période passée par le requérant en détention préventive pendant la procédure d'appel (du . . . novembre 1965 au

the part of this period which exceeded three months should be counted as part of his sentence.

With regard to his detention pending trial and pending appeal, the Applicant now alleges violations of Article 5, paragraph (4), and Article 13 of the Convention.

II. *Conviction and sentence*

On ... November 1965, the Regional Court convicted the Applicant on a charge of dangerous assault and battery. Taking into account his previous convictions on similar charges, the Court sentenced him to three years' imprisonment.

The Applicant introduced both an appeal (*Revision*) and a constitutional appeal (*Verfassungsbeschwerde*) from this judgment. His appeal was dismissed by the Federal Court on ... April 1966, and his constitutional appeal was declared inadmissible by the Federal Constitutional Court (*Bundesverfassungsgericht*) on ... 1966.

With regard to his conviction and sentence by the Regional Court, the Applicant admits that he attacked and wounded his wife in the way described above. He states, however, that he was provoked by her and complains:

1. that the Regional Court failed to summon certain witnesses as to the character and general behaviour of his wife;

2. that his sentence is excessive;

3. that the judgment is the result of a conspiracy against him which was motivated by his Polish origin; and
4. that *Rechtsanwalt Z*, who had been appointed by the Court to defend him, failed in the exercise of his duties.

The Applicant alleges violations of Article 6, paragraphs (1) and (3), subparagraph (d), and Articles 7 and 14 of the Convention.

III. *Divorce proceedings*

On ... 1965, the Applicant's wife was granted a divorce by the Regional Court of Bielefeld. The Applicant's appeal (*Berufung*) from this decision is pending before the Court of Appeal. His constitutional appeal against the judgment of the Regional Court was declared inadmissible by the Federal Constitutional Court on ... 1966.

The Applicant complains that the judges of the Regional Court refused to summon certain witnesses on his behalf and that various lawyers who represented him in the divorce proceedings failed in the exercise of their duties.

... avril 1966), la partie de cette période dépassant trois mois serait déduite de la durée de sa peine.

Pour ce qui est de sa détention pendant l'instruction et pendant la procédure d'appel, le requérant allègue à présent la violation de l'article 5, paragraphe 4, et de l'article 13 de la Convention.

II. *Condamnation et peine*

Le ... novembre 1965, le tribunal régional reconnut le requérant coupable de coups et blessures. Tenant compte des condamnations antérieures du requérant pour des faits semblables, le tribunal le condamna à trois ans de prison.

Le requérant forma un pourvoi en cassation (*Revision*) et introduisit un recours constitutionnel (*Verfassungsbeschwerde*) contre le jugement. Son pourvoi en cassation fut rejeté par la Cour Suprême fédérale le ... avril 1966 et son recours constitutionnel fut déclaré irrecevable par la Cour constitutionnelle fédérale (*Bundesverfassungsgericht*) le ... 1966.

A propos de la condamnation et de la peine prononcées par le tribunal régional, le requérant admet qu'il a attaqué et blessé sa femme de la façon décrite ci-dessus. Il déclare cependant avoir été provoqué par elle et se plaint:

1. de ce que le tribunal régional ait omis de convoquer certains témoins qui auraient pu faire des déclarations sur le caractère et le comportement de sa femme;
2. de ce que la peine prononcée à son encontre soit trop lourde;
3. de ce que le jugement soit le résultat d'une conspiration ourdie contre lui en raison de son origine polonaise;
4. de ce que le *Rechtsanwalt* Z., commis à sa défense par le tribunal, se soit rendu coupable de manquements dans l'exercice de ses fonctions.

Le requérant allègue la violation de l'article 6, paragraphes 1 et 3, alinéa d), et des articles 7 et 14 de la Convention.

III. *Action en divorce*

Le ... 1965, le tribunal régional de Bielefeld a accordé le divorce à la femme du requérant. L'appel (*Berufung*) interjeté par lui contre cette décision est en instance devant la Cour d'Appel. Son recours constitutionnel contre le jugement du tribunal régional a été déclaré irrecevable par la Cour constitutionnelle fédérale le ... 1966.

Le requérant se plaint de ce que les juges du tribunal régional aient refusé de convoquer certains témoins à décharge et que différents avocats, qui le représentaient au cours de l'action en divorce, se soient rendus coupables de manquements dans l'exercice de leurs fonctions.

He alleges violations of Article 6, paragraphs (1) and (3), subparagraph (d), and Article 8 of the Convention.

IV. *Criminal charges brought by the Applicant*

Various criminal charges were brought by the Applicant against:

1. the judges of the Regional Court and the Court of Appeal who were concerned with the criminal proceedings against the Applicant (see Parts I and II above);
2. the judges of the Regional Court in the divorce proceedings (see Part III above);
3. a judge of the District Court (*Amtsgericht*) of Bielefeld (who had refused the Applicant's petition that his wife should be put under guardianship);
4. the Public Prosecutor who participated in the trial of the Applicant;
5. another Public Prosecutor (who had refused to deal with a petition of the Applicant on the ground that it had been drafted in improper terms);
6. Mr. Z, the lawyer who defended the Applicant at his trial;
7. one of the lawyers who represented the Applicant in his divorce case;
8. the Applicant's wife;
9. his stepson; and
10. several witnesses who had given evidence in the above proceedings before the Regional Court.

In all these cases, the Public Prosecutor refused to institute proceedings and the Applicant's appeals (*Beschwerden*) to the Attorney-General (*Generalstaatsanwalt*) remained unsuccessful.

V. *Correspondence* (*Article 8 of the Convention*)

1. On ... 1965, the Regional Court, finding that the Applicant's correspondence had become too voluminous, decided that he should only be permitted to write one letter per week. This limitation did not apply to his correspondence with his lawyer, the Office of the Public Prosecutor and the Court.

With reference to its above decision, the Regional Court refused to forward 31 letters of the Applicant which were consequently returned to him. These letters were addressed to: an uncle of the Applicant in Poland, the Federal Railways (*Bundesbahn*), Cardinal Jäger, the Jewish Religious Community (*Jüdische Kultusgemeinde*), two lawyers in Düsseldorf, Countess Rosen, Mr. Mikolajewski of Düsseldorf, and 22 witnesses whom the Applicant wished to call.

Le requérant allègue la violation de l'article 6, paragraphes 1 et 3, alinéa d), et de l'article 8 de la Convention.

IV. *Accusations en matière pénale formulées par le requérant*

Diverses condamnations en matière pénale ont été formulées par le requérant contre:

1. les juges du tribunal régional et de la Cour d'Appel qui ont eu à connaître de l'instance pénale introduite contre lui (voir parties I et II ci-dessus);
2. les juges du tribunal régional statuant sur l'action en en divorce (voir partie III ci-dessus);
3. un juge du tribunal de district (*Amtsgericht*) de Bielefeld (qui avait rejeté la pétition du requérant demandant que sa femme soit mise sous tutelle);
4. le procureur qui a pris part au procès du requérant;
5. un autre procureur (qui avait refusé de prendre en considération une pétition du requérant pour le motif qu'elle avait été rédigée en termes impropres);
6. Me Z., l'avocat ayant défendu le requérant lors de son procès;
7. l'un des avocats ayant représenté le requérant lors de son procès en divorce;
8. la femme du requérant;
9. son beau-fils; et
10. plusieurs témoins qui avaient témoigné au cours de l'instance devant le tribunal régional.

Sur tous ces points, le procureur a refusé d'engager des poursuites et les réclamations (*Beschwerden*) du requérant auprès du Procureur Général (*Generalstaatsanwalt*) sont restées sans effet.

V. *Correspondance* (*article 8 de la Convention*)

1. Le ... 1965, le tribunal régional, estimant que la correspondance du requérant était devenue trop volumineuse, a décidé de ne l'autoriser à écrire qu'une lettre par semaine. Cette restriction ne s'appliquait pas à la correspondance du requérant avec son avocat, le cabinet du procureur et le tribunal.

En application de sa décision, le tribunal régional refusa d'acheminer 31 lettres du requérant, à qui elles furent donc retournées. Les destinataires de ces lettres étaient: un oncle du requérant en Pologne, les Chemins de Fer Fédéraux (*Bundesbahn*), le Cardinal Jäger, la Communauté religieuse juive (*Jüdische Kultusgemeinde*), deux avocats de Düsseldorf, la comtesse Rosen, M. Mikolajewski de Düsseldorf, et 22 témoins que le requérant souhaitait voir comparaître.

2. In respect of three letters written by the Applicant to his uncle in Poland, the Court found that they contained offensive and defamatory statements and decided that they should consequently not be forwarded (decision of the investigating judge dated ... 1965, and decisions of the Criminal Chamber dated ... 1965, and ... 1966).

3. Two letters which the Applicant addressed to witnesses, who had been summonsed to give evidence at his trial, were stopped by the Regional Court on the ground that they might influence these witnesses (decision of ... 1965).

The Applicant alleges violations of Articles 6, 8 and 10 of the Convention.

VI. *Complaints concerning treatment in prison*

1. A petition by the Applicant for his transfer to another remand prison was refused by the Regional Court on ... 1965.

2. Several petitions by the Applicant, in which he objected to his cell-mates and requested to be housed with other remand prisoners, were granted by the prison administration. Two further applications of the same kind were dismissed by the Regional Court on ... and ... 1965.

3. The Applicant's requests that arrangements should be made for his son Peter (aged 3 years) to visit him in prison were refused by the Regional Court on ... and ... July and by the District Court on ... 1965.

4. On ... 1965, the Regional Court rejected as ill-founded the Applicant's complaint that the competent Social Officer (*Fürsorger*) had failed in the exercise of his duties.

5. The Applicant's objections against the prison physician and his request to be treated by another doctor were dismissed by the Regional Court on ... 1966.

With respect to the above decisions of the District Court and the Regional Court, the Applicant alleges violations of Articles 3 and 8 of the Convention.

THE LAW

Whereas, with regard to the Applicant's complaints concerning the length of his detention pending trial, Article 5, paragraph (3), of the Convention states that everyone arrested or detained in accordance with paragraph (1), subparagraph (c), of that Article "shall be entitled to trial within a reasonable time or to release pending trial"; and whereas the Applicant was arrested on ... April 1964, and detained pending trial until ... November 1965,

2. En ce qui concerne trois lettres écrites par le requérant à son oncle en Pologne, le tribunal a constaté qu'elles contenaient des déclarations offensantes et diffamatoires et a décidé, par conséquent, de ne pas les acheminer (décision du juge d'instruction en date du ... 1965, et décisions de la Chambre criminelle en date des ... 1965 et ... 1966).

3. Deux lettres adressées par le requérant à des témoins qui avaient été cités à comparaître pour porter témoignage à son procès, ont été interceptées par le tribunal pour le motif qu'elles étaient susceptibles d'influencer ces témoins (décision du ... 1965).

Le requérant allègue la violation des articles 6, 8 et 10 de la Convention.

VI. *Griefs relatifs à son traitement en prison*

1. Une pétition du requérant en vue de son transfert dans une autre prison de détention préventive a été rejetée par le tribunal régional le 26 mai 1965.

2. Plusieurs demandes du requérant dans lesquelles il formulait des objections contre ses compagnons de cellule et sollicitait son relogement avec d'autres personnes placées en détention préventive, ont été satisfaites par l'administration. Deux autres demandes du même genre ont été repoussées par le tribunal régional les ... et ... 1965.

3. Les demandes du requérant tendant à ce que des mesures soient prises pour permettre à son fils Peter (âgé de 3 ans) de lui rendre visite en prison, ont été rejetées par le tribunal régional les ... et ... juillet 1965 et par le tribunal de district le ... 1965.

4. Le ... 1965, le tribunal régional a rejeté comme mal fondé le grief du requérant selon lequel l'assistant social (*Fürsorger*) compétent s'était rendu coupable de manquements dans l'exercice de ses fonctions.

5. Les objections formulées par le requérant contre le médecin de la prison et sa demande visant à être soigné par un autre médecin ont été rejetées par le tribunal régional le ... 1966.

En ce qui concerne les décisions ci-dessus du tribunal de district et du tribunal régional, le requérant allègue la violation des articles 3 et 8 de la Convention.

EN DROIT

Considérant pour autant que le requérant se plaint de la durée de sa détention préventive, que l'article 5, paragraphe 3, de la Convention dispose que toute personne arrêtée ou détenue dans les conditions prévues au paragraph 1 c) de cet article "a le droit d'être jugée dans un délai raisonnable, ou libérée pendant la procédure"; que le requérant a été arrêté le ... avril 1964 et maintenu en détention préventive jusqu'au ... novembre 1965, c'est-à-dire pen-that is for a period of over one year and seven months; whereas, according to the constant jurisprudence of the Commission, the question whether a period of detention pending trial is "reasonable" or not cannot be decided *in abstracto* but must be considered in the light of the particular circumstances of each case (see Application No. 2077/63, Yearbook of the European Convention on Human Rights, Vol. 7, pages 268, 276, 278); whereas, in the present case, the Commission has taken into account that the Applicant was arrested and detained on reasonable suspicion of having committed a crime for which a heavy sentence might be imposed; that a justifiable delay in the investigation against him was caused by the preparation of an expert opinion on the question of his criminal responsibility; and that the introduction by the Applicant of several unfounded petitions, in particular his challenge of all judges of the Regional Court including the investigating judge, resulted in further delay; whereas, therefore, an examination of the case does not reveal that the detention of the Applicant was unduly prolonged by the authorities; whereas, consequently, it does not disclose any appearance of a violation of Article 5, paragraph (3), of the Convention; whereas it follows that this part of the Application is manifestly ill-founded within the meaning of Article 27, paragraph (2), of the Convention;

Whereas, with regard to the Applicant's complaints concerning the duration of the criminal proceedings against him, Article 6, paragraph (1), of the Convention provides that, in the determination of any criminal charge against him, everyone is entitled to a "hearing within a reasonable time"; whereas the Commission has considered the question whether the period referred to in Article 6, paragraph (1), should be calculated from the date of the Applicant's arrest (... April 1964) or only from the date on which he was formally charged (... 1965) and, further, whether this period includes both the Applicant's trial at first instance up to the Regional Court's judgment of ... November 1965 and his appeal proceedings before the Federal Court, which lasted until ... April 1966; whereas the Commission does not consider it necessary to decide this question in the present case; whereas it finds that, even if the period concerned was calculated as running from ... April 1964, until ... April 1966, Article 6, paragraph (1), has not been violated in regard to the time taken up by the criminal proceedings against the Applicant; whereas, in this respect, the Commission has again taken into consideration the grounds set out above in its finding regarding Article 5, paragraph (3); whereas it follows that this part of the Application is also manifestly ill-founded within the meaning of Article 27, paragraph (2), of the Convention;

Whereas the Applicant also complains of his conviction and dant une période de plus d'un an et sept mois; que, selon la jurisprudence constante de la Commission, la question de savoir si la durée d'une détention préventive est "raisonnable" ou non ne peut être tranchée *in abstracto*, mais doit être examinée d'après les circonstances particulières de chaque cas (voir requête N° 2077/63, Annuaire de la Convention européenne des Droits de l'Homme, vol. 7, pages 269, 277, 279); qu'en l'espèce, la Commission a tenu compte du fait que le requérant avait été arrêté et détenu parce qu'il pouvait raisonnablement être soupçonné d'un crime passible d'une lourde peine; qu'un retard justifiable dans l'instruction de l'affaire était imputable au fait qu'il a fallu un certain délai à un expert pour se prononcer sur la responsabilité pénale du requérant; que le dépôt par le requérant de plusieurs pétitions mal fondées, notamment celles mettant en cause tous les juges du tribunal régional, y compris le juge d'instruction, a provoqué de nouveaux retards; qu'en conséquence, l'examen de l'affaire ne fait pas apparaître que la détention du requérant ait été indûment prolongée par les autorités; que, dès lors, elle ne révèle aucune apparence de violation de l'article 5, paragraphe 3, de la Convention; qu'il s'ensuit que cette partie de la requête est manifestement mal fondée au sens de l'article 27, paragraphe 2, de la Convention;

Considérant, pour autant que le requérant se plaint de la durée de la procédure pénale engagée contre lui, que l'article 6, paragraphe 1, de la Convention dispose que toute personne a droit "à ce que sa cause soit entendue dans un délai raisonnable" par un tribunal ... qui décidera du bien-fondé de toute accusation en matière pénale dirigée contre elle; que la Commission a examiné la question de savoir si le délai mentionné à l'article 6, paragraphe 1, doit être calculé à compter de la date d'arrestation du requérant (le ... avril 1964) ou seulement à compter du moment où il a été formellement accusé (... 1965) et, en outre, si dans ce délai il faut compter à la fois la période allant du procès du requérant en première instance au jugement rendu par le tribunal régional le ... novembre 1965, et la procédure de recours introduite devant la Cour Suprême fédérale, qui s'est prolongée jusqu'au ... avril 1966; que la Commission ne croit pas, en l'espèce, devoir trancher cette question; qu'elle estime que, même si le délai considéré est calculé en prenant comme dates extrêmes le ... avril 1964 et le ... avril 1966, il n'y a pas eu de violation de l'article 6, paragraphe 1, du fait de la durée de la procédure pénale engagée contre le requérant; qu'à cet égard, la Commission a de nouveau tenu compte des motifs énoncés ci-dessus dans ses conclusions concernant l'article 5, paragraphe 3; qu'il s'ensuit que cette partie de la requête est, elle aussi, manifestement mal fondée au sens de l'article 27, paragraphe 2 de la Convention;

Considérant que le requérant se plaint également de sa condamsentence and of his divorce proceedings; whereas, in so far as these complaints are directed against his lawyers, it results from Article 19 of the Convention that the sole task of the Commission is to ensure the observance of the engagements undertaken in the Convention by the High Contracting Parties, being those Members of the Council of Europe which have signed the Convention and deposited their instruments of ratification; whereas, moreover, it appears from Article 25, paragraph (1) of the Convention that the Commission can properly admit an application from an individual only if that individual claims to be the victim of a violation of his rights under the Convention by one of the Parties which have accepted this competence of the Commission; whereas it results clearly from these Articles that the Commission has no competence *ratione personae* to admit applications directed against private individuals; whereas it follows that this part of the Application is incompatible with the Convention within the meaning of Article 27, paragraph (2) (see Application No. 1599/62, Yearbook of the European Convention on Human Rights, Vol. 6, pages 348, 356);

Whereas, in so far as the above complaints give rise to the question whether the Regional Court failed to ensure that, in the criminal proceedings against the Applicant, his defence was properly carried out by his lawyer with the consequence that he was not given a fair hearing within the meaning of Article 6 of the Convention, an examination of the case as it has been submitted, including an examination made *ex officio*, does not disclose any appearance of a violation of this right; whereas it follows that, in this respect, the Application is manifestly ill-founded within the meaning of Article 27, paragraph (2), of the Convention;

Whereas, in regard to the Applicant's further complaints concerning his conviction and sentence and his divorce proceedings, an examination of the case as it has been submitted, including an examination made *ex officio*, does not disclose any appearance of a violation of the rights and freedoms set forth in the Convention and especially in the Articles invoked by the Applicant; whereas, in respect of the judicial decisions complained of, the Commission has frequently stated that in accordance with Article 19 of the Convention its only task is to ensure observance of the obligations undertaken by the Parties in the Convention; whereas, in particular, it is not competent to deal with an application alleging that errors of law or fact have been committed by domestic courts, except where the Commission considers that such errors might have involved a possible violation of any of the rights and freedoms limitatively listed in the Convention; whereas, in this respect, the Commission refers to its decisions Nos. 458/59 (X. v. Belgium – Yearbook Vol. 3, page 233) and 1140/61 (X v. Austria – Collection of Decisions of the Commission, Vol. 8, page 57); and whereas there is nation et de la peine qui lui a été infligée et de l'action en divorce le concernant; que, pour autant que ces griefs visent ses avocats, il ressort de l'article 19 de la Convention que la Commission a pour seule tâche d'assurer le respect des engagements pris au titre de la Convention par les Hautes Parties Contractantes qui sont les membres du Conseil de l'Europe ayant signé la Convention et déposé leur instrument de ratification; qu'il appert en outre de l'article 25, paragraphe 1 de la Convention que la Commission ne peut être valablement saisie d'une requête émanant d'un particulier que si ce particulier se prétend victime d'une violation, par l'une des Parties ayant accepté la compétence de la Commission dans cette matière, des droits reconnus dans la Convention; qu'il ressort clairement de ces articles que la Commission n'a pas compétence *ratione personae* pour retenir des requêtes dirigées contre de simples particuliers; qu'il s'ensuit que cette partie de la requête est incompatible avec la Convention au sens de l' article 27, paragraphe 2 (voir requête N° 1599/62, Annuaire de la Convention européenne des Droits de l'Homme, vol. 6, pages 349, 357);

Considérant, pour autant que les griefs ci-dessus soulèvent la question de savoir si le tribunal régional a omis de veiller à ce que la défense du requérant, lors de la procédure pénale introduite contre lui, fût convenablement assurée par son avocat, en conséquence de quoi sa cause n'aurait pas été entendue équitablement au sens de l'article 6 de la Convention, que l'examen de l'affaire telle qu'elle a été présentée ne permet de discerner, même d'office, aucune apparence de violation de ce droit; qu'il s'ensuit qu'à cet égard, la requête est manifestement mal fondée au sens de l'article 27, paragraphe 2 de la Convention;

Considérant, quant aux autres griefs du requérant relatifs à sa condamnation ainsi qu'à l'action en divorce le concernant, que l'examen de l'affaire telle qu'elle a été présentée ne permet de discerner, même d'office, aucune apparence de violation des droits et libertés énoncés dans la Convention et, notamment, dans les articles invoqués par le requérant; qu'en ce qui concerne les décisions judiciaires incriminées, la Commission a maintes fois déclaré qu'elle a pour seule tâche, selon l'article 19 de la Convention, d'assurer le respect des engagements résultant de celle-ci pour les Hautes Parties Contractantes; que, notamment, elle n'est pas compétente pour connaître d'une requête alléguant que des erreurs de droit ou de fait ont été commises par les juridictions internes, à moins que la Commission n'estime que de telles erreurs ont pu entraîner une éventuelle violation de l'un des droits et libertés énumérés de façon limitative dans la Convention; qu'à cet égard, la Commission renvoie à ses décisions N° 458/59 (X. c. Belgique – Annuaire, vol. 3, page 233) et 1140/61 (X. c. Autriche – Recueil de décisions de la Commission, vol. 8, page 57); qu'il n'y a donc au-no appearance of a violation in the proceedings complained of; whereas it follows that this part of the Application is also manifestly ill-founded within the meaning of Article 27, paragraph (2), of the Convention;

Whereas, in regard to the Applicant's complaint that the numerous criminal charges brought by him both against judges and public prosecutors and against third persons were not proceeded with by the Public Prosecutor, it is to be observed that the Convention, under the terms of Article 1, guarantees only the rights and freedoms set forth in Section I of the Convention; and whereas, under Article 25, paragraph (1), only the alleged violation of one of those rights and freedoms by a Contracting Party can be the subject of an application presented by a person, non-governmental organisation or group of individuals; whereas otherwise its examination is outside the competence of the Commission *ratione materiae*; whereas neither the right to have criminal proceedings instituted against judges and public prosecutors nor the right to have such proceedings brought against third persons is as such included among the rights and freedoms guaranteed by the Convention; whereas it follows that this part of the Application is incompatible with the provisions of the Convention within the meaning of Article 27, paragraph (2), of the Convention;

Whereas, it results from Part V of the statement of facts that the Applicant also complains of certain court decisions concerning his correspondence; whereas, in this respect, the Commission has had regard to Article 8 of the Convention which guarantees to everyone the right to respect for his correspondence; whereas, however, paragraph (2) of this provision authorises interference by a public authority with the exercise of this right where such interference is in accordance with the law and is necessary in a democratic society in the interests of national security, public safety or the economic well-being of the country, for the prevention of disorder or crime, for the protection of health or morals, or for the protection of the rights and freedoms of others; whereas the Commission has examined the court decisions mentioned in Part V of the statement of facts; and whereas it finds that these decisions, which interfered with the Applicant's freedom of correspondence, were justified under paragraph (2) of Article 8; whereas it follows that this part of the Application is manifestly ill-founded within the meaning of Article 27, paragraph (2), of the Convention;

Whereas, in regard to the Applicant's further complaint that the Regional Court refused his petition for transfer to another remand prison, it is to be observed that the right claimed is not as such included among the rights and freedoms guaranteed by the Convention; whereas it follows that this complaint is incompatible cune apparence de violation dans la procédure incriminée; qu'il s'ensuit que cette partie de la requête est, elle aussi, manifestement mal fondée au sens de l'article 27, paragraphe 2 de la Convention;

Considérant, pour autant que le requérant se plaint de ce que le Procureur n'ait pas donné suite aux nombreuses accusations en matière pénale portées par le requérant, tant contre des juges et des procureurs que contre des tiers, qu'il convient de noter qu'aux termes de l'article 1 de la Convention, celle-ci ne garantit que les droits et libertés définis en son Titre I; qu'en vertu de l'article 25, paragraphe 1, seule la violation alléguée de l'un de ces droits et libertés par une Partie Contractante peut être l'objet d'une requête introduite par une personne physique, une organisation non gouvernementale ou un groupe de particuliers; qu'autrement, son examen ne relève pas de la compétence *ratione materiae* de la Commission; que ni le droit de faire engager des poursuites contre des juges et des procureurs, ni le droit de faire engager de telles poursuites contre des tiers ne figurent comme tels parmi les droits et libertés garantis par la Convention; qu'il s'ensuit que cette partie de la requête est incompatible avec les dispositions de la Convention au sens de l'article 27, paragraphe 2 de la Convention;

Considérant qu'il appert de la partie V de l'exposé des faits que le requérant se plaint également de certaines décisions du tribunal relatives à sa correspondance; qu'à cet égard, la Commission s'est reportée à l'article 8 de la Convention qui garantit à chacun le droit au respect de sa correspondance; que cependant, le paragraphe 2 de cet article permet l'ingérence d'une autorité publique dans l'exercice de ce droit pour autant que cette ingérence est prévue par la loi et qu'elle constitue une mesure qui, dans une société démocratique, est nécessaire à la sécurité nationale, à la sûreté publique, au bien-être économique du pays, à la défense de l'ordre et à la prévention des infractions pénales, à la protection de la santé ou de la morale, ou à la protection des droits et libertés d'autrui; que la Commission a examiné les décisions des tribunaux, qui sont mentionnées dans la partie V de l'exposé des faits; qu'elle estime que ces décisions, qui entravaient la liberté de correspondance du requérant, étaient justifiées en vertu du paragraphe 2 de l'article 8; qu'il s'ensuit que cette partie de la requête est manifestement mal fondée au sens de l'article 27, paragraphe 2 de la Convention;

Considérant, quant au grief supplémentaire du requérant selon lequel le tribunal a rejeté sa demande de transfert dans une autre prison de détention préventive, qu'il convient de noter que le droit revendiqué ne figure pas comme tel parmi les droits et libertés garantis par la Convention; qu'il s'ensuit que ce grief est incompawith the provisions of the Convention within the meaning of Article 27, paragraph (2), of the Convention;

Whereas, in regard to the Applicant's complaints concerning the prison doctor, the social officer and the cell-mates of the Applicant, an examination of the case as it has been submitted, including an examination made *ex officio*, does not disclose any appearance of a violation of the rights and freedoms set forth in the Convention and in particular in Article 3; whereas it follows that this part of the Application is manifestly ill-founded within the meaning of Article 27, paragraph (2), of the Convention;

Whereas, finally, the Applicant also complains of several court decisions refusing his request to arrange for his son Peter, aged 3 years, to visit him in prison; whereas, in this respect, the Commission has had regard to Article 8 of the Convention which guarantees to everyone the right to respect for his family life; whereas, however, paragraph (2) of this provision authorises interference by a public authority with the exercise of this right under certain conditions; whereas, in particular, such interference is permitted where it is in accordance with the law and is necessary in a democratic society for the protection of health or morals; and whereas the Commission has already held in a previous case that the term "protection of health or morals" covers not only the protection of the general health or morals of the community as a whole but also the protection of the health or morals of individual members of the community; that, further, the term "health or morals" includes the psychological as well as the physical well-being of individuals; and that, consequently a court, when determining a parent's right of access to his child, may properly take into account the need to keep the child free from serious psychic disturbance (Application No. 911/60, Yearbook Vol. 4, pages 198, 216, 218; see also Application No. 1449/62, Yearbook Vol. 6, pages 262, 266); whereas the Commission finds that, in the circumstances of the present case, the refusal of the German courts to arrange for the Applicant's son to visit him in prison was justified under paragraph (2) of Article 8 by the need to keep this child free from serious psychic disturbance; whereas it follows that the remainder of the Application is also manifestly ill-founded within the meaning of Article 27, paragraph (2), of the Convention.

Now therefore the Commission

DECLARES THIS APPLICATION INADMISSIBLE

...

tible avec les dispositions de la Convention au sens de son article 27, paragraphe 2;

Considérant qu'en ce qui concerne les griefs du requérant relatifs au médecin de la prison, à l'assistant social et à ses compagnons de cellule, l'examen de l'affaire telle qu'elle a été présentée ne permet de dégager, même d'office, aucune apparence de violation des droits et libertés énoncés dans la Convention et, notamment, dans son article 3; qu'il s'ensuit que cette partie de la requête est manifestement mal fondée au sens de l'article 27, paragraphe 2 de la Convention;

Considérant enfin que le requérant se plaint également de plusieurs décisions du tribunal rejetant sa demande tendant à ce que des mesures soient prises pour permettre à son fils Peter, âgé de 3 ans, de lui rendre visite en prison; qu'à cet égard, la Commission s'est référée à l'article 8 de la Convention qui garantit à chacun le droit au respect de sa vie familiale; que cependant le paragraphe 2 de cet article autorise l'ingérence d'une autorité publique dans l'exercice de ce droit sous certaines conditions; que, notamment, cette ingérence est autorisée lorsqu'elle est prévue par la loi et qu'elle constitue une mesure qui, dans une société démocratique, est nécessaire à la protection de la santé ou de la morale; que la Commission a déjà estimé dans une affaire antérieure que les termes "protection de la santé ou de la morale" visent non seulement la protection, en général, de la santé ou de la morale de l'ensemble d'une communauté, mais aussi la protection de la santé ou de la morale de ses membres individuels; qu'en outre, les termes "santé ou morale" désignent tant le bien-être psychologique que le bien-être physique de l'individu; qu'en conséquence le tribunal, lorsqu'il détermine le droit d'accès d'un père ou d'une mère auprès de son enfant, peut à bon droit tenir compte de la necessité de mettre l'enfant à l'abri d'un sérieux désordre psychique (requête N° 911/60, Annuaire, vol. 4, pages 199, 217, 219; voir également requête N° 1449/62, Annuaire, vol. 6, pages 263, 267); que la Commission conclut qu'en l'espèce, le refus des tribunaux allemands de prendre des mesures permettant au fils du requérant de lui rendre visite en prison se justifiait en vertu du paragraphe 2 de l'article 8 par la nécessité de mettre l'enfant à l'abri d'un sérieux désordre psychique; qu'il s'ensuit que le reste de la requête est, lui aussi, manifestement mal fondé au sens de l'article 27, paragraphe 2 de la Convention.

Par ces motifs, la Commission

DECLARE LA REQUETE IRRECEVABLE

. . .

Application No. 2547/65

X *against* AUSTRIA

Partial Decision of 14th February 1966

...

THE FACTS

Whereas the facts as presented by the Applicant may be summarised as follows:

The Applicant is a German citizen, born in 1929 and at present detained in prison at Graz.

He states that on ... November, 1964, it came to his knowledge that two South Tyrolese were planning to place a suitcase containing a bomb in an express train (Brenner Express) bound for Italy, where the bomb was to explode during the night between ... and ... November. The two men were acting from political motives, and the direct reason was that certain elections were to take place on ... November, 1964 in the province of Bolzano.

He further states that he tried to persuade the two men to refrain from their action, and when this attempt failed, he was anxious to prevent in some other way the very serious consequences which would be the result of the explosion. He decided, however, not to inform the Austrian authorities, since he considered that certain Austrian officials might not be willing, for political reasons, to prevent the explosion; he chose to go to Italy in the same train as the bomb and to inform the Italian authorities as soon as he had crossed the frontier. He managed to inform the Italian authorities one hour before the explosion was to take place and serious damage was thereby avoided; nevertheless, the authorities did not manage to prevent damage to a railway carriage, although, in the Applicant's opinion, this could also have been avoided.

The Applicant submits that, on ... December, 1964, he was arrested in Italy by the Austrian police and that the Italian authorities were unaware of his arrest. This action taken by the Austrian authorities outside Austrian territory amounts, in his opinion, to kidnapping. He states about this incident that he travelled in a train to the Brenner railway station in Italy, that he was there taken out of the train and kept about twenty minutes in the office of the Austrian passport authorities; that, shortly before the train left, he was obliged to return to the train with an Austrian police officer and to go into a service compartment of the police; that the Austrian officials drew the curtains of the compartment in order to search the Applicant; that no Italian official

Requête No. 2547/65

X *contre* L'AUTRICHE

Décision partielle du 14 février 1966

(*Traduction*)

...

EN FAIT

Considérant que les faits de la cause tels qu'ils sont présentés par le requérant peuvent se résumer ainsi:

Le requérant, ressortissant allemand, né en 1929, est actuellement détenu à la prison de Graz.

Il déclare avoir appris, le ... novembre 1964, que deux Sud-Tyroliens projetaient de placer une valise contenant une bombe dans un express (le Brenner Express) à destination de l'Italie, et que la bombe devait exploser dans la nuit du ... au ... novembre. Les deux hommes étaient mus par des motifs politiques et la cause immédiate de leur action était que certaines élections devaient avoir lieu le ... novembre 1964 dans la province de Bolzano.

Il déclare en outre avoir essayé de persuader les deux hommes de renoncer à leur projet et, n'y étant pas parvenu, s'être préoccupé d'empêcher d'une autre façon les conséquences extrêmement graves qu'aurait pu avoir l'explosion. Néanmoins, il décida de ne pas avertir les autorités autrichiennes, car il estimait que certains fonctionnaires autrichiens pourraient fort bien, pour des motifs politiques, ne pas vouloir empêcher l'explosion; il résolut de se rendre en Italie par le train dans lequel avait été placée la bombe et d'avertir les autorités italiennes dès qu'il aurait franchi la frontière. Il réussit à prévenir les autorités italiennes une heure avant le moment où l'explosion devait avoir lieu, et des dégâts importants furent ainsi évités; néanmoins, les autorités ne parvinrent pas à empêcher que des dommages fussent causés à un wagon, bien que de l'avis du requérant, cela aurait pu être évité également.

Le requérant fait donc valoir qu'il fut arrêté en Italie par la police autrichienne le ... décembre 1964 sans que les autorités italiennes eussent connaissance du fait. Cet acte accompli par les autorités autrichiennes hors du territoire autrichien constitue, à son sens, un enlèvement. Il donne de cet incident le récit ci-après: alors qu'il se trouvait dans un train dans la gare italienne du Brenner, on l'obligea à en descendre et on le retint une vingtaine de minutes dans le bureau des services autrichiens de contrôle des passeports; peu de temps avant le départ du train, un officier de la police autrichienne le fit remonter et le conduisit dans un compartiment de service de la police; les fonctionnaires autrichiens tirèrent les rideaux du compartiment pour fouiller le requérant; aucun was aware of these events, although they all took place on Italian territory; and that he was taken in the train to Austria.

In Austria, he was kept in detention on remand (*Untersuchungshaft*) under suspicion of having violated the Austrian Explosives Act (*Sprengstoffgesetz*). Although he declared that he had not been involved in the plans to blow up the train, he was not released and he states that he was told that nothing would have happened to him if he had informed the Austrian, and not the Italian, authorities of the plans of the two South Tyrolese.

His request for his release was rejected on ... December, 1964, by the Judges' Chamber of the Regional Court (*Ratskammer des Landesgerichts*) of Innsbruck and, on appeal, on ... January, 1965 by the Court of Appeal (*Oberlandesgericht*) of Innsbruck. Subsequent requests for release were rejected by the Regional Court of Innsbruck on ... April and ... July, 1965. He also asked the Supreme Court (*Oberster Gerichtshof*) that his case should be dealt with in another "Bundesland", where the authorities would be more impartial in regard to the political issue which formed the background of his case. This petition as well as another petition to the Minister of Justice was, however, unsuccessful.

The Applicant states that subsequently he was charged with an offence against the Explosives Act and that the trial against him took place at Graz on ... November, 1965. On the same day, he was sentenced to 18 months' severe imprisonment, although the jury was not unanimous. He further states that as he had not sufficient money to oppose the political interests which were involved in the case and also in view of the fact that he had already spent 12 months in detention on remand, he declared himself ready to accept the judgment without, however, admitting his guilt.

He adds that during the trial, a certain Polizei-Oberrat Dr. A admitted that X had been arrested on Italian territory and that the arrest had taken place on Dr. A's initiative.

The Applicant complains:

- that Austrian police arrested him on Italian territory and took him to Austria without even informing the Italian authorities (in this respect he refers to Article 5, paragraphs (1) (c), (4) and (5), of the Convention and emphasises that, according to Article 5, paragraph (1) (c), arrest and detention must be *lawful*) and that he has subsequently been detained in Austria;
- that he has been detained in Austria together with criminals, in primitive conditions (four men in a cell of eight square metres) which in no way differ from those of detention after conviction (Article 6, paragraph (2), of the Convention);
- that his correspondence which is important for his business as

fonctionnaire italien ne se rendit compte de ce qui se passait, bien que tout cela eût lieu en territoire italien; le requérant fut emmené en Autriche par ce train.

Dans ce pays, il fut placé en détention préventive (*Untersuchungshaft*) en raison du fait qu'il était soupçonné d'avoir contrevenu à la législation autrichienne sur les explosifs (*Sprengstoffgesetz*). Bien qu'il niât avoir participé au projet de faire sauter le train, il ne fut pas mis en liberté et on lui déclara, assure-t-il, que rien ne lui serait arrivé s'il avait averti les autorités autrichiennes, et non pas les autorités italiennes, des projets des deux Sud-Tyroliens.

Sa demande de mise en liberté fut rejetée le ... décembre 1964 par la Chambre du Conseil du Tribunal Régional (*Ratskammer des Landesgerichts*) d'Innsbruck et en appel, le ... janvier 1965 par la Cour d'Appel (*Oberlandesgericht*) d'Innsbruck. D'autres demandes de mise en liberté furent rejetées par le Tribunal régional d'Innsbruck les ... avril et ... juillet 1965. Il demanda également à la Cour Suprême (*Oberster Gerichtshof*) que son cas fût examiné dans un autre "Bundesland", où les autorités seraient plus impartiales à l'égard du problème politique sur lequel se greffait son cas. Néanmoins, cette requête, ainsi qu'une autre requête adressée au Ministre de la Justice, n'aboutit à aucun résultat.

Le requérant déclare qu'il fut par la suite accusé d'avoir enfreint la loi sur les explosifs et que son procès eut lieu à Graz, le ... novembre 1965. Le même jour, il fut condamné à 18 mois de réclusion de rigueur, bien que le jury ne fût pas unanime. Il déclare en outre que, du fait qu'il ne disposait pas de moyens financiers suffisants pour lutter contre les intérêts politiques en jeu et qu'il avait déjà subi 12 mois de détention préventive, il se déclara prêt à accepter le verdict sans toutefois admettre sa culpabilité.

Il ajoute qu'au cours du procès, un certain Polizei-Oberrat, M. A..., a admis que X... avait été arrêté en territoire italien et que son arrestation avait été effectuée sur son initiative.

Le requérant formule les griefs suivants:

- la police autrichienne l'a arrêté sur le territoire italien et l'a emmené en Autriche sans même en informer les autorités italiennes (à cet égard, il se réfère à l'article 5, par. 1 (c), 4 et 5 de la Convention et souligne que, selon l'article 5, par. 1 (c), l'arrestation et la détention doivent être *régulières*); par la suite, il a été détenu en Autriche;
- il a été détenu en Autriche avec des criminels dans des conditions primitives (quatre hommes dans une cellule de 8 m^2) qui ne différaient en rien de celles de la détention après une condamnation (article 6, par. 2, de la Convention);
- il a été empêché de correspondre librement, alors que ce droit est

industrial designer has been obstructed (Article 8, paragraphs (1) and (2), of the Convention);
- that there were not any effective remedies in regard to the alleged violations of the Convention (Article 13 of the Convention).

He requests compensation and states that his business has suffered considerably from his detention.

THE LAW

Whereas, in regard to the Applicant's allegation that his arrest and subsequent detention by the Austrian authorities were not lawful within the meaning of Article 5, paragraph (1) (c), of the Convention, on the ground that the arrest took place on Italian territory, the Commission finds that an examination of the file in its present state does not give it the information required for deciding on the admissibility of this part of the Application; whereas, therefore, the Commission decides, in accordance with Rule 45, paragraph (3) (b), of its Rules of Procedure, to give notice of this part of the Application to the Austrian Government and to invite it to submit its observations on admissibility; whereas, in the meanwhile, the Commission decides to adjourn its examination of this part of the Application;

Whereas, in regard to the Applicant's complaints as to the conditions in the prison where he was detained and the alleged interference with his correspondence, it is to be observed that, under Article 26 of the Convention, the Commission may only deal with a matter after all domestic remedies have been exhausted according to the generally recognised rules of international law; and whereas the Applicant failed to show that he had exhausted the remedies available to him under Austrian law; whereas, moreover, an examination of the case as it has been submitted, including an examination made *ex officio*, does not disclose the existence of any special circumstances which might have absolved the Applicant, according to the generally recognised rules of international law, from exhausting the domestic remedies at his disposal; whereas, therefore, the condition as to the exhaustion of domestic remedies laid down in Articles 26 and 27, paragraph (3), of the Convention, has not been complied with by the Applicant;

Whereas, in regard to the remainder of the Application, an examination of the case as it has been submitted, does not disclose any appearance of a violation of the rights and freedoms set forth in the Convention; whereas, in particular, in so far as the Applicant alleges that there were no effective remedies in regard to the alleged violations of the Convention, he has failed to adduce any evidence to show that the remedies which were available to him were not effective within the meaning of Article 13 of the Convention;

important pour lui dans sa profession de dessinateur industriel (article 8, par. (1) et (2), de la Convention);
- il n'existait aucun recours effectif contre les violations alléguées de la Convention (article 13 de la Convention).

Le requérant demande réparation et déclare qu'il a subi un préjudice considérable dans l'exercice de sa profession, du fait de sa détention.

EN DROIT

Considérant, pour autant que le requérant prétend que son arrestation et, par la suite, sa détention par les autorités autrichiennes, n'étaient pas régulières au sens de l'article 5, par. 1 (c), de la Convention, pour le motif que l'arrestation a eu lieu en territoire italien, que la Commission estime que l'examen du dossier tel qu'il se présente ne lui fournit pas les informations nécessaires pour prendre une décision sur la recevabilité de cette partie de la requête; que la Commission décide donc, conformément à l'article 45, par. 3 (b), de son Règlement intérieur, de donner connaissance de cette partie de la requête au Gouvernement autrichien et de l'inviter à présenter ses observations sur la recevabilité; qu'en attendant, la Commission décide de surseoir à examiner cette partie de la requête;

Considérant, pour autant que le requérant se plaint des conditions dans lesquelles il a été détenu et prétend qu'il y a eu ingérence dans l'exercice de son droit de correspondre, qu'il convient de noter qu'aux termes de l'article 26 de la Convention, la Commission ne peut être saisie qu'après l'épuisement des voies de recours internes, tel qu'il est entendu selon les principes de droit international généralement reconnus; le requérant n'a pas fourni la preuve qu'il avait épuisé les voies de recours dont il disposait selon le droit autrichien; qu'au surplus, l'examen *d'office* du dossier ne permet pas de dégager l'existence de circonstances particulières de nature à relever le requérant, selon les principes de droit international généralement reconnus, de l'obligation d'exercer les recours internes qu'il avait à sa disposition; qu'il appert, dès lors, que le requérant n'a pas observé les prescriptions des articles 26 et 27, par. 3, de la Convention en ce qui concerne l'épuisement des voies de recours internes;

Considérant, en ce qui concerne le reste de la requête, que l'examen du dossier ne permet pas de dégager l'apparence d'une violation des droits et des libertés définis par la Convention; qu'en particulier, pour autant que le requérant prétend qu'il n'existait aucun recours effectif contre les violations alléguées de la Convention, il n'a fourni aucune preuve démontrant que les recours dont il disposait n'étaient pas effectifs au sens de l'article 13 de la Convention; qu'il s'ensuit que cette partie de la requête est maniwhereas it follows that this part of the Application is manifestly ill-founded within the meaning of Article 27, paragraph (2), of the Convention.

Now therefore the Commission

DECLARES THIS PART OF THE APPLICATION INADMISSIBLE

...

Application No. 2547/65

X *against* AUSTRIA

Final decision of 14th July 1966

...

THE FACTS

Whereas the facts presented by the Applicant – excluding those which relate to the complaints already rejected by the Commission – may be summarised as follows:

The Applicant is a German citizen, born in 1929 and at present living at Lübeck.

He states that on ... November 1964, it came to his knowledge that two South Tyrolese were planning to place a suitcase containing a bomb in an express train (Brenner Express) bound for Italy, where the bomb was to explode during the night between ... and ... November. The two men were acting from political motives, and the direct reason was that certain elections were to take place on ... November 1964 in the province of Bolzano.

He further states that he tried to persuade the two men to refrain from their action, and when this attempt failed, he was anxious to prevent in some other way the very serious consequences which would be the result of the explosion. He decided, however, not to inform the Austrian authorities, since he considered that certain Austrian officials might not be willing, for political reasons, to prevent the explosion; he chose to go to Italy in the same train as the bomb and to inform the Italian authorities as soon as he had crossed the frontier. He managed to inform the Italian authorities one hour before the explosion was to take place and serious damage was thereby avoided; nevertheless, the authorities did not manage to prevent damage to a railway carriage, although, in the Applicant's opinion, this could also have been avoided.

The Applicant submits that, on ... December 1964, he was arrested in Italy by the Austrian police and that the Italian aufestement mal fondée au sens de l'article 27, par. 2, de la Convention.

Par ces motifs,

DECLARE CETTE PARTIE DE LA REQUETE IRRECEVABLE.

...

Requête No. 2547/65

X *contre* L'AUTRICHE

Décision définitive du 14 juillet 1966

(*Traduction*)

...

EN FAIT

Considérant que les faits de la cause tels qu'ils sont présentés par le requérant – à l'exclusion des faits se rapportant à des griefs déjà rejetés par la Commission – peuvent se résumer ainsi:

Le requérant, ressortissant allemand, est né en 1929 et réside actuellement à Lübeck.

Il déclare avoir appris, le ... novembre 1964, que deux Sud-Tyroliens projetaient de placer une valise contenant une bombe dans un express (le Brenner Express) à destination de l'Italie, et que la bombe devait exploser dans la nuit du ... au ... novembre. Les deux hommes étaient mus par des motifs politiques et la cause immédiate de leur action était que certaines élections devaient avoir lieu le ... novembre 1964 dans la province de Bolzano.

Il déclare en outre avoir essayé de persuader les deux hommes de renoncer à leur projet et, n'y étant pas parvenu, s'être préoccupé d'empêcher d'une autre façon les conséquences extrêmement graves qu'aurait pu avoir l'explosion. Néanmoins, il décida de ne pas avertir les autorités autrichiennes, car il estimait que certains fonctionnaires autrichiens pourraient fort bien, pour des motifs politiques, ne pas vouloir empêcher l'explosion; il résolut de se rendre en Italie par le train dans lequel avait été placée la bombe et d'avertir les autorités italiennes dès qu'il aurait franchi la frontière. Il réussit à prévenir les autorités italiennes une heure avant le moment où l'explosion devait avoir lieu, et des dégâts importants furent ainsi évités; néanmoins, les autorités ne parvinrent pas à empêcher que des dommages fussent causés à un wagon, bien que, de l'avis du requérant, cela aurait pu être évité également.

Le requérant fait donc valoir qu'il fut arrêté en Italie par la police autrichienne le ... décembre 1964 sans que les autorités italiennes thorities were unaware of his arrest. This action taken by the Austrian authorities outside Austrian territory amounts, in his opinion, to kidnapping. He states about this incident that he travelled in a train to the Brenner railway station in Italy, that he was there taken out of the train and kept about twenty minutes in the office of the Austrian passport authorities; that, shortly before the train left, he was obliged to return to the train with an Austrian police officer and to go into a service compartment of the police; that the Austrian officials drew the curtains of the compartment in order to search the Applicant; that no Italian official was aware of these events, although they all took place on Italian territory; and that he was taken in the train to Austria.

In Austria, he was kept in detention on remand (*Untersuchungshaft*) under suspicion of having violated the Austrian Explosives Act (*Sprengstoffgesetz*). Although he declared that he had not been involved in the plans to blow up the train, he was not released and he states that he was told that nothing would have happened to him if he had informed the Austrian, and not the Italian, authorities of the plans of the two South Tyrolese.

His appeal regarding his detention was rejected on ... December 1964, by the Judges' Chamber of the Regional Court (*Ratskammer des Landesgerichts*) of Innsbruck and, on appeal, on ... January, 1965, by the Court of Appeal (*Oberlandesgericht*) of Innsbruck. Subsequent requests for release were rejected by the Regional Court of Innsbruck on ... April and ... July 1965. He also asked the Supreme Court (*Oberster Gerichtshof*) that his case should be dealt with in another "Bundesland", where the authorities would be more impartial in regard to the political issue which formed the background of his case. This petition as well as another petition to the Minister of Justice was, however, unsuccessful.

The Applicant states that subsequently he was charged with an offence against the Explosives Act and that the trial against him took place at Graz on ... November 1965. On the same day, he was sentenced to 18 months' severe imprisonment, although the jury was not unanimous. He further states that as he had not sufficient money to oppose the political interests which were involved in the case and also in view of the fact that he had already spent 12 months in detention on remand, he declared himself ready to accept the judgment without, however, admitting his guilt.

He adds that during the trial, a certain Polizei-Oberrat Dr. A admitted that X had been arrested on Italian territory and that the arrest had taken place on Dr. A's initiative.

The Applicant served his sentence in a prison at Graz and was released in June 1966.

The Applicant alleges:

eussent connaissance du fait. Cet acte accompli par les autorités autrichiennes hors du territoire autrichien constitue, à son sens, un enlèvement. Il donne de cet incident le récit ci-après: alors qu'il se trouvait dans un train dans la gare italienne du Brenner, on l'obligea à en descendre et on le retint une vingtaine de minutes dans le bureau des services autrichiens de contrôle des passeports; peu de temps avant le départ du train, un officier de la police autrichienne le fit remonter et le conduisit dans un compartiment de service de la police; les fonctionnaires autrichiens tirèrent les rideaux du compartiment pour fouiller le requérant; aucun fonctionnaire italien ne se rendit compte de ce qui se passait, bien que tout cela eût lieu en territoire italien; le requérant fut emmené en Autriche par ce train.

Dans ce pays, il fut placé en détention préventive (*Untersuchungshaft*) en raison du fait qu'il était soupçonné d'avoir contrevenu à la législation autrichienne sur les explosifs (*Sprengstoffgesetz*). Bien qu'il niât avoir participé au projet de faire sauter le train, il ne fut pas mis en liberté et on lui déclara, assure-t-il, que rien ne lui serait arrivé s'il avait averti les autorités autrichiennes, et non pas les autorités italiennes, des projets des deux Sud-Tyroliens.

Sa demande de mise en liberté fut rejetée le ... décembre 1964 par la Chambre du Conseil du Tribunal Régional (*Ratskammer des Landesgerichts*) d'Innsbruck et en appel, le ... janvier 1965 par la Cour d'Appel (*Oberlandesgericht*) d'Innsbruck. D'autres demandes de mise en liberté furent rejetées par le Tribunal régional d'Innsbruck les ... avril et ... juillet 1965. Il demanda également à la Cour Suprême (*Oberster Gerichtshof*) que son cas fût examiné dans un autre "Bundesland", où les autorités seraient plus impartiales à l'égard du problème politique sur lequel se greffait son cas. Néanmoins, cette requête, ainsi qu'une autre requête adressée au Ministre de la Justice, n'aboutit à aucun résultat.

Le requérant déclare qu'il fut par la suite accusé d'avoir enfreint la loi sur les explosifs et que son procès eut lieu à Graz, le ... novembre 1965. Le même jour, il fut condamné à 18 mois de réclusion de rigueur, bien que le jury ne fût pas unanime. Il déclare en outre que, du fait qu'il ne disposait pas de moyens financiers suffisants pour lutter contre les intérêts politiques en jeu et qu'il avait déjà subi 12 mois de détention préventive, il se déclara prêt à accepter le verdict sans toutefois admettre sa culpabilité.

Il ajoute qu'au cours du procès, un certain Polizeioberrat, M. A, a admis que X avait été arrêté en territoire italien et que son arrestation avait été effectuée sur son initiative.

Le requérant a purgé sa peine dans une prison de Graz et a été libéré en juin 1966.

Le requérant prétend:

- that he was unlawfully arrested by Austrian police on Italian territory,
- that, as a result of the circumstances of his arrest, his subsequent detention in Austria was also unlawful.

He invokes Article 5, paragraphs (1) (c), (4) and (5), of the Convention and emphasises that, according to Article 5, paragraph (1) (c), arrest and detention must be lawful.

PROCEEDINGS BEFORE THE COMMISSION

Whereas, on 14th February 1966, the Commission, while declaring certain other complaints inadmissible, decided in accordance with Rule 45, paragraph (3) (b), of its Rules of Procedure, to give notice of the allegations set out above to the Austrian Government and to invite it to submit its observations on admissibility;

Whereas the Government submitted its observations on 14th April 1966;

Whereas the Applicant's observations in reply which are dated 22nd April 1966, were received on 5th May 1966.

SUBMISSIONS OF THE PARTIES

Whereas the submissions of the Parties may be summarised as follows:

The Government submitted that, on the morning of ... November 1964, an explosion, which caused considerable damage to property, occurred in the railway station area at Brixen, South Tyrol, in the luggage van of the Brenner Express train which had come in from Austria. It appeared that explosives had been contained in a suitcase which an unknown man had registered at Innsbruck for delivery in Italy. It was also found out that four people, among them the Applicant, had been involved in the making of the explosive. At that time, the Applicant's whereabouts were not known, but on ... December 1964, the Austrian border police officer on duty at Brenner station, in the course of his routine check of the Alpen Express, noticed the Applicant whom he knew to be wanted by the authorities and who intended to go to Innsbruck in the same train. He asked the Applicant to accompany him to the office of the Austrian border police for an examination of his passport. Shortly before the train was due to leave, the Applicant was given permission to travel on to Austria. In the train, between Brennersee and Gries, i.e. on Austrian territory, the Applicant was told that he was under arrest. Consequently, his arrest took place in Austria, and not in Italy. As regards the exercise by Austrian border police and customs authorities of official functions at the Austro-Italian border in the Brenner area, the Government referred to the agreement signed by

- qu'il a été irrégulièrement arrêté par la police autrichienne en territoire italien,
- qu'en raison des circonstances dans lesquelles il a été arrêté, son incarcération et son maintien en détention en Autriche ont également été irréguliers.

Il invoque l'Article 5, paragraphes (1) (c), (4) et (5) de la Convention et souligne que, conformément à l'Article 5, paragraphe (1) (c), l'arrestation et la détention doivent être régulières.

PROCEDURE DEVANT LA COMMISSION

Considérant que le 14 février 1966, la Commission, tout en déclarant certains autres griefs irrecevables, a décidé, en application de l'Article 45, paragraphe (3) (b) de son Règlement intérieur, de porter les griefs exposés ci-dessus à la connaissance du Gouvernement autrichien et d'inviter celui-ci à présenter à la Commission ses observations écrites sur la recevabilité desdits griefs;

Considérant que le Gouvernement autrichien a présenté ses observations le 14 avril 1966;

Considérant que la réplique du requérant, datée du 22 avril 1966, a été reçue par la Commission le 5 mai 1966.

ARGUMENTATION DES PARTIES

Considérant que l'argumentation des parties peut se résumer ainsi:

Le Gouvernement a déclaré que dans la matinée du ... novembre 1964, une explosion qui a causé des dégâts considérables s'est produite dans la gare de Brixen, Sud Tyrol, dans le fourgon à bagages du Brenner Express qui venait d'arriver d'Autriche. L'enquête a révélé que des explosifs avaient été placés dans une valise qu'une personne non identifiée avait expédiée par le train d'Innsbruck en Italie. Il s'est également révélé que quatre personnes, dont le requérant, avaient participé à la fabrication des explosifs. A cette date, la police ignorait où se trouvait le requérant, mais le ... décembre 1964, un officier de la police frontalière autrichienne de service à la gare du Brenner effectuait un contrôle dans l'Alpen Express, lorsqu'il aperçut le requérant qu'il savait recherché par les autorités et qui se proposait de se rendre à Innsbruck par ce même train. Il demanda au requérant de le suivre au bureau de la police frontalière autrichienne pour examen de son passeport. Peu de temps avant l'heure de départ du train, le requérant fut autorisé à poursuivre son voyage vers l'Autriche. Dans le train, entre Brennersee et Gries, c'est-à-dire en territoire autrichien, le requérant fut informé qu'il se trouvait en état d'arrestation. L'arrestation a donc eu lieu en Autriche et non pas en Italie. Pour ce qui est de l'exercice, par la police frontalière autrichienne et par les autorités douanières autrichiennes, de fonctions officielles à la frontière austro-

Austria and Italy on 22nd October 1947. This agreement, described as a "modus vivendi", authorises Austria to provide border control services at Brenner station. For that purpose, premises are at the disposal of the Austrian authorities, including the police, and, according to the agreement, Austria is expressly authorised to maintain police services at the station.

The Government further submitted that the Applicant had not exhausted the domestic remedies within the meaning of Article 26 of the Convention. It is true that in December 1964 and January 1965, he appealed against his detention, but in these proceedings he did not argue that he had been arrested unlawfully in Italy. Even if he had asserted the illegality of his arrest at a later date, namely, in his applications which were rejected by the Regional Court in April and July 1965, the requirements of Article 26 would not be satisfied, since an appeal from the decisions of the Regional Court could have been lodged with the Court of Appeal. Moreover, the decision of ... July 1965, is irrelevant to the question whether or not Article 26 has been satisfied, since that decision was given after the Applicant had lodged his Application with the Commission.

By way of conclusion, the Government requested that the Application should be declared inadmissible for non-exhaustion of domestic remedies or, alternatively, as being manifestly ill-founded.

The Applicant maintained, in his reply, that he had been arrested at Brenner station, and not in the train between Brennersee and Gries.

In support of his statement in this regard, he stated that he was compelled by Austrian police officers to continue in the train to Austria and he also referred to the reply given at the trial by the witness Polizei-Oberrat Dr. A to a question put to him by the Applicant's lawyer. The lawyer asked the following question: "Supposing that the accused X was an Italian agent as you believed or still believe , Dr. A, how can you explain that he let your people arrest him at Brenner station, that is on Italian territory?" Dr. A replied: "The accused had no possibility of escaping at the station, as we had taken appropriate measures and watched him carefully".

As regards exhaustion of domestic remedies, the Applicant stated that he had not studied Austrian law and had no one to inform or advise him. He tried, however, to appeal to the Investigating Judge and subsequently to the Regional Court and the Court of Appeal. He also approached the Supreme Court in Vienna but received the reply that only the Courts of Innsbruck were competent.

italienne dans la région du Brenner, le gouvernement a invoqué l'accord signé le 22 octobre 1947 par l'Autriche et l'Italie. Aux termes de cet accord, qualifié de "modus vivendi", l'Autriche est habilitée à maintenir des services de contrôle frontalier à la gare du Brenner. A cette fin, des locaux sont à la disposition des autorités autrichiennes, y compris de la police et, en vertu de l'accord en question, l'Autriche est expressément autorisée à avoir un commissariat de police dans cette gare.

Le gouvernement a en outre soutenu que le requérant n'avait pas épuisé les voies de recours internes au sens de l'article 26 de la Convention. Il est exact qu'en décembre 1964 et en janvier 1965, le requérant a interjeté appel contre sa détention, mais il n'a pas alors prétendu avoir été arrêté irrégulièrement en Italie. Même si le requérant avait invoqué l'irrégularité de son arrestation, à une date ultérieure, c'est-à-dire dans ses demandes qui ont été rejetées par le Tribunal régional en avril et juillet 1965, les prescriptions de l'Article 26 ne seraient néanmoins pas respectées car le requérant aurait encore pu interjeter appel des décisions du Tribunal régional auprès de la Cour d'Appel. En outre, la décision du ... juillet 1965 est sans rapport avec la question de savoir si l'article 26 a ou non été respecté, étant donné que cette décision est intervenue après que le requérant ait introduit sa requête auprès de la Commission.

En conclusion, le gouvernement a demandé que la requête soit déclarée irrecevable soit pour non-épuisement des voies de recours internes, soit comme étant manifestement mal fondée.

Le requérant, dans sa réplique, continue à affirmer qu'il a été arrêté à la gare du Brenner et non dans le train entre Brennersee et Gries.

A l'appui de cette allégation, il affirme que des policiers autrichiens l'ont contraint de poursuivre son voyage par le train en direction de l'Autriche; il cite également la réponse donnée lors du procès par un témoin, M. A, Polizeioberrat, à une question que lui avait posée l'avocat du requérant. L'avocat lui avait demandé: "à supposer que l'accusé X ait été un agent italien comme vous le pensiez à l'époque ou comme vous continuez peut-être à le penser, comment pouvez-vous expliquer, M. A, qu'il se soit laissé arrêter par un policier autrichien à la gare du Brenner, c'est-à-dire en territoire italien?". M. A répondit: "L'accusé n'avait aucune possibilité de nous échapper à la gare, car nous avions pris les mesures nécessaires et il était étroitement surveillé".

En ce qui concerne l'épuisement des voies de recours internes, le requérant a déclaré qu'il n'avait pas étudié le droit autrichien et qu'il n'avait eu personne pour l'informer ou le conseiller. Il a essayé toutefois, de s'adresser au juge d'instruction, puis au Tribunal régional et à la Cour d'Appel. Il s'est également adressé à la Cour Suprême de Vienne, mais celle-ci lui a répondu que seuls les tribu-

Finally, he wrote to the Commission, hoping to find justice before an international court where there is no prejudice based on national or provincial feelings.

THE LAW

Whereas the Applicant alleges that his arrest was unlawful as it took place on Italian territory, and that, as a result, his subsequent detention on remand was also unlawful;

Whereas Article 26 of the Convention provides that the Commission may only deal with a matter after all domestic remedies have been exhausted according to the generally recognised rules of international law;

Whereas, in so far as the Applicant alleges that his arrest was unlawful, the Commission has taken into consideration, although it was not submitted by the Respondent Government, the fact that, according to Article 144 of the Austrian Federal Constitutional Act (*Bundes-Verfassungsgesetz*), the Constitutional Court (*Verfassungsgerichtshof*) is competent to decide on appeals from decisions (*Bescheide*) by the administrative authorities in regard to alleged violations of constitutional rights; whereas, according to a constant jurisprudence in Austria, the Constitutional Court is also competent to decide on appeals regarding 'factual' official acts (*faktische Amtshandlungen*) by the authorities, in so far as these acts have allegedly violated constitutional rights;

Whereas the Austrian Act on the Protection of Personal Freedom (*Gesetz zum Schutze der persönlichen Freiheit*) which has the status of a constitutional Act contains provisions regarding the conditions on which a person may be arrested; and whereas the physical arrest of a person is, according to Austrian jurisprudence, apparently to be considered as a 'factual' official act;

Whereas it follows that the Constitutional Court would have been competent to examine whether or not the Applicant had been lawfully arrested by the Austrian authorities;

Whereas, by failing to appeal to the Constitutional Court, the Applicant has not, in regard to his arrest, exhausted the domestic remedies within the meaning of Article 26;

Whereas, in so far as the Applicant alleges that his subsequent detention on remand was unlawful as a result of his unlawful arrest, it appears that the Applicant lodged an appeal (*Haftbeschwerde*) regarding his detention which, on ... December 1964, was rejected by the Judges' Chamber of the Regional Court and that his appeal from that decision was rejected on ... January 1965, by the Court of Appeal at Innsbruck; whereas the Government has stated that in these proceedings the Applicant did not argue that he had been naux d'Innsbruck étaient compétents. Finalement, il écrivit à la Commission dans l'espoir que justice lui serait rendue par un tribunal international exempt de tout préjugé fondé sur le nationalisme ou le provincialisme.

EN DROIT

Considérant que le requérant prétend que son arrestation et, par la suite, sa détention préventive, n'étaient pas régulières pour le motif que l'arrestation a eu lieu en territoire italien;

Considérant qu'aux termes de l'article 26 de la Convention, la Commission ne peut être saisie qu'après l'épuisement des voies de recours internes, tel qu'il est entendu selon les principes de droit international généralement reconnus;

Considérant que, pour autant que le requérant prétend que son arrestation n'était pas régulière, la Commission a tenu compte du fait – bien que le gouvernement défendeur ne l'ait pas invoqué – qu'aux termes de l'Article 144 de la Constitution fédérale autrichienne (*Bundes-Verfassungsgesetz*), la Cour Constitutionnelle (*Verfassungsgerichtshof*) est compétente pour connaître des appels interjetés contre des décisions (*Bescheide*) des autorités administratives, lorsqu'une violation des droits constitutionnels est alléguée; qu'en vertu d'une jurisprudence constante, la Cour Constitutionnelle autrichienne est également compétente pour connaître d'appels relatifs à des actes administratifs (*faktische Amtshandlungen*), dans la mesure où il est allégué que ces actes ont entraîné une violation des droits constitutionnels;

Considérant que la loi autrichienne sur la Protection de la liberté individuelle (*Gesetz zum Schutze der persönlichen Freiheit*), qui est assimilée à une loi constitutionnelle, règlemente les conditions dans lesquelles une personne peut être arrêtée; qu'au surplus, l'arrestation d'une personne doit, d'après la jurisprudence autrichienne, être considérée comme un acte administratif;

Considérant qu'il s'ensuit que la Cour Constitutionnelle aurait été compétente pour examiner la question de savoir si le requérant a été ou non régulièrement arrêté par les autorités autrichiennes;

Considérant, qu'en omettant de faire appel à la Cour Constitutionnelle, au sujet de son arrestation, le requérant n'a pas épuisé les voies de recours internes au sens de l'article 26 de la Convention;

Considérant que, pour autant que le requérant prétend que son arrestation et, par suite, sa détention n'étaient pas régulières, la Commission constate que le ... décembre 1964, le requérant a introduit un recours (*Haftbeschwerde*) contre sa détention; ce recours a été rejeté par la Chambre du Conseil du Tribunal régional et cette décision de rejet a fait l'objet d'un appel rejeté le ... janvier 1965 par la Cour d'Appel d'Innsbruck; que le Gouvernement a affirmé qu'au cours des procédures précitées, le requérant n'avait pas unlawfully arrested in Italy; whereas the Applicant has not contested this statement by the Government;

Whereas the Applicant subsequently submitted two requests for his release from detention which were rejected on ... April and ... July 1965, by the Regional Court of Innsbruck; whereas it appears from these decisions that, according to Article 194, paragraph 2, of the Code of Criminal Procedure, no appeal to the Court of Appeal was available;

Whereas, however, it remains to be examined whether in these two requests for release the Applicant invoked the alleged fact that he had been arrested on Italian territory; whereas neither the Government nor the Applicant himself has made any clear statement in this regard; whereas the decisions of ... April and ... July 1965, contain no indication that this point had been raised by the Applicant in the proceedings concerned;

Whereas, consequently, the Applicant has not shown that, in his appeals or applications relating to his detention, he made the particular allegation which he subsequently raised before the Commission; whereas the Commission concludes that the Applicant has not, in regard to his detention, exhausted the domestic remedies within the meaning of Article 26.

Now therefore the Commission

DECLARES THIS APPLICATION INADMISSIBLE

...

Application No. 2621/65

X *against* THE NETHERLANDS

Decision of 1st April 1966

(*Translation*)

...

THE FACTS

Whereas the facts of the case may be summarised as follows:

The Applicant, a Doctor of Law of Belgian nationality, born in 1927, is at present in detention at Amsterdam.

On 27th August 1965 he is said to have been arrested in Amsterdam on suspicion of having committed an offence, the nature of which he does not specify. He states that he was detained on the basis of a provisional warrant of arrest (*bevel tot inverzekeringstelling*) until 31st August; on that date a decision was given ordering his detention pending trial (*bevel tot bewaring*).

fait état de la prétendue irrégularité de son arrestation en Italie; que le requérant n'a pas contredit cette affirmation du gouvernement;

Considérant que par la suite, le requérant a présenté deux demandes de mise en liberté qui ont été rejetées les ... avril et ... juillet 1965, par le Tribunal régional d'Innsbruck; qu'il ressort des arrêts précités que, d'après l'article 194, paragraphe 2 du Code de procédure pénale, il n'existait aucune possibilité de recours auprès de la Cour d'Appel;

Considérant, toutefois, qu'il reste à examiner si, dans ses deux demandes de mise en liberté, le requérant a invoqué le fait qu'il aurait été arrêté en territoire italien; que ni le gouvernement ni le requérant lui-même ne se sont exprimés clairement à cet égard; que les décisions du ... avril et du ... juillet 1965 ne contiennent aucune indication montrant que ce point a été soulevé par le requérant dans la procédure considérée;

Considérant, en conséquence, que le requérant n'a pas apporté la preuve qu'il a fait état, dans ses appels ou recours relatifs à sa détention, de l'allégation particulière qu'il a, par la suite, formulée devant la Commission; que la Commission conclut que le requérant, en ce qui concerne sa détention, n'a pas épuisé les voies de recours internes au sens de l'article 26.

Par ces motifs,

DECLARE LA PRESENTE REQUETE IRRECEVABLE.

...

Requête No. 2621/65

X *contre* LES PAYS-BAS

Décision du 1er avril 1966

...

EN FAIT

Considérant que les faits de la cause peuvent se résumer ainsi:

Le requérant, docteur en droit, de nationalité belge, né en 1927, se trouve actuellement détenu à Amsterdam.

Le 27 août 1965, il aurait été arrêté à Amsterdam sous la suspicion d'avoir commis une infraction dont il ne spécifie pas la nature. Il aurait été détenu sur la base d'un mandat d'arrêt provisoire (*bevel tot inverzekeringstelling*) jusqu'au 31 août; à cette date a été rendue une décision ordonnant sa détention préventive (*bevel tot bewaring*).

A request by the Applicant for annulment of the decision of 31st August was rejected on 3rd September by the Court (*Arrondissementsrechtbank*) of Amsterdam which, referring to the grounds stated in the earlier decision, authorised the continued holding of the Applicant in preventive detention for 30 days. On an appeal by the Applicant, the Court of Appeal (*Gerechtshof*) of Amsterdam on 17th September 1965 confirmed the lower Court's decision, adding the ground that there was danger of flight since X was a Belgian national with his place of residence in Belgium. An appeal by the Applicant to the Supreme Court (*Hoge Raad*) was declared inadmissible on 16th November 1965 for the reason that Netherlands law made no provision for such an appeal in the case in question.

On 24th September 1965 the lower Court ordered the Applicant to be detained for a further 30 days from 6th October; another extension was ordered by the same Court on 2nd November.

The Applicant states that he did not commit the offence of which he was suspected, but says he understands that the question of his guilt cannot be examined by the Commission. On the other hand he complains that he has been deprived of his freedom in a manner not in accordance with Netherlands law and therefore contrary to the Convention; he invokes Article 5 (i) (c), the English version of which requires that arrest or detention shall be "lawful". He states his grievances in the following manner:

1. Under Section 59 (4) of the Code of Criminal Procedure (*Wetboek van Strafvordering*) a copy of every provisional warrant of arrest shall be supplied to the individual concerned without delay. In this case the Applicant is said not to have received any such document and therefore not to have had the opportunity to verify whether the warrant met the requirements of the earlier paragraphs of the Section in question.

2. Under Section 61 (2) of the Code of Criminal Procedure an interrogation must be held not later than six hours after arrest. The Applicant claims that he was illegally detained without interrogation until 30th August.

3. It appears from Section 64 of the Code of Criminal Procedure and certain related texts that detention pending trial cannot be ordered unless certain well-defined conditions are fulfilled. Moreover, the grounds must be clearly stated in any decision authorising detention pending trial, and under Section 79 of the Code this also applies to any decision rejecting a request for provisional release. X points out that tne Court's decision of 3rd September did not sufficiently indicate the grounds for detention, and that in order to remedy this the Court of Appeal invoked in its judgement a

Une demande introduite par le requérant en vue de l'annulation de la décision du 31 août a été rejetée, le 3 septembre, par le Tribunal (*Arrondissementsrechtbank*) d'Amsterdam qui, en se référant aux motifs énoncés dans la décision antérieure, a autorisé le maintien du requérant en détention préventive pour la durée de trente jours. Sur appel du requérant, la Cour d'Appel (*Gerechtshof*) d'Amsterdam a confirmé, le 17 septembre 1965, la décision du Tribunal en ajoutant comme motif que l'existence d'un danger de fuite ressortait du fait que X était ressortissant belge et avait son domicile en Belgique. Un pourvoi en cassation introduit par le requérant a été déclaré irrecevable, le 16 novembre 1965, par la Cour Suprême (*Hoge Raad*) pour le motif que la loi néerlandaise ne prévoit pas un pourvoi en cassation dans le cas d'espèce.

Le 24 septembre 1965, le Tribunal a prescrit le maintien du requérant en détention pendant trente jours à compter du 6 octobre; une nouvelle prolongation a été ordonnée par le même Tribunal le 2 novembre.

Le requérant affirme qu'il n'a pas commis l'infraction dont il est soupçonné mais déclare comprendre que la question de sa culpabilité échappe à l'examen de la Commission. Par contre, il se plaint devant celle-ci d'avoir été privé de sa liberté d'une manière non conforme à la loi néerlandaise et, par conséquent, contraire à la Convention; il invoque à ce sujet l'article 5 § 1 c) qui exige, dans sa version anglaise, que l'arrestation et la détention soient "lawful". Il précise ses griefs de la façon suivante:

1. D'après l'article 59, quatrième alinéa, du Code de Procédure pénale (*Wetboek van Strafvordering*), une copie de tout mandat d'arrêt provisoire (*bevel tot inverzekeringstelling*) doit être remise à l'intéressé sans délai. En l'espèce, le requérant n'aurait pas reçu un tel document et n'aurait donc pas eu la possibilité de contrôler si le mandat satisfaisait aux exigences des alinéas précédents du même article.

2. D'après l'article 61, deuxième alinéa, du Code de Procédure pénale, un interrogatoire doit intervenir au plus tard six heures après l'arrestation. Or, le requérant aurait été illégalement détenu, sans interrogatoire, jusqu'au 30 août.

3. Il ressort de l'article 64 du Code de Procédure pénale et de certains textes s'y rattachant que la détention préventive ne peut être ordonnée que si certaines conditions bien précises se trouvent remplies. En outre, les motifs doivent être nettement exposés dans toute décision autorisant la détention préventive, et il en va de même, suivant l'article 79 du Code, de toute décision rejetant une demande de libération provisoire. X fait valoir que la décision du Tribunal en date du 3 septembre n'indiquait pas suffisamment les motifs de la détention et que, pour remédier à cet état de choses, la

factor which, according to him, was not valid ground, that is to say his nationality and place of residence.

4. Section 80 of the Code of Criminal Procedure makes provision for temporary conditional release. The Applicant says that he asked for this but that the Court of Appeal took no decision on his request.

5. X alleges that the lower Court's decision of 24th September was illegal, for:

- The Court could not have determined on 24th September whether grounds for his continued detention would exist on 6th October, when the decision took effect;

- The Court was not competent to give the decision, since an appeal by the Applicant was at that time pending with the Supreme Court.

X argues that the decision of 24th September authorising 30 days' detention could not hold good beyond 23rd October, and that therefore his detention from that date until 2nd November, when a new decision was taken, was without legal foundation.

6. Although, under Section 30 of the Code of Criminal Procedure, a defendant has the right to examine his case record, the "Judge-Commissioner" (*rechter commissaris*) is said not to have replied to a letter from the Applicant requesting permission to consult his record.

7. X alleges that Netherlands law is contrary to the Convention in that it makes no provision for appeal to the Supreme Court against a decision confirming detention pending trial (see Section 445 of the Code of Criminal Procedure); he deduces from this that a person may be deprived of his freedom irregularly and illegally without the Supreme Court being able to judge the lawfulness of such detention.

The Applicant alleges violation of Article 5 (1), (2), (3) and (4) of the Convention: he asks the Commission to make suitable approaches to the Netherlands authorities.

THE LAW

Whereas, firstly, the Applicant states that his detention was illegal and invokes Article 5 (i) (c) of the Convention, the English version of which provides that for detention pending trial to be in accordance with the Convention it must be "lawful";

Whereas in this case the files show that, in accordance with Netherlands law, X's detention pending trial was the subject of

Cour d'Appel a invoqué dans son arrêt un fait qui, d'après lui, ne constituait pas un motif valable, à savoir la nationalité et le domicile du requérant.

4. L'article 80 du Code de Procédure pénale prévoit la possibilité d'une mise en liberté provisoire sous conditions. Le requérant aurait sollicité le bénéfice de pareille mesure, mais la Cour d'Appel n'aurait pas statué sur sa demande.

5. X allègue que la décision du Tribunal datée du 24 septembre était illégale, car:
- le Tribunal ne pouvait pas déterminer, dès le 24 septembre, si des motifs de nature à justifier son maintien en détention existeraient le 6 octobre, date à laquelle la décision a pris effet;
- le Tribunal n'était pas compétent pour statuer, la Cour Suprême (*Hoge Raad*) étant alors saisie d'une requête du requérant.

X fait valoir que les effets de la décision du 24 septembre, autorisant trente jours de détention, ne pouvaient s'étendre au-delà du 23 octobre et que, de ce fait, il a été détenu sans fondement légal à partir de cette date jusqu'au 2 novembre, date à laquelle une nouvelle décision a été rendue.

6. Bien que, d'après l'article 30 du Code de Procédure pénale, un inculpé ait le droit de prendre connaissance du dossier le concernant, le "juge-commissaire" (*rechtercommissaris*) aurait laissé sans réponse un écrit par lequel le requérant avait demandé l'autorisation de consulter le dossier relatif à sa cause.

7. X allègue que la loi néerlandaise est contraire à la Convention en ce qu'elle ne prévoit pas un pourvoi en cassation contre une décision qui confirme une détention préventive (voir l'article 445 du Code de Procédure pénale); il en déduit qu'une personne peut se trouver privée de sa liberté de façon irrégulière et illégale, sans que la Cour Suprême ait qualité pour juger de la légalité de la détention.

Le requérant allègue la violation de l'article 5 §§ 1, 2, 3 et 4 de la Convention; il invite la Commission à entreprendre les démarches appropriées auprès des autorités néerlandaises.

EN DROIT

Considérant, tout d'abord, que le requérant allègue, d'une manière générale, que sa détention était illégale et qu'à ce sujet il invoque l'article 5 § 1 c) de la Convention qui, dans sa version anglaise, dispose qu'une détention préventive n'est conforme à la Convention qu'à condition d'être "lawful";

Qu'en l'espèce, il ressort du dossier qu'il y a eu, conformément au droit néerlandais, une procédure judiciaire relative à la détention

Court proceedings and the judicial authorities took their decisions on the basis of Netherlands law;

Whereas it is necessary to add that the Commission has no power to examine whether, in the course of proceedings before Netherlands Courts, municipal law was correctly interpreted and applied by the judicial authorities, unless exceptionally they had acted in bad faith in interpreting and applying the law, in which case detention would not be "lawful" within the meaning of Article 5 (1) (c); whereas in this case the Applicant has not furnished the slightest evidence in support of such a hypothesis;

Whereas X's detention pending trial was therefore "lawful" within the meaning of Article 5 (1) (c) of the Convention, and in this respect the Application is manifestly ill-founded (Article 27 (2) of the Convention);

Whereas it is necessary to examine the Applicant's specific grievances in greater detail;

Whereas he complains, firstly, that the authorities did not furnish him with a copy of the warrant ordering his arrest (first grievance); whereas, however, he does not claim that they failed to inform him of the reasons for his arrest; whereas under Article 5 (2) of the Convention "everyone who is arrested shall be informed promptly, in a language which he understands, of the reasons for his arrest and of any charge against him"; whereas, on the other hand, the Convention does not require this information to be given in any special form; whereas the Commission refers on this point to its previous jurisprudence (see decisions on the admissibility of Applications Nos. 1211/61, X against the Netherlands, Yearbook 5, p. 224, and 1216/61, X against the Federal Republic of Germany, Collection of Decisions 11, p. 1);

Whereas X complains that he was not interrogated until 3 days after his arrest (second grievance); whereas under Article 5 (3) of the Convention everyone arrested or detained in accordance with the provisions of Article 5 (1) (c) "shall be brought promptly before a judge or other officer authorised by law to exercise judicial power"; whereas neither that paragraph nor any other provision in the Convention confers on the detained person the right to be interrogated within a particular period of time;

Whereas X also claims that the decision of the Court of Amsterdam dated 3rd September 1965 did not indicate sufficiently the grounds for his detention, and that the Court of Appeal, for its part, invoked a factor that was not a valid ground for such detention (third grievance); whereas in this connection the Commission points out that the Convention, while requiring that everyone who is arrested shall be informed of the reasons for his arrest (Article 5 (2)), does not stipulate that such reasons shall be stated in the text préventive de X et que les autorités judiciaires ont pris leurs décisions en se basant sur la loi néerlandaise;

Qu'il y a lieu d'ajouter que la Commission n'a pas qualité pour examiner si, au cours de la procédure devant les juridictions néerlandaises, le droit interne a été correctement interprété et appliqué par les autorités judiciaires sauf si, exceptionellement, en interprétant et appliquant le droit interne, ces autorités avaient agi de mauvaise foi, car, dans ce cas, la détention en question ne serait pas "lawful" au sens de l'article 5 § 1 c); qu'en l'espèce, le requérant n'a pas apporté un commencement de preuve à l'appui d'une telle hypothèse;

Qu'il s'ensuit que le détention préventive de X a été "lawful" au sens de l'article 5 § 1 c) de la Convention et que la requête, sous ce rapport, est manifestement mal fondée (article 27 § 2 de la Convention);

Considérant qu'il y a lieu d'examiner plus en détail les sept griefs précis exposés par le requérant;

Considérant que X se plaint d'abord de ce que les autorités ne lui ont pas remis une copie du mandat ordonnant son arrestation (premier grief); qu'il ne prétend cependant pas que les autorités avaient manqué de l'informer des raisons de son arrestation; que l'article 5 § 2 de la Convention dispose que "toute personne arrêtée doit être informée, dans le plus court délai et dans une langue qu'elle comprend, des raisons de son arrestation et de toute accusation portée contre elle"; que, par contre, la Convention n'exige pas que cette information soit donnée dans une forme particulière; qu'à ce sujet, la Commission se réfère à sa jurisprudence antérieure (voir les décisions sur la recevabilité des requêtes N° 1211/61, X. contre les Pays-Bas, Annuaire V, p. 225, et No. 1216/61, X. contre la République Fédérale d'Allemagne, Recueil des Décisions 11, p. 1);

Considérant que X se plaint de ce qu'il n'a été interrogé que trois jours après son arrestation (deuxième grief); que, d'après l'article 5 § 3 de la Convention, toute personne arrêtée ou détenue, dans les conditions prévues au paragraphe 1 c) de l'article 5, "doit être aussitôt traduite devant un juge ou un autre magistrat habilité par la loi à exercer des fonctions judiciaires"; que ni ce paragraphe, ni aucune autre disposition de la Convention ne donne à un détenu le droit d'être interrogé dans un délai particulier;

Considérant que X prétend également que la décision du Tribunal d'Amsterdam en date du 3 septembre 1965 n'indiquait pas suffisamment les motifs de sa détention et que, de son côté, la Cour d'Appel avait invoqué un fait qui ne constituait pas un motif valable de cette détention (troisième grief); que la Commission fait observer, à ce sujet, que la Convention, tout en exigeant qu'une personne arrêtée soit informée des raisons de son arrestation (article 5 § 2), n'exige pas que ces raisons soient exposées dans le texte of the decision authorising detention; whereas, moreover, the Commission notes that in fact there is no reason to doubt the existence of valid grounds for detention in accordance with the requirements of Article 5 (1) (c) of the Convention;

Whereas the Applicant complains that he was not granted provisional conditional release (fourth grievance); whereas the Commission has already found that X's detention was in accordance with Article 5 (1) (c) of the Convention; whereas it follows that the domestic Court's refusal to order his provisional release in no way violates the Convention;

Whereas X also attacks the decision given on 24th September 1965 by the Court of Amsterdam ordering his continued detention for 30 days from 6th October 1965 (5th grievance); whereas on this point examination of the files discloses no *prima facie* violation of the Convention; whereas, in particular, the fact that the Court's decision did not take effect until 6th October cannot in any way be considered contrary to the Convention; whereas, furthermore, there is no reason to conclude from the Applicant's statements that from 24th October he was detained in violation of the Convention, the Court having authorised continuance of his detention for 30 days from 6th October;

Whereas, therefore, with regard to the first five grivances, examination of the files does not in the circumstances disclose any *prima facie* violation of Article 5 of the Convention; whereas that part of the Application must therefore be rejected as manifestly ill-founded (Article 27 (2) of the Convention);

Whereas, in so far as X complains that the competent judge did not reply to a request for permission to consult the case record, the Commission may, under Article 26 of the Convention "only deal with the matter after all domestic remedies have been exhausted, according to the generally recognised rules of international law"; whereas in this case the files do not show that X approached the competent judicial organs on the subject of this grievance; whereas he has therefore not exhausted the remedies available to him under Netherlands law; whereas, furthermore, examination of the files does not disclose any special circumstance such as might exempt the Applicant, under the generally recognised rules of international law, from exhausting domestic remedies; whereas, therefore, it appears that the Applicant has not validly exhausted domestic remedies (Article 27 (3) of the Convention);

Whereas, finally, in so far as the Applicant complains of the absence in Netherlands law of any right of appeal to the Supreme Court against certain decisions concerning detention pending trial, Article 1 of the Convention guarantees only "the rights and freedoms defined in Section I" of the Convention; whereas, under de la décision autorisant la détention; que la Commission constate, en outre, qu'il n'y a, en l'espèce, aucune raison de douter de l'existence de motifs valables de la détention satisfaisant aux exigences de l'article 5 § 1 c) de la Convention;

Considérant que le requérant se plaint de ce qu'il n'ait pas été mis en liberté provisoire sous conditions (quatrième grief); que la Commission a déjà constaté que la détention de X était conforme à l'article 5 § 1 c) de la Convention; qu'il s'ensuit que le refus des juridictions internes d'ordonner sa mise en liberté provisoire ne saurait constituer une violation de la Convention;

Considérant que X s'en prend également à la décision rendue le 24 septembre 1965 par le Tribunal d'Amsterdam et ordonnant son maintien en détention pour la durée de trente jours, à partir du 6 octobre 1965 (cinquième grief); qu'à ce sujet, l'examen du dossier ne permet de dégager l'apparence d'aucune violation de la Convention; qu'en particulier, le fait que la décision du Tribunal n'a pris effet que le 6 octobre, ne saurait être considéré comme contraire à la Convention; que les affirmations du requérant ne permettent pas non plus de conclure qu'il était détenu en violation de la Convention à partir du 24 octobre, car le Tribunal avait autorisé son maintien en détention pendant trente jours à compter du 6 octobre;

Considérant, par conséquent, quant aux cinq premiers griefs, que l'examen du dossier ne permet de dégager, en l'état, aucune apparence de violation de l'article 5 de la Convention; qu'il y a donc lieu de repousser cette partie de la requête pour défaut manifeste de fondement (article 27 § 2 de la Convention);

Considérant, pour autant que X se plaint de ce que le juge compétent n'ait pas répondu à une demande d'autorisation de consulter le dossier, que la Commission, aux termes de l'article 26 de la Convention, "ne peut être saisie qu'après l'épuisement des voies de recours internes, tel qu'il est entendu selon les principes de droit international généralement reconnus"; qu'en l'espèce, il ne ressort pas du dossier que X se soit adressé, au sujet de ce grief, aux organes judiciaires compétents en la matière; qu'il n'a par conséquent pas épuisé les voies de recours dont il disposait en droit néerlandais; qu'au surplus, l'examen du dossier ne permet de discerner, en l'état, aucune circonstance particulière qui ait pu dispenser le requérant, selon les principes de droit international généralement reconnus en la matière, d'épuiser les voies de recours internes; qu'il appert, dès lors, que le requérant n'a pas valablement épuisé les voies de recours internes (article 27 § 3 de la Convention);

Considérant, enfin, pour autant que le requérant se plaint de l'absence, en droit néerlandais, d'un pourvoi en cassation contre certaines décisions relatives à la détention préventive, qu'aux termes de son article 1er, la Convention garantit uniquement "les droits et libertés définis (en son) Titre I"; que tout grief formulé par une

Article 25 (1), any grievance formulated by any person, non-governmental organisation or group of individuals must relate to an alleged infringement of those rights and freedoms, otherwise the Commission is not competent *ratione materiae* to examine it; whereas the right of appeal to the Supreme Court is not stated as such among those rights and freedoms; whereas the Commission points out that in this case the procedure followed meets the requirements of Article 5 (4) of the Convention, it being apparent from the files that the Applicant was able to appeal to a Court; whereas, in this respect, the Application is therefore incompatible with the provisions of the Convention (Article 27 (2));

Now therefore the Commission,

DECLARES THE APPLICATION INADMISSIBLE.

...

Application No. 2646/65

X *against* THE FEDERAL REPUBLIC OF GERMANY

Decision of 30th March, 1966

...

THE FACTS

Whereas the facts presented by the Applicant may be summarised as follows:

The Applicant is a German citizen, born in 1927, and at present detained on remand in Hamburg.

From the statements and documents submitted by the Applicant it appears that on ... February, 1964 he was arrested on suspicion of having committed fraud. On ... January, 1965 the Regional Court (*Landgericht*) of Hamburg sentenced him to four years' penal servitude. The Applicant's detention on remand was taken into account. On ... June, 1965 the Federal Court of Justice quashed this decision on a procedural ground and the case was sent back for retrial to another Chamber of the same Court. It seems that no further action has taken place yet and that a new trial fixed in February 1966 was adjourned pending criminal investigations against certain judges who participated in the decision of January, 1965.

From his arrest in February, 1964 until his conviction in January, 1965, the Applicant did not request his release from detention on remand as he did not wish to delay the proceedings. Following the above-mentioned decision he has repeatedly requested his release personne physique, une organisation non gouvernementale ou un groupe de particuliers doit avoir trait, selon l'article 25 § 1, à une atteinte alléguée à ces droits et libertés, faute de quoi son examen échappe à la compétence *ratione materiae* de la Commission; que le droit à se pourvoir en cassation ne figure pas, en tant que tel, parmi lesdits droits et libertés; que la Commission fait observer qu'en l'espèce, la procédure suivie satisfait aux exigences de l'article 5 § 4 de la Convention, car il ressort du dossier que le requérant a pu introduire un recours devant un tribunal; que la requête est donc, sous ce rapport, incompatible avec les dispositions de la Convention (article 27 § 2);

Par ces motifs,

DECLARE LA REQUETE IRRECEVABLE.

...

Requête No. 2646/65

X *contre* LA REPUBLIQUE FEDERALE D'ALLEMAGNE

Décision du 30 mars 1966

(*Traduction*)

...

EN FAIT

Considérant que les faits de la cause, tels qu'ils ont été présentés par le requérant, peuvent se résumer ainsi:

Le requérant, de nationalité allemande, est né en 1927 et se trouve actuellement en détention préventive à Hambourg.

Des déclarations du requérant et des pièces qu'il a produites il ressort que le ... février 1964, le requérant fut arrêté parce qu'il était soupçonné d'avoir commis une escroquerie. Le ... janvier 1965, le Tribunal régional (*Landgericht*) de Hambourg le condamna à 4 ans de travaux forcés. La détention préventive du requérant a été imputée sur la durée de cette peine. Le ... juin 1965, la Cour Fédérale de Justice cassa cet arrêt pour un motif de procédure et l'affaire fut renvoyée devant une autre Chambre du même tribunal. Il semble qu'aucune mesure n'ait été prise depuis lors et que le deuxième procès, qui aurait dû s'ouvrir en février 1966, ait été ajourné en attendant le résultat de l'instruction contre certains juges ayant participé à la décision de janvier 1965.

Entre son arrestation en février 1964 et sa condamnation en janvier 1965, le requérant n'a pas demandé sa mise en liberté provisoire pour ne pas retarder le déroulement de la procédure. Après que fut rendu l'arrêt précité, il sollicita à plusieurs reprises sa mise and he also requested his release on bail. His petitions were, however, rejected by the Regional Court of Hamburg (on ... and ... 1965) and, on appeal, by the Hanseatic Court of Appeal (*Hanseatisches Oberlandesgericht*) of Hamburg (on ... and ... 1965), on the grounds that according to his "trustworthy" confessions during the investigating proceedings (*Ermittlungsverfahren*) and his trial he was "urgently" suspected of having committed the offences he was charged with and that, in view of the long term of imprisonment which he had to expect, he might flee the country (*Fluchtgefahr*) as indeed he had tried to do previously. The Court stated that for this last reason his detention could not be suspended under any conditions.

The Applicant claims that he should have been released as there was no reason for such a long detention pending trial. He states that there was no danger that he might flee the country since he wished to live with his parents in Hamburg. He alleges that it was not in order to escape his conviction that he left Hamburg in the beginning of September, 1963, and visited the Netherlands and subsequently until his arrest, lived and worked under a false name at Essen and Celle. At that time the warrant for arrest had not yet been issued and he states that later he never received a summons from the police. Before he left Hamburg he was heard by the police in regard to a different matter but although he returned there later when visiting his parents, he never knew that the police had searched for him. He further submits that the danger that he might flee the country must not be implied from what occurred before the warrant for arrest of ... December, 1963 was issued.

Furthermore, since the sentence of the Regional Court of Hamburg was quashed by the Federal Court of Justice, the Courts should no longer rely on this sentence when deciding on the further duration of his detention on remand. X claims that in similar previous cases the Court of Appeal of Hamburg as well as the Court of Appeal of Frankfurt had released persons from detention on remand and that in his case the question whether or not his further detention pending trial was really necessary was not carefully examined.

He complains that, as a result of a false interpretation of the law, the Court of Appeal of Hamburg did not apply to him Articles 121 and 122 of the Code of Criminal Procedure according to which detention on remand can only be prolonged for a period exceeding six months provided that there is a careful examination of the circumstances of the case. (Cf. decision of the Court of Appeal of ... 1965).

The Applicant further submits that his confession during the en liberté provisoire ainsi que sa mise en liberté sous caution. Ses demandes ont toutefois été rejetées par le Tribunal régional de Hambourg (les ... et ... 1965) et, en appel, par la Cour d'Appel Hanséatique (*Hanseatisches Oberlandesgericht*) de Hambourg (les ... et ... 1965) pour le motif que, sur la base de ses aveux "sincères" au cours de l'instruction (*Ermittlungsverfahren*) et du procès, le requérant était fortement soupçonné d'avoir commis les infractions qui lui étaient reprochés et qu'en raison de la longue peine d'emprisonnement qu'il encourait, il était susceptible de s'enfuir à l'étranger (*Fluchtgefahr*), ce qu'il avait d'ailleurs fait dans le passé. La Cour a déclaré qu'en raison de ce risque de fuite, le requérant ne pouvait être mis en liberté sous quelque condition que ce soit.

Le requérant prétend qu'il aurait dû être mis en liberté, car il n'y avait aucune raison de le maintenir en détention préventive pendant si longtemps. Il affirme que le risque de le voir s'enfuir à l'étranger état nul, car il souhaitait habiter avec ses parents à Hambourg. Il allègue que ce n'était pas pour échapper à la justice qu'il a quitté Hambourg au début du mois de septembre 1963 pour se rendre aux Pays-Bas et que, par la suite, jusqu'à son arrestation, il s'est établi et a travaillé sous un faux nom à Essen et à Celle. A cette époque, aucun mandat d'arrêt n'avait encore été décerné contre lui et il déclare n'avoir jamais été convoqué par la police. Avant de quitter Hambourg, il a été interrogé par la police au sujet d'une autre affaire et, bien qu'il soit retourné à Hambourg par la suite pour rendre visite à ses parents, il a toujours ignoré que la police le recherchait. Le requérant fait également valoir que le risque de le voir s'enfuir à l'étranger ne doit pas être déduit des événements qui sont survenus avant la délivrance du mandat d'arrêt, le ... décembre 1963.

Par ailleurs, étant donné que la sentence prononcée par le Tribunal régional de Hambourg a été cassée par la Cour Fédérale de Justice, les tribunaux ne devraient plus se fonder sur cette sentence pour se prononcer sur la prolongation de sa détention préventive. X. affirme que dans des affaires analogues, la Cour d'Appel de Hambourg ainsi que la Cour d'Appel de Francfort ont accordé la mise en liberté provisoire des inculpés et que, dans son propre cas, la question de savoir s'il était réellement indispensable de le maintenir en détention préventive n'a pas été examinée avec soin.

Le requérant se plaint de ce que, par suite d'une mauvaise interprétation du droit, la Cour d'Appel de Hambourg ne lui a pas appliqué les articles 121 er 122 du Code de procédure pénale en vertu desquels la détention préventive ne peut être prolongée au-delà de six mois qu'après examen attentif des circonstances particulières de l'affaire (cf. décision de la Cour d'Appel du ... 1965).

Le requérant prétend en outre que ses aveux au cours de l'in-

investigation proceedings was very different from that which he made during his trial under pressure from the Court. He accuses the authorities of extortion of evidence (*Aussagenerpressung*), improper pressure (*Nötigung*), and perversion of justice (*Rechtsbeugung*). He states that after his arrest he had refused to make submissions before the police but, after the Senior Public Prosecutor Dr. ... had told him that in this case it was likely that his detention on remand would not be taken into account at his final conviction, he has told the police the actual state of affairs as far as he could remember it after a recent road accident. At that occasion he had also explained to the police that he was forced, by extortion and compulsion, to commit some of these offences. However, the Applicant alleges, in order to ensure his being put into preventive detention (*Sicherungsverwahrung*), the Office of the Public Prosecutor did not take any action against those who had extorted and put pressure on him. The President of the Court later forced him to give false evidence by threatening him with preventive detention. Thus, he says, he confessed to offences which he had not committed and, contrary to the truth, withdrew evidence which he had given before the police. He also alleges that the lawyer who was appointed *ex officio* did not defend him properly.

The Applicant apparently complained both about this and the fact that certain documents had disappeared from his file. The Senior Public Prosecutor decided on ... 1965 to discontinue the investigation in this matter but, on appeal, the Attorney-General of Hamburg ordered the re-opening of the investigation, on ... 1965. This investigation, it seems, is still going on.

It also appears from the documents submitted that an application concerning the Applicant's trial was rejected by the Ministry of Justice (*Landesjustizverwaltung*) of Hamburg as being inadmissible (*unzuständig*).

A letter in which the Applicant wished to inform the German newspaper "Stern" about his case was not forwarded as the Regional Court of Hamburg decided on ... 1965, that it contained wrong or grossly distorting allegations.

The Applicant further complains that all his correspondence with his lawyer has been subject to censorship. His letter of ... 1965, to the Commission has been opened and according to a judicial decision (*richterliche Verfügung*), been copied. It appears from the text of this decision that it was only in order not to make "difficult" (*erschweren*) the Applicant's correspondence with the Commission, that this letter was not kept back (*angehalten*) by the authorities.

struction étaient très différents de ceux qu'il a faits au cours de son procès à la suite des pressions exercées sur lui par le Tribunal. Il accuse les autorités d'extorsion d'aveux (*Aussagenerpressung*), de contrainte (*Nötigung*) et de prévarication (*Rechtsbeugung*). Il déclare qu'après son arrestation, il a refusé de faire une déposition devant la police, mais le Procureur général, M. ..., lui ayant dit que s'il persistait dans son refus, la durée de sa détention préventive ne serait probablement pas imputée sur la peine prononcée, il fit devant la police un exposé véridique des faits pour autant qu'il pouvait se les rappeler après l'accident de la route dont il avait récemment été victime. A cette occasion, il avait également expliqué à la police qu'il avait été contraint, par des manoeuvres dolosives, à commettre certaines des infractions qui lui étaient reprochées. Toutefois, d'après le requérant, le Ministère public, dans le but d'obtenir sa détention par mesure de sûreté (*Sicherungsverwahrung*), n'a intenté aucune action contre les auteurs desdites manoeuvres. Le Président du Tribunal obligea ensuite le requérant à faire un faux témoignage en le menaçant de le placer en détention préventive. C'est ainsi, prétend le requérant, qu'il avoua être l'auteur d'infractions dont il était innocent et que, contrairement à la vérité, il rétracta la déposition qu'il avait faite devant la police. Il prétend également que l'avocat désigné d'office n'a pas assuré convenablement sa défense.

Les griefs du requérant portent, semble-t-il, à la fois sur les faits précités et sur le fait que certains documents ont disparu de son dossier. Le Procureur Général avait décidé, le ... 1965, d'interrompre l'instruction de cette affaire mais, appel ayant été interjeté par le Procureur Général de Hambourg, il ordonna la réouverture de l'instruction le ... 1965. Cette instruction, semble-t-il, est toujours en cours.

Il ressort également des pièces produites qu'une requête concernant le procès du requérant a été rejetée par le Ministère de la Justice (*Landesjustizverwaltung*) de Hambourg comme étant irrecevable (*unzuständig*).

Une lettre dans laquelle le requérant exposait son cas au journal allemand "Stern" n'a pas été acheminée, le Tribunal régional de Hambourg ayant décidé le ... 1965 qu'elle contenait des allégations erronées ou mensongères.

Le requérant se plaint en outre que toute sa correspondance avec son avocat a été censurée. Sa lettre du ... 1965, adressée à la Commission, a été ouverte et, en application d'une ordonnance de justice (*richterliche Verfügung*), il en a été établi une copie. Il ressort du texte de cette ordonnance que c'est uniquement pour ne pas rendre plus difficile (*erschweren*) la correspondance du requérant avec la Commission que cette lettre n'a pas été retenue (*angehalten*) par les autorités.

X states that his long detention on remand for more than two years was contrary to several Articles of the Criminal Procedure amending Act (*Gesetz zur Änderung der Strafprozessordnung und des Gerichtsverfassungsgesetzes*) of 19th December, 1964, and violated Article 5 paragraphs (3) and (4) of the Convention. He alleges also a violation of Article 3 of the Convention on the ground that one of the judges (*Landgerichtsrat Dr. ...*) who decided upon his conviction also participated in the decision of ... 1965 concerning his detention on remand. This, the Applicant alleges, constitutes an arbitrary act (*Willkür*).

As the Second Criminal Chamber of the Regional Court of Hamburg which decided on the question of his detention on remand is charged with his retrial, the Applicant further alleges a violation of Article 6 paragraph (2), of the Convention.

THE LAW

Whereas in so far as the Applicant's complaints are directed against the lawyer who was appointed *ex officio* for his defence, it results from Article 19 of the Convention that the sole task of the Commission is to ensure the observance of the engagements undertaken in the Convention by the High Contracting Parties, being those Members of the Council of Europe which have signed the Convention and deposited their instruments of ratification; whereas, moreover, it appears from Article 25, paragraph (1), of the Convention that the Commission can properly admit an application from an individual only if that individual claims to be the victim of a violation of the rights set forth in the Convention provided that the Party in question has accepted this competence of the Commission; whereas it results clearly from these Articles that the Commission has no competence *ratione personae* to admit applications directed against private individuals; whereas, in this respect, the Commission refers to its previous decision No. 1599 (Collection of Decisions 10, p. 9); whereas an examination of the case as it has been submitted, does not disclose any grounds on which the alleged conduct of the lawyer who was appointed *ex officio* for the Applicant's defence could exceptionally entail the responsibility of the Government of the Federal Republic of Germany under the Convention; whereas it follows that this part of the Application is incompatible within the meaning of Article 27, paragraph (2), of the Convention;

Whereas, in regard to the Applicant's complaints that the Public Prosecutor induced him to make submissions before the police and that the President of the Court later forced him to give false evidence and to confess to offences which he had not committed, it is to be observed that the Convention, under the terms of Article 1,

X. soutient que sa longue détention préventive, qui a duré plus de deux ans, est contraire à plusieurs articles de la Loi du 19 décembre 1964 portant amendement du Code de procédure pénale (*Gesetz zur Änderung der Strafprozessordnung und des Gerichtsverfassungsgesetzes*) et viole l'article 5, par. 3 et 4, de la Convention. Il allègue également une violation de l'article 3 de la Convention du fait que l'un des juges (*Landgerichtsrat Dr. ...*) qui l'a reconnu coupable avait également participé à la décision du ... 1965 relative à sa détention préventive. Il s'agit là, d'après le requérant, d'un acte arbitraire (*Willkür*).

Le requérant allègue en outre une violation de l'article 6, par. 2, de la Convention du fait que son nouveau procès doit s'ouvrir devant la deuxième Chambre criminelle du Tribunal régional de Hambourg, qui s'est prononcée sur la question de sa détention préventive.

EN DROIT

Considérant, pour autant que les griefs du requérant visent l'avocat désigné d'office pour assurer sa défense, que la Commission, selon l'article 19 de la Convention, a pour seule tâche d'assurer le respect des engagements résultant de celle-ci pour les Hautes Parties Contractantes, c'est-à-dire pour les Etats membres du Conseil de l'Europe qui ont signé la Convention et déposé leur instrument de ratification; qu'il résulte en outre de l'article 25, par. 1er, de la Convention, que la Commission ne peut être saisie d'une requête individuelle que si le requérant se prétend victime d'une violation, par l'un des Etats contractants, des droits reconnus dans la Convention et que cet Etat ait accepté la compétence de la Commission en la matière; qu'il résulte clairement des articles précités que la Commission n'a pas de compétence, *ratione personae*, pour connaître des requêtes dirigées contre de simples particuliers; qu'à ce sujet, la Commission renvoie à sa décision N° 1599 (Recueil de décisions N° 10, p. 9); qu'au demeurant, l'examen du dossier ne permet pas de déterminer en quoi les agissements incriminés de l'avocat nommé d'office auraient pu, exceptionnellement, entraîner la responsabilité du Gouvernement de la République Fédérale d'Allemagne, sur le terrain de la Convention; qu'il s'ensuit que cette partie de la requête est incompatible avec les dispositions de l'article 27, par. 2, de la Convention;

Considérant, pour autant que le requérant se plaint que le Ministère public l'ait incité à faire une déposition à la police et que le Président du Tribunal l'ait ultérieurement obligé à faire un faux témoignage et à avouer avoir commis des infractions dont il était innocent, qu'il y a lieu de remarquer que la Convention, aux termes guarantees only the rights and freedoms set forth in Section I of the Convention; and whereas, under Article 25, paragraph (1), only the alleged violation of one of those rights and freedoms by a Contracting Party can be the subject of an individual application; whereas otherwise its examination is outside the competence of the Commission *ratione materiae;* whereas the Commission has noted that, in fact, the question of the institution of criminal proceedings against the judge and Public Prosecutor is still under examination; whereas in any event the right to have criminal proceedings instituted against a judge or public prosecutor is not as such included among the rights and freedoms guaranteed by the Convention; whereas it follows that this part of the Application is incompatible with the provisions of the Convention within the meaning of Article 27, paragraph (2), of the Convention;

Whereas, in regard to the Applicant's complaints concerning his conviction and the proceedings before the Regional Court of Hamburg, it is to be observed that, under Article 26 of the Convention, the Commission may only deal with a matter after all domestic remedies have been exhausted according to the generally recognised rules of international law; and whereas it appears that, on the Applicant's appeal, the Federal Court of Justice quashed this decision and sent the case back for retrial to another Chamber of the same Court where it is still pending; whereas, therefore, the proceedings concerning the Applicant's conviction have not been terminated and the Applicant has therefore not yet exhausted the remedies available to him under German law; whereas, moreover, an examination of the case as it has been submitted including an examination made *ex officio,* does not disclose the existence of any special circumstances which might absolve the Applicant, according to the generally recognised rules of international law, from exhausting the domestic remedies at his disposal; whereas, therefore, the condition as to the exhaustion of domestic remedies laid down in Articles 26 and 27, paragraph (3) of the Convention has not been complied with by the Applicant;

Whereas, in regard to the Applicant's complaints that he should have been released from detention on remand as there was no reason for his being detained pending trial for such a long period, an examination of the case as it has been submitted in regard to the present stage of the proceedings before the domestic Courts does not disclose any appearance of a violation of the rights and freedoms set forth in the Convention and in particular in Article 5, paragraphs (3) and (4); whereas it follows that this part of the Application is, at the present stage of the proceedings, manifestly ill-founded within the meaning of Article 27, paragraph (2) of the Convention;

Whereas, in regard to the remainder of the Application, i.e. the Applicant's complaints in regard to his correspondence and to the de son article 1er, garantit uniquement les droits et libertés définis en son Titre I; qu'en vertu de l'article 25, par. 1er, seule la violation alléguée de l'un de ces droits et libertés par une Partie Contractante peut faire l'objet d'une requête individuelle, faute de quoi son examen échappe à la compétence *ratione materiae* de la Commission; que la Commission a constaté qu'en fait, la question de l'ouverture d'une procédure pénale contre le juge et le Ministère public est en cours d'examen; qu'en tout état de cause, le droit d'obtenir qu'une action soit intentée contre un juge ou un procureur ne figure pas en tant que tel parmi les droits et libertés garantis par la Convention; que cette partie de la requête est, par conséquent, incompatible avec les dispositions de l'article 27, par. 2, de la Convention.

Considérant, pour autant que les griefs du requérant visent sa condamnation et la procédure devant le Tribunal régional de Hambourg, qu'il y a lieu d'observer qu'aux termes de l'article 26 de la Convention, la Commission ne peut être saisie qu'après l'épuisement des voies de recours internes, tel qu'il est entendu selon les principes de droit international généralement reconnus; que, sur appel interjeté par le requérant, la Cour Fédérale de Justice a cassé l'arrêt en cause et renvoyé l'affaire devant une autre Chambre du même Tribunal qui ne s'est pas encore prononcée; qu'en conséquence, la procédure relative à la condamnation du requérant n'a pas encore pris fin et le requérant n'a donc pas épuisé les voies de recours que lui offre le droit allemand; qu'au surplus, l'examen du dossier ne permet pas de dégager, même d'office, l'existence de circonstances particulières de nature à relever le requérant, selon les principes de droit international généralement reconnus, de l'obligation d'épuiser lesdits recours; qu'il appert donc que le requérant n'a pas observé la condition concernant l'épuissement des voies de recours internes énoncée aux articles 26 et 27, par. 3, de la Convention.

Considérant, pour autant que le requérant soutient qu'il aurait dû être mis en liberté parce qu'il n'y avait aucune raison de le maintenir en détention préventive pendant si longtemps, que l'examen du dossier, en ce qui concerne le présent stade de la procédure devant les tribunaux internes, ne permet de discerner aucune apparence de violation des droits et libertés énoncés dans la Convention et, en particulier, à l'article 5, par. 3 et 4; que dès lors, cette partie de la requête est, au stade actuel de la procédure, manifestement mal fondée au sens de l'article 27, par. 2, de la Convention;

Considérant, quant au reste de la requête, c'est-à-dire quant aux griefs du requérant concernant sa correspondance et la composition

composition of the Court which decided on his applications for release from detention on remand as well as on the criminal charges brought against him, an examination of the case as it has been submitted does not disclose any appearance of a violation of the Convention and in particular Articles 8, 10, 25, paragraph (1) *in fine*, 3 and 6, paragraph (2); whereas it follows that this part too is manifestly ill-founded (Article 27, paragraph (2) of the Convention).

Now therefore the Commission,

DECLARES THIS APPLICATION INADMISSIBLE.

...

Requête No. 2686/65

HEINZ KORNMANN *against* THE FEDERAL REPUBLIC OF GERMANY

Final decision of 13th December 1966

...

THE FACTS

Whereas the facts presented by the Applicant, excluding those which relate to the complaints already rejected by the Commission, may be summarised as follows:

The Applicant is a German citizen, born in 1930 and at present detained in the Tegel prison in Berlin. He is represented before the Commission by Mr. Hasso Fügart, a lawyer practising in Berlin.

A previous Application (No. 2004/63) lodged by the same Applicant was declared inadmissible by decisions of 1st June, 1965 and 24th May, 1966.

The Applicant now alleges that he was ill-treated by prison officers in the Tegel prison on 4th September, 1965. He states that on that day, when on his way back from the prison hospital, he had a dispute with a prison officer named Herzog who finally attacked him. He received blows on his ribs and was choked from behind. Another prison officer, Keitel, twisted his left arm and he was dragged to a place where a third officer named Menke, assisted the other two in assaulting him. He was then taken to an isolation cell where later he tried unsuccessfully to explain the situation to a prison officer, Ordowski. After Ordowski had left the cell, Herzog entered and threatened him ("*Du hast Glück, dass wir nicht allein sind, sonst würde ich Dich Schwein schon klein kriegen*").

du tribunal qui s'est prononcé sur ses demandes de mise en liberté provisoire ainsi que sur les accusations formulées contre lui, que l'examen du dossier tel qu'il se présente ne permet de dégager aucune apparence de violation de la Convention, notamment des article 8, 10, 25, par. 1 *in fine* et des articles 3 et 6, par. 2; qu'il appert donc que cette partie de la requête est également mal fondée (article 27, par. 2 de la Convention).

Par ces motifs,

DECLARE LA REQUETE IRRECEVABLE.

...

Application No. 2686/65

HEINZ KORNMANN *contre* LA REPUBLIQUE FEDERALE D'ALLEMAGNE

Décision finale du 13 décembre 1966

(*Traduction*)

...

EN FAIT

Considérant que les faits de la cause tels qu'ils sont présentés par le requérant – à l'exclusion de ceux qui se rapportent aux griefs déjà rejetés par la Commission – peuvent se résumer ainsi:

Le requérant, de nationalité allemande, est né en 1930; il est actuellement détenu à la prison de Tegel à Berlin. Il est représenté devant la Commission par Me Hasso Fügart, avocat exerçant à Berlin.

Une requête (N° 2004/63) introduite antérieurement par le même requérant a été déclarée irrecevable par décisions du 1er juin 1965 et du 24 mai 1966.

Dans la présente requête, le requérant prétend avoir été maltraité le 4 septembre 1965 par des gardiens dans la prison de Tegel. Il décrit l'incident de la façon suivante: le 4 septembre 1965, alors qu'il revenait de l'infirmerie de la prison il eut une altercation avec un gardien de prison nommé Herzog qui finalement se livra sur lui à des voies de fait. Il reçut des coups dans les côtes et fut frappé par derrière. Un autre gardien de prison nommé Keitel lui tordit le bras gauche et il fut traîné dans un endroit où un troisième gardien nommé Menke, se joignit aux deux autres pour le frapper. Il fut ensuite conduit dans un cachot où il essaya en vain d'expliquer la situation à un gardien de prison nommé Ordowski. Après qu'Ordowski fut sorti du cachot, Herzog y pénétra et le menaça ("*Du hast Glück, dass wir nicht allein sind, sonst würde ich Dich Schwein schon klein kriegen*").

After some time, Kornmann was ordered to leave the cell and was taken to another cell (*Spülzelle*) where he was told to undress. He asked to be allowed to speak to one of the superiors in the prison but was not allowed to do so. Herzog wished to take off Kornmann's clothes by force after Kornmann had asked for the reason for the treatment to which he was being subjected. Someone then proposed to take Kornmann to the cellar of House I (*da werden wir mit ihm schon fertig*). His arms were again twisted and he was pushed and taken to this cellar where he was forced to undress and Herzog again threatened him. Kornmann again stated that he wished to see one of the superiors but he was knocked down, kicked, pushed about and pulled by his hair and one of the officers asked for a truncheon; his chest and back were trodden on by prison officers and with the use of much brutality a metal band was tied round his body.

He was then handcuffed so tightly that his hands were swollen as the circulation of his blood was hindered. After about one hour another prison officer relieved him of his fetters but he was not allowed to see the Inspector or the prison doctor and, in his submission, this was apparently refused because he had still marks of ill-treatment. Kornmann stated that, when writing his letter (on 4th Septembre, 1965), he still had pains and difficulty in breathing as results of this ill-treatment in the cellar and of the fact that the prison officers had trodden on his stomach and back.

PROCEEDINGS BEFORE THE COMMISSION

Whereas the proceedings before the Commission may be summarised as follows:

The present Application was lodged on 4th September, 1965 and was registered on 10th December, 1965. The Application concerned not only the alleged incident of ill-treatment but also a number of other allegations.

On 16th December, 1965, the Commission decided to declare the Application inadmissible except in regard to the alleged ill-treatment. The Commission further decided that, in respect of this allegation, the Parties should be asked to make oral explanations on the admissibility at the hearing which was to be held in regard to Application No. 2004/63, also lodged by Kornmann.

The oral hearing, for which the Applicant was granted legal aid by the Commission, was held on 11th and 12th February, 1966. Following the hearing, the Commission decided to adjourn its decision on admissibility and, in the meanwhile, to ask the Government to provide further information on certain points and to submit certain documents.

On 18th April, 1966, the Government submitted its further

Au bout d'un certain temps, Kornmann reçut l'ordre de quitter sa cellule et fut transféré dans une autre cellule ("*Spülzelle*") où on lui ordonna de se déshabiller. Il demanda à parler à l'une des autorités supérieures de la prison mais n'y fut pas autorisé. Quand Kornmann demanda les raisons du traitement qui lui était infligé, Herzog chercha à le déshabiller de force. Quelqu'un proposa alors de conduire Kornmann dans le sous-sol du Bâtiment I ("*da werden wir mit ihm schon fertig*"). Ses bras furent à nouveau tordus et il fut poussé jusque dans le sous-sol en question où on l'obligea à se déshabiller et où Herzog le menaça de nouveau. Kornmann demanda encore une fois à parler à un fonctionnaire supérieur mais on le fit tomber, on lui donna des coups de pied, on le bouscula en tous sens et on le tira par les cheveux; un des gardiens réclama une matraque; des gardiens lui piétinèrent la poitrine, le dos et lui fixèrent avec une grande brutalité une ceinture de métal autour du corps.

Les menottes qu'on lui passa ensuite étaient si serrées que ses mains enflèrent et que la circulation du sang fut entravée. Au bout d'environ une heure, un autre gardien de prison lui enleva ses fers, mais il ne fut pas autorisé à voir l'inspecteur ni le médecin de la prison parce que, d'après lui, il portait encore les marques des mauvais traitements qu'il avait subis. Kornmann a déclaré qu'au moment où il a écrit sa lettre (le 4 septembre 1965), il ressentait encore des douleurs et respirait difficilement à la suite des brutalités dont il avait été l'objet dans le sous-sol et du fait que les gardiens de prison lui avaient piétiné le ventre et les reins.

PROCEDURE DEVANT LA COMMISSION

Considérant que la procédure devant la Commission peut se résumer ainsi:

La présente requête a été présentée le 4 septembre 1965 et enregistrée le 10 décembre 1965. Elle portait non seulement sur les mauvais traitements allégués mais également sur un certain nombre d'autres griefs.

Le 16 décembre 1965, la Commission a décidé de déclarer la requête irrecevable sauf en ce qui concerne les mauvais traitements allégués. La Commission a en outre décidé que, au sujet de ces allégations, les Parties seraient invitées à présenter des explications orales sur la recevabilité lors de l'audience qui devait avoir lieu pour la requête n° 2004/63, également introduite par Kornmann.

L'audience contradictoire, pour laquelle la Commission a accordé l'assistance judiciaire au requérant, s'est tenue les 11 et 12 février 1966. A la suite de cette audience, la Commission a décidé de surseoir à statuer sur la recevabilité et, en attendant, d'inviter le gouvernement à lui fournir certains renseignements et documents complémentaires.

Le Gouvernement a présenté ses observations complémentaires

written observations and the Applicant's lawyer replied on 6th May, 1966. The Government also submitted additional pleadings on 9th and 20th May, 1966.

On 24th May, 1966, the Commission decided:

(a) not to take notice of the Government's pleading of 20th May, 1966, as it had arrived after the pleadings had been closed;

(b) to adjourn its decision on the admissibility of the Application pending the outcome of certain proceedings in Berlin.

On 17th June, 1966, the President of the Commission decided that a passage of the Government's pleading of 20th May, 1966 should be communicated to the Applicant's lawyer and a reply was submitted by him on 6th July, 1966.

After being informed by the Applicant's lawyer about the progress of the proceedings in Berlin, the Commission decided, on 4th October, 1966, to invite the Government to submit further observations on certain aspects of the case.

The Government submitted a pleading on 8th November, 1966 and the Applicant's lawyer did not submit any reply within the time-limit fixed by the Commission.

Applications for adjournment on different grounds were submitted by both Parties and were rejected by the Commission on 4th October and 13th December, 1966.

SUBMISSIONS OF THE PARTIES

Whereas the submissions of the Parties may be summarised as follows:

1. *As to the question of the Applicant's withdrawal of his Application*

The Government submitted on 4th February, 1966 a copy of a document stating as follows:

"Berlin 27, 8th October, 1965
Seidelstrasse 39

Declaration

I consider my petition of 4th September, 1965 to the Council of Europe, Strasbourg, as settled and hereby withdraw it.

Heinz Kornmann".

The Government further explained that this declaration had, by mistake, been filed with the Berlin authorities instead of being at once forwarded to the Commission. In the Government's opinion, this document seemed to show that the Applicant had not been clear himself as to the effect of his Application and had not attached any par écrit le 18 avril 1966 et l'avocat du requérant y a répondu le 6 mai 1966. Le Gouvernement a également présenté des conclusions complémentaires les 9 et 20 mai 1966.

Le 24 mai 1966, la Commission a décidé:

(a) de ne pas prendre en considération les observations du Gouvernement en date du 20 mai 1966 car elles lui avaient été adressées après l'expiration du délai imparti;

(b) de surseoir à statuer sur la recevabilité de la requête en attendant le résultat de certaines procédures en cours à Berlin.

Le 17 juin 1966, le Président de la Commission a décidé qu'un passage des conclusions du Gouvernement en date du 20 mai 1966 devait être communiqué à l'avocat du requérant; celui-ci fit parvenir sa réponse le 6 juillet 1966.

Après avoir été informé par l'avocat du requérant du déroulement de la procédure en cours à Berlin, la Commission a décidé le 4 octobre 1966 d'inviter le Gouvernement à présenter des observations complémentaires sur certains aspects de l'affaire.

Le Gouvernement a soumis ses conclusions le 8 novembre 1966, mais l'avocat du requérant n'a pas répliqué dans le délai imparti par la Commission.

Des demandes d'ajournement fondées sur des motifs divers, ont été soumises par les deux Parties et rejetées par la Commission les 4 octobre et 13 décembre 1966.

ARGUMENTATION DES PARTIES

Considérant que l'argumentation des Parties peut se résumer ainsi:

1. *En ce qui concerne la question du retrait de sa requête par le requérant*

Le Gouvernement a fourni le 4 février 1966 une copie d'un document dont voici la teneur:

"Berlin, 27, le 8 octobre 1965
Seidelstrasse 39

Déclaration

Je déclare que la requête que j'ai introduite le 4 septembre 1965, au Conseil de l'Europe à Strasbourg. est désormais sans objet et que je la retire par la présente.

signé: Heinz Kornmann".

Le Gouvernement a expliqué en outre que cette déclaration avait été conservée par erreur par les autorités de Berlin, au lieu d'être transmise immédiatement à la Commission. De l'avis du Gouvernement, ce document montre que le requérant ne s'était pas fait lui-même une idée très claire de l'effet de sa requête et qu'il n'y avait great importance to it. On the other hand, the declaration of withdrawal was apparently also of interest in regard to the question whether the Applicant had exhausted domestic remedies (this was stated at an early stage of the proceedings, when the Applicant had not yet availed himself of the "prosecution enforcement procedure" – *Anklageerzwingungsverfahren* – provided for in Article 172 of the Code of Criminal Procedure). According to the Government, the declaration of withdrawal might also indicate that the Applicant himself had doubts as to whether the allegations made in his Application were well-founded and, consequently, the declaration of withdrawal might also have some relevance in the examination of the question as to whether the Application was manifestly ill-founded.

The Applicant's lawyer stated that it was not clear whether the declaration referred to by the Government concerned the incident of 4th September, 1965. He submitted that the Applicant could hardly have complained of this ill-treatment by a petition dated 4th September, 1965, being the same day on which he had been severely manhandled, transferred to a detention cell and punished by seven days' strict detention. If, however, the declaration of withdrawal was shown to concern the complaint as to his ill-treatment, the Applicant's lawyer submitted that it had not been withdrawn of the Applicant's free will. In any event, the Applicant's own conduct showed that he did not intend to withdraw his complaint. Moreover, a withdrawal would not prevent the Commission from examining the case since the Commission's proceedings were not bound by formal considerations, their purpose being to examine the substance of the alleged facts.

2. *As to the question of exhaustion of domestic remedies (Article 26 of the Convention)*

The Government submitted that, in German law, the alleged acts by prison officers would constitute the offence of causing bodily harm in the exercise of official duties (*Körperverletzung im Amt*). As this was a criminal offence, the primary remedy at the Applicant's disposal would be the lodging of a criminal charge (*Strafanzeige*) with the competent Public Prosecutor (*Staatsanwalt*) and, if the Public Prosecutor decided to take no action, he could appeal to the Senior Public Prosecutor (*Generalstaatsanwalt*).

If the Senior Public Prosecutor also decided not to institute criminal proceedings, he could avail himself of the "prosecution enforcement procedure" (*Anklageerzwingungsverfahren*) provided for in Article 172 of the Code of Criminal Procedure (*Strafprozessordnung*). This procedure implied that an application for a judicial pas attaché une grande importance. D'autre part, cette déclaration de retrait semble également présenter de l'intérêt en ce qui concerne la question de savoir si le requérant a épuisé les voies de recours internes. (Cette observation a été formulée tout au début de la procédure à une date où le requérant n'avait pas encore fait usage de la procédure coercitive en matière de poursuite – *Anklageerzwingungsverfahren* – prévue par l'article 172 du Code de procédure pénale). D'après le Gouvernement, cette déclaration de retrait peut aussi indiquer que le requérant lui-même nourrissait des doutes sur le bien-fondé des allégations contenues dans sa requête et, en conséquence, il y aurait peut-être lieu également de tenir compte de cette déclaration de retrait lorsqu'on examinera la question de savoir si la requête est manifestement mal fondée.

L'avocat du requérant a déclaré qu'il n'était pas évident que la déclaration mentionnée par le Gouvernement visât l'incident du 4 septembre 1965. En effet, il aurait été difficile au requérant de se plaindre, dans une requête datée du 4 septembre 1965, de mauvais traitements subis le jour même, quand il a été gravement brutalisé, transféré dans un cachot et puni de sept jours de cachot. Si toutefois, il se révélait que la déclaration de retrait concerne bien la plainte relative aux mauvais traitements, l'avocat du requérant soutient que son client ne l'a pas souscrite de sa propre volonté. En tout état de cause, le comportement même du requérant montrait qu'il n'avait aucune intention de retirer sa plainte. Au demeurant, un retrait n'empêcherait pas la Commission d'examiner l'affaire puisque la procédure devant la Commission n'est pas liée par des considérations de forme et a pour objet d'examiner les faits allégués quant au fond.

2. *En ce qui concerne la question de l'épuisement des voies de recours internes (article 26 de la Convention)*

Le Gouvernement a fait valoir qu'aux termes du droit allemand, les actes qu'auraient commis les gardiens de prison constituent le délit de coups et blessures infligés dans l'exercice de fonctions officielles (*Körperverletzung im Amt*). Etant donné le caractère pénal de cette infraction, le premier recours à la disposition du requérant était le dépôt d'une plainte (*Strafanzeige*) auprès du Procureur (*Staatsanwalt*) compétent et, si ce dernier décidait de ne pas donner suite à cette plainte, un recours pouvait être introduit auprès du Procureur (*Generalstaatsanwalt*).

Si le Procureur Général décidait également de ne pas engager de procédure pénale, le requérant pouvait se prévaloir de la procédure coercitive en matière de poursuite (*Anklageerzwingungsverfahren*) prévue par l'article 172 du Code de procédure pénale (*Strafprozessordnung*). En vertu de cette procédure, une demande de décision decision could be lodged with the competent Court of Appeal which, in the case of Berlin, was the Kammergericht.

The Government first submitted that the present Application was inadmissible as the Applicant had not exhausted these remedies. It pointed out that the Applicant had lodged a criminal charge on 11th September, 1965 but that he had withdrawn this charge on 5th October, 1965 and that, in view of his withdrawal, the Public Prosecutor at the Landgericht had decided to discontinue the proceedings.

However, while the Application was pending before the Commission, the Public Prosecutor decided, on 4th April, 1966, to reopen the investigation *ex officio*. Following this new investigation, the Public Prosecutor again decided, on 15th April, 1966, to discontinue the proceedings.

The Applicant's appeal from this decision was rejected on 18th July, 1966 by the Senior Public Prosecutor at the Kammergericht. The Applicant then lodged an application for a judicial decision by the Kammergericht in accordance with Article 172 of the Code of Criminal Procedure. This application was rejected on 29th August, 1966.

The Government has not submitted that the Applicant was also obliged to exhaust further remedies in order to comply with Article 26 of the Convention. It is true that the Government referred to two further remedies, namely:

(a) an application for a judicial decision by the Kammergericht in accordance with Article 23 of the Introductory Act to the Judicature Act (*Einführungsgesetz zum Gerichtsverfassungsgesetz*) which provides for an appeal in regard to decisions and measures taken by the prison authorities;

(b) civil proceedings against the Land Berlin in respect of breach of official duty (*Amtspflichtverletzung*) by officers of justice, the legal basis being Article 34 of the Basic Law (*Grundgesetz*) and certain provisions of the Civil Code (*Bürgerliches Gesetzbuch*), in particular, Article 839.

The Government emphasised, however, that the principal remedy in the present case was a criminal charge.

The Applicant's lawyer maintained that the Applicant had exhausted the domestic remedies within the meaning of Article 26 of the Convention. He submitted that, as the Applicant had pursued the proceedings regarding the criminal charge up to the Kammergericht, he could not be required also to lodge an application according to Article 23 of the Introductory Act to the Judicature Act. The lawyer further submitted that civil proceedings could not be considered to be an effective remedy in respect of alleged punishable acts unless it had first been established in criminal proceedings that judiciaire peut être présentée à la Cour d'Appel compétente qui, dans le cas de Berlin, est le Kammergericht.

Le Gouvernement a tout d'abord soutenu que la présente requête était irrecevable parce que le requérant n'avait pas épuisé les voies de recours précitées. Il a fait valoir que le requérant avait déposé une plainte le 11 septembre 1965 mais qu'il l'avait retirée le 5 octobre 1965 et que, au vu de ce retrait, le Ministère public du Landgericht avait décidé de classer l'affaire.

Toutefois, alors que la Commission était saisie de la requête, le Ministère public a décidé le 4 avril 1966 de rouvrir l'enquête d'office. A la suite de cette nouvelle enquête, le Ministère public a décidé à nouveau le 15 avril 1966, de classer l'affaire.

L'appel interjeté par le requérant contre cette décision a été rejeté le 18 juillet 1966 par le Procureur Général du Kammergericht. Le requérant a alors introduit auprès du Kammergericht une demande de décision judiciaire, fondée sur l'article 172 du code de procédure pénale. Cette demande a été rejetée le 29 août 1966.

Le Gouvernement n'a pas soutenu que le requérant était également obligé d'épuiser d'autres voies de recours pour satisfaire aux conditions fixées par l'article 26 de la Convention. Il est vrai que le Gouvernement a cité deux autres voies de recours, à savoir:

(a) un recours devant le Kammergericht en application de l'article 23 de la loi introductive à la loi sur l'organisation judiciaire (*Einführungsgesetz zum Gerichtsverfassungsgesetz*) qui prévoit un recours administratif contre les décisions et les mesures prises par les autorités pénitentiaires;

(b) une action civile contre le Land de Berlin pour violation du devoir professionnel (*Amtspflichtverletzung*) par des agents de l'administration judiciaire. Le droit d'intenter une telle action est prévu par l'article 34 de la loi fondamentale (*Grundgesetz*) et par certaines dispositions du Code civil (*Bürgerliches Gesetzbuch*), notamment l'article 839.

Le Gouvernement a souligné néanmoins que la principale voie de recours en l'espèce était une plainte pénale.

L'avocat du requérant a soutenu que son client avait épuisé les voies de recours internes au sens de l'article 26 de la Convention. Il a allégué que, le requérant ayant poursuivi la procédure pénale jusqu'au niveau du Kammergericht, il ne pouvait être tenu d'intenter également une action en vertu de l'article 23 de la loi introductive à la loi sur l'organisation judiciaire. Au surplus l'avocat du requérant ne considère pas qu'une action civile puisse être considérée comme un recours effectif dans le cas d'actes punissables, à moins qu'une procédure pénale n'ait établi auparavant qu'une in-an offence had been committed. In particular, the courts would never grant legal aid unless this condition was satisfied.

3. *As to the question whether the Application is manifestly ill-founded (Article 27, paragraph (2), of the Convention)*

The Government did not make any substantial comments on the incident of 4th September, 1965 itself. It referred, however, to certain statements made by the prison officers concerned and submitted certain documents, in particular, the file of the Public Prosecutor regarding his investigation of the Applicant's allegations. The Government also pointed out, on the basis of the statements of the prison officers, that the background of the incident was different from what the Applicant had stated. On this point, the following statement made by the Government's representative at the oral hearing may be quoted:

"The important point appears to me to be Principal Officer Herzog's statement that the Applicant was not on his way back from the hospital, as he said, when this altercation came about. Herzog states here that he had locked out the prisoners of the section in which Kornmann was for their recreation period, in other words he had let them out of their section, which was closed off, and when he looked down into that wing of the building he saw that Kornmann, whom he had also shut out for the recreation period, was in front of the infirmary. The report continues: "If Kornmann says that he was shut out by me to go to the hospital and not for the recreation period, that is not correct." The Principal Officer's duty was to watch prisoners in their recreation period carefully, in particular, to ensure that no prisoner separated himself from the group, for if that happens there is always the danger of escape or attempted escape. He asked Kornmann what he was doing in front of the hospital and told him he had to report to him (Herzog) before he went there. We read further that Herzog did not bawl at the Applicant at all, as Kornmann has stated in his petition; it was rather the other way round. Kornmann is said to have immediately become abusive in reply to the officer's rebuke and to have made remarks like, "I won't be ordered about by you. Who do you think you are? I won't put up with your Nazi concentration camp methods." Herzog then told the Applicant to come with him. He intended to take him to the central office and report him. Kornmann did not obey this order. Herzog therefore had to force him to come with him, and Kornmann resisted. That is how the struggle came about. This is confirmed in the main by the other witnesses who, it is true, did not see the beginning."

The Government also submitted that the Applicant was not a

fraction a été commise. Les tribunaux notamment, n'accorderaient jamais l'assistance judiciaire si cette condition n'était pas remplie.

3. *En ce qui concerne la question de savoir si la requête est manifestement mal fondée (article 27 § 2 de la Convention)*

Le Gouvernement n'a présenté aucune observation de fond au sujet de l'incident même du 4 septembre 1965. Il a fait état toutefois, de certaines déclarations faites par les gardiens de prison mis en cause et a présenté certains documents notamment le dossier du procureur concernant son enquête sur les allégations du requérant. Le gouvernement a également souligné, en se fondant sur les déclarations des gardiens de prison que l'incident ne s'était pas déroulé comme l'avait décrit le requérant. A ce propos, le représentant du gouvernement a fait la déclaration suivante lors de l'audience contradictoire:

"Le point important me semble être l'affirmation du gardien chef Herzog selon laquelle le requérant ne revenait pas de l'infirmerie, comme il l'a prétendu, au moment où l'altercation a commencé. Herzog déclare qu'il avait fait sortir de leur cellule les détenus parmi lesquels se trouvait Kornmann, pour la période de récréation; en d'autres termes, il les avait fait sortir de leur quartier de détention dont les portes furent fermées mais, lorsqu'il regarda ce qui se passait dans cette aile du bâtiment, il vit que Kornmann qu'il avait également fait sortir pour la récréation, se trouvait en face de l'infirmerie. Le rapport poursuit: "Si Kornmann affirme que je l'ai fait sortir pour qu'il se rende à l'infirmerie et non en récréation, ce n'est pas vrai." Le gardien chef a pour tâche de surveiller attentivement les prisonniers pendant qu'ils sont en récréation et de veiller notamment à ce qu'aucun détenu ne s'écarte du groupe car on pourrait craindre alors qu'il ne cherche à s'enfuir. Herzog demanda à Kornmann ce qu'il faisait en face de l'infirmerie et lui dit qu'il ne devait pas aller à l'infirmerie sans lui en demander la permission. Herzog ne s'est pas du tout mis en colère contre Kornmann comme celui-ci le prétend dans sa requête; ce fut plutôt le contraire. Lorsque le gardien lui eut fait l'observation précitée, Kornmann aurait immédiatement répliqué par des paroles injurieuses; il aurait dit par exemple "Je ne veux pas recevoir d'ordre de vous. Pour qui vous prenez-vous? J'en ai assez de vos méthodes de camps de concentration nazis". Herzog ordonna alors au requérant de le suivre au bureau central de la prison afin de signaler sa conduite aux autorités supérieures. Kornmann refusa d'obéir. Herzog dut alors employer la force mais Kornmann se défendit. C'est ainsi que commença la bagarre. Ce récit est confirmé dans l'ensemble par les autres témoins qui, il est vrai, n'ont pas assisté au début de cet incident."

Le gouvernement a également allégué que le requérant n'était person worthy of credit. Even the manner in which he had conducted his case before the Commission disclosed a tendency to be querulous and various statements made by him in his letters to the Commission were mere invention. One example was that he had frequently referred to his experiences in a concentration camp, although, in fact, it was certain that he had never been in such a camp. The Government also referred to the statements of some of the Applicant's teachers who were agreed in stressing his lack of honesty at the time when he was at school. It was also submitted that the Applicant had himself asked to be transferred to a mental home by reason of his mental condition; further, that the Applicant's wife had declared that she had found a certificate by a mental institution from which it appeared that in 1954 the Applicant, after a fracture of the skull, had been declared not to be criminally responsible according to Article 51, paragraph (1), of the Criminal Code.

The Government also indicated that the Applicant would be examined by a psychiatrist in connection with criminal proceedings which had been instituted against him in respect of defamation and false accusations against prison officers.

The Applicant's lawyer adhered to the Applicant's own version of the incident on 4th September, 1965 and contested that the Applicant's statements could be disregarded on the ground that he was not worthy of credit. He pointed out that lately there had been numerous cases of ill-treatment in German prisons and that therefore the Applicant's allegations were in no way absurd.

THE LAW

Whereas the Government has submitted a declaration of 8th October, 1965 in which the Applicant states that he withdraws his petition to the Council of Europe dated 4th September, 1965; whereas the Applicant's complaint regarding the alleged ill-treatment on 4th September, 1965 was first submitted to the Commission by a letter dated 4th September, 1965; whereas, therefore, the Commission is satisfied that the declaration of withdrawal invoked by the Government concerned the incident of 4th September, 1965;

whereas it has not been indicated to the Commission in what circumstances this declaration was signed by the Applicant; and whereas there is some reason to doubt that this declaration was sincere since the Applicant has subsequently made it clear, on many occasions, that he wished to pursue the proceedings before the Commission;

whereas, in regard to a declaration of withdrawal of an Application, the Commission, in its decision to strike out the Application concerned, has consistently included the following proviso, namely, pas digne de confiance. Même sa façon d'exposer son affaire devant la Commission montre qu'il a un tempérament querelleur et plusieurs déclarations qu'il a faites dans ses lettres à la Commission ne sont que pure invention. Par exemple, il a souvent fait état de son séjour dans un camp de concentration bien qu'en réalité il n'ait certainement jamais été détenu dans un camp de ce genre. Le gouvernement a également invoqué le témoignage de certains maîtres du requérant qui ont tous affirmé que pendant ses années de scolarité, le requérant avait souvent fait preuve d'une moralité douteuse. Le requérant aurait également demandé à être transféré dans un hôpital psychiatrique pour y recevoir des soins; en outre, la femme du requérant a déclaré avoir découvert un certificat établi par un hôpital psychiatrique aux termes duquel le requérant, qui avait eu une fracture du crâne, avait été reconnu comme irresponsable du point de vue pénal en application de l'article 51, § 1 du Code pénal.

Le gouvernement a également indiqué que le requérant serait examiné par un psychiatre à l'occasion des poursuites pénales intentées contre lui pour diffamation et accusations mensongères à l'égard d'agents pénitentiaires.

L'avocat du requérant a adopté la version de son client sur l'incident du 4 septembre 1965 et contesté que les déclarations du requérant puissent être rejetées sous prétexte que leur auteur ne serait pas digne de foi. Il a rappelé qu'il y a eu récemment de nombreux cas de mauvais traitements dans les prisons allemandes et que, par conséquent, les allégations du requérant ne sont nullement absurdes.

EN DROIT

Considérant que le Gouvernement a présenté une déclaration du requérant datée du 8 octobre 1965 dans laquelle celui-ci indique qu'il retire la requête qu'il avait introduite le 4 septembre 1965 devant le Conseil de l'Europe; que la plainte du requérant relative aux mauvais traitements qu'il prétend avoir subis le 4 septembre 1965 a d'abord été adressée à la Commission par lettre du 4 septembre 1965; que par conséquent la Commission est certaine que la déclaration de retrait invoquée que le gouvernement concerne bien l'incident du 4 septembre 1965;

Considérant que la Commission n'a pas été informée des circonstances dans lesquelles cette déclaration a été signée par le requérant; et qu'elle a quelque raison de douter que cette déclaration ait été sincère, le requérant ayant ensuite fait savoir à plusieurs reprises qu'il désirait poursuivre la procédure devant la Commission;

Considérant qu'en matière de déclaration de retrait d'une requête, la Commission, dans sa décision de rayer du rôle la requête en question, a régulièrement inséré une clause selon laquelle aucun that no reasons of a general character affecting the observance of the Convention necessitated a further examination of the complaint (see Applications Nos. 2169/64, 2204/64 and 2326/64, Collection of Decisions, Vol. 14, page 82); whereas, in certain cases, the Commission has found that the Application concerned raised problems under the Convention which might extend beyond the interests of the particular Applicant and has decided, on that ground, not to strike out the Application in spite of the declaration of withdrawal (see Applications Nos. 2004/63, Collection of Decisions, Vol. 20, pages 50–51, and 2294/64, Collection of Decisions, Vol. 20, pages 99–100);

whereas the Commission finds that the present Application raises such problems under the Convention and, consequently, considers that there are sufficient reasons to examine the admissibility of the Application irrespective of the possible existence of a valid declaration of withdrawal on the part of the Applicant;

whereas, accordingly, it is not necessary to examine the precise circumstances in which the declaration was made by the Applicant or the further question whether the fact that the Applicant has since made it clear that he intends to pursue the proceedings could affect the validity of his previous declaration;

Whereas Article 26 of the Convention provides that the Commission may only deal with a matter after all domestic remedies have been exhausted according to the generally recognised rules of international law;

whereas the respondent Government has submitted that the principal remedy available to the Applicant was the remedy by means of lodging a criminal charge (*Strafanzeige*);

whereas the Commission observes that the Applicant complains of ill-treatment by prison officers and that the alleged acts constitute criminal offences under German law;

whereas, therefore, the Commission accepts the Government's submission that, in order to comply with Article 26, the Applicant was obliged to lodge a criminal charge with the competent Public Prosecutor and, in the case of refusal by the Public Prosecutor to institute criminal proceedings, to use all remedies available under German law against such decision by the Public Prosecutor;

whereas, as regards the implementation of this remedy, it appears that, on 11th September, 1965, the Applicant lodged a criminal charge which, however, he subsequently withdrew; whereas the Public Prosecutor first decided, in view of this withdrawal, to discontinue the proceedings but subsequently re-opened the investigation *ex officio*; whereas, however, the Public Prosecutor decided for the second time, on 15th April, 1966, to discontinue the proceedings; whereas the Applicant appealed from this decision motif d'ordre général concernant le respect de la Convention n'exigeait un examen plus approfondi de la plainte (voir requêtes n° 2169/64, 2204/64 et 2326/64, Recueil des Décisions, vol. 14, page 82); que, dans certains cas, la Commission a estimé que la requête en question soulevait des problèmes relevant de la Convention qui pourraient dépasser les seuls intérêts du requérant et que, pour ce motif, elle a décidé de ne pas rayer du rôle cette requête malgré la déclaration de retrait (voir requêtes n° 2004.63, Recueil des Décisions, vol. 20, pages 50–51 et 2294/64, Recueil des Décisions, vol. 20, pages 99–100);

Considérant que la Commission estime que la présente requête soulève de tels problèmes en application de la Convention et que, par conséquent, elle se croit fondée à examiner la recevabilité de cette requête, que le requérant ait ou non fait une déclaration valable de retrait;

Considérant, en conséquence, qu'il n'est pas nécessaire de rechercher dans quelles circonstances exactes la déclaration a été faite par le requérant ni si l'intention manifestée depuis par celui-ci de poursuivre la procédure est de nature à affecter la validité de sa précédente déclaration;

Considérant qu'en vertu de l'article 26 de la Convention, la Commission ne peut connaître d'une affaire qu'une fois épuisées toutes les voies de recours internes, conformément aux règles généralement reconnues du droit international;

Considérant que le gouvernement défendeur a soutenu que le principal recours dont disposait le requérant était le dépôt d'une plainte (*Strafanzeige*);

Considérant que la Commission constate que le requérant se plaint de mauvais traitements infligés par des agents pénitentiaires et que les actes allégués constituent des infractions pénales en droit allemand;

Considérant, en conséquence, que la Commission admet la thèse du gouvernement selon laquelle le requérant, pour se conformer à l'article 26, devait déposer une plainte pénale auprès du ministère public compétent et, en cas de refus de celui-ci, introduire une action pénale, de façon à épuiser toutes les voies de recours disponibles en droit allemand contre une telle décision du ministère public;

Considérant qu'en ce qui concerne l'application de ce recours, il appert que le requérant a bien déposé une plainte pénale le 11 septembre 1965, mais qu'il l'a retirée ensuite; que le ministère public a d'abord décidé, en raison de ce retrait, de classer l'affaire, mais qu'ensuite il a rouvert l'enquête d'office; que, cependant, le ministère public a décidé une deuxième fois, le 15 avril 1966, de classer l'affaire que le requérant a fait appel de cette décision, mais que but his appeal was rejected on 18th July, 1966 by the Senior Public Prosecutor; whereas the Applicant also lodged an application with the Kammergericht according to Article 172 of the Code of Criminal Procedure and whereas this application was rejected on 29th August, 1966;

whereas it follows that the Applicant exhausted these particular remedies as required by Article 26 of the Convention;

whereas the Commission has also examined the question whether the Applicant was obliged to exhaust any further remedy in order to comply with Article 26; whereas the proceedings which might enter into consideration are, on the one hand, those provided for in Article 23 of the Introductory Act to the Judicature Act (*Einführungsgesetz zum Gerichtsverfassungsgesetz*) and, on the other, civil proceedings against the Land Berlin;

whereas, in this regard, the Commission observes that the present case concerns primarily a question of evidence and that the reason why the Applicant was unsuccessful in lodging a criminal charge was that the authorities did not find that there was sufficient evidence to support his allegations; whereas it is clear that the Applicant, if he had lodged an application according to Article 23 of the Introductory Act to the Judicature Act or had instituted civil proceedings, would have been faced with the same problem of proving that he had in fact been ill-treated; whereas, consequently, his failure to prove his allegations in connection with his criminal charge creates a presumption to the effect that neither an application lodged according to Article 23 of the said Introductory Act nor civil proceedings would have had any chance of giving the Applicant satisfaction; whereas, therefore, these two remedies cannot be considered as sufficient or effective in the circumstances of the present case and the Applicant was not obliged to exhaust them in order to comply with Article 26 of the Convention;

whereas the Commission concludes that the conditions laid down in Article 26 have been satisfied in the present case;

Whereas the Applicant's allegations give rise to an important question of a possible violation of Article 3 of the Convention; whereas, however, the full circumstances relating to the incident of 4th September, 1965 are to some extent in dispute and their determination requires a complete investigation of the case; whereas it follows that this complaint cannot be regarded as manifestly ill-founded within the meaning of Article 27, paragraph (2), of the Convention and cannot be declared inadmissible;

For these reasons and without in any way prejudging the merits of the case, the Commission,

Having regard to its partial decision of 16th December, 1965,

DECLARES ADMISSIBLE AND ACCEPTS THE REMAINDER OF THE APPLICATION.

...

son appel a été rejeté le 18 juillet 1966 par le Procureur Général; que le requérant a également introduit un recours devant le Kammergericht en vertu de l'article 172 du Code de procédure pénale et que ce recours a été rejeté le 29 août 1966;

Considérant, en conséquence, que le requérant a épuisé ces voies de recours particulières comme le prescrit l'article 26 de la Convention;

Considérant que la Commission a également examiné la question de savoir si le requérant était tenu d'épuiser toutes autres voies de recours pour se conformer à l'article 26; que la procédure pouvant entrer en considération était d'une part celle que prévoit l'article 23 de la loi introductive à la loi sur l'organisation judiciaire (*Einführungsgesetz zum Gerichtsverfassungsgesetz*) et d'autre part une action civile contre le Land de Berlin;

Considérant que, sur ce point, la Commission fait observer qu'en l'espèce l'affaire soulève principalement une question de preuves et que la raison pour laquelle le requérant n'a pas réussi à introduire une plainte pénale est le fait que les autorités n'ont pas conclu à l'existence de preuves suffisantes à l'appui de ses allégations; que manifestement le requérant, s'il avait introduit une requête conformément à l'article 23 de la loi introductive à la loi sur l'organisation judiciaire ou s'il avait engagé une action civile, aurait eu également à prouver qu'il avait effectivement été maltraité; que par conséquent, l'impossibilité où il s'est trouvé de faire la preuve de ses allégations concernant sa plainte pénale fait présumer que ni une requête introduite conformément à l'article 23 de ladite loi ni une action civile n'auraient pu donner satisfaction au requérant; que, par conséquent, ces deux voies de recours ne peuvent pas être considérées comme suffisantes ou efficaces en l'occurence et que le requérant n'était pas tenu de les épuiser pour se conformer à l'article 26 de la Convention;

Considérant que la Commission en conclut que les conditions fixées à l'article 26 ont été satisfaites en l'espèce;

Considérant que les allégations du requérant soulèvent la question importante d'une violation possible de l'article 3 de la Convention; que, toutefois, les circonstances exactes de l'incident du 4 septembre 1965 sont dans une certaine mesure controversées et qu'une étude complète de l'affaire est nécessaire pour les éclaircir; qu'il en résulte que la présente requête ne peut pas être considérée comme manifestement mal fondée au sens de l'article 27, paragraphe 2, de la Convention et ne peut pas être déclarée irrecevable;

Par ces motifs et tout moyen de fond étant réservé, la Commission,

Eu égard à sa décision partielle du 16 décembre 1965,

DECLARE RECEVABLE ET RETIENT LE RESTE DE LA REQUETE

. . .

Application No. 2690/65

N.V. Televizier *against* the Netherlands

Decision of 15th December, 1966

...

THE FACTS

Whereas the facts as presented by the Applicant may be summarised as follows:

The Applicant, a Netherlands company with its seat at Leyden, is represented by Mr. A. G. Maris, a lawyer practising in The Hague.

The Applicant publishes in the Netherlands a weekly magazine "Televizier" which contains information and comments on the forthcoming radio and television programmes of the different Dutch broadcasting corporations, Algemene Vereniging Radio Omroep (AVRO), Katholieke Radio Omroep (KRO), Nederlandse Christelijke Radio Vereniging (NCRV), Omroepvereniging VARA and Vrijzinnig Protestantse Radio Omroep (VPRO).

The Centraal Bureau voor de Omroep in Nederland is an organisation which periodically makes compilations in French of the programmes of the above broadcasting corporations; these compilations are intended for publication outside the Netherlands.

The broadcasting corporations and the Centraal Bureau instituted legal proceedings against the Applicant, alleging that the latter, when publishing information about forthcoming radio and television programmes, had made use of the compilations of the Centraal Bureau in violation of the Dutch Copyright Act (*Auteurswet*). Reference was made to Article 10 of this Act which confers protection even on works in writing which are not of a distinctive or personal nature.

On 22nd January, 1963, the District Court (*Arrondissements-Rechtbank*) gave its judgment in the case. The Court stated that the compilations concerned, although not being of a personal character, were protected by the Copyright Act. The Centraal Bureau was the author of these compilations and the broadcasting corporations also had an interest which was protected by the Copyright Act. Before deciding, however, whether or not there had been a violation of copyright in the present case, the Court invited the broadcasting corporations and the General Bureau to submit evidence in support of their allegation that the compilations had been reproduced by the Applicant company.

Requête No. 2690/65

N.V. TELEVIZIER *contre* LES PAYS-BAS

Décision du 15 décembre 1966

(*Traduction*)

...

EN FAIT

Considérant que les faits de la cause, tels qu'ils sont exposés par le requérant, peuvent se résumer ainsi:

Le requérant, une société néerlandaise dont le siège se trouve à Leyde, est représenté par M. A. G. Maris, avocat du barreau de La Haye.

Le requérant publie aux Pays-Bas une revue hebdomadaire intitulée "Televizier" – qui contient des informations et des commentaires sur les programmes de radio et de télévision des différents organismes de radiodiffusion néerlandais: Algemene Vereniging Radio Omroep (A.V.R.O.), Katholieke Radio Omroep (K.R.O.), Nederlandse Christelijke Radio Vereniging (N.C.R.V.), Omroepvereniging VARA et Vrijzinnig Protestantse Radio Omroep (V.P.R.O.).

Le Centraal Bureau voor de Omroep in Nederland est une organisation qui établit périodiquement des compilations en français des programmes des organismes de radiodiffusion précitées; ces compilations sont destinées à être publiées hors des Pays-Bas.

Les organismes de radiodiffusion et le Centraal Bureau ont intenté une action en justice contre le requérant, alléguant que celui-ci, en publiant des informations sur les programmes de radio et de télévision, avait utilisé les compilations établies par le Centraal Bureau et qu'il avait ainsi violé la loi néerlandaise sur le droit d'auteur (*Auteurswet*). Les plaignants ont fait état de l'article 10 de cette loi, qui prévoit que la protection s'applique même aux écrits qui ne présentent pas une valeur particulière ou un caractère personnel.

Le 22 janvier 1963, le Tribunal de District (*Arrondissements-Rechtbank*) a rendu son jugement dans l'affaire. Il a estimé que les compilations en question, bien qu'elles ne présentent pas une valeur particulière ou un caractère personnel, étaient protégées par la loi sur le droit d'auteur. Le Centraal Bureau en était l'auteur et les organismes de radiodiffusion possédaient également un droit qui se trouvait protégé par la loi sur le droit d'auteur. Néanmoins, avant de se prononcer sur le point de savoir s'il y avait eu ou non violation du droit d'auteur, le Tribunal a invité les organismes de radiodiffusion et le Centraal Bureau à apporter la preuve que, comme ils l'affirmaient, les listes avaient été reproduites par la société requérante.

The Applicant appealed to the Court of Appeal (*Gerechtshof*) of The Hague which, on 26th March, 1964, dismissed the claims of the broadcasting corporations and the Centraal Bureau as being inadmissible on the grounds that the Centraal Bureau had no interest which was protected by the Copyright Act since it did not publish its compilations in the Netherlands and that the broadcasting corporations did not have any copyright to compilations produced by the Centraal Bureau.

A further appeal (*beroep in cassatie*) was lodged by the broadcasting corporations and the Centraal Bureau and, subsidiarily, by the Applicant. In its decision of 25th June, 1965, the Supreme Court (*Hoge Raad*) held that, under the Copyright Act, the Centraal Bureau (but not the broadcasting corporations) owned a copyright in the compilations concerned although these were not of a personal character. The copyright to a text lacking a personal character could, in the opinion of the Supreme Court, be violated not only by a literal reproduction of the text but also by a translation of that text (even if such translation was not literal) or by a reproduction of the text in a revised form, provided that the modifications made in the text were not too far-reaching. The question whether or not the Applicant had violated the copyright of the Centraal Bureau could only be answered after an examination of the evidence in the case and the Centraal Bureau was, therefore, permitted to introduce such evidence to prove its allegations.

In their decisions, the Court of Appeal and the Supreme Court also examined the question whether it would be a violation of the Convention on Human Rights to forbid the Applicant to publish information about the radio and television programmes concerned; this had been alleged by the Applicant who invoked before the Supreme Court Articles 1, 2, 9, 10, 13, 14 and 18 of the Convention. The Court of Appeal stated in this respect that the freedom of expression, including the freedom to hold opinions and to receive and impart information and ideas (Article 10 of the Convention), did not imply a freedom to act unlawfully or to violate the provisions of the Copyright Act. The Supreme Court stated that, in the present case, there was no contradiction between the Copyright Act and Article 10 of the Convention as complete weekly radio programmes were not information which everyone has the right to receive or impart within the meaning of Article 10.

The Applicant now submits that, according to the decision of the Supreme Court, the compilations made by the Centraal Bureau are protected by the Dutch Copyright Act despite the fact that they are not a literary, scientific or artistic work, that they have no

Le requérant a interjeté appel devant la Cour d'Appel (*Gerechtshof*) de La Haye qui, le 26 mars 1964, a déclaré irrecevable la plainte déposée par les organismes de radiodiffusion et le Centraal Bureau pour le motif que le Centraal Bureau ne possédait pas de droit qui fût protégé par la loi sur le droit d'auteur, puisqu'il ne publiait pas ses compilations aux Pays-Bas et que les organismes de radiodiffusion ne possédaient aucun droit d'auteur sur les compilations établies par le Centraal Bureau.

Un pourvoi en cassation (*beroep in cassatie*) a été introduit par les organismes de radiodiffusion et par le Centraal Bureau, ainsi que, subsidiairement, par le requérant. Dans son arrêt du 25 juin 1965, la Cour Suprême (*Hoge Raad*) a estimé qu'aux termes de la loi sur le droit d'auteur, le Centraal Bureau (mais non les organismes de radiodiffusion) jouissait d'un droit d'auteur sur les compilations en question, bien que celles-ci n'eussent aucun caractère personnel. Les droits d'auteur qui s'attachent à un texte sans caractère personnel peuvent être violés, de l'avis de la Cour Suprême, non seulement par la reproduction exacte du texte, mais aussi par la traduction de ce texte (même s'il ne s'agit pas d'une traduction littérale) ou par la reproduction du texte sous une forme révisée, à condition que les modifications apportées aux texte ne soient pas trop importantes. La Cour Suprême a estimé que la question de savoir si le requérant avait ou non violé le droit d'auteur du Centraal Bureau ne pouvait être tranchée qu'après examen des preuves soumises et elle a donc autorisé le Centraal Bureau à fournir des preuves à l'appui de ses allégations.

Dans leurs arrêts, la Cour d'Appel et la Cour Suprême ont également examiné la question de savoir si ce serait violer la Convention des Droits de l'Homme que d'interdire au requérant de publier des informations sur les programmes de radio et de télévision en question; c'était là la thèse défendue par le requérant, qui a invoqué devant la Cour Suprême les articles 1er, 2, 9, 10, 13, 14 et 18 de la Convention. La Cour d'Appel a estimé à cet égard que la liberté d'expression, qui comprend la liberté d'opinion et la liberté de recevoir ou de communiquer des informations et des idées (article 10 de la Convention) n'englobe pas la liberté d'agir illégalement ou d'enfreindre les dispositions de la loi sur le droit d'auteur. La Cour Suprême a considéré qu'il n'y avait pas, en l'espèce, contradiction entre la loi sur le droit d'auteur et l'article 10 de la Convention, car des programmes hebdomadaires complets de radio ne constituent pas des informations que chacun a le droit de recevoir ou de communiquer au sens de l'article 10.

Le requérant fait valoir que, selon l'arrêt de la Cour Suprême, les compilations établies par le Centraal Bureau sont protégées par la loi néerlandaise sur le droit d'auteur en dépit du fait qu'elles ne constituent pas une oeuvre littéraire, scientifique ou artistique, distinctive or personal character and that they are not protected by the Berne Convention on the protection of literary and artistic works or by the copyright acts of the countries in which the compilations concerned are published. The Applicant observes that, in the opinion of the Supreme Court, such protection also extends to translations into Dutch of a French original text even though these translations are not literal and some parts of the text are omitted and new parts added as is the case with the publication of radio and television programmes in the Applicant's magazine.

The Applicant further states that the consequence in the present case is that the broadcasting corporations, which also publish weekly magazines or have a financial interest in such magazines, have an unjustifiable monopoly of the news services in the Netherlands regarding forthcoming radio and television programmes. This amounts, in the Applicant's opinion, to a violation of Articles 10 and 14 of the Convention. The Applicant company alleges itself to be a victim of this violation of the Convention irrespective of the question whether the Centraal Bureau succeeds in proving that the Applicant company has already systematically reproduced the compilations of the Centraal Bureau; the Applicant company points out that, in any case, it is in its interest to be able to publish lawfully information based on the compilations of the Centraal Bureau.

SUBMISSIONS OF THE PARTIES

Whereas the submissions of the Parties have been summarised below; whereas in this summary the Commission has considered it desirable to adhere, as far as possible, to the exact terms of the Parties' submissions:

1. *Is the Applicant a victim within the meaning of Article 25 of the Convention?*

The *Government* submitted that the decision of the Supreme Court did not make the Applicant company a "victim" within the meaning of Article 25 of the Convention. The Applicant company could only claim to be a victim if, and when, it was ordered by a final decision of the courts to desist from publication. In the present case, there was still a possibility that the courts, in the subsequent proceedings, would decide that the publications by Televizier did not infringe the copyright of the Centraal Bureau.

The Government added that it realised that the decision of the Supreme Court made it impossible for the Applicant to publish any reproduction of the compilations, by way of either a literal reproduction or a translation, or a reproduction in a revised form where the modifications made in the text were not too far-reaching. Although the Applicant company had stated that qu'elles ne possèdent pas une valeur particulière ou un caractère personnel et qu'elles ne sont pas protégées par la Convention de Berne sur la protection de la propriété littéraire et artistique ou par les lois sur le droit d'auteur des pays dans lesquels les compilations en question sont publiées. Il fait observer que, de l'avis de la Cour Suprême, cette protection s'étend également aux traductions en néerlandais d'un texte original français, même si ces traductions ne sont pas littérales et si certaines parties sont omises et d'autres ajoutées, comme c'est le cas pour la publication des programmes de radio et de télévision dans la revue du requérant.

Le requérant fait valor, en outre, qu'il en résulte que les organismes de radiodiffusion qui publient également des revues hebdomadaires ou qui ont des intérêts financiers dans ces revues disposent aux Pays-Bas d'un monopole injustifiable en ce qui concerne les informations relatives aux programmes de radio et de télévision. Cela constitue, de l'avis du requérant, une violation des articles 10 et 14 de la Convention. La société requérante prétend être elle-même victime de cette violation de la Convention, indépendamment de la question de savoir si le Centraal Bureau réussira ou non à prouver que la société requérante a déjà reproduit systématiquement les compilations du Centraal Bureau; elle souligne qu'en tout état de cause, il est de son intérêt de pouvoir publier légalement des informations fondées sur les compilations du Centraal Bureau.

ARGUMENTATION DES PARTIES

Considérant que l'argumentation des parties se trouve résumée ci-dessous et que, dans ce résumé, la Commission a jugé souhaitable de s'en tenir, dans la mesure du possible, aux termes exacts employés par les parties:

1. *Le requérant est-il une victime au sens de l'article 25 de la Convention?*

Le Gouvernement a fait valoir que la décision de la Cour Suprême n'avait pas fait de la société requérante une "victime" au sens de l'article 25 de la Convention. En effet, celle-ci ne pourrait prétendre être une victime que s'il lui était enjoint, par un arrêt définitif des tribunaux, de cesser de publier les programmes. Dans le cas présent, il est encore possible que les tribunaux, dans la suite de la procédure, décident que la publication de ces programmes par Televizier ne porte pas atteinte au droit d'auteur du Centraal Bureau.

Le Gouvernement a ajouté qu'il était conscient du fait que l'arrêt de la Cour Suprême mettait le requérant dans l'impossibilité de publier une reproduction quelconque des compilations, qu'il s'agisse d'une reproduction ou d'une traduction littérale, ou d'une reproduction sous forme révisée dans laquelle les modifications apportées au texte ne seraient pas très importantes. Bien que la société reit wished to reproduce the texts in this form, this could not make the Applicant a victim under the Convention. In the Government's opinion, the situation was such that, if the law prohibited some act – in this case the reproduction of a text in which someone else has a copyright – a court decision simply stating this legal rule did not add anything to the legal prohibition if it did not contain an order to desist from certain specific acts. In other words, the Applicant did not complain about a decision of the Court prohibiting the exercise of a right protected by the Convention but about a legal rule which might, according to the Applicant, in certain cases conflict with the Convention. The Application of Televizier showed this plainly. The Government did not deny that, in principle, it was possible to submit a complaint to the Commission about a provision of national law but it submitted that this only applied in the case of a specific action based on that law having been taken against the Applicant. Such was not the case or at least was not yet the case.

The Applicant company did not accept this opinion stated by the Government. It agreed that it was correct that the Supreme Court had not ordered the Applicant to desist from any action. The Supreme Court had referred the case back to the District Court for a decision, after submission of evidence, on the question whether the Applicant had used the compilations for its publication of the programmes.

However, the Supreme Court had given a final decision, at the highest instance and not subject to any national legal remedy, in the legal proceedings between the Centraal Bureau and the broadcasting corporations, on the one side, and the Applicant on the other side. The Court had held that the use by the Applicant of the compilations of the Centraal Bureau for the publication of programmes would, according to the Copyright Act and notwithstanding Article 10 of the Convention, be a violation of the copyright of the Centraal Bureau. Consequently, the Applicant was a victim of a violation by the Government of the rights set forth in the Convention.

In the Applicant's opinion, this situation was confirmed by the fact that the Government had itself admitted that the decision of the Supreme Court made it impossible for the Applicant to publish a reproduction of the texts of the compilations of the Centraal Bureau.

It was not correct that the Applicant complained not about a decision of the Court prohibiting the exercise of a right protected by the Convention but about a legal rule. The Applicant complained about the decision of the Supreme Court insofar as it confirmed the decisions of the District Court and the Court of Appeal and insofar quérante ait indiqué qu'elle désirait reproduire les textes sous cette forme, il n'en résulte pas qu'elle soit une victime au sens de la Convention. De l'avis du Gouvernement, la situation est la suivante: si la loi interdit un acte – dans le cas présent, la reproduction d'un texte sur lequel un tiers possède un droit d'auteur – une décision juridique qui se borne à énoncer cette règle de droit n'ajoute rien à l'interdiction légale si elle ne s'accompagne pas de l'injonction de s'abstenir de certains actes déterminés. En d'autres termes, les griefs formulés par le requérant ne portent pas sur une décision du tribunal interdisant l'exercice d'un droit protégé par la Convention, mais sur une règle de droit qui pourrait, dans certains cas, selon le requérant, entrer en conflit avec la Convention. Cela ressort clairement de la requête introduite par Televizier. Le Gouvernement ne nie pas qu'en principe il soit possible de formuler auprès de la Commission un grief portant sur une disposition de la législation interne, mais il soutient que cela ne s'applique qu'au cas où une mesure particulière fondée sur cette loi a été prise à l'encontre du requérant. Tel n'est pas le cas, ou du moins pas encore.

La société requérante ne s'est pas ralliée à l'avis exprimé par le Gouvernement. Elle a reconnu qu'il était exact que la Cour Suprême ne lui avait pas enjoint de cesser une activité. La Cour Suprême a renvoyé l'affaire devant le tribunal de district pour qu'il se prononce, après examen des moyens invoqués, sur la question de savoir si le requérant avait ou non utilisé les compilations pour sa publication des programmes.

Néanmoins, la Cour Suprême a rendu une décision définitive, en dernier ressort et sans appel sur le plan interne, dans le litige entre le Centraal Bureau et les organismes de radiodiffusion, d'une part, et le requérant de l'autre. La Cour a estimé que l'utilisation par le requérant des compilations du Centraal Bureau pour la publication des programmes constituerait, conformément à la loi sur le droit d'auteur et malgré les dispositions de l'article 10 de la Convention, une atteinte au droit d'auteur du Centraal Bureau. En conséquence, le requérant est victime d'une violation par le Gouvernement des droits reconnus dans la Convention.

De l'avis du requérant, cette situation est confirmée par le fait que le Gouvernement a lui-même reconnu que l'arrêt de la Cour Suprême mettait le requérant dans l'impossibilité de publier une reproduction du texte des compilations établi par le Centraal Bureau.

Il n'est pas exact que les griefs du requérant portent non pas sur un arrêt de la Cour lui interdisant l'exercice d'un droit reconnu dans la Convention, mais sur une règle de droit. Le requérant se plaint de l'arrêt de la Cour Suprême pour autant qu'il a confirmé les décisions du Tribunal de district et de la Cour d'Appel et pour as it confirmed the copyright held by the Centraal Bureau on the compilations, by which the Applicant was refused the exercise of the rights set forth in Article 10 of the Convention. This was a case of a specific action taken against the Applicant and based on a provision of national law.

The Applicant stated that it was apparently the point of view of the Government that the Application was admissible only after the judge, who was determining the issues of facts, had decided the question whether the Applicant company had used the compilations for its publication of programmes.

However, the decision to be taken by the judge on that question had nothing to do with the questions decided by the Supreme Court, namely the nature and extent of the copyright belonging to the Centraal Bureau according to the Copyright Act and secondly, the effect thereon of the provisions of the Convention. The question whether the Applicant company had used the compilations for its publication of programmes was only relevant to the further question whether there was any reason to order the Applicant, under the threat of a penalty, to desist from using the compilations for its publication of programmes. If Televizier had used the compilations in the past, this would provide a ground for a court order backed by the possibility of a penalty, not to do so again. This had nothing to do with the question whether the Copyright Act forbids the Applicant to use the compilations for its publication of the programmes. This question had been decided, at highest instance and without any further domestic legal remedies, in the decision of the Supreme Court of 25th June, 1965. The question still to be decided by the District Court and the evidence required from the Centraal Bureau did not relate to the legal question whether use of the compilations violates the Copyright Act, but only to the question whether there is a reason, on the ground of previous acts of the Applicant, to enforce the prohibition by threat of a penalty.

The judge of the lower court, who would have to decide this question, would moreover have to follow the decision of the Supreme Court (Article 424 of the Netherlands Code of Civil Procedure) whose decision he would be unable to change in any respect.

Furthermore, it might take some time before there was a final decision at highest instance, on the question at present before the District Court. The decision of the Supreme Court was dated 25th June, 1965. The hearing of witnesses on the remaining question had been held. The next step in the proceedings would probably be the presentation of written pleadings to be followed by oral pleadings. Only after that would the decision of the District Court be rendered and this decision would be subject to appeal, while the decision of the Court of Appeal was subject to further appeal. It should be taken into account that the final court decision at highest autant qu'il a confirmé que le Centraal Bureau possède sur les compilations un droit d'auteur en raison duquel le requérant s'est vu refuser l'exercice des droits reconnus dans l'article 10 de la Convention. Il s'agit d'une mesure déterminée prise à l'encontre du requérant et fondée sur une disposition de la législation interne.

Le requérant a fait valoir qu'apparemment, le Gouvernement est d'avis que sa requête ne serait recevable qu'une fois que le juge chargé de prendre une décision sur les points de fait se serait prononcé sur la question de savoir si la société requérante avait ou non utilisé les compilations pour sa publication des programmes.

Cependant, la décision que doit prendre le juge sur ce point n'a aucun rapport avec les questions sur lesquelles a porté l'arrêt de la Cour Suprême, à savoir la nature et la portée du droit d'auteur que confère au Centraal Bureau la loi sur le droit d'auteur, ainsi que l'effet sur ce droit des dispositions de la Convention. La question de savoir si la société requérante a utilisé les compilations pour sa publication des programmes ne concerne que le problème de savoir s'il y a lieu d'enjoindre au requérant, sous peine de sanction, de cesser d'utiliser les compilations pour sa publication des programmes. Si Televizier a utilisé les compilations par le passé, le tribunal serait fondé à lui enjoindre, éventuellement sous peine de sanction, de ne pas recommencer. Cela n'a aucun rapport avec la question de savoir si la loi sur le droit d'auteur interdit au requérant d'utiliser les compilations pour sa publication des programmes. Cette question a été tranchée, en dernier ressort et sans appel, par l'arrêt de la Cour Suprême du 25 juin 1965. Le point sur lequel le Tribunal de district doit encore se prononcer et les moyens de preuve que doit fournir le Centraal Bureau n'ont aucun rapport avec le problème juridique de savoir si l'utilisation des compilations est contraire à la loi sur le droit d'auteur; ils ne concernent que la question de savoir s'il y a lieu, en raison d'actes commis antérieurement par le requérant, d'imposer une interdiction sous peine de sanction.

Le juge du tribunal inférieur qui aura à se prononcer sur cette question devra se conformer à la décision de la Cour Suprême (article 424 du Code néerlandais de procédure civile) qu'il ne pourra modifier en aucune façon.

Au demeurant, il pourrait se passer un certain temps avant qu'intervienne une décision définitive, en dernier ressort, sur la question dont le Tribunal de district est actuellement saisi. L'arrêt de la Cour Suprême porte la date du 25 juin 1965. L'audition des témoins sur la question qui reste à trancher a eu lieu. La prochaine phase de la procédure sera probablement la présentation de mémoires écrits, qui seront suivis par des plaidoiries. Ce n'est qu'après celles-ci que la décision du Tribunal de district sera rendue, décision contre laquelle il pourra être fait appel, tandis qu'un nouveau recours pourra être formé contre la décision de la Cour d'Appel.

instance on the said question of facts would be given some years after the decision of the Supreme Court of 25th June, 1965. Consequently, an order of the Court to desist from a certain specific act would only then be given, if indeed it was given at all.

Considering these circumstances it would, in the Applicant's opinion, be contrary to the text and the purpose of the Convention not to consider the Applicant, under the present circumstances, a victim within the meaning of the Convention. If the Applicant company had delayed its complaint regarding the contents of the decision of the Supreme Court of 25th June, 1965, until the judge at highest instance had, at a much later date, decided the said question of fact and until an order to desist from such publications as had been made by the Applicant had been given (if ever), then the Application would have been declared inadmissible because of failure to observe the time-limit of six months mentioned in Article 26 of the Convention.

In general it should be considered of great importance that measures to end violations by High Contracting Parties of the rights mentioned in the Convention, were taken as soon as possible.

This applied also to the present case because the Netherlands broadcasting corporations, which founded the Centraal Bureau, tried to acquire a monopoly for the publication of broadcasting programmes and to make it impossible for the Applicant to publish these programmes. This was contrary to the rights mentioned in Articles 10 and 14 of the Convention.

2. *Does the Application concern the right to freedom of expression as guaranteed by Article 10, paragraph (1), of the Convention?*

The Government submitted that the Application was inadmissible as it did not concern the right guaranteed by Article 10, paragraph (1), of the Convention. In this regard the Government stated that the Applicant company claimed the freedom to publish in the magazine Televizier reproductions of the texts of compilations in French of the programmes of the Dutch broadcasting organisations; such texts were drafted by the Centraal Bureau and sent by it to about one hundred specific addressees for their use and for publication by them. The Applicant obtained these texts against the express wishes of the Centraal Bureau and the organisation or person who forwarded the texts to the Applicant did so in violation of an obligation to the contrary.

In other words, the Applicant claimed, according to the Government, the right to publish texts which had been drafted by someone else and which, being not yet published in any form, had the char-

Il convient de tenir compte du fait que la décision définitive, en dernier ressort, sur ladite question de fait interviendra plusieurs années après la décision de la Cour Suprême en date du 25 juin 1965. Ce n'est donc qu'à ce moment-là que le tribunal rendrait, le cas échéant, un arrêt interdisant au requérant de se livrer à une activité déterminée.

Etant donné ces circonstances, il serait, de l'avis du requérant, contraire à la lettre et à l'esprit de la Convention de ne pas considérer le requérant, dans les circonstances présentes, comme une victime au sens de la Convention. Si la société requérante avait attendu, pour introduire une requête contre le contenu de l'arrêt de la Cour Suprême en date du 25 juin 1965, que le juge de la plus haute instance se soit prononcé, bien plus tard, sur ladite question de fait et que les publications analogues à celles du requérant aient été interdites, le cas échéant, la requête aurait été déclarée irrecevable pour non-observation du délai de six mois prévu par l'article 26 de la Convention.

D'une façon générale, il faut considérer qu'il est extrêmement important que les mesures destinées à mettre fin à des violations par les Hautes Parties Contractantes des droits garantis par la Convention soient prises dans les meilleurs délais.

Ces considérations s'appliquent également en l'espèce, car les organismes néerlandais de radiodiffusion qui ont fondé le Centraal Bureau tentent de s'assurer le monopole de la publication des programmes de radio et de télévision et de mettre le requérant dans l'impossibilité de publier ces programmes. Cela est contraire aux droits garantis par les articles 10 et 14 de la Convention.

2. *La requête concerne-t-elle le droit à la liberté d'expression garanti par l'article 10, paragraph 1er de la Convention?*

Le Gouvernement a soutenu que la requête est irrecevable, car elle ne concerne pas le droit garanti par l'article 10, paragraphe (1) de la Convention. A cet égard, le Gouvernement a fait valoir que la société requérante revendiquait le droit de publier dans la revue Televizier des reproductions des textes des compilations en français des programmes des organismes néerlandais de radiodiffusion; ces textes sont élaborés par le Centraal Bureau, qui les envoie à une centaine de destinataires particuliers pour qu'ils en fassent usage et qu'ils les publient. Le requérant s'est procuré ces textes contre la volonté affirmée du Centraal Bureau et l'organisation ou la personne qui les lui a communiqués a enfreint l'obligation qui lui était imposée de n'en rien faire.

En d'autres termes, le requérant revendique, selon le Gouvernement, le droit de publier des textes qui ont été établis par une tierce personne et qui, n'étant pas encore publiés sous quelque forme que acter of private letters to a specific number of addressees; furthermore, the author did not wish these texts to come into the hands of the Applicant. The Applicant company had been careful not to divulge the source from which it obtained these texts but, in the present context, it must be assumed that at least one of the addressees had been induced by the Applicant company to send it the texts. The Applicant company was a private corporation, publishing a magazine for profit and in competition with the magazines of the Dutch broadcasting organisations. For reasons of commercial competition the Applicant wished to publish the full weekly programmes in Televizier before, or at any rate at the same time as, the other magazines.

The Government stated that it was convinced that the present case was in no way covered by the Convention. Article 10 stated that everyone has the right to freedom of expression and this alone was the right protected under the Convention. By way of implementation, the second sentence of Article 10, paragraph (1), stated that this right shall include freedom to hold opinions and to receive and impart information and ideas without interference by public authority and regardless of frontiers. This second sentence had been included in Article 10 as, without this additional rule, the right to freedom of expression might not be fully realisable. But the second sentence should not be read out of context. The meaning of Article 10, paragraph (1), was that, if information was offered or ideas were expressed, public authority should not prevent a person from receiving that information or taking cognisance of those ideas. The Convention did not, however, confer upon any person a right to obtain any information which another person might be able to give. The Convention did not affect the freedom of any person, having certain information at his disposal, to make such information public or not as he wished, or to determine the time or mode of publication or to impart that information to some persons but not to others. A rule obliging a person (whether private or public) to reveal information which he did not wish to reveal would evidently constitute a grave violation of the freedom of expression of that person: the freedom of expression included freedom of non-expression. The Convention was intended to prevent public authorities from raising a barrier between a person who wished to impart certain information or ideas and a person who wished to receive that information or these ideas; it did not give a person access to a source of information or ideas which the owner wished to reserve to himself or to make accessible only to certain persons of his choice.

ce soit, ont le caractère de lettres privées adressées à un nombre déterminé de destinataires; en outre, leur auteur ne souhaitait pas qu'ils parviennent entre les mains du requérant. La société requérante a pris soin de ne pas divulguer la source qui lui a communiqué ces textes, mais, dans le contexte présent, il faut supposer qu'au moins un des destinataires s'est laissé persuader par la société requérante de les lui communiquer. La société requérante est une société en nom collectif qui publie à des fins lucratives une revue qui fait concurrence aux revues des organismes néerlandais de radiodiffusion. Pour des raisons de concurrence commerciale, le requérant tient à publier les programmes hebdomadaires complets dans Televizier avant ou au moins en même temps que les autres revues.

Le Gouvernement a indiqué qu'il était convaincu que la Convention ne s'appliquait en aucune manière au cas présent. L'article 10 précise que toute personne a droit à la liberté d'expression, et c'est là le seul droit que garantisse la Convention. En ce qui concerne son application, la deuxième phrase du 1er paragraphe de l'article 10 précise que ce droit comprend la liberté d'opinion et la liberté de recevoir ou de communiquer des informations ou des idées, sans qu'il puisse y avoir ingérence d'autorités publiques et sans considération de frontière. Cette deuxième phrase a été incorporée dans l'article 10, car en l'absence de cette disposition supplémentaire, le droit à la liberté d'expression pourrait ne pas être totalement respecté dans la pratique. Cependant, cette phrase ne doit pas être séparée de son contexte. Le sens du 1er paragraphe de l'article 10 est que, si des informations sont communiquées ou des idées exprimées, les autorités publiques ne doivent pas empêcher une personne de recevoir ces informations ou de prendre connaissance de ces idées. Toutefois, la Convention ne confère à personne le droit d'obtenir des informations qu'une autre personne pourrait être en mesure de donner. La Convention ne porte pas atteinte à la liberté dont jouit toute personne qui dispose de certaines informations de les publier ou non, selon son bon plaisir, ou de déterminer le moment ou le mode de publication ou de communiquer ces informations à certaines personnes, mais pas à d'autres. Une règle contraignant une personne (qu'elle soit privée ou publique) à révéler des informations qu'elle ne souhaite pas révéler constituerait, de toute évidence, une atteinte grave à la liberté d'expression de cette personne: la liberté d'expression englobe la liberté de non-expression. La Convention vise à empêcher les autorités publiques de dresser une barrière entre la personne qui désire communiquer certaines informations ou certaines idées et la personne qui désire recevoir ces informations ou ces idées; elle n'autorise pas une personne à avoir accès à une source d'informations ou d'idées que son propriétaire souhaite se réserver ou ne rendre accessible qu'à certaines personnes de son choix.

The Government stated that the Applicant was trying to read into the Convention the meaning thus rejected. The Applicant company complained that a provision of Dutch law prevented it from publishing information that the Centraal Bureau, being the source of that information, had not intended for the Applicant, did not wish to impart to the Applicant and did not wish to be published by the Applicant, but wished to be published at a time and in a way determined by the Centraal Bureau itself. A petition to this effect was inadmissible under the Convention because there was no question of any violation of freedom of expression.

The Convention did not touch on any rule of domestic law declaring illegal the obtaining, and publishing, of information against the will of the source of that information. It was immaterial whether the domestic law construed this rule as a violation of copyright or in any other way. Therefore, the Commission need not examine whether the Dutch copyright law, as interpreted by the Supreme Court, might conceivably result in some cases in a conflict with the Convention; in the case at issue there certainly was no such conflict. For the same reason it was also immaterial whether a complete weekly radio programme constituted information within the meaning of Article 10 of the Convention or not.

The Dutch public was in no way denied information about radio and television programmes. The programme editions of the broadcasting organisations (AVRO, KRO, NCRV, VARA and VPRO) were distributed in hundreds of thousands of copies and were available to the public at a moderate price. In addition an abbreviated programme was issued weekly to the newspapers and published therein. Therefore the public could in fact obtain all the information which they wanted about the forthcoming programmes.

The Government was of the opinion that the provision of Article 10, paragraph (1) of the Convention served, on the one hand, the interests of those who wished to express their opinion or to impart information and, on the other hand, the interests of the public who wished to obtain such opinions or information.

Article 10, paragraph (1) was not meant to serve the commercial interests of the editors of newspapers or magazines. The Government was not concerned (nor was the legislator) with the questions whether such editors were able to obtain the information which they wished to publish or to what extent and at what price they would obtain it, so long as the public could get the information which they desired.

The present case concerned the commercial interests of the Applicant in competition with other information media and nothing but that.

Le Gouvernement a affirmé que le requérant essaie de tirer de la Convention le sens ainsi rejeté. La société requérante se plaint qu'une disposition du droit néerlandais l'empêche de publier des informations que le Centraal Bureau, qui en est la source, n'a pas destiné au requérant, ne souhaite pas communiquer au requérant et ne souhaite pas voir publier par le requérant, mais qu'il souhaite voir publier à un moment et selon des modalités fixés par lui-même. Une requête fondée sur ce grief est irrecevable, en application de la Convention, car il n'y a en l'espèce aucune violation de la liberté d'expression.

La Convention ne vise aucune disposition du droit interne déclarant illégales l'obtention et la publication d'informations contre le voeu de la source de ces informations. Peu importe que la législation interne considère la non-observation de cette règle comme une violation du droit d'auteur ou comme une autre infraction. Il n'est donc pas besoin que la Commission examine la question de savoir si la loi néerlandaise sur le droit d'auteur, telle qu'elle a été interprétée par la Cour Suprême, pouvait éventuellement, dans certains cas, entrer en conflit avec la Convention; il n'y a certainement en l'espèce aucun conflit de ce genre. Pour la même raison, peu importe également qu'un programme hebdomadaire complet de radio constitue ou non des informations au sens de l'article 10 de la Convention.

Le public néerlandais ne se voit refuser en aucune façon des informations sur les programmes de radio et de télévision. Les programmes publiés par les organismes de radiodiffusion (A.V.R.O., K.R.O., N.C.R.V., V.A.R.A. et V.P.R.O.) sont diffusés à des centaines de milliers d'exemplaires et mis en vente à un prix modique. En outre, un programme abrégé est communiqué chaque semaine aux journaux, qui le publient. Le public peut donc obtenir en fait toutes les informations qu'il désire sur les programmes.

Le Gouvernement est d'avis que le 1er paragraphe de l'article 10 de la Convention protège, d'une part, les intérêts des personnes qui désirent exprimer leur opinion ou communiquer des informations et, de l'autre, les intérêts du public qui désire connaître ces opinions ou ces informations.

Le 1er paragraphe de l'article 10 n'a pas pour but de protéger les intérêts commerciaux des éditeurs de journaux ou de revues. Le Gouvernement ne se préoccupe pas (et il en va de même pour le législateur) de savoir si ces éditeurs sont en mesure d'obtenir les informations qu'ils désirent publier ou dans quelle mesure et à quel prix ils les obtiennent, tant que le public peut avoir les informations qu'il désire.

La présente affaire concerne uniquement les intérêts commerciaux du requérant, qui sont concurrencés par d'autres moyens d'information.

The Government then dealt with the question as to whether the Dutch Copyright Act could in any way be considered to be contrary to the Convention. The Government pointed out that the Copyright Act extended copyright protection to books, pamphlets, newspapers, magazines and *all other writings* (Article 10 sub 1° of the Copyright Act).

According to the literal meaning of the words, the history of the Copyright Act and constant rulings of the Supreme Court, "all other writings" meant writings without any artistic or scientific value including writings such as directories, railway timetables, catalogues of trade commodities, programmes, etc. Article 15 of the Copyright Act limited the copyright on "all other writings" as follows: "The copying of articles, reports or other writings, with one exception as to novels and short stories, published in newspapers or magazines by another newspaper or magazine without the consent of the author or his successor in title is not regarded as a violation of the copyright on the first-mentioned newspaper or magazine, provided that the newspaper or magazine from which the copy has been taken be clearly named and provided that the copyright has not been explicitly reserved" ... "Regarding articles concerning political points of view, news bulletins and miscellaneous news, copyright can not be reserved."

In a series of decisions the Supreme Court had ruled that the copyright on writings without a personal character had a limited scope. The copyright regarding these writings was based solely on the composition of the writing, therefore only he who has actually done the writing could claim copyright. On historical grounds the Supreme Court had ruled that the tenor of the copyright on these writings was to grant exclusively to the writer the benefit of the publication of the writings, and had therefore denied other persons the power to publish and multiply the writings. In accordance with this purpose it had to be assumed that the law granted a copyright on writings without a personal character only if they had been published or were intended for publication. In a decision of 27th January, 1961 (*Nederlandse Jurisprudentie* 1962 No. 355), the Supreme Court had ruled in a case, also concerning the publication of radio programmes compiled by another, that "to the author of a piece of writing without a personal character no further protection is granted than against the copying of the contents of the piece of writing itself; in particular no copyright can be recognised on the factual substance contained in the piece of writing, apart from the piece of writing as such."

From this interpretation of the Copyright Act it appeared: 1°, that the rule did not raise any barrier to the obtaining of the infor-

Le Gouvernement a examiné ensuite la question de savoir si la loi néerlandaise sur le droit d'auteur pouvait être considérée, de quelque manière que ce soit, comme contraire à la Convention. Il a fait valoir que la loi sur le droit d'auteur protège les droits relatifs aux livres, aux brochures, aux journaux, aux revues et à *tous autres écrits* (article 10, paragraphe (1) de la loi sur le droit d'auteur).

Si l'on considère le sens littéral des termes, l'historique de la loi sur le droit d'auteur et la jurisprudence constante de la Cour Suprême, il faut entendre par "tous autres écrits" les écrits sans valeur artistique ou scientifique, qui comprennent notamment les annuaires, les horaires de chemins de fer, les catalogues d'articles commerciaux, les programmes, etc. L'article 15 de la loi sur le droit d'auteur limite le droit d'auteur sur "tous les autres écrits" de la façon suivante: "La reproduction d'articles, de comptes rendus ou d'autres écrits, à l'exception des romans et des nouvelles, publiés dans des journaux ou des revues, par un autre journal ou une autre revue, sans le consentement de l'auteur ou de son successeur en titre, n'est pas considérée comme une violation du droit d'auteur du journal ou de la revue cités en premier, à condition que ce journal ou cette revue soient désignés clairement et que les droits de reproduction n'aient pas été réservés explicitement ..." "En ce qui concerne les articles contenant des opinions politiques, les bulletins d'informations et les faits divers, les droits de reproduction ne peuvent pas être réservés."

Dans une série d'arrêts, la Cour Suprême a précisé que le droit d'auteur sur des écrits sans caractère personnel a un caractère limité. Il est fondé uniquement sur la composition de l'écrit; par conséquent, seul l'auteur véritable de l'écrit peut revendiquer un droit d'auteur. En se fondant sur des motifs d'ordre historique, la Cour Suprême a précisé que le droit d'auteur sur ces écrits a pour but d'accorder à leur auteur exclusivement le bénéfice de leur publication, et elle a donc refusé à des tiers le pouvoir de publier et de reproduire ces écrits. Conformément à cette interprétation, il faut donc tenir pour établi que la loi n'accorde un droit d'auteur sur les écrits sans caractère personnel que s'ils ont été publiés ou s'ils sont destinés à la publication. Dans un arrêt du 27 janvier 1961 (*Nederlandse Jurisprudentie* 1962, n° 355), la Cour Suprême a déclaré, dans un cas qui concernait également la publication de programmes de radio établis par une autre personne, que "l'auteur d'un écrit sans caractère personnel n'est protégé que contre la reproduction du contenu de l'écrit lui-même; en particulier, aucun droit d'auteur ne peut être reconnu sur les faits qui sont relatés dans l'écrit; seul est protégé l'écrit en tant que tel."

De cette interprétation de la loi sur le droit d'auteur, il apparaît: premièrement, qu'aucun obstacle ne s'oppose à l'obtention des mation incorporated in the writings: the copyright was extended only to writings which had been or would be published anyway; 2°, that the rule did not imply a copyright as to information; the information which could be gleaned from the piece of writing was free and the only thing which was prohibited was the publication of the piece of writing in the form in which the author had written it down, or in a form so closely resembling the original piece of writing that it must be considered as a copy. It was in this context that one should understand the passage in the decision of the Supreme Court of 25th June, 1965, where the Court stated that a complete weekly radio programme was not "information" within the meaning of Article 10 of the Convention.

The Applicant was not prevented from publishing information about forthcoming radio programmes but only from publishing information in a form closely resembling, and copied from, writings by the Centraal Bureau as such. In other words, the Applicant company was barred not only from preventing the author of advance programmes, namely the Centraal Bureau, from enjoying the full benefit of the publication of these advance programmes but also from benefiting from the work of someone else. This benefit had been the Applicant's sole intention and this intention was in no way protected by the Convention.

The Applicant company replied that, according to the decision of the Supreme Court, it did not have, under Dutch law, the freedom or the opportunity to take, transcribe, copy lawfully from, the compilations of the Centraal Bureau in order to produce in the weekly magazine Televizier the forthcoming radio and television programmes of the Dutch broadcasting corporations.

As a result the rights and freedoms defined in Article 10 of the Convention were violated. The right to freedom of expression, which everyone possessed, included freedom to hold opinions and to receive and impart information and ideas without interference by public authority and regardless of frontiers.

The Applicant submitted that the Government had based its argument on a number of assumptions which were incorrect and in no way supported by evidence. One particular issue was not agreed by the parties and had not been determined by the judge, namely, that the organisations or persons which received the compilations of the Centraal Bureau had the obligation not to forward these compilations to Televizier, further, that one or more of the addressees had been induced by the Applicant to send it the compilations and, finally that this had in fact been done.

In the Applicant's opinion, the Government's conclusion that the, Application should be declared inadmissible was apparently based on two different grounds: first, that the compilations had the charinformations contenues dans les écrits: le droit d'auteur ne s'applique qu'aux écrits qui ont été ou qui seront publiés en tout état de cause; deuxièmement, qu'il n'existe pas de droit d'auteur sur les informations: les informations qui peuvent être extraites d'un écrit ne sont pas protégées et seule est interdite la publication de l'écrit sous la forme que lui a donnée son auteur ou sous une forme si proche de celle de l'original qu'elle doive être considérée comme une copie. C'est dans ce contexte qu'il convient de comprendre le passage de l'arrêt de la Cour Suprême en date du 25 juin 1965, dans lequel la Cour a déclaré qu'un programme hebdomadaire complet de radio ne constitue pas des "informations" au sens de l'article 10 de la Convention.

Rien n'empêche le requérant de publier des informations sur les programmes de radio; il lui est seulement interdit de publier ces informations sous une forme très proche de celle des écrits du Centraal Bureau, qui constituerait une copie. En d'autres termes, il est interdit à la société requérante non seulement d'empêcher l'auteur des programmes établis à l'avance, c'est-à-dire le Centraal Bureau, de jouir de tous les avantages inhérents à la publication de ces programmes, mais également de tirer profit de l'oeuvre d'autrui. C'est là l'unique intention du requérant et cette intention n'est protégée en aucune manière par la Convention.

La société requérante a rétorqué qu'à la suite de l'arrêt rendu par la Cour Suprême, elle n'avait, aux termes du droit néerlandais, ni la liberté ni la possibilité d'utiliser, de transcrire ou de reproduire légalement les compilations du Centraal Bureau en vue de publier dans la revue hebdomadaire "Televizier" les programmes de radio et de télévision des organismes néerlandais de radiodiffusion.

Il en résulte que les droits et libertés définis à l'article 10 de la Convention sont violés. Le droit à la liberté d'expression, que possède toute personne, comprend la liberté d'opinion et la liberté de recevoir ou de communiquer des informations ou des idées sans qu'il puisse y avoir ingérence d'autorités publiques et sans considération de frontière.

Le requérant a fait valoir que l'argumentation du Gouvernement reposait sur plusieurs hypothèses qui sont inexactes et qui ne s'appuient sur aucune preuve. Un point particulier sur lequel les parties ne sont pas d'accord n'a pas été tranché par le juge: celui de savoir si les organisations ou les personnes qui ont reçu les compilations du Centraal Bureau étaient tenues de ne pas les communiquer à "Televizier", si, en outre, le requérant a persuadé un ou plusieurs destinataires de lui communiquer ces compilations et si, enfin, ces compilations lui ont été effectivement communiquées.

De l'avis du requérant, la conclusion du Gouvernement selon laquelle la requête devrait être déclarée irrecevable se fonde apparemment sur deux arguments différents: selon le premier, les acter of private letters; secondly, that Article 10 of the Convention did not impose any obligation to reveal information. Thus, the Government apparently argued that the complaint by Televizier implied that the fact of the Centraal Bureau not revealing information about the compilations would be a violation of Article 10 of the Convention.

In this respect, the Government misjudged the complaint by Televizier and the basis thereof. The compilations of the Centraal Bureau did not have the character of private letters. The Supreme Court had decided in its decision of 25th June, 1965, that the compilations were to be considered as pieces of writing which were meant by the Centraal Bureau for publication and that such publication was effected by mailing them to about one hundred foreign broadcasting organisations and newspapers. The Government alleged that Televizier had received the compilations from one or more of these broadcasting organisations and newspapers. Therefore the compilations did not have the character of private letters but of pieces of writing already published or at least meant for publication.

Furthermore, according to the Applicant's submission, the Government had failed to appreciate that the point of view of the Applicant was not that the Centraal Bureau had an obligation to reveal to Televizier information, in particular, as to the compilations. That problem had in fact been the subject of other legal proceedings but, in the present Application, those proceedings and the obligation to reveal were not involved. The present Application contained a complaint that it was forbidden to use the compilations, when, and if, they were available to the Applicant company, for the publication of programmes in its magazine.

The arguments of the Government as to the inadmissibility of the Application therefore failed and should be rejected.

As regards the situation in the Netherlands as to information given to the Dutch people on radio and television programmes, the Applicant submitted that the Dutch broadcasting corporations (AVRO, KRO, NCRV, VARA and VPRO) tried to acquire a monopoly with regard to the publication in print of radio and television programmes. One of their means was the Copyright Act. The Centraal Bureau was a corporation founded by the broadcasting corporations. There were two reasons why the broadcasting corporations wished to acquire this monopoly.

According to the Applicant, the first reason was the following: the right to be a broadcasting organisation and the number of hours of broadcasting time for a broadcasting organisation depended, according to the relevant legal provisions, on the number of members of a broadcasting organisation. Therefore, the broadcasting corporations had an interest to have as many members as possible. The compilations auraient le caractère de lettres privées et, en second lieu, l'article 10 de la Convention n'imposerait pas l'obligation de révéler des informations. Le Gouvernement semble donc soutenir que, dans sa requête, Televizier prétend qu'en ne révélant pas d'informations sur les compilations, le Centraal Bureau violerait l'article 10 de la Convention.

A cet égard, le Gouvernement s'est mépris sur la requête introduite par Televizier et sur les raisons qui l'ont motivée. Les compilations du Centraal Bureau n'ont pas le caractère de lettres privées. La Cour Suprême a décidé, par son arrêt du 25 juin 1965, que les compilations devaient être considérées comme des écrits que le Centraal Bureau destinait à la publication et que cette publication était constituée par leur envoi à une centaine d'organismes de radiodiffusion et de journaux étrangers. Le Gouvernement soutient que Televizier a reçu ces compilations d'un ou plusieurs de ces organismes de radiodiffusion et de ces journaux. Les compilations n'ont donc pas le caractère de lettres privées, mais d'écrits déjà publiés ou au moins destinés à la publication.

Au demeurant, selon le requérant, le Gouvernement n'a pas compris que le point de vue du requérant n'était pas que le Centraal Bureau était dans l'obligation de révéler des informations à Televizier, en particulier sur les compilations. En fait, ce problème a fait l'objet d'une autre action en justice, mais dans la présente requête, il n'est pas question de cette action, ni de l'obligation de révéler des informations. Dans la présente requête, le requérant se plaint de ne pas pouvoir utiliser les compilations, dans l'hypothèse où il pourrait y avoir accès, pour publier les programmes dans sa revue.

L'argumentation du Gouvernement relative à l'irrecevabilité de la requête est donc dénuée de fondement et doit être rejetée.

Pour ce qui est de la situation aux Pays-Bas, en ce qui concerne les informations données au public sur les programmes de radio et de télévision, le requérant soutient que les organismes néerlandais de radiodiffusion (A.V.R.O., K.R.O., N.C.R.V., V.A.R.A. et V.P.R.O.) s'efforcent d'acquérir un monopole sur la publication sous forme imprimée des programmes de radio et de télévision. L'un des moyens qu'ils utilisent à cette fin est la loi sur le droit d'auteur. Le Centraal Bureau est une société fondée par les organismes de radiodiffusion. Ceux-ci tiennent à acquérir ce monopole pour deux raisons.

Selon le requérant, la première de ces raisons est la suivante: le droit de constituer un organisme de radiodiffusion et le nombre d'heures d'émission attribuées à cet organisme dépendent, aux termes de la législation en vigueur, du nombre des membres de l'organisme en question. Les organismes de radiodiffusion ont donc intérêt à avoir le plus grand nombre de membres possible. Chacun broadcasting corporations each published a weekly magazine containing little more than the radio and television programmes. In actual practice one was at the same time member of the broadcasting corporation and subscriber to the magazine of the broadcasting corporation concerned. If other weekly magazines also published the broadcasting programmes, the broadcasting corporation feared that their members would end their subscription to their magazines and thereby the membership of the broadcasting corporations concerned, and would subscribe to those other weekly magazines. Therefore, the broadcasting corporations sought to acquire a monopoly in the weekly publication in print of the radio and television programmes and to prevent other weekly magazines from publishing the radio and television programmes. The Applicant was of the opinion that this reason was neither reasonable nor healthy. A broadcasting corporation should get and keep its members by virtue of the quality of its broadcasts and not by a monopoly in the news services on radio and television programmes.

The second reason why the broadcasting corporations wished to acquire a monopoly in the news services on radio and television programmes was that they desired the additional income which could be obtained by the exploitation of that monopoly. That motive was also unreasonable and unhealthy. The broadcasting corporations were in a position to create their radio and television programmes out of the income which they enjoyed from the fees collected, on the basis of legal provisions, by the Netherlands Government from the owners of radio and television sets. It was quite wrong that the broadcasting corporations, being corporate bodies according to private law, profited exclusively and for their own benefit from the news services on the programmes paid for by all Dutch people.

The information about radio and television programmes in the Netherlands could be divided into weekly information and daily information. As to daily information, the broadcasting corporations had permitted the daily papers to publish in an abbreviated and inconspicuous manner the broadcasting programmes for the following day or sometimes the following two days. The Dutch public, however, was mainly interested in information covering a full week. The public felt a need for weekly programmes with comments beforehand and afterwards. In that respect the broadcasting corporations actually had, by means of their weekly magazines, a monopoly which was broken only by Televizier. It was obvious that the broadcasting corporations did not give in their magazine a frank criticism of their own programmes. At this moment Televizier was the only weekly magazine in the Netherlands which reproduced the radio and television programmes and, in addition, a frank and independent criticism of these prod'eux publie une revue hebdomadaire consacrée presque exclusivement aux programmes de radio et de télévision. Dans la pratique, les personnes qui sont abonnées à la revue d'un organisme de radiodiffusion sont en même temps membres de cet organisme. Les organismes de radiodiffusion craignent que, si d'autres revues publiaient également les programmes de radiodiffusion, leurs membres cessent d'être abonnés à leur revue, qu'ils renoncent par là même à leur qualité de membre et qu'ils s'abonnent à ces autres revues hebdomadaires. Les organismes de radiodiffusion s'efforcent donc d'acquérir le monopole de la publication hebdomadaire, sous forme imprimée, des programmes de radio et de télévision et d'empêcher d'autres revues hebdomadaires de publier ces programmes. Le requérant est d'avis que ce motif n'est ni raisonnable ni sain. Un organisme de radiodiffusion devrait recruter et conserver ses membres par la qualité de ses émissions, et non pas en vertu d'un monopole portant sur la publication des programmes.

La deuxième raison pour laquelle les organismes de radiodiffusion tiennent à acquérir un monopole sur la publication des programmes de radio et de télévision est constituée par leur désir d'obtenir les revenus supplémentaires que peut procurer l'exploitation de ce monopole. Ce motif est également déraisonnable et malsain. Les organismes de radiodiffusion sont à même de financer leurs programmes de radio et de télévision, grâce aux revenus qu'ils tirent des redevances payées, conformément à la législation en vigueur, au Gouvernement néerlandais par les propriétaires d'appareils de radio et de télévision. Il est tout à fait injuste que les organismes de radiodiffusion, qui sont des corporations régies par le droit privé, puissent seuls tirer profit de la publication des programmes financés par l'ensemble de la population néerlandaise.

Les informations concernant les programmes de radio et de télévision aux Pays-Bas peuvent se diviser en deux catégories: informations hebdomadaires et informations quotidiennes. Pour ces dernières, les organismes de radiodiffusion ont autorisé les quotidiens à publier d'une manière abrégée et sans les mettre en relief, les programmes du lendemain ou parfois des deux jours suivants. Cependant, le public néerlandais est surtout intéressé par les informations portant sur la semaine entière. Il ressent la nécessité de programmes hebdomadaires accompagnés de commentaires portant sur les émissions passées et futures. A cet égard, les organismes de radiodiffusion ont en fait, grâce à leur revue hebdomadaire, un monopole que seule la revue Televizier vient contrarier. Il est évident que les organismes de radiodiffusion ne publient pas dans leurs revues des critiques objectives de leurs propres programmes. Pour l'instant, Televizier est la seule revue hebdomadaire aux Pays-Bas qui publie les programmes de radio et de télévision, acgrammes. The broadcasting corporations did their best to suppress Televizier.

According to the broadcasting corporations and the Centraal Bureau, it was impossible to get knowledge of the broadcasting programmes in any other way than from pieces of writing protected by the Copyright Act, *inter alia* the compilations of the broadcasting corporations and the Centraal Bureau. The Applicant denied this. However, to get knowledge of the broadcasting programmes otherwise than from these compilations required a great deal of effort and so much money that all weekly magazines in the Netherlands except Televizier refrained from publishing the broadcasting programmes. This meant an illicit infringement of the freedom of expression.

The Applicant pointed out that, according to the Government, Article 10 of the Convention was not meant to serve the commercial interests of the editors of newspapers or magazines. When stating this, the Government failed to appreciate that everyone had the right to freedom of expression; furthermore, this right included freedom to hold opinions and to receive and impart information and ideas without interference by public authority and regardless of frontiers. It was irrelevant for which reason, commercial or non-commercial, a person was moved to make use of the freedom of expression.

Furthermore, the Government had failed to appreciate that ultimately the interests and freedom of expression of the Dutch radio listeners and television watchers, of whom several hundreds of thousands were subscribers to the Applicant's weekly magazine, were involved. All these people were certainly not moved by commercial motives. In this connection it should be observed that the Applicant's weekly magazine was more expensive than both the membership of any of the broadcasting corporations and a subscription to its weekly magazine together.

In so far as the Government had stated that the Dutch Copyright Act was not contrary to the Convention, the Applicant replied that, according to the Supreme Court's interpretation of the Copyright Act, the Applicant was not allowed to take, transcribe or to publish in its magazine such radio and television programmes of the broadcasting corporations as were contained in the compilations. This restriction applied even to a non-verbal or non-literal reproduction or one with additions and deletions. The public had no need for just a few items of a programme but for the complete programme. According to the decision of the Supreme Court, the broadcasting corporations and the Centraal Bureau, by putting the programmes in writing, could monopolise the contents of that piece of writing.

compagnés de critiques objectives et indépendantes. Les organismes de radiodiffusion font tout leur possible pour supprimer Televizier.

Selon les organismes de radiodiffusion et le Centraal Bureau, il est impossible d'avoir connaissance des programmes de radiodiffusion autrement qu'en consultant des protégés par la loi sur le droit d'auteur, et notamment les compilations des organismes de radiodiffusion et du Centraal Bureau. Le requérant conteste cette assertion. Néanmoins, pour connaître les programmes autrement que par ces compilations, il faut déployer des efforts si considérables que toutes les revues hebdomadaires des Pays-Bas, à l'exception de Televizier, s'abstiennent de publier les programmes. Il en résulte une violation de la liberté d'expression.

Le requérant a souligné que, selon le Gouvernement, l'article 10 de la Convention n'a pas pour but de protéger les intérêts commerciaux des éditeurs de journaux ou de revues. En affirmant cela, le Gouvernement ne tient pas compte du fait que toute personne a droit à la liberté d'expression; au demeurant, ce droit comprend la liberté d'opinion et la liberté de recevoir ou de communiquer des informations ou des idées sans qu'il puisse y avoir ingérence d'autorités publiques et sans considération de frontière. Peu importe la nature des motifs – qu'ils soient commerciaux ou non - qui incitent une personne à faire usage de la liberté d'expression.

En outre, le Gouvernement ne s'est pas rendu compte du fait qu'il s'agit en fin de compte des intérêts et de la liberté d'expression des auditeurs et des téléspectateurs néerlandais dont plusieurs centaines de milliers sont abonnés à la revue hebdomadaire du requérant. Toutes ces personnes ne sont certainement pas poussées par des motifs commerciaux. A cet égard, il y a lieu de remarquer que le prix de l'abonnement à la revue hebdomadaire du requérant est plus élevé que la somme de la cotisation à un quelconque des organismes de radiodiffusion et de l'abonnement à la revue hebdomadaire qu'il publie.

Pour autant que le Gouvernement a affirmé que la loi néerlandaise sur le droit d'auteur n'est pas contraire à la Convention, le requérant a répondu que, selon l'interprétation qu'a donnée la Cour Suprême de cette loi, le requérant n'a pas le droit d'utiliser, de transcrire ou de publier dans sa revue les programmes de radio et de télévision des organismes de radiodiffusion qui sont contenus dans les compilations. Cette interdiction s'applique même à la reproduction non littérale de ces informations ou à une reproduction qui comporterait des additions et des suppressions. Ce qui intéresse le public, ce n'est pas quelques éléments du programme, mais le programme complet. Aux termes de l'arrêt de la Cour Suprême, les organismes de radiodiffusion et du Centraal Bureau peuvent, en

In this connection it should be considered that these compilations, as had been ascertained by the Supreme Court, had no literary, scientific or artistic value and lacked a distinctive or personal nature; furthermore, such value or nature, if present, could be a ground for protection of these pieces of writing. It was the law of the nineteenth century, and before, in the Netherlands, which had influenced the Copyright Act of 1912, and had been the reason that this Act protected pieces of writing without a distinctive or personal nature.

The Applicant concluded that, in so far as the Copyright Act, as interpreted by the decision of the Supreme Court of 25th June, 1965, prevented Televizier from using the compilations for its publications of the programmes, there was a violation of Article 10 of the Convention.

3. *Does the complaint fall under the limitation rule in Article 10, paragraph (2), of the Convention?*

The Government emphasised that its main submission was that the right to freedom of expression was not concerned in the present case. If, however, the Commission did not accept this argument, the Government maintained, in the alternative, that the case was covered by the limitation mentioned in Article 10, paragraph (2), of the Convention and that it was inadmissible on that ground. According to this provision, the exercise of the freedoms described in paragraph (1) of the same Article "may be subject to such ... restrictions ... as are prescribed by law and are necessary in a democratic society ... for the protection of the ... rights of others". If it was to be assumed that the publication of a copy of any piece of writing came under the term "to impart information", then any copyright law was, according to the Government, a restriction on the freedom of expression. Any scientific book or paper contained "information". Every copyright law prohibited the publication of such a book or paper without the consent of the author. The legislations of all Parties to the Convention included a copyright law which to a greater or lesser extent prohibited such publications. Therefore the copyright which a person held by virtue of the domestic law of one of the Parties to the Convention clearly came under the term "rights of others" in paragraph (2) of Article 10 although the Convention did not define this term. It obviously left the definition of these rights to the discretion of the Parties to the Convention. The words "necessary in a democratic society", imposing a certain restriction on the power to make laws, should be read in connection with the words "in the interests of national security, territorial integrity or public safety" as they did not make sense in the context of the protection of the "rights of others". At donnant aux programmes une forme écrite, s'arroger le monopole du contenu de cet écrit. A ce propos, il faut tenir compte du fait que ces compilations, comme l'a reconnu la Cour Suprême, n'ont pas de valeur littéraire, scientifique ou artistique et ne possèdent pas un intérêt particulier ou un caractère personnel; en outre, cette valeur ou ce caractère, s'ils existaient, pourraient justifier la protection de ces écrits. C'est la législation du XIXème siècle et la législation antérieure des Pays-Bas qui ont influencé la loi de 1912 sur le droit d'auteur, et c'est pour cette raison que cette loi protège les écrits dépourvus de valeur particulière ou de caractère personnel.

Le requérant conclut que, pour autant que la loi sur le droit d'auteur, selon l'interprétation qu'en a donnée l'arrêt de la Cour Suprême en date du 25 juin 1965, interdit à Televizier d'utiliser les compilations pour sa publication des programmes, il y a violation de l'article 10 de la Convention.

3. *La requête tombe-t-elle sous le coup des restrictions prévues par l'article 10, paragraphe 2, de la Convention?*

Le Gouvernement a souligné qu'il soutenait surtout que la présente affaire ne concernait aucunement le droit à la liberté d'expression. Dans l'hypothèse où la Commission ne retiendrait pas cet argument, le Gouvernement a fait valoir qu'en tout état de cause, les griefs formulés tombaient sous le coup des restrictions prévues à l'article 10, paragraphe (2) de la Convention et qu'ils étaient irrecevables pour ce motif. Selon cette disposition, l'exercice des libertés énumérées au paragraphe premier du même article "peut être soumis à certaines ... restrictions ..., prévues par la loi, qui constituent des mesures nécessaires, dans une société démocratique, ... à la protection ... des droits d'autrui". Si l'on doit considérer que la publication d'une copie d'un écrit quelconque revient à "communiquer des informations", toute loi sur le droit d'auteur constitue alors, selon le Gouvernement, une restriction de la liberté d'expression. Un livre ou un écrit scientifique contient des "informations". Toutes les lois sur le droit d'auteur interdisent la publication d'un tel livre ou document sans le consentement de l'auteur. Les législations de tous les Etats parties à la Convention comprennent une loi sur le droit d'auteur qui interdit, dans une mesure plus ou moins grande, ces publications. Le droit d'auteur que possède une personne en vertu de la législation interne de l'un des Etats parties à la Convention figure donc au nombre des "droits d'autrui" mentionnés au paragraphe (2) de l'article 10, bien que la Convention ne définisse pas ce terme. De toute évidence, elle laisse la définition de ces droits à la discrétion des Etats parties à la Convention. Les termes "mesures nécessaires, dans une société démocratique" qui imposent une certaine restriction au pouvoir législatif, doivent être interprétés en liaison avec les termes "à la most it might be argued that the Convention prohibited a signatory State from curbing the freedom of expression in a way contrary to the demands of a democratic society, under the guise of a law conferring a "right" on some person or persons. Clearly this was not the case with the Dutch Copyright Act.

According to the Government, it was not relevant whether or not the Berne Convention on the protection of literary and artistic works extended protection to works lacking a distinctive or personal nature. The Berne Convention was not intended to replace the various Copyright Acts of the signatory States but obliged these States to give the same protection to authors of other signatory States and to works published for the first time in other signatory States as to their own subjects and to works published for the first time in their own countries. In addition the Berne Convention contained certain rules providing for the minimum of protection and the maximum of exceptions to, and of restrictions on, the protection to be given in the domestic laws of the signatory States. These States were not prohibited from extending the protection conferred in their own laws beyond the minima stated in the Berne Convention. The copyright laws of most of the States adhering to the Berne Convention differed to some extent from the Convention and from each other. None of this was contrary to the Berne Convention or to the European Convention for the Protection of Human Rights and Fundamental Freedoms.

The Government also referred to its statement as quoted above regarding the limited scope of the protection granted by the Dutch Copyright Act to writings without a personal character. It granted the benefit of publication to the author of the piece of writing concerned and denied this advantage to the person who wished to publish for his own purposes the piece of writing of another. A cursory examination of the laws of other States signatories to the Convention revealed that the Netherlands was not the only State in which the acts for which the Applicant sought freedom from interference were considered unlawful. Sometimes this protection was given by copyright law and sometimes by the law regarding unfair competition.

In any case, the Convention did not, in the Government's opinion, prohibit Dutch law from declaring these acts unlawful.

The Applicant company submitted that the copyright on weekly radio programmes did not fall under the exception of Article 10, paragraph (2), of the Convention. In particular, it did not come sécurité nationale, à l'intégrité territoriale, ou à la sûreté publique", car ils n'ont aucun sens dans le cadre de la protection des "droits d'autrui". On pourrait tout au plus prétendre que la Convention interdit à un État signataire de restreindre la liberté d'expression d'une façon contraire aux exigences d'une société démocratique, au moyen d'une loi qui confèrerait un "droit" à une ou plusieurs personnes. De toute évidence, ce n'est pas le cas pour la loi néerlandaise sur le droit d'auteur.

Selon le Gouvernement, peu importe que la Convention de Berne pour la protection des oeuvres littéraires et artistiques accorde ou non une protection aux oeuvres dénuées de valeur particulière ou de caractère personnel. La Convention de Berne n'est pas destinée à remplacer les diverses lois sur le droit d'auteur des Etats signataires, mais elle oblige ces Etats à accorder la même protection aux auteurs des autres Etats signataires et aux oeuvres publiées pour la première fois dans d'autres Etats signataires qu'à leurs ressortissants et aux oeuvres publiées pour la première fois dans leur propre pays. En outre, la Convention de Berne contient certaines règles définissant la protection minimale et les exceptions et restrictions maximales à cette protection que doivent prévoir les législations internes des Etats signataires. Rien n'empêche ces Etats d'étendre la protection accordée par leur législation interne au-delà des minima fixés par la Convention de Berne. Les lois sur les droits d'auteur de la plupart des Etats qui ont adhéré à la Convention de Berne diffèrent dans une certaine mesure de la Convention, ainsi que de l'une à l'autre. Cela n'est en aucune façon contraire à la Convention de Berne, non plus qu'à la Convention européenne pour la sauvegarde des Droits de l'Homme et des libertés fondamentales.

Le Gouvernement a également rappelé sa déclaration; citée plus haut, relative à la portée limitée de la protection accordée par la loi néerlandaise sur le droit d'auteur aux écrits sans caractère personnel. Elle accorde le bénéfice de la publication à l'auteur de l'écrit en question et refuse cet avantage à la personne qui désire publier pour son propre compte les écrits d'autrui. Un examen rapide des législations des autres Etats signataires de la Convention montre que les Pays-Bas ne sont pas le seul Etat dans lequel les actes pour lesquels le requérant demande à être protégé contre toute ingérence sont considérés comme illégaux. Cette protection est accordée tantôt par une loi sur le droit d'auteur, tantôt par une loi sur la concurrence déloyale.

En tout état de cause, la Convention n'empêche pas, de l'avis du Gouvernement, la législation néerlandaise de déclarer ces actes illégaux.

La société requérante a fait valoir que le droit d'auteur sur les programmes hebdomadaires de radio n'entre pas dans le cadre des exceptions prévues à l'article 10, paragraphe (2) de la Convention.

under the restrictions "... as are prescribed by law and are necessary in a democratic society, in the interests of national security, territorial integrity or public safety ... for the protection of the reputation or rights of others". For, according to the decision of the Supreme Court, the compilations had no literary, scientific or artistic value and no distinctive or personal nature. They were not the result of creative work. If the compilations had had these qualities, there probably would have been no question of a violation of Article 10 of the Convention. Under the Copyright Act the protection of pieces of writing without distinctive or personal nature in the Netherlands was a consequence of the law in former times when democracy and the human rights here involved were not yet part of Netherlands law.

Contrary to the Government's submission, a copyright protection of pieces of writing without distinctive or personal nature could not be found in other democratic countries or, at any rate, only in very exceptional cases. Also the Berne Convention described the works to be protected as "oeuvres littéraires et artistiques", comprising "toutes les productions du domaine littéraire, scientifique et artistique". The fact that the signatory States could deviate from this Convention did not influence on the Applicant's reference to the Berne Convention.

It was also quite incorrect that the words "rights of others" left the definition of these rights to the discretion of the Parties to the Convention. If that were the case the freedom of expression and the securing of that freedom would not be effective. The words preceding "rights of others" in Article 10, paragraph (2), set out the relevant limitation. The words "necessary in a democratic society" did make sense in the context of the protection of the rights of others. One should also note the co-ordinating use of the words "reputation or rights of others". What was in issue was, according to the Applicant, "restrictions ... as are necessary in a democratic society ... for the protection of the reputation or rights of others". Restrictions in this sense were out of the question as regards the compilations.

The Applicant also referred to the Government's statement that the protection in question was sometimes provided by copyright law and sometimes by the law on unfair competition. The Applicant considered that an incorrect suggestion had thereby been made. The Centraal Bureau was not a competitor of the Applicant and did not publish for the purpose of sale or for any commercial gain of its own. The broadcasting corporations, on the other hand, did publish

En particulier, il ne constitue pas une des restrictions ..." prévues par la loi, qui constituent des mesures nécessaires, dans une société démocratique, à la sécurité nationale, à l'intégrité territoriale ou à la sûreté publique ... à la protection de la réputation ou des droits d'autrui". En effet, aux termes de l'arrêt de la Cour Suprême, les compilations n'ont aucune valeur littéraire, scientifique ou artistique et ne possèdent pas une valeur particulière ou un caractère personnel. Elles ne sont pas le résultat d'un travail créateur. Si les compilations possédaient ces qualités, il ne saurait probablement être question d'une violation de l'article 10 de la Convention. La protection des écrits sans valeur particulière ni caractère personnel, en vertu de la loi néerlandaise sur le droit d'auteur, est une conséquence de l'ancienne législation, qui date d'une époque où les principes démocratiques et les droits de l'homme dont il est question ici ne faisaient pas encore partie du droit néerlandais.

Contrairement aux allégations du Gouvernement, les droits d'auteur sur les écrits sans valeur particulière ni caractère personnel ne sont pas protégés dans les autres pays démocratiques, sinon dans des cas tout à fait exceptionnels. En outre, selon la Convention de Berne, la protection s'applique aux "oeuvres littéraires et artistiques", qui comprennent "toutes les productions du domaine littéraire, scientifique et artistique". Le fait que les législations des Etats signataires puissent différer de la Convention ne modifie en aucune façon les arguments tirés de la Convention de Berne par le requérant.

Il est également tout à fait inexact que les termes "droits d'autrui" laissent la définition de ces droits à la discrétion des Etats parties à la Convention. Si c'était le cas, la liberté d'expression et l'exercice de cette liberté ne seraient pas garantis. Les termes qui précèdent l'expression "droits d'autrui", dans l'article 10, paragraphe (2), précisent les restrictions applicables. Les termes "mesures nécessaires dans une société démocratique" ont un sens dans le contexte de la protection des droits d'autrui. Il faut également remarquer l'emploi coordinateur de l'expression "de la réputation ou des droits d'autrui". Ce qui est en cause, selon le requérant, ce sont les "restrictions ... qui constituent des mesures nécessaires, dans une société démocratique ..., à la protection de la réputation ou des droits d'autrui". Il ne saurait être question de restrictions de ce genre en ce qui concerne les compilations.

Le requérant a également relevé la déclaration du Gouvernement selon laquelle la protection en question serait assurée tantôt par la loi sur le droit d'auteur, tantôt par la loi sur la concurrence déloyale. Il considère, en effet, qu'il s'agit là d'une insinuation inexacte. Le Centraal Bureau n'est pas un concurrent du requérant et il ne publie pas pour la vente ou pour un gain commercial quelconque. Les organismes de radiodiffusion, par contre, recherchent un gain for commercial gain. However, their action in court against the Applicant, based on tort and unfair competition, had been rejected by the Court of Appeal. Against this decision the broadcasting corporations and the Centraal Bureau had not appealed to the Supreme Court. Finally, the protection of pieces of writing without distinctive or personal nature in the Copyright Act had nothing to do with unfair competition.

4. *Has there been discrimination contrary to Article 14 of the Convention?*

The Government stated that the Applicant had not adequately explained in what way the complex of facts dealt with in the Application could be construed as discrimination within the meaning of Article 14. An explanation could not be given because the action taken by the Centraal Bureau would have had exactly the same result in relation to any other person or corporation acting as the Applicant had acted or wished to act.

In this respect, the Government pointed out that the Supreme Court of the Netherlands had, on 25th June, 1965, given another decision (No. 9836) in a case between the same Parties by which it determined a counter-claim entered by Televizier in the same proceedings as led to decision No. 9843 of which the Applicant complained in the present case. Article 14 of the Convention was the subject of this other decision. The Applicant had asked the Courts to rule that the broadcasting organisations and the Centraal Bureau should be obliged to impart to Televizier on demand the full contents of the forthcoming weekly radio programmes. This claim was based on the alleged right under, *inter alia*, Article 10 of the Convention to receive information as to the fixed but not yet published programmes of the broadcasting organisations and the Centraal Bureau. It was also based on the allegation that the broadcasting organisations and the Centraal Bureau practised discrimination within the meaning of Article 14 of the Convention by communicating this "news", albeit in abbreviated form, to the daily newspapers but not to Televizier. This claim was rejected in three instances. The translation of the relevant passages of the Supreme Court's decision is as follows:

"Considering, as to the second part, (of the 'means of cassation') that the Court of Appeal has established as fact, that Televizier, in respect of the publication of programme descriptions, must be regarded as a competitor of the broadcasting organisations and that this is not the case with the daily papers and the foreign papers which are concerned in the activities, described under a-e (viz. *inter alia:* imparting the programme – descriptions), of the broadcasting organisations and the Centraal Bureau acting in the interests of these organisations and that the broadcasting organisations have a commercial. Cependant, l'action en justice qu'ils ont intentée contre le requérant, fondée sur des allégations de préjudice et de concurrence déloyale, a été rejetée par la Cour d'Appel. Les organismes de radiodiffusion et le Centraal Bureau n'ont pas fait appel de cette décision devant la Cour Suprême. Finalement, la protection d'écrits sans valeur particulière ni caractère personnel par la loi sur le droit d'auteur n'a rien à voir avec la concurrence déloyale.

4. *Y a-t-il eu une discrimination contraire à l'article 14 de la Convention?*

Le Gouvernement a allégué que le requérant n'avait pas expliqué clairement de quelle façon l'ensemble des faits sur lesquels porte la requête peut être considéré comme une discrimination au sens de l'article 14. Cette explication ne peut pas être donnée, car les mesures prises par le Centraal Bureau auraient eu exactement le même résultat à l'encontre de toute personne ou société qui aurait agi comme le requérant a agi ou aurait souhaité agir.

A ce propos, le Gouvernement a souligné que la Cour Suprême des Pays-Bas a rendu, le 25 juin 1965, un autre arrêt (n° 9836), dans une affaire entre les mêmes parties, portant sur une demande reconventionnelle présentée par Televizier au cours de la même procédure qui a abouti à l'arrêt n° 9843 dont se plaint le requérant dans le cas présent. L'article 14 de la Convention faisait l'objet de cet autre arrêt. Le requérant avait demandé aux tribunaux de déclarer que les organismes de radiodiffusion et le Centraal Bureau devaient être contraints de communiquer à Televizier, sur sa demande, les programmes hebdomadaires complets de radio. Cette demande se fondait sur le droit que reconnaîtrait, notamment, l'article 10 de la Convention, de recevoir des informations sur les programmes déjà établis, mais pas encore publiés des organismes de radiodiffusion et du Centraal Bureau. Le requérant soutenait également que les organismes de radiodiffusion et le Centraal Bureau exerçaient une discrimination au sens de l'article 14 de la Convention en communiquant ses "informations", même sous une forme abrégée, aux quotidiens, mais pas à Televizier. Cette demande a été rejetée par trois instances. Voici la traduction des passages de l'arrêt de la Cour Suprême qui porte sur ce point:

"Considérant, quant à la seconde partie ("moyens de cassation") que la Cour d'Appel a établi, en fait, que Televizier, en ce qui concerne la publication des programmes, doit être considéré comme un concurrent des organismes de radiodiffusion et que ce n'est pas le cas des quotidiens et des journaux étrangers qui sont intéressés par les activités, décrites sous les rubriques a à e (à savoir, notamment: communication du programme, descriptions), des organismes de radiodiffusion et du Centraal Bureau, agissant pour le compte de ces organismes, et que les organismes de radiodiffusion retirent substantial interest in the publication of the broadcasting magazines, the editors and publishers of which are also concerned in these activities;

that the Court of Appeal rightly concluded from the foregoing, regardless of whether the broadcasting organisations may be regarded as publishers of the broadcasting magazines, that the broadcasting organisations and the Centraal Bureau have reasonable grounds for the alleged unequal treatment of Televizier, and that they are not obliged to act towards Televizier in the same way as they do towards the aforementioned papers;

that it makes no difference that the general interest may be served, as the District Court has established, by Televizier also receiving for its own use the information imparted to others by the broadcasting organisations and the Centraal Bureau; that the second part therefore is submitted in vain."

The Government concluded that the plea of unlawful discrimination had been rejected by the Supreme Court although Article 14 of the Convention had been cited explicitly, and that the Applicant did not complain of this decision in the present case. Therefore it was not necessary to go further into this matter.

Finally, in referring to a statement made by the Applicant to the effect that the broadcasting corporations had "a wrongful, improper and unjust monopoly in the news services on forthcoming radio and television events in the Netherlands", the Government observed that every owner of an object, as every owner of a copyright, was a monopolist in as much as his right was exclusive. How far his monopoly extended and to what degree it should be limited in the common interest was a matter for domestic legislation. Regarding the free flow of information, the Dutch legislator had strictly limited the monopoly of anyone who might claim a copyright on information.

The Applicant replied that Article 14 of the Convention was at issue, as the statutory prohibition for the Applicant company to use the compilations for its own publication had, as a consequence, not only that the broadcasting corporations and their magazines had available the data on the programmes while the Applicant not, but even that foreign weekly magazines, which were sold in the Netherlands, could freely publish the Dutch radio and television programmes (and did so) while the Applicant was not able to do so.

The Applicant considered that decision No. 9836 of the Supreme Court need not be discussed in connection with the present Application. This decision did not involve using the compilations for publication of programmes. In those proceedings the Applicant alleged that the broadcasting corporations and the Centraal Bureau d'importants avantages de la publication des revues, dont les éditeurs sont également intéressés par ces activités;

que la Cour d'Appel a conclu, à juste titre, de ce qui précède, indépendamment de la question de savoir si les organismes de radiodiffusion peuvent être considérés comme les éditeurs des revues en question, que les organismes de radiodiffusion et le Centraal Bureau ont des motifs raisonnables d'adopter, à l'égard de Televizier, l'attitude que celle-ci estime injuste, et qu'ils ne sont pas obligés d'agir envers Televizier comme ils agissent envers les journaux précités;

qu'il importe peu qu'il puisse être de l'intérêt général, comme l'a établi le Tribunal de district, que Televizier reçoive également pour son propre usage les informations communiquées à d'autres personnes par les organismes de radiodiffusion et le Centraal Bureau; que la deuxième partie est, en conséquence, mal fondée."

Le Gouvernement a conclu que l'argument portant sur une discrimination illégale avait été rejeté par la Cour Suprême, bien que l'article 14 de la Convention ait été explicitement cité et que le requérant ne se plaignait pas en l'espèce de cet arrêt. En conséquence, il n'y a pas lieu de poursuivre l'examen de ce point.

Finalement, à propos de l'affirmation du requérant selon laquelle les organismes de radiodiffusion auraient "un monopole injuste, déplacé et injustifié sur la publication des programmes de radio et de télévision aux Pays-Bas", le Gouvernement a fait observer que tout possesseur d'un objet, comme tout possesseur d'un droit d'auteur, jouit d'un monopole pour autant que son droit est exclusif. Il appartient à la législation interne de fixer l'étendue de ce monopole et la mesure dans laquelle il doit être limité dans l'intérêt commun. En ce qui concerne la libre communication des informations, le législateur néerlandais a rigoureusement limité le monopole de toute personne qui peut revendiquer un droit d'auteur sur des informations.

Le requérant a répondu que l'article 14 de la Convention était en cause, car il résulte de l'interdiction légale faite à la société requérante d'utiliser les compilations pour ses propres publications, non seulement que les organismes de radiodiffusion et la revue disposent de renseignements sur les programmes alors que ces renseignements ne sont pas fournis au requérant, mais aussi que les revues hebdomadaires étrangères vendues aux Pays-Bas sont libres de publier les programmes de radio et de télévision néerlandais (et qu'elles le font) tandis que le requérant n'est pas en mesure de le faire.

Le requérant a estimé qu'il n'est pas nécessaire d'évoquer l'arrêt n° 9836 de la Cour Suprême dans la présente requête. Cet arrêt ne porte pas sur l'utilisation des compilations pour la publication des programmes. Dans cette procédure, le requérant soutenait que les organismes de radiodiffusion et le Centraal Bureau étaient tenus had the obligation to communicate the compilations to Televizier at the same time as to the foreign addressees. The present complaint was not concerned with this question but only with the use of the compilations for publication of programmes mentioned therein.

As to the final remark of the Government, the Applicant observed that the question whether, as regards in particular the compilations, it was permissible to confer a copyright protection, was not one of domestic legislation but of freedom of expression within the meaning of Article 10 of the Convention.

THE LAW

Whereas the Commission finds it necessary first to examine the Government's general objection to the Application's admissibility, based on the submission that the Applicant could not, at the present stage of the proceedings before the domestic courts, be considered a "victim" of an alleged violation of the Convention within the meaning of Article 25 of the Convention;

whereas, in this regard, the Commission observes that the Supreme Court's decision of 25th June, 1965, constitutes a final ruling on the legal question as to whether the compilations of the Centraal Bureau are protected under the Dutch Copyright Act; whereas, in particular, it follows from the Supreme Court's decision that the Applicant company could not publish the compilations concerned without contravening the Copyright Act;

whereas the subsequent proceedings before the domestic courts concern certain points of fact and do not affect the position taken by the Supreme Court on the legal point of principle;

whereas, therefore, the Commission is satisfied that the Applicant company, in respect of the alleged violation of the Convention resulting from the Supreme Court's decision, is to be considered a "victim" within the meaning of Article 25 of the Convention;

Whereas the Commission adds that, as a result of the proceedings before the Supreme Court, the Applicant company has, in respect of its complaint before the Commission, exhausted the domestic remedies within the meaning of Article 26 of the Convention; that this situation is not affected by further proceedings on certain points of fact which are still pending before the Dutch courts;

Whereas the Commission has carried out a preliminary examination of the Applicant's allegations in the light of the subsequent pleadings by both Parties; whereas the Commission considers that the Application gives rise to a number of important issues regarding the interpretation of the Convention; whereas these issues are of such complexity that the determination of the Application should depend upon an examination of the merits of the case; whereas it de communiquer les compilations à Televizier en même temps qu'aux destinataires étrangers. La présente requête ne porte pas sur ce point, mais uniquement sur l'utilisation des compilations pour la publication des programmes en question.

Quant à la dernière remarque du Gouvernement, le requérant fait observer que la question de savoir si, en ce qui concerne en particulier les compilations, il est permis de protéger les droits d'auteur ne relève pas de la législation interne, mais de la liberté d'expression au sens de l'article 10 de la Convention.

EN DROIT

Considérant que la Commission estime nécessaire d'examiner tout d'abord l'objection générale formulée par le Gouvernement contre la recevabilité de la requête, fondée sur l'affirmation selon laquelle le requérant ne peut pas, au stade actuel de la procédure devant les tribunaux internes, être considéré comme une victime d'une violation alléguée de la Convention au sens de l'article 25 de la Convention;

Qu'à cet égard, la Commission fait observer que l'arrêt de la Cour Suprême du 25 juin 1965 constitue une décision finale sur la question juridique de savoir si les compilations du Centraal Bureau sont protégées en vertu de la loi néerlandaise sur le droit d'auteur; qu'en particulier, il résulte de l'arrêt de la Cour Suprême que la société requérante ne peut pas publier les compilations en question sans enfreindre la loi sur le droit d'auteur;

Considérant que la procédure ultérieure devant les tribunaux internes porte sur certains points de fait et ne concerne pas la position prise par la Cour Suprême sur un principe juridique;

Considérant, en conséquence, que la Commission estime que la société requérante, en ce qui concerne la violation alléguée de la Convention résultant de l'arrêt de la Cour Suprême, doit être considérée comme une victime au sens de l'article 25 de la Convention;

Considérant que la Commission estime, en outre, qu'à la suite de la procédure devant la Cour Suprême la société requérante a épuisé, en ce qui concerne sa requête devant la Commission, les moyens de recours interne, au sens de l'article 26 de la Convention; que cette situation n'est pas susceptible d'être modifiée par la procédure sur certains points de fait qui est encore pendante devant les tribunaux néerlandais;

Considérant que la Commission a procédé à un examen préliminaire des allégations du requérant à la lumière des arguments avancés ultérieurement par les deux Parties; que la Commission considère que la requête soulève plusieurs problèmes importants concernant l'interprétation de la Convention; que ces problèmes présentent une telle complexité que la décision sur la requête doit dépendre d'un examen du fond de l'affaire; qu'il s'ensuit que la follows that the Application cannot be regarded as manifestly ill-founded within the meaning of Article 27 paragraph (2) of the Convention and cannot be declared inadmissible;

For these reasons and without in any way prejudging the merits of the case, the Commission

DECLARES ADMISSIBLE AND ACCEPTS THE APPLICATION

...

Application No. 2742/66

X *against* AUSTRIA

Partial decision of 1st April 1966

...

THE FACTS

Whereas the facts of the case may be summarised as follows:

The Applicant is an Austrian citizen, born in 1932 and at present detained in prison in Vienna.

1. He states that on ... 1965 he was convicted of theft and sentenced to six years' severe imprisonment; the court also ordered his subsequent detention for five years in a labour institution (*Arbeitshaus*), It seems that he appealed to the Supreme Court (*Oberster Gerichtshof*), as in one of his letters he refers to certain proceedings pending before that Court.

In his opinion, his previous convictions were referred to during the trial in order to make the lay judges prejudiced against him.

The reason given for his committal to a labour institution was that he should get used to regular work and that he should learn a trade. He objects on the ground that before his detention he used to have work as a day-labourer (*Taglöhner*). He also complains that in a labour institution he will be forced to work with a remuneration of 25 Groschen an hour and that disciplinary measures will be applied if he refuses to work. He may be released before the expiry of the five-year period but this will depend on the decision of a special board and, in taking its decision, this board will consider, in particular, whether he has done the work required of him.

He also states that the only penalty imposed on him is a term of imprisonment and alleges that his detention in a labour institution in the circumstances referred to above would not constitute a penalty but would amount to forced labour in violation of Articles 4 and 5 of the Convention.

requête ne peut pas être considérée comme manifestement mal fondée, en application de l'article 27, paragraphe (2) de la Convention et qu'elle ne peut pas être déclarée irrecevable;

Par ces motifs et sans préjuger en aucune manière le fond de l'affaire, la Commission

DECLARE LA REQUETE RECEVABLE.

...

Requête No. 2742/66

X *contre* L'AUTRICHE

Décision partielle du 1er avril 1966

(*Traduction*)

...

EN FAIT

Considérant que les faits de la cause peuvent être résumés comme suit:

Le requérant, ressortissant autrichien né en 1932, est actuellement détenu dans une prison de Vienne.

1. Il déclare avoir été condamné, le ... 1965, à six ans d'emprisonnement de rigueur pour vol. La Cour a également ordonné qu'il soit ensuite détenu pendant cinq ans dans une maison de travail (*Arbeitshaus*). Il semble qu'il ait fait appel de cette décision auprès de la Cour Suprême (*Oberster Gerichtshof*) car il se réfère dans une de ses lettres à certaines procédures en instance devant la Cour.

A son avis, ses condamnations antérieures ont été évoquées pendant le procès pour influencer les jurés contre lui.

Le motif invoqué pour son envoi dans une maison de travail était qu'il devait s'habituer à un travail régulier et apprendre un métier. Il objecte qu'avant sa détention, il travaillait comme manoeuvre (*Taglöhner*). Il se plaint aussi de ce que dans une maison de travail, il devra travailler pour 25 Groschen par heure sous peine de mesures disciplinaires. Il est possible qu'il soit libéré avant cinq ans, mais par décision d'une instance spéciale qui examinera notamment s'il a fait le travail exigé.

Il déclare également que la seule peine qui lui ait été infligée était une peine de prison et que sa détention dans une maison de travail ne constituerait pas une sanction, mais équivaudrait à un travail forcé, et constituerait une violation des articles 4 et 5 de la Convention.

2. The Applicant's first letter to the Commission was dated ... October 1965 and the Commission's Secretary replied on ... October 1965.

He complains that the authorities controlling his correspondence forwarded to the press information about the contents of these two letters of ... and ... October 1965 and that articles concerning this correspondence appeared in several Austrian newspapers which also published his name.

He states that he complained of this to the Minister of Justice and that his complaint was rejected on ... 1966; he has been informed orally of the decision of the Minister but has not received the text of that decision.

He alleges a violation of Article 8, paragraph (2), of the Convention.

The Commission's Secretary has asked the Applicant for further information in respect of his allegation that information about his correspondence with the Commission had appeared in the press. In reply, he submitted a printed article which, according to his information, had appeared in the Austrian newspaper "Express" of ...–... October 1965. In this article, it is stated:

> "There is no forced labour in a labour institution. This was established by the Commission of Human Rights in a letter to the Vienna prisoner X who, in respect of his committal to an Austrian institution, had invoked the provisions of the Convention on Human Rights according to which, in his opinion, forced labour is forbidden.
>
> In the information given to the prisoner, it is expressly stated that the labour institution only serves the purpose of reforming the prisoner. He should be brought back in this manner to a hardworking, regular life. Consequently, the labour institution is not covered by the provisions of the Convention which forbid forced labour."

The Applicant states that similar articles appeared in two other newspapers "Wiener Kurier" and "Kronen Zeitung".

A further newspaper article is available to the Commission (received from the Information Service of the Council of Europe). In this article, which appeared in the "Arbeiter-Zeitung" on ... October 1965, it is indicated that X had alleged before the Commission of Human Rights that detention in a labour institution implied forced labour and was therefore illegal. Indications were given about the offences of which X had been convicted and in regard to his complaint to the Commission, the following information was added:

> "I am not in possession of the necessary means to pay a lawyer ...", wrote X, in a manner calling for pity, in his letter of

2. La première lettre du requérant à la Commission était datée du ... octobre 1965 et le Secrétaire de la Commission y a répondu le ... octobre 1965.

Il se plaint que les autorités contrôlant sa correspondance ont donné à la presse des informations sur le contenu de ces deux lettres du ... et du ... octobre 1965, et que des articles concernant cette correspondance ont paru dans plusieurs journaux autrichiens qui ont également publié son nom.

Il déclare qu'il a adressé une plainte à ce sujet au Ministre de la Justice, et que cette plainte a été rejetée le ... 1966; il en a été informé oralement, mais n'a pas reçu le texte de cette décision du Ministre.

Le requérant allègue une violation de l'article 8, par. 2, de la Convention.

Le Secrétaire de la Commission a demandé au requérant de donner de plus amples informations sur son allégation selon laquelle des renseignements sur sa correspondance avec la Commission auraient paru dans la presse, En réponse, il a soumis un article imprimé qui, selon ses renseignements, aurait paru dans le journal autrichien "Express" du ...–... octobre 1965.

Est dit dans cet article:

> "Il n'y a pas de travail forcé dans les maisons de travail. Ce fait a été établi par la Commission des Droits de l'Homme dans une lettre au détenu viennois X. qui, au sujet de sa condamnation à une maison de travail, avait invoqué les dispositions de la Convention des Droits de l'Homme, lesquelles, à son avis, interdisent le travail forcé.
>
> Il a été expressément déclaré dans l'information donnée au détenu, que les maisons de travail n'ont pour but que de reformer le détenu, et de le ramener ainsi à une vie régulière de travail. Les maisons de travail ne sont donc pas visées par les dispositions de la Convention qui interdisent le travail forcé."

Le requérant affirme que des articles analogues ont paru dans deux autres journaux, "Wiener Kurier" et "Kronen Zeitung".

Un autre article (reçu du Service d'information du Conseil de l'Europe) est à la disposition de la Commission. Il est précisé dans cet article paru dans le "Arbeiter Zeitung" du ... octobre 1965, que X. a affirmé devant la Commission des Droits de l'Homme que la détention dans une maison de travail impliquait un travail forcé et était par conséquent illégale. Des indications sont fournies sur les infractions pour lesquelles X. avait été condamné, et en ce qui concerne sa requête à la Commission, les renseignements suivants sont en outre donnés:

> "Mes moyens ne me permettent pas de payer un avocat", écrivait X. dans la lettre de requête à Strasbourg en vue de susciter

complaint to Strasbourg. Then he got upset at the thought of being punished, in case of refusal to work in the labour institution, with solitary confinement, sleeping hard, and deprival of privileges. Moreover, the prisoner only receives 25 Groschen an hour for his work. "Even if I have had my shortcomings, I do wish to obtain my right", he concluded his letter.

It was asserted at the Landesgericht of Vienna that this letter will be forwarded to the Commission of Human Rights although it contains defamatory and incorrect statements ...".

THE LAW

Whereas, in regard to the Applicant's allegation that the Austrian authorities violated his right to respect for his correspondence as guaranteed by Article 8 of the Convention, the Commission finds that an examination of the file in its present state does not give it the information required for deciding on the admissibility of this part of the Application; whereas, therefore the Commission decides, in accordance with Rule 45, paragraph (3) (b), of its Rules of Procedure, to give notice of this part of the Application to the Austrian Government and to invite it to submit observations on admissibility and, in this connection, also to take into consideration the confidential character of proceedings before the Commission (Article 33 of the Convention);

Whereas, in regard to the Applicant's complaint that his previous convictions were referred to during his trial, the Commission has considered this allegation in the light of Article 6, paragraphs (1) and (2), of the Convention; whereas, when interpreting such fundamental concepts as "fair hearing" within the meaning of Article 6, paragraph (1) and "presumption of innocence" within the meaning of Article 6, paragraph (2), the Commission finds it necessary to take into consideration the practice in different countries which are Members of the Council of Europe; whereas it is clear that in a number of these countries information as to previous convictions is regularly given during the trial before the court has reached a decision as to the guilt of an accused; whereas the Commission is not prepared to consider such a procedure as violating any provision of Article 6 of the Convention;

Whereas the Commission refers, in this regard, to its decision on the admissibility of Application No. 2518/65 (X. v. Denmark);

Whereas it follows that this part of the Application is manifestly ill-founded within the meaning of Article 27, paragraph (2), of the Convention;

Whereas, in regard to the Applicant's complaint as to his committal to a labour institution and the general conditions of existence la pitié. Puis il eut peur d'être puni s'il refusait de travailler dans la maison de travail, d'être soumis au régime cellulaire, à la couche dure, et dépourvu de privilèges. De plus, le détenu ne reçoit que 25 Groschen pour une heure de travail. "Même si j'ai mes défauts, je désire le respect de mes droits", conclut-il dans sa lettre.

On a assuré au Landesgericht de Vienne que cette lettre serait envoyée à la Commission des Droits de l'Homme, bien qu'elle contienne des déclarations diffamatoires et inexactes ...

EN DROIT

Considérant qu'en ce qui concerne l'allégation du requérant selon laquelle les autorités autrichiennes auraient violé son droit au respect de la correspondance garanti par l'article 8 de la Convention, la Commission estime que l'examen du dossier tel qu'il est actuellement constitué ne donne pas les informations nécessaires pour décider de la recevabilité de cette partie de la requête; considérant que la Commission décide en conséquence, conformément à l'article 45, par. 3 (b), de son Règlement intérieur, de notifier au Gouvernement autrichien cette partie de la requête et de le prier de soumettre ses observations sur sa recevabilité et à cet égard de prendre aussi en considération le caractère confidentiel de la procédure devant la Commission (article 33 de la Convention);

Considérant qu'en ce qui concerne la plainte du requérant de ce qu'on ait fait état de ses condamnations antérieures pendant le procès, la Commission a examiné cette allégation à la lumière de l'article 6, par. 1 et 2, de la Convention; considérant qu'en interprétant des notions aussi fondamentales que le droit d'une personne à ce que la cause soit entendue équitablement au sens de l'article 6, par. 1er, et que la "présomption d'innocence" au sens de l'article 6, par. 2, la Commission estime nécessaire de prendre en considération les pratiques en cours dans les différents pays membres du Conseil de l'Europe; considérant qu'il est évident que dans un certain nombre de ces pays, on donne habituellement des informations sur les condamnations antérieures au cours du procès, avant que le tribunal se prononce sur la culpabilité de l'accusé; considérant que la Commission n'a pas l'intention de considérer cette pratique comme une violation d'une disposition quelconque de l'article 6 de la Convention;

Considérant que la Commission s'en réfère à cet égard à sa décision sur la recevabilité de la requête N° 2518/65 (X. c/Danemark);

Considérant qu'il s'ensuit que cette partie de la requête est manifestement mal fondée au sens de l'article 27, par. 2, de la Convention;

Considérant qu'en ce qui concerne la plainte du requérant sur sa détention dans une maison de travail et les conditions générales in such an institution, an examination of the case as it has been submitted does not disclose any appearance of a violation of the rights and freedoms set forth in the Convention and in particular in Articles 4 and 5;

Whereas it is to be observed that Article 4, paragraph (3) (a), provides that "for the purpose of this Article the term 'forced or compulsory labour' shall not include ... any work required to be done in the ordinary course of detention imposed according to the provisions of Article 5 of this Convention"; whereas Article 5, paragraph (1) (a), allows "the lawful detention of a person after conviction by a competent court"; and whereas in the present case the Applicant has been committed to a labour institution after conviction by a competent court;

Whereas the Commission also refers to its previous jurisprudence in this regard (see, for example, Application No. 833/60, (X v. Austria, Yearbook III, p. 428));

Whereas it follows that this part of the Application is manifestly ill-founded within the meaning of Article 27 paragraph (2), of the Convention;

Now therefore the Commission

1. Adjourns the examination of the Applicant's complaint that the Austrian authorities violated his right to respect for his correspondence within the meaning of Article 8 of the Convention,

2. Declares the remainder of the Application to be inadmissible.

...

Application No. 2792/66

X *against* NORWAY

Decision of 6th October 1966

(*Translation*)

...

THE FACTS

Whereas the facts of the case may be summarised as follows:

The Applicant is an Italian national, born in 1921, and at present resident in Oslo (Norway).

On ... 1953, X contracted a marriage with Y, a Norwegian citizen. There are two children of the marriage: S, born on ... 1954 and M, born on ... 1960, both of whom have Italian, and not Norwegian, nationality.

As a result of a traffic accident, allegedly on ... 1962, the Applicant was taken to hospital with concussion and head wounds.

d'existence dans une telle institution, un examen du dossier tel qu'il se présente ne permet pas de dégager l'apparence d'une violation des droits et libertés énoncés dans la Convention et notamment aux articles 4 et 5,

Considérant qu'on peut observer que l'article 4, par. 3 (a), prévoit que "n'est pas considéré comme 'travail forcé ou obligatoire' au sens du présent article: (a) tout travail requis normalement d'une personne soumise à la détention dans les conditions prévues par l'article 5 de la présente Convention" ...; considérant que l'article 5, par. 1 (a) autorise la détention régulière "après condamnation par un tribunal compétent"; et considérant que dans le cas présent, le requérant a été envoyé dans une maison de travail après condamnation par un tribunal compétent;

Considérant que la Commission s'en réfère à cet égard également à sa jurisprudence antérieure (voir par exemple requête N° 833/60, X. c/Autriche, Annuaire III, p. 428);

Considérant qu'il s'ensuit que cette partie de la requête est manifestement mal fondée, au sens de l'article 27, par. 2, de la Convention;

Par ces motifs, la Commission

1. Ajourne l'examen de la partie de la requête du requérant concernant la violation par les autorités autrichiennes de son droit au respect de la correspondance, au sens de l'article 8 de la Convention,

2. Déclare le reste de la requête irrecevable.

...

Requête No. 2792/66

X *contre* LA NORVEGE

Décision du 6 octobre 1966

...

EN FAIT

Considérant que les faits de la cause peuvent se résumer ainsi:

Le requérant, ressortissant italien né en 1921, réside actuellement à Oslo (Norvège).

Le ... 1953, X contracta mariage avec Y, de nationalité norvégienne. De ce mariage sont issus deux enfants: S né le ... 1954 et M né le ... 1960, qui possèdent la nationalité italienne et non la nationalité norvégienne.

A la suite d'un accident de la circulation, qui serait survenu le ... 1962, le requérant fut hospitalisé pour commotion cérébrale

While the Applicant was in hospital, his wife instituted proceedings for legal separation with a view to divorce.

Following the institution of proceedings, legal conciliation procedure resulted in the parties' deciding to separate, the agreement being ratified by the conciliation board (*Forliksråd*). Custody of the children was given to the mother, while the father was granted right of access in accordance with an arrangement agreed between the parties.

According to the Applicant, his wife did not keep her part of the bargain in respect of the Applicant's right of access to his own children. It appears that X then lodged with the Court at Baerum an appeal against the conciliation agreement. On ... 1962 the Court gave a decision confirming the terms of the conciliation agreement having regard to separation of husband and wife granted in pursuance of Article 41 of the Marriage Act, and having regard to custody of the children which had been granted to the mother.

The Applicant was also sentenced to pay 600 Kr. maintenance per month; use of the conjugal home was granted to the wife. X claims that, according to the Court's decision, he retained the right of access to the children.

The husband and wife then lodged separate appeals against the above-mentioned decision with the Oslo Court of Appeal (*Eidsivating Lagmannsrett*), the former asserting that, owing to the accident in which he had been involved, he had been incapable of realising the full implications of the conciliation agreement and consequently of the decision against which he now appealed; the wife on the other hand appealed for withdrawal of the Applicant's right of access to the children. In a judgment delivered on ... 1963, the Oslo Court of Appeal confirmed the terms of the decision *a quo* except in respect of the Applicant's right of access to the children, which was withdrawn. Having regard to this last point, one of the judges of the Appeal Court gave a dissenting opinion, stating that the husband should have right of access to his own children in pursuance of Article 8 (3) of the Act relating to Children of a Marriage.

X then appealed to the Court of Cassation against the terms of the decision of the Court of Appeal, except in respect of the legal separation of husband and wife. He stressed, *inter alia*, the importance for a father of being able to see his own children.

On ... 1964, part of the appeal, and precisely that part relating to the custody of the children and to use of the conjugal home, was refused by the Appeals Chamber (*Høyesteretts kjaeremålsutvalg*) of the Court of Cassation in accordance with Article 373, paragraph 3 (1) of the Litigation Act.

By its decision of ... 1965, the Norwegian Court of Cassation rejected the remainder of the Applicant's appeal, and on this point et blessures à la tête. Pendant cette hospitalisation, la femme du requérant aurait introduit une instance en séparation de corps en vue du divorce.

A la suite de cette instance, les époux décidèrent, par une conciliation judiciaire passée entre eux et ratifiée par le Conseil de conciliation (*Forliksråd*), de se séparer; la garde des enfants fut confiée à la mère, mais le père obtint un droit de visite aux enfants suivant les modalités que les époux mêmes auraient établies.

A en croire le requérant, sa femme ne respecta pas les termes de la conciliation en ce qui concerne le droit pour le requérant de pouvoir rendre visite à ses propres enfants. X aurait alors introduit un recours contre la conciliation susmentionnée auprès du Tribunal de Baerum. Cette juridiction rendit le ... 1962 une décision confirmant les termes de la précédente conciliation en ce qui concerne et la séparation des époux, accordée en vertu de l'article 41 de la loi sur le mariage et l'attribution à la mère de la garde des enfants. En plus, le requérant fut astreint au paiement d'une pension alimentaire mensuelle de 600 Kr.; l'usage du domicile conjugal fut attribué à sa femme. X affirme que, d'après cette décision, il aurait toujours gardé le droit de visite à ses propres enfants.

Le requérant de son côté, et sa femme de l'autre, interjetèrent appel contre la décision susmentionnée devant la Cour d'Appel d'Oslo (*Eidsivating Lagmannsrett*), le premier faisant valoir que, à cause de l'accident dont il avait été victime, il n'avait pas pu saisir toute la portée de la conciliation et donc de la décision attaquée; la deuxième demandant pour sa part que le droit de visite aux enfants fût nié au requérant. Par décision du ... 1963, la Cour d'Appel d'Oslo confirma le dispositif de la décision "a quo" sauf en ce qui concerne le droit de visite aux enfants qui était désormais refusé au requérant. En ce qui concerne ce dernier point, un des juges de la Cour d'Appel émit une opinion dissidente, suivant laquelle le mari devrait avoir le droit de visiter ses propres enfants aux termes de l'article 8 paragraphe 3 de la Loi sur les enfants issus du mariage.

X se pourvut alors en cassation attaquant l'ensemble des dispositions de la décision d'appel, sauf pour ce qui touchait à la séparation des époux. Il fit valoir notamment l'importance pour un père de pouvoir rendre visite à ses propres enfants.

Le ... 1964, une partie du pourvoi, et précisément celle relative à la garde des enfants et à l'usage du domicile conjugal, fut rejetée aux termes de l'article 373, paragraphe 3, 1 de la Loi sur les litiges par la Chambre des Requêtes de la Cour de Cassation (*Høyesteretts kjaeremålsutvalg*).

Par arrêt du ... 1965, la Cour de Cassation de Norvège rejeta le restant du pourvoi du requérant, confirmant sur ce point la déconfirmed the decision of the Appeal Court, although at the same time modifying to some extent the clauses relating to maintenance payments.

It is apparent from this latter decision that the first judge to give his opinion stressed the mental condition of the Applicant. A psychiatrist who had been called to give an expert opinion said that X showed no evidence of mental disorder but that certain "abnormal personality traits" displayed by the Applicant reflected certain traits natural to X's type and were not influenced either by his accident or his nationality. The psychiatrist also described X as "psychologically unstable".

The second expert called by the Court emphasised that the extreme tension existing between the husband and wife might have caused serious disturbance in the children who, if the father's right of access were maintained, would be obliged constantly to transfer their loyalty from one parent to another. From that he deduced that it would not be advisable for the father to have right of access.

The Court consequently preferred the negative solution (i.e. refusal to the father of right of access), but added the rider that the matter might be reconsidered at a later date, when the parties were able to discuss the question calmly.

In essence, the Applicant complains that he is prevented from seeing his children.

X challenges the arguments invoked in the decisons against which he appeals on the basis that there has been discrimination on account of his nationality: the father being Italian, his (Italian) temperament might be the cause of serious disturbance in the children.

The Applicant further contends that the Norwegian Courts did not take all the facts of the case into consideration (the accident in which he was involved and all its consequences) and claims that there is evidence of "chauvinism", in that the interests of a Norwegian national, he alleges, override those of a foreign national. To that end, X had submitted, for inclusion in the file, the original together with an extract in Italian of the judgment delivered on ... 1965 by the Norwegian Supreme Court. This translation contains a material error. Page 3, *in fine* of the translation contains the statement that "alcune delle sue anormali caratteristiche personali possono farsi risalire alla ferita alla testa da lui subita in un incidente automobilistico, e alla sua *nazionalità*." This does not correspond to the original Norwegian text of which the English translation of the same passage reads "Some of these (abnormal personality traits) can be attributed to his special circumstances, but a great number would appear to be character-fixed and to be independent of both his head injuries and his nationality ...".

cision de la Cour d'Appel tout en modifiant quelque peu les clauses relatives à la pension alimentaire.

De cette dernière décision, il ressort que le juge votant le premier a mis l'accent sur les conditions psychiques du requérant. Ainsi que l'a souligné un psychiatre en sa qualité d'expert, X ne présenterait pas des symptômes de troubles mentaux; par contre certaines "anomalies caractéristiques personnelles" du requérant seraient dues à des traits typiques de X, indépendantes tant de son accident que de sa nationalité. Le requérant est aussi qualifié par cet expert de "sujet psychologiquement instable".

Le deuxième expert entendu par la Cour souligne pour sa part que l'extrême tension existant entre les époux aurait pu causer des troubles sérieux aux enfants, astreints, au cas où le droit de visite serait reconnu au père, à une "déclaration de loyauté" alternative vis-à-vis des deux parents. Il en déduit qu'il ne serait pas souhaitable d'accorder ledit droit (de visite) au père.

La Cour s'est déclarée donc en faveur de la solution négative (refus du droit de visite au père), tout en ajoutant que la question pourrait se poser à nouveau, une fois les esprits apaisés.

Le requérant se plaint essentiellement de ce qu'il lui est interdit de voir ses propres enfants.

X conteste les argumentations des décisions incriminées en y voyant une discrimination due à sa nationalité: le père étant italien, son tempérament (italien) pourrait causer des troubles sérieux aux enfants.

Le requérant fait valoir encore que les juridictions norvégiennes n'ont pas pris en considération toutes les données du problème (l'accident dont il a été victime et tous les événements successifs à celui-ci) et il y voit une trace de "chauvinisme" en ce que les intérêts d'un citoyen norvégien primeraient ceux d'un étranger. A cet effet, X a versé au dossier l'original et un extrait en langue italienne de l'arrêt rendu le ... 1965 par la Cour Suprême de Norvège. Cette traduction contient une erreur matérielle. A la page 3 *in fine* de cette traduction il est dit que "alcune delle sue anormali caratteristiche personali possono farsi risalire alla ferita alla testa da lui subita in un incidente automobilistico, e alla sua *nazionalità*", ce qui ne correspond pas à l'original du texte norvégien dont la traduction anglaise du même passage est: "Some of these (abnormal personality traits) can be attributed to his special circumstances, but a great number would appear to be character-fixed and to be independent of both his head injuries and his nationality ...".

X., who alleges violation of Articles 8 and 14 of the Convention, applies to the Commission to restore his rights as a father.

THE LAW

Whereas the Applicant alleges violation of Article 8 of the Convention in so far as the Norwegian authorities refuse to grant him the right of access to his own children of whom the mother was given custody when the parents were divorced;

Whereas the Commission stresses that the Article in question does in fact guarantee as a general rule the right to respect for private and family life; whereas more particularly in respect of the right of access to infants it held in its decision on the admissibility of Application No. 1329/62 (Yearbook No. 5, page 200) that "the parent who is deprived of the custody of an infant may not be prevented, under Article 8, paragraph (1), from access to that infant unless special circumstances, as defined in paragraph (2) of the same Article, so demand";

Whereas, therefore, it may fittingly be recalled that paragraph (2) of that article states that "There shall be no interference by a public authority with the exercise of this right except such as is in accordance with the law and is necessary in a democratic society ... for the prevention of disorder or crime, for the protection of health or morals";

Whereas in its decisions on the admissibility of Applications No. 911/60 (Yearbook Vol. 7, page 7) and No. 1329/62 (referred to above) concerning the right of access to infants of whom the Applicants did not have custody, the Commission held that the terms of paragraph (2) left a considerable margin of appreciation to domestic courts and that this enabled such courts to take into account, in their decisions on the right of access to infants, factors in the case which might, in their view, be prejudicial to the protection of the health or morals of the infant and to take into consideration his mental stability and the necessity of preventing his suffering psychological disturbance; whereas the Commission nevertheless concluded that it must decide, in the last resort, whether the action taken was justifiable or not in accordance with the provisions of paragraph (2) of Article 8;

Whereas in the present case the Commission notes that, in its decision of ... 1965, the Norwegian Court of Cassation examined the problem in question with particular reference to the psychological balance of the children and to the conditions which might have resulted, according to the two expert opinions referred to in the decision, had the right of access been granted to the Applicant; whereas, in formulating its judgment, that Court gave special

X, qui allègue la violation des articles 8 et 14 de la Convention, demande à la Commission de pouvoir recouvrer ses droits de père.

EN DROIT

Considérant que le requérant allègue la violation de l'article 8 de la Convention dans la mesure où les autorités norvégiennes refusent de lui accorder le droit de visite à ses propres enfants dont la garde, après le divorce prononcé entre les parents, a été accordée à la mère de ceux-là;

Que la Commission souligne qu'il est exact que ledit article garantit, en règle générale, le droit au respect de la vie privée et familiale; qu'en ce qui concerne plus particulièrement le droit de visite aux enfants, elle a décidé, dans sa décision sur la recevabilité de la requête N° 1329/62 (Ann. V, p. 201) que "Celui des parents qui est privé de la garde d'un enfant ne saurait, en vertu du paragraphe 1 de l'article 8, être empêché de le visiter, à moins que des circonstances spéciales, telles que celles définies au paragraphe 2 du même article, ne l'exigent";

Considérant que, par conséquent, il échet de rappeler que le paragraphe 2 dudit article dispose que "il ne peut y avoir ingérence d'une autorité publique dans l'exercice de ce droit que pour autant que cette ingérence est prévue par la loi et qu'elle constitue une mesure qui, dans une société démocratique, est nécessaire ... à la prévention des infractions pénales, à la protection de la santé ou de la morale";

Que dans ses décisions sur la recevabilité des requêtes N° 911/60 (dans Rec. Vol. 7 p. 7) et 1329/62 (susmentionnée) concernant le droit de visite à des enfants dont les requérants n'avaient pas la garde, la Commission a déclaré que les termes du paragraphe 2 laissaient une marge considérable d'appréciation aux tribunaux nationaux, qui leur permettait de tenir compte, dans leurs décisions sur le droit de visite à des enfants, d'éléments du dossier qui pourraient leur sembler préjudiciables à la protection de la santé et de la morale de l'enfant et de prendre en considération son équilibre mental et la nécessité de lui éviter de graves troubles psychiques; que la Commission a néanmoins conclu qu'il lui appartenait de décider, en dernier ressort, si les mesures prises étaient ou non justifiées selon les dispositions du paragraphe 2 de l'article 8;

Considérant que dans la présente affaire la Commission relève que, dans son arrêt du ... 1965, la Cour de Cassation de Norvège a examiné le problème en question tout particulièrement sous l'angle de l'équilibre psychique des enfants et des conditions dans lesquelles ils auraient pu se trouver au cas où le droit de visite aurait été accordé au requérant, ainsi qu'il ressort des deux expertises contenues dans ledit arrêt; que la même Cour pour la rédaction de son juge-consideration to the expert opinions given by their psychiatrists, who were known to the Court and had been accepted by both parties and whereas moreover the Court's decision was largely based on these expert opinions;

Whereas the Commission further stresses that, according to the views expressed by the judge who first gave his opinion in the judgment referred to above, the question of the Applicant's right of access to his children might be re-examined at a future date when tension between the husband and wife had abated;

Whereas, in the circumstances, the Commission considers that the refusal to grant the Applicant a right of access to the children is justified in the light of Article 8, paragraph (2), of the Convention;

Whereas, moreover, in so far as the Applicant alleges that the Norwegian authorities discriminated against him on account of his nationality during the proceedings in respect of his claim to be granted right of access to his own children;

Whereas the text of the decision of ... 1965 gives no grounds whatsoever for concluding that any such discrimination was in fact exercised against the Applicant;

Whereas, finally, examination of the case as it has been submitted does not diclose any appearance of a violation of the rights and liberties set forth in the Convention and in particular in Articles 8 and 14; whereas it follows that the Application is manifestly ill-founded and must be rejected in accordance with Article 27, paragraph (2) of the Convention;

Now therefore the Commission,

DECLARES THIS APPLICATION INADMISSIBLE.

...

Application No. 2894/66

X *against* THE NETHERLANDS

Decision of 6th October, 1966

...

THE FACTS

Whereas the facts as presented by the Applicant may be summarised as follows:

The Applicant is a Netherlands citizen, born in 1942 and at present living in Amsterdam.

1. The Applicant has referred to the Dutch Code of Criminal Procedure (*Wetboek van Strafvordering*), under which any arrested

ment a pris en considération tout particulièrement les expertises effectuées par deux psychiatres, désignés par la Cour et agréés par les deux parties, expertises qui sont, en large mesure, à la base de la décision pénale;

Que la Commission tient à souligner d'autre part que, suivant l'opinion exprimée par le juge, premier votant dans l'arrêt susmentionné, il n'est pas exclu que la question ayant trait au droit de visite aux enfants pour le requérant, puisse être réexaminée dans le futur, une fois apaisée la tension existant entre les époux;

Que, dans ces conditions, la Commission estime que le refus d'accorder au requérant le droit de visite aux enfants se justifie aux yeux de l'article 8, paragraphe 2, de la Convention;

Considérant, en outre, pour autant que le requérant allègue avoir fait l'objet, de la part des autorités norvégiennes, d'une discrimination due à sa nationalité lors des procédures relatives à ses demandes à obtenir le droit de visite à ses propres enfants;

Que le texte de l'arrêt du ... 1965 ne permet de conclure, de quelque façon que ce soit, à la possibilité qu'une telle discrimination ait pu effectivement avoir lieu en ce qui le concerne;

Considérant, enfin, que l'examen du dossier ne permet de dégager, en l'état, aucune apparence de violation des droits et libertés garantis par la Convention, et notamment par les articles 8 et 14; qu'il s'ensuit que la requête est donc manifestement mal fondée et doit être rejetée par application de l'article 27, paragraphe 2 de la Convention;

Par ces motifs,

DECLARE LA REQUETE IRRECEVABLE.

...

Requête No. 2894/66

X *contre* LES PAYS-BAS

Décision du 6 octobre 1966

(*Traduction*)

...

EN FAIT

Considérant que les faits présentés par le requérant peuvent se résumer comme suit:

Le requérant, citoyen néerlandais né en 1942, habite actuellement à Amsterdam.

1. Le requérant a invoqué le Code néerlandais de procédure pénale (*Wetboek van Strafvordering*) en vertu duquel toute personne

person is to be brought before an officer in charge of criminal investigations (*officier van justitie*) or one of his assistants (*hulpofficieren*).

Article 57 of the Code of Criminal Procedure provides that the officer referred to above or his assistant, after interrogating the arrested person, may order him to remain in custody, if the investigation so requires (*bevel tot inverzekeringstelling*). According to Article 58, such an order is in principle only valid for two days but it may be prolonged by the officer for another two days, if this is urgently required. If, however, this officer considers it necessary to keep a person in custody for more than four days, he must bring the person concerned before a judge (*rechter-commissaris*), who may issue an order for his detention on remand (*bevel tot bewaring*).

2. The Applicant states that he was arrested in Amsterdam on 1st April, 1966, on suspicion of having incited the public to participation in an illegal demonstration. By order of the competent officer (*officier van justitie*) he was kept in custody for four days and he was not brought before a judge until 5th April, 1966.

As his case was very simple, it was not even necessary for the purpose of the investigation to prolong his custody beyond two days.

He alleges a violation of Article 5, paragraph (3), of the Convention in that he was not brought promptly before a judge or other officer authorised by law to exercise judicial power and he adds that the officer who ordered his custody (*officier van justitie*) was not authorised to exercise judicial power as he belongs to the Executive and not to the Judiciary.

He states that there are no domestic remedies to be exhausted, since the Dutch Code of Criminal Procedure allows a person to be kept in custody for four days without being brought before a judge, and the question is whether these legal provisions comply with Article 5, paragraph (3), of the Convention.

He asks for compensation from the Netherlands Government, including reimbursement of the costs relating to the proceedings before the Commission.

THE LAW

Whereas Article 5, paragraph (1) (c), of the Convention provides that a lawful arrest or detention of a person may be "effected for the purpose of bringing him before the competent legal authority on reasonable suspicion of having committed an offence or when it is reasonably considered necessary to prevent his committing an offence or fleeing after having done so";

Whereas Article 5, paragraph (3), of the Convention states that arrêtée doit être traduite devant un fonctionnaire chargé de l'instruction (*officier van justitie*) ou l'un de ses adjoints (*hulpofficieren*).

L'article 57 du Code de procédure pénale stipule que ledit fonctionnaire ou son adjoint peut, après avoir interrogé la personne arrêtée, ordonner la garde à vue si l'enquête l'exige (*bevel tot inverzekeringstelling*). Selon l'article 58, cette ordonnance n'est en principe valable que deux jours, mais le magistrat compétent peut la prolonger de deux jours si cette mesure s'impose absolument. Mais si le magistrat juge indispensable de garder à vue une personne pendant plus de quatre jours, il doit traduire cette personne devant un juge-commissaire (*rechtercommissaris*) qui peut délivrer une ordonnance de détention préventive (*bevel tot bewaring*).

2. Le requérant déclare avoir été arrêté à Amsterdam le 1er avril 1966 sous le soupçon d'incitation à une manifestation illégale ... Par ordonnance du fonctionnaire compétent (*officier van justitie*), il a été gardé à vue pendant quatre jours et n'a été traduit devant un juge que le 5 avril 1966.

Son cas étant très simple, il n'était même pas nécessaire aux fins de l'enquête de prolonger la garde à vue au-delà de deux jours.

Le requérant allègue la violation de l'article 5, par. 3, de la Convention pour n'avoir pas été traduit aussitôt devant un juge ou un autre magistrat habilité par la loi à exercer des fonctions judiciaires et il ajoute que le fonctionnaire ayant ordonné sa garde à vue (*officier van justitie*) n'était pas habilité à exercer des fonctions judiciaires puisqu'il appartenait au pouvoir exécutif et non au pouvoir judiciaire.

Il fait observer qu'il n'y a pas de voies de recours internes à épuiser parce que le Code néerlandais de procédure pénale permet de garder à vue une personne pendant quatre jours sans le traduire devant un juge. La question est de savoir si ces dispositions légales sont conformes à l'article 5, par. 3, de la Convention.

Le requérant demande au Gouvernement néerlandais une réparation qui comprenne le remboursement des frais de procédure devant la Commission.

EN DROIT

Considérant qu'aux termes de l'article 5, par. 1 (c), de la Convention, une personne peut être arrêtée et détenue "en vue d'être conduite devant l'autorité judiciaire compétente, lorsqu'il y a des raisons plausibles de soupçonner qu'elle a commis une infraction ou qu'il y a des motifs raisonnables de croire à la nécessité de l'empêcher de commettre une infraction ou de s'enfuir après l'accomplissement de celle-ci";

Considérant qu'aux termes de l'article 5, par. 3, de la Convention, any person arrested or detained in accordance with Article 5, paragraph (1) (c), "shall be brought promptly before a judge or other officer authorised by law to exercise judicial power";

Whereas the Applicant states that he was arrested on 1st April, 1966, and was not brought before a judge until 5th April, 1966; whereas he alleges that, consequently, he was not brought *promptly* before a judge as required by Article 5, paragraph (3);

Whereas it appears that the legal ground for the Applicant's detention from 1st to 5th April, 1966, were Articles 57 and 58 of the Dutch Code of Criminal Procedure (*Wetboek van Strafvordering*) under which provisions detention may be ordered, on certain conditions, by an officer known as the "officier van justitie" for a maximum period of four days (two days subject to extension for a further two days);

Whereas the question arises whether these provisions, as applied in the present case, satisfy the requirement as to promptitude laid down in Article 5, paragraph (3), of the Convention;

Whereas the Commission has examined this question in the light of the legal provisions in force in other countries which have ratified the Convention or are otherwise Members of the Council of Europe; whereas the legislations in these countries show that there is a general tendency to bring any arrested person before a judge without unnecessary delay although the time-limits fixed for such purpose to some extent vary;

Whereas, in this respect, the Commission considers that the Contracting Parties are given a certain margin of appreciation, when interpreting and applying the requirement as to promptitude laid down in Article 5, paragraph (3);

Whereas the Commission finds that the Dutch provisions as applied in the present case do not exceed this margin of appreciation and are otherwise consistent with the general tendency of other member States of the Council of Europe;

Whereas, consequently, the Application is manifestly ill-founded within the meaning of Article 27, paragraph (2), of the Convention;

Whereas, in these circumstances, it is superfluous to examine the further question whether the "officier van justitie" could also be considered as an "officer authorised by law to exercise judicial power" within the meaning of Article 5, paragraph (3), of the Convention.

Now therefore the Commission

DECLARES THIS APPLICATION INADMISSIBLE

...

toute personne arrêtée ou détenue, dans les conditions prévues au par. 1 (c) de l'article 5, "doit être aussitôt traduite devant un juge ou un autre magistrat habilité par la loi à exercer des fonctions judiciaires";

Considérant que le requérant déclare avoir été arrêté le 1er avril 1966 et ne pas avoir été traduit devant un juge avant le 5 avril 1966; que l'intéressé allègue donc qu'il n'a pas été traduit *aussitôt* devant un juge, conformément à l'article 5, par. 3;

Considérant que la détention du requérant du 1er au 5 avril 1966 était fondée en droit sur les articles 57 et 58 du Code néerlandais de procédure pénale (*Wetboek van Strafvordering*), en vertu duquel la détention peut être ordonnée à certaines conditions par un fonctionnaire dénommé "officier van justitie" pour une durée maximum de quatre jours (deux jours plus deux jours);

Considérant que la question se pose de savoir si ces dispositions, telles qu'elles ont été appliquées en l'espèce, répondent à l'exigence de rapidité formulée à l'article 5, par. 3, de la Convention;

Considérant que la Commission a examiné cette question en tenant compte des dispositions légales en vigueur dans d'autres pays qui ont ratifié la Convention ou qui sont, du moins, membres du Conseil de l'Europe; que les législations ainsi étudiées montrent qu'il existe une tendance générale à traduire toute personne arrêtée devant un juge sans retard inutile, mais que le délai fixé à cet effet varie quelque peu;

Considérant qu'à cet égard la Commission estime que les Parties Contractantes ont une certaine marge d'appréciation pour interpréter et appliquer l'exigence de rapidité formulée à l'article 5, par. 3;

Considérant que la Commission estime que les dispositions néerlandaises telles qu'elles ont été appliquées en l'espèce ne dépassent pas cette marge d'appréciation et sont conformes pour le reste à la tendance générale relevée dans les autres Etats membres du Conseil de l'Europe;

Considérant que, par conséquent, la requête est manifestement mal fondée au sens de l'article 27, par. 2, de la Convention;

Considérant, dans ces conditions, qu'il est superflu d'examiner la question de savoir si l'"officier van justitie" pourrait être considéré comme un "magistrat habilité par la loi à exercer des pouvoirs judiciaires" au sens de l'article 5, par. 3, de la Convention.

Par ces motifs, la Commission

DECLARE LA REQUETE IRRECEVABLE.

...

D.

Summaries of the Decisions [1]

Abuse of the right of petition

Despite a warning by the Commission, an Applicant had, in his pleadings, made statements regarded by the Commission as "clearly defamatory" against the Respondent Government. The said statements contained remarks directed against persons representing the Government in the proceedings before the Commission, persons who, in the Commission's opinion, "... should enjoy special protection against defamatory statements concerning the manner in which they exercised these functions ...". The Commission found that there had been, in this case, an abuse of the right of petition.

(IX, p. 426 No. 2424/65)

Administration of Justice (Right to a proper ...)

1. In proceedings following an application for conditional release, the author of the application is to be considered as a convicted person and not as "the accused"; moreover, such proceedings relate neither to "a criminal charge" against the Applicant nor to a dispute as to "his civil rights and obligations" within the meaning of Article 6 of the Convention; in the Commission's opinion, "conditional release is not a 'civil right' but an act of favour ..."; Article 6 of the Convention is consequently irrelevant to such cases.

(IX, p. 166, No. 1760/63)

2. Cf. also: Effective remedy.

(IX, p. 178, No. 1794/63)

3. Article 6 (1) of the Convention cannot be said to be violated if, in non-penal proceedings, the plaintiff, who does not understand the language of the court, is assisted by a lawyer who speaks it and if the nature of the case does not make it indispensable for the plaintiff to appear in person.

(IX, p. 178, No. 1794/63)

4. The Commission considered that the exercise of the right of

[1] Summaries of earlier decisions of the Commission appear in Volumes II–VIII of the Yearbook where they are set out in the same way as in this volume: Volume II, pp. 474–520; Volume III, pp. 450–469; Volume IV, pp. 408–424; Volume V, pp. 302–314; Volume VI, pp. 630–670; Volume VII, pp. 358–376; Volume VIII, pp. 382–404.

D.

Sommaires des décisions [1]

Abus du droit de recours

Malgré une mise en garde de la part de la Commission, un requérant avait, au cours de la procédure relative à sa requête, fait des déclarations que la Commission devait juger "clairement diffamatoires" à l'égard du Gouvernement mis en cause par les plaintes du requérant. Ces déclarations contenaient notamment des remarques dirigées contre des personnes qui, dans l'affaire du requérant, représentaient le Gouvernement devant la Commission et qui, de l'avis de celle-ci, "... doivent jouir d'une protection particulière contre des déclarations diffamatoires concernant la façon dont elles s'acquittent de ces fonctions ...". La Commission a estimé qu'en l'espèce, il y a eu abus du droit de recours. (IX, p. 427, N° 2424/65)

Administration de la Justice (Droit à une bonne ...)

1. Dans une procédure consécutive à une demande de libération conditionnelle, l'auteur de la demande a qualité de condamné et non pas d'"accusé"; de plus, une telle procédure ne concerne ni "une accusation en matière pénale" dirigée contre l'auteur de la demande, ni une contestation "sur ses droits et obligations de caractère civil", au sens de l'article 6 de la Convention; de l'avis de la Commission, la "libération conditionnelle ne s'analyse point en un 'droit civil', mais bien en une mesure de faveur ..."; dans de tels cas, l'article 6 de la Convention n'entre donc point en ligne de compte. (IX, p. 167, N° 1760/63)

2. Cf. aussi: Recours effectif. (IX, p. 179, N° 1794/63)

3. Il n'y a pas violation de l'article 6, par. 1er, de la Convention lorsque, dans une affaire non pénale, le demandeur qui ne comprend pas la langue du tribunal, y est assisté par un avocat qui la parle, et que la nature du litige ne rend pas indispensable la participation personnelle du demandeur aux débats. (IX, p. 179, N° 1794/63)

4. La Commission a estimé que l'exercice du droit de toute per-

[1] Les sommaires des décisions antérieures de la Commission, classés suivant le même système que dans le présent Volume, figurent au Volume II, pp. 475–521; Volume III, pp. 451–469; Volume IV, pp. 409–425; Volume V, pp. 303–315; Volume VI, pp. 631–671; volume VII, pp. 359–377; Volume VIII, pp. 383–405.

everyone to have his case heard "within a reasonable time" (Article 6 (1)) depended, particularly in civil cases, on the interested party. In this particular case, the Applicant had complained of the slowness with which a Labour Court and a Regional Labour Court (a court of appeal) in the Federal Republic of Germany had conducted proceedings to which he was a party (plaintiff). The case had, in fact, lasted for over 5 years. In the Commission's view, however, responsibility for this did not lie, at least not entirely, with the German judicial authorities; the delays complained of were, in the main, due to the inability of certain witnesses to appear on time, to the need to issue letters rogatory, including one to an address abroad, to the change of residence of one of the Applicant's counsel and to the attitude of the Applicant and his representatives *ad litem* (requests for adjournment; delay in replying to a question asked by one of the courts; failure to apply for an immediate decision by default; request for an extension of the time-limit set for the submission of the amplifying memorial at the appeal stage). Furthermore the Applicant had failed to provide adequate information in response to a request by the Commission to supply particulars of any steps he had taken to expedite the proceedings. The Commission consequently rejected this part of the application as manifestly ill-founded.

(IX, p. 178, No. 1794/63)

5. The Commission declared admissible an application in which the Applicant had complained, *inter alia*, of a violation of Article 6, 3 (b) of the Convention. He alleged that in his case, a particularly complex one, he had not had time to prepare his defence properly, that the written communications he had addressed to his defence counsel had been transmitted belatedly by the prison authorities, that the length of his personal conversations with his counsel had been limited by these authorities, and that his counsel had not enjoyed the necessary facilities for following the course of the investigations. The Commission considered that at the stage reached, i.e. the examination as to the admissibility of the application, the possibility could not be ruled out that the Applicant had not had full enjoyment of the rights guaranteed in Article 6, 3 (b) of the Convention.

(IX, p. 240, No. 1850/63)

6. Examining the admissibility of a petition relating to a "very complex" criminal case, a petition in which the Applicant, who had been sentenced, after more than 25 months' detention pending trial,

sonne à ce que sa cause soit entendue "dans un délai raisonnable" (article 6, par. 1er) est subordonné, singulièrement en matière civile, à la diligence de la partie intéressée. En l'occurrence, un requérant s'était plaint de la lenteur avec laquelle, en République Fédérale d'Allemagne, un Tribunal du Travail et un Tribunal régional du Travail (instance d'appel) avaient conduit un procès auquel il était partie en tant que demandeur. En fait, le procès avait duré plus de cinq ans. Toutefois, la Commission a été d'avis que la responsabilité n'en incombait pas, au moins dans l'ensemble, aux tribunaux allemands; en effet, les délais incriminés s'expliquaient pour la plupart tantôt par l'empêchement de certains témoins, tantôt par la nécessité de délivrer des commissions rogatoires, dont une à l'étranger, tantôt par le changement de domicile d'un des défendeurs, tantôt par l'attitude du requérant et de ses mandataires *ad litem* (demandes d'ajournement; retard apporté à répondre à une question posée par l'un des tribunaux; non-formulation d'une demande de décision immédiate par défaut; demande de prorogation du délai fixé pour le dépôt du mémoire ampliatif en appel). De plus, le requérant, invité par la Commission à fournir des précisions sur toute mesure qu'il aurait prise afin d'accélérer le déroulement de la procédure devant les tribunaux en question, n'a pas donné, à cet égard, de précisions suffisantes. En conséquence, la Commission a rejeté la requête sur ce point comme manifestement mal fondée.

(IX, p. 179, N° 1794/63)

5. La Commission a déclaré une requête recevable dans laquelle le requérant s'était entre autre plaint d'une violation de l'article 6, par. 3 (b), de la Convention. Le requérant s'était plaint notamment que dans son affaire, particulièrement complexe, il n'aurait pas eu le temps de préparer sa défense convenablement, que les communications écrites qu'il avaient adressées à ses défenseurs auraient été transmises tardivement par les autorités pénitentiaires, que ses entretiens personnels avec ses défenseurs n'auraient pas pu dépasser une certaine longueur admise par ces autorités, et que ses défenseurs n'auraient pas eu toutes les possibilités voulues de suivre le cours de l'instruction de son affaire. A ce sujet, la Commission a estimé qu'au stade de l'examen de la recevabilité de la requête, on ne pouvait écarter l'hypothèse que le requérant n'ait pas pleinement bénéficié des droits garantis par l'article 6, par. 3 (b), de la Convention.

(IX, p. 241, N° 1850/63)

6. En examinant la recevabilité d'une requête qui a trait à une affaire pénale "très complexe", et dans laquelle le requérant condamné, après plus de 25 mois de détention préventive, à neuf ans

to nine years' rigorous imprisonment for fraud, attempted breach of trust, fraudulent bankruptcy, aiding and abetting fraud, etc., complained that his case had not been heard within a reasonable time, the Commission considered that "the problem arising with regard to the "reasonable time' mentioned in the provision ... (Article 6 (1) of the Convention) ... was of such complexity that its solution should depend on an examination of the merits of the case ... (and) that, consequently, the petition could not be rejected on this count as manifestly ill-founded ...".

(IX, p. 240, No. 1850/63)

7. In a case primarily concerning the levying of a tax and the enforcement of decisions ordering the imposition of a tax, the Commission confirmed its earlier ruling that Article 6 (1) of the Convention was not applicable to certain proceedings regarding taxation, since such proceedings concerned a matter falling under public law and not under private law, although the fiscal measures complained of had had repercussions on the Applicants' property rights.

IX, p., 268 Nos. 1904/63, 2029/63, 2094/63 and 2217/64)

8. The Commission declared admissible an application in which the Applicant, who had been accused of compound larceny, complained that his case had not been "heard ... within a reasonable time". The Applicant's case had not, in fact, been tried at first instance until 33 months after the date of his arrest (for further details, see below: Right to liberty and security of person – Detention pending trial, No. ...).

(IX, p. 328, No. 2120/64)

9. In previous decisions, the Commission considered that, in criminal matters, the "reasonableness" or "unreasonableness" of the period between arrest and judgment must be decided, not *in abstracto*, but in the light of the particular circumstances of each case.

(IX, p. 328, No. 2120/64)

10. Cf. also: Linguistic freedom.

(IX, p. 418, No. 2332/64)

11. The communication of information concerning the accused's previous convictions to a court during his trial does not constitute a violation of Article 6 of the Convention. In deciding thus, the Commission took into consideration the practice followed in this

de réclusion rigoureuse pour escroquerie, tentative de gestion infidèle, banqueroute frauduleuse, complicité d'escroquerie, etc., s'est plaint de ce que sa cause n'ait pas été entendue dans un délai raisonnable, la Commission a exprimé l'"avis que le problème qui surgit quant au 'délai raisonnable' visé dans la disposition ... (de l'article 6, par. 1er, de la Convention) ... se révèle dans la présente affaire suffisamment complexe pour que sa solution doive relever de l'examen du fond ... (et) ... que la requête ne saurait, dès lors, être rejetée, sous ce rapport, pour défaut manifeste de fondement ...".

(IX, p. 241, N° 1850/63)

7. Dans une affaire concernant essentiellement la perception d'un impôt et l'exécution de décisions ordonnant une imposition, la Commission a confirmé sa jurisprudence antérieure, selon laquelle l'article 6, par. 1er, de la Convention n'est pas applicable à certaines procédures de caractère fiscal. De telles procédures font, en effet, partie du droit public et non du droit privé, encore que les mesures fiscales en question aient pu entraîner des répercussions sur les droits patrimoniaux des requérants.

(IX, p. 268, N° 1904/63, 2029/63, 2094/63 et 2217/64)

8. La Commission a déclaré recevable une requête dans laquelle le requérant, qui avait été accusé de vol qualifié, s'était plaint de ce que sa cause n'aurait pas été "entendue ... dans un délai raisonnable". En fait, l'affaire du requérant n'avait été jugée en première instance que plus de 33 mois après la date de son arrestation (cf., pour plus de détails, ci-dessous: Liberté (Droit à la – et à la sûreté) – Détention préventive, N° ...).

(IX, p.329, N° 2120/64)

9. Dans sa jurisprudence, la Commission considère qu'en matière pénale, le caractère "raisonnable" ou "déraisonnable" du délai qui s'écoule entre l'arrestation du prévenu et le jugement doit s'apprécier à la lumière des données concrètes de l'affaire en cause, et non pas *in abstracto*.

(IX, p. 329, N° 2120/64)

10. Cf. aussi: Liberté linguistique.

(IX, p. 419, N° 2332/64)

11. Le fait de communiquer en cours de procédure à un tribunal des informations sur les condamnations antérieures de l'accusé n'est pas en contradiction avec l'article 6 de la Convention. En décidant en ce sens, la Commission a pris en considération des pratiques

regard in a number of Council of Europe member countries, where it is normal for such information to be given before the court has reached a decision as to the guilt of the accused.

(IX, p. 550, No. 2742/66)

Administration of Justice (Right to a proper ...) – ***Right of everyone to a hearing within a reasonable time***

Examining the admissibility of an application in which the Applicant complained of the undue length of penal proceedings instituted against him the Commission found that, in the case in point, a period of some two years was not in contradiction with the first paragraph of Article 6 of the Convention. The competent judicial authorities had, in fact, formally charged the Applicant eighteen months after his arrest; a month later, his case was tried at first instance. The final decision was not rendered, however, until approximately two years after his arrest. Without deciding whether the "reasonable time" mentioned in the first paragraph of Article 6 must, in such a case, be calculated from the date of arrest or only from the date of communication of the indictment or whether this period includes both the trial at first instance and subsequent proceedings, the Commission found that, even if the period considered was calculated on the basis of the extreme dates (separated by some two years), the application should be rejected as manifestly ill-founded, since the delay in the investigation had been caused by the preparation of an expert opinion on the Applicant's criminal responsibility and by the introduction of a number of unfounded petitions by the Applicant, challenging several judges including the investigating judge.

(IX, p. 436, No. 2516/65)

Applicant (Death of the ...)

Cf.: Victim (concept of ...)

(IX, p. 112, No. 1706/62)

Application (grounds for ...)

See: – Liberty (right to ... and security of)
– Detention

(IX, p. 328, No. 2120/64)
(IX, p. 392, No. 2208/64)

– Treatment (Inhuman and degrading ...)

(IX, p. 494, No. 2686/65)

observées à cet égard dans les différents pays membres du Conseil de l'Europe, dont plusieurs admettent habituellement que l'on donne de telles informations avant que le tribunal saisi se prononce sur la culpabilité de l'accusé.

(IX, p. 551, N° 2742/66)

Administration de la justice (Droit à une bonne ...) – ***Droit de toute personne à ce que sa cause soit entendue dans un délai raisonnable***

En examinant la recevabilité d'une requête dans laquelle le requérant s'était plaint de la durée d'une procédure pénale engagée contre lui, la Commission a reconnu qu'en l'espèce, une durée d'environ deux ans n'était pas en contradiction avec le premier paragraphe de l'article 6 de la Convention. En fait, les autorités judiciaires compétentes avaient formellement accusé le requérant, dixhuit mois après son arrestation; un mois plus tard, son affaire fut jugée en première instance; toutefois, la dernière décision judiciaire n'intervint qu'environ deux ans après l'arrestation. Sans trancher la question de savoir si le délai raisonnable mentionné au premier paragraphe de l'article 6 doit, dans un tel cas, être calculé à compter de la date de l'arrestation ou seulement à compter du moment de la communication de l'acte formel d'accusation, et, en outre, si dans ce délai il faut compter à la fois la durée du procès en première instance et celle des procédures subséquentes, la Commission a estimé que même si le délai considéré était calculé sur la base des dates extrêmes (délai d'environ deux ans), la requête devrait être rejetée comme manifestement mal fondée, parce qu'en l'occurrence, les retards intervenus dans l'instruction de l'affaire étaient imputables au fait qu'il a fallu un certain délai à un expert pour se prononcer sur la responsabilité pénale du requérant et que le dépôt par celui-ci de plusieurs pétitions mal fondées, mettant en cause plusieurs juges ainsi que le juge d'instruction, a provoqué de nombreux retards.

(IX, p. 437, N° 2516/65)

Competence of the Commission

1. When examining the admissibility of an Application against Austria in which the Applicant complained, *inter alia*, of the action of the Official Receiver appointed to administer his estate, the Commission considered the question whether or not the measures taken by an Official Receiver could involve the responsibility of the respondent Government. After studying the "functions and responsibilities of the Official Receiver under Austrian law ... (the Commission) ... concluded that, for the purposes of the Convention, the Austrian Government was to be regarded as responsible for his actions". In the same case, the Commission found that this did not apply to the Board of Creditors "whose functions were completely different from those of the Official Reciever".

(IX, p. 112, No. 1706/62)

2. The Commission referred to its constant practice according to which the right to have criminal proceedings taken by the competent authorities against persons of whose actions one complains, does not appear as such among the rights and freedoms guaranteed in the Convention.

(IX, p. 178, No. 1794/63)

3. Cf. also: – Effective remedy.

(IX, p. 178, No. 1794/63)

4. The Commission considered that it was not competent to decide whether a State, which was a Party to the Convention, had respected its obligations under other international agreements.

(IX, p. 214, Nos. 1821 and 1822/63)

5. Examining the admissibility of an application relating to the restitution of property seized under the Hitler régime in Germany and alleging certain acts and omissions by the Court of Appeal of Karlsruhe and by the Supreme Restitution Court in Germany, the Commission referred to its earlier rulings in the matter (Yearbook, II, p. 257). It recalled that the Supreme Court was an international court which neither came under the jurisdiction of the Federal Republic of Germany nor was subject to its sovereign power or control and that, consequently, the Federal Republic was not responsible in law for the alleged acts or omissions of that Court. Similarly, the Commission considered that the Federal Republic of Germany was not responsible in law for any erroneous decision of the Court of Appeal, a decision which, in the circumstances, was to be considered as absorbed by the higher decision of the Supreme

Compétence de la Commission

1. En examinant la recevabilité d'une requête qui était dirigée contre l'Autriche et par laquelle le requérant se plaignait, entre autres, du comportement d'un syndic de faillite chargé d'administrer ses biens, la Commission s'est penchée sur la question de savoir si les mesures prises par un tel syndic peuvent ou ne peuvent pas engager la responsabilité du Gouvernement mis en cause par la requête. Après avoir étudié "les fonctions et les responsabilités du syndic de faillite aux termes du droit autrichien ... (la Commission) ... est arrivée à la conclusion qu'aux fins d'application de la Convention, le Gouvernement autrichien doit être tenu pour responsable de ses actions ...". Dans la même affaire, la Commission a conclu qu'il n'allait pas de même du "comité des créanciers" dont les "fonctions sont totalement différentes de celles du syndic ...".

(IX, p. 113, N° 1706/62)

2. La Commission s'est référé à sa propre jurisprudence constante, selon laquelle le droit à l'ouverture, par les autorités compétentes, de poursuites pénales contre les tiers dont on estime devoir dénoncer les agissements, ne figure pas en tant que tel parmi les droits et libertés garantis par la Convention.

(IX, p. 179, N° 1794/63)

3. Cf. aussi: Recours effectif.

(IX, p. 179, N° 1794/63)

4. La Commission a estimé qu'elle n'est pas compétente pour décider si un Etat Partie à la Convention a respecté des engagements résultant d'autres accords internationaux.

(IX, p. 215, N° 1821 et 1822/63)

5. En examinant la recevabilité d'une requête qui, dans une affaire de restitutions de biens spoliés sous le régime hitlérien en Allemagne, s'attaquait à certains actes et omissions allégués de la Cour d'Appel de Karlsruhe et de la Cour Suprême des Restitutions en Allemagne, la Commission s'est référée à sa propre jurisprudence en la matière (Annuaire II, p. 257). Elle a en effet rappelé que la Cour Suprême est un tribunal international qui ne relève ni de la juridiction, ni des pouvoirs et du contrôle souverains de la République Fédérale d'Allemagne; celle-ci n'est donc pas responsable en droit des actes ou omissions allégués de cette Cour. En ce qui concerne la Cour d'Appel, la Commission a estimé de même que la République Fédérale d'Allemagne n'est pas responsable en droit d'une décision fautive éventuelle de cette juridiction; une décision de cette juridiction est en l'occurrence considérée comme couverte

Restitution Court, whose judgments were not subject to examination by the Commission under the Convention.

(IX, p. 408, No. 2213/64)

6. The Commission dismissed complaints of an Applicant directed against the lawyer appointed *ex officio* for his defence. It found that: "... the Commission had no competence, *ratione personae*, to admit applications directed against private individuals ... (and) ... that moreover, an examination of the file had not revealed any grounds on which the alleged conduct of the lawyer, appointed *ex officio* for the Applicant's defence could, exceptionally, entail the responsibility of the (Respondent) Government under the Convention".

(IX, p. 484, No. 2646/65)

Correspondence (Right to respect for ...)

1. The provisions of paragraph 2 of Article 8 of the Convention entitle prison or court authorities to apply certain restrictions to a prisoner's right to respect for his correspondence. In one particular case, the Commission found that certain measures forbidding a prisoner to write more than one letter a week (apart from letters to his lawyer, to the Public Prosecutor and to the courts) or to send offensive or defamatory letters or letters likely to influence witnesses, were not in contradiction with the said Article 8.

(IX, p. 436, No. 2516/65)

2. Examining an application in which a person in detention complained, *inter alia*, that the authorities supervising his correspondence had given information to the press about the content of certain letters exchanged between him and Secretariat of the Commission, and that the press had subsequently published this correspondence and revealed the Applicant's identity, the Commission found that the case file did not disclose the information necessary for a decision on the admissibility of this part of the application. It consequently decided to notify the said part of the application to the Respondent Government and ask it to submit its observations on admissibility "and, in this connection, to take into consideration also the confidential character of the proceedings before the Commission (Article 33 of the Convention)".

(IX, p. 550, No. 2742/66)

par la décision au ressort supérieur de la Cour Suprême, dont les arrêts ne peuvent, aux termes de cette Convention, être mis en cause par la Commission.

(IX, p. 409, N° 2213/64)

6. La Commission a rejeté les griefs d'un requérant qui s'était plaint, entre autres, des agissements de son avocat nommé d'office, en constatant ce qui suit: "... la Commission n'a pas de compétence, *ratione personae*, pour connaître des requêtes dirigées contre de simples particuliers ... (et) ... qu'au demeurant, l'examen du dossier ne permet pas de déterminer en quoi les agissements incriminés de l'avocat nommé d'office auraient pu, exceptionnellement, entraîner la responsabilité du Gouvernement ... (mis en cause par la requête) ... sur le terrain de la Convention ...".

(IX, p. 485, N° 2646/65)

Correspondance (Droit au respect de la ...)

1. Les dispositions du paragraphe 2 de l'article 8 de la Convention autorisent les autorités pénitentiaires ou judiciaires à apporter certaines restrictions au droit d'un détenu au respect de sa correspondance. Dans un cas d'espèce, la Commission a reconnu que certaines mesures interdisant par exemple à un détenu d'écrire plus qu'une lettre par semaine (hors mises des lettres à l'avocat du détenu, au procureur et aux tribunaux) ou d'envoyer des lettres offensantes, diffamatoires, ou susceptibles d'influencer des témoins, n'étaient pas en contradiction avec ledit article 8;

(IX, p. 437, N° 2516/65)

2. Saisie d'une requête dans laquelle un détenu s'était plaint, entre autres, que les autorités contrôlant sa correspondance aient donné à la presse des informations sur le contenu de certaines lettres échangées entre le détenu et le Secrétariat de la Commission et que, par la suite, la presse ait fait état de cette correspondance tout en révélant l'identité du requérant, la Commission a estimé que l'examen du dossier de cette affaire, tel qu'il était constitué ne donnait pas les informations nécessaires pour décider de la recevabilité de la partie correspondante de ladite requête. En conséquence, la Commission a décidé de notifier cette partie de la requête au Gouvernement mis en cause et de la prier de soumettre ses observations sur sa recevabilité "et, à cet égard, de prendre aussi en considération le caractère confidentiel de la procédure devant la Commission (article 33 de la Convention)".

(IX, p. 551, N° 2742/66)

Effective remedy (right to ...)

1. In certain cases, the dismissal of criminal actions and the prior proceedings may raise problems under the Convention, notably under Article 13 and, in the case of actions accompanied by claims for damages, under Article 6 (1).

(IX, p. 178, No. 1794/63)

2. The tardy transmission to the competent authorities of applications made by a prisoner could not be considered as a violation of Article 13 of the Convention if the said authorities had actually examined the applications, even if not within the legally prescribed time-limits.

(IX, p. 328, No. 2120/64)

3. The fact that certain appeals lodged by a prisoner, alleging that the opening of his case was unduly retarded, were treated, not as appeals to a higher authority, but as appeals "on the merits", could not be considered as constituting a violation of Article 13 of the Convention or, more particularly, as a denial of justice.

(IX, p. 328, No. 2120/64)

Exhaustion of domestic remedies

1. An Applicant who alleges that certain violations of the Convention were committed in bankruptcy proceedings and who, to assert his rights, made a request – albeit unsuccessful – to the competent courts for the dismissal of the Official Receiver and the members of the Board of Creditors, is not obliged "also to bring a civil action ... (against these persons) ... in order to comply with Article 26 of the Convention ...".

(IX, p. 112, No. 1706/62)

2. An Applicant who complains of violations of human rights allegedly committed both by the members of the Supervisory Board of a company in which he holds a majority of the shares and by the public authorities, must exhaust the remedies available to him not only under national company law but also under other provisions of public law and, in particular, of the constitutional law applicable in the matter.

(IX, p. 112, No. 1706/62)

3. An Applicant who complains of the dismissal of criminal actions brought by him before the authorities of the Federal Republic of Germany must, in principle, contest the dismissal de-

Epuisement des voies de recours internes

1. Un requérant qui se plaint de ce que dans une procédure de faillite, certaines violations de la Convention auraient été commises et qui, pour faire valoir ses droits, a demandé, sans succès, aux tribunaux compétents le remplacement du syndic de faillite et des membres du Comité des créanciers, n'est plus tenu "d'intenter également une action civile ... (contre ces personnes) ... pour satisfaire aux dispositions de l'article 26 de la Convention ...".

(IX, p. 113, N° 1706/62)

2. Un requérant qui se plaint de violations de droits de l'homme prétendument commises tant par des membres du conseil d'administration d'une société dont il détient la majorité des actions, que par les pouvoirs publics, doit épuiser les recours qui se trouvent, le cas échéant, à sa disposition, non seulement selon la législation nationale sur les sociétés, mais aussi selon d'autres dispositions du droit public, et notamment du droit constitutionnel applicable en la matière.

(IX, p. 113, N° 1706/62)

3. Un requérant qui se plaint du classement de plaintes pénales par lui déposées auprès des autorités de la République Fédérale d'Allemagne doit, en principe, attaquer la décision de classement

cision with the Office of the General Prosecutor and later, if necessary, in the Court of Appeal, before filing his petition with the Commission.

(IX, p. 178, No. 1794/63)

4. Cf. also: *Liberty* (Right to ... and security of person) – *Detention pending trial*

(IX, p. 240, No. 1850/63)

5. The Commission considered that an action lodged against the State under Section 1401 of the Netherlands Civil Code, which provides, *inter alia*, that "any wrongful act, as a result of which damage has been inflicted on another person, makes the person by whose fault the damage has been caused liable to pay compensation", is a remedy which an alien who claims to have been unlawfully detained must exhaust in order to comply with Article 26 of the Convention, even if the Netherlands Courts are competent only to determine particular aspects of an allegedly unlawful detention. The Applicant in this case, an "undesirable alien" in the Netherlands, had been detained for some ten months pending deportation overseas.

(IX, p. 286, No. 1983/63)

6. The Commission rejected, on the ground of non-exhaustion of domestic remedies, the part of an application in which the Applicant, detained in a German prison, complained of ill-treatment by prison officers. Under German law, the Applicant could have lodged a charge against the said officers with the competent Public Prosecutor. However, he merely sent a letter to the Ministry of Justice of the Local State concerned, complaining of the ill-treatment in question. Furthermore, he later withdrew the allegations contained in the said letter. In the Commission's opinion, this letter "could not be taken into consideration in determining whether or not the domestic remedies had been exhausted".

(IX, p. 304, No. 2004/63)

7. The Commission rejected, on the ground of non-exhaustion of domestic remedies, the part of an application in which an Applicant, detained in a German prison, complained of ill-treatment by prison officers. Under German law, the Applicant was entitled to lodge a charge against the said officers with the competent Public Prosecutor. To this end, he sent a letter which was, in fact, forwarded by the prison authorities. However, the letter was addressed to a court and not to the Public Prosecutor; it went missing and its

devant le Parquet Général, puis au besoin devant la Cour d'Appel, avant d'introduire sa requête auprès de la Commission.

(IX, p. 179, N° 1794/63)

4. Cf. aussi: *Liberté* (Droit à la ... et à la sûreté) *Détention préventive*

(IX, p. 241, N° 1850/63)

5. La Commission a estimé qu'une action introduite contre l'Etat sur la base de l'article 1401 du Code civil néerlandais, stipulant notamment que "tout acte illicite à la suite duquel une personne a subi un préjudice expose la personne responsable de ce préjudice à verser un dédommagement", constitue un recours qui doit, conformément à l'article 26 de la Convention, avoir été épuisé par un requérant étranger qui se plaint d'avoir été illégalement détenu, même si les tribunaux néerlandais n'ont compétence que pour se prononcer sur certains aspects particuliers d'une détention prétendument illégale. En l'espèce, le requérant, "étranger indésirable" aux Pays-Bas, avait été détenu pendant environ 10 mois en vue de son expulsion vers un pays d'outre-mer.

(IX, p. 287, N° 1983/63)

6. La Commission a rejeté, pour non-épuisement des voies de recours internes, la partie d'une requête dans laquelle un requérant, détenu dans un établissement pénitentiaire allemand, s'est plaint de mauvais traitements qui lui auraient été infligés par des gardiens de prison. Selon le droit allemand applicable, le requérant avait la possibilité d'introduire devant le Procureur compétent une plainte pénale à l'encontre desdits gardiens. Toutefois, le requérant s'est contenté d'envoyer une simple lettre au Ministre de la Justice de l'Etat fédéré en cause, pour se plaindre des mauvais traitements en question. De plus, il retira plus tard les allégations contenues dans ladite lettre. De l'avis de la Commission, cette lettre "ne peut pas être prise en considération pour décider si les voies de recours internes ont été épuisées ou non".

(IX, p. 305, N° 2004/63)

7. La Commission a rejeté pour non-épuisement des voies de recours internes la partie d'une requête dans laquelle un requérant détenu dans un établissement pénitentiaire allemand, s'est plaint de mauvais traitements qui lui auraient été infligés par des gardiens de prison. Selon le droit allemand applicable, le requérant avait la possibilité d'introduire devant le Procureur compétent une plainte pénale à l'encontre de ces gardiens. Dans ce but, le requérant envoya une lettre qui fut effectivement transmise par les autorités

content remained unknown. In the Commission's opinion it was impossible, in these circumstances, "to consider the letter as being an indication that the Applicant had exhausted domestic remedies".

(IX, p. 304, No. 2004/63)

8. Examining the admissibility of an application in which the Applicant complained of ill-treatment by prison guards, the Commission found that, in general, an appeal lodged under Section 172 of the German Code of Criminal Procedure, governing "prosecution enforcement procedure" (*Anklageerzwingungsverfahren*), must be considered as an effective and adequate remedy which must be exhausted within the meaning of Article 26 of the Convention.

(IX, p. 304, No. 2004/63)

9. The Commission rejected, on the ground on non-exhaustion of domestic remedies, an application in which the Applicant complained that he had been unlawfully arrested by the Austrian police. In taking this decision, the Commission took into consideration the fact that, under the Austrian Federal Constitution, the Constitutional Court was competent to decide on appeals from decisions by the administrative authorities in regard to alleged violations of constitutional rights. The Commission further noted that, according to regular judicial practice, the said Court was also competent to decide on appeals relating to administrative acts, in so far as these acts were alleged to have violated constitutional rights. Lastly, the Commission noted that the Austrian Act on the protection of personal freedom, which has the status of a constitutional Act, contained provisions regarding the conditions on which a person may be arrested and that, according to Austrian judicial practice, the physical arrest of a person was to be considered as an administrative act. In view of the fact that, in these circumstances, the Constitutional Court would have been competent to examine whether or not the Applicant had been lawfully arrested, but that the latter had omitted to refer the matter to the Court, the Commission considered that he had not exhausted domestic remedies.

(IX, p. 558, No. 2547/65)

10. An Applicant who lodges a criminal charge with the competent national authorities, alleging a violation of the Convention, and then withdraws it, but whose case is later re-examined *ex officio* by the said authorities, exhausts domestic remedies if, within the

pénitentiaires. Toutefois, la lettre était adressée à un tribunal et non au Procureur; elle s'est perdue et son contenu est resté inconnu. De l'avis de la Commission, il n'est pas, dans ces conditions, possible "de considérer cette lettre comme une indication du fait que le requérant a épuisé les voies de recours internes".

(IX, p. 305, N° 2004/63)

8. En examinant la recevabilité d'une requête dans laquelle le requérant s'était plaint notamment de mauvais traitements qui lui auraient été infligés dans un établissement pénitentiaire par des gardiens de prison, la Commission a reconnu qu'en général, un recours introduit conformément à l'article 172 du Code allemand de procédure pénale régissant la "procédure coercitive en matière de poursuites" (*Anklageerzwingungsverfahren*), doit être considéré comme un recours effectif et suffisant qui doit être épuisé au sens de l'article 26 de la Convention.

(IX, p. 305, N° 2004/63)

9. La Commission a rejeté pour non-épuisement des voies de recours internes une requête dans laquelle le requérant s'était plaint de ce qu'il aurait été arrêté irrégulièrement par la police autrichienne. En prenant cette décision, la Commission a tenu compte du fait qu'aux termes de la Constitution fédérale autrichienne, la Cour constitutionnelle est compétente pour connaître des appels interjetés contre des décisions des autorités administratives lorsqu'une violation des droits constitutionnels est alléguée; de plus la Commission a constaté qu'en vertu d'une jurisprudence constante, ladite Cour est également compétente pour connaître d'appels relatifs à des actes administratifs, dans la mesure où il est allégué que ces actes ont entraîné une violation des droits constitutionnels; enfin, la Commission a relevé que la "Loi autrichienne sur la protection de la liberté", assimilée à une loi constitutionnelle, règlemente les conditions dans lesquelles une personne peut être arrêtée, et que l'arrestation d'une personne doit, d'après la jurisprudence autrichienne, être considérée comme un acte administratif. Etant donné que dans ces conditions, la Cour constitutionnelle aurait été compétente pour examiner la question de savoir si le requérant a été ou non régulièrement arrêté, mais que celui-ci a omis de saisir la Cour de son affaire, la Commission a estimé qu'il n'avait pas épuisé les voies de recours internes.

(IX, p. 559, N° 2547/65)

10. Un requérant qui, en se plaignant d'une violation de la Convention, dépose devant les autorités nationales compétentes une plainte pénale, la retire ensuite, mais dont le cas est réexaminé ultérieurement *ex officio* par lesdites autorités, épuise les voies de

meaning of Article 26 of the Convention, he subsequently avails himself of all the legal remedies available to him under national law to bring his initial charge to a successful issue.

(IX, p. 494, No. 2686/65)

11. Domestic remedies are exhausted if the court which is competent, under national law, to issue a final ruling in a case, has rendered its decision on all points of law raised by the case, even if it is necessary for "certain points of fact" to be examined at subsequent proceedings before the competent domestic courts.

(IX, p. 512, No. 2690/65).

Exhaustion of domestic remedies (Proof of ...)

1. A remedy, for the exercise of which an Applicant claims that he needs legal assistance, cannot be considered as exhausted, within the meaning of Article 26 of the Convention, unless the Applicant proves that he did, in fact, apply to the appropriate authority for such assistance.

(IX, p. 304, No. 2004/63)

2. A remedy, which cannot be exercised except through a lawyer, cannot be considered as exhausted within the meaning of Article 26 of the Convention, if the Applicant simply submits that it would have been impossible for him to find a lawyer willing to assist him, but in no way shows that he did, in fact, endeavour to obtain the assistance of such a lawyer.

(IX, p. 304, No. 2004/63)

3. The Commission rejected, on the ground of non-exhaustion of domestic remedies, the application of a German national who complained that he had been unlawfully arrested on Italian territory by Austrian policemen who, he alleged, had then taken him to Austria where he had been detained ever since. The Applicant submitted that his illegal arrest and subsequent detention constituted a violation of Article 5, 1 (c) of the Convention, but he did not prove that he had actually mentioned the alleged unlawfulness of his arrest in the proceedings which he had instituted before the Austrian courts.

(IX, p. 558, No. 2547/65)

recours internes si, au sens de l'article 26 de la Convention, il se prévaut par la suite de tous les moyens juridiques que la loi nationale met à sa disposition pour faire aboutir sa plainte initiale.

(IX, p. 495, N° 2686/65)

11. Les recours internes sont épuisés lorsque le tribunal compétent, selon la loi nationale applicable, pour examiner une affaire en dernier ressort, a rendu sa décision sur toutes les questions de droit que l'affaire soulève, même si "certains points de fait" devront par la suite faire l'objet de procédures ultérieures devant les tribunaux nationaux compétents.

(IX, p. 513, N° 2690/65)

Epuisement des voies de recours internes (Preuve de l'...)

1. Un recours pour l'introduction duquel un requérant prétend avoir besoin de l'assistance judiciaire, ne saurait être considéré comme épuisé au sens de l'article 26 de la Convention, si l'intéressé ne prouve pas qu'il ait effectivement sollicité cette assistance auprès de l'instance compétente.

(IX, p. 305, N° 2004/63)

2. Un recours qui ne peut être introduit que par l'intermédiaire d'un avocat, ne saurait être considéré comme épuisé au sens de l'article 26 de la Convention, si le requérant se contente de déclarer qu'il lui aurait été impossible de trouver un avocat prêt à l'assister, sans prouver, en aucune façon, qu'il ait effectivement essayé d'obtenir l'assistance d'un tel avocat.

(IX, p. 305, N° 2004/63)

3. La Commission a rejeté pour non-épuisement des voies de recours internes la requête d'un ressortissant allemand qui s'était plaint de ce qu'il aurait été irrégulièrement arrêté, en territoire italien, par des policiers autrichiens, qui l'auraient ensuite emmené en Autriche, où il aurait été détenu depuis lors. S'attaquant au caractère illégal tant de son arrestation que de sa détention consécutive, et invoquant à ce sujet notamment l'article 5, par. (1) (c), de la Convention, le requérant n'a cependant pas apporté la preuve de ce qu'il a effectivement fait état de la prétendue irrégularité de son arrestation, devant les tribunaux autrichiens auxquels il avait soumis son affaire.

(IX, p. 559, N° 2547/65)

Exhaustion of domestic remedies (Sufficient and effective remedies)

An Applicant who, detained in a German prison, complains that he has been subjected to inhuman treatment by prison warders and has unsuccessfully exhausted all the remedies available to him under German criminal law, including the "prosecution enforcement procedure" (*Anklageerzwingungsverfahren*) provided for in Section 172 of the Penal Code, does not require, in order to comply with Article 26 of the Convention, to avail himself of further remedies such as quasi-administrative judicial proceedings or a civil action against the State, if his earlier complaints were rejected on the ground of insufficient evidence. The Commission found that the case "primarily concerned a question of evidence and that the reason why the Applicant was unsuccessful in lodging a criminal charge was that the authorities did not find that there was sufficient evidence to support his allegations". It was obvious, in the Commission's opinion, that if the Applicant had used the two aforesaid additional remedies (quasi-administrative judicial proceedings and civil action) he "would have been faced with the same problem of proving that he had, in fact, been ill-treated". However, "his failure to prove his allegations in connection with his criminal charge created a presumption to the effect that neither (of the two aforesaid additional remedies) would have had any chance of giving the Applicant satisfaction". The Commission consequently arrived at the conclusion that "these two remedies could not be considered as sufficient or effective".

(IX, p. 494 No. 2686/65)

Expression (Freedom of ...)

The Commission declared admissible an application in which the Applicant, the publisher of a radio-television review, complained that he was not entitled, under Netherlands copyright legislation, to publish, in his weekly review, information about Netherlands radio and television programmes, based on compilations made by a particular Netherlands organisation. Declaring the application admissible, the Commission considered that it raised certain important issues concerning the interpretation of the Convention and that these issues were of such complexity that the decision on the application must depend on an examination of the merits of the case.

(IX, p. 512, No. 2690/65)

Epuisement des voies de recours internes (Recours suffisants et efficaces)

Un requérant qui, détenu dans une prison allemande, se plaint d'y avoir subi des traitements inhumains de la part d'agents pénitentiaires, et qui a sans succès épuisé tous les recours que le droit pénal allemand met à sa disposition, y compris la "procédure de mise en accusation" (*Anklageerzwingungsverfahren*) prévue à l'article 172 du Code pénal, n'a plus besoin, pour satisfaire aux exigences de l'article 26 de la Convention, d'introduire encore d'autres recours tels qu'un recours judiciaire quasi-administratif ou une action civile contre l'Etat, si ses recours antérieurs avaient été rejetés pour insuffisance de preuve. Dans une affaire de ce genre, la Commission a en effet constaté qu'en l'espèce, il s'agissait principalement d' "une question de preuves et que la raison pour laquelle le requérant n'a pas réussi à introduire une plainte pénale est le fait que les autorités n'ont pas conclu à l'existence de preuves suffisantes à l'appui de ses allégations". De l'avis de la Commission, il était évident que si le requérant avait encore introduit les deux recours supplémentaires précités (recours judiciaire quasi-administratif et action civile), il "aurait eu également à prouver qu'il avait effectivement été maltraité". Toutefois, "l'impossibilité où il s'est trouvé de faire la preuve de ses allégations concernant la plainte pénale fait présumer que ... (les deux recours supplémentaires précités) ... n'auraient pu donner satisfaction au requérant". La Commission est donc parvenue à la conclusion qu'en l'occurrence, "ces deux voies de recours ne peuvent pas être considérée comme suffisantes ou efficaces".

(IX, p. 495, N° 2686/65)

Expression (Liberté d'...)

La Commission a déclaré recevable une requête dans laquelle le requérant, éditeur d'une revue de radio-télévision, s'était plaint de ne pas être en droit, selon la législation néerlandaise sur les droits d'auteur, de publier dans sa revue des informations hebdomadaires sur les programmes néerlandais de radio et de télévision basées sur des compilations établies par un organisme néerlandais particulier. En la déclarant recevable, la Commission a considéré que la requête soulève plusieurs problèmes importants concernant l'interprétation de la Convention et que ceux-ci présentent une telle complexité que la décision sur la requête doit dépendre d'un examen du fond de l'affaire.

(IX, p. 513, N° 2690/65)

Forced or compulsory Labour

A competent court which commits a person to a "labour institution" after he has been convicted is not contravening the provisions of Articles 4 and 5 of the Convention.

(IX, p. 550, No. 2742/66)

Information or ideas (Right to receive ...)

The Commission confirmed its earlier rulings when it decided that the limits set to the right guaranteed in Article 10 of the Convention derived, for a person held in custody, from the special situation in which he found himself, since the very purpose of the enforcement of a sentence involving deprivation of liberty entailed the restriction of certain rights and freedoms. The Applicant, in this particular case, was refused permission by the prison authorities to keep pornographic drawings and poems in his possession.

(IX, p. 166, No. 1760/63)

Liberty (Right to ... and security of person)

1. The remedies which an Applicant alleging violation of Article 5 (1) of the Convention is required to exhaust in pursuance of Article 26 of the Convention, are not necessarily equivalent to the remedy which Contracting Parties are obliged to provide for under Article 5 (4) of the Convention.

(IX, p. 286, No. 1983/63)

2. An Applicant, an "undesirable alien" held in detention for some ten months pending deportation overseas, who complained that he had not had an opportunity to apply to a court in accordance with Article 5 (4) of the Convention, could not be considered as being the victim of a violation of this provision if his detention was continued in his own interests. In this particular case, the fact that the Applicant, whose deportation was judged necessary, had been detained for an initial period of some six months was largely due to his own desire to avoid deportation to the only country willing to receive him; moreover, the extension of his detention for a further period of four months enabled him to challenge, in the courts of the country which had judged his deportation necessary, the legality of the deportation order.

(IX, p. ..., No. 1983/63)

Fondement d'une requête

Voir: – Liberté (Droit à la ... et à la sûreté)
– Détention

(IX, p. 329, N° 2120/64
IX, p. 393, N° 2208/64)

– Traitement inhumain et dégradant

(IX, p. 495, N° 2686/65)

Informations ou idées (Droit de recevoir des ...)

La Commission a confirmé sa propre jurisprudence en décidant que les limites apportées au droit visé à l'article 10 de la Convention découlent pour un détenu, de la situation particulière où il se trouve, car le but même de l'exécution d'une peine privative de liberté implique une limitation de certains droits et libertés; en l'occurrence, le requérant s'était vu interdire, par les autorités pénitentiaires, la possession de dessins et de poèmes pornographiques.

(IX, p. 161, N° 1760/63)

Liberté (Droit à la ... et à la sûreté)

1. Les voies de recours qu'un requérant alléguant une violation de l'article 5, par. 1er, de la Convention, est tenu d'épuiser conformément à l'article 26 de celle-ci, ne sont pas nécessairement équivalentes au recours que les Parties Contractantes sont obligées de prévoir aux termes de l'article 5, par. 4, de cet instrument.

(IX, p. 287, N° 1983/63)

2. Un requérant "étranger indésirable" détenu pendant environ dix mois en vue de son expulsion vers un pays d'outre-mer, et se plaignant de ce qu'il n'aurait pas eu la possibilité d'introduire un recours devant un tribunal, conformément au paragraphe 4 de l'article 5 de la Convention, ne saurait être considéré comme victime d'une violation de cette disposition, lorsque sa détention avait été maintenue dans l'intérêt même du requérant. En l'espèce, le fait que le requérant, dont l'expulsion était jugée nécessaire, avait été détenu pendant une première période d'environ six mois, était dû en grande partie à son propre voeu d'éviter son expulsion vers le seul pays disposé à l'admettre sur son territoire; de plus, la prolongation de sa détention pendant environ quatre mois lui permettait de soumettre aux tribunaux du pays qui avait jugé son expulsion nécessaire, la question de la légalité de l'ordonnance d'expulsion le concernant.

(IX, p. 287, N° 1983/63)

3. Neither the provisions of paragraph 1 (c) of Article 5 nor any other provision of the Convention entitle a person in detention to be questioned within a particular time-limit.

(IX, p. 474, No. 2621/65)

Liberty (Right to ... and security of person) – ***Arrest***

The Commission referred to its earlier rulings when deciding that, while the provisions of Article 5 (2) of the Convention require that "everyone who is arrested shall be informed ... in a language which he understands, of the reasons for his arrest and of any charge against him", they do not require that this information be given in a particular form.

(IX, p. 474, No. 2621/65)

Liberty (Right to ... and security of person)– ***Arrest*** – ***Period of custody***

The provisions of Articles 57 and 58 of the Netherlands Code of Criminal Procedure, providing for two days' detention subject to extension for a further two days in certain special circumstances, do not conflict with Article 5 (3) of the Convention which requires that "everyone arrested or detained ... shall be brought promptly before a judge ...". Deciding thus, the Commission took account of the legal provisions in force in other countries which are bound by the Convention or are otherwise Members of the Council of Europe. It noted that legislation in these countries showed a general tendency to bring any arrested person before a judge without unnecessary delay, but that the time-limits fixed for such purpose varied to some extent. It consequently considered that the Contracting States should have a certain margin of discretion in the matter and that, in the case under consideration, that margin had not been exceeded.

(IX, p. 564, No. 2894/66)

Liberty (Right to ... and security of person) – ***Detention***

1. Cf. also: Information or ideas.

(IX, p. 166, No. 1760/63)

2. The question whether, in a given case, the period which elapsed between arrest and judgment was "reasonable" or "unreasonable" must, according to the Commission's judicial precedents, be determined, not *in abstracto*, but in the light of the particular circumstances of each case.

(IX, p. 328, No. 2120/64)

3. Ni les dispositions du paragraphe 1er, alinéa (c), de l'article 5, ni aucune autre disposition de la Convention ne donnent à un détenu le droit d'être interrogé dans un délai particulier.

(IX, p. 475, N° 2621/65)

Liberté (Droit à la ... et à la sûreté) – ***Arrestation***

La Commission s'est référée à sa jurisprudence antérieure en décidant que si les dispositions du paragraphe 2 de l'article 5 de la Convention exigent que "toute personne arrêtée doit être informée ... dans une langue qu'elle comprend, des raisons de son arrestation et de toute accusation portée contre elle", elles ne prescrivent pas que cette information soit donnée dans une forme particulière.

(IX, p. 475, N° 2621/65)

Liberté (Droit à la ... et à la sûreté) – ***Arrestation – Délai de garde à vue***

Les dispositions des articles 57 et 58 du Code néerlandais de procédure pénale qui prévoient un délai de garde à vue de deux jours susceptible d'être porté à un maximum de quatre jours dans certaines conditions particulières, ne sont pas en contradiction avec l'article 5, par. 3, de la Convention disposant que toute personne arrêtée ou détenue ... doit être aussitôt traduite devant un juge ...". En décidant ainsi, la Commission a tenu compte des dispositions légales en vigueur dans d'autres pays liés par la Convention ou membres du Conseil de l'Europe. Elle a en effet constaté que les législations de ces pays manifestent une tendance générale à traduire toute personne arrêtée devant un juge sans retard inutile, mais que les délais fixés à cet effet varient quelque peu. Elle a donc reconnu que les Etats Contractants devraient disposer d'une certaine marge d'appréciation en la matière et qu'en l'occurrence, cette marge ne se trouve pas dépassée.

(IX, p. 565, N° 2894/66)

Liberté (Droit à la ... et à la sûreté) – ***Détention***

1. Cf. aussi: Informations ou idées.

(IX, p. 167, N° 1760/63)

2. La question de savoir si, dans une affaire déterminée, le délai qui s'est écoulé entre l'arrestation du prévenu et le jugement a été "raisonnable" ou "déraisonnable" doit s'apprécier, d'après la jurisprudence de la Commission, non pas *in abstracto*, mais à la lumière des données concrètes de l'affaire.

(IX, p. 329, N° 2120/64)

3. The Commission decided to declare admissible an application from a person complaining that he had been detained for vagrancy in pursuance of an administrative order which, under current legislation, was not subject to appeal. In its decision, the Commission found that, whilst the provisions of Article 27 (2) of the Convention required it to declare "inadmissible" any individual application which it considered to be "manifestly ill-founded", they did not entitle it to reject, at the stage of examination as to admissibility, an application which was not obviously well-founded. It further considered that the problems arising in connection with the application were of such complexity as to justify an examination of the merits of the case and that, consequently, the Applicant's complaints could not be rejected for manifest lack of grounds. He had alleged a violation not only of Article 5 but also of other provisions of the Convention; he submitted that although, under the aforesaid legislation, only individuals who had no fixed address, no means of support and no habitual trade or profession could be detained for vagrancy, an order had been issued for his detention in spite of the fact that he fulfilled none of these conditions.

(IX, p. 392, No. 2208/64)

4. Examining the case of a person held in detention pending trial, the Commission found that, while the Convention required that everyone who was arrested should be informed of the reasons for his arrest (Article 5 (2)), it did not require that these reasons be set out in the text of the decision authorising his detention. The Commission also found that, in the case in point, there was "no reason to doubt the existence of valid reasons for the detention, reasons satisfying the requirements of Article 5, 1 (c) of the Convention".

(IX, p. 474, No. 2621/65)

5. Examining the admissibility of an application in which the Applicant complained of the alleged unlawfulness of his detention, the Commission found that it was not entitled to determine whether domestic law had been correctly interpreted and applied by the judicial authorities in proceedings before the competent national courts, except in cases where, in their interpretation and application of domestic law, these authorities had acted in bad faith, for in such cases the detention in question would not have been lawful within the meaning of Article 5, 1 (c) of the Convention.

(IX, p. 474, No. 2621/65)

3. La Commission a décidé de déclarer recevable la requête d'une personne qui se plaignait d'avoir été détenue, pour vagabondage, à la suite d'une ordonnance administrative non susceptible d'appel selon la législation en vigueur. Dans cette décision, la Commission a reconnu que si les dispositions de l'article 27, par. 2, de la Convention l'obligent à déclarer "irrecevables" les requêtes individuelles qu'elle estime "manifestement mal fondées", elles ne l'autorisent pas pour autant à rejeter, dès le stade de l'examen de leur recevabilité, celles dont le mal-fondé ne tombe pas sous ce sens. De plus, elle a constaté que les problèmes qui se posent à l'égard de la requête en question "se révèlent assez complexes pour que leur solution doive relever de l'examen du fond de l'affaire" et que les griefs du requérant "ne sauraient, dès lors, être repoussés pour défaut manifeste de fondement". En l'occurrence, le requérant avait allégué une violation non seulement de l'article 5, mais aussi d'autres dispositions de la Convention, en précisant notamment que bien que selon la législation précitée, une détention pour vagabondage ne puisse être ordonnée qu'à l'égard d'individus n'ayant ni domicile fixe, ni moyens de subsistance, ni métier ou profession habituel, l'ordonnance en question aurait été prise à son encontre sans qu'il n'eût rempli aucune de ces conditions.

(IX, p. 393, N° 2208/64)

4. En examinant l'affaire d'une personne se trouvant en détention préventive, la Commission a reconnu que la Convention, tout en exigeant qu'une personne arrêtée soit informée des raisons de son arrestation (article 5, par. 2) n'exige pas que ces raisons soient exposées dans le texte de la décision autorisant la détention. En outre, la Commission a constaté qu'en l'espèce, il n'y avait "aucune raison de douter de l'existence de motifs valables de la détention satisfaisant aux exigences de l'article 5, par. 1 (c), de la Convention".

(IX, p. 475, N° 2621/65)

5. En examinant la recevabilité d'une requête dans laquelle le requérant, qui faisait l'objet d'une mesure privative de liberté, se plaignait de la prétendue illégalité de sa détention, la Commission a constaté qu'elle n'a pas qualité pour déterminer si, au cours d'une procédure devant les tribunaux nationaux compétents, le droit interne a été correctement interprété et appliqué par les autorités judiciaires sauf si, exceptionnellement, en interprétant et appliquant le droit interne, ces autorités avaient agi de mauvaise foi car, dans ce cas, la détention en question ne serait pas "lawful" au sens de l'article 5, par. 1er, alinéa (c).

(IX, p. 475, N° 2621/65)

6. The committal by a competent court of a person to a "labour institution" after his conviction, does not contravene the provisions of Articles 4 and 5 of the Convention.

(IX, p. 550, No. 2742/66)

Liberty (Right to ... and security of person) – ***Detention*** (Length of ...)

According to the precedents set by the Commission, the question whether or not a period of detention pending trial is "reasonable" (Article 5 (3) of the Convention) cannot be decided *in abstracto*, but must be considered in the light of the particular circumstances of each case. Examining the admissibility of an application in which the Applicant complained, *inter alia*, that he had been kept in detention pending trial for over a year and a half, the Commission noted that he had been arrested and detained on "reasonable suspicion" of the attempted murder of his wife, a crime punishable by a severe penalty; he was subsequently found guilty only of assault and battery and sentenced to three years' imprisonment. The Commission noted, however, that a justifiable delay in the investigation of the case was due to the need to consult an expert on the Applicant's criminal responsibility and that the introduction by the Applicant of several unfounded petitions challenging certain judges, including the investigating judge, had resulted in further delays. The Commission consequently rejected the Applicant's allegations as manifestly ill-founded.

(IX, p. 436, No. 2516/65)

Liberty (Right to ... and security of person) – ***Detention pending trial***

1. On examining the admissibility of an application in which the Applicant, held in detention pending trial, complained that the Austrian Judge sitting in Chambers, had rejected his application for release, in closed session, after a hearing of the Public Prosecutor, but in the absence of the Applicant and his lawyer, the Commission considered that at the stage reached in the proceedings (i.e. examination of the admissibility of the application), the possibility could not be ruled out that the lack of "equality of arms" between the Public Prosecutor's Office and the defence may have entailed a violation of Article 5 (4) of the Convention to the Applicant's detriment. Finding that, "in these circumstances, the question of failure to exhaust domestic remedies did not arise in relation to Article 5 (4)", the Commission declared this part of the application admissible.

(IX, p. 240, No. 1850/63)

6. Le placement d'une personne dans une "maison de travail" après condamnation, par un tribunal compétent, n'est pas en contradiction avec les dispositions des articles 4 et 5 de la Convention.

(IX, p. 551, N° 2742/66)

Liberté (Droit à la – et à la sûreté) – ***Détention*** (Durée de la –)

Selon la jurisprudence constante de la Commission, la question de savoir si la durée d'une détention préventive, aux termes de l'article 5, par. 3, de la Convention, est "raisonnable", ou non, ne peut être tranchée *in abstracto*, mais doit être considérée d'après les circonstances particulières de chaque cas. En examinant la recevabilité d'une requête dans laquelle le requérant s'était, entre autres, plaint d'avoir été gardé en détention préventive pendant plus d'un an et demi, la Commission a constaté que l'intéressé avait été arrêté et détenu parce qu'il pouvait "raisonnablement être soupçonné" de tentative d'assassinat sur la personne de sa femme, crime passible d'une lourde peine; il est vrai que le requérant n'a finalement été reconnu coupable que de coups et blessures et condamné à trois ans de prison; la Commission a toutefois relevé qu'un retard justifiable dans l'instruction de l'affaire en question était imputable au fait qu'il a fallu un certain délai à un expert pour se prononcer sur la responsabilité pénale du requérant et que le dépôt par celui-ci de plusieurs pétitions mal fondées, mettant en cause certains juges ainsi que le juge d'instruction, a provoqué de nouveaux retards. La Commission a donc rejeté les allégations du requérant comme manifestement mal fondées.

(IX, p. 437, N° 2516/65)

Liberté (Droit à la – et à la sûreté) – ***Détention préventive***

1. En examinant la recevabilité d'une requête dans laquelle une personne se trouvant en détention préventive s'était plainte de ce que la Chambre du Conseil d'un tribunal autrichien avait rejeté sa demande de libération, en séance non publique, après audition du Procureur, mais en son absence et en l'absence de son avocat, la Commission a estimé qu'en l'état de la procédure (c'est-à-dire au stade de l'examen de la recevabilité de la requête), on ne pouvait exclure que l'absence d'"égalité des armes" entre le Ministère Public et la défense devant ledit tribunal, ait pu entraîner, au détriment du requérant, une violation de l'article 5, par. 4, de la Convention. Après avoir constaté que "dans ces circonstances, la question du non-épuisement des voies de recours internes ne se pose pas par rapport à l'article 5, par. 4", la Commission a, sur ce point, déclaré la requête recevable.

(IX, p. 241, N° 1850/63)

2. The Commission declared admissible the complaints of an Applicant – accused of compound larceny – to the effect that he had spent 29 months in detention pending trial and that his trial had not taken place until 33 months after the date of his arrest. The respondent Government submitted that the length of the Applicant's detention and trial were partly due to the numerous applications and appeals lodged by the Applicant during his detention and that the question whether the Applicant could, in fact, be considered as the victim of a violation of Article 5 (3) of the Convention would depend on certain concrete data, such as the deduction of the period of detention from the sentence finally imposed. On the other hand, the file relating to the application would show that the delays complained of were also partly due to causes unrelated to the attitude of the Applicant or to the nature of his case: *inter alia*, the preparation of an expert opinion on the Applicant's criminal responsibility and the summoning of a witness who was not available. In its decision on the admissibility of the application, the Commission considered that the problems posed by the Applicant's case were highly complex and that his complaints could not be rejected as manifestly ill-founded.

(IX, p. 323, No. 2120/64)

Linguistic freedom

There is no article either in the Convention or in the First Protocol which expressly guarantees "linguistic freedom". The only clauses dealing with the use of languages, Article 5 (2) and Article 6 (3) (a) and (e), are limited in scope. However, when deciding as to the admissibility of an application in which the French-speaking Applicants complained that proceedings instituted by them against a Flemish-speaking Belgian national were conducted in Flemish before the Belgian courts, with the result that they were unable to follow the hearings, the Commission found that it was not inconceivable that failure to recognise the right of a party, in legal proceedings, to the use of his own language might, in certain circumstances constitute an indirect violation of one of the rights guaranteed in the Convention and the Protocol, and especially the right of a person "in the determination of his civil rights ... to a fair ... hearing by a tribunal ..." (Article 6 (1) of the Convention). While recognising that the aforesaid provisions of Article 6 were applicable to the case in point, the Commission nevertheless found that they had not been violated, for, since the defendant was Flemish-speaking, the relevant Belgian legislation required that the proceedings should be conducted in Flemish. Moreover, and this was

2. La Commission a déclaré recevables les griefs d'un requérant qui, accusé de vol qualifié, s'était plaint d'avoir passé 29 mois en détention préventive et de ce que son procès n'aurait eu lieu que plus de 33 mois après la date de son arrestation. Il est vrai que le Gouvernement mis en cause par la requête avait soutenu que la durée de la détention du requérant et la longueur de son procès étaient dues en partie aux très nombreux recours et requêtes que le requérant avait introduits pendant sa détention et que la question de savoir si le requérant pourrait effectivement être considéré comme victime d'une violation de l'article 5, paragraphe 3, de la Convention, dépendrait de certaines données concrètes, telles que l'imputation de la détention préventive sur la peine finalement infligée. D'un autre côté, le dossier de la requête démontrait que les délais critiqués par le requérant étaient également dûs à certains retards, sans rapport avec l'attitude du requérant ou avec la nature de son affaire, et qui se sont produits notamment au sujet de l'établissement d'une expertise concernant la responsabilité pénale du requérant et à propos de la citation d'un témoin indisponible. Dans sa décision sur la recevabilité de la requête, la Commission a estimé que les problèmes posés par l'affaire du requérant étaient suffisamment complexes et que les griefs de celui-ci ne sauraient être repoussés pour défaut manifeste de fondement.

(IX, p. 329, N° 2120/64)

Liberté linguistique

Aucun article de la Convention, ni du premier Protocole, ne consacre expressément la "liberté linguistique". Les seules clauses qui traitent de l'emploi des langues, l'article 5, par. 2, et l'article 6, par. 3, alinéas (a) et (e), ont une portée restreinte. Néanmoins, en décidant sur la recevabilité d'une requête dans laquelle les requérants qui, d'expression française, avaient assigné en justice un ressortissant belge d'expression flamande, s'étaient plaints de ce que la procédure devant les tribunaux belges se soit déroulée en flamand, ce qui les aurait mis dans l'impossibilité de suivre directement les débats, la Commission a reconnu qu'il n'est pas inconcevable que la méconnaissance du droit à l'emploi, en justice, de la langue d'une partie au procès, puisse, dans certaines hypothèses, aboutir à une violation indirecte de l'un des droits reconnus dans la Convention et dans son Protocole, et spécialement du droit d'une personne "à ce que sa cause soit entendue équitablement ... par un tribunal ... qui décidera ... des contestations sur ses droits ... de caractère civil" (article 6, par. 1er, de la Convention). Après avoir reconnu que dans l'affaire des requérants qui avaient été partie civile dans la procédure en question, les dispositions précitées de l'article 6 étaient d'application, la Commission, toutefois, a relevé qu'en l'es-the important point, the Applicants had been accorded the services of a bilingual lawyer.

(IX, p. 418, No. 2332/64)

Non-discrimination

Deciding as to the admissibility of an application in which the Applicant, a bankrupt, relying on Article 1 of the Protocol and Article 14 of the Convention, complained that, in a forced sale, part of his property had been acquired by a third person with the help of subsidies out of public funds, the Commission found that "this fact could not in itself constitute a violation of the Convention or the Protocol, especially as there was no evidence of subsidies having been given for discriminatory purposes".

(IX, p. 112, No. 1706/62)

Non-retroactivity of Criminal Law

Article 7 of the Convention is concerned with the sentencing of an accused person and not with the enforcement of a sentence already pronounced. In deciding thus, the Commission confirmed its earlier rulings in the matter.

(IX, p. 166, No. 1760/63)

Private and family life (Right to respect for ...)

1. The terms "protection of health or morals", used in the second paragraph of Article 8 of the Convention, cover not only the protection of the general health and morals of the community as a whole, but also the protection of the health and morals of its individual members. Moreover, the terms "health or morals" include the psychological as well as the physical well-being of individuals. Consequently, when determining a parent's right of access to his child, national authorities may properly take into account the need to protect the child from serious psychic disturbances; thus, a father who is detained in prison may be refused permission to receive a visit from his three-year-old son.

(IX, p. 436, No. 2516/65)

2. As regards the right to visit children of whom one does not have custody, Article 8 (2) of the Convention leaves a considerable margin of discretion to national courts, enabling them to taken into account, in their decisions, factors which they may deem prejudicial

pèce, ces dispositions n'avaient point été violées. En effet, le prévenu étant d'expression flamande, la procédure incriminée devait se dérouler en cette langue conformément à la législation belge applicable; de plus et surtout, les requérants avaient, en fait, bénéficié des services d'un avocat bilingue.

(IX, p. 419, N° 2332/64)

Non-discrimination

En décidant sur la recevabilité des griefs d'un requérant qui, tombé en faillite, s'est plaint, en invoquant l'article 1er du Protocole additionnel et l'article 14 de la Convention, de ce que, au cours d'une vente forcée, une partie de ses biens auraient été acquis par une tierce personne grâce à une subvention provenant de fonds publics, la Commission a considéré que "ce fait ne pourrait constituer en lui-même une violation de la Convention ou du Protocole additionnel, étant donné en particulier qu'il ne semble pas que la subvention ait été accordée à des fins discriminatoires".

(IX, p. 113, N° 1706/62)

Non-rétroactivité de la loi pénale

L'article 7 de la Convention concerne la condamnation d'un accusé et non l'exécution d'une peine déjà prononcée. En décidant en ce sens, la Commission a confirmé sa jurisprudence antérieure.

(IX, p. ..., N° 1760/63)

Propriété (Droit de ...)

En examinant la recevabilité d'une requête, dans laquelle le requérant, en alléguant une violation de l'article 1er du Protocole additionnel, s'était plaint de ce qu'à la suite d'une procédure de faillite, ses biens auraient été vendus au cours d'une vente forcée, à vil prix, la Commission a tout d'abord constaté qu'il y a lieu de "tenir compte de la valeur des biens au moment de la vente". En l'espèce, ses biens avaient fait l'objet des évaluations successives suivantes: 30 millions en 1958; 12 millions en 1960; plus tard 8,5 millions; en 1966, une petite partie des biens avait été vendue au cours d'une vente forcée au prix de 2,6 millions. A ce sujet, la Commission a estimé "qu'il n'y a pas eu, entre la valeur et le prix, un écart qui permette de conclure que le droit de propriété du requérant ait été violé ...".

(IX, p. 113, N° 1706/62)

to the protection of the children's health and morals and to consider, also, their mental well-being and the need to spare them serious psychic disturbances. While recognising the discretion thus allowed to the courts, the Commission nevertheless stressed that it was its own responsibility to decide, in the last resort, whether or not the measures taken in a particular case were justified under Article 8 (2). Examining the admissibility of an application in which the father, who was divorced, complained that the competent domestic courts had wrongly forbidden him access to his children – of whom the mother had been awarded custody after the divorce – the Commission noted that the said courts had largely based their decision on the expert opinion of two psychiatrists, who had come to the conclusion that the Applicant's mental condition and the tension between the divorced couple would endanger the physical well-being of the children. The Commission further pointed out that, judging from the documents in the file, there was a possibility that the matter might be re-examined later, once the tension between the couple had died down. In these circumstances, the Commission rejected the application.

(IX, p. 556, No. 2792/66)

Property (Right to ...)

Examining the admissibility of an application in which the Applicant, alleging a violation of Article 1 of the Protocol, complained that following bankruptcy proceedings his property had been sold at a forced sale for an excessively low price, the Commission observed, first of all, that it was necessary "to take into account the value of the property at the time of the sale". The property had been valued successively at 30 million in 1958, 12 million in 1960 and later at 8.5 million. In 1966, a small part of the property had been sold for 2.6 million at a forced sale. The Commission found "no disproportion between value and price such as would suggest that the Applicant's right of property had been violated".

(IX, p. 112, No. 1706/62)

Remedy, see: Exhaustion of domestic remedies; Effective remedy

Reservations

1. Examining the admissibility of an application in which the Applicants alleged that they had been deprived of their possessions and had been offered inadequate compensation following the entry into force of the Austrian Act of 1960 on gross royalities on mineral oil, the Commission was required to decide whether or not this Act, as applied to the Applicants by the Austrian authorities, was covered by the Austrian reservations in respect of Article 1 of the first Protocol to the Convention. Having examined the scope of this

Recours effectif (Droit à l'octroi d'un ...)

1. Dans certains cas, le classement de plaintes pénales et la procédure antérieure peuvent soulever des problèmes sur le terrain de la Convention, notamment sur celui de l'article 13 et, pour les plaintes assorties d'une constitution de partie civile, sur celui de l'article 6, par. 1er.

(IX, p. 179, N° 1794/63)

2. La transmission tardive aux autorités compétentes, de recours exercés par un détenu, ne saurait être considérée comme une violation de l'article 13 de la Convention, si ces autorités ont effectivement pu les examiner, même en dehors des délais prévus par la législation applicable.

(IX, p. 329, N° 2120/64)

3. Le fait de traiter certains recours par lesquels un détenu entend s'attaquer à ce que l'ouverture de son procès aurait indûment été retardée, non pas comme recours hiérarchique, mais comme "recours au fond" ne saurait être considéré comme une violation de l'article 13 de la Convention, ni plus particulièrement comme un déni de justice.

(IX, p. 329, N° 2120/64)

Requérant (Décès du ...)

Cf.: Victime (Notion de ..) (IX, p. 113, N° 1706/62)

Requête manifestement mal fondée

Voir: Fondement d'une requête. (IX, p. 393, N° 2208/64)

Réserves

1. En décidant d'une requête dans laquelle les requérants avaient allégué une privation de leurs biens et une offre d'indemnisation insuffisante consécutives essentiellement à l'entrée en vigueur de la loi autrichienne de 1960 sur les redevances brutes en matière pétrolière, telle qu'appliquée à leur cas, la Commission a eu l'occasion de se prononcer sur la question de savoir si cette loi telle que les autorités autrichiennes l'avaient appliquée aux requérants était ou non couverte par la réserve autrichienne à l'article 1er du premier Protocole additionnel à la Convention. Après avoir examiné la portée de cette réserve ainsi que plusieurs autres réglementations législatives qu'elle concerne, la Commission a répondu à cette question par l'affirmative.

(IX, p. 215, N° 1821 et 1822/63)

reservation and several other legislative provisions relating thereto, the Commission replied to the question in the affirmative.

(IX, p. 214, Nos. 1821/63 and 1822/63)

2. After dismissing as incompatible with the Convention certain complaints in an application alleging a violation of Article 1 of the First Protocol, complaints falling within the terms of the reservations made by the Respondent State in respect of the said Article, the Commission also rejected other related complaints in the same application, but connected with Article 6 of the Convention, on the ground that they "could not be dissociated from the subject of the reservation" in question.

(IX, p. 214, Nos. 1821 and 1822/63)

Treatment (Inhuman and degrading ...)

The Commission declared admissible the complaints of an Applicant, a prisoner, who alleged that he had been ill-treated by prison warders. In its decision the Commission found that the Applicant's allegations raised the important question of a violation of Article 3 of the Convention, but observed that the full circumstances of the incidents alleged by the Applicant were "to some extent in dispute and their determination required a complete investigation of the case". The Commission consequently decided that the Application could not be rejected as manifestly ill-founded.

(IX, p. 494, No. 2686/65)

2. Après avoir, dans l'examen d'une requête, écarté comme incompatibles avec la Convention, certains griefs qui se fondaient sur une violation prétendue de l'article 1er du Protocole additionnel, mais qui tombaient sous le coup d'une réserve formulée par l'Etat mis en cause à l'égard de cet article, la Commission a également rejeté d'autres griefs articulés dans la même requête, mais relatifs à l'article 6 de la Convention, ces derniers ne pouvant "se dissocier de l'objet de la réserve" en question.

(IX, p. 215, N° 1821 et 1822/63)

Retrait d'une requête

1. La Commission a accepté le retrait d'une requête individuelle après avoir constaté que "nulle considération d'ordre général touchant au respect de la Convention ... ne s'oppose ... à la demande de radiation ..." que le requérant avait formulée. En l'occurrence, le requérant avait, dans sa requête, demandé la réparation d'un certain préjudice. Après l'introduction de sa requête devant la Commission, le requérant avait cependant conclu une transaction avec les instances gouvernementales compétentes aux termes de laquelle une indemnité compensatrice dudit préjudice lui a été reconnue.

(IX, p. 103, N° 1470/62)

2. La Commission a décidé de continuer l'examen de la recevabilité d'une requête sans tenir compte d'une déclaration de retrait de la part du requérant. Celui-ci en introduisant sa requête devant la Commission, s'était plaint notamment de mauvais traitements qui lui auraient été infligés dans une prison. Par la suite, il avait déclaré vouloir retirer sa requête. Toutefois, depuis lors, le requérant avait "clairement montré qu'il entendait poursuivre la procédure". Tout en estimant que ce dernier fait était de nature à affecter la validité de la déclaration antérieure du requérant, la Commission a finalement reconnu que sa requête soulève, dans le cadre de la Convention, des problèmes dépassant la personne et les intérêts du requérant et qu'il y avait lieu de ne pas surseoir à l'examen de sa recevabilité.

(IX, p. 305, N° 2004/63)

3. Dans l'affaire d'un requérant qui, détenu dans une prison, se plaignait d'y avoir subi de mauvais traitements de la part d'agents pénitentiaires, la Commission, rappelant sa jurisprudence antérieure en la matière, s'est refusé à accepter le retrait de la requête effectué quelques semaines après son introduction. En l'espèce, le requérant avait même ultérieurement continué la procédure

Victim (Concept of ...)

1. In a case mainly concerning the right of property, the proceedings instituted before the Commission were not extinguished by the Applicant's death. The Applicant's legal heirs were entitled to continue them.

(IX, p. 114, No. 1706/62)

2. In a case mainly concerning a violation of Article 1 of the Protocol, allegedly committed against a company in which the Applicant held about 91% of the shares, the Commission considered that even if, under the national law concerned, only the company as such was entitled to take legal action in regard to the Applicant's complaints, the Applicant "was to be considered a victim within the meaning of Article 25 of the Convention'.

(IX, p. 112, No. 1706/62)

3. An Applicant alleging a violation of Article 10 of the Convention on the ground that he was unable, under national legislation, to publish certain information without infringing the national copyright act, must be considered as a "victim" of the alleged violation within the meaning of Article 25 of the Convention.

(IX, p. 512, No. 2690/65)

Withdrawal of an Application

1. The Commission agreed to the withdrawal of an individual application after it had found that "no general consideration affecting respect for the Convention" stood in the way of the request for withdrawal made by the Applicant. The Applicant had applied for compensation for loss suffered. After lodging his petition with the Commission, however, he came to an arrangement with the competent government authorities, under which he was awarded compensation for the said loss.

(IX, p. 102, No. 1470/62)

par lui engagée devant la Commission. En décidant sur ce point, la Commission a constaté que la requête soulevait des problèmes relevant de la Convention qui pourraient dépasser les seuls intérêts du requérant. Elle s'est donc cru "fondée à examiner la recevabilité de cette requête, que le requérant ait ou non fait une déclaration valable de retrait ...".

(IX, p. 495, N° 2686/65)

Traitement inhumain et dégradant

La Commission a déclaré recevables les griefs d'un requérant qui, détenu dans une prison, s'était plaint d'y avoir subi de mauvais traitements de la part d'agents pénitentiaires; dans sa décision, la Commission a constaté que les allégations du requérant soulevaient la question importante d'une violation possible de l'article 3 de la Convention; elle a toutefois également relevé que les circonstances exactes dans lesquelles se sont produits les faits allégués par le requérant "sont dans une certaine mesure controversées et qu'une étude complète de l'affaire est nécessaire pour les éclaircir". En conséquence, la Commission a décidé que la requête ne pouvait pas être rejetée pour défaut manifeste de fondement.

(IX, p. 495, N° 2686/65)

Travail forcé ou obligatoire

Le placement d'une personne dans une "maison de travail" après condamnation par un tribunal compétent, ne constitue pas une violation des dispositions des articles 4 et 5 de la Convention.

(IX, p. 551, N° 2742/66)

Victime (Notion de ...)

1. Dans une affaire portant principalement sur le droit de propriété, la procédure engagée devant la Commission n'est pas arrêtée par le décès du requérant. Les héritiers légitimes de celui-ci ont qualité pour la poursuivre.

(IX, p. 113, N° 1706/62)

2. Dans une affaire concernant essentiellement une violation de l'article 1er du Protocole additionnel prétendument commise à

2. The Commission decided to continue its examination of the admissibility of an application regardless of a declaration of withdrawal on the part of the Applicant. In his application to the Commission, the latter had complained, *inter alia*, of ill-treatment which he had suffered in a prison. He subsequently declared that he wished to withdraw his application. However, since then, the Applicant had "clearly shown that he intended to pursue the proceedings". While it considered that the latter fact might affect the validity of the Applicant's earlier declaration, the Commission found that his application raised problems under the Convention which extended beyond the Applicant's own interests and that that was sufficient reason to continue examining the admissibility of the application.

(IX, p. 304, No. 2004/63)

3. In a case in which the Applicant, a prisoner, complained that he had been ill-treated by prison warders, the Commission, recalling its earlier rulings in the matter, refused to accept a declaration of withdrawal made a few weeks after the application had been lodged, the applicant having subsequently pursued the proceedings instituted by him before the Commission. The Commission found that the Application raised problems under the Convention which might extend beyond the particular interests of the Applicant. It consequently considered itself justified in "examining the admissibility of the application irrespective of the possible existence of a valid declaration of withdrawal on the part of the Applicant".

(IX, p. 494, No. 2686/65)

l'égard d'une société dont le requérant détenait environ 91% des actions, la Commission a estimé que même si, aux termes de la loi nationale applicable, seule ladite société en tant que telle, avait le droit d'intenter une action en justice fondée sur les griefs du requérant, celui-ci "doit être considéré comme une victime, au sens de l'article 25 de la Convention ...".

(IX, p. 113, N° 1706/62)

3. Un requérant qui allègue une violation de l'article 10 de la Convention du fait qu'il n'a pas le droit selon la législation nationale applicable de publier certaines informations sans enfreindre, juridiquement, la loi nationale sur les droits d'auteur, doit être considéré comme "victime" de la prétendue violation, au sens de l'article 25 de la Convention.

(IX, p. 513, N° 2690/65)

Vie privée et familiale (Droit au respect de la ...)

1. Les termes "protection de la santé ou de la morale" employés au second paragraphe de l'article 8 de la Convention, visent non seulement la protection en général de la santé ou de la morale de l'ensemble d'une communauté, mais aussi la protection de la santé ou de la morale de ses membres individuels. En outre, les termes "santé ou morale" désignent tant le bien-être psychologique que le bien-être physique de l'individu. C'est ainsi que les autorités nationales, lorsqu'elles déterminent le droit d'accès d'un père ou d'une mère auprès de son enfant, peuvent à bon droit tenir compte de la nécessité de mettre l'enfant à l'abri d'un sérieux désordre psychique; tel peut être le cas d'un père détenu en prison désireux de recevoir la visite de son fils âgé de trois ans.

(IX, p. 437, N° 2516/65)

2. En matière de droit de visite à des enfants dont une personne n'a pas la garde, les termes du paragraphe 2 de l'article 8 de la Convention laissent une marge considérable d'appréciation aux tribunaux nationaux, qui leur permet de tenir compte dans leurs décisions en cette matière, d'éléments pouvant leur sembler préjudiciables à la protection de la santé et de la morale de l'enfant, et de prendre en considération son équilibre mental et la nécessité de lui éviter de graves troubles psychiques. Tout en reconnaissant pareille marge d'appréciation aux tribunaux nationaux, la Commission a néanmoins tenu à souligner qu'il lui appartient de décider, en dernier ressort, si les mesures prises, dans un cas déterminé, sont

ou ne sont pas justifiées selon l'article 8, paragraphe 2. En décidant sur la recevabilité d'une requête dans laquelle un père divorcé s'était plaint de ce que les tribunaux nationaux compétents lui auraient, à tort, interdit de voir ses enfants dont la garde, après le divorce prononcé entre les parents, avait été accordée à la mère de ceux-là, la Commission a d'une part relevé que lesdits tribunaux avaient largement basé l'interdiction incriminée sur les expertises de deux psychiatres qui avaient conclu que la condition psychique du requérant, s'il visitait ses enfants, et la tension existant entre les époux divorcés, mettraient en danger l'équilibre psychique des enfants; d'autre part, la Commission a souligné que, selon les pièces versées au dossier, il n'était pas exclu que la question puisse être réexaminée dans le futur, une fois apaisée la tension entre les époux. Dans ces conditions la Commission a rejeté la requête.

(IX, p. 557, N° 2792/66)

Appendix

STATISTICAL CHARTS

Annexe

TABLEAUX STATISTIQUES

DECISIONS ON THE ADMISSIBILITY OF INDIVIDUAL APPLICATIONS / DECISIONS SUR LA RECEVABILITE DES REQUETES INDIVIDUELLES

	1957	1958	1959	1960	1961	1962	1963	1964	1965	1966	Total*
Applications filed / Requêtes enregistrées	101	96	233	291	344	442	346	293	310	303	3001
Decisions taken / Décisions rendues	96	47	130	265	222	280	370	284	195	190	2256
Applications rejected de plano / Requêtes rejetées de *plano*	94	43	128	261	216	279	318	265	184	170	2134
Applications rejected after communication to the Respondent Government Requêtes rejetées après communication au Gouvernement mis en cause	2	2	1	1	5	1	32	10	10	15	80
Applications declared admissible / Requêtes déclarées recevables	0	2	1	3	1	0	20	9	1	5	42
Applications struck off the list / Requêtes rayées du rôle	6	1	2	7	14	5	20	22	16	19	121

* 1955–1966

BREAKDOWN OF APPLICATIONS BY RESPONDENT GOVERNMENT / REQUETES PAR PAYS DEFENDEUR

State / Pays	*Date of inception of right of individual application / Date depuis laquelle s'exerce le droit de recours individuel*	Applications filed / Requêtes enregistrées 1957			1958			1959			1960			1961			1962			1963			1964			1965			1966		
		N[1]	A[1]	T[1]	N	A	T	N	A	T	N	A	T	N	A	T	N	A	T	N	A	T	N	A	T	N	A	T	N	A	T
Austria / Autriche	3rd September 1958 / 3 septembre 1958	—	—	—	11	5	16	47	9	56	39	6	45	72	9	81	116	20	136	122	17	139	51	11	62	61	6	67	36	8	44
Belgium / Belgique	5th July 1955 / 5 juillet 1955	9	3	12	9	4	13	26	6	32	20	2	22	30	4	34	40	11	51	22	5	27	26	6	32	31	5	36	46	4	55
Denmark / Danemark	5th July 1955 / 5 juillet 1955	2	2	4	1	—	1	5	—	5	8	—	8	5	—	5	4	—	4	2	1	3	—	—	—	3	—	3	1	—	1
Fed. Rep. of Germany / R.F.A.	5th July 1955 / 5 juillet 1955	73	8	81	45	9	54	105	26	131	149	36	185	158	41	199	194	41	235	120	32	152	150	31	181	154	29	183	138	25	163
Iceland / Islande	5th July 1955 / 5 juillet 1955	—	—	—	—	—	—	1	—	1	—	—	—	—	—	—	—	—	—	—	—	—	—	—	—	1	—	1	—	—	—
Ireland / Irlande	5th July 1955 / 5 juillet 1955	3	—	3	1	—	1	3	—	3	3	—	3	1	1	2	—	—	—	1	—	1	—	—	—	2	—	2	—	—	—
Luxembourg / Luxembourg	28th April 1958 / 28 avril 1958	—	—	—	6	2	8	—	—	—	—	1	1	2	1	3	1	2	3	—	1	1	—	1	1	—	—	—	1	—	1
Netherlands / Pays-Bas	28th June 1960 / 28 juin 1960	—	—	—	—	—	—	—	—	—	13	8	21	12	5	17	8	—	8	13	6	19	9	1	10	10	4	14	8	3	11
Norway / Norvège	10th December 1955 / 10 décembre 1955	—	—	—	1	—	1	3	—	3	2	—	2	—	1	1	2	—	2	1	—	1	5	—	5	2	—	2	—	1	1
Sweden / Suède	5th July 1955 / 5 juillet 1955	1	—	1	1	—	1	1	1	2	2	2	4	—	2	2	—	3	3	2	1	3	2	—	2	2	—	2	1	—	1
United Kingdom / Royaume-Uni	14th July 1966 / 14 juillet 1966	—	—	—	—	—	—	—	—	—	—	—	—	—	—	—	—	—	—	—	—	—	—	—	—	—	—	—	22	4	26
Total		88	13	101	75	21	96	191	42	233	236	55	291	280	64	344	365	77	442	283	63	346	243	50	293	266	44	310	253	50	303

1 N: Nationals of Respondent State/Ressortissants du pays défendeur
A: Aliens/Etrangers
T: Total.

NATIONALITY OF APPLICANTS
REQUERANTS PAR NATIONALITE

Applicants / Requérants	1957	1958	1959	1960	1961	1962	1963	1964	1965	1966
Algerians / Algériens	—	—	—	—	—	—	—	1	2	1
Americans / Américains	—	—	—	—	—	2	3	1	2	—
Argentinians / Argentins	—	—	1	—	1	2	—	—	—	—
Austrians / Autrichiens	1	12	56	49	78	120	125	53	63	40
Belgians / Belges	9	10	25	21	34	42	24	26	33	46
British / Anglais	1	—	—	—	2	—	2	—	3	26
Bulgarians / Bulgares	—	—	—	—	—	—	1	—	—	—
Canadians / Canadiens	—	—	—	—	—	—	—	—	1	—
Czechs / Tchèques	1	1	1	3	4	3	3	4	1	1
Danes / Danois	2	1	5	10	7	4	3	—	3	1
Dutch / Néerlandais	—	1	1	14	16	11	15	13	11	8
Egyptians / Egyptiens	—	—	—	—	—	1	—	—	—	—
Esthonians / Estoniens	—	—	1	—	—	—	—	—	—	—
French / Français	2	1	3	4	3	5	3	4	—	6
Germans / Allemands	75	50	108	148	163	204	133	152	158	140
Greeks / Grecs	—	1	2	1	1	—	—	—	—	2
Hungarians / Hongrois	—	—	4	4	3	4	3	2	1	4
Icelandics / Islandais	—	—	1	—	—	—	—	—	1	—
Iranians / Iraniens	—	—	—	—	—	1	—	—	—	1
Irish / Irlandais	3	1	3	3	1	1	1	—	2	—
Israelis / Israéliens	—	—	1	1	1	—	—	1	—	2
Italians / Italiens	2	—	1	—	1	1	1	1	2	4
Jordanians / Jordaniens	—	—	—	—	—	—	—	1	—	—
Lithuanians / Lithuaniens	—	—	—	—	—	1	—	3	—	—
Luxemburgers / Luxembourgeois	—	7	—	2	2	2	—	1	—	—
Moroccans/Marocains	—	—	—	—	—	—	—	—	—	1
Nigerians / Nigériens	—	—	1	—	—	—	—	—	—	—
Norwegians / Norvégiens	—	1	3	2	—	3	1	5	2	—
Pakistanis/Pakistanais	—	—	—	—	—	—	—	—	—	1
Poles / Polonais	1	2	4	12	10	8	7	4	2	4
Portuguese /Portugais	—	—	—	—	—	—	—	—	1	—
Rumanians / Roumains	—	—	1	1	—	1	1	—	—	—
Russians / Russes	—	—	1	3	3	2	1	1	1	—
Spaniards / Espagnols	—	—	—	—	—	1	1	—	—	1
Swedes / Suédois	1	1	1	2	—	2	2	2	2	1
Swiss / Suisses	—	1	—	—	1	1	—	2	—	—
Turks / Turcs	—	—	—	—	1	2	—	—	—	2
Yougoslavs / Yougoslaves	—	2	1	3	2	2	2	3	5	4
Stateless / Apatrides	3	3	5	6	8	15	10	10	11	5
Uncertain / Indéterminés	—	1	3	2	2	4	3	3	3	1

APPLICANTS REPRESENTED BY COUNSEL / REQUETES INTRODUITES PAR LE MINISTERE D'UN AVOCAT

	1957	1958	1959	1960	1961	1962	1963	1964	1965	1966
Number of applications / Nombre total des requêtes	101	96	233	291	344	442	346	293	310	. 303
Applicants represented by counsel / Requêtes introduites par le ministère d'un avocat	12	14	23	27	34	38	35	24	26	25

PERCENTAGE OF APPLICANTS DETAINED OR INTERNED/ POURCENTAGES DE REQUERANTS DETENUS OU INTERNES

	Number of applications/ Nombre de requêtes	*Applicants detained or interned/ Requérants détenus ou internés*	*Percentage of applicants detained or interned / Pourcentage de requérants détenus or internés*
1957	101	25	25%
1958	96	22	24%
1959	233	71	30%
1960	291	67	23%
1961	344	114	33%
1962	442	235	53%
1963	346	175	50%
1964	293	137	47%
1965	310	164	53%
1966	303	413	47%

CHAPTER II

CASE STRUCK OFF THE LIST AFTER BEING DECLARED ADMISSIBLE

HELGA GERICKE AND WILHELM GERICKE

against

THE FEDERAL REPUBLIC OF GERMANY

(No. 2294/64)

Report of the Commission

(adopted on 22nd July, 1966)

This Report relates to the Application No. 2294/64 lodged by Helga and Wilhelm GERICKE against the Federal Republic of Germany under Article 25 of the Convention on Human Rights.

By its decision of 16th December, 1964, the European Commission of Human Rights:

1. admitted a part of the Application, which was subsequently referred to a Sub-Commission under Articles 28 and 29 of the Convention; and
2. adjourned its examination of the remainder of the Application.

The examination of the admitted and adjourned parts of the Application had not been completed when, in August, 1965, the Commission was informed that the Applicants wished to withdraw the Application and that the Respondent Government agreed to the withdrawal.

As will be seen below, the Commission, which decided at that time not to accept the proposed withdrawal, later decided that the Application should be struck off the list of cases and that a short report should be submitted to the Committee of Ministers setting out the facts of the case, the course of the proceedings before the Commission and the decision finally reached.

In deciding upon this procedure, the Commission first had regard to its practice whereby it had frequently struck cases off its list where, before a decision on the admissibility had been given, an applicant had stated that he wished to withdraw his application. The Commission realised, however, that the circumstances in the present case were different as a part of the Application had been admitted and the consequent procedure in respect of that part would normally be governed by Articles 28–31 of the Convention. Nevertheless, the Commission was of the opinion that the situation

CHAPITRE II

AFFAIRE RAYEE DU ROLE APRES AVOIR ETE DECLAREE RECEVABLE

HELGA GERICKE ET WILHELM GERICKE

contre

REPUBLIQUE FEDERALE D'ALLEMAGNE

(N° 2294/64)

Rapport de la Commission

(adopté le 22 juillet 1966)

Le présent rapport concerne la requête N° 2294/64 introduite par Helga et Wilhelm GERICKE contre la République Fédérale d'Allemagne en vertu de l'article 25 de la Convention des Droits de l'Homme.

Par décision du 16 décembre 1964, la Commission européenne des Droits de l'Homme:

1. a déclaré recevable une partie de la requête, laquelle a été renvoyée à une Sous-Commission en vertu des articles 28 et 29 de la Convention;
2. a ajourné son examen du reste de la requête.

L'examen de la partie déclarée recevable et de la partie ajournée n'était pas terminé lorsqu'en août 1965 la Commission fut informée que les requérants désiraient retirer leur requête et que le Gouvernement défendeur consentait à ce retrait.

Comme on le verra plus loin, la Commission qui décidait à ce moment-là de ne pas accepter le retrait proposé, a décidé plus tard de rayer l'affaire du rôle et de remettre un bref rapport exposant les faits, la procédure devant la Commission et la décision finale au Comité des Ministres.

En choisissant cette procédure, la Commission a d'abord tenu compte de sa pratique: elle a souvent rayé une affaire de son rôle lorsqu'avant la décision sur la recevabilité un requérant avait manifesté le désir de retirer sa requête. Toutefois, la Commission a estimé qu'en l'espèce les circonstances étaient différentes parce qu'une partie de la requête avait été déclarée recevable et que normalement la procédure ultérieure ayant trait à cette partie devait être réglée par les articles 28 à 31 de la Convention. Néanmoins, la Commission a été d'avis que les termes des articles 30 ou 31 de la did not fall exactly within the terms either of Article 30 or of Article 31 of the Convention but that it was similar to the situation which had arisen in the second Cyprus case (Application No. 299/57 – Greece against the United Kingdom). It will be recalled that, in that case, after certain complaints had been declared admissible, the Parties submitted a formal request "that the proceedings should be terminated and that the Commission should confine itself to reporting the termination of the proceedings to the Committee of Ministers without entering upon the substance of the Application". The Commission thereupon decided "that proceedings in regard to Application No. 299/57 should be terminated" and that a "summary Report of the proceedings in the case" should be transmitted to the Committee of Ministers. ...

The Commission decided to follow the same procedure in the present case and has accordingly drafted the present short Report for the information of the Committee of Ministers.

This Report was adopted by the Commission on 22nd July, 1966, the following members being present:

MM. S. PETREN
C. TH. EUSTATHIADES
A. SÜSTERHENN
M. SØRENSEN
F. ERMACORA
F. CASTBERG
G. SPERDUTI
J. E. S. FAWCETT
M. TRIANTAFYLLIDES
F. WELTER
T. BALTA
W. F. DE GAAY FORTMAN
P. P. O'DONOGHUE
P. O. CH. DELAHAYE

Secretary to the European Commission of Human Rights (A. B. MCNULTY)	President of the European Commission of Human Rights (S. PETREN)

APPENDIX I

THE FACTS OF THE CASE

The following is the outline of the case as submitted by the Parties to the Commission:

The Applicants are German citizens, living in Berlin. The Applicant Helga Gericke was born in 1924; her husband, Wilhelm

Convention ne s'appliquaient pas exactement à la situation présente, mais que celle-ci était analogue à celle qui s'était présentée à propos de la deuxième affaire de Chypre (Requête n° 299/57, Grèce contre Royaume-Uni). Rappelons que dans cette affaire, alors que certains points de la requête avaient été déclarés recevables, les parties avaient prié officiellement la Sous-Commission et la Commission de "classer cette affaire et la Commission de se borner à aviser le Comité des Ministres de ce classement sans juger la requête au fond". En conséquence, la Commission a décidé "d'arrêter définitivement la procédure relative à la requête n° 299/57" et de faire transmettre au Comité des Ministres "un rapport succinct concernant ladite procédure". ...

La Commission, ayant décidé de suivre ici la même procédure, a donc rédigé le présent rapport succinct pour information du Comité des Ministres.

Ce rapport a été approuvé par la Commission le 22 juillet 1966. Etaient présents:

MM. S. PETREN
C. TH. EUSTATHIADES
A. SÜSTERHENN
M. SØRENSEN
F. ERMACORA
F. CASTBERG
G. SPERDUTI
J. E. S. FAWCETT
M. TRIANTAFYLLIDES
F. WELTER
T. BALTA
W. F. DE GAAY FORTMAN
P. O'DONOGHUE
P. DELAHAYE

Le Secrétaire de la Commission européenne des Droits de l'Homme
(A. B. MCNULTY)

Le Président de la Commission européenne des Droits de l'Homme
(S. PETREN)

ANNEXE I

LES FAITS DE LA CAUSE

Dans ses grandes lignes, l'affaire soumise à la Commission par les Parties se présentait comme suit:

Les requérants sont des ressortissants allemands, vivant à Berlin. La requérante, Helga Gericke, est née en 1924; son mari, Wilhelm

Gericke, in 1916. Submitting a power-of-attorney signed by her husband, Helga Gericke has introduced the present Application both on her own behalf and as representative of her husband, Wilhelm Gericke. The Application concerns the detention pending trial of Wilhelm Gericke.

On 9th November, 1961, the Applicant, Wilhelm Gericke, who had been a signing official (*Prokurist*) of the August Thyssen Bank in Berlin, was arrested on suspicion of being involved in financial offences connected with that bank, which were of considerable importance and complexity. He was alleged to have co-operated with Karl-Heinz Wemhoff, arrested on the same day, whose Application (No. 2122/64) was lodged with the Commission some time before the present Application.

The warrant of arrest (*Haftbefehl*) was originally issued on the grounds that the Applicant, Wilhelm Gericke, might flee the country (*Fluchtverdacht*) or interfere in the investigation of his case (*Verdunkelungsgefahr*). Later, the warrant was confirmed on the sole ground of suspicion of flight.

On 28th June, 1963, the District Court (*Amtsgericht*) of Berlin-Tiergarten decided that the Applicant, Wilhelm Gericke, should be released pending trial on condition that he surrendered his identity papers to the Office of the Public Prosecutor (*Staatsanwaltschaft*) of Berlin and that he registered twice a day with the police. On appeal (*Beschwerde*) by the Office of the Public Prosecutor, this decision was, however, reversed by the Regional Court (*Landgericht*) of Berlin on 19th July, 1963, and the further appeal of the second Applicant was dismissed by the Court of Appeal (*Kammergericht*) of Berlin on 5th August, 1963.

The charges against the Applicant were formulated in April, 1964, and his trial opened before the Regional Court on 9th November, 1964. The Applicant was convicted on 7th April, 1965, on a charge of breach of trust (*Untreue*) under Article 266 of the Criminal Code (*Strafgesetzbuch*) and his sentence of seven years; penal servitude took into account the period of his detention on remand. The Applicant did not appeal from this judgment. He served his sentence until 28th February, 1966, when he was released on probation, following a decision of the Government (*Senat*) of the Land Berlin that he should be pardoned.

Both Applicants alleged that the long detention of the second Applicant pending his trial constituted a violation of Article 5, paragraph (3), of the Convention which guarantees to a detained person the right to be brought to trial within a reasonable time or to be released pending trial. The first Applicant, Helga Gericke, also complained that, as a result of her husband's detention, she and their two children had been deprived of financial support for several years.

Gericke, en 1916. Présentant une procuration signée par son mari, Helga Gericke a introduit la présente requête à la fois en son nom propre et comme représentante de son mari, Wilhelm Gericke. La requête concerne la détention préventive de Wilhelm Gericke.

Le 9 novembre 1961, le requérant Wilhelm Gericke qui avait été fondé de pouvoir (*Prokurist*) de la banque August Thyssen à Berlin, fut soupçonné d'avoir commis dans cette banque des indélicatesses financières extrêmement graves et complexes, et arrêté de ce chef. Il fut accusé d'avoir coopéré avec Karl-Heinz Wemhoff, arrêté le même jour et dont la requête (n° 2122/64) fut introduite devant la Commission quelque temps avant la sienne.

A l'origine, le mandat d'arrêt (*Haftbefehl*) avait été décerné pour les motifs que le requérant, Wilhelm Gericke, pourrait s'enfuir du pays (*Fluchtverdacht*) ou s'immiscer dans l'instruction de son affaire (*Verdunkelungsgefahr*). Par la suite, le mandat d'arrêt fut confirmé pour le seul motif du danger de fuite.

Le 28 juin 1963, le Tribunal de première instance (*Amtsgericht*) de Berlin Tiergarten décida que le requérant, Wilhelm Gericke, serait relâché pendant l'instruction, à condition qu'il remette ses papiers d'identité au Parquet (*Staatsanwaltschaft*) de Berlin et qu'il signe deux fois par jour un registre de police. Toutefois, sur appel (*Beschwerde*) du Parquet, cette décision fut annulée le 19 juillet 1963 par le Tribunal régional (*Landgericht*) de Berlin et un recours du deuxième requérant fut rejeté par la Cour d'Appel (*Kammergericht*) de Berlin le 5 août 1963.

Le requérant a été inculpé en avril 1964 et son procès s'est ouvert devant le Tribunal régional le 9 novembre 1964. Le requérant a été condamné le 7 avril 1965 pour abus de confiance (*Untreue*) en vertu de l'article 266 du Code pénal (*StGB*). La période de détention préventive lui a été comptée dans sa peine de sept ans d'emprisonnement. Le requérant n'a pas fait appel de cette décision. Il a purgé sa peine jusqu'au 28 février 1966, date à laquelle il fut remis en liberté conditionnelle, ayant été gracié (Décision du Gouvernement – *Senat* – de Berlin).

Les deux requérants alléguaient que la longue détention préventive du requérant Wilhelm Gericke était contraire aux dispositions de l'article 5 paragraphe 3 de la Convention, qui garantit à toute personne détenue le droit d'être traduite devant un juge dans un délai raisonnable ou d'être libérée pendant la procédure. La requérante Helga Gericke se plaignait aussi d'avoir été privée, elle et ses enfants, de tout soutien financier pendant plusieurs années en raison de la détention de son mari.

The Respondent Government stated generally that the investigation had been carried out with the greatest possible expedition and it submitted that the duration of the Applicant's detention on remand was justified in view of the complexity of the facts which had to be investigated. The Government also pointed out that the Applicant had, as a result of the judgment of the Regional Court, served half of his sentence of penal servitude under the more lenient conditions of remand in custody and it considered that, therefore, he had not suffered any prejudice from his long detention and could consequently not be considered a victim of any violation of Article 5, paragraph (3), of the Convention.

APPENDIX II

PROCEEDINGS BEFORE THE COMMISSION

1. *Examination of the Application as to its admissibility*

The Application was lodged on 10th May and registered on 4th September, 1964. On 17th September, after a preliminary examination by a group of three members, it was given priority under Rule 38, paragraph (1), and communicated to the Respondent Government under Rule 45, paragraph (2), of the Rules of Procedure of the Commission.

The Government submitted its observations on the admissibility on 28th October and the Applicant's reply reached the Secretariat on 20th November, 1964.

On 16th December, 1964, the Commission decided:

1. to declare the Application admissible, in so far as it concerned the complaint under Article 5, paragraph (3), of the Convention, made on behalf of the Applicant Wilhelm Gericke;
2. to adjourn its examination of the remainder of the Application, namely, in so far as it concerned the complaints made independently by the Applicant Helga Gericke.

The full text of the decision is reproduced as Appendix III to this Report.[1]

2. *Proceedings before the Sub-Commission*

That part of the Application which had been declared admissible by the Commission's decision of 16th December, 1964, was subsequently referred to a Sub-Commission under Articles 28 and 29 of the Convention.

[1] The text of this decision appears in Vol. VII of the Yearbook (pp. 348 *et seq.*); it has not been included in the present Volume.

Le Gouvernement défendeur a déclaré que l'enquête avait été effectuée avec toute la célérité désirable et il a fait valoir que la durée de la détention préventive du requérant était justifiée par la complexité de l'instruction. Le Gouvernement a également souligné que grâce à la décision du Tribunal régional le requérant avait accompli la moitié de sa peine d'emprisonnement dans les conditions de la détention préventive, qui sont plus douces, que par conséquent il n'avait subi aucun préjudice du fait de sa longue détention et ne pouvait ainsi pas être considéré comme victime d'une violation de l'article 5 paragraphe 3 de la Convention.

ANNEXE II

LA PROCÉDURE DEVANT LA COMMISSION

1. *L'examen de la requête quant à sa recevabilité*

La requête a été introduite le 10 mai et enregistrée le 4 septembre 1964. Le 17 septembre, après un examen préliminaire effectué par un Groupe de trois membres, la priorité lui a été accordée en vertu de l'article 38 paragraphe 1 du Règlement de la Commission et la requête a été communiquée au Gouvernement défendeur (article 45 par. 2 du Règlement).

Le Gouvernement a remis le 28 octobre ses observations sur la recevabilité et le Secrétariat a reçu la réponse du requérant le 20 novembre 1964.

Le 16 décembre 1964, la Commission a décidé:

1. de déclarer la requête recevable pour la partie qui concerne la plainte présentée au nom du requérant Wilhelm Gericke en vertu de l'article 5 paragraphe 3 de la Convention;

2. d'ajourner son examen du reste de la requête, c'est-à-dire la partie qui concerne les plaintes présentées indépendamment par la requérante Helga Gericke.

Cette décision, reproduite *in extenso*, fait l'objet de l'Annexe III du présent rapport [1].

2. *La procédure devant la Sous-Commission*

La partie de la requête déclarée recevable par la Commission le 16 décembre 1964 a été renvoyée ensuite à une Sous-Commission en vertu des articles 28 et 29 de la Convention.

[1] Le texte de cette décision figure au Vol. VII de l'Annuaire (pp. 349 et suiv.); il n'a pas été reproduit ci-après.

With regard to the composition of the Sub-Commission, the Commission informed the Parties that the legal issues of the present Application were closely related to those in the case of Wemhoff (Application No. 2122/64), in which a Sub-Commission had already been set up. It would, therefore, be convenient if, as in previous similar cases before it (Applications Nos. 524/59, 617/59, 596/59 and 789/60 – Ofner, Hopfinger, Pataki and Dunshirn against Austria – and the Belgian linguistic cases), the two Applications could be dealt with by Sub-Commissions composed of the same members. The Parties thereupon respectively appointed as members of their choice within the meaning of Article 29, paragraph (2), of the Convention, those members of the Commission who had already been nominated in the Wemhoff case and, on 15th February, 1965, the Commission formally decided:

1. that the Sub-Commission in the case of Gericke should have the same composition as that in the case of Wemhoff, and
2. that the two cases be joined in accordance with Rule 39 of the Rules of Procedure.

On 29th January, 1965, the Applicants submitted their memorial on the merits of the Application insofar as it had been declared admissible. The counter-memorial of the Respondent Government reached the Secretariat on 22nd March, 1965.

On 31st May, 1965, the Commission, noting that the Sub-Commission in the Wemhoff case had concluded its examination of that Application and that the Sub-Commission's examination in the Gericke case would still take a substantial time, decided to order the disjoinder of the cases of Wemhoff and Gericke.

3. *Termination of the Proceedings*

By a telegram of 5th and a letter of 7th August, 1965, the Applicant, Helga Gericke, informed the Commission's Secretary that both Applicants intended to withdraw the Application. This declaration was communicated to the Respondent Government which, on 24th August, 1965, signified its agreement with the withdrawal.

On 22nd and 23rd September, 1965, the Sub-Commission decided to refer to the Commission:

1. the question of the withdrawal of the Application, and
2. certain observations submitted by the Respondent Government concerning the admissibility of the Application.

The Sub-Commission also instructed its President to raise before the Commission the question whether the declaration of withdrawal made by the first Applicant, Helga Gericke, on behalf of her

En ce qui concerne la composition de la Sous-Commission, la Commission a informé les parties que les questions juridiques posées par la présente requête étaient étroitement liées à celles qui se posaient dans l'affaire Wemhoff (Requête n° 2122/64) pour laquelle une Sous-Commission avait déjà été créée. Pour cette raison, comme dans des affaires analogues dont elle avait été saisie (Requêtes n° 524/59, 617/59, 596/59 et 789/60 – Ofner, Hopfinger, Pataki et Dunshirn contre Autriche et les Affaires linguistiques belges) la Commission jugeait commode que les deux requêtes fussent traitées par des Sous-Commissions composées des mêmes membres. En conséquence les parties désignèrent chacune comme membres de leur choix au sens de l'article 29 paragraphe 2 de la Convention les membres de la Commission qui avaient déjà été désignés dans l'affaire Wemhoff et le 15 février 1965 la Commission décida:

1. que la Sous-Commission chargée de l'affaire Gericke serait composée des mêmes membres que celle qui s'occupait de l'affaire Wemhoff et
2. que les deux affaires seraient jointes conformément à l'article 39 du Règlement.

Le 29 janvier 1965, les requérants ont remis leur mémoire sur le fond de la partie de la requête déclarée recevable. Le contre-mémoire du Gouvernement défendeur est parvenu au Secrétariat le 22 mars 1965.

Le 31 mai 1965, la Commission, constatant que dans l'affaire Wemhoff la Sous-Commission avait terminé son examen de la requête et que dans l'affaire Gericke son examen exigerait encore beaucoup de temps, ordonna de disjoindre les deux affaires.

3. *Clôture de la procédure*

Par télégramme du 5 et lettre du 7 août 1965, la requérante Helga Gericke informa le Secrétaire de la Commission que les deux requérants désiraient retirer leur requête. Leur déclaration fut communiquée au Gouvernement défendeur qui le 24 août 1965 consentit à ce retrait.

Les 22 et 23 septembre 1965, la Sous-Commission décida de renvoyer à la Commission:

1. la question du retrait de la requête et
2. certaines observations du Gouvernement défendeur sur la recevabilité de la requête.

La Sous-Commission chargea également son Président de soulever devant la Commission la question de savoir si la déclaration de retrait faite par la requérante Helga Gericke au nom du husband, the second Applicant Wilhelm Gericke, was within her competence under the general power-of-attorney signed by Wilhelm Gericke.

On 23rd September, 1965, the Commission decided:

1. that, as questions of a general interest were concerned, the withdrawal of the Application should not be accepted at that stage of the proceedings and that, consequently, the question of the first Applicant's competence to withdraw the case need not yet be determined;
2. that there were no reasons to reconsider the grounds of admissibility set out in the Commission's decision of 16th December, 1964.

In particular, under (1) the Commission stated that, with respect to the Applicant's declaration of withdrawal, the present case "raises problems of individual freedom involved in the application of Article 5, paragraph (3), of the Convention which may extend beyond the interests of the particular Applicants" and it concluded that the Application should at that stage be retained. This decision was taken while the Commission's examination of the Wemhoff case was still in progress.

The full text of the decision is reproduced as Appendix IV to this Report [1].

On 1st April, 1966, the Commission adopted its Report in the case of Wemhoff against the Federal Republic of Germany (Application No. 2122/64). This Report deals with the application of Article 5, paragraph (3), of the Convention in circumstances which are closely similar to the present case.

On 22nd April, 1966, the Commission resumed its examination of the present Application. It considered that, following the adoption of its Report in the Wemhoff case, there were no longer any reasons of public interest affecting the observance of the Convention which necessitated in the present case a further examination of the Applicant's complaints. However, with regard to the proposed withdrawal of the Application, it remained to be examined whether or not the Applicant, Helga Gericke, was competent to withdraw the Application on behalf of both Applicants.

The Commission consequently decided:

1. that the Applicant, Wilhelm Gericke, should be requested to indicate whether, having regard to the power-of-attorney signed by him on 2nd November, 1964, the Applicant, Helga Gericke, was also authorised by him to withdraw the Application in his name; and

[1] The text of this decision appears in Vol. VIII of the Yearbook (pp. 315 et seq.); it has not been included in the present volume.

requérant Wilhelm Gericke, son mari, était de sa compétence aux termes de la procuration signée par Wilhelm Gericke.

Le 23 septembre 1965, la Commission décida:

1. que dans la mesure où des questions d'intérêt général se posaient, le retrait de la requête ne devait pas être accepté à ce stade de la procédure et que par conséquent la compétence de la requérante pour retirer la requête n'avait pas encore à être déterminée;
2. qu'il n'y avait pas de raison de reconsidérer les chefs de recevabilité énoncés dans la décision de la Commission du 16 décembre 1964.

En particulier, à propos du paragraphe 1 ci-dessus, la Commission déclara qu'en ce qui concerne la déclaration de retrait de la requérante l'affaire en question posait des problèmes de liberté individuelle relevant de l'application de l'article 5 paragraphe 3 de la Convention qui pouvaient dépasser l'intérêt des requérants et elle conclut qu'à ce stade la requête devait être maintenue. Cette décision fut prise alors que l'examen de l'affaire Wemhoff par la Commission se poursuivait.

La décision, reproduite *in extenso*, fait l'objet de l'Annexe IV au présent rapport[1].

Le 1er avril 1966, la Commission a adopté son rapport sur l'affaire Wemhoff contre la République Fédérale d'Allemagne (Requête n° 2122/64). Ce rapport concerne l'application de l'article 5 paragraphe 3 de la Convention dans des circonstances fort semblables à celles de la présente affaire.

Le 22 avril 1966, la Commission a repris l'examen de la présente requête. Elle a estimé qu'à la suite de l'adoption de son rapport dans l'affaire Wemhoff, il n'y avait plus aucune raison d'intérêt général relative à l'observation de la Convention qui nécessitât en l'espèce un nouvel examen des plaintes de la requérante. Néanmoins, en ce qui concerne la proposition visant au retrait de la requête, il restait à examiner si la requérante Helga Gericke était compétente pour retirer la requête au nom des deux requérants.

La Commission a donc décidé:

1. que le requérant Wilhelm Gericke devait être prié de faire savoir si la procuration signée par lui le 2 novembre 1964 autorisait la requérante Helga Gericke à retirer la requête en son nom et

[1] Le texte de cette décision figure au Vol. VIII de l'Annuaire (pp. 315 et suiv.); il n'a pas été reproduit ci-après.

2. that, in the event of Mr. Gericke confirming that Mrs. Gericke was so authorised, the Application should be struck off the list of cases.

By a letter of 6th April, 1966, from the Commission's Secretary, Mr. Gericke was requested to indicate whether Mrs. Gericke had been authorised by him to withdraw the Application in his name. Mr. Gericke replied on 17th April, 1966, that Mrs. Gericke was in fact so authorised.

On 26th May, 1966, this information was brought to the attention of the Commission which thereupon decided to strike the Application off the list of cases.

2. que si M. Gericke confirmait que Mme Gericke y était autorisée, la requête serait classée.

Par lettre du 6 avril 1966, le Secrétaire de la Commission pria M. Gericke de faire savoir s'il avait autorisé Mme Gericke à retirer la requête en son nom. M. Gericke a répondu le 17 avril 1966 que Mme Gericke y était en effet autorisée.

Le 26 mai 1966, cette information fut portée à la connaissance de la Commission qui décida alors de rayer l'affaire de son rôle.

CHAPTER III

CASE HAVING RESULTED IN A FRIENDLY SETTLEMENT

POERSCHKE *against* THE FEDERAL REPUBLIC OF GERMANY (No. 2120/64)

Report of the Sub-Commission

(Article 30 of the Convention)

INTRODUCTION

This report relates to the application (No. 2120/64) lodged against the Federal Republic of Germany, by virtue of Article 25 of the Convention for the Protection of Human Rights and Fundamental Freedoms, by Mr. Armin POERSCHKE, represented by Mr. H. MAHLER, of the Berlin Bar. The Respondent Government was represented by Mr. W. Bertram, Counsellor in the Federal Ministry of Justice, Agent.

After declaring certain grievances inadmissible by decision of 17th December 1965, the European Commission of Human Rights, on 14th February 1966, declared Mr. Poerschke's Application partly admissible [1]. A Sub-Commission was accordingly set up by virtue of Article 29 of the Convention to fulfil the functions devolving on the Commission under Article 28 of the Convention which stipulates:

"In the event of the Commission accepting a petition referred to it:

(a) it shall, with a view to ascertaining the facts, undertake together with the representatives of the parties an examination of the petition and, if need be, an investigation, for the effective conduct of which the States concerned shall furnish all necessary facilities, after the exchange of views with the Commission;

(b) it shall place itself at the disposal of the parties concerned with a view to securing a friendly settlement of the matter on the basis of respect for Human Rights as defined in this Convention."

The Sub-Commission, whose composition is given in the Appendix secured a friendly settlement as premised. This report is therefore confined, in accordance with Article 30 of the Convention, to a brief statement of the facts and an account of the solution reached.

[1] Cf. above: pp. 328 to 390.

CHAPITRE III

AFFAIRE AYANT ABOUTI A UN REGLEMENT AMIABLE

POERSCHKE *contre* LA REPUBLIQUE FEDERALE D'ALLEMAGNE (N° 2120/64)

Rapport de la Sous-Commission

(Article 30 de la Convention)

INTRODUCTION

Le présent rapport concerne la requête (N° 2120/64) introduite contre la République Fédérale d'Allemagne, en vertu de l'article 25 de la Convention de Sauvegarde des Droits de l'Homme et des Libertés fondamentales, par M. Armin POERSCHKE, représenté par Me. H. MAHLER, avocat au barreau de Berlin. Le Gouvernement défendeur était représenté par M. W. Bertram, Conseiller au Ministère Fédéral de la Justice, agent.

Après avoir déclaré certains griefs irrecevables par une décision du 17 décembre 1965, la Commission européenne des Droits de l'Homme a déclaré la requête de M. Poerschke partiellement recevable le 14 février 1966 [1]. En conséquence, une Sous-Commission a été établie en vertu de l'article 29 de la Convention pour remplir les fonctions incombant à la Commission aux termes de l'article 28 de la Convention qui prévoit:

"Dans le cas où la Commission retient la requête:

(a) afin d'établir les faits, elle procède à un examen contradictoire de la requête avec les représentants des parties et, s'il y a lieu, à une enquête pour la conduite efficace de laquelle les Etats intéressés fourniront toutes facilités nécessaires, après échange de vues avec la Commission;

(b) elle se met à la disposition des intéressés en vue de parvenir à un règlement amiable de l'affaire qui s'inspire du respect des Droits de l'Homme, tels que les reconnaît la présente Convention."

La Sous-Commission, dont la composition figure en annexe, est parvenue à un tel règlement amiable. En conséquence, le présent rapport se limite, conformément à l'article 30 de la Convention, à un bref exposé des faits et de la solution adoptée. Il est maintenant

[1] Cf., ci-dessus: pp. 329 à 391.

It is herewith communicated to the Respondent Government and to the Committee of Ministers; at the same time, it is transmitted to the Secretary General of the Council of Europe for publication.

On 13th December 1966, the Sub-Commission approved the terms of the friendly settlement and adopted its report. The following members attended the meeting:

MM. C. T. EUSTATHIADES, Presiding
A. SÜSTERHENN
Mrs. G. JANSSEN-PEVTSCHIN
MM. F. ERMACORA
J. E. S. FAWCETT
T. BALTA
P. O'DONOGHUE

A. B. MCNULTY (Secretary to the Commission)

S. PETREN (President of the Sub-Commission)

PART I

Statement of the facts

The Applicant, Mr. Armin Poerschke, a German national, was born on 1st February 1936.

Having been arrested *flagrante delicto* on 9th February 1963, he was placed in detention pending trial by virtue of a warrant of arrest issued by the District Court (*Amtsgericht*) of Tiergarten on 10th February.

Poerschke was under strong suspicion of having, together with an accomplice, forced the door of a wines and spirits store with intent to steal and of having committed assault and battery against the proprietor of the store, who had arrived on the scene. In the warrant the offence was described as attempted aggravated robbery (*versuchter schwerer Raub*).

The Applicant received notice on 4th April 1963 of the indictment (*Anklageschrift*), which was dated 15th March.

On 29th April 1963 the Eleventh Great Criminal Chamber of the Regional Court (*11. grosse Strafkammer des Landgerichts*) of Berlin made an Order for the trial (*Eröffnungsbeschluss*). The opening of the hearing was subsequently fixed for 8th August 1963.

During the hearing on 8th August the Public Prosecutor's Office asked for an expert psychiatric opinion on whether Poerschke was criminally responsible for his actions at the time he committed communiqué au Gouvernement défendeur et au Comité des Ministres; en même temps, il est transmis au Secrétaire Général du Conseil de l'Europe, aux fins de publication.

Le 13 décembre 1966, la Sous-Commission a approuvé les termes du règlement amiable et adopté le présent rapport. Participaient à sa réunion les membres suivants:

MM. C. T. EUSTATHIADES, Président de séance
A. SÜSTERHENN
Mme G. JANSSEN-PEVTSCHIN
MM. F. ERMACORA
J. E. S. FAWCETT
T. BALTA
P. O'DONOGHUE

A. B. MCNULTY
(Secrétaire de la Commission)

S. PETREN
(Président de la Sous-Commission)

PREMIERE PARTIE

Exposé des faits

Le requérant, M. Armin Poerschke, ressortissant allemand est né le 1er février 1936.

Arrêté en flagrant délit le 9 février 1963, Poerschke a été placé en détention préventive en vertu d'un mandat d'arrêt décerné le 10 février 1963 par le Tribunal cantonal (*Amtsgericht*) de Tiergarten.

Poerschke était fortement soupçonné d'avoir forcé, avec un couteau et avec l'intention de voler, la porte d'un magasin de vins et de spiritueux et de s'être rendu coupable de coups et blessures sur la personne du propriétaire du magasin qui était arrivé sur les lieux. Selon le mandat d'arrêt, cette infraction a été qualifiée de tentative de brigandage grave (*versuchter schwerer Raub*).

L'acte d'accusation (*Anklageschrift*) en date du 15 mars 1963 a été notifié au requérant le 4 avril 1963.

Le 29 avril 1963, la 11ème Grande Chambre Criminelle du Tribunal régional (*11. grosse Strafkammer des Landgerichts*) de Berlin a ordonné d'ouvrir les débats (*Eröffnungsbeschluss*). Par la suite, le début des audiences a été fixé au 8 août 1963.

Au cours de l'audience du 8 août 1963, le Parquet a demandé une expertise psychiatrique sur le point de savoir si Poerschke était pénalement responsable de ses actes lors de leur commission .En them. The hearing was therefore adjourned and Dr. Spengler was ordered to give the opinion.

Detention pending trial was interrupted from 6th November to 5th December 1963 while the Applicant served a sentence of one month's imprisonment passed on him in another case.

The psychiatric report, dated 23rd December 1963, was forwarded to the Court on 10th January 1964 and the Court ordered a new hearing for 7th July 1964.

In June 1964 the Presiding Judge of the 11th Chamber decided to postpone the hearing fixed for 7th July, having been informed that Dr. Spengler, who was to be heard by the Court, had to give evidence in that day before another Criminal Chamber of the Court and that the principal witness for the prosecution was to go on holiday on the same day.

The hearing took place on 7th, 14th, 23rd and 26th October 1964, after which the Court sentenced Poerschke to three years' penal servitude (*Zuchthaus*) for attempted joint aggravated robbery concomitant with dangerous assault and battery (*gemeinschaftlicher versuchter schwerer Raub in Tateinheit mit gefährlicher Körperverletzung*).

On 25th May 1965 the Federal Court (*Bundesgerichtshof*), giving judgment on Poerschke's appeal, set aside the judgment of 26th October 1964 and sent the case to another Criminal Chamber of the Regional Court of Berlin for a new hearing.

Following Poerschke's release on 9th July 1965 (see below) the new hearing took place before the Court on 19th, 23rd and 29th November 1965. On the last date the Court convicted the Applicant not of attempted aggravated robbery, but of attempted joint aggravated theft, committed as a recidivist, and dangerous assault and battery (*versuchter gemeinschaftlicher schwerer Diebstahl im Rückfall und gefährliche Körperverletzung*). The same judgment convicted the Applicant of rape committed following his release on 9th July. The total sentence imposed by the Court was four years' penal servitude.

Poerschke appealed for the judgment to be set aside. His appeal was rejected by the Federal Court on 19th April 1966.

During his detention pending trial the Applicant submitted numerous requests for provisional release, which were rejected by the Regional Court and, on appeal, by the Court of Appeal (*Kammergericht*) of Berlin. However, Poerschke was released on 9th July 1965, when the Regional Court, without annulling the warrant of arrest, ordered suspension of its enforcement (*Haftverschonung*).

The Applicant alleged before the Commission that the following conséquence, l'audience a été ajournée et le Dr. Spengler a été chargé de cette expertise.

Du 6 novembre au 5 décembre 1963 la détention préventive a été interrompue par l'expiation d'une peine d'un mois d'emprisonnement infligée au requérant dans une autre affaire.

Le rapport psychiatrique daté du 23 décembre 1963 a été transmis le 10 janvier 1964 au Tribunal qui a fixé une nouvelle audience au 7 juillet 1964.

En juin 1964, le Président de la 11ème Chambre Criminelle a décidé de renvoyer l'audience prévue pour le 7 juillet, après avoir été informé que le Dr. Spengler qui devait être entendu par le Tribunal devait déposer le même jour devant une autre Chambre Criminelle du Tribunal et que le principal témoin à charge partait en vacances le 7 juillet.

Les audiences ont eu lieu les 7, 14, 23 et 26 octobre 1964 et, après celles-ci, le Tribunal a condamné Poerschke pour tentative de brigandage grave, conjointement avec coups et blessures graves (*gemeinschaftlicher versuchter schwerer Raub in Tateinheit mit gefährlicher Körperverletzung*) à trois ans de réclusion criminelle (*Zuchthaus*).

Le 25 mai 1965, la Cour Fédérale de Justice (*Bundesgerichtshof*), statuant sur le pourvoi en cassation introduit par Poerschke, a cassé le jugement du 26 octobre 1964 et renvoyé l'affaire, pour nouvel examen, à une autre Chambre Criminelle du Tribunal régional de Berlin.

Après la mise en liberté de Poerschke, le 9 juillet 1965 (voir ci-dessous), les nouvelles audiences ont eu lieu devant le Tribunal les 19, 23 et 29 novembre 1965. A cette dernière date, le Tribunal a condamné le requérant, non pour tentative de brigandage grave, mais pour tentative de vol qualifié en cas de récidive et coups et blessures graves (*versuchter gemeinschaftlicher schwerer Diebstahl im Rückfall und gefährliche Körperverletzung*). Par ce même jugement, le requérant a également été condamné pour un viol commis après sa mise en liberté le 9 juillet 1965. La peine globale fixée par le Tribunal était de quatre ans de réclusion criminelle (*Zuchthaus*).

Poerschke s'est pourvu en cassation contre ce jugement, mais son pourvoi a été rejeté le 19 avril 1966 par la Cour Fédérale de Justice.

Pendant sa détention préventive, le requérant a introduit de nombreuses demandes de mise en liberté provisoire qui ont été rejetées par le Tribunal régional et, sur appel, par la Cour d'Appel (*Kammergericht*) de Berlin. Cependant, Poerschke a été libéré le 9 juillet 1965, date à laquelle le Tribunal régional, sans annuler le mandat d'arrêt, a décidé d'en suspendre l'exécution (*Haftverschonung*).

Le requérant a allégué devant la Commission que les dispositions provisions of the Convention had been violated to his detriment:

(a) Article 3, on the ground of the length of detention pending trial;
(b) Article 5, paragraph (3), on the ground of the length of detention and of the trial;
(c) Article 6, paragraph (2), on the ground that the Regional Court had disregarded the principle of presumption of innocence; according to the Applicant the Presiding Judge of the Criminal Chamber would in January 1964 have fixed a much earlier date for the hearing than 7th July if he had not been convinced of Poerschke's guilt;
(d) Article 8, on the ground that the Applicant had suffered unjustified interference with his private correspondence;
(e) Article 8, on the ground that certain petitions to the German authorities had been confiscated or simply filed away.

By its partial decision of 17th December 1965 the Commission declared the following grievances inadmissible:

(a) Violation of Article 3 of the Convention, as being manifestly ill-founded;
(b) Violation of Article 6, paragraph (2) of the Convention, as being manifestly ill-founded;
(c) Violation of Article 8 of the Convention, in respect of the restrictions on private correspondence, for non-exhaustion of domestic remedies.

In its supplemetary decision of 14th February 1966 the Commission declared inadmissible, as manifestly ill-founded, the complaint of confiscation or mere filing away of certain petitions lodged by Poerschke with the German authorities. In that decision the Commission stated that it had examined this grievance solely from the angle of Article 13 of the Convention, which was the only one relevant to the point.

On the other hand, in the same decision the Commission declared admissible the grievances relating to the length of detention pending trial and of the proceedings. In this connection it invoked Article 6, paragraph (1) of the Convention as well as Article 5, paragraph (3), although the former provision had not been invoked by the Applicant.

The Parties exchanged written observations before the Commission, and on 14th February 1966 the Commission conducted a hearing on the admissibility of the case in the presence of the Parties.

suivantes de la Convention avaient été violées à son détriment, à savoir:

(a) l'article 3 du fait de la longueur de la détention préventive;

(b) l'article 5 § 3 du fait de la longueur de la détention préventive et du procès;
(c) l'article 6 § 2 du fait que le Tribunal régional aurait méconnu le principe de présomption d'innocence; à en croire le requérant, le Président de la Chambre Criminelle aurait fixé, en janvier 1964, une date d'audience très antérieure au 7 juillet s'il n'avait pas été convaincu de la culpabilité du requérant;
(d) l'article 8 du fait que le requérant aurait été victime d'entraves injustifiées à sa correspondance privée;
(e) l'article 8 du fait que certaines requêtes adressées aux autorités allemandes auraient été confisquées ou simplement classées.

Par sa décision partielle du 17 décembre 1965 la Commission a déclaré irrecevables les griefs suivants:

(a) Violation de l'article 3 de la Convention, pour défaut manifeste de fondement;
(b) Violation de l'article 6 § 2 de la Convention, pour défaut manifeste de fondement;
(c) Violation de l'article 8 de la Convention, en ce qui concerne les entraves à la correspondance privée, pour non-épuisement des voies de recours internes.

Par sa décision complémentaire du 14 février 1966, la Commission a déclaré irrecevable, pour défaut manifeste de fondement, le grief relatif à la confiscation ou au classement pur et simple de certaines requêtes introduites par Poerschke auprès des autorités allemandes. La Commission a indiqué dans cette décision qu'elle avait examiné ce grief uniquement sous l'angle de l'article 13 de la Convention, seul pertinent sur ce point.

D'autre part, la Commission a déclaré recevables, par la même décision, les griefs relatifs à la durée de la détention préventive et à la longueur du procès. Sur ce point, la Commission a invoqué, dans sa décision, non seulement l'article 5 § 3, mais aussi l'article 6 § 1 de la Convention bien que cette dernière disposition n'eût pas été invoquée par le requérant.

Les Parties ont échangé des observations écrites devant la Commission et la Sous-Commission; en outre, la Commission a tenu, le 14 février 1966, une audience contradictoire sur la recevabilité de l'affaire.

PART II

Solution reached

In the course of the proceedings on this Application the Sub-Commission placed itself at the disposal of the Parties with a view to securing a friendly settlement of the issue, in accordance with Articles 28 (b) and 29, paragraph (1) of the Convention.

Following the talks held between Mrs. G. Janssen-Pevtschin, a member of the Sub-Commission, and Mr. A. B. McNulty, Secretary of the Commission, on the one hand and Mr. W. Bertram, Agent for the Government, and Mr. H. Mahler, Representative of the Applicant, on the other, the Representatives of the Parties made the following declarations:

In a letter dated 7th December 1966 Mr. Mahler wrote: "I declare for and on behalf of the Applicant that he withdraws his Application No. 2120/64 and that he will lodge no claims, either against the Federal Republic of Germany or against the *Land* of Berlin, with regard to the proceedings before the European Commission of Human Rights or to criminal case 60 K/s 6 v. 1963 of the Public Prosecutor's Office of Berlin. The Applicant requests the Sub-Commission to bring this declaration to the notice of the Federal Republic, so that it may inform the Berlin Senate of it".

Mr. Bertram, for his part, informed the Secretary of the Commission that, according to the information he had received from the Berlin Senator for Justice, Poerschke would, not later than 24th December 1966, be granted conditional release on probation under the Rules of Grace Procedure (*bedingte Strafaussetzung mit Bewährungsfrist auf Grund der Gnadenordnung*).

Each Party was informed of the declaration of the other Party.

Following these declarations the Sub-Commission noted that the Parties had reached agreement on the basis of respect for Human Rights as defined in the Convention and that the case had therefore been settled within the meaning of Article 28 (b) of the Convention. The Sub-Commission therefore adopted this report.

APPENDIX

COMPOSITION OF THE SUB-COMMISSION

Noting that MM. A. Süsterhenn and F. Ermacora had been appointed by the Parties by virtue of Article 29, paragraph (2) of the Convention, the President proceeded, on 31st March, 1966, to choose

DEUXIEME PARTIE

Solution adoptée

Lors de la procédure concernant la présente requête, la Sous-Commission s'est mise à la disposition des Parties en vue de parvenir à un règlement amiable de l'affaire, conformément aux dispositions des articles 28(b) et 29, paragraphe 1 de la Convention.

A la suite des entretiens qui ont eu lieu entre d'une part, Mme G. Janssen-Pevtschin, Membre de la Sous-Commission, et M. A. B. McNulty, Secrétaire de la Commission, et d'autre part M. W. Bertram, Agent du Gouvernement, et Me H. Mahler, Représentant du requérant, les Représentants des Parties ont fait les déclarations suivantes:

Par lettre du 7 décembre 1966, Me Mahler a déclaré: "Au nom et pour le compte du requérant, je déclare qu'il retire sa requête individuelle N° 2120/64 et qu'il ne fera valoir, ni contre la République Fédérale d'Allemagne, ni contre le Land Berlin, de réclamations relatives à la procédure devant la Commission européenne des Droits de l'Homme ou à la procédure pénale 60 K/s 6 v. 1963 du Ministère Public de Berlin. Le requérant demande à la Sous-Commission de porter cette déclaration à la connaissance de la République Fédérale qui, à son tour, en informera le Sénat de Berlin."

De son côté, M. Bertram a informé le Secrétaire de la Commission que, d'après les renseignements qu'il avait reçus du Sénateur de la Justice de Berlin, Poerschke serait mis en liberté sous conditions avant le 24 décembre 1966 par une décision prise sur la base du Règlement relatif à la grâce (*bedingte Strafaussetzung mit Bewährungsfrist auf Grund der Gnadenordnung*).

Chacune des Parties a été informée de la déclaration faite par l'autre Partie.

A la suite des déclarations des deux Parties, la Sous-Commission a constaté que les Parties étaient parvenues à un accord qui "s'inspire du respect des Droits de l'Homme, tel que les reconnaît la ... Convention" et que la présente affaire avait donc été réglée au sens de l'article 28(b) de la Convention. En conséquence, la Sous-Commission a adopté le présent rapport.

ANNEXE

COMPOSITION DE LA SOUS-COMMISSION

Ayant pris note de ce que MM. A. Süsterhenn et F. Ermacora avaient été nommés par les Parties en vertu de l'article 29 § 2 de la Convention, le Président de la Commission a procédé, le 31 mars the remaining members by lot as provided for in Article 29, paragraph (3) of the Convention.

As a result, the Sub-Commission was composed as follows:

Members:

MM. S. PETREN, Presiding
C. T. EUSTATHIADES
A. SÜSTERHENN
F. ERMACORA
S. SIGURJONSSON
T. BALTA
P. O'DONOGHUE

Substitutes:

MM. M. SØRENSEN
W. F. DE GAAY FORTMAN
G. SPERDUTI
Mme G. JANSSEN-PEVTSCHIN
MM. M. TRIANTAFYLLIDES
J. E. S. FAWCETT
F. WELTER
F. CASTBERG

1966, au tirage au sort pour déterminer les autres membres de la Sous-Commission (article 29 § 3 de la Convention).

En conséquence, la Sous-Commission s'est trouvée ainsi composée:

Membres:

MM. S. PETREN, Président
C. T. EUSTATHIADES
A. SÜSTERHENN
F. ERMACORA
S. SIGURJONSSON
T. BALTA
P. O'DONOGHUE

Suppléants:

MM. M. SØRENSEN
W. F. DE GAAY FORTMAN
G. SPERDUTI
Mme G. JANSSEN-PEVTSCHIN
MM. M. TRIANTAFYLLIDES
J. E. S. FAWCETT
F. WELTER
F. CASTBERG

CHAPTER IV

CASES BROUGHT BEFORE THE COURT

The case relating to certain aspects of the laws on the use of languages in education in Belgium having already been brought before the Court in 1965, another two cases were referred to it in 1966:

- the Neumeister case, which concerns Austria,
- the Wemhoff case, which concerns the Federal Republic of Germany.

In all three cases the matter was brought before the Court by the Commission under Article 48 of the Convention. However, the Neumeister case was also referred to the Court by the Austrian Government after this had been done by the Commission.

A.

Case relating to certain aspects of the laws on the use of languages in education in Belgium

1. *History of the case*

The case originated in six applications lodged with the Commission between 1962 and 1964 by 324 inhabitants of Alsemberg and Beersel, Kraainem, Antwerp, Ghent, Louvain and Vilvorde [1].

The Applicants, who are parents and of Belgian nationality, have stated that they are acting both on their own behalf and on behalf of their minor children, of whom there are more than 800. Pointing out that they are French-speaking or that they express themselves most frequently in French, they want their children to be educated in that language. Their complaints are directed against certain provisions of Belgian legislation, in particular of the Act of 30th July 1963 on language regulations in education.

The Commission declared the six applications partially admissible and decided to join them. After an unsuccessful attempt on its part to reach a friendly settlement, it drew up a report stating both the facts and its opinion as to whether the facts found disclosed a breach by the State concerned of its obligations under the Convention.

In its opinion, a majority of the Commission concluded that the provisions of law in dispute complied in many respects with the

[1] For further details, see Yearbook, Vol. VI (pp. 332 *et seq.*)and Vol. VII (pp. 140 *et seq.* and 252 *et seq.*).

CHAPITRE IV

AFFAIRES PORTÉES DEVANT LA COUR

Déjà saisie, en 1965, de l'affaire "relative à certains aspects du régime linguistique de l'enseignement en Belgique", la Cour l'a été en 1966 de deux autres affaires:

- l'affaire "Neumeister" qui concerne l'Autriche,
- l'affaire "Wemhoff" qui concerne la République Fédérale d'Allemagne.

Dans les trois cas, la Cour a été saisie par la Commission en vertu de l'article 48 de la Convention. Toutefois, dans l'affaire "Neumeister", le Gouvernement autrichien a, de son côté, porté l'affaire devant la Cour, postérieurement à la saisine de celle-ci par la Commission.

A.

L'affaire relative à certains aspects du régime linguistique de l'enseignement en Belgique

1. *Historique de l'affaire*

A l'origine de cette affaire se trouvent six requêtes introduites devant la Commission, de 1962 à 1964, par 324 habitants d'Alsemberg et de Beersel, de Kraainem, d'Anvers, de Gand, de Louvain et de Vilvorde [1].

Les requérants, pères et mères de famille de nationalité belge, ont précisé qu'ils agissaient tant pour leur propre compte que pour celui de leurs enfants mineurs dont le nombre dépasse 800. Soulignant qu'ils sont francophones ou qu'ils s'expriment le plus fréquemment en français, ils désirent que leurs enfants soient instruits dans cette langue. Leurs griefs se dirigent contre une série de dispositions de la législation belge, et notamment de la loi du 30 juillet 1963 "concernant le régime linguistique de l'enseignement".

La Commission a déclaré les six requêtes en partie recevables et en a prononcé la jonction. Après l'échec de sa tentative de règlement amiable, elle a rédigé un rapport dans lequel elle "constate les faits et formule un avis sur le point de savoir si les faits constatés révèlent, de la part de l'Etat intéressé, une violation des obligations qui lui incombent aux termes de la Convention".

Dans son avis, la Commission est arrivée, à la majorité, à la conclusion que les dispositions légales litigieuses respectent, à beau-

[1] Cf., pour plus de détails, Annuaire, Vol. VI (pp. 333ss.) et Vol. VII (pp. 141ss. et 253ss.).

articles invoked by the Applicants, but that on three points they did not entirely meet the requirements of the first sentence of Article 2 of the Protocol to the Convention, taken in conjunction with Article 14 of the Convention itself. The majority opinion, which is not binding, was accompanied by several individual opinions, some concurring and some dissenting.

The Commission adopted its report on 24th June 1965, and brought the case before the Court in a request dated 25th June, in which it referred to its powers under Articles 44 and 48 (a) of the Convention and to the Belgian Government's declaration of 8th June 1960 recognising the Court's compulsory jurisdiction (Article 46).

2. *Procedure before the Court*

1. The Belgian Government, to which the Registrar of the Court had transmitted the Commission's request on 25th June, 1965, gave notice on 22nd July, 1965, that it wished to appear as a Party to the case (former Rule 21 (2) of the Rules of Court).

2. The Vice-President of the Court, Mr. H. Rolin, the elected Judge of Belgian nationality, and a member *ex officio* of the Chamber to be set up to consider the case (Article 43 of the Convention), withdrew by letter dated 5th July, 1965, on the grounds that he had taken part, as a Senator, in drafting the legislation in dispute (Rule 24 (2)). On 1st September, 1965, the Belgian Government appointed Mr. A. Mast, member of the Conseil d'Etat of Belgium and Professor Extraordinary at the University of Ghent, as *ad hoc* judge (Article 43 and Rule 23 (1)).

3. On 14th September, the President of the Court chose by lot the six other members of the Chamber and three substitutes (Article 43 and Rule 21 (5)).

4. On 29th September, the President of the Chamber ascertained the views of the Agent of the Belgian Government and the Delegates of the Commission on the procedure to be followed. On the same day he ordered that the Commission should have until 31st December 1965 to file the first memorial, and that for its answering memorial the Belgian Government should have six weeks or three months, depending on whether or not it wished to raise preliminary objections (Rule 35 (1)).

5. The Commission's first memorial, which was concerned largely with certain observations made by the Applicants (Rule 76 of the Commission's Rules of Procedure), was received by the Registrar of the Court on 17th December 1965. In transmitting it to the Agent of the Belgian Government the Registrar, acting on

coup d'égards, les articles invoqués par les requérants, mais qu'elles ne répondent pas entièrement, sur trois points, aux exigences de la première phrase de l'article 2 du Protocole additionnel à la Convention, combinée avec l'article 14 de celle-ci. L'avis de la majorité, dépourvu de force obligatoire, s'accompagne de plusieurs opinions individuelles, les unes "concordantes", les autres "dissidentes".

La Commission avait adopté son rapport le 24 juin 1965; elle a saisi la Cour par une demande datée du 25 juin 1965. Dans sa demande, elle se référait d'une part aux pouvoirs que lui attribuent les articles 44 et 48 (a) et, d'autre part à la déclaration par laquelle le Gouvernement belge a reconnu, le 8 juin 1960, la juridiction obligatoire de la Cour (article 46 de la Convention).

2. *Procédure devant la Cour*

1. Le Gouvernement belge, auquel le Greffier avait transmis la demande dès le 25 juin 1965, a fait savoir, le 22 juillet 1965, qu'il désirait comparaître comme Partie au procès (article 21 § 2, ancien, du Règlement de la Cour).

2. Le Vice-Président de la Cour, M. H. Rolin, Juge élu de nationalité belge, était appelé à siéger d'office dans la Chambre à constituer pour l'examen de l'affaire (article 43 de la Convention). Par une lettre du 5 juillet 1965, il a déclaré cependant se récuser par le motif qu'il avait personnellement pris part, en qualité de sénateur, à l'élaboration des lois litigieuses (article 24 § 2 du Règlement de la Cour). Le 1er septembre 1965, le Gouvernement belge a nommé Juge *ad hoc* M. A. Mast, conseiller au Conseil d'Etat de Belgique et professeur extraordinaire à l'Université de Gand (article 43 de la Convention; article 23 § 1 du Règlement de la Cour).

3. Le 14 septembre 1965, le Président de la Cour a tiré au sort le nom des six autres membres de la Chambre ainsi que de trois suppléants (article 43 de la Convention; article 21 § 5 du Règlement de la Cour).

4. Le 29 septembre 1965, le Président de la Chambre a recueilli l'opinion de l'Agent du Gouvernement belge, ainsi que celle des Délégués de la Commission, au sujet de la procédure à suivre. Par une ordonnance du même jour, il a décidé que la Commission pourrait présenter un premier mémoire dans un délai devant expirer le 31 décembre 1965 et que le Gouvernement belge disposerait, pour son mémoire en réponse, de six semaines ou de trois mois, selon qu'il envisagerait ou non d'invoquer des exceptions préliminaires (article 35 § 1 du Règlement de la Cour).

5. Le premier mémoire de la Commission, dans lequel il était notamment fait état de certaines observations des requérants (article 76 du Règlement intérieur de la Commission), est parvenu au Greffe de la Cour le 17 décembre 1965. En le transmettant à l'Agent du Gouvernement belge, le Greffier précisa, sur les directives du

the instructions of the President of the Chamber, stated that the period allowed to the Government would begin to run on 3rd January 1966.

6. In a letter dated 20th January, 1966, the Belgian Government requested the Chamber to relinquish jurisdiction in favour of the Plenary Court. It pointed out that the judgment to be given by the Court "could provoke extremely violent political feelings in Belgium, which in turn, could exert substantial influence on the structure of the Belgian State". It added that the Court would have to pronounce on the question "whether the applicants (had) not attempted to submit to the European Human Rights jurisdictions questions which (belonged) to the domaine réservé" of the Contracting States. It went on to say that "in its Report, the majority of the Commission gave to Article 14 of the Convention an exact interpretation which, however, according to certain dissenting opinions in (the) Report, (went) contrary to that of several previous decisions of the Commission". The Government concluded that the case raised "serious questions affecting the interpretation of the Convention", and that this justified application of Rule 48 of the Rules of the Court. It also asked "given the complications of the case" an extension of time "to raise one or more preliminary objections", stating that it required at least four months and that it would be agreeable to it if the time limit could be extended to 31st May.

The delegates of the Commission, on being consulted on the point by the President of the Chamber, replied in effect, in a letter dated 2nd February, 1966, that:

"considering the particular nature of the case" they had no objections to raise to the suggestion that the Chamber should relinquish jurisdiction, it being for the Chamber, and the Chamber alone, to decide on this;

- they left the matter of the extension of time requested by the Belgian Government to the decision of the President of the Chamber;
- they were unable to pronounce on the preliminary objection contemplated by the Government "as long as (its) propositions, in a more developed form, (had) not been brought to their knowledge", especially since the objection seemed "entirely new" to them, "the Belgian Government (having) never contested the competence of the Commission, but only the admissibility of the applications".

7. In an Order dated 3rd February, 1966, the President extended the time-limit mentioned above to 25th April, on which date the Government's first memorial was received by the Registry. It contained a preliminary objection whose object was "that the Court

Président de la Chambre, que le délai accordé audit Gouvernement ne commencerait à courir que le 3 janvier 1966.

6. Par une lettre du 20 janvier 1966, le Gouvernement belge a prié la Chambre de se dessaisir au profit de la Cour plénière. Il a fait valoir, en effet, que l'arrêt à rendre par la Cour "pourrait provoquer en Belgique des remous politiques extrêmement violents qui, à leur tour, pourraient exercer une influence considérable sur la structure de l'État belge". Il a ajouté que la Cour aurait à se prononcer sur le point de savoir "si les requérants (n'avaient) pas tenté de soumettre aux juridictions européennes des Droits de l'Homme des questions (appartenant) au domaine réservé" des Etats Contractants. Il a souligné enfin "que, dans son rapport, la majorité de la Commission (avait) donné à l'article 14 de la Convention une interprétation très précise qui, toutefois, d'après certaines opinions dissidentes consignées dans ce rapport, (allait) dans un sens opposé à celui de plusieurs décisions antérieures de la Commission". Le Gouvernement belge en a déduit que l'affaire soulevait "des questions graves (touchant à) l'interprétation de la Convention", ce qui justifiait l'application de l'article 48 du Règlement. Il a demandé en outre, vu "la complexité de l'affaire", la prorogation du délai dont il disposait "pour introduire une ou plusieurs exceptions préliminaires", précisant qu'il avait besoin "d'au moins quatre mois" et qu'un délai expirant le 31 mai lui "serait agréable".

Consultés à ce sujet par le Président de la Chambre, les Délégués de la Commission ont répondu en substance, dans une lettre du 2 février 1966:

- qu'ils n'avaient "rien à objecter", "eu égard au caractère particulier de l'affaire", à la "suggestion" tendant au dessaisissement de la Chambre, suggestion sur laquelle il incomberait à la Chambre, et à elle seule, de statuer;
- qu'ils s'en rapportaient à la décision du Président ou de la Chambre quant au délai supplémentaire demandé par le Gouvernement belge;
- qu'ils ne pouvaient se prononcer sur l'exception préliminaire envisagée par le Gouvernement "aussi longtemps que la thèse (de ce dernier), plus amplement développée, (n'aurait pas) été portée à leur connaissance", d'autant qu'il leur paraissait s'agir d'une exception "entièrement nouvelle", "le Gouvernement belge n'ayant jamais contesté la compétence de la Commission, mais uniquement la recevabilité des requêtes (...).

7. Par une ordonnance du 3 février 1966, le Président a prorogé le délai susmentionné jusqu'au 25 avril, date à laquelle le premier mémoire du Gouvernement belge est parvenu au Greffe. Ledit mémoire contenait une exception préliminaire ayant "pour but d'em-

should be prevented from examining the merits of the dispute" (Rule 46 of the Rules of Court).

8. The Chamber deliberated at Strasbourg on 2nd and 3rd May. On the latter date it decided, by virtue of Rule 48, "to relinquish jurisdiction forthwith in favour of the Plenary Court" on the grounds that "the case before it raises a number of serious questions affecting the interpretation of the Convention, especially its Articles 45, 8 and 14 and Article 2 of the Protocol" [1].

Immediately afterwards the Plenary Court held a short sitting to discuss subsequent procedure. It was agreed that Mr. C. Maguire, elected Judge on 27th September 1965, would not be able to take part in the consideration of the case, having already been concerned with it as a member of the Commission (Rule 24 (2) of the Rules of Court).

9. After ascertaining the views of the Agent of the Belgian Government and of the Delegates of the Commission, the President of the Court ordered on 4th May that the Commission should have until 15th July, to file a second memorial and that the Government should be entitled to reply to it in writing within two months (Rules 35 and 40 (3) read in conjunction).

10. The Commission's second memorial (which dealt in particular with certain observations made by the Applicants) was received by the Registry on 15th July, and the memorial of the Belgian Government on 12th September.

On 20th September, the Delegates of the Commission informed the Registrar that they would not seek permission to file a further memorial, though they reserved the right to make further observations in the course of the oral proceedings.

11. Considering that the case was ready for a hearing on the Belgian Government's preliminary objection, the President of the Court, after consulting the Agent of the Government and the Delegates of the Commission, issued an Order on 23rd September, fixing the opening of the hearing for Monday, 21st November (Rules 18, 36 and 48 (3)).

12. The public hearing on the preliminary objection took place in the Human Rights Building, Strasbourg, from 21st to 23rd November, 1966. The following appeared before the Court:

- *for the Commission* (Rule 29 (1)):
  Mrs. G. Janssen-Pevtschin, Mr. M. Sørensen and Mr. F. Welter, *Delegates*;
- *for the Belgian Government, party* (Rule 28):

[1] The full text of the decision is given below.

pêcher l'examen du fond du litige par la Cour" (article 46 du Règlement de la Cour).

8. La Chambre a délibéré à Strasbourg les 2 et 3 mai 1966. Elle a décidé le 3 mai, en vertu de l'article 48 du Règlement, "de se dessaisir, avec effet immédiat, au profit de la Cour plénière", par le motif "que l'affaire pendante devant elle soulève un ensemble de questions graves qui touchent à l'interprétation de la Convention, notamment de ses articles 45, 8 et 14 et de l'article 2 du Protocole additionnel" [1].

La Cour plénière a tenu, immédiatement après, une brève séance consacrée à un échange de vues sur la suite de la procédure. Il a été constaté à cette occasion, d'un commun accord, que M. C. Maguire, élu Juge le 27 septembre 1965, ne pourrait participer à l'examen de l'affaire, étant donné qu'il avait déjà connu de celle-ci en qualité de membre de la Commission (article 24 § 2 du Règlement de la Cour).

9. Après avoir recueilli l'opinion de l'Agent du Gouvernement belge, ainsi que celle des Délégués de la Commission, le Président de la Cour a décidé, le 4 mai, que la Commission disposerait, pour présenter un second mémoire, d'un délai devant expirer le 15 juillet 1966 et que le Gouvernement aurait la faculté de répondre par écrit à ce mémoire dans les deux mois (articles 35 et 48 § 3, combinés, du Règlement de la Cour).

10. Le second mémoire de la Commission (dans lequel il était notamment fait état de certaines observations des requérants) est parvenu au Greffe le 15 juillet 1966, celui du Gouvernement belge le 12 septembre.

Le 20 septembre, les Délégués de la Commission ont fait savoir au Greffier qu'ils ne demanderaient pas l'autorisation de déposer un nouveau mémoire, tout en se réservant le droit de formuler leurs observations dans la phase orale de la procédure.

11. Considérant que l'affaire était en état quant à l'exception préliminaire soulevée par le Gouvernement belge, le Président de la Cour, après avoir consulté l'Agent du Gouvernement belge et les Délégués de la Commission, a rendu, le 23 septembre 1966, une ordonnance fixant au lundi 21 novembre la date d'ouverture de la procédure orale relative à ladite exception (articles 18, 36 et 48 § 3 du Règlement de la Cour).

12. L'audience publique concernant l'exception préliminaire a eu lieu à Strasbourg, au Palais des Droits de l'Homme, du 21 au 23 novembre 1966. Ont comparu devant la Cour:

– *pour la Commission* (article 29 § 1 du Règlement de la Cour):
  Mme G. Janssen-Pevtschin, M. M. Sørensen et M. F. Welter, *Délégués*;
– *pour le Gouvernement belge, partie* (article 28 dudit Règlement):

[1] Le texte intégral de cette décision est reproduit ci-dessous.

Mr. A. GOMREE, Magistrate attached to the Ministry of Justice of Belgium, *Agent*, assisted by
Maître A. BAYART, Barrister at the Belgian Court of Cassation, *Counsel*, and
Mr. P. GUGGENHEIM, Professor at the University of Geneva, *Counsel*.

The Court heard statements and pleas by:
- for the Commission: Mr. WELTER and Mr. SØRENSEN;
- for the Government: Maître BAYART and Mr. GUGGENHEIM.

On 23rd November the President declared the hearing closed.

13. The Court deliberated in private on 23rd and 24th November and decided to continue its deliberation in January–February 1967.

DECISION

The Chamber of the Court called upon to examine the Belgian Linguistic Case, brought before the Court on 25th June 1965,

Meeting in private in Strasbourg on 3rd May 1966 under the Presidency of Mr. René CASSIN,

Having regard to Rule 48 of the Rules of Court,

Having regard to the documents and memorials filed by the European Commission of Human Rights and by the Belgian Government, Party to the case,

Whereas the case before it raises a number of serious questions affecting the interpretation of the Convention, especially its Articles 45, 8 and 14 and Article 2 of the Protocol,

DECIDES

To relinquish jurisdiction forthwith in favour of the Plenary Court.

(*signed*) H. GOLSONG
Registrar of the Court

(*signed*) René CASSIN
President of the Chamber

M. A. GOMREE, Magistrat délégué au Ministère de la Justice de Belgique, *Agent*, assisté de
Me A. BAYART, Avocat à la Cour de Cassation de Belgique, et

M. P. GUGGENHEIM, Professeur à l'Université de Genève, *Conseils.*

La Cour a entendu en leurs déclarations et conclusions:
pour la Commission: MM. F. WELTER et M. SØRENSEN;
- pour le Gouvernement belge: Me A. BAYART et M. P. GUGGENHEIM.

Le 23 novembre, le Président a prononcé la clôture des débats consacrés à l'exception préliminaire.

13. La Cour a délibéré en chambre du conseil les 23 et 24 novembre 1966: elle a décidé de renvoyer la suite de ses délibérations à janvier/février 1967.

DECISION

La Chambre de la Cour appelée à examiner l'affaire linguistique belge portée devant la Cour le 25 juin 1965,

Réunie à Strasbourg en chambre du conseil le 3 mai 1966, sous la présidence de M. René CASSIN,

Vu l'article 48 du Règlement de la Cour,

Vu les documents et mémoires actuellement versés au dossier tant par la Commission européenne des Droits de l'Homme que par le Gouvernement belge, Partie au procès,

Considérant que l'affaire pendante devant elle soulève un ensemble de questions graves qui touchent à l'interprétation de la Convention, notamment de ses articles 45, 8 et 14 et de l'article 2 du Protocole additionnel,

DECIDE

de se dessaisir, avec effet immédiat, au profit de la Cour plénière.

signé: H. GOLSONG
Greffier de la Cour

signé: René CASSIN
Président de la Chambre

B.

Neumeister case

This case originated in an application made to the Commission in 1963 by Mr. Fritz Neumeister, an Austrian citizen, against the Republic of Austria. Mr. Neumeister was arrested in Austria on 24th February, 1961, on suspicion of having taken part in large-scale tax frauds. He was released on bail on 12th May, 1961, but was re-arrested on 12th July, 1962, and detained until 16th September, 1964, on which date he was released when he provided security amounting to 1 million Schillings. By 31st December, 1966, his case had not yet been tried by the Regional Court of Vienna.

Mr. Neumeister's main complaint is that the delay in bringing him to trial and the rejection of a request by him for conditional release, accompanied by an offer of a cash deposit which he considers reasonable, violate the Convention.

On 6th July, 1964, the Commission declared the Application admissible with regard to the allegations made in respect of Articles 5 (3) and 6 (1), and of Article 6 (1) read in conjunction with Article 5 (3) and (4) of the Convention [1].

Following this decision a Sub-Commission was set up to establish the facts of the case and help the Parties reach a friendly settlement.

The Commission, having received the Sub-Commission's report and subsequently prepared its own report to the Committee of Ministers, on 7th October, 1966, lodged the request bringing the case before the Court. The Republic of Austria, too, invoking Article 48 (b) and (d) of the Convention, referred the case to the Court on 11th October.

On 7th November, the President of the Court, in the presence of the Deputy Registrar, drew lots to choose the Judges for the Chamber of the Court set up to consider this case. The resultant membership of the Chamber is:

President:

Mr. Henri ROLIN (Belgian), Professor *honoris causa* of the Faculty of Law of the Free University of Brussels, Barrister at the Court of Appeal, Minister of State, Senator, Member of the Permanent Court of Arbitration.

[1] For further details see Yearbook, Vol. VII, pp. 224 *et seq.*

B.

L'affaire „Neumeister"

Cette affaire a pour origine une requête introduite devant la Commission, en 1963, par M. Fritz Neumeister, ressortissant autrichien, contre la République d'Autriche. L'intéressé, soupçonné d'avoir participé à des fraudes fiscales de grande envergure, avait été arrêté en Autriche le 24 février 1961. Libéré sur parole le 12 mai 1961, il a été arrêté derechef le 12 juillet 1962, puis élargi le 16 septembre 1964 moyennant le versement d'une caution d'un million de schillings. A la date du 31 décembre 1966, la juridiction compétente, le Tribunal régional de Vienne, n'avait pas encore statué sur son cas.

Dans sa requête, M. Neumeister allègue principalement que le retard à le mettre en jugement et le rejet d'une demande de libération provisoire qu'il avait présentée en offrant un cautionnement jugé par lui raisonnable, constituent des violations de la Convention.

Le 6 juillet 1964, la Commission a déclaré la requête recevable pour autant que les griefs du requérant concernent les articles 5, par. 3, et 6, par. 1, ainsi que l'article 6, par. 1, combiné avec l'article 5, par. 3 et 4, de la Convention [1].

A la suite de cette décision, une Sous-Commission a été créée qui avait pour tâche d'établir les faits de la cause et de se mettre à la disposition des parties en vue de rechercher un règlement amiable de l'affaire.

La Sous-Commission ayant fait rapport à la Commission et celle-ci ayant par la suite établi son propre rapport à l'intention du Comité des Ministres, la Commission déposa, le 7 octobre 1966, une demande portant l'affaire devant la Cour. De son côté, la République d'Autriche, se prévalant de l'article 48 (b) et (d) de la Convention, a également porté l'affaire devant la Cour le 11 octobre 1966.

Le 7 novembre 1966, le Président de la Cour a procédé, en présence du Greffier adjoint, au tirage au sort des juges devant composer la Chambre de la Cour appelée à examiner l'affaire "Neumeister". A la suite de ce tirage au sort, la composition de la Chambre est la suivante:

Président;

M. Henri ROLIN (Belge), Professeur honoraire de la Faculté de Droit de l'Université Libre de Bruxelles, Avocat à la Cour d'Appel, Ministre d'Etat, Sénateur, Membre de la Cour permanente d'Arbitrage.

[1] Cf. pour plus de détails: Annuaire, Vol. VII, pp. 225ss.

Members:

Mr. Alfred VERDROSS (Austrian), Emeritus Professor of the Faculty of Law and Honorary Senator of the University of Vienna, Member of the Permanent Court of Arbitration.

Mr. Giorgio BALLADORE PALLIERI (Italian), Professor of International Law and Dean of the Faculty of Law of the University of the Sacred Heart, Milan.

Mr. Einar ARNALDS (Icelandic), Judge of the Supreme Court of Iceland.

Mr. Mehmed ZEKIA (Cypriot), formerly President of the Supreme Court of Cyprus.

Sir Humphrey WALDOCK (British), Professor of International Law at Oxford.

Mr. A. Suat BILGE (Turkish), Professor of International Law at the University of Ankara.

Substitutes:

Mr. Hermann MOSLER (German), Professor of International Law at the University of Heidelberg, Director of the Max Planck Institute of Public and Foreign Law, Heidelberg.

Mr. Ake Ernst Vilhelm HOLMBÄCK (Swedish), formerly Rector of the University of Uppsala.

Mr. Antoine FAVRE (Swiss), Professor of International Law at the University of Fribourg (Switzerland), Judge of the Swiss Federal Court.

The Commission will be represented before the Chamber by Mr. S. Petrén, Mr. C. T. Eustathiades, Mr. F. Ermacora and Mr. J. E. S. Fawcett. The Austrian Government has appointed as its Agent Mr. E. Nettel, *Ministerialsekretär* in the Federal Ministry of Foreign Affairs, who will be assisted by two advisers, Mr. W. P. Pahr, *Ministerialsekretär* in the Federal Chancellery, and Mr. R. Linke, *Sektionsrat* in the Federal Ministry of Justice.

On 22nd November, 1966, the President of the Chamber set up to consider this case issued the Order the text of which is given below.

On 31st December, 1966, the case was still pending.

Membres:

M. Alfred VERDROSS (Autrichien), Professeur émérite de la Faculté de Droit et Sénateur d'honneur de l'Université de Vienne, Membre de la Cour permanente d'Arbitrage,

M. Giorgio BALLADORE PALLIERI (Italien), Professeur de droit international et Doyen de la Faculté de Droit de l'Université du Sacré-Coeur de Milan,

M. Einar ARNALDS (Islandais), Juge à la Cour Suprême d'Islande,

M. Mehmed ZEKIA (Cypriote), Ancien Président de la Cour Suprême de Chypre,

Sir Humphrey WALDOCK (Britannique), Professeur de droit international à Oxford,

M. A. Suat BILGE (Turc), Professeur de droit international à l'Université d'Ankara.

Suppléants:

M. Hermann MOSLER (Allemand), Professeur de droit international à l'Université de Heidelberg, Directeur de l'Institut Max Planck de droit public et de droit étranger à Heidelberg,

M. Ake Ernst Vilhelm HOLMBÄCK (Suédois), Ancien Recteur de l'Université d'Uppsala,

M. Antoine FAVRE (Suisse), Professeur de droit international à l'Université de Fribourg (Suisse), Juge au Tribunal Fédéral suisse.

La Commission sera représentée devant cette Chambre par MM. S. PETREN, C. TH. EUSTATHIADES, F. ERMACORA et J. E. S. FAWCETT. Le Gouvernement autrichien a désigné comme agent M. E. NETTEL, Ministerialsekretär au Ministère Fédéral des Affaires Etrangères, qu'assisteront deux conseils, M. W. PAHR, Ministerialsekretär à la Chancellerie Fédérale, et M. R. LINKE, Sektionsrat au Ministère Fédéral de la Justice.

Le 22 novembre 1966, le Président de la Chambre appelée à examiner l'affaire "Neumeister" a rendu une ordonnance dont le texte figure ci-après, en annexe.

A la date du 31 décembre 1966, l'affaire était encore pendante.

Neumeister Case

ORDER

I, the undersigned, being President of the Chamber constituted to consider the Neumeister case,

Having regard to Rule 35 (1) of the Rules of Court;

Having ascertained the views of the Deputy Permanent Representative of Austria to the Council of Europe and of the Secretary of the European Commission of Human Rights, duly authorised respectively by the Agent of the Austrian Government, Party, and by the Delegates of the Commission, on the procedure to be followed;

Decide:

- that the Agent of the Austrian Government shall have until 25th March 1967 to file a memorial;
- that upon receipt of the said memorial the Delegates of the Commission shall be entitled to file a memorial not later than a date to be determined hereafter.

Done at Strasbourg, 22nd November 1966

(*signed*) Henri Rolin
President of the Chamber

C.

Wemhoff Case

This case originated in an application concerned mainly with the interpretation and application of Article 5 (3) of the Convention, whereby everyone detained pending trial is entitled *inter alia,* to trial *within a reasonable time* or to release pending trial, and of Article 6 (1), which guarantees everyone the right, in the determination of any criminal charge against him, to a hearing *within a reasonable time* by a tribunal. The application was lodged with the Commission in 1964 by Mr. Karl-Heinz Wemhoff, a German citizen, against the Federal Republic of Germany. Mr. Wemhoff was arrested in Berlin on 9th November 1961 on suspicion of having been implicated in the commission of financial offences involving large sums of money and of a complicated nature. The judicial authorities refused to release him against a cash deposit on the grounds that he might escape and destroy evidence or influence witnesses. He was finally indicted in April 1964. On 7th April, 1965, he was

Affaire „Neumeister"

ORDONNANCE

Nous, Henri ROLIN, Président de la Chambre appelée à examiner l'affaire "Neumeister";

Vu l'article 35, paragraphe 1, du Règlement de la Cour;

Ayant recueilli, au sujet de la procédure à suivre, l'opinion du Représentant Permanent adjoint de l'Autriche auprès du Conseil de l'Europe, ainsi que du Secrétaire de la Commission européenne des Droits de l'Homme, mandatés respectivement par l'Agent du Gouvernement autrichien, Partie, et par les Délégués de la Commission;

Décidons:

- que l'Agent du Gouvernement autrichien aura à déposer un mémoire dans un délai qui expirera le 25 mars 1967;
- qu'après avoir reçu ledit mémoire, les Délégués de la Commission auront la faculté de déposer, de leur côté, un mémoire dans un délai que Nous fixerons ultérieurement.

Fait à Strasbourg, le 22 novembre 1966

Signé: Henri ROLIN
Président de la Chambre

C.

Affaire „Wemhoff"

A l'origine de cette affaire se trouve une requête qui a trait, pour l'essentiel, à l'interprétation et à l'application de l'article 5, par. 3, de la Convention, aux termes duquel toute personne mise en détention préventive a le droit, notamment, d'être jugée *dans un délai raisonnable* ou libérée pendant la procédure, et de l'article 6, par. 1, qui reconnaît à toute personne le droit à ce que sa cause soit entendue, *dans un délai raisonnable*, par un tribunal qui décidera du bien-fondé de toute accusation en matière pénale dirigée contre elle. La requête a été introduite devant la Commission en 1964 par M. Karl Heinz Wemhoff, ressortissant allemand, contre la République fédérale d'Allemagne. L'intéressé, soupçonné d'avoir été impliqué dans des délits financiers d'une importance et d'une complexité considérables, avait été incarcéré à Berlin le 9 novembre 1961. Les instances judiciaires avaient refusé de le libérer sous caution, faisant valoir qu'il risquait de s'enfuir et de détruire des éléments de preuve sentenced to six years and six months' penal servitude by the Regional Court of Berlin, which took into account the period of his detention on remand. His appeal from this judgment was dismissed by the Federal Court of Justice (Bundesgerichtshof) on 17th December, 1965.

Meanwhile, the Commission had decided in 1964 to declare Mr. Wemhoff's Application admissible [1].

Following this decision a Sub-Commission was set up to establish the facts and help the Parties reach a friendly settlement.

The Commission, having received the Sub-Commission's report and prepared its own report to the Committee of Ministers, on 7th October, 1966, filed a request bringing the case before the Court.

On 7th November, the President of the Court, in the presence of the Deputy Registrar, drew lots to choose the Judges of the Chamber of the Court set up to consider the case. The resultant composition of the Chamber is:

President:

Mr. Henri ROLIN (Belgian), Professor *honoris causa* of the Faculty of Law of the Free University of Brussels, Barrister at the Court of Appeal, Minister of State, Senator, Member of the Permanent Court of Arbitration.

Members:

Mr. Eugène RODENBOURG (Luxembourg), Honorary Vice-President of the Supreme Court of Justice and Member of the *Conseil d'Etat* of the Grand Duchy of Luxembourg.

Mr. Terje WOLD (Norwegian), President of the Supreme Court of Norway.

Mr. Hermann MOSLER (German), Professor of International Law at the University of Heidelberg, Director of the Max Planck Institute of Public and Foreign law, Heidelberg.

Mr. Mehmed ZEKIA (Cypriot), formerly President of the Supreme Court of Cyprus.

Sir Humphrey WALDOCK (British), Professor of International Law at Oxford.

Mr. A. Suat BILGE (Turkish), Professor of International Law at the University of Ankara.

[1] For further details, see Yearbook, Vol. VII, pp. 280 *et seq.*, and 288 *et seq.*

ou d'influencer des témoins. M. Wemhoff fut finalement inculpé en avril 1964. Le 7 avril 1965, le Tribunal régional de cette ville l'a condamné à six ans et six mois de réclusion criminelle, la durée de la détention préventive ayant été imputée sur celle de la peine. Le 17 décembre 1965, la Cour fédérale de Justice a rejeté le pourvoi en cassation de M. Wemhoff.

Entretemps, la Commission avait décidé de déclarer recevable la requête de M. Wemhoff en 1964 [1].

A la suite de cette décision, une Sous-Commission a été constituée qui avait pour tâche d'établir les faits de la cause et de se mettre à la disposition des parties pour tenter de parvenir à un règlement amiable de l'affaire.

La Sous-Commission ayant fait rapport à la Commission et celle-ci ayant établi son propre rapport, à l'intention du Comité des Ministres, la Commission a déposé, le 7 octobre 1966, une demande portant l'affaire devant la Cour.

Le 7 novembre 1966, le Président de la Cour a procédé, en présence du Greffier adjoint, au tirage au sort des juges devant composer la Chambre de la Cour appelée à examiner l'affaire Wemhoff. A la suite de ce tirage au sort, la composition de la Chambre est la suivante:

Président:

M. Henri ROLIN (Belge), Professeur honoraire de la Faculté de Droit de l'Université Libre de Bruxelles, Avocat à la Cour d'Appel, Ministre d'Etat, Sénateur, Membre de la Cour permanente d'Arbitrage.

Membres:

M. Eugène RODENBOURG (Luxembourgeois), Vice-Président honoraire de la Cour Supérieure de Justice, Membre du Conseil d'Etat du Grand-Duché de Luxembourg,

M. Terje WOLD (Norvégien), Président de la Cour Suprême de Norvège,

M. Hermann MOSLER (Allemand), Professeur de droit international à l'Université de Heidelberg, Directeur de l'Institut Max Planck de droit public et de droit étranger à Heidelberg,

M. Mehmed ZEKIA (Cypriote), Ancien Président de la Cour Suprême de Chypre,

Sir Humphrey WALDOCK (Britannique), Professeur de droit international à Oxford,

M. A. Suat BILGE (Turc), Professeur de droit international à l'Université d'Ankara.

[1] Cf. pour plus de détails: Annuaire, Vol. VII, pp. 281ss., et 289ss.

Substitutes:

Mr. Antoine FAVRE (Swiss), Professor of International Law at the University of Fribourg (Switzerland), Judge of the Swiss Federal Court.

Mr. Einar ARNALDS (Icelandic), Judge of the Supreme Court of Iceland.

Mr. Alf Niels Christian ROSS (Danish), Professor of Public Law at the University of Copenhagen.

The Commission will be represented before the Chamber by Mr. S. PETREN, Mr. C. Th. EUSTATHIADES, Mr. F. ERMACORA and Mr. J.E.S. FAWCETT. The Government of the Federal Republic of Germany has appointed as Agent Mr. W. BERTRAM, Head, Sub-Directorate in the Federal Ministry of Justice, and as Counsel Mr. C. A. FLEISCHHAUER, Second Secretary in the Federal Ministry of Foreign Affairs.

On 22nd November, 1966, the President of the Chamber set up to consider this case issued the Order the text of which is given below.

On 31st December, 1966, the case was still pending.

Wemhoff Case

ORDER

I, the undersigned, being President of the Chamber constituted to consider the "Wemhoff" case;

Having regard to Rule 35 (1) of the Rules of Court;

Having ascertained the views of the Agent of the Government of the Federal Republic of Germany, Party, and of the Secretary of the European Commission of Human Rights, duly authorised by the Delegates of the Commission, on the procedure to be followed:

Decide:

- that the Delegates of the Commission shall be entitled to file a memorial not later than 20th December 1966;
- that the Agent of the Government of the Federal Republic of Germany shall have until 15th April 1967 to file a memorial.

Done at Strasbourg, 22nd November 1966

(*signed*) Henri ROLIN
President of the Chamber

Suppléants:

M. Antoine FAVRE (Suisse), Professeur de droit international à l'Université de Fribourg (Suisse), Juge au Tribunal Fédéral suisse.

M. Einar ARNALDS (Islandais), Juge à la Cour Suprême d'Islande.

M. Alf Niels Christian Ross (Danois), Professeur de droit public à l'Université de Copenhague.

La Commission sera représentée devant cette Chambre par MM. S. PETREN, C. Th. EUSTATHIADES, F. ERMACORA et J. E. S. FAWCETT. Le Gouvernement de la République fédérale d'Allemagne a désigné comme agent M. W. BERTRAM, Chef de la Sous-Direction au Ministère Fédéral de la Justice, et comme conseil, M. C. A. FLEISCHHAUER, Deuxième Secrétaire au Ministère Fédéral des Affaires Etrangères.

Le 22 novembre 1966, le Président de la Chambre appelée à examiner l'affaire "Wemhoff" a rendu une ordonnance dont le texte figure ci-après, en Annexe.

A la date du 31 décembre 1966, l'affaire était encore pendante.

Affaire „Wemhoff"

ORDONNANCE

Nous, Henri ROLIN, Président de la Chambre appelée à examiner l'affaire "Wemhoff";

Vu l'article 35, paragraphe 1, du Règlement de la Cour;

Ayant recueilli, au sujet de la procédure à suivre, l'opinion de l'Agent du Gouvernement de la République Fédérale d'Allemagne Partie, ainsi que du Secrétaire de la Commission européenne des Droits de l'Homme, mandaté par les Délégués de celle-ci;

Décidons:

- que les Délégués de la Commission auront la faculté de déposer un mémoire dans un délai qui expirera le 20 décembre 1966;
- que l'Agent du Gouvernement de la République Fédérale d'Allemagne aura, de son côté, à déposer un mémoire dans un délai qui expirera le 15 avril 1967.

Fait à Strasbourg, le 22 novembre 1966

Signé: Henri ROLIN
Président de la Chambre

PART THREE

The Convention within the Member States of the Council of Europe

TROISIÈME PARTIE

La Convention dans l'ordre interne des Etats Membres du Conseil de l'Europe

CHAPTER I

THE CONVENTION IN THE PARLIAMENTS OF THE MEMBER STATES

AUSTRIA

Report by the Federal Government

on steps to be taken to meet the obligations incurred by Austria in ratifying the European Convention on Human Rights (Report by the Federal Chancellor *Klaus*, of 22nd June 1966).

In accordance with its decision of 21st June 1966 on fulfilment by Austria of the obligations incurred by it in ratifying the European Convention for the Protection of Human Rights and Fundamental Freedoms and its Protocol, BGBl, No. 210/1958, the Federal Government submits the following report.

I

Present factual and legal situation

1. On 3rd September 1958 Austria ratified the European Convention on Human Rights of 4th November 1950 and the Protocol of 20th March 1952. These agreements were published in the Federal Gazette of Legislation (*Bundesgesetzblatt*) on 24th September 1958 (No. 210). Thereby, in accordance with the principle of general incorporation (*generelle Transformation*) of State treaties, by which alone Austrian constitutional law was governed until the Federal Constitution Act (*Bundesverfassungsgesetz*) BGBl. No. 59/1964 came into force, the Convention and Protocol became part of Austrian municipal law, and in view of the clarification given in that Act they ranked as Federal constitutional law from the beginning.

2. However, the effective application of the rights stipulated in the Convention is not guaranteed simply by applying to the Convention the principle of general incorporation. Whatever may be the rank of a particular rule of law in the legal system, if it is to be enforceable it must be so worded that its meaning can be perceived by anyone without any need for supplementary orders or detailed investigations. However, whether a rule can be applied by the

CHAPITRE I

LA CONVENTION DEVANT LES PARLEMENTS DES ÉTATS MEMBRES

AUTRICHE

Rapport du Gouvernement fédéral

sur les mesures visant à l'accomplissement des obligations que l'Autriche a contractées en ratifiant la Convention européenne des Droits de l'Homme. (Rapport de M. le Chancelier fédéral *Klaus*, du 22 juin 1966).

Conformément à sa décision du 21 juin 1966 relative à l'accomplissement des obligations que l'Autriche a contractées en ratifiant la Convention européenne de Sauvegarde des Droits de l'Homme et des Libertés fondamentales et son Protocole additionnel (BGBl. N° 210/1958), le Gouvernement fédéral présente le rapport suivant.

I

Situation de facto et de jure en vigueur

1. L'Autriche a ratifié le 3 septembre 1958 la Convention européenne des Droits de l'Homme du 4 novembre 1950 et son Protocole additionnel du 20 mars 1952. Ces instruments ont fait l'objet d'une publication au *Bundesgesetzblatt* (Journal officiel) N° 210 du 24 septembre 1958. Conformément au principe de la légalisation automatique (*generelle Transformation*) des traités d'Etat, qui a exclusivement régi le système constitutionnel autrichien jusqu'à l'entrée en vigueur de la loi constitutionnelle fédérale BGBl. N° 59/1964, cette publication fait de la Convention européenne des Droits de l'Homme et de son Protocole additionnel une partie intégrante de l'ordre interne de l'Autriche et leur confère aussitôt à l'une et à l'autre, comme le précise l'article II de la loi constitutionnelle fédérale BGBl. N° 59/1964, rang de loi constitutionnelle fédérale.

2. Toutefois, la légalisation automatique de la Convention européenne des Droits de l'Homme ne suffit pas à garantir le véritable respect des droits qui y sont définis. En effet, pour qu'une norme puisse être appliquée, elle doit, quel que soit son rang dans l'ordre juridique, être conçue de telle sorte que son contenu puisse être perçu de tous, sans qu'il soit nécessaire de la compléter par des ordonnances ou de l'approfondir par des recherches. La possibilité

legislative power or by the Constitutional Court in proceedings under Section 140 of the Federal Constitution Act does not depend on the precision of its contents.

There has been lively theoretical discussion in legal literature on whether the Convention is self-executing, that is to say, directly applicable. Among the wealth of material on the problem, particular reference may be made to:

Ermacora, Handbuch der Grundfreiheiten und der Menschenrechte, page 5; Die Menschenrechtskonvention als Bestandteil der österreichischen Rechtsordnung, JBl., 1959, pages 396 ff; Die Menschenrechte und der Formalismus, JBl., 1962, pages 118 ff.; Die Bedeutung von Entscheidungen der Europäischen Menschenrechtskommission für die österreichische Rechtsordnung, JBl., 1962, pages 621 ff.; Golsong, Zur Beurteilung des Artikels 6 der Europäischen Menschenrechtskonvention durch den Verfassungsgerichtshof, JBl., 1961, pages 530 ff.; Janowsky, Die Auswirkungen der Europäischen Konvention zum Schutze der Menschenrechte und Grundfreiheiten auf das österreichische Recht, JBl., 1959, pages 145 ff.; Klecatsky, Die Bundesverfassungsnovelle vom 4. März 1964 über die Staatsverträge, JBl., 1964, pages 349 ff.; Kunst, Die Menschenrechtskonvention als Bestandteil der Bundesverfassung, ÖJZ., 1964 pages 199 ff.; Liebscher, Bedarf die österreichische Rechtsordnung der ausländischen Kontrolle?, JBl., 1963, pages 117 ff.; Österreich und die Europäische Konvention zum Schutze der Menschenrechte und Grundfreiheiten, Journal der Internationalen Juristenkommission, Vol. 4, No. 2, pages 294 ff.; Marcic, Die Menschenrechte und der Formalismus, JBl., 1962, pages 330 ff.; Pahr, Das 4. Zusatzprotokoll zur Europäischen Menschenrechtskonvention, JBl., 1964, pages 187 ff.; Pfeifer, Die rechtliche Bedeutung der Europäischen Menschenrechtskonvention zum Schutze der Menschenrechte und Grundfreiheiten für Österreich, JBl., 1958, pages 699 ff.; Der Verfassungsgerichtshof zu Artikel 6 der Europäischen Menschenrechtskonvention, JBl., 1961, pages 527 ff.; Die Bedeutung der Europäischen Menschenrechtskonvention für Österreich, in Festschrift für Hugelmann, pages 399 ff.; Vasak, Was bedeutet die Aussage, ein Staatsvertrag sei self-executing, JBl., 1961, page 621; Verdross, Die Stellung der Europäischen Konvention zum Schutze der Menschenrechte und Grundfreiheiten im Stufenbau der Rechtsordnung, JBl., 1966, pages 1 ff.; Winkler, Der Verfassungsrang von Staatsverträgen. Eine Untersuchung des geltenden österreichischen Verfassungsrechtes, ÖZöR, Volume X, pages 514 ff., and the deliberations of the Wiener Juristische Gesellschaft on 22nd October 1958, 12th November 1958 and 19th November 1958, JBl., 1958, pages 599 ff., and JBl., 1959, pages 71 ff. and 98 ff., and of the Zweiter Österreichischer Juristentag, Volume II, Part 2 (Die pour le législateur ou pour la Cour constitutionnelle, dans la procédure fixée par l'article 140 B-VG, d'appliquer une norme, ne dépend pas de la précision de son contenu.

La question de savoir si la Convention européenne des Droits de l'Homme est exécutoire, c'est-à-dire immédiatement applicable, a donné lieu dans la littérature spécialisée à de vives discussions scientifiques. Parmi les nombreux ouvrages traitant de ces problèmes, citons:

Ermacora, Handbuch der Grundfreiheiten und der Menschenrechte, page 5; Die Menschenrechtskonvention als Bestandteil der österreichischen Rechtsordnung, JBl., 1959, pages 396ss.; Die Menschenrechte und der Formalismus, JBl., 1962, pages 118ss.; Die Bedeutung von Entscheidungen der Europäischen Menschenrechtskommission für die österreichische Rechtsordnung, JBl., 1962, pages 621ss.; Golsong, Zur Beurteilung des Artikels 6 der Europäischen Menschenrechtskonvention durch den Verfassungsgerichtshof, JBl., 1961, pages 530ss.,; Janowsky, Die Auswirkungen der Europäischen Konvention zum Schutze der Menschenrechte und Grundfreiheiten auf das österreichische Recht, JBl., 1959, pages 145ss.; Klecatsky, Die Bundesverfassungsnovelle vom 4. März 1964 über die Staatsverträge, JBl., 1964, pages 349ss.; Kunst, Die Menschenrechtskonvention als Bestandteil der Bundesverfassung, ÖJZ., 1964, pages 199ss.; Liebscher, Bedarf die österreichische Rechtsordnung der ausländischen Kontrolle?, JBl., 1963, pages 117ss.; Österreich und die Europäische Konvention zum Schutze der Menschenrechte und Grundfreiheiten, Journal der Internationalen Juristenkommission, Tome 4, N° 2, pages 294ss.; Marcic, Die Menschenrechte und der Formalismus, JBl., 1962, pages 303ss.; Pahr, Das 4. Zusatzprotokoll zur Europäischen Menschenrechtskonvention, JBl., 1964, pages 187ss.; Pfeifer, Die rechtliche Bedeutung der Europäischen Menschenrechtskonvention zum Schutze der Menschenrechte und Grundfreiheiten für Österreich, JBl., 1958, pages 699ss.; Der Verfassungsgerichtshof zu Artikel 6 der Europäischen Menschenrechtskonvention, JBl., 1961, pages 527ss.; Die Bedeutung der Europäischen Menschenrechtskonvention für Österreich, in: Festschrift für Hugelmann, pages 399ss.; Vasak, Was bedeutet die Aussage, ein Staatsvertrag sei self-executing, JBl., 1961, page 621; Verdross, Die Stellung der Europäischen Konvention zum Schutze der Menschenrechte und Grundfreiheiten im Stufenbau der Rechtsordnung, JBl., 1966, pages 1ss.; Winkler, Der Verfassungsrang von Staatsverträgen. Une enquête sur le droit constitutionnel en vigueur en Autriche, ÖZöR, Tome X, pages 514ss, ainsi que les débats de la Wiener Juristische Gesellschaft tenus le 22 octobre 1958, le 12 novembre 1958 et le 19 novembre 1958, JBl., 1958, pages 599ss., et JBl., 1959, pages 71s. et 98s., ainsi qu'à la deuxième session des Juristes autrichiens, Tome II, 2ème Partie

Entwicklung der Grundrechte in Österreich). In addition, the Second International Symposium on the European Convention on Human Rights, held at Vienna in the autumn of 1965, discussed this problem in detail (see Khol, Zur Diskussion um die Europäische Konvention zum Schutze der Menschenrechte und Grundfreiheiten, JBl., 1966, pages 133ff).

3. The competent organs of the Austrian State, too, have considered the question whether the Convention is self-executing. The National Council, when passing the Convention in the course of proceedings under Section 50 of the Federal Constitution Act, expressed the clear view that it could not be applied directly. In the report of the Constitutional Committee on the Governmental Bill to approve the Convention on Human Rights we read, "in the European Convention on Human Rights the Republic of Austria undertakes to *adapt* its municipal law to the provisions of the Convention" (509 of the Appendices to the *Stenographische Protokolle des Nationalrates*, VIII GP). This observation presupposes that the Convention is not self-executing. For if it were directly applicable no adaptation would be necessary; in being thus applicable the Convention would by itself have directly amended and supplemented Austrian municipal law.

The Federal Government expressed the same view both in its Bill seeking parliamentary approval for the Convention (see p. 32 of the Explanatory Comments on the Bill, 459 of the Appendices to the *Stenographische Protokolle des Nationalrates*, VIII GP.) and in the Federal Constitution Bill, which contains the provisions required to meet the obligations assumed by Austria in ratifying the Convention (see the Explanatory Comments on the Bill, 60 of the Appendices to the *Stenographische Protokolle des Nationalrates*, IX. GP).

The Constitutional Court, in cases brought before it concerning the applicability of provisions of the Convention, has hitherto always expressed the view that the rules in question were not directly applicable. Its decisions concern:

Article 5 – Right to liberty of person (decisions of the Consti-

(Die Entwicklung der Grundrechte in Österreich). De même, le deuxième colloque international tenu à Vienne à l'automne de 1965 sur la Convention européenne des Droits de l'Homme s'est intéressé à ce problème (cf. Khol, Zur Diskussion um die Europäische Konvention zum Schutze der Menschenrechte und Grundfreiheiten, JBl., 1966, pages 133ss.).

3. Les organes officiels autrichiens, eux aussi, ont étudié la question de savoir si la Convention européenne des Droits de l'Homme est exécutoire, c'est-à-dire immédiatement applicable. A l'occasion de l'approbation de la Convention européenne des Droits de l'Homme en conformité avec l'article 50 B-VG, le Conseil national a clairement exprimé l'avis que cette Convention n'était pas immédiatement applicable. Dans le rapport de la Commission constitutionnelle relatif à la proposition du Gouvernement visant à l'approbation de la Convention des Droits de l'Homme, il est dit textuellement: "A travers la Convention européenne des Droits de l'Homme ... la République d'Autriche prend l'engagement d'*adapter* son ordre juridique interne aux prescriptions de la Convention européenne des Droits de l'Homme" (N° 509 des annexes aux comptes rendus sténographiques du Conseil national, VIII G-P). Cette remarque de la commission constitutionnelle du Conseil national suppose que la Convention européenne des Droits de l'Homme n'est pas exécutoire. En effet, si elle l'était, aucune adaptation ne serait nécessaire. La Convention européenne des Droits de l'Homme aurait alors elle-même modifié et complété de façon immédiatement applicable l'ordre juridique interne de l'Autriche.

Le Gouvernement fédéral a exprimé le même avis tant dans la proposition gouvernementale relative à l'approbation de la Convention européenne des Droits de l'Homme par le Parlement (voir page 32 des Remarques explicatives sur la proposition gouvernementale, n° 459 des annexes aux comptes rendus sténographiques du Conseil national, VIII GP) que dans la proposition gouvernementale d'une loi constitutionnelle fédérale contenant les dispositions nécessaires pour l'accomplissement des obligations que l'Autriche a contractées en ratifiant la Convention européenne de sauvegarde des Droits de l'Homme et des Libertés fondamentales (voir les Remarques explicatives sur la proposition gouvernementale, n° 60 des annexes aux comptes rendus sténographiques du Conseil national, IX GP).

La Cour constitutionnelle, à propos de la disposition de la Convention européenne des Droits de l'Homme dont elle avait examiné l'applicabilité au cours d'une procédure en instance devant elle, avait toujours exprimé l'avis jusqu'ici qu'il ne s'agissait que de normes immédiatement applicables. Ces décisions concernent:

Article 5 – Droit à la liberté individuelle (Décisions de la Cour tutional Court, Slg. 3920 and 4049 and decision of the Administrative Court of 15th December 1961, Z. 2221/59),

Article 6 – Right to a fair hearing by a court (decisions of the Constitutional Court Slg. 3767, 4122, and decisions of 12th June 1964, B. 350/63, and 14th October 1965, G. 6/65),

Article 11 – Right to freedom of assembly and association (decision of the Constitutional Court of 16th December 1964, V. 25/64) and

Article 13 – Right to an effective remedy (decision of the Constitutional Court of 1st October 1964, B. 58/64, and decision of the Administrative Court of 11th December 1958, Z. 2453/58).

All the considerations stated by the Constitutional Court with regard to the direct applicability of Article 11 of the Convention also hold good for:

Article 8 – Right to respect for private and family life, home and correspondence,

Article 9 – Right to freedom of thought, conscience and religion, and

Article 10 – Right to freedom of expression.

In its decision of 14th December 1964, V. 25/64, the Constitutional Court concluded, with reference to Article 11 (2) of the Convention, that it was not self-executing. Provisions almost identical with Article 11 (2) are also to be found in Articles 8, 9 and 10 of the Convention.

II

Possible ways of meeting the obligations under international law arising from accession to the European Convention on Human Rights

On the basis of this factual and legal situation, the Federal Government formed following the elections to the National Council in the spring of 1966, has re-examined the question, considered by its predecessors, what steps, if any, must be taken in order to meet the obligation, assumed with ratification of the European Convention on Human Rights and Protocol, to incorporate the rights safeguarded by the Convention into municipal law in such a way that they can be enforced directly by the courts and administrative authorities, that is to say by a supervisory authority as provided in Article 13 of the Convention (see Verdross, *loc. cit.*, p. 3). In its investigation the Federal Government has been guided by the following considerations of principle:

constitutionnelle Slg. 3920 et 4049 et décision de la Cour administrative du 15 décembre 1961, Z 2221/59).

Article 6 – Droit à être jugé équitablement (Décisions de la Cour constitutionnelle Slg. 3767, 4122 et du 12 juin 1964, B 350/63, et du 14 octobre 1965 G 6/65).

Article 11 – Droit de réunion et d'association (Décision de la Cour constitutionnelle du 16 décembre 1964, V 25/64) et

Article 13 – Droit de recours effectif (Décision de la Cour constitutionnelle du 1er octobre 1964, B 58/64 et décision de la Cour administrative du 11 décembre 1958 Z 2453/58).

Les considérations de la Cour constitutionnelle sur la question de l'applicabilité immédiate de l'article 11 de la Convention européenne des Droits de l'Homme s'appliquent aussi intégralement aux articles suivants:

Article 8 – Droit au respect de la vie privée et familiale, du domicile et de la correspondance.

Article 9 – Droit à la liberté de pensée, de conscience et de religion.

Article 10 – Droit à la liberté d'expression.

En effet, la Cour constitutionnelle, dans son arrêt du 14 décembre 1964, V 25/64, relatif au paragraphe 2 de l'article 11 de la Convention européenne des Droits de l'Homme, a exprimé l'avis que cette disposition de la Convention n'est pas exécutoire. On trouve aussi dans les articles 8, 9 et 10 de cette Convention des dispositions qui correspondent presque mot pour mot à son article 11, paragraphe 2.

II

Voies possibles pour l'accomplissement des obligations de droit international qui résultent de l'adhésion à la Convention européenne des Droits de l'Homme

En raison de cette situation *de facto* et *de jure*, le nouveau gouvernement fédéral constitué en février 1966 à l'issue des nouvelles élections au Conseil national ainsi que les Gouvernements fédéraux précédents ont récemment examiné la question de savoir si des mesures doivent être prises, et lesquelles, pour accomplir l'obligation, inhérente à la ratification de la Convention européenne des Droits de l'Homme et de son Protocole additionnel, d'intégrer dans l'ordre juridique interne les droits garantis par la Convention européenne des Droits de l'Homme de telle sorte qu'ils puissent être immédiatement appliqués par les tribunaux et les autorités administratives ainsi, par conséquent, que par l'instance de contrôle prévue à l'article 13 de la Convention (cf. Verdross, op. cit., page 3).

1. Since, according to the now prevalent view, expressed in particular in the rulings of the Constitutional Court, the material provisions of the Convention are not self-executing, at least in part, Austrian municipal law will have to be altered or supplemented to provide directly enforceable rules to the extent that the rights safeguarded in the Convention are not already as fully effective in municipal law as the Convention requires and in so far as they cannot be invoked by everyone in the manner stipulated in Article 13. In this connection, it may be observed that even Rosenzweig, who has a very negative attitude to the idea of a "supplementary Act" (*Aufstockungsgesetz*), acknowledged the need, in his report on the occasion of the Second Austrian Congress of Jurists (see the special publication "Die Entwicklung der Grundrechte in Österreich," p. 15), for domestic legislative action in order to implement the Convention.

2. The Convention provides only that the rights laid down in it must be secured to everyone within the jurisdiction of the Contracting States (Article 1) and that all such persons must enjoy an effective remedy against any violation of one of those rights (Article 13). It does no more than general international law by way of stipulating that the rights are to be guaranteed at a particular level in the legal system or that the persons in question are to be given the right of appeal to a particular national authority.

(a) It is a principle of general international law that municipal law determines the manner in which a State treaty shall be implemented in a particular country (see Dahm, Völkerrecht, Volume I, p. 55, and Guggenheim in Wörterbuch des Völkerrechtes, edited by Strupp und Schlochauer, Volume 3, p. 656).

There is nothing in the Convention to suggest that the rights laid down in it must be given constitutional rank in the municipal law of member States. Moreover, Great Britain, for instance, which is a signatory to the Convention, makes no formal distinction between ordinary and constitutional law. Thus each State is free to give effect to the Convention at the level of an Order, an ordinary Act of Parliament or a Constitutional Act, according to the principles of its own constitutional law. What is essential is that the rights safeguarded in the Convention shall be given a directly applicable place in municipal law and that an effective remedy against any violation of those rights shall be provided.

Pour cet examen, le gouvernement fédéral a obéi aux considérations de principe suivantes:

1. Comme l'opinion aujourd'hui la plus répandue et en particulier la jurisprudence de la Cour constitutionnelle estime que les dispositions de fond de la Convention européenne des Droits de l'Homme, au moins en partie, ne sont pas exécutoires, il conviendra de compléter ou modifier l'ordre juridique interne autrichien par des normes immédiatement exécutoires dans la mesure où les droits inscrits dans la Convention ne sont pas déjà garantis par l'ordre juridique interne autrichien au même degré que par la Convention européenne des Droits de l'Homme et ne peuvent pas être invoqués par chacun en vertu de l'article 13 de la Convention européenne des Droits de l'Homme. Il convient de faire observer à ce propos que même Rosenzweig, qui est très hostile à l'idée d'une loi dite d'accumulation (*Aufstockungsgesetz*), a reconnu, dans le rapport qu'il a présenté à la Deuxième Journée des Juristes autrichiens (cf. la publication spéciale "Die Entwicklung der Grundrechte in Österreich", page 15), la nécessité d'actes internes de légalisation pour l'exécution de la Convention européenne des Droits de l'Homme.

2. La Convention européenne des Droits de l'Homme ordonne seulement, en son article 1er, que les droits qu'elle garantit soient reconnus à toute personne relevant de la juridiction des Etats Contractants et, en son article 13, que toute personne dont un de ces droits a été violé ait la possibilité d'introduire un recours effectif devant une instance nationale. Cependant, tout comme le droit international en général, la Convention européenne des Droits de l'Homme ne stipule ni le rang que ces droits doivent occuper dans l'ordre juridique ni l'instance nationale devant laquelle les intéressés peuvent introduire un recours.

(a) Le droit international en général s'en remet en principe à l'ordre juridique national pour les modalités de l'exécution interne d'un traité d'Etat (cf. Dahm, Völkerrecht, Tome I, page 55, et Guggenheim dans le Wörterbuch des Völkerrechtes de Strupp et Schlochauer, Tome III, page 656).

La Convention européenne des Droits de l'Homme ne contient aucune disposition où l'on pourrait voir l'obligation de donner rang constitutionnel, dans l'ordre juridique interne des Etats membres, aux droits garantis par la Convention des Droits de l'Homme. D'ailleurs, la Grande-Bretagne, par exemple, qui adhère à la Convention européenne des Droits de l'Homme, ne connaît aucune distinction de forme entre la loi ordinaire et la loi constitutionnelle. Tout Etat est donc libre d'exécuter la Convention européenne des Droits de l'Homme sur le plan interne selon ses propres principes de droit constitutionnel en lui donnant rang d'ordonnance, de simple loi ou de loi constitutionnelle. Il faut et il suffit que les droits protégés par la Convention entrent dans l'ordre juridique

Even from the point of view of municipal law it is not imperative that the Convention shall *in all cases* be made *directly applicable at constitutional level.* In the words of the Constitutional Court (judgment of 14th October 1965, G.6/65), the Convention is "a constitutional order which binds the legislative power directly" ("ein den Gesetzgeber unmittelbar bindender Verfassungsbefehl"), and its observance is subject to scrutiny by the Constitutional Court, as provided in Article 140 of the Federal Constitution Act.

A distinction must be drawn between the question of the level at which the Convention is to be applied in municipal law and that of the rank to which it is entitled in itself. The point has been settled beyond doubt in Austrian municipal law by Section 2 of the Federal Constitution Act. The Convention has the rank of federal constitutional law in Austria. Under international law it ranks even higher (see Verdross, *loc. cit.*, p. 5); for, being a rule that is binding on Austria as a State subject to that law, it also binds the authorities responsible for federal constitutional legislation, who are an organ of Austria.

(b) Article 13 of the Convention obliges member States to provide an effective remedy before a national authority against any violation of a right safeguarded in the Convention. It is immediately apparent that the Article does not stipulate any separate human right but merely seeks to safeguard the effective application in municipal law of those rights of the individual for which the Convention makes provision (see the report of the Committee of Experts set up to draft the Convention, 16th March 1950, CM/WP 1/50/15, point 2 of the observations on Article 2). Thus a violation of Article 13 can never give rise alone to an application to the European Commission of Human Rights (see the Commission's decision No. 472 of 8th January 1960, Yearbook III, p. 206).

The Committee of Experts mentioned above also considered the nature of the remedy provided for in Article 13 of the Convention and remarked, in the observations on this provision in its report, "The national authority envisaged in this Article may be an administrative or legal court. For recourse to it to be effective, it was obvious that the court concerned must be in a position to judge the case impartially". In this connection, reference is also made to the decisions of the Administrative Court of Appeal of Münster national avec une applicabilité immédiate et que la possibilité d'un recours effectif en cas de violation de ces droits soit garantie.

Quant au système juridique national, il n'ordonne *pas non plus* de donner effet, avec applicabilité *immédiate*, à la Convention en lui conférant *dans tous les cas rang constitutionnel*. Du point de vue de l'ordre juridique national, la Convention européenne des Droits de l'Homme est, pour employer les termes de la Cour constitutionnelle (Décision du 14 octobre 1965, G 6/65), "un commandement constitutionnel qui lie directement le législateur" et dont la Cour constitutionnelle contrôle l'exécution selon l'article 140 B-VG.

La question de savoir à quel niveau de l'ordre juridique la Convention doit être exécutée, ne doit pas être confondue avec celle de savoir quel rang lui revient dans la hiérarchie de l'ordre juridique. En ce qui concerne l'ordre juridique national, cette question est clairement réglée, pour l'Autriche, par l'article II de la loi constitutionnelle fédérale BGBl. N° 59/1964. Dans la hiérarchie de l'ordre juridique autrichien, la Convention européenne des Droits de l'Homme a rang de loi constitutionnelle fédérale. En droit international, la Convention occupe même un rang encore plus élevé (cf. Verdross, op. cit., page 5) parce qu'elle lie aussi, en tant que norme de droit international obligatoire pour l'Autriche, le législateur de la constitution fédérale, organe du sujet de droit international en Autriche.

(b) L'article 13 de la Convention européenne des Droits de l'Homme oblige les Etats membres à garantir à toute personne la possibilité d'introduire un recours effectif devant une instance nationale pour toute violation d'un droit protégé par la Convention. La première conséquence est que l'article 13 de la Convention n'établit pas un droit de l'homme en soi, mais tend seulement à assurer dans le cadre de l'ordre juridique interne l'exécution effective des droits individuels garantis par la Convention (cf. le rapport du 16 mars 1950 établi par la Comité d'Experts chargé d'élaborer la Convention européenne des Droits de l'Homme, CM/WP 1/50/15, point 2, des remarques sur l'article 2). Une violation de l'article 13 de la Convention ne peut donc jamais faire l'objet d'un recours particulier devant la Commission européenne des Droits de l'Homme (cf. la décision de la Commission européenne des Droits de l'Homme N° 472 du 8 janvier 1960, Ann. III, page 207).

Le Comité d'Experts chargé d'élaborer la Convention européenne des Droits de l'Homme s'est aussi penché sur la nature du droit de recours actuellement prévu à l'article 13 de la Convention et voici ce qu'il écrit dans les observations de son rapport précité relatives à cette disposition de la Convention: "L'instance nationale prévue dans cet article peut être aussi bien un tribunal qu'une autorité administrative. Pour être effectif, ce recours suppose que l'instance qui en est saisie juge impartialement." Sur ce point, il convient dated 25th November 1955 (*Neue Juristische Wochenschrift*, 1956, pp. 1374 *et seq.*), the Bavarian Court of Appeal dated 21st September 1960 (*Neue Juristische Wochenschrift*, 1961, pp. 270 *et seq.*) and the Rhineland-Palatinate Constitutional Court dated 16th March 1959 (Yearbook II, p. 598 *et seq.*). The Administrative Court of Appeal of Münster and the Bavarian Court of Appeal considered the establishment of an administrative instance to be sufficient for the purposes of Article 13. The Rhineland-Palatinate Constitutional Court pointed out in its judgment that Article 13 did not oblige member States to make provision for individual constitutional appeals.

The foregoing shows that an effective remedy within the meaning of Article 13 of the Convention need not necessarily be an appeal to the Constitutional Court as provided in Section 144 of the Federal Constitution Act. It is thus also clear from Article 13 that there is no need to incorporate the rights guaranteed by the Convention in municipal law in the form of directly enforceable individual rights safeguarded under constitutional law.

In this connection it should be pointed out that the compatibility of ordinary legislation with the Convention may be examined by the Constitutional Court in the course of proceedings under Section 140 of the Federal Constitution Act. This was stated explicitly by the Constitutional Court in its judgment of 14th October 1965, G.6/65, where it was also pointed out that in view of the constitutional Act, BGBl. No. 59/1964, the Convention was "a constitutional order which binds the legislative power directly".

3. In its declaration to the National Council on 20th April 1966 the Federal Government drew attention to the proceedings of the Committee of Experts on Freedoms and Fundamental Rights set up in the Federal Chancellor's Office by Government decision dated 27th November 1964 and expressed the hope that an overall codification of freedoms and fundamental rights should be drafted if possible in the course of the present legislature (p. 32 of the *Stenographische Protokolle des Nationalrates*, XI. GP). The work of the Committee, on whose progress the parties represented in the National Council are informed by the members whom they appoint to it, is to be pursued intensively. The Committee has proved to be an extremely useful consultative body on the difficult matter of fundamental rights. It will be necessary to take care that the continuation and successful conclusion of its work are not disturbed or jeopardised by other measures.

As the Federal Government specifically stressed in its declaration of 20th April 1966, this need not, of course, prevent special arrangements being made, in advance of the general codification, with regard to freedoms and fundamental rights in single spheres of law.

aussi de renvoyer aux décisions de la Cour administrative suprême de Münster du 25 novembre 1955 (*Neue Juristische Wochenschrift*, 1956, pages 1374s.), de la Cour d'Appel de Bavière du 21 septembre 1960 (*NJW* 1961, pages 270s.) et de la Cour constitutionnelle de Rhénanie-Palatinat du 16 mars 1959 (An. II, pages 599ss.). La Cour administrative suprême de Munster et la Cour d'Appel de Bavière jugent suffisant d'instituer une hiérarchie administrative pour l'exécution de l'article 13 de la Convention. La Cour constitutionnelle de Rhénanie-Palatinat rappelle dans sa décision que l'article 13 de la Convention n'oblige pas les Etats membres à prévoir un recours constitutionnel individuel.

Par conséquent, un recours effectif au sens de l'article 13 de la Convention ne se présente pas nécessairement sous forme d'un recours devant la Cour constitutionnelle au sens de l'article 144 B-VG. L'article 13 de la Convention n'implique donc pas non plus la nécessité d'introduire les droits garantis dans la Convention dans l'ordre juridique interne en tant que droits individuels immédiatement applicables et garantis par la loi constitutionnelle.

A ce propos, il est à noter que la législation ordinaire dans ses rapports de compatibilité avec la Convention peut être revue par la Cour constitutionnelle conformément à l'article 140 B-VG. C'est ce que la Cour constitutionnelle a expressément établi dans son arrêt du 14 octobre 1965 G 6/65 où elle indiquait que la Convention, vu la loi constitutionnelle fédérale BGBl. N° 59/1964, est "un commandement constitutionnel qui lie directement le législateur."

3. Dans sa déclaration du 20 avril 1966 devant le Conseil national, le gouvernement fédéral a rappelé les travaux du Groupe d'experts pour les droits fondamentaux et les libertés, institué auprès de la Chancellerie fédérale par décision du gouvernement fédéral du 27 novembre 1964, et exprimé l'espoir que pendant la législature en cours un projet de codification générale des droits fondamentaux et des libertés puisse être mis au point (page 32 du compte rendu sténographique du Conseil national, XI. GP). Les partis représentés au Conseil national sont informés, par les membres du Groupe des droits fondamentaux (*Grundrechtskollegium*) nommés par les trois clubs parlementaires, du déroulement de ces travaux qui se poursuivront activement. Ce Groupe s'est révélé extrêmement utile comme organe consultatif en cette délicate matière des droits fondamentaux. Il faudra faire en sorte que le déroulement et le succès des travaux du Groupe ne soient pas entravés ou compromis par des mesures d'un autre ordre.

Cela n'empêche naturellement pas, comme le gouvernement fédéral l'a souligné dans sa déclaration du 20 avril 1966, que dans le cadre des droits fondamentaux et des libertés, certains domaines juridiques soient soumis à une réglementation particulière avant même la codification générale.

III

Proposals for the implemention of the European Convention on Human Rights

Proceeding from the principles stated above, the Federal Government considers that it should act primarily on the following lines in implementing the Convention:

1. In order not to hinder the work of the Committee on Fundamental Rights, thus preventing the early overall codification of freedoms and fundamental rights, it will be necessary to refrain from comprehensive incorporation, in the form of directly applicable *constitutional* rules, of the rights guaranteed in the Convention. The ultimate adaptation of the Austrian system of fundamental rights to meet the requirements of the Convention should await the comprehensive reform of that system now being prepared by the Committee of Experts. Steps must be taken to ensure that the achievement of this aim is not delayed or jeopardised by measures that run counter to the Committee's current work. Furthermore, an overall codification of freedoms and fundamental rights cannot be based solely on the Convention but must also – while preserving the more valuable principles of Austrian law – take account of other international instruments, such as the Universal Declaration of Human Rights of 10th December 1948 and the already far advanced work on the draft U.N. Covenant on Civil and Political Rights, and also of social developments and modern technological and scientific progress, with a view to the safeguarding of human dignity and the individual personality.

Completion of the work on a comprehensive reform of the system of fundamental rights, with which will come the final adaptation of that system to the requirements of the Convention and to other international law conventions on fundamental rights, cannot be expected before the end of the current legislature. Over against the requirement that any disturbance of the work should be avoided there is the need to adapt Austrian law to the demands of the Convention as soon as practicable, "in order to rule out as far as possible the filing with the authorities of the Council of Europe of applications against the Republic of Austria". The following considerations indicate a way of taking *both* requirements into account.

2. In so far as Austrian law contains rules, even of ordinary rank, which ensure, with directly applicable effect, a legal situation in

III

Propositions pour l'application de la Convention européenne des Droits de l'Homme

En vertu des principes exposés ci-dessus, le Gouvernement fédéral croit devoir, pour l'exécution interne de la Convention européenne des Droits de l'Homme, procéder tout d'abord selon l'optique suivante:

1. Pour ne pas gêner les travaux du Groupe des droits fondamentaux et par conséquent ne pas retarder la codification générale des droits fondamentaux et des libertés, il conviendra de renoncer à une intégration complète des droits inscrits dans la Convention par des normes immédiatement exécutoires. L'adaptation définitive du système autrichien des droits fondamentaux aux exigences formulées par la Convention doit rester subordonnée à une refonte complète de ce système, qui est actuellement préparée par le Groupe d'experts. Il faut éviter que la réalisation de cet objectif soit retardée ou compromise par des mesures qui contrarient les travaux en cours du Groupe d'experts. Pour une codification générale des droits fondamentaux et des libertés, il ne suffit pas de prendre comme base la Convention européenne des Droits de l'Homme, il faut aussi, tout en conservant les aspects positifs du droit autrichien, prendre en considération d'autres instruments internationaux, comme la Déclaration universelle des Droits de l'Homme du 10 décembre 1948 et les travaux déjà avancés sur le projet d'une convention de l'O.N.U. touchant les droits civils et politiques, et tenir compte aussi, pour la sauvegarde de la dignité humaine et de la personnalité individuelle, de l'évolution sociale ainsi que du progrès de la technique et de la science modernes.

On ne peut espérer que pour la fin de la législature en cours, la conclusion des travaux visant à une vaste réforme du système des droits fondamentaux qui adapte définitivement ce système aux exigences de la Convention des Droits de l'Homme et d'autres conventions internationales relatives aux droits fondamentaux. A l'obligation d'éviter tout ce qui pourrait gêner ces travaux s'oppose la nécessité d'adapter le plus vite possible l'ordre juridique autrichien aux exigences de la Convention des Droits de l'Homme, "pour exclure autant que possible les plaintes introduites contre la République d'Autriche devant les instances du Conseil de l'Europe". Le texte qui suit suggère un moyen propre à tenir compte de ces *deux* exigences.

2. Dans la mesure où l'ordre juridique autrichien, même au niveau des simples lois, contient des normes qui garantissent de

accordance with the principles of the Convention, no special legislative measures based on the Convention will be necessary.

3. If Austrian law contains no provision whatever for some right guaranteed by the Convention, that right will have to be given early reality by means of ordinary legislative measures.

4. If Austrian law contains arrangements relating to some right guaranteed by the Convention but those arrangements do not meet the requirements of the Convention, they will have to be altered or supplemented as required.

This may be done either by ordinary legislative measures or by acts of Federal constitutional legislation. This depends entirely on the rank in Austrian law of the arrangements requiring amendment as a result of some provision of the Convention.

IV

Summary

By way of summary and conclusion the Federal Government would observe that although, in view more particularly of the efforts being made towards an overall recodification of freedoms and fundamental rights, it has abandoned the idea of a comprehensive "supplementary Act" (in view of the now very abundant case-law of the European Commission of Human Rights and of national authorities in the States signatory to the Convention, such an Act would need to go much further than the earlier Government draft, 60 of the Appendices to the *Stenographische Protokolle des Nationalrates*, IX. GP), every effort will be made, by presenting suitable Bills to the National Council, to fulfil as soon as possible, in the various individual fields, the pre-requisites for the creation of a state of affairs that is in accordance with the Convention.

façon immédiatement applicable une situation juridique correspondant aux principes de la Convention européenne des Droits de l'Homme, des mesures législatives spéciales prises en considération de la Convention des Droits de l'Homme ne sont pas nécessaires.

3. Là où l'ordre juridique autrichien ne contient rigoureusement aucune réglementation correspondant à un droit garanti par la Convention, il faudra d'abord donner effet à ce droit par des mesures relevant de la législation ordinaire.

4. Là où l'ordre juridique autrichien contient les réglementations qui, tout en s'appliquant à des droits protégés par la Convention, ne répondent pas aux exigences de la Convention, il faudra les modifier ou les compléter en conséquence.

Les mesures à prendre pourront être aussi bien de simples lois que des actes relevant de la législation constitutionnelle fédérale. Tout dépendra du rang qu'occupent dans la hiérarchie de l'ordre juridique autrichien ces réglementations qu'il convient de modifier ou de compléter en considération d'une disposition de la Convention.

IV

Résumé

En résumé et pour conclure, le Gouvernement fédéral rappelle qu'en particulier pour ce qui concerne les efforts de codification générale des droits fondamentaux et des libertés, il a certes renoncé à l'idée d'une vaste loi dite d'accumulation qui, étant donné la jurisprudence maintenant très abondante de la Commission européenne des Droits de l'Homme et de certaines instances nationales des Etats membres de la Convention des Droits de l'Homme, devrait aller beaucoup plus loin que l'ancienne proposition gouvernementale n° 60 des annexes aux compte-rendus sténographiques du Conseil national, IX GP, mais qu'il s'efforcera, en soumettant au Conseil national des propositions en ce sens dans les plus brefs délais, de créer dans les divers domaines les conditions nécessaires pour mettre en place une situation conforme à la Convention européenne des Droits de l'Homme.

BELGIUM

Chambre des Représentants, 15th February 1966

Reply by the Minister for Foreign Affairs to the Question tabled by Mr. Laloux on 25th January 1966 concerning the publication of the report of the European Commission of Human Rights on the Belgian applications.

(*Summary*)

Question: In the No. 5 issue of 28th December 1965 of *Questions and Replies* in the Chamber of Representatives, the Minister for Foreign Affairs is reported, under item 5, to have stated in reply to a question by my colleague, Mr. Deruelle, that the Government had ordered no enquiry into the leakage which had made possible the publication in the newspaper *De Standaard* of 21st September 1965 of the secret and confidential report of the European Commission of Human Rights on the Belgian language cases "as the report in question was also communicated to the applicants" and "the public authorities were not alone in being acquainted with it".

May I point to the Minister for Foreign Affairs that although the report of the European Commission of Human Rights was transmitted to the Belgian Government at the end of June 1965, it was only under cover of a letter dated 29th September 1965 that the Secretary of the European Commission of Human Rights communicated the report to the representatives of the applicants, so that the latter could not have been acquainted with it until the beginning of October at the earliest.

The leakage can therefore have come only from the public authorities.

In view of this, does the Minister not agree that an enquiry should be ordered with a view to tracing the State official or officials responsible for the leakage? If an enquiry is made, will the Minister be kind enough to inform me of the findings?

Reply: I point out to Mr. Laloux that in the course of the international transmission of a document emanating from a source other than a national authority, journalists have many and varied means of securing information. It does not, therefore, seem possible to establish the origin of the article published in *De Standaard* of 21st September 1965.

Furthermore, an enquiry such as Mr. Laloux proposes would inevitably come up against the opposition on the grounds of professional secrecy which the press is entitled to invoke.

The copies of the report received by the State authorities at the time were not communicated to anybody.

BELGIQUE

Chambre des Représentants, 15 février 1966

Réponse du Ministre des Affaires Etrangères à la question déposée par M. Laloux, le 25 janvier 1966, et relative à la publication du rapport de la Commission européenne des Droits de l'Homme sur les affaires belges.

(*Résumé*)

Question: Dans la livraison n° 5 du 28 décembre 1965 des *Questions et Réponses* de la Chambre des Représentants, M. le Ministre des Affaires Etrangères répondait, sous le n° 5, à une question posée par mon collègue, M. Deruelle, que le Gouvernement n'avait pas ouvert d'enquête sur les fuites qui avaient permis la publication dans l'édition du 21 septembre 1965 du journal *De Standaard*, du rapport secret et confidentiel de la Commission européenne des Droits de l'Homme relatif aux requêtes linguistiques belges, parce que ce "rapport ayant été également communiqué aux requérants, les pouvoirs publics n'étaient pas les seuls à en avoir connaissance".

Je me permets de signaler à M. le Ministre des Affaires Etrangères que si le rapport de la Commission européenne des Droits de l'Homme a été transmis au Gouvernement belge à la fin du mois de juin 1965, c'est seulement par lettre du 29 septembre 1965 que M. le Secrétaire de la Commission européenne des Droits de l'Homme a communiqué ce rapport aux représentants des requérants, de sorte que ceux-ci n'ont pu en avoir connaissance que dans les premiers jours du mois d'octobre, au plus tôt.

La fuite ne peut donc avoir pour origine que les pouvoirs publics.

Compte tenu de cet élément nouveau, M. le Ministre n'est-il pas d'avis qu'il convient de prescrire une enquête pour rechercher le ou les agents de l'Etat responsables de cette fuite? Dans l'affirmative, M. le Ministre aurait-il l'obligeance de me tenir au courant des résultats de cette enquête?

Réponse: J'ai l'honneur de faire remarquer à l'honorable membre qu'au cours d'une transmission internationale d'un document dont l'origine est extérieure aux services de l'Etat, les moyens possibles d'information dont disposent les journalistes sont multiples. Il ne paraît dès lors pas possible d'établir l'origine de l'article paru dans *De Standaard* du 21 septembre 1965.

J'ajoute enfin qu'une enquête comme celle que préconise l'honorable membre doit nécessairement se heurter au secret professionnel que la presse est habilitée à invoquer.

Les exemplaires reçus par l'Etat à l'époque n'ont fait l'objet d'aucune communication.

FEDERAL REPUBLIC OF GERMANY

Ministry of Justice, 8th December 1965

[Applications made by prisoners to the European Commission of Human Rights in Strasbourg – Executive Order of the Ministry of Justice (AV. d. J.M.) dated 8th December 1965 (4514–VI/34) – *Die Justiz*, 1966, p. 2.

Réf.: Executive Order of the Ministry of Justice of 20th September 1957 (4571–VI/46) – *Die Justiz*, p. 379; Circular (Runderlass) of 18th December 1961 (4571–VI/62)]

I

The European Convention of 4th November 1950 for the Protection of Human Rights and Fundamental Freedoms and the Protocol of 20th March 1952 form part of German municipal law (see BGBl. 1952 II., pp. 685 *et seq*; 1954 II, p. 14; 1956 II, p. 1879 and 1957 II, p. 226). Thus persons serving sentences, as well as those subjected to a preventive or corrective measure involving loss of freedom, are entitled to submit an application relating to alleged violations of the rights safeguarded by the Convention to the European Commission of Human Rights, Strasbourg, through the Secretary General of the Council of Europe, in accordance with Article 25. The Federal Government has recognised the Commission's authority to deal with petitions by individuals in accordance with that Article (see BGBl. 1955 II, p. 914, 1958 II, p. 334, and 1961 II, p. 1626).

An examination of the substantive law aspects of individual petitions is only permissible under Articles 26 and 27 (3) once domestic remedies have been exhausted. After a Sub-Commission set up by the Commission has given preliminary consideration to a petition, the examination of, and decision on, its admissibility is a matter solely for the Commission itself.

It is requested that in future the following procedure be adopted with petitions to the European Commission of Human Rights.

REPUBLIQUE FEDERALE D'ALLEMAGNE

Ministère de la Justice, 8 décembre 1965

[Requêtes de détenus devant la Commission européenne des Droits de l'Homme à Strasbourg – Ordonnance d'exécution du Ministère de la Justice du 8 décembre 1965 (4514–VI–34) – Die *Justiz*, 1966, p. 2.

Réf.: Ordonnance d'exécution du Ministère de la Justice du 20 septembre 1957 (4571–VI–46) – *Die Justiz*, p. 379; Circulaire du 18 décembre 1961 (4571–VI–62)].

I

La Convention européenne de Sauvegarde des Droits de l'Homme et des Libertés fondamentales du 4 novembre 1950 et son Protocole additionnel du 20 mars 1952 appartiennent au droit interne allemand (cf. BGBl. 1952 II, p. 685s., 1954 II, p. 14; 1956 II, p. 1879 et 1957 II, p. 226). Aux termes de ces instruments, les détenus ainsi que les personnes internées par une mesure apparentée à la privation de liberté et visant à leur mise en sécurité et à leur amendement ont le droit d'introduire une requête, conformément à l'article 25, par l'intermédiaire du Secrétaire Général du Conseil de l'Europe, devant la Commission européenne des Droits de l'Homme à Strasbourg en alléguant la violation des droits garantis par la Convention. La République fédérale a reconnu la compétence de la Commission des Droits de l'Homme pour l'examen des requêtes individuelles introduites conformément à l'article 25 de la Convention européenne des Droits de l'Homme (cf. BGBl. 1955 II, p. 914, 1958 II, p. 334 et 1961 II, p. 1626).

L'examen au fond des requêtes individuelles n'est recevable, en vertu des articles 26 et 27, paragraphe 3 de la Convention, qu'une fois épuisées les voies de recours internes. L'examen et la décision touchant la recevabilité des requêtes sont exclusivement réservés à la Commission des Droits de l'Homme, même après examen préliminaire d'une sous-commission instituée par elle.

Pour les requêtes adressées à la Commission européenne des Droits de l'Homme, nous demandons que la procédure suivante soit appliquée:

II

Petitions are to be sent *without delay* to the European Commission of Human Rights, c/o the Secretariat of the Council of Europe, Strasbourg, *direct*. No accompanying notes or observations on the contents of petitions are to be attached. Reference is made to the first sentence of Section 149 (1) and to Section 155 (3) of the Prison Service Regulations (DVollzO).

A similar procedure should be followed in the case of petitions by remand prisoners. Prisons have no authority to examine the contents of petitions.

III

If the complaint which is the subject of a petition can be remedied through national channels (e.g. by the prison governor, a court or some other authority), the prisoner must be given the opportunity to take the steps necessary thereto and to state specifically that he does not wish the petition to be forwarded to the Commission. If he insists on having the petition despatched, this must be done.

Despatch of the petition must not be delayed by examination of the question whether there is any remedy to the complaint made in it. Any necessary efforts in this direction are to be made by means of copies or photocopies.

IV

A copy or photocopy of the petition is to be submitted to the Ministry of Justice. If the petition is concerned with events in the prison, comments must be submitted on the assertions made. The report must also indicate whether the applicant has already availed himself of his right of appeal (Sections 194 *et seq.* of the Prison Service Regulations), has applied for a Court decision (Sections 23 *et seq.* of the Judicature (Introductory) Act, EGGVG), has lodged a constitutional appeal with the Federal Constitutional Court (Section 90 of the Constitutional Court Act (BVerfGG), or has applied to the Regional Assembly of Baden-Württemberg (Section 2 of the Constitution for Baden-Württemberg in conjunction with Section 17 of the Fundamental Act, GG). If appropriate action has already been taken or commenced to remedy the complaint made in the petition, this fact is to be reported as well. Prisoners' personal records need not be submitted.

The present section does not apply to petitions by remand prisoners.

II

La requête doit être transmise *immédiatement et sans délai* à la Commission européenne des Droits de l'Homme auprès du Secrétariat Général du Conseil de l'Europe à Strasbourg. Aucune annotation ni observation sur le contenu de la requête ne doit y être jointe. Nous renvoyons au N° 149, paragraphe 1, phrase 1 et au N° 155, paragraphe 3 DVollzO.

La même procédure doit être suivie pour une enquête présentée par un préventionnaire. L'établissement pénitentiaire n'est pas autorisé à prendre connaissance du contenu de la requête.

III

S'il est possible de faire droit par la voie interne (par exemple par l'intervention du directeur de prison, d'un tribunal ou d'une autre autorité) à une plainte déposée dans une requête, il faut fournir au détenu l'occasion d'entreprendre les démarches nécessaires à cet effet et de renoncer expressément à transmettre sa requête à la Commission européenne des Droits de l'Homme. Si néanmoins le détenu insiste pour envoyer sa requête, celle-ci doit être transmise à la Commission. La transmission ne doit pas être retardée par l'examen de la question de savoir s'il est possible de faire droit à la plainte contenue dans la requête. Le cas échéant, ces démarches doivent être transmises au moyen de copies ou de photocopies.

IV

Une copie ou photocopie de la requête doit être communiquée au Ministère de la Justice. Si la requête a pour objet des événements survenus à l'établissement pénitenciaire un avis doit être donné sur cette présentation des faits. Il convient aussi d'indiquer dans le rapport si le requérant a déjà fait usage de son droit de recours (Nrn. 194ss. DVollzO), sollicité une décision judiciaire (article 33ss. EGGVG), introduit le recours constitutionnel auprès de la Cour constitutionnelle fédérale (article 90 BVerfGG) ou s'il s'est adressé à la diète provinciale (Landtag) de Bade-Wurtemberg (article 2 de la Constitution de Bade-Wurtemberg en conjonction avec l'article 17 de la Loi fondamentale). Si des mesures ont déjà été prises qui ont fait droit à la plainte contenue dans la requête ou si de telles mesures sont en cours d'introduction, il convient également de les signaler. Il n'est pas nécessaire de présenter le dossier personnel des détenus.

La présente section ne s'applique pas aux requêtes des préventionnaires.

V

If, after a petition has been forwarded, the ground of complaint ceases to exist or the complaint is remedied, the prisoner must be given the opportunity to withdraw the petition. The declaration of withdrawal must also be forwarded to the European Commission of Human Rights, c/o the Secretariat of the Council of Europe, Strasbourg. A copy or duplicate of the declaration is to be submitted to the Ministry of Justice.

VI

The Executive Order of the Ministry of Justice (AV.d.JM.) dated 20th September 1957 (4571–VI/46) – see *Die Justiz*, p. 379 and the Circular (*Runderlass*) of 18th December 1961 (4571–VI/62) are hereby cancelled.

Bundestag, 23rd June 1966

Question tabled by Mr. Hirsch on the right of compensation provided for in Article 5 (5) of the Human Rights Convention.

(*Summary*)

Mr. Hirsch: Is the Federal Government prepared, in pursuance of the judgment of 31st January 1966 of the Federal Court of Justice (III ZR 118/64, Saarbrücken) published in the *Neue Juristische Wochenschrift* 1966, p. 1021 *et seq.*, according to which the right to compensation recognised in Article 5 (5) of the European Convention on Human Rights as belonging to persons arrested or detained in contravention of the terms that Article 5 requires to be embodied in and given effect to by national law, to introduce a Bill to that end without delay?

Dr. Bülow, Secretary of State in the Federal Ministry of Justice: Your question, Sir, is to some extent bound up with that asked during the last question time in this House, concerning the reform of the law on damages. As the Minister himself explained at the time, we are about to revise legislation on the subject and have already taken the preliminary steps. In reply to Mr. Jahn's question it was stated that the reform was to be put through with all speed.
In answer to your own question, I may add that the Federal Government will investigate thoroughly, in the light of the judgment

V

Si après la transmission de la requête, le motif de plainte disparaît ou s'il est fait droit à la plainte, il faut fournir au détenu l'occasion de retirer sa requête. La déclaration de retrait doit également être transmise à la Commission européenne des Droits de l'Homme auprès du Secrétariat Général du Conseil de l'Europe à Strasbourg. Un double ou une copie de la déclaration de retrait doit être communiqué au Ministère de la Justice.

VI

L'ordonnance d'exécution du Ministère de la Justice du 20 septembre 1957 (4571–VI/46) – *Die Justiz* p. 379 – et la circulaire du 18 décembre 1961 (4571–VI/62) sont donc devenues sans objet.

Bundestag, 23 juin 1966

Question déposée par M. Hirsch et relative au droit à réparation reconnu par l'article 5, par. 5, de la Convention des Droits de l'Homme.

(*Résumé*)

M. Hirsch: Aux termes de l'arrêt rendu le 31 janvier 1966 par la Cour de Justice fédérale (III ZR 118/64, Sarrebruck), et publié dans la *Neue Juristische Wochenschrift*, 1966 (pp. 1021ss.), le droit à réparation reconnu par l'article 5, par. 5, de la Convention de sauvegarde des Droits de l'Homme à toute personne victime d'une arrestation ou d'une détention contraire aux dispositions de l'article 5 (droit à la liberté et à la sûreté) n'est effectif que s'il est expressément reconnu et précisé dans la législation nationale de la Partie à la Convention; le Gouvernement fédéral est-il prêt à déposer sans délai un projet de loi en ce sens?

M. *Bülow*, Secrétaire d'Etat au Ministère fédéral de la Justice: Votre question, Monsieur le Député, se rattache dans une certaine mesure à celle qui était posée à propos de la réforme des lois d'indemnisation; le Ministre lui-même a déclaré que l'on s'apprêtait à modifier ces lois et que des dispositions préliminaires avaient déjà été prises à cet effet. En réponse à une question de M. Jahn, il a été confirmé que l'on attachait une urgence particulière à cette réponse.

En ce qui concerne le point particulier que vous évoquez, je peux vous indiquer ce qui suit. Le Gouvernement fédéral étudiera en you quote, whether special legislation is required to give effect to the right to compensation guaranteed in Article 5 of the European Convention on Human Rights. The case in point, may I say, is quite a special one. I have studied the judgment carefully and would like to add that there is some hope that this isolated case, which is bound up with the transitional arrangements in the Saar, can be settled individually by a special Act.

Bundestag, 30th November 1966

Motion tabled by Mr. Bauer and others on the Council of Europe's contribution to the International Year for Human Rights in 1968 (*Recommendation 458*)

(*Summary*)

With reference to Recommendation 458 on the Council of Europe,s contribution to the International Year for Human Rights, adopted by the Consultative Assembly on 3rd May 1966,

We beg leave to request the Federal Government:

(1) to use its influence in the Committee of Ministers of the Council of Europe to ensure that the Council of Europe fully supports the plans and preparatory arrangements made by the United Nations for the International Year for Human Rights to be held in 1968;

(2) to take the initiative in ensuring that the Federal Republic makes its own contribution to the International Year for Human Rights, which is so important for its future, particularly in view of the undemocratic and nationalistic tendencies which have recently made themselves manifest in certain sections of the population.

Reference to Committee in the Bundestag, on 8th December 1966, of the Motion tabled by Mr. Bauer and others (*Recommendation 458*)

(*Summary*)

The Bundestag decided to refer to its Committee on Foreign Affairs the Motion tabled by Mr. Bauer and others relating to the contribution of the Council of Europe to the International Year for Human Rights in 1968 (see above Document – 30.11.1966).

détail, sur la base de l'arrêt déjà mentionné, la question de savoir si des mesures législatives particulières sont nécessaires pour rendre effectif le droit à réparation garanti par l'article 5 de la Convention de sauvegarde des Droits de l'Homme et des Libertés fondamentales. Je dois ajouter que le problème en question a un caractère très particulier. J'ai examiné l'arrêt en question de façon approfondie et, selon moi, on peut espérer que ce cas particulier, qui est lié à la situation transitoire en Sarre, pourra être réglé par un texte particulier.

Bundestag, 30 novembre 1966

Motion déposée par M. Bauer et plusieurs de ses collègues relative à la contribution du Conseil de l'Europe à l'Année Internationale des Droits de l'Homme en 1968 (*Recommandation 458*)

(*Résumé*)

En nous référant à la Recommandation 458 relative à la contribution du Conseil de l'Europe à l'Année Internationale des Droits de l'Homme, texte que l'Assemblée Consultative a adopté le 3 mai 1966,

nous prions le Gouvernement fédéral

1) d'user de son influence au sein du Comité des Ministres du Conseil de l'Europe pour que le Conseil de l'Europe appuie pleinement les projets et les préparatifs des Nations Unies concernant l'Année Internationale des Droits de l'Homme (1968);

2) de prendre des mesures en vue d'assurer que l'Année internationale des Droits de l'Homme suscitera dans la République fédérale tout l'intérêt qu'elle mérite, étant donné notamment les tendances nationalistes et anti-démocratiques qui se sont manifestées récemment dans certains milieux.

Renvoi, en Commission, le 8 décembre 1966, d'une Motion présentée par M. Bauer et ses collègues (*Recommandation 458*)

(*Résumé*)

Le Bundestag a décidé de renvoyer à sa Commission des Affaires Etrangères la Motion déposée par M. Bauer et plusieurs de ses collègues relative à la contribution du Conseil de l'Europe à l'Année Internationale des Droits de l'Homme en 1968 (Voir: Document ci-dessus – 30.11.1966).

Bundestag, 16th December 1966

Debate on the Federal Government Statement

(*Summary*)

Mr. Becher (Pullach): ....

It is no use demanding the right to *self-determination* for all nations and, at the same time, refusing that right to a section of one's own people – the Germans who were expelled from Bohemia and Moravia-Silesia, which had been their home for thousands of years. That sort of thing cannot be done without creating a new injustice – and one likely to have serious consequences – in internal politics.

No reconciliation can be based on injustice such as this. Thereby the tragic chapters in the history of our peoples would not be closed but would be prolonged indefinitely. And as the Right Honourable Member, Dr. Barzel, has said, this House is about to ratify the Fourth Protocol to the Convention for the Protection of Human Rights and Fundamental Freedoms.

Article 3 (1) stipulates that: "No one shall be expelled by means either of an individual or of a collective measure from the territory of the State of which he is a national". The Report of the Committee of Experts on Human Rights, dated 21st February 1963, contains the following commentary:

"It was agreed that the adoption of Article 3 (1) could in no way be interpreted as in any way justifying measures of collective expulsion which may have been taken in the past."

Let us beware of repudiating these principles of Human Rights by hasty decisions, in order, ostensibly, to obtain political concessions. Such concessions cannot be obtained either now or at a later date.

FRANCE

Assemblée Nationale, 9th June 1966

Question tabled by Mr. Paquet relating to the ratification of the European Convention for the Protection of Human Rights.

Bundestag, 16 décembre 1966

Débat sur la déclaration du Gouvernement fédéral

(*Résumé*)

M. Becher (Pullach): ... On ne peut pas revendiquer le droit à l'autodétermination pour tous les peuples et le refuser à une partie de son propre peuple – les Allemands expulsés de la Bohême et de la Moravie-Silésie, leur patrie millénaire –. On ne peut faire tout cela sans créer une nouvelle injustice, lourde de danger aussi sur le plan de la politique intérieure.

Aucune réconciliation n'est possible à partir d'une telle injustice. De sombres chapitres de l'histoire de nos peuples, au lieu d'être clos se trouveront ainsi prolongés en une suite indéfinie. Comme M. le Député Barzel l'a déjà déclaré, la Chambre est sur le point de ratifier le 4ème Protocole additionnel à la Convention de Sauvegarde des Droits de l'Homme et des Libertés fondamentales.

Il y est stipulé à l'article 3, par. 1er, que nul ne peut être expulsé par voie de mesure individuelle ou collective, du territoire de l'Etat dont il est le ressortissant. Le rapport du Comité d'experts en matière de droits de l'homme en date du 21 février 1963, contient à ce sujet le commentaire suivant:

"Il a été entendu que l'adoption de l'article 3, par. 1er, ne pourrait en aucune façon être interprétée comme étant de nature à légitimer les mesures d'expulsion collective prises dans le passé."

Gardons-nous de renier les principes des droits de l'homme par des dispositions hâtives, afin d'obtenir en contrepartie de prétendues concessions politiques. De telles concessions ne s'obtiendront ni aujourd'hui, ni demain.

FRANCE

Assemblée Nationale, 9 juin 1966

Question déposée par M. Paquet relative à la ratification de la Convention européenne des Droits de l'Homme.

(*Summary*)

Mr. Paquet, in view of Resolution 2081 (XX) of the United Nations General Assembly concerning the organisation in 1968 of an International Year for Human Rights, to ask the Prime Minister: 1. why the International Covenant of Human Rights provided for in the Universal Declaration of Human Rights adopted on 10th December 1948 had not been drawn up; 2. why the European Convention for the Protection of Human Rights and Fundamental Freedoms signed at Rome on 4th November 1950 and its Protocol signed at Paris on 20th March 1952 had not been ratified by France; 3. whether there was not reason to consider that the ratification by France of this European Convention and the Protocol of 20th March 1952 should be a pre-condition for France's ratification of the European Social Charter signed at Turin on 18th October 1961 by the representative of the Government of the French Republic.

Assemblée Nationale, 22nd September 1966

Question tabled by Mr. DASSIE relating to the contribution of the Council of Europe to the International Year for Human Rights in 1968. (*Recommendation 458*)

(*Summary*)

Mr. Dassié to ask the Minister for Foreign Affairs, in connection with Recommendation 458 on the contribution of the Council of Europe to the International Year for Human Rights in 1968, adopted by the Consultative Assembly of the Council of Europe on 3rd May 1966, whether the Government is prepared to instruct its Permanent Representative to the Committee of Ministers of the Council of Europe to vote in favour of the proposals contained in that Recommendation.

Reply by the Minister for Foreign Affairs, on 16th November 1966, to Mr. Dassié's question.

(*Summary*)

The Committee of Ministers of the Council of Europe has approved Recommendation 458 and has consequently decided to take action on the suggestions contained in paragraph 8.

(*Résumé*)

M. Paquet, considérant la résolution 2081 (XX) de l'Assemblée générale des Nations Unies relative à l'organisation en 1968 de l'Année internationale des Droits de l'Homme, demande à M. le Premier ministre de lui faire connaître: 1° les raisons pour lesquelles, depuis l'adoption, le 10 décembre 1948, de la Déclaration universelle des Droits de l'Homme, le pacte international des droits de l'homme, prévu par ladite déclaration n'a pas été élaboré; 2° les raisons pour lesquelles la Convention européenne de sauvegarde des Droits de l'Homme et des Libertés fondamentales signée à Rome, le 4 novembre 1950, complétée par le Protocole additionnel à cette Convention signé à Paris le 20 mars 1952, n'a pas été ratifiée par la France; 3° s'il n'y a pas lieu de considérer que la ratification par la France de ladite Convention européenne et de son Protocole additionnel du 20 mars 1952, est une condition préalable à l'éventuelle ratification par la France de la Charte sociale européenne signée à Turin le 18 octobre 1961 par le représentant du Gouvernement de la République française.

Assemblée Nationale, 22 septembre 1966

Question déposée par M. Dassié relative à la contribution du Conseil de l'Europe à l'Année Internationale des Droits de l'Homme – *Recommandation 458.*

(*Résumé*)

M. Dassié, se référant à la Recommandation 458 relative à la contribution du Conseil de l'Europe à l'Année Internationale des Droits de l'Homme en 1968, qui a été adoptée par l'Assemblée Consultative du Conseil de l'Europe le 3 mai 1966, demande à M. le Ministre des Affaires Etrangères si le Gouvernement est prêt à donner comme instruction à son Représentant permanent au Comité des Ministres du Conseil de l'Europe de voter en faveur des demandes contenues dans cette recommandation.

Réponse du Ministre des Affaires Etrangères, en date du 16 novembre 1966, à la question de M. Dassié.

(*Résumé*)

Le Comité des Ministres du Conseil de l'Europe a approuvé la Recommandation n° 458 et décidé, en conséquence, de donner suite aux suggestions contenues dans son paragraphe 8.

GREECE

Chamber of Deputies, 15th November 1966

Reply by the Minister of Foreign Affairs to the Question tabled by MM. Bournias and Trikoupis on 27th August 1966, No. 771 concerning the International Human Rights Year, 1968.

We would inform you that the celebration of 1968 as Human Rights Year was decided on by the General Assembly of the United Nations, which appealed to specialised and regional organisations to do their utmost to make the occasion a success.

Through Recommendation 458/1966 of the Consultative Assembly, the Council of Europe, for its part, requested the European Commission of Human Rights, the European Court of Human Rights and the Committee of Experts on Human Rights to give their opinion on the way in which the Council could contribute to the success of International Human Rights Year, 1968.

As plans are still at a preparatory stage, the exact nature of the Council of Europe's contribution is not yet known. Member countries will probably support the United Nations' venture by participating in common celebrations held under its auspices and that of other organisations and by organising separate events within each country (see paragraph 8 (a) of Recommendation 458 bearing on member countries' contribution).

Neither the United Nations nor the Council of Europe have as yet drawn up concrete plans. Once that has been done – doubtless in the near future – and the celebrations to be held in each member country as well as measures for securing the support of public opinion have been decided on, we shall be in a position to broach the question on the basis of the programme established by the United Nations on which the Council's programme will depend.

ITALY

Sénat, 14th July 1966

Question tabled by Mr. Montini relating to the contribution of the Council of Europe to the International Year for Human Rights in 1968 (*Recommendation 458*)

GRECE

Chambre des Députés, 15 novembre 1966

Réponse du Ministre des Affaires Etrangères à la question déposée par MM. Bournias et Trikoupis, le 27 août 1966, No. 771 relative à l'Année Internationale des Droits de l'Homme, 1968.

En réponse, nous avons l'honneur de porter à votre connaissance que la désignation de l'Année 1968 comme Année des Droits de l'Homme a été décidée par l'Assemblée Générale des Nations Unies qui a demandé aux Organisations spécialisées et régionales de contribuer au succès des manifestations s'y référant.

Le Conseil de l'Europe par la Recommandation 458/1966 de l'Assemblée Consultative a demandé à la Commission européenne des Droits de l'Homme, à la Cour européenne des Droits de l'Homme ainsi qu'au Comité d'Experts des Droits de l'Homme, de donner leur avis sur sa participation à l'Année Internationale des Droits de l'Homme (1968).

Nous nous trouvons par conséquent à un stade préparatoire à la fin duquel on connaîtra la participation définitive des pays membres du Conseil de l'Europe. Cette participation consistera probablement (conformément au paragraphe 8 (a) de la Recommandation 458 qui se réfère tout particulièrement à la participation des pays membres) en un soutien des pays membres du Conseil de l'Europe à cette initiative des Nations-Unies, qui prendra deux formes: d'une part participation à des manifestations collectives des Nations Unies et autres organisations d'autre part à des manifestations indépendantes à l'intérieur de chaque Etat membre.

Par conséquent pour le moment, ni les Nations Unies ni le Conseil de l'Europe n'ont abouti à l'établissement d'un plan concret. Quand cela sera fait, dans un proche avenir, l'organisation des manifestations à l'intérieur de chaque Etat pour mobiliser l'opinion publique etc., il nous sera possible d'aborder la question, car alors le programme attendu des NationsUnies sera connu. A ce dernier sera lié également le programme du Conseil de l'Europe. –

ITALIE

Sénat, 14 juillet 1966

Question déposée par M. Montini relative à la contribution du Conseil de l'Europe à l'Année internationale des Droits de l'Homme en 1968 (*Recommandation 458*)

(*Summary*)

Mr. Montini: to ask the Minister of Justice to state the views of the Government and particularly of the Minister of Justice on Recommendation 458, on the contribution of the Council of Europe to the International Year for Human Rights in 1968, adopted by the Consultative Assembly of the Council of Europe on the proposal of the Legal Committee, and in particular whether the Italian Government proposes to take or has already taken some action in the direction indicated in that Recommendation which recommended that the action taken by the United Nations in this field should be supported by all possible means.

Reply by the Minister for Foreign Affairs, on 5th September 1966, to Mr. Montini's question

Recommendation No. 458 relating to the participation of the Council of Europe in the celebration of the International Human Rights Year, 1968, fully corresponds to the principles of justice and respect for the individual which have always inspired the action of the Italian Government.

In accordance with these principles, the Italian Representative to the Council of Europe supported this Recommendation, which was approved by the Ministers' Deputies at their 152nd meeting.

By accepting the proposals contained in Recommendation No. 458, the Member Governments have decided to take part in the programme for the celebration of the International Human Rights Year, 1968, and to contribute to its success.

For the present, the activities of the Member Governments should mostly take place within the framework of the Council of Europe. The Italian Government's action will, therefore, consist for the time being in contributing, through its representatives at the various organs of the Council, to the preparation of a programme for the participation by the Council of Europe in the action being taken by the United Nations.

NETHERLANDS

Second Chamber of the States General, 26th September 1966

Letter tabled by the Minister for Foreign Affairs relating to approval of the Second and Third Protocols to the Convention on Human Rights.

(*Résumé*)

M. Montini demande au ministre de la Justice de faire connaître le point de vue du Gouvernement et, en particulier, du ministre de la Justice, sur la Recommandation 458 relative à la contribution du Conseil de l'Europe à l'Année internationale des Droits de l'Homme en 1968, adoptée par l'Assemblée Consultative du Conseil de l'Europe sur proposition de la commission juridique et, surtout, si le Gouvernement italien se propose de prendre ou a déjà pris une initiative dans le sens indiqué dans cette recommandation dans laquelle il est recommandé d'appuyer, par tous les moyens, l'initiative de l'O.N.U. en ce sens.

Réponse du Ministre des Affaires étrangères, en date du 5 septembre 1966, à la question de M. Montini.

La Recommandation No. 458 relative à la participation du Conseil de l'Europe à la célébration de 1968 comme Année Internationale des droits de l'homme, répond pleinement aux principes de justice et de respect de l'individu qui ont toujours inspiré l'action du Gouvernement italien.

Conformément à ces principes, le Représentant italien au Conseil de l'Europe à donné son appui à cette Recommandation qui a été approuvée par les Délégués des Ministres, au cours de leur 152ème réunion.

En acceptant les propositions contenues dans la Recommandation 458, les Gouvernements membres ont décidé d'adhérer au programme de la célébration de l'Année Internationale des Droits de l'Homme de 1968 et de contribuer au succès de l'initiative.

Pour le moment, les activités des Gouvernements membres doivent avoir lieu surtout dans le cadre du Conseil de l'Europe. L'action du Gouvernement italien consiste donc pour le moment à contribuer par sa représentation au sein des divers organes du Conseil à l'élaboration du programme pour la participation du Conseil de l'Europe à la manifestation des Nations Unies.

PAYS-BAS

Deuxième Chambre des Etats Généraux, 26 septembre 1966

Lettre déposée par le Ministre des Affaires Etrangères, relative à l'approbation des deuxième et troisième Protocoles à la Convention des Droits de l'Homme.

(*Summary*)

This Letter, an official document of the Second Chamber, is intended to meet the requirements of Article 60, paragraph 3, of the Constitution which stipulates that tacit approval is given to an international convention unless, within 30 days from its deposit with the Registrars of the Chambers, one of the Chambers or at least one-fifth of the members of one of the Chambers expresses the wish that the convention be submitted for express approval.

The Explanatory Memorandum which accompanies the Letter and gives a commentary on the Second Protocol ends thus: "The Government of the Kingdom regards the Protocol in question as a means of ensuring proper enforcement of the Convention for the Protection of Human Rights and Fundamental Freedoms."

The Explanatory Memorandum on the Third Protocol ends thus: "The Government of the Kingdom is of the opinion that the Protocol in question will bring about an improvement in procedure before the Commission of Human Rights."

SWEDEN

Riksdag, 27th January 1966

Motion tabled in the Riksdag by the Government and relating to the recognition of the jurisdiction of the European Court of Human Rights.

(*Summary*)

By this motion the Government ask the Riksdag to authorise the declaration, by Sweden, to recognise the jurisdiction of the European Court of Human Rights.[1]

SWITZERLAND

Nationalrat, 22nd June 1966

(Extracts from the Bulletin Officiel de l'Assemblée Fédérale, 1966, pp. 406–410)

[1] On 13th June 1966 Sweden deposited with the Secretary General a Declaration made in accordance with Article 46, para. (2) of the Convention, recognising as compulsory, on condition of reciprocity, the jurisdiction of the European Court of Human Rights: See, *supra*, page 12.

(*Résumé*)

Cette lettre, qui figure parmi les documents officiels de la Deuxième Chambre, a pour but de satisfaire à l'article 60, par. 3, de la Constitution qui stipule que l'approbation tacite est donnée à une convention internationale si, dans les 30 jours qui suivent sa déposition aux Greffes des Chambres, une des Chambres ou du moins un cinquième des membres d'une des Chambres ne manifeste le désir que la convention soit soumise à l'approbation expresse.

La note explicative qui accompagne la lettre et qui donne un commentaire sur le deuxième Protocole, se termine ainsi: le Gouvernement du Royaume voit dans le Protocole en question un moyen d'assurer l'exécution exacte de la Convention de Sauvegarde des Droits de l'Homme et des Libertés fondamentales.

La note explicative au sujet du troisième Protocole se termine ainsi: le Gouvernement du Royaume est d'opinion que le Protocole en question apportera une amélioration dans la procédure devant la Commission des Droits de l'Homme.

SUEDE

Riksdag, 27 janvier 1966

Motion déposée au Riksdag par le Gouvernement et relative à la reconnaissance de la juridiction de la Cour européenne des Droits de l'Homme.

(*Résumé*)

Par cette motion, le Gouvernement demande au Riksdag d'autoriser une déclaration par la Suède, pour la reconnaissance de la juridiction de la Cour européenne des Droits de l'Homme.[1]

SUISSE

Conseil National, 22 juin 1966

(Extrait du Bulletin Officiel de l'Assemblée Fédérale, 1966, pp. 406–410)

[1] Le 13 juin 1966, la Suède a remis au Secrétaire Général du Conseil de l'Europe une déclaration faite conformément à l'article 46, par. 2, de la Convention, suivant laquelle elle reconnaît comme obligatoire, sous condition de réciprocité, la juridiction de la Cour européenne des Droits de l'Homme. Cf. *supra*, p. 13.

Text of the interpellation (tabled by Mr. *Eggenberger* on 22nd June 1966)

(*Translation*)

The Federal Council (*Bundesrat*) is requested to present a report to the federal legislative bodies stating what legal conditions should be fulfilled to enable Switzerland to accede to the European Human Rights Convention.

Mr. Eggenberger. – May I be allowed to speak briefly to the motion. It calls for a report from the Bundesrat on the legal conditions which require to be fulfilled in order that Switzerland can accede to the Human Rights Convention. It has been signed by all the Chairmen of the parliamentary parties, whose members are thus manifestly unanimous in considering that a problem exists and that ways should be found of solving it. Prudently, the motion is not aimed at finding a direct solution. It is based on the same arguments as those put forward by ex-Federal Councillor Wahlen, when he said: "It should also be said that there is no longer any understanding in other countries for certain of the clauses of our Constitution. It is not enough to explain their continuing existence on the grounds of our unique institutions of direct democracy, since these too are largely misunderstood abroad. Here 'the ex-Councillor went on' the political parties and the Press have an important part to play. It is they, first and foremost, who should seek to enlighten the public, so that certain tasks which have now become urgent can be taken firmly in hand".

Switzerland has joined the Council of Europe, Article 3 of whose Statute states: "Every Member of the Council of Europe must accept the principles of the rule of law and of the enjoyment by all persons within its jurisdiction of human rights and fundamental freedoms". On 4th November 1950, 16 of the States then belonging to the Council of Europe signed in Rome the Convention for the Protection of Human Rights and Fundamental Freedoms. In doing so, their principal desire was, as the preamble so eloquently says, to reaffirm their profound belief in those fundamental freedoms which are the foundation of justice and peace in the world and are best maintained on the one hand by an effective political democracy and on the other by a common understanding and observance of the Human Rights upon which they depend. The Convention is an important document of great human value, which guarantees to every human being, man or woman, the right to life, to personal

Texte de l'interpellation (déposée par *M. Eggenberger*, le 22 juin 1966.)

(*Traduction*)

Le Conseil fédéral est invité à présenter aux conseils législatifs un rapport établissant quelles conditions juridiques devraient être créées pour permettre l'adhésion de la Suisse à la Convention sur les droits de l'homme.

M. Eggenberger. – La motion que je voudrais vous présenter brièvement invite le Conseil fédéral à établir un rapport indiquant quelles conditions juridiques devraient être créées pour permettre à la Suisse d'adhérer à la Convention des Droits de l'Homme. Elle a été signée par tous les Présidents de groupe, fait qui témoigne que tous les groupes du Conseil ont conscience de l'importance du problème et que la nécessité de trouver des moyens pour le résoudre n'échappe généralement pas à l'opinion parlementaire. Cependant, pour des raisons de prudence, la motion qui vous est présentée ne vise pas encore à une solution immédiate des problèmes qui se posent en la matière. Elle répond aux mêmes préoccupations que celles qui amenaient l'ancien Conseiller fédéral Wahlen à déclarer ce qui suit: "En outre, il convient de mentionner qu'un certain nombre de nos dispositions constitutionnelles ne sont plus comprises à l'étranger. Il ne suffit pas d'expliquer leur maintien en invoquant le caractère tout à fait particulier de nos institutions de démocratie directe, car c'est là aussi un aspect de la situation qu'il est souvent difficile de saisir au-delà de nos frontières. Les parties et la presse ont, en la matière, un rôle important à jouer. C'est à eux qu'il appartient au premier chef d'éclairer l'opinion pour que des problèmes qui revêtent désormais un caractère d'urgence, puissent être abordés de façon constructive."

La Suisse est membre du Conseil de l'Europe dont le Statut dispose en son article 3 ce qui suit:

"Tout membre du Conseil de l'Europe reconnaît le principe de la prééminence du Droit et le principe en vertu duquel toute personne placée sous sa juridiction doit jouir des droits de l'homme et des libertés fondamentales." Le 4 novembre 1950, seize des Etats que comptait alors le Conseil de l'Europe ont signé à Rome la Convention de Sauvegarde des Droits de l'Homme et des Libertés fondamentales. Ce faisant, leur principal souci était, comme l'indique le Préambule, en des termes éloquents et nobles, de réaffirmer leur profond attachement à ces libertés fondamentales qui constituent les assises mêmes de la justice et de la paix dans le monde et dont le maintien repose essentiellement sur un régime politique véritablement démocratique d'une part, et, d'autre part, sur une conception commune et un commun respect des droits de l'homme dont ils se freedom and legal security, to respect for private and family life, to freedom of thought, conscience and religion, to free expression of opinion and free assembly, to respect for property, to education and to periodical participation in free elections by secret ballot.

Reading this Convention, one cannot but feel slightly uneasy that Switzerland is unable to subscribe to it. Surely Switzerland, as an old peace-loving democracy with a humanitarian tradition, Switzerland as a well-established constitutional State can not be unworthy of signing such a humane document, such an instrument of justice and peace? Yet the fact cannot be gainsaid that our present legal order contains a number of flaws, which prevent us from unconditionally acceding to the Convention.

First, there is our political anti-feminism, our refusal to grant equal political status to women. Then there is a degree of anti-clericalism embodied in the Constitution, which is a relic of the Swiss civil wars and the Kulturkampf of the last century, the prohibitions on Jesuits and monasteries and the exclusion of priests of all denominations from eligibility to be members of the national assembly. Finally, there is also, I think, a small trace of anti-semitism, some restrictions on the freedom of the Jews to practise their religion, reflected in the prohibition of ritual slaughter. I would add too that the legal protection afforded to persons detained in administrative custody is not always adequate, a state of affairs which is hardly compatible with the provisions of the Human Rights Convention.

I am well aware that the amendments to the Constitution which will be necessary before Switzerland can unconditionally accede to the Convention will raise extremely delicate political problems, particularly as it is much less a question of causing reasonable and logical arguments to prevail than of eliminating deeply-rooted prejudices. I am further convinced that all efforts to effect a thorough-going clean-up of the Federal Constitution will be doomed to failure until the questions of constitutional law which I have mentioned are settled, one after the other. Switzerland cannot however afford to put off the signature and ratification of the Human Rights Convention indefinitely. A start must therefore be made with an intensive and tireless campaign to enlighten the Swiss people. The report of the Federal Council which is requested in the Motion must become the basis for such a campaign and must réclament. Il s'agit d'un document d'une grande valeur humaine, dont l'objet est de garantir à quiconque, homme ou femme, les droits fondamentaux tels que le droit à la vie, le droit à la liberté et à la sûreté, le droit au respect de la vie privée et familiale, le droit à la liberté de pensée, de conscience et de religion, le droit à la liberté d'expression, le droit à la liberté d'association, le droit au respect de ses biens, le droit à l'instruction et enfin le droit de participer périodiquement à des élections libres au scrutin secret.

Quand on lit cette Convention, on ne peut se défendre de ressentir un certain malaise à l'idée que la Suisse n'est pas en mesure d'y adhérer. La Suisse, vieille démocratie éprise de paix, pays de longue tradition humaniste et Etat fondé sur le principe de la primauté du droit, ne serait donc pas digne d'apposer sa signature au bas d'un document d'une si profonde humanité, d'être partie à un tel instrument de justice et de paix? Et cependant, force est de constater que notre système juridique actuel comporte certaines imperfections qui nous empêchent d'adhérer sans réserve à cette Convention.

Je mentionnerai d'abord l'anti-féminisme politique, c'est-à-dire, le refus d'accorder aux femmes le droit de participer à la vie politique sur un pied d'égalité avec les hommes. Je mentionnerai ensuite l'anti-cléricalisme qui est inscrit dans notre Constitution et qui est une survivance de la période de guerre civile et de Kulturkampf traversée par la Suisse au siècle dernier, l'interdiction des Jésuites et des monastères et le refus d'accorder aux ecclésiastiques de toute confession l'éligibilité au Conseil national. Il faut enfin, à mon avis, mentionner un léger élément d'antisémitisme dont témoigne l'atteinte à la liberté de culte des Juifs que constitue l'interdiction de l'abattage rituel. J'ajouterai que la protection juridique accordée aux personnes faisant l'objet de mesures de détention administrative n'est pas toujours suffisante, ce qui n'est guère compatible avec les dispositions de la Convention des Droits de l'Homme.

J'ai parfaitement conscience que les aménagements constitutionnels à entreprendre pour que la Suisse puisse adhérer sans réserve à la Convention des Droits de l'Homme soulèvent des problèmes politiques extrêmement délicats, d'autant plus qu'il s'agit beaucoup moins de faire admettre des principes logiques et conformes à la raison que de lutter contre des préjugés profondément enracinés. Or, je suis convaincu que, pour parvenir à une vaste réforme de la Constitution fédérale, il est indispensable de régler une à une ces diverses questions. Il n'en reste pas moins que la Suisse ne peut guère se permettre de repousser aux calendes grecques la signature et la ratification de la Convention des Droits de l'Homme. Il faut donc entreprendre un effort intensif et durable pour éclairer le peuple suisse. Le rapport que la motion invite le Conseil fédéral à établir, devrait être la base de cette campagne d'information et contribute to preparing the popular decisions that will be indispensable later. Nevertheless, it is my view that it will still be a considerable time before the majority of public opinion is ready for the constitutional law changes which are in fact long overdue. The question should therefore be asked, and it is worthy of earnest consideration, whether it would not be possible for Switzerland to accede to the Human Rights Convention with reservations based on Article 64.

"Any State may" says that Article "when signing this Convention or when depositing its instrument of ratification, make a reservation in respect of any particular provision of the Convention to the extent that any law then in force in its territory is not in conformity with the provision. Reservations of a general character shall not be permitted under this Article".

I should liketo ask the Federal Council also to consider this possibility as a provisional solution, and I call upon you to support the Motion.

Mr. Spühler (Federal Councillor). – Since the days when our country was step by step coming closer to the Council of Europe first by sending parliamentary observers and later by accepting the responsibilities of a full Member, the question of Swiss ratification of the European Human Rights Convention of 4th November 1950 has repeatedly been the subject of proposals in the Federal legislative bodies. The Federal Council is fully conscious of the important part played by the Convention and its Protocols in the action of the Council of Europe. The procedures created for the protection of individual rights in the European States have proved to be both novel and effective. So far, the Convention has been ratified by 15 of the 18 Council of Europe member States. Admittedly some of them have adopted the new procedures only partially by not accepting the compulsory jurisdiction of the European Court of Human Rights and the right of individual application to the Human Rights Commission, a fact which naturally limits their commitment.

The Federal Council already stated its views on the matter in its report to the Federal Assembly on Switzerland's relations with the Council of Europe, dated 26th October 1962, as well as in its replies to questions by Mr. Furgler on 11th December 1962 in the National contribuer à préparer les décisions populaires qui seront ultérieurement indispensables. J'ai toutefois le sentiment que la majorité de l'opinion publique ne sera pas prête avant quelque temps à accepter des réformes constitutionnelles qui, sur le plan des faits, s'imposent pourtant depuis longtemps. Il s'agit donc de savoir – et c'est là une question à étudier très attentivement – si la Suisse ne pourrait pas adhérer à la Convention des Droits de l'Homme en formulant des réserves conformément aux dispositions de l'article 64 qui est libellé comme suit:

"Tout Etat peut, au moment de la signature de la présente Convention ou du dépôt de son instrument de ratification, formuler une réserve au sujet d'une disposition particulière de la Convention, dans la mesure où une loi alors en vigueur sur son territoire n'est pas conforme à cette disposition".

Je propose que le Conseil fédéral examine cette possibilité à titre de solution provisoire et je l'invite à adopter la motion.

M. Spühler (Conseiller fédéral). – Depuis que la Suisse s'est rapprochée progressivement du Conseil de l'Europe en détachant d'abord auprès de lui des observateurs parlementaires et en assumant ensuite toutes les obligations d'un membre à part entière, la question de la ratification de la Convention européenne de sauvegarde des Droits de l'Homme et des Libertés fondamentales du 4 novembre 1950 a fait, à plusieurs reprises, l'objet de propositions dans les conseils législatifs. Le conseil fédéral est pleinement conscient de la place importante que la Convention et ses protocoles additionnels occupent dans l'ensemble des travaux du Conseil de l'Europe. Les procédures instituées dans les Etats européens pour la protection des droits individuels se sont révélées à la fois modernes et efficaces. A ce jour, la Convention a été ratifiée par quinze des dix-huit Etats membres du Conseil de l'Europe. Il est vrai qu'un certain nombre d'entre eux n'ont accepté qu'une partie de la procédure instituée par la Convention, puisqu'ils n'ont pas reconnu la juridiction obligatoire de la Cour européenne des Droits de l'Homme, ni le droit de recours individuel devant la Commission des Droits de l'Homme, ce qui limite naturellement la portée de leurs engagements.

Le Conseil fédéral a déjà pris position sur cette question dans le rapport qu'il a adressé le 26 octobre 1962 à l'Assemblée fédérale sur les relations entre la Suisse et le Conseil de l'Europe, ainsi que dans ses réponses aux questions posées par M. Furgler dans son

Assembly and Mr. Lusser on 14th December 1965 in the Council of States. On these occasions the Federal Council mentioned the most serious obstacles standing in the way of unconditional ratification of the Convention by Switzerland. As you know, these are the absence of women's suffrage in Federal and, except in a few cases, cantonal elections, and the special Articles on ecclesiastical matters in the Federal Constitution.

Anyone who considers that Switzerland should accede to a convention only when it can do so without restriction will have to submit that we are not yet ready to sign. As against this, there is the view that Article 64 of the Convention, which provides for the possibility of accession with reservations, was included precisely in order to allow the States whose legal system is at variance with the requirements of the Convention in certain particulars only, nevertheless to accede to it. The determining factor will be how far any reservations will cause our legal system to derogate from the provisions of the Convention. The main argument in favour of accession, and it is a very general one, is that the aims of the Convention coincide in every way with our own constitutional ideas. The Convention is designed to guarantee the principle of a free constitutional State and a minimum of human rights and fundamental freedoms.

The Federal Council is prepared, as requested in the Motion, to submit a report to the legislative bodies on the conditions to be fulfilled in order to enable us to accede to the Human Rights Convention, and it is also prepared to include consideration of the question of ratification subject to reservations. It will see to it that such a report is prepared within a reasonable time. The Federal Council therefore proposes that you should transform the Motion by Mr. Eggenberger and his co-signatories into a request (*Postulat*) on which action can be taken in the form of a report. I make this proposal primarily on practical grounds, for if the Federal Council is ready to submit this report, it will hardly be necessary any more for the Council of States (*Ständerat*) also to deal with the matter.

The problem of accession has also been discussed by the Swiss delegation to the Council of Europe. The delegation welcomes the Motion and supports the request for a report. It would be useful if we could hear its views stated in this House, and I therefore beg to move a debate.

(Vice-President *Schaller* in the Chair)

The President. – Under Rule 75 a debate must be held if the interpellation du 11 décembre 1962 au Conseil national et par M. Lusser dans son interpellation du 14 décembre 1965 au Conseil des Etats. A ces occasions, il a évoqué les principaux obstacles à une ratification sans réserves de la Convention par la Suisse. Comme vous le savez, ces obstacles sont l'exclusion des femmes du corps électoral dans les élections fédérales et, sauf un petit nombre d' exceptions, dans les élections cantonales, ainsi que les articles d'exception que contient la Constitution fédérale et qui visent les ecclésiastiques.

Quiconque considère que la Suisse ne doit adhérer à une convention que si elle peut le faire sans réserves doit accepter le fait que notre pays n'est pas en mesure de signer la Convention en question. On peut, en revanche, estimer que l'article 64, qui prévoit la possibilité d'adhésion avec réserves, a justement été adopté pour permettre à des Etats dont le système juridique s'écarte sur certains points de détail des exigences de la Convention, d'apposer leur signature au bas de cet instrument. La question déterminante en la matière est de savoir jusqu'à quel point les réserves éventuelles amèneraient notre système juridique à déroger aux dispositions de la Convention. Il y a, avant tout, une considération d'ordre très général qui plaide en faveur de notre adhésion: les objectifs de la Convention sont en tous points conformes à notre conception de l'Etat puisqu'ils consistent à garantir le principe d'un Etat libéral fondé sur la primauté du droit et à assurer le respect d'un certain minimum de droits de l'homme et de libertés fondamentales.

Le Conseil fédéral est disposé, comme l'y invite la motion, à présenter aux conseils législatifs un rapport établissant quelles conditions juridiques devraient être créées pour permettre l'adhésion de la Suisse à la Convention des Droits de l'Homme, et à étudier plus particulièrement, à cette occasion, le problème de la ratification avec réserves. Il s'emploiera à élaborer le rapport dans les délais voulus. Je vous propose donc au nom du Conseil fédéral de transformer la motion de M. Eggenberger et de ses cosignataires en un "postulat" auquel il sera donné suite par l'établissement d'un rapport. Je fais surtout cette proposition par souci d'une organisation rationnelle de nos travaux, car si le Conseil fédéral est disposé à établir le rapport, il n'est guère nécessaire que le Conseil des Etats se saisisse, lui aussi, de la question.

La question de notre adhésion à la Convention a été également étudiée par la délégation suisse auprès du Conseil de l'Europe. Celle-ci accueille favorablement la motion et souhaite donc l'établissement d'un rapport. Il serait utile que vous fassiez connaitre votre opinion en séance plénière et je demande donc l'ouverture d'un débat général.

(*M. Schaller* (Vice-Président) assume la présidence.)

M. le Président: Aux termes de l'article 75 du Règlement intérepresentative of the Federal Council so desires. I therefore declare the discussion open.

Mr. Bretscher. – I am grateful to Councillor Spühler for asking for a debate and so giving me the opportunity of stating my views on Mr. Eggenberger's Motion in the name and on the instructions of your delegation to the Consultative Assembly of the Council of Europe. You will readily understand our interest in this Motion, for we are dealing here with the Convention on Human Rights and Fundamental Freedoms which, as Mr. Eggenberger himself has said, is the most important of the many conventions brought into being by the Council of Europe since it started its activities. So far, 15 of the Council's 18 member States have ratified this Convention, whose sphere of validity thus extends to 150,000,000 people in Europe. Only France, Switzerland and Malta – the last two being the most recent Members of the Council of Europe – have still not acceded to it.

Our delegation welcomes the fact that the Federal Council is requested and, as we have just heard, has expressed its willingness, to render a report to the legislative bodies on the legal conditions that will have to be fulfilled so that Switzerland can accede to the Human Rights Convention. It is true, as Councillor Spühler has said, that not long ago the Federal Council gave a brief account of the points on which our domestic law is opposed to our unconditional acceptance of the Convention. But it will certainly be useful to make this question the subject of detailed investigation and of a comprehensive report to the parliamentary bodies. Both the study of the question and the subsequent report will have to survey the whole complex of legal instruments by which the Council of Europe has succeeded in institutionalising the protection of human rights. Not only the Convention itself, but also the various declarations made by the States on their recognition of the competence of the Court and of the right of individual petition, as well as the five Protocols containing amendments and supplements to the Convention, will have to be examined and appraised from the standpoint of how far Switzerland, if she accedes, can and should go in the recognition and application of the possibilities offered by these different instruments. Only if the Federal Council's report is as complete as it can possibly be in all these particulars will it be of more than academic significance and provide a foundation and guidance for the discussion of any later decisions.

This brings me to pass on a wish which has been expressed by rieur, un débat doit s'engager lorsque le représentant du Conseil fédéral en exprime le désir. Nous allons donc entamer la discussion.

M. Bretscher: Je suis reconnaissant à Monsieur le Conseiller Spühler d'avoir demandé un débat et de me donner ainsi l'occasion de prendre position sur la motion Eggenberger au nom de votre délégation auprès de l'Assemblée Consultative du Conseil de l'Europe. Vous comprendrez aisément l'intérêt que revêt pour nous cette motion, puisqu'il s'agit de la Convention de sauvegarde des Droits de l'Homme et des Libertés fondamentales, c'est-à-dire, comme vous l'a expliqué notre collègue Eggenberger, de la plus importante et de la plus significative des nombreuses conventions que le Conseil de l'Europe a établies depuis qu'il existe. Cette Convention a été ratifiée jusqu'à présent par quinze des dix-huit Etats membres du Conseil de l'Europe, c'est-à-dire que son champ d'application couvre un territoire qui compte 150 millions d'habitants. Seules la France, la Suisse et Malte ne l'ont pas encore ratifiée – ces deux derniers Etats étant d'ailleurs les derniers à être devenus membres du Conseil de l'Europe.

Notre délégation note avec satisfaction que le Conseil fédéral est invité à soumettre un rapport aux conseils législatifs sur les conditions juridiques qui devraient être créées pour permettre l'adhésion de la Suisse à la Convention des Droits de l'Homme et elle a été heureuse d'apprendre à l'instant que le Conseil était disposé à donner suite à cette demande. Il est vrai, comme l'a rappelé le Conseiller fédéral Spühler, que le Conseil fédéral nous a déjà présenté, il n'y a pas très longtemps, un résumé succinct des aspects de notre législation nationale qui font obstacle à une adhésion sans réserve de notre pays à la Convention. Mais il n'en est pas moins utile que cette question fasse l'objet d'une étude détaillée et approfondie, qu'un rapport d'ensemble soit soumis à ce sujet aux conseils législatifs. Cette étude et ce rapport devront englober tous les instruments juridiques par lesquels le Conseil de l'Europe a institutionalisé la protection des droits de l'homme. En d'autres termes, il conviendra d'examiner non seulement la Convention elle-même, mais aussi les déclarations par lesquelles les Etats peuvent reconnaître la compétence de la Cour européenne, et accepter le droit de recours individuel, ainsi que les cinq Protocoles additionnels qui complètent et modifient la Convention; il s'agira notamment de déterminer jusqu'à quel point la Suisse pourrait et devrait, en cas de ratification, reconnaître et appliquer les dispositions de ces différents instruments. Si l'on veut que le rapport du Conseil fédéral n'ait pas seulement une valeur académique, il doit être, à cet égard seulement, aussi complet que possible, de façon à pouvoir fournir une base de discussion et servir de fil directeur pour les décisions qui seront éventuellement prises plus tard.

Je suis ainsi amené à vous faire part d'un voeu exprimé par votre your Council of Europe delegation. We should like to ask – and in the meantime Councillor Spühler has already agreed that our request will be fulfilled – that the Federal Council, in the report demanded in Mr. Eggenberger's Motion, should again state its views as to whether and in what circumstances it is possible to contemplate the accession of Switzerland to the Convention with certain reservations resulting from the differences between our domestic law and the provisions of that instrument. As we know, the Federal Council has hitherto taken an unfavourable view of accession with reservations. But time does not stand still, and the unresolved problems must be examined again and again; and we in our delegation unanimously consider that the Federal Council should take the opportunity of the report requested of it to weigh up once again the question of accession with reservations; that is to say, to give its views on the nature and scope of any reservations made and on the pros and cons of such a solution.

Here I feel that I should say something about the legal and practical aspects of accession with reservations. Contrary to an opinion which is widespread in this country, there is nothing unusual or improper, nothing repellent or dishonourable in acceding to the Human Convention with certain reservations. Article 64 of the Convention, already quoted by Mr. Eggenberger, gives every State the right to make reservations. In practice a whole series of States (11 out of the 15 which have signed the Convention) have made use of this right, vis-à-vis the Convention itself or its Protocols, or vis-à-vis the Convention and this or that Protocol. The nature and extent of these reservations are extremely varied. For example, several reservations to the Convention and two of its Protocols were made by Austria, concerning among other things the provisions of the State Treaty, and also the Law on the dispossession of the House of Hapsburg. It is noteworthy that the provisions of the first Protocol on the right to education have resulted in not less than four reservations and three declarations. Protestant Sweden has reserved the right to Christian education of school children not belonging to the national church and Greece, where the Greek Orthodox is the established church, has made a similar proviso in regard to arrangements for religious instruction. For us special interest attaches to the fact that Norway originally made a reservation about the prohibition of Jesuits under its Constitution; this reservation has since been withdrawn consequent upon the repeal of the special Article in question.

A number of members of your delegation to the Consultative Assembly of the Council of Europe – to be more precise I should perhaps say the majority – are today inclined, after consideration délégation auprès du Conseil de l'Europe. Nous souhaiterions en effet – Monsieur le Conseiller Spühler vient d'ailleurs d'exprimer son accord sur ce point – que le Conseil fédéral indique de nouveau dans le rapport qu'il est invité à établir si, et dans l'affirmative, dans quelles conditions notre pays pourrait adhérer à la Convention en formulant certaines réserves fondées sur les différences entre notre législation nationale et les dispositions de la Convention. On sait que le Conseil fédéral a, jusqu'à présent, été peu favorable à une adhésion assortie de réserves. Mais les choses évoluent et les problèmes en suspens doivent être sans ecesse réexaminés. Notre délégation est unanimement d'avis que le Conseil fédéral devrait profiter de l'occasion que lui fournit l'établissement du rapport pour étudier de nouveau la question d'une adhésion avec réserves, c'est-à-dire pour donner son point de vue sur la nature et la portée des réserves éventuelles et peser le pour et le contre d'une telle solution.

Je voudrais à ce propos exposer brièvement les aspects juridiques et pratiques de l'adhésion avec réserves. Contrairement à une opinion largement répandue dans notre pays, une adhésion assortie de certaines réserves n'aurait rien d'exceptionnel ou d'inhabituel et ne serait nullement choquante ou déshonorante. L'article 64 déjà cité par notre collègue Eggenberger stipule que tout Etat a le droit de présenter des réserves. Dans la pratique, nombreux sont les Etats (11 des 15 Etats qui ont adhéré à la Convention) qui ont fait usage de ce droit en formulant des réserves soit au sujet de la Convention, soit au sujet des protocoles additionnels, soit encore au sujet de la Convention et de tel ou tel protocole additionnel particulier. La nature et la portée de ces réserves sont extrêmement variables. Ainsi, l'Autriche a formulé envers la Convention et deux Protocoles additionnels plusieurs réserves qui ont trait notamment aux dispositions du Traité d'Etat et à la Loi sur la dépossession de la Maison des Habsbourg. Il convient de relever que les dispositions du premier Protocole additionnel relatif au droit à l'instruction n'ont pas donné lieu à moins de quatre réserves et de trois déclarations; c'est ainsi que la Suède, pays protestant, s'est réservé le droit de donner une éducation chrétienne même aux enfants des écoles qui n'appartiennent pas à l'église nationale et que la Grèce où la religion officielle est celle de l'Eglise orthodoxe grecque, a formulé une réserve analogue concernant la réglementation de l'éducation religieuse. Il est pour nous particulièrement intéressant de noter la réserve que la Norvège avait formulée en invoquant l'interdiction des Jésuites prévue par sa constitution; la suppression de cet article d'exception a rendu depuis lors cette réserve sans objet.

Un certain nombre de membres de votre délégation auprès de l'Assemblée Consultative du Conseil de l'Europe – pour être plus précis, je dirais la majorité d'entre eux – estiment aujourd'hui, of the whole legal and factual position, to think that it is both possible and desirable for Switzerland to accede to the Human Rights Convention, subject to the reservations imposed by our existing municipal law. Admittedly it would be more graceful if we could accede without any reservations at all, after first removing the principle stumbling-blocks which have been named by Mr. Eggenberger and Councillor Spühler. If, however, we were set upon the latter method as the only proper one, it would mean that our accession would be postponed for a very considerable time, because the mills of our direct democracy grind very slowly and no one can predict with certainty when the movement for women's suffrage and eligibility and the repeal of the special Articles in our Constitution will have progressed to such a point that the conditions for unconditional accession may be regarded as fulfilled. It may be asked whether it is politically and psychologically judicious to establish a direct and rigid link between the Human Rights Convention and a process for revising our national law based on our own insight and our own conviction. We already decided long ago in this Parliament on votes for women, and we already took steps in the direction of revising the special Articles, long before Switzerland sent first Observers and later plenipotentiary delegates to Strasbourg, and we shall continue our efforts in both directions independently of any decisions, whatever they may be and whenever they may be taken, concerning our accession to the Human Rights Convention. Neither the movement for women's suffrage nor the efforts to repeal the special Articles would be hampered in their progress, if Switzerland acceded to the Convention with reservations required by our present municipal law situation and by the reforms we envisage *de lege ferenda*. In any event accession on such terms would be universally understood and welcomed abroad, whereas it must be felt to be an anomaly that a country such as ours, which as Councillor Wahlen has said need yield to none in its respect for human rights, should voluntarily stand aside for some time from the achievements represented by the institutionalised protection of those rights.

Before I conclude I should like to mention briefly that the Council of Europe, following an appeal by the United Nations, intends to celebrate the year 1968, as the 20th anniversary of the Declaration on Human Rights included in the Charter of the world organisation, by a special contribution of particularly impressive form, the "International Year of Human Rights". The Council of après un examen général de la situation juridique et pratique, qu'il serait possible et souhaitable que la Suisse adhère à la Convention européenne des Droits de l'Homme en formulant les réserves rendues nécessaires par certaines dispositions de sa législation nationale. Certes, il serait plus satisfaisant et plus élégant de donner notre adhésion pleine et entière après avoir supprimé les principales pierres d'achoppement mentionnées par M. Eggenberger et Monsieur le Conseiller Spühler. Toutefois, si nous nous en tenions à une telle position, notre adhésion à la Convention serait repoussée jusqu'à une date assez lointaine, car les mécanismes de notre démocratie directe sont très lents et personne n'est en mesure de prévoir à quel moment la campagne en faveur des droits politiques des femmes et la réforme constitutionnelle visant à supprimer les articles d'exception auront abouti à des résultats tels que les conditions juridiques d'une adhésion sans réserves pourront être considérées comme remplies. On peut d'ailleurs se demander s'il serait politiquement et psychologiquement judicieux d'établir un lien direct et rigide entre la Convention des Droits de l'Homme et un processus de révision de notre législation nationale auquel nous aurons été conduits par notre propre analyse et nos convictions profondes. Notre parlement a depuis longtemps adopté le principe du droit de vote des femmes, et il a entrepris la révision des articles d'exception bien avant que la Suisse délègue d'abord des observateurs, puis des représentants à Strasbourg; nous poursuivrons nos efforts dans ces deux directions, quelles que soient les décisions qui seront prises à propos de notre adhésion à la Convention des Droits de l'Homme et le moment auquel elles interviendront. Si nous adhérions à la Convention des Droits de l'Homme en formulant des réserves – en invoquant notre législation nationale actuelle et les réformes que nous allons entreprendre (principe du "*de lega ferenda*") –, nous ne compromettrions ni ne retarderions en aucune manière le succès des efforts visant à accorder le droit de vote aux femmes et à éliminer les articles d'exception. Une adhésion dans de telles conditions serait en tous cas généralement accueillie à l'étranger avec compréhension et satisfaction; est-il en effet normal qu'un pays comme le nôtre qui, selon les termes du Conseiller fédéral Wahlen, n'a rien à envier aux autres pays au point de vue du respect des Droits de l'Homme, se tienne volontairement à l'écart et ignore délibérément cette conquête de l'esprit démocratique que constitue l'institutionnalisation de la protection des Droits de l'Homme.

Qu'il me soit permis d'ajouter ces quelques mots en guise de conclusion: le Conseil de l'Europe se propose de suivre l'appel des Nations Unies et de faire de l'année 1968, qui marquera le vingtième anniversaire de la Déclaration des Droits de l'Homme incluse dans la Charte de l'O.N.U., l'Année internationale des Droits de l'Homme. Le Conseil de l'Europe est particulièrement qualifié pour célé-

Europe is especially entitled to celebrate this anniversary, because it is only in Europe that human rights have been removed from the sphere of abstractions into that of practical legal reality. My personal wish for our country is that we too could play our part, alongside the other States which have signed the Convention, in this celebration of a European pioneer action in the field of law.

Mr. Tenchio. – All men of good will recognise that the Rome Convention on Human Rights is a corner-stone in the building of peace and the maintenance of freedom in this continent. It has been rightly said that through the Human Rights Convention the Council of Europe obliges its member States to take the only course which is compatible with the Christian and Graeco-Roman heritage of Western civilisation. After the appalling crimes of human beings or human beasts in the second world war, this Convention has given tangible form to the common philosophy of the free States of Europe and to their absolute respect for the dignity of the human person. Each one of us, as a representative of a free democratic people, as a representative and spokesman of a constitutional State, is pledged to support this ideal of freedom and culture, and consequently upholds the cause of the protection of the Human Rights and Fundamental Freedoms which are the common foundation of European civilisation.

For these reasons we were, and still are, in favour of accession to the Human Rights Convention. But I and my friends were and are, in all honesty and logic, in favour of complete accession without conditions and without reservations. We know that our domestic legislation in some points is not, or rather is not yet in harmony with the Convention. I would remind you of Article 14 and its implications for the discriminatory measures which unhappily still persist here against certain of our citizens on grounds of religion and sex. Our reasoning, too, was as follows: we will not yield to any pressure from outside, we shall first set our own house in order. Hence the praiseworthy efforts to repeal the special Articles of the Federal Constitution and the introduction of the women's vote in elections to this House. In that connection I would refer you to the question asked by my friend Mr. Furgler on 29th September 1961, which has been mentioned by the Federal Councillor. Now we should like to speed up the tempo and declare our accession with reservations. I am prepared to support such a proceeding, if simultaneously with our conditional accession we announce our clear and unequivocal intention, honestly and as speedily as possible to create the internal conditions that will enable us to lift the reservations entirely. Otherwise our accession would be no more than a mere declaration and one which would not bear the stamp of sincerity. The special Articles in the Federal Constitution create discrimination brer cet anniversaire, car c'est seulement en Europe que les Droits de l'Homme sont passés du stade de l'abstraction à celui d'une réalité juridique et concrète. Je souhaiterais personnellement qu'au moment où l'on célébrera ce grand événement, la Suisse compte parmi les pays ayant adhéré à la Convention.

M. Tenchio: Les hommes de bonne volonté reconnaissent que la Convention de Rome sur les Droits de l'Homme apporte une contribution essentielle à l'établissement d'une paix durable et à la sauvegarde de la liberté sur notre continent. On a constaté à juste titre qu'en faisant adopter cette Convention, le Conseil de l'Europe a engagé ses Membres sur la seule voie qui soit compatible avec l'héritage chrétien et gréco-romain de la civilisation occidentale. Après les crimes affreux perpétrés au cours de la deuxième guerre mondiale, cette Convention traduit en un langage juridique et concret la conception du monde qui est commune aux pays de l'Europe libre et le respect absolu que leur inspire la dignité de la personne humaine. Chacun de nous, en sa qualité de représentant d'un peuple libre et démocratique et de porte-parole d'un Etat fondé sur la primauté du droit, ne peut que partager cet idéal de liberté et de civilisation et soutenir la cause de la sauvegarde des droits de l'homme et des libertés fondamentales qui constituent le fondement commun de toute la civilisation européenne.

Telles sont les raisons pour lesquelles nous nous sommes prononcés et nous nous prononçons encore pour l'adhésion de la Suisse à la Convention des Droits de l'Homme. Mais, par souci d'honnêteté et de logique, mes amis et moi, nous sommes partisans d'une adhésion sans conditions, ni réserves. Nous savons parfaitement que notre législation interne comporte certaines dispositions qui ne sont pas – ou plus précisément: qui ne sont pas encore – en harmonie avec celles de la Convention. Je me contenterai de mentionner que notre législation contient encore des dispositions discriminatoires à l'égard de certains de nos concitoyens pour des raisons de religion ou de sexe qui sont manifestement incompatibles avec l'article 14 de la Convention. Notre argumentation à nous aussi était la suivante: nous n'accepterons de nous soumettre à aucune pression extérieure et nous mettrons nous-mêmes de l'ordre dans notre propre maison. C'est dans cet esprit que des efforts méritoires ont été déployés en vue de supprimer les articles d'exception de notre Constitution et d'accorder le droit de vote aux femmes dans notre Parlement. Je vous renvoie à cet égard à l'interpellation du 29 septembre 1961 de mon ami Furgler que le Conseiller fédéral a évoquée. On veut maintenant accélérer la cadence et parvenir à une adhésion avec réserves. Je suis d'accord pour employer une telle procédure à condition qu'au moment d'adhérer à la Convention, nous annoncions clairement notre ferme volonté de créer en toute honnêteté between citizens here at home. I regard it as a matter of State policy, a task of national importance, to give all citizens equal rights and equal obligations before the law, and treat them justly and alike by permitting them to exercise the most sacred rights of all, those of religious belief and freedom to worship God in their own way.

If I give my approval, then, I shall do so only in expectation that the Federal Council will adopt a clear and affirmative position on this question in its report. I expect, indeed I hope, that this House will declare its readiness to do all in its power to remove from our Constitution the flaws which Mr. Eggenberger has mentioned and so enable the reservations to be rapidly eliminated. I should like to avoid a situation which might arise if we set about the matter in a different way, and so found ourselves in the regrettable position of having to put off that elimination indefinitely. If, therefore, we have this assurance, we shall vote unreservedly for the Motion and for our subsequent accession to the European Human Rights Convention.

Mr. Schmitt (Geneva). – I do not in any way oppose the Motion by Mr. Eggenberger asking the Federal Council for a report on the legal conditions for our accession to the Human Rights Convention. However, his statements and those of Mr. Bretscher oblige me to take the floor to express views similar to those of Mr. Tenchio. I rather have the feeling that we are trying to silence our bad conscience, for although it is juridically possible to accede to this Convention, whose principles certainly have the approval of the entire House, I must refute the assertion we have just heard, to the effect that we can perfectly well sign this instrument, since the two reservations concerning the special Article and universal suffrage are comparable with those made by other countries on other points.

Here I think we touch on the heart of the problem. We cannot really draw any parallel between the reservation made by Austria concerning the House of Hapsburg and the fact that our country still has no universal suffrage so that half the people cannot express their opinion on the laws to which they are subjected. Unquestionably there are two different weights and two different measures involved. Similarly the few restrictions made either by Ireland or et aussi rapidement que possible les conditions nécessaires pour l'élimination de toutes les réserves que nous aurions pu formuler. Si nous ne prenons pas cet engagement, notre adhésion ne sera qu'une simple déclaration sans portée réelle et elle manquera de sincérité. Les articles d'exception de la Constitution fédérale établissent dans notre pays une discrimination entre les citoyens. Je considère que l'Etat et la nation doivent tout faire pour que tous les citoyens aient des droits et des devoirs égaux et qu'ils puissent exercer, dans des conditions de justice et d'égalité, leur droit le plus précieux: celui de pratiquer leur religion et de célébrer leurs cultes librement.

Si j'appuie donc la motion, c'est seulement dans l'espoir que le Conseil fédéral prendra dans son rapport une position nette et ferme à ce sujet. J'espère que le Parlement se déclarera prêt à tout faire pour éliminer de notre Constitution les dispositions indésirables ou, pour reprendre les termes de notre collègue Eggenberger, les imperfections qui la déparent, et supprimer ainsi rapidement et complètement les réserves dont sera assortie notre adhésion. Je voudrais éviter que, par des voies différentes, nous aboutissions à la situation que nous redoutons et que nous soyons obligés à remettre la suppression des réserves aux calendes grecques.

Si donc, nous recevons les assurances voulues à ce sujet, nous nous prononcerons, sans réserve, en faveur de la motion et de notre adhésion ultérieure à la Convention européenne des Droits de l'Homme.

M. Schmitt (Genève): Je ne m'oppose en rien à la motion de notre collègue M. Eggenberger par laquelle il demande au Conseil fédéral de présenter un rapport sur les conditions juridiques auxquelles serait soumise notre adhésion à la Convention européenne des Droits de l'Homme. Cependant, les déclarations du motionnaire et celles de notre collègue M. Bretscher m'obligent à intervenir pour m'exprimer dans le même sens que M. Tenchio. J'ai en effet un peu l'impression que nous voulons faire notre mauvaise conscience car si, juridiquement, il est possible d'adhérer à cette Convention, dont les principes sont certainement approuvés par l'ensemble de notre Conseil, je dois réfuter l'affirmation entendue tout à l'heure selon laquelle nous pourrions parfaitement la signer, les deux réserves au sujet des articles d'exception et du suffrage universel étant comparables à celles qu'ont formulées d'autres pays sur d'autres points.

Je crois que nous touchons là au coeur du problème. On ne peut véritablement mettre en parallèle la réserve formulée par l'Autriche au sujet de la Maison de Habsbourg et le fait que notre pays ne connaît pas encore le suffrage universel si bien que la moitié du peuple ne peut pas s'exprimer sur les lois auxquelles il est soumis. Il y a incontestablement deux poids et deux mesures. De même, les quelques restrictions faites soit par l'Irlande, soit par la Suède au by Sweden on the compulsory or optional character of religious instruction in schools have no common measure with those relating to the special Articles in our Federal Constitution. I very much fear that if today we were to subscribe to the Convention by asking our partners to accept the two reservations in question, we should somewhat cut the grass from under the feet of those who support the adaptation of the Constitution to the principles which are the basis of a modern State. I am afraid that after our country's accession, the opponents of women's suffrage or of the repeal of the confessional Articles may say: "But these reservations are not as important as all that, since you have been authorised to sign the Human Rights Convention and in so doing have recognised that in principle you respect these fundamental rights." The position of those who are bending every effort to the repeal of the special Articles and the introduction of universal suffrage in this country would unquestionably be weakened if we signed this Convention and, once again, we should be silencing our bad conscience for not having so far wished to take the necessary steps to remove these two flaws from our Constitution.

I therefore support Mr. Eggenberger's Motion to the extent that it is confined to asking the Federal Council for a report, but I must make express reservations as to any proposal for ratifying the Human Rights Convention with omissions as important as those I have just mentioned, which relate not to points of detail but to fundamental rights of man.

Mr. Reverdin. – I have no intention of asking you to watch a dispute between two Genevese, but simply of expressing a few thoughts inspired by my experience as an Observer at the Council of Europe.

The problem raised by Mr. Schmitt bothers me as it bothers all of us, but in studying it I have reached conclusions very different from his. The line of argument he defends seems to me strangely dogmatic. From the standpoint of principles as well as of tactics, I believe it is wrong to think that in the debates that will precede the revision of our Constitution on the two points he mentioned – namely votes for women and the special Articles on religious practices – anyone will be able to draw from the fact that we have not yet ratified the Human Rights Convention any arguments likely to impress our fellow citizens. These two problems must be solved independently of the ratification of this Convention. The reasons which impel us to solve them are internal reasons. Moreover, many of us are already at work and have already certain local successes to record, particularly as regards women's suffrage. We must continue our endeavours in this spirit.

sujet du caractère obligatoire ou facultatif de l'enseignement religieux dans les écoles n'ont pas de commune mesure avec celles qui ont trait aux articles d'exception contenus dans notre Constitution fédérale. Je crains fort que si nous souscrivions aujourd'hui à la Convenrion européenne des Droits de l'Homme en faisant accepter les deux réserves en question par nos partenaires, nous n'émoussions en quelque sorte la volonté des partisans de l'adaptation de notre Constitution aux principes qui sont à la base d'un État moderne. Je crains qu'après l'adhésion de notre pays à cette charte, les adversaires du suffrage féminin ou de la suppression des articles confessionnels ne nous disent: "Mais ces réserves ne sont pas si importantes que cela puisque vous avez été autorisés à signer la Convention des Droits de l'Homme et que l'on a reconnu par là qu'en principe, vous respectez ces droits fondamentaux." La position de ceux qui sont attachés à la suppression des articles d'exception et à l'introduction du suffrage universel dans notre pays serait incontestablement affaiblie si nous signions cette Convention et, encore une fois, nous ferions taire notre mauvaise conscience de n'avoir pas voulu jusqu'à présent entreprendre les démarches nécessaires pour combler ces deux lacunes de notre Constitution.

C'est pourquoi j'appuie la motion Eggenberger dans la mesure où elle se borne à demander au Conseil fédéral un rapport sur cette question, mais je formule d'expresses réserves quant à une proposition de ratification de la Convention des Droits de l'Homme avec les lacunes aussi importantes que celles que je viens d'indiquer et qui ne portent pas sur des points de détail mais ont trait à des droits fondamentaux de l'homme.

M. Reverdin: Mon intention n'est pas de vous faire assister à une dispute entre Genevois, mais simplement de formuler quelques réflexions inspirées par les expériences que j'ai faites en ma qualité d'observateur au Conseil de l'Europe.

Le problème soulevé par M. Schmitt me tracasse comme il nous tracasse tous, mais son étude m'a conduit à des conclusions fort différentes des siennes. La thèse qu'il a défendue me paraît singulièrement dogmatique. Je pense que tant du point de vue des principes que de celui de la tactique, c'est une erreur de croire que dans les débats qui précéderont la révision de notre Constitution sur les deux points qu'il a évoqués – à savoir le suffrage féminin et les articles d'exception confessionnels –, on puisse tirer du fait que nous n'avons pas encore ratifié la Convention des Droits de l'Homme des arguments qui soient de nature à impressionner nos concitoyens. Ces deux problèmes doivent être résolus indépendamment de la ratification de cette Convention. Les motifs qui nous y poussent sont des motifs intérieurs. D'ailleurs, beaucoup d'entre nous sont déjà au travail et ont déjà enregistré certains succès locaux, notamment en ce qui concerne le suffrage féminin. Il nous faut poursuivre nos efforts dans cet esprit.

Accession to the Convention with reservations would be perfectly well understood at Strasbourg, where we have on several occasions held exploratory talks on the matter. We should be acting very lightly if we rushed into this matter without first sounding the ground. For the moment, therefore, we are doing no more than ask for a report on the conditions in which we might possibly ratify the Convention; we are not firmly proposing such ratification. I say again that to draw from the fact that we have or have not signed the Human Rights Convention any positive or negative argument likely to advance the cause of women's suffrage or to haste the repeal of the special Articles would be to complicate still further a situation which is already complicated enough, both politically and psychologically. On the other hand, almost all the clauses of the Convention are in line not only with our own manner of thinking, but also with our legislation and our practice. Why not recognise the fact by ratifying the Convention subject to reservations?

The reforms which, like Mr. Schmitt, all or nearly all of us here wish to put in hand are meeting, as we know, with fairly strong resistance. Public opinion has not yet evolved sufficiently. But Mr. Schmitt's reasoning seems to me in no way calculated to hasten these reforms. Far from it: it is more likely, in my view, to estrange us in yet another field from the world in which we live and of which we feel ourselves part and parcel. I therefore earnestly hope that the Federal Council, with all the prudence necessary in a small country like ours, will undertake a detailed study of the conditions in which we can accede without reservation to the Human Rights Convention. To postpone that accession indefinitely would be a mistake.

The President. – I should like to ask Mr. Eggenberger if he agrees that his Motion be transformed into a request.

Mr. Eggenberger. – I prefer to live in peace, even with the Federal Council. Since I can assume that the Federal Council will abide by its assurance that it will submit the report asked for in the Motion even if that Motion becomes a simple request, I am prepared to consent to this transformation. Perhaps in doing so I am also contributing in a small way to rationalising parliamentary proceedings.

The President. – Duty also compels me to ask whether Mr. Eggenberger's request meets with any opposition from the house. – There being no opposition the Motion will be transmitted to the Federal Council in the form of a request.

Mr. *Max Weber* has moved that the debate on Mr. Eggenberger's Motion/request be included in the Stenographic Report.

La ratification de la Convention avec des réserves serait parfaitement comprise à Strasbourg, où nous avons eu à plusieurs reprises des conversations exploratoires à ce sujet. Nous agirions à la légère si nous nous lancions dans l'aventure sans avoir exploré le terrain. Il s'agit donc simplement, pour le moment, de demander un rapport sur les conditions dans lesquelles nous pourrions éventuellement ratifier la Convention, et non pas de proposer fermement la ratification. Encore une fois, tirer un argument positif ou négatif du fait que nous aurions signé ou n'aurions pas signé la Convention des Droits de l'Homme pour faire avancer la cause du suffrage féminin ou pour hâter l'abrogation des articles confessionnels, ce serait compliquer devantage une situation qui l'est déjà suffisamment sur le plan politique et psychologique. En revanche, la presque totalité des dispositions de la Convention des Droits de l'Homme correspondent non seulement à notre manière de sentir, mais encore à notre pratique et à notre législation. Pourquoi ne pas le reconnaître en ratifiant la Convention avec réserve?

Les réformes que tous ici, ou presque, nous souhaitons avec M. Schmitt se heurtent, nous le savons, à des résistances assez fortes. Les esprits n'ont pas encore suffisamment évolué. Mais la thèse de M. Schmitt ne me paraît en aucune manière de nature à hâter ces réformes. Elle me paraît, bien au contraire, contribuer à nous rendre étrangers, en un domaine de plus, au monde dans lequel nous vivons et dont nous sommes solidaires. C'est pourquoi je souhaite ardemment que le Conseil fédéral entreprenne, avec toute la prudence qui s'impose à un petit pays comme le nôtre, l'examen approfondi des conditions dans lesquelles nous pourrions éventuellement ratifier avec réserves la Convention des Droits de l'Homme. Renvoyer sans examen cette ratification aux calendes grecques serait une erreur.

M. le Président: Je demande à M. Eggenberger s'il est d'accord pour que sa motion soit transformée en "postulat".

M. Eggenberger: J'aime la paix même avec le Conseil Fédéral. Puisque, d'après ce que je crois comprendre, le Conseil fédéral s'estimera tenu d'établir le rapport même si nous ne lui adressons qu'un "postulat", je suis prêt à accepter cette transformation. Je contribuerai peut-être ainsi à la rationalisation des travaux parlementaires.

M. le Président: Conformément au règlement, je dois encore demander si les membres du Conseil s'opposent au postulat Eggenberger. – Ce n'est pas le cas. La motion est transmise en tant que postulat au Conseil fédéral.

M. Max Weber demande que le débat sur la motion ou le postulat Eggenberger soit reproduit dans le "Bulletin sténographique".

Vote

Mr. Max Weber's Motion was adopted unanimously.

UNITED KINGDOM

House of Commons, 7th February 1966

Question relating to the optional clauses of the European Convention on Human Rights.

(*Summary*)

Mr. Hector Hughes asked the Secretary of State for Foreign Affairs if he will make a statement on Great Britain's recent official recognition of the compulsory jurisdiction of the European Court of Human Rights and the right of individuals to appeal to the Human Rights Commission at Strasbourg provided for in the Convention on Human Rights which Great Britain ratified in 1951.

Mr. Stewart.– Our formal declarations of acceptance were deposited with the Council of Europe on 14th January. They take effect from that date. I am arranging to have these declarations printed as a White Paper and expect it to be laid before the House in the near future.

House of Commons, 16th December 1966

Reference made by Mr. P. B. Rose to the Consultative Assembly's Recommendation for Measures Against Incitement to Racial and Religious Hatred during the debate on the Amendment Bill to the Race Relations Act, 1965.

Mr. Rose said:
The Act and this Bill, and all that is implied, are in line with modern thinking. We are poised on the brink of entry into the E.E.C. and it is interesting to note that the Consultative Assembly of the Council of Europe, on 27th January last, made a certain recommendation about legislation. It invited member Governments to initiate effective legislation against incitement to racial, national, and religious hatred and violence. In States where such legislation already existed, it invited the Governments to review the scope and effectiveness of their legislation in the light of present-day circum-

Vote

La proposition de M. Weber est adoptée à l'unanimité.

ROYAUME-UNI

House of Commons, 7 février 1966

Question relative aux clauses facultatives de la Convention européenne des Droits de l'Homme.

(*Résumé*)

M. Hector Hughes demande au Secrétaire d'Etat aux Affaires Etrangères s'il compte faire une déclaration concernant la récente reconnaissance officielle, par la Grande-Bretagne, de la juridiction obligatoire de la Cour européenne des Droits de l'Homme et du droit de recours individuel auprès de la Commission des Droits de l'Homme de Strasbourg, prévus par la Convention que la Grande-Bretagne a ratifiée en 1951.

M. Stewart. – Nos déclarations officielles d'acceptation ont été remises au Conseil de l'Europe le 14 janvier. Elles prennent effet à compter de cette date. Je fais le nécessaire pour que ces déclarations soient imprimées sous la forme d'un Livre blanc qui pourra sans doute être soumis prochainement à la Chambre.

House of Commons, 16 décembre 1966

Déclaration de M. P. B. Rose concernant la Recommandation de l'Assemblée Consultative relative aux mesures à prendre contre l'incitation à la haine raciale, nationale et religieuse lors du débat sur le projet de loi portant modification de la Loi de 1965 sur les relations raciales.

M. Rose a déclaré:

Cette loi et le présent projet de loi, et tout ce qu'ils impliquent, sont dans la ligne de la pensée moderne. Nous sommes tout prêts d'entrer dans la C.E.E. et il est intéressant de relever que l'Assemblée Consultative du Conseil de l'Europe a, le 27 janvier dernier, présenté une recommandation en matière de législation. Cette recommandation invite les gouvernements membres à instaurer une législation efficace contre l'incitation à la haine raciale, nationale et religieuse et à la violence. Pour ce qui est des Etats où une telle législation existe déjà, elle invite les gouvernements à en réviser le champ d'application et l'efficacité à la lumière des circonstances. It requested member Governments to take all steps in their power to ensure that existing legislation was rigorously enforced.

I do not believe that our legislation is altogether effective either in its scope or teeth. It does not include religious hatred and it can hardly be said at this moment to be rigorously enforced. I hope that the Bill will go some way to making it more effective. My hon. Friend the Under-Secretary of State is both sympathetic to what we are doing and has done a great deal to help the integration of immigrants and to create a good atmosphere between immigrants and the people of the areas to which they have gone. I hope that he and my right hon. Friend will review carefully the way in which we can make this law effective and give it teeth not only with regard to discrimination, but also with regard to incitement.

House of Commons, 19th December 1966

Question relating to the International Year of Human Rights, 1968, – Recommendation 458

(*Summary*)

Mrs. McKay asked the Secretary of State for Foreign Affairs what preparations have been made in his Department to assure full United Kingdom participation in the United Nations Year for Human Rights, in 1968.

Mrs. White: In addition to the details given in my reply to the hon. Lady on 9th May, Her Majesty's Government have now offered an initial contribution of £5,000 to the United Kingdom Committee for Human Rights Year which has been set up under the Chairmanship of Bishop Joost de Blank. A further contribution may be considered at a later stage.

Mrs. McKay: Is my hon. Friend aware that the majority of nations look to Britain as an historic champion of human rights? Will she ensure that our contribution to Human Rights Year is commensurate with this traditional role?

Mrs. White: Yes, I certainly hope it will be and various appropriate actions are now under consideration.

stances actuelles. Elle demande aux gouvernements membres de prendre toutes les mesures en leur pouvoir pour que la législation existante soit rigoureusement appliquée.

Je ne crois pas que notre législation soit parfaitement adaptée, ni du point de vue de son champ d'application, ni de celui de son efficacité. Elle n'englobe pas la haine religieuse et l'on ne peut dire actuellement qu'elle soit rigoureusement appliquée. J'espère que le projet de loi en question contribuera à la rendre plus efficace. Mon honorable ami, le Sous-Secrétaire d'Etat, suit notre action avec sympathie et a, par ailleurs, fait beaucoup pour favoriser l'intégration des immigrants et pour susciter une atmosphère cordiale entre les immigrants et les habitants des endroits où ils se sont installés. J'espère que le Sous-Secrétaire d'Etat et mon très honorable ami examineront soigneusement de quelle façon nous pourrons donner de l'efficacité à cette loi et assurer son application rigoureuse, non seulement sur le plan de la discrimination, mais également sur celui de l'incitation.

House of Commons, 19 décembre 1966

Question relative à l'Année Internationale des Droits de l'Homme, 1968 – Recommandation 458.

(*Résumé*)

Mme McKay demande au Secrétaire d'Etat aux Affaires Etrangères quels préparatifs son Ministère a entrepris pour faire en sorte que le Royaume-Uni participe pleinement à l'Année des Droits de l'Homme organisée par les Nations Unies en 1968.

Mme White: En plus des détails fournis à mon honorable interlocutrice dans ma réponse du 9 mai, je puis lui indiquer qu'une contribution initiale de £ 5000 vient d'être offerte par le Gouvernement de sa Majesté au Comité britannique pour l'Année des Droits de l'Homme (United Kingdom Committee for Human Rights Year), constitué sous la présidence de Monseigneur Joost de Blank. Le versement d'une contribution complémentaire pourra être envisagé ultérieurement.

Mme McKay: Mon honorable collègue ne peut ignorer que la plupart des nations considèrent le Royaume-Uni comme un défenseur traditionnel des droits de l'homme. Fera-t-elle en sorte que notre contribution à l'Année des Droits de l'Homme soit à la mesure de ce rôle traditionnel?

Mme White: Je souhaite assurément qu'elle le soit, et diverses mesures appropriées sont actuellement à l'étude.

THE CONVENTION IN THE DOMESTIC COURTS OF THE CONTRACTING PARTIES

LA CONVENTION DEVANT LES JURIDICTIONS INTERNES DES ÉTATS CONTRACTANTS

A.

Decisions of domestic Courts referring to the European Convention on Human Rights [1]

Décisions des tribunaux internes se référant à la Convention européenne des Droits de l'Homme [1]

COURT/TRIBUNAL	DATE	CONVENTION	RÉFÉRENCE
1. *Austria/Autriche*			
Verfassungsgerichtshof (Constitutional Court/ Cour Constitutionnelle)	12.10.65	Art. 8, 13	B 117/65 Österreichische Juristenzeitung, 1966, p. 409.
Verfassungsgerichtshof (Constitutional Court/ Cour Constitutionnelle)	14.10.65	Art. 6	G/28/64 Österreichische Juristenzeitung, 1966, pp. 248ss.
Verfassungsgerichtshof (Constitutional Cour/ Cour Constitutionnelle)	14.10.65	Art. 6	G/6/65/14 Österreichische Juristenzeitung, 1966, pp. 409ss.

[1] A list of 127 decisions of domestic Courts referring to the Convention was published by the Directorate of Human Rights in June 1965 in Document H (65) 7. A further document H (66) 10, summarising 40 additional decisions and containing extracts of six of them, was published in August 1966. A third document (H (67) 4) containing summaries of 16 decisions and extracts from eight of them was published in March 1966. Copies of these documents may be obtained on request from the Directorate of Human Rights, Council of Europe, Strasbourg.

[1] Une liste de 127 décisions de tribunaux nationaux se référant à la Convention a été publiée par la Direction des Droits de l'Homme en mars 1965 dans le document H (65) 7. Un document complémentaire (H (66) 10) résumant 40 autres décisions et contenant des extraits de six de celles-ci, a été publié en juin 1966. Un troisième document contenant les résumés de 16 décisions et des extraits de huit d'entre elles a été publié en juin 1967 (H (67) 4). Des copies de ces documents peuvent être obtenues sur demande adressée à la Direction des Droits de l'Homme, Conseil de l'Europe, Strasbourg.

COURT/TRIBUNAL	DATE	CONVENTION	RÉFÉRENCE
Verfassungsgerichtshof (Constitutional Court/ Cour Constitutionnelle)	26.11.65	Art. 10, 16	B 179/65 Österreichische Juristenzeitung, 1966, p. 249.
Oberster Gerichtshof (Supreme Court/ Cour Suprême)	15. 3.66	Art. 6	10Os200/65-10.
Oberster Gerichtshof (Supreme Court/ Cour Suprême)	17. 3.66	Art. 1 I. Prot.	1 Ob 55/66.
2. *Belgium/Belgique*			
Tribunal correctionnel (Criminal Court)	4. 1.66	Art. 6	11622/Fam./65.
Tribunal correctionnel (Criminal Court)	17. 3.66	Art. 6	8668/B/65.
Cour de Cassation (Supreme Court)	1. 6.66	Art. 6, 13	Journal des Tribunaux, 1966, pp. 167–171, *723–741*; Revue de droit pénal et de criminologie, 1966, pp. 89–93, *100–103*.
Tribunal de Première Instance de Bruxelles (12ème Chambre Civile) (Brussels Civil Court)	8.11.66	Art. 10, 14 et I. Prot.	Journal des Tribunaux, 1966, pp. 685–687.
3. *Denmark/Danemark*			
Copenhagen City Court (Tribunal de la Ville de Copenhague)	25. 4.66	Art. 6	24.472/1965 I.
4. *Federal Republic of Germany/République Fédérale d'Allemagne*			
Oberlandesgericht, Hamburg (Court of	16.10.64	Art. 3	Neue Juristische Wochen-

COURT/TRIBUNAL	DATE	CONVENTION	RÉFÉRENCE
Appeal/Cour d'Appel)			schrift, 1965, pp. 357–359.
Oberlandesgericht, Bremen (Court of Appeal/Cour d'Appel)	9. 9.65	Art. 5	HEs 12/65 Neue Juristische Wochenschrift, 1965, pp. 2361ss.
Kammergericht, Berlin (Court of Appeal/ Cour d'Appel)	9.12.65	Art. 3, 5, 10, 14	3 VAs 34/65 Neue Juristische Wochenschrift, 1966, pp. 1088ss.
Bundesverfassungsgericht (Federal Constitutional Court/Cour Constitutionnelle Fédérale)	15.12.65	Art. 5, 6	1 BvR 513/65 Neue Juristische Wochenschrift, 1966, pp. 243ss.
Bundesgerichtshof (Federal Court of Justice/Cour Fédérale de Justice)	10. 1.66	Art. 1, 5, 14, 24, 25	III ZR 70/64 Neue Juristische Wochenschrift, 1966, pp. 726ss.
Bundesgerichtshof (Federal Court of Justice/Cour Fédérale de Justice)	10. 1.66	Art. 5, 6	III ZR 212/63 Neue Juristische Wochenschrift, 1966, pp. 924ss.
Bundesgerichtshof (Federal Court of Justice/Cour Fédérale de Justice)	31. 1.66	Art. 5	III ZR 118/64 Neue Juristische Wochenschrift, 1966, pp. 1021ss.
Bundesverfassungsgericht (Federal Constitutional Court/Cour Constitutionnelle Fédérale)	1. 3.66	Art. 8	1 BvR 509/65 Neue Juristische Wochenschrift, 1966, p. 771.

COURT/TRIBUNAL	DATE	CONVENTION	RÉFÉRENCE
5. *Greece/Grèce* Conseil d'Etat/ (Council of State)	1966	Art. 4	575/1966 – 578/1966.
6. *Norway/Norvège* Supreme Court (Cour Suprême)	28. 3.66	Art. 4	Norsk Retsti- tende 1966, pp. 474ss., 482–486.

B.

Extracts from decisions

AUSTRIA

Verfassungsgerichtshof

(Constitutional Court)
Decision of 14th October, 1965

(G 28/64 – *Österreichische Juristenzeitung*, 1966, pp. 248–249)

ADMINISTRATIVE AUTHORITIES (ARBITRATION COURTS) APPOINTED TO DECIDE CLAIMS FOR COMPENSATION (FOR DAMAGE CAUSED BY GAME) – BURGENLAND HUNTING LAW, SECTION 99. DISPUTES ON "CIVIL RIGHTS WITHIN THE MEANING OF ARTICLE 6/1/1" OF THE CONVENTION. THE PROVISIONS OF ARTICLE 6/1/1 OF THE CONVENTION ARE SAFEGUARDED IN VIEW OF THE FACT THAT THE CONSTITUTIONAL COURT AND, AS THE CASE MAY BE, THE ADMINISTRATIVE COURT ARE COMPETENT TO REVIEW THE DECISIONS OF THE ADMINISTRATIVE AUTHORITIES.

(*Translation*)

The Arbitration Court of K. ordered the plaintiff to pay a certain sum in compensation for damage caused by game. The Court based its competence on para. 99 of the Burgenland Hunting Law, para. 1 of which reads "Where agreement cannot be reached between the injured party and the party entitled to hunt, an arbitration tribunal consisting of a chairman or his representative and two other arbitral judges (one of whom shall be appointed by the injured and the other by the respondant) shall decide claims for compensation for damage caused by hunting or game."

Against the decision of the arbitration tribunal there is no further appeal since, according to the Constitutional Court decision of 15th October 1964, G 17/64, no provision is made for recourse against a decision of that arbitration tribunal, either to a civil court or higher arbitration tribunal or to an administrative authority. Appeal may lie only with the Constitutional Court or the Administrative Court.

In the decision G 17/64 referred to above, the Constitutional

B.

Extraits de décisions

AUTRICHE

Verfassungsgerichtshof

(Cour Constitutionnelle)
Décision du 14 octobre 1965

(G 28/64 – *Österreichische Juristenzeitung*, 1966, pp. 248–249)

AUTORITÉS ADMINISTRATIVES (TRIBUNAUX ARBITRAUX) APPELÉES A SE PRONONCER SUR DES ACTIONS EN DOMMAGES-INTÉRÊTS (DEGATS DE GIBIER) – LOI DU BURGENLAND SUR LA CHASSE, ARTICLE 99. CONTESTATIONS SUR DES "DROITS DE CARACTÈRE CIVIL AU SENS DE L'ARTICLE 6/1/1" DE LA CONVENTION. LA PROTECTION QU'EXIGE L'ARTICLE 6/1/1 DE LA CONVENTION EST ASSURÉE COMPTE TENU DE CE QUE LA COUR CONSTITUTIONNELLE ET, LE CAS ÉCHÉANT, LA COUR ADMINISTRATIVE SONT COMPÉTENTES POUR CONTROLER LES DÉCISIONS DES AUTORITÉS ADMINISTRATIVES.

(*Traduction*)

Le tribunal arbitral de K. a condamné le requérant au paiement d'une certaine somme à titre de réparation de dégâts causés par le gibier. Le tribunal a déduit sa compétence de l'article 99 de la Loi du Burgenland sur la chasse, dont le premier paragraphe est ainsi conçu: "Les réclamations d'indemnités pour des dégâts causés par le fait de la chasse ou par le gibier, sont portées, lorsque l'accord ne peut se faire entre la partie lésée et le titulaire du droit de chasse, devant un tribunal arbitral composé d'un arbitre-président (Obmann) ou de son suppléant et de deux autres arbitres assesseurs désignés l'un par la partie lésée et l'autre par la partie tenue à réparation."

Aucun recours hiérarchique n'est possible à l'encontre de la décision rendue par le tribunal arbitral de K.; en effet, en vertu de l'arrêt rendu le 15 octobre 1964 par la Cour Constitutionnelle (G 17/64) il n'est pas prévu de recours ordinaire contre la sentence de ce tribunal arbitral, que ce soit devant un tribunal civil, un tribunal arbitral supérieur ou une autorité administrative. Seuls peuvent être saisies la Cour Constitutionnelle ou la Cour administrative.

Dans l'arrêt précité (G 17/64) la Cour Constitutionnelle a égale-

Court also laid down that the tribunals instituted according to para. 99 ff. of the Burgenland Hunting Law are to be regarded as administrative authorities. The contested arbitral decision is therefore a decision of an administrative authority. The Constitutional Court was in some doubt in regard to para. 99, sub-para. 1, *leg. cit.* in that this sub-paragraph of the Law conflicted with the constitutional provision in Article 6, para. 1, of the Human Rights Convention because, as claims for damages, the claims which the arbitral court had to decide must be regarded as "civil rights" within the meaning of the first sentence of Article 6, para. 1 of the Human Rights Convention. According to the aforementioned provision of the Convention, however, competence to take decisions on such claims could be conferred only on courts and not definitively, as in this present case, on administrative authorities.

1. By virtue of Section II of the Constitutional Law (BGBl. No. 59/1964), the Convention on Human Rights has constitutional status and, as clearly emerges from the introductory sentence of the said Section II, this has been the case ever since it became part of the Austrian legal system (3rd September 1958) and not merely since the promulgation on 6th April 1964 of the Constitutional Law (BGBl. No. 59/1964; cf. the Constitutional Court's decision of 12th June 1964, B 187/63).

2. When settling questions of doubt, the Constitutional Court must base its decision on the authentic texts of the Human Rights Convention, i.e. the French and English texts published in the Bundesgesetzblatt (cf. the final clause of the Convention, which follows Article 66.) In these texts, the first sentence in Article 6, para. 1 (hereinafter briefly referred to as "Article 6/1/1") – which, in the present circumstances is the important sentence – read as follows:

(a) "In the determination of his civil rights and obligations or of any criminal charge against him, everyone is entitled to a fair and public hearing within a reasonable time by an independent and impartial tribunal established by law."

(b) "Toute personne a droit à ce que sa cause soit entendue équitablement, publiquement et dans un délai raisonnable, par un tribunal indépendent et impartial, établi par la loi, qui décidera, soit des contestations sur ses droits et obligations de caractère civil, soit du bien-fondé de toute accusation en matière pénale dirigée contre elle".

3. In its previous rulings (Slg. 3767/1960, 4122/1961), the Constitutional Court stated that Article 6 of the Human Rights Convention contained only general principles. This decision was reached in spite of the fact that the text quoted above as formulated as a directive binding upon the legislator, comparable with, for example,

ment déclaré que les tribunaux arbitraux institués conformément à l'article 99ss. de la Loi du Burgenland sur la chasse doivent être considérés comme des autorités administratives. La sentence arbitrale contestée a donc le caractère d'une décision émanant d'une autorité administrative. Les réserves de la Cour Constitutionnelle à l'égard de l'article 99, par. 1er, de la loi citée tenaient au fait que cette disposition légale est en contradiction avec la règle constitutionnelle de l'article 6, par. 1er, de la Convention des Droits de l'Homme, puisque les droits sur lesquels le Tribunal arbitral doit se prononcer peuvent être assimilés, en tant que droits à réparation, à des "droits de caractère civil" au sens de l'article 6, par. 1er, 1ère phrase, de la Convention des Droits de l'Homme. Toutefois, en vertu de la disposition conventionnelle précitée, la compétence pour décider de pareilles réclamations revient uniquement aux tribunaux et ne peut être, comme c'est le cas ici, déléguée définitivement à des autorités administratives.

1. Il ressort clairement de la première phrase de l'article II de la Loi constitutionnelle fédérale (BGBl. n° 59/1964) que celle-ci a assimilé la Convention des Droits de l'Homme à un texte constitutionnel et ce depuis que la Convention fait partie intégrante de l'ordre juridique autrichien (3 septembre 1958) et non pas seulement depuis la promulgation de la Loi constitutionnelle fédérale (BGBl. n° 59/1964) le 6 avril 1964 (voir arrêt de la Cour Constitutionnelle en date du 12 juin 1964, B 187/63).

2. Lorsqu'elle a à se prononcer sur des questions litigieuses, la Cour Constitutionnelle doit s'inspirer du texte original de la Convention des Droits de l'Homme, en l'occurrence des versions française et anglaise publiées au Journal officiel (Bundesgesetzblatt) (Cf. disposition finale de l'article 66 de la Convention). La première phrase du par. 1er de l'article 6 (ci-après désigné "Art. 6/1/1"), qui importe ici, est conçue comme suit:

(a) "In the determination of his civil rights and obligations or of any criminal charge against him, everyone is entitled to a fair and public hearing within a reasonable time by an independent and impartial tribunal established by law."

(b) "Toute personne a droit à ce que sa cause soit entendue équitablement, publiquement et dans un délai raisonnable, par un tribunal indépendant et impartial, établi par la loi, qui décidera, soit des contestations sur ses droits et obligations de caractère civil, soit du bien-fondé de toute accusation en matière pénale dirigée contre elle."

3. La Cour Constitutionnelle a exposé, dans sa jurisprudence antérieure – 3767/1960, 4122/1961 – que l'article 6 de la Convention des Droits de l'Homme se bornait à énoncer des principes généraux. Cette constatation a été faite bien que la disposition citée plus haut ait été formulée comme une règle liant le législateur, au même titre

Section 83, para 2 ff. of the Federal Constitutional Law. At that time the Human Rights Convention had to be regarded as being on the same footing as an ordinary law. Ordinary laws and international treaties on the same footing can, however, be formulated in such a way that they do not derogate from corresponding existing rules of equal status, but in view of their imperative formulation, make it necessary to amend existing norms by special additional acts, and oblige the legislator to give to future norms a specific content. Such laws or international treaties cannot be binding as far as the ordinary legislator is concerned. They can therefore be qualified only as a programme for the ordinary legislator. Yet, once they are imperatively formulated and appear as such in ordinary laws, such programmes become orders with which the ordinary legislator must comply when they are raised to the status of constitutional laws or when it is subsequently established that they have such status.

The directive given in Article 6/1/1, according to which the legal order must be adjusted to comply with Article 6/1/1 and which, as stated, could only be qualified as a programme as long as the Human Rights Convention was to be regarded as being on the same footing as ordinary law, became in view of the above-mentioned Federal Constitutional Law (BGBl. No. 59/1964) a constitutional law directly binding upon the legislator. A further consequence of this is that a claim based on the words "everyone is entitled" and "toute personne a droit" (hereinafter referred to as "claim based on Article 6/1/1") could not be based on Article 6/1/1 as long as the relevant provision of the Human Rights Convention could only be regarded as being of the nature of a programme, but such a claim must henceforth be considered as based on a constitutional provision, and in this respect is comparable to the right that everyone has to a hearing before a tribunal established by law, in accordance with Section 83, para. 2 of the Constitutional Law.

4. The question now arises as to whether the subjective right to claim compensation for damage caused by game under the Burgenland Hunting Law comes within the concept expressed in the words "his civil rights and obligations" and "ses droits et obligations de caractère civil". Neither the Human Rights Convention nor jurisprudence relating thereto give any further explanation of the content and the limit of this concept.

(a) In the first place it must be pointed out that, contrary to the opinion of the Federal Government put forward during the proceedings, civil rights within the meaning of Article 6/1/1 may not be understood to be only those rights which the Courts are called upon to decide, according to the national legal system, which would mean that rights which, by virtue of legislative provisions, expressly fell within the jurisdiction of administrative authorities, would not be included. If this were the case, Article 6/1/1 would par exemple que l'article 83 par. 2 de la Loi constitutionnelle fédérale. Il était en effet nécessaire, à l'époque, de considérer la Convention des Droits de l'Homme comme ayant le rang d'une loi ordinaire. Or, les lois ordinaires et les traités internationaux de même ordre peuvent être formulés de façon à ne pas déroger aux dispositions équivalentes en vigueur, mais à permettre cependant par leur libellé impératif de modifier celles-ci par d'autres dispositions particulières et de fournir un point d'appui à la réglementation future. Ce genre de lois (ou de traités internationaux) ne peuvent en aucune manière lier le législateur ordinaire. Elles ne peuvent que lui fournir des principes directeurs. Mais une fois formulés en termes impératifs, sous forme de lois ordinaires, ces principes directeurs lient le législateur, s'ils sont élevés au rang d'une constitution ou si ce rang leur est reconnu par la suite.

La règle qui ressort de l'article 6/1/1 en vertu de laquelle l'ordre juridique doit être rendu conforme aux dispositions dudit article 6/1/1, ne pouvait, comme il a été dit, être considérée que comme un principe directeur, tant que la Convention des Droits de l'Homme était assimilable à une loi ordinaire; mais elle est devenue, conformément à la Loi constitutionnelle fédérale précédemment citée (BGBl n° 59/1964) règle constitutionnelle liant directement le législateur. Ce fait a aussi pour conséquence que toute demande fondée sur les mots "everyone is entitled" et "toute personne a droit" (ci-après abrégée en "demande au titre de l'article 6/1/1") ne pouvait se prévaloir dudit article, tant que le passage pertinent de la Convention n'avait qu'un caractère de principe directeur, mais qu'une demande de ce genre doit être désormais considérée comme fondée sur une règle constitutionnelle et comparable en quelque sorte au droit d'intenter une action devant le juge désigné par la loi, au sens de l'article 83, par. 2, de la Loi constitutionnelle fédérale.

4. La question se pose maintenant de savoir si le concept exprimé par les mots "his civil rights and obligations" et "ses droits et obligations de caractère civil" englobe le droit subjectif d'exiger réparation du dommage causé par le gibier d'après la loi du Burgenland sur la chasse. Ni la Convention des Droits de l'Homme ni la jurisprudence pertinente ne nous renseigne sur la portée et les limites de ce concept.

(a) On peut tout d'abord faire valoir à l'encontre de la position adoptée au cours de l'instance par le Gouvernement fédéral qu'il ne faut pas seulement entendre par droits et obligations de caractère civil au sens de l'article 6/1/1 ceux dont les tribunaux ont à connaître en vertu de l'ordre juridique interne, ce qui impliquerait que les droits relevant du pouvoir de décision des autorités administratives en vertu de dispositions légales expresses ne seraient pas de ce nombre. Si tel était le cas, l'article 6/1/1 se bornerait à merely guarantee a fair and public hearing within a reasonable time in respect of claims with which the Courts were competent to deal according to the national legal system. The Parties to the Convention could at any time reduce this guarantee as much as they wished simply by excluding the Courts. The Constitutional Court considers that Article 6/1/1 could not possibly be interpreted as merely offering such a fictitious guarantee.

(b) The claim with which we are here concerned was brought against the hunting licencee on the ground that, within the area covered by his licence, game had caused damage to the property of H, the owner of a tree nursery, who claimed compensation. Under Austrian law, (Section 1338 of the Austrian General Civil Code) however, such claims must be lodged with civil Courts (cf. Constitutional Court decision 3491/1959 *inter alia*). The fact that Section 383 of the Austrian General Civil Code refers to administrative laws in respect of damage caused by game is not contrary to this; even if the obligation to pay compensation for damage and the amount payable are specified in hunting laws, the fact remains that such claims are claims for damages (Schadenersatzansprüche) and, as such, are matter of civil law (bürgerliche Rechtssachen). It is expressly stated in various hunting laws that such claims must be lodged with ordinary courts (cf. Section 52, para. 2, Tyrol Hunting Law).

Claims and obligations, the enforcement of which is a matter of civil law, are in any case included in the concept "civil rights within the meaning of Article 6/1/1". While it is indeed possible that cases other than civil law cases may come within this concept, it is quite impossible to conceive that other matters but in no event civil law matters are "civil rights within the meaning of Article 6/1/1". Were civil law matters to be excluded from this concept it would no longer have any meaning. Hence, claims and obligations in respect of compensation for damage caused by game are, under the Burgenland Hunting Law, to be considered as "civil rights within the meaning of Article 6/1/1".

5. A claim based on Article 6/1/1 consists partly in the fact that a decision (cf. particularly "in the determination of his civil rights and obligations") regarding civil rights within the meaning of Article 6/1/1 must lie within the competence of authorities characterised by the words "independent and impartial tribunal established by law" or "tribunal indépendant et impartial, établi par la loi".

There is no need to explain further why tribunals appointed under the Burgenland Hunting Law to decide claims for compensation for damage caused by game do not, as administrative authorities, fulfil this qualification. If, however, the decision, garantir des débats publics et équitables dans un délai raisonnable en cas de contestations (*Ansprüche*) dont les tribunaux auraient à connaître en vertu de l'ordre juridique interne. Les parties à la Convention auraient alors à tout moment la faculté de réduire à leur gré l'effet de cette garantie en excluant les tribunaux. La Cour Constitutionnelle se refuse à ne voir dans l'article 6/1/1 qu'une garantie fictive de ce genre.

(b) Il s'agit dans le cas présent d'une action intentée contre le titulaire du droit de chasse à la suite du dommage que le gibier de la chasse de celui-ci a causé à la propriété de l'horticulteur H. Celui-ci a donc demandé à être indemnisé. Or, de telles actions doivent en droit autrichien (art. 1338 du Code civil général autrichien) être intentées au civil (voir Cour Constitutionnelle, arrêt 3491/1959, avec références). Le fait que l'article 383 du Code civil général autrichien renvoie aux lois administratives (*politische Gezetze*), en matière de dommages causés par le gibier, ne s'y oppose nullement; bien que les lois sur la chasse règlementent l'obligation de réparer le dommage et le montant de l'indemnité, ces actions n'en demeurent pas moins des actions en réparation (*Schadenersatzansprüche*), donc des affaires civiles (*bürgerliche Rechtssachen*). Plusieurs lois sur la chasse spécifient que de telles actions doivent être intentées devant les tribunaux ordinaires (voir article 52, par. 2, de la loi du Tyrol sur la chasse).

Les droits et obligations dont le fait de se prévaloir constitue une affaire civile répondent, dans tous les cas, à la notion de "droits de caractère civil au sens de l'article 6/1/1". Il est à vrai dire possible, qu'indépendamment des affaires civiles, d'autres affaires répondent à cette définition, mais on ne saurait imaginer que cette définition englobe d'autres affaires, à l'exclusion précisément des affaires civiles. Si l'on excluait les affaires civiles de la définition, on viderait celle-ci de sa substance. Il ressort des considérations qui précèdent que les droits et obligations afférents à la réparation du dommage causé par le gibier d'après la loi du Burgenland sur la chasse répondent à la notion de "droits de caractère civil au sens de l'article 6/1/1".

5. Or, une demande au titre de l'article 6/1/1 se fonde entre autres sur le fait que la décision relative aux droits de caractère civil au sens de l'article 6/1/1 (cf. notamment "in the determination of his civil rights and obligations") appartient à des organes désignés par les mots de "independent and impartial tribunal established by law" respectivement "tribunal indépendant et impartial établi par la loi".

Il n'est pas nécessaire de présenter d'autres arguments pour démontrer que les tribunaux arbitraux appelés, d'après la loi du Burgenland sur la chasse, à se prononcer sur des actions en réparation du dommage causé par le gibier ne possèdent pas, en tant cision of the arbitration Court constitutes the final decision of an administrative authority, it is under the existing constitutional law, possible to appeal to the Constitutional Court and the Administrative Court. It must therefore be decided whether for the purposes of the Human Rights Convention it is sufficient if such decisions by administrative authorities concerning civil rights under Article 6/1/1 can be contested before Courts of public law.

6. A. The Constitutional Court and the Administrative Court and Courts which meet the requirements set out in the provision contained in Article 6 of the Human Rights Convention. Each of these Courts is an "independent and impartial tribunal established by law".

B. It has to be determined, however, whether such [judicial] control of administrative authorities suffices to ensure the protection required by Article 6/1/1.

C. There may be doubts on this point for the three following reasons:

(a) a case is only reviewed;
(b) the Courts of public law referred to, are competent only to confirm or to quash (nur kassatorisch entscheiden) the administrative decisions under review;
(c) they are not competent to undertake full investigation of the facts of a case.

With regard to (a): The Constitutional Court is of the opinion that Article 6/1/1 does not require that Courts should decide directly (unmittelbar) on such claims; the Convention is, therefore, complied with if the Courts are called upon to decide only in the last resort. In that event, subsequent control (review) is sufficient.

With regard to (b): The fact that the Courts of public law referred to are competent only to confirm or to quash the administrative decisions under review, does not present any difficulty either since the administrative authorities are required by law to establish forthwith, with the means at their disposal, the legal situation which corresponds with the opinion of the Court. The fulfilment of this obligation can be enforced by law.

With regard to (c): Although it is true that in its functions the Constitutional Court is limited to remedy the violations of rights protected by the Constitution, however, it is not subject to any restriction as to the investigating of the facts. As for the Administrative Court, it is true that, in accordance with Section 41 of the Administrative Courts Act (VwGG), it is called upon to examine the contested decision on the basis of the facts of the case as they were recorded by the authority concerned. Under Section 42 *leg. cit.*, however, the Administrative Court must quash the decision under qu'autorités administratives, cette qualification. Or, lorsque l'arrêt rendu par un tribunal arbitral constitue la décision en dernière instance d'une autorité administrative, il est possible, d'après le droit constitutionnel en vigueur, de faire appel à la Cour Constitutionnelle ou à la Cour administrative. Il y a lieu de déterminer si l'on satisfait pleinement à la Convention des Droits de l'Homme en permettant d'attaquer, devant les tribunaux de droit public, les décisions de ce genre rendues par des autorités administratives en matière de droits civils au sens de l'article 6/1/1.

6. A. La Cour Constitutionnelle et la Cour administrative répondent à la définition de l'article 6 de la Convention des Droits de l'Homme, chacun d'eux étant un "tribunal indépendant et impartial, établi par la loi".

B. Il y a cependant lieu de se demander si pareil contrôle [judiciaire] de l'administration suffit à assurer la protection qu'exige l'article 6/1/1.

C. Les réserves peuvent être de trois ordres différents:

(a) il n'existe qu'un seul contrôle;
(b) les tribunaux de droit public ne peuvent que casser le jugement;

(c) ils n'ont pas tout pouvoir d'examiner les faits de la cause.

Ad (a) La Cour Constitutionnelle est d'avis que l'article 6/1/1 n'exige pas que des tribunaux statuent directement sur de telles demandes: il est dès lors satisfait à la Convention si les tribunaux sont, ne serait-ce qu'en dernier ressort, appelés à se prononcer. Ce contrôle ultérieur suffit donc.

Ad (b) Le fait que les tribunaux de droit public n'ont qu'un pouvoir de cassation ne constitue pas non plus un obstacle, puisque la loi fait une obligation aux autorités administratives de rétablir sans délai avec les moyens dont elles disposent la situation juridique en fonction de l'opinion juridique du tribunal. L'accomplissement de cette obligation peut être imposé par voie judiciaire.

Ad (c) Bien que son rôle consiste uniquement à remédier à la violation des droits garantis par la Constitution, la Cour Constitutionnelle n'est point limitée dans l'examen des faits de la cause. En vertu de l'article 41 de la Loi sur les tribunaux administratifs, la Cour administrative est, il est vrai, tenue d'examiner la décision attaquée à la lumière des faits retenus par l'autorité assignée. Elle doit cependant, en vertu de l'article 42 de la loi citée, annuler la décision pour vice de fond (*Sachverhaltsmängel*) si, sur un point essentiel, l'autorité assignée a retenu les faits de la cause dans un review, for false in the establishment of facts (Sachverhaltsmängel) if the facts were established by the authority concerned, on an essential point, contrary to the case files, if the facts have to be completed on some essential point or if rules of procedure were not complied with, whose observance would necessarily have led the authority concerned to reach a different decision.

Hitherto the Administrative Court has thus been both in the position and under the obligation to remedy errors in the establishment of facts (Sachverhaltsmängel) in most cases as faulty procedure. The Constitutional directive in Article 6/1/1 according to which decisions must lie with a Court, also lays down that the provisions of Sections 41 and 42 of the Administrative Courts Act must also be interpreted and applied accordingly. These provisions can be interpreted and applied in such a way. This is also true, *mutatis mutandis*, of the need to comply, when applying the relevant provisions of the Administrative Courts Act, with the constitutional provision in Article 6/1/1 concerning the right "to a fair and public hearing with a reasonable time".

The Constitutional Court is aware that a better solution might be found from the point of view of the Convention. Nevertheless, it could not bring itself to admit that provisions which have long been in existence and which have, on the whole, proved adequate, were unconstitutional. In view of the widely differing concepts arising out of the legal systems of the Contracting States in regard to the nature of a tribunal and as to what constitutes a fair trial, it is impossible to come to the far-reaching and – where Austrian law and order are concerned – revolutionary conclusion that the provisions governing these matters in Austria are contrary to the Human Rights Convention.[1]

[1] It should be pointed out that in another decision (G 6/65/14 – Österreichische Juristenzeitung 1966, pp. 409 ff.) given also on 14th October 1965, on the appeal lodged by the "Wiener Städtische Wechselseitige Versicherungsanstalt" – the Austrian Constitutional Court adopted the grounds given above, almost word by word, in concluding that Sections 3 and 4 of the Second Restitution Act of 6th February 1947 (Zweites Rückstellungsgesetz, 6.2.47, BGBl. No. 53) were not unconstitutional. According to these provisions, administrative authorities (Finanzlandesdirektion, Bundesminister für Finanzen) are called upon to decide on claims based on this Act. In this respect the Constitutional Court held that, although these claims about which the administrative authorities were deciding, were to be considered as disputes on "civil rights" within the meaning of Article 6 (1) 1 of the Convention, the provisions of this paragraph were complied with in view of the nature and effects of the subsequent control (Nachprüfung) which the Constitutional Court and, possibly, the Administrative Court may exercise over the decisions of the administrative authorities, since both of these Courts meet the requirement of "independent and impartial tribunal established by law".

It should also be observed that the European Commission of Human Rights has decided on 30th May, 1967, to strike off its list the Application (No. 2076/63) lodged with it by the "Wiener Städtische Wechselseitige Versicherungsanstalt". This decision of the Commission will be published in the next volume of this Yearbook (Vol. X, 1967).

sens contraire au dossier, si, sur un point essentiel, les faits de la cause doivent être complétés ou si l'on a enfreint des règles de procédure qui, si elles avaient été observées, auraient nécessairement amené l'autorité à rendre une autre décision.

La Cour administrative est donc d'ores et déjà, dans la plupart des cas, en mesure et dans l'obligation de remédier à des vices de fond (Sachverhaltsmängel) au même titre qu'à des vices de procédure. Par ailleurs, la règle de droit constitutionnel énoncée à l'article 6/1/1, en vertu de laquelle la décision doit appartenir à un tribunal, enjoint notamment d'interpréter et d'appliquer dans le même sens les dispositions des articles 41 et 42 de la Loi sur les tribunaux administratifs; ces dispositions se prêtent à cette interprétation et à cette application. Il en est de même *mutatis mutandis* pour le respect de la règle constitutionnelle énoncée à l'article 6/1/1 relative au droit d'être entendu "équitablement, publiquement et dans un délai raisonnable" lorsqu'il s'agit d'appliquer les passages pertinents de la Loi sur les tribunaux administratifs.

La Cour Constitutionnelle reconnaît que du point de vue de la Convention une meilleure solution pourrait être trouvée. Elle n'a cependant pas pu se résoudre à admettre le caractère inconstitutionnel d'une réglementation déjà ancienne et dans l'ensemble suffisante. Eu égard aux conceptions fort divergentes touchant la nature d'un tribunal et une procédure adéquate, telles qu'elles ressortent de l'ordre juridique des Etats contractants, il est impossible d'arriver à la conclusion de très grande portée et franchement bouleversante pour l'ordre juridique autrichien, que la réglementation autrichienne est contraire à la Convention des Droits de l'Homme.[1]

[1] Il y a lieu de remarquer que la Cour constitutionnelle autrichienne, dans une autre décision – G 6/65//14; Österreichische Juristenzeitung, 1966, pp. 409ss. – qu'elle a rendue, également le 14 octobre 1965, sur le recours introduit par la "Wiener Städtische Wechselseitige Versicherungsanstalt", s'est servie presque mot par mot des considérants reproduits ci-dessus pour conclure que les articles 3 et 4 de la Deuxième Loi des restitutions du 6 février 1947 (Zweites Rückstellungsgesetz, 6.2.47, BGBl. Nr. 53) n'étaient pas anticonstitutionnels. Suivant ces dispositions, il appartient à des autorités administratives (Finanzlandesdirektion, Bundesminister für Finanzen) de statuer sur des contestations fondées sur cette Loi. La Cour constitutionnelle a maintenu à ce sujet que bien qu'il s'agisse en l'espèce de contestations sur des "droits de caractère civil" au sens de l'article 6/1/1 de la Convention, qui sont tranchées par des autorités administratives, les dispositions de l'article 6/1/1 de la Convention sont respectées, étant donné la nature et les effets du contrôle ultérieur (Nachprüfung) que la Cour constitutionnelle et, le cas échéant, la Cour administrative – toutes deux répondant au critère de "tribunal indépendant et impartial, établi par la loi" – peuvent exercer sur les décisions des autorités administratives.

A noter également que la Commission européenne des Droits de l'Homme a décidé le 30 mai 1967 de rayer de son rôle la requête (N° 2076/63) que la "Wiener Städtische Wechselseitige Versicherungsanstalt" avait introduite auprès d'elle. Cette décision de la Commission sera publiée dans le prochain volume de cet Annuaire (Vol. 10, 1967).

BELGIUM

Tribunal de Première Instance de Bruxelles (12e chambre civile)

(Court of First Instance of Brussels – 12th Civil Chamber)

Decision of 8th November, 1966

(*Journal des Tribunaux*, 1966, pp. 686–687)

USE OF LANGUAGES IN ADMINISTRATIVE MATTERS. ACT OF 2ND AUGUST 1963. SECTION 41 OF THIS ACT IS CONTRARY TO ARTICLES 10 (1) AND 14 OF THE CONVENTION AND TO THE FIRST PROTOCOL BECAUSE THE PROVISIONS OF THE SAID SECTION DO NOT MEET THE REQUIREMENTS SET OUT IN ARTICLE 10 (2) OF THE CONVENTION.

(*Translation*)

...

III. *On the merits:*

Whereas the respondent claims to have applied the provisions of Section 41 of the Act of 2nd August 1963 on the use of languages in administrative matters, which provides that for documents required by law or regulation or addressed to their employees, "industrial, commercial or financial undertakings shall use the language of the region where their registered office or place of business are situated";

Whereas it must be pointed out primarily that this provision is incompatible with Articles 10 (1) and 14 of the European Convention for the Protection of Human Rights, signed in Rome on 5th November 1950, and with the Protocol thereto, signed in Paris on 20th March 1952, which were approved by the Belgian Act of 13th May 1955 (*Moniteur*, 19th August 1955);

Whereas Article 10 of the said Convention states that "everyone has the right to freedom of expression. This right shall include freedom to hold opinions and to receive and impart information and ideas without interference by public authority", while Article 14 stipulates that "the enjoyment of the rights and freedoms set forth in this Convention shall be secured without discrimination on any ground such as ... language, ... association with a national minority ... or other status";

Whereas the terms of Section 41 of the Act of 2nd August 1963 do not comply with the provisions of Article 10 (2) of the Convention;

Whereas the Convention seeks in principle to safeguard the rights

BELGIQUE

Tribunal de Première Instance de Bruxelles

(12e chambre civile)

Décision du 8 novembre 1966

(*Journal des Tribunaux*, 1966, pp. 686–687)

EMPLOI DES LANGUES EN MATIÈRE ADMINISTRATIVE. LOI DU 2 AOUT 1963. L'ARTICLE 41 DE CETTE LOI EST EN CONTRADICTION AVEC LES ARTICLES 10, PAR. 1ER, ET 14 DE LA CONVENTION ET AVEC LE PREMIER PROTOCOLE ADDITIONNEL, LES DISPOSITIONS DUDIT ARTICLE NE RÉPONDANT PAS AUX CONDITIONS ÉNUMÉRÉES DANS L'ARTICLE 10, PAR. 2, DE LA CONVENTION.

(*Citation*, réf. *supra*)

"...

III. *Sur le fond:*

Attendu que le défendeur prétend avoir exécuté les dispositions de l'article 41 de la loi du 2 août 1963 sur l'emploi des langues en matière administrative, lequel prévoit que pour les actes et documents imposés par les lois et les règlements et pour ceux qui sont destinés à leur personnel, "les entreprises industrielles, commerciales ou financières font usage de la langue de la région où est ou sont établis leur siège ou leurs différents sièges d'exploitation";

Attendu qu'il importe essentiellement d'observer que cette disposition est en contradiction avec les articles 10 § 1 et 14 de la Convention de sauvegarde des Droits de l'Homme signée à Rome le 5 novembre 1950 et au Protocole additionnel de Paris du 20 mars 1952, approuvés par la loi belge du 13 mai 1955 (*Mon.*, 19 août 1955);

Qu'en effet, l'article 10 § 1 stipule que "toute personne a droit à la liberté d'expression, droit qui comprend la liberté d'opinion et la liberté de recevoir ou de communiquer des informations ou des idées sans qu'il puisse y avoir ingérence d'autorités publiques", tandis que l'article 14 précise que "la jouissance des droits et libertés reconnus dans la Convention doit être assurée, sans restriction aucune, fondée notamment sur ... la langue, ... l'appartenance à une minorité nationale ... ou toute autre situation";

Attendu que les dispositions de l'article 41 de la loi du 2 août 1963 ne répondent pas aux conditions énumérées dans l'article 10 § 2 de la Convention internationale;

Que la Convention de sauvegarde vise en son principe les droits of any individual acting in a private capacity, either alone or in association with others, the said Convention having established rights of a higher order which individuals, natural persons or corporate bodies are entitled to invoke and exercise (cf. H. Bekaert, *Introduction à l'étude du droit*, No. 310);

Whereas the rights referred to in Articles 10 (1) and 14 of the Convention may be implemented in Belgium without the necessity for any special internal measures to that end, since they are expressed in terms specific enough to allow of immediate application (cf. "Mercuriale" of 1st September 1966 by Me Strykmans, Advocate General, J.T., 1st October 1966, pp. 533 *et seq.* and in particular pp. 538 and 539);

Whereas, if the existing international rules – constituting a supranational legal instrument which, as a formal source of law is binding upon States – are not to be deprived of all utility, it must be remembered that, in the event of conflict between municipal and international law, international treaties must prevail inasmuch as, or in cases where (as in the present instance) they have been approved by a Belgian Act;

Whereas, having regard to the authorities and leading cases cited below, it must be allowed that the said Convention confers subjective rights on the nationals of a Contracting State and guarantees their exercise, therein overriding and disregarding any other conflicting rules established, even subsequently, by national legislation (cf. "Mercuriale" of 1st September 1963 by Me Hayoit de Termicourt, Attorney-General, J.T., 1963, pp. 481 *et seq.* and in particular p. 486 (1st column); H. Bekaert, *op. cit.* No. 304; Dehousse, *Ratification des Traités*, p. 198; Niboyet, *Traité de Droit International Privé*, I, No. 31; Foriers, "Les Antinomies du Droit", J.T. 1963, pp. 116–118; De Page, *Traité de Droit Civil*, Vol. I, No. 186 bis, p. 235; French Court of Cassation, 4th February 1936, *Sirey*, I, 257; Court of Justice of the European Communities, Luxembourg, 5th February 1963, J.T., pp. 185 *et seq.* and in particular p. 189);

Whereas it follows that Section 41 (1) of the Belgian Act of 2nd August 1963 cannot be applied in this case inasmuch as, contrary to the provisions of Articles 10 (1) and 14 of the European Convention for the Protection of Human Rights (which moreover concord with those of Section 23 of the Belgian Constitution guaranteeing freedom of language), the said Section 41 must be regarded as imposing the use of a specific language on industrial, commercial and financial undertakings for the drafting of their official documents;

Whereas it is accordingly useless for the respondent to invoke the application of the said provision of municipal law, since there is no reason why the plaintiffs (the undertaking) should not draw up the documents in question in French;

de toute personne agissant comme personne privée, soit isolément, soit en association avec d'autres, ce règlement international étant générateur de droits d'un ordre supérieur que des particuliers, personnes naturelles ou de droit, peuvent invoquer et faire valoir (cf. H. Bekaert, *Introduction à l'étude du droit*, n° 310);

Que les droits visés aux articles 10 § 1 et 14 précités peuvent être appliqués en Belgique sans que doivent être prises à cet effet des mesures spéciales d'exécution interne puisqu'ils sont énoncés de manière suffisamment précise pour pouvoir être appliqués immédiatement (cf. Mercuriale de M. l'avocat général Stryckmans, prononcée le 1er septembre 1966, J.T., 1er oct. 1966, p. 533 et s. et notamment pp. 538 et 539);

Attendu que sous peine d'enlever tout effet utile à la réglementation internationale constituant une véritable loi supranationale dotée en sa qualité de source formelle du droit de la force obligatoire il y a lieu de considérer qu'en cas de contrariété entre loi nationale et loi internationale, la prééminence hiérarchique doit être donnée aux traités internationaux dans la mesure où, comme en l'espèce, ils ont été approuvés par une loi belge;

Que, sur base de la doctrine et de la jurisprudence ci-dessous rappelées, il importe de reconnaître à la convention internationale le pouvoir de conférer des droits subjectifs propres aux ressortissants d'un Etat contractant et d'en assurer l'exercice par delà et à l'encontre des règles contraires établies même postérieurement par une législation nationale (cf. Mercuriale prononcée le 1er sept. 1963 par M. le procureur général Hayoit de Termicourt, J.T., 1963, pp. 481 et s. et notamment p. 486, 1ère col.; – H. Bekaert, *op. cit.*, n° 304; – Dehousse, *Ratification des traités*, p. 198; – Niboyet, *Traité de droit international privé*, I, n° 31; – P. Foriers, "Les antinomies du droit", J.T., 1963, pp. 116 à 118; – De Page, *Traité de droit civil*, t. I, n° 186bis, p. 235; – Cass. fr., 4 févr. 1936, *Sir.*, I, 257; – Cour de justice des Communautés européennes à Luxembourg, 5 févr. 1963, J.T., pp. 185 et s. et en particulier p. 189);

Attendu qu'il s'ensuit que l'article 41 § 1er, de la loi belge du 2 août 1963 ne peut être appliqué en l'espèce dans la mesure où, contrairement au prescrit des articles 10 § 1 et 14 de la Convention européenne de Sauvegarde des Droits de l'Homme (du reste conforme aux dispositions fondamentales de l'article 23 de la Constitution belge garantissant la liberté des langues), cet article devrait être considéré comme imposant l'emploi d'une langue pour la rédaction des actes et documents des entreprises industrielles, commerciales ou financières;

Que c'est donc vainement que le défendeur invoque l'application de cette disposition légale interne, rien ne s'opposant à ce que la demanderesse établisse les actes litigieux en français;

Whereas, consequently, the Court cannot in this case apply Section 52 of the Act of 2nd August 1963 prescribing penalties in the event of failure to comply with the terms of Section 41 (which provides for the translation of the documents by a translator designated by the Magistrates' Court);

Whereas the plaintiffs have further shown that they have a place of business in Greater Brussels (Bruxelles – Capitale), as is shown by the letter of 1st April 1966 from the "Institut National de Statistique" ("for your firm it seems that not only the premises at Z are to be regarded as the place of business but that the Brussels registered office may also be regarded as such by reason of the activities carried on there ...");

Whereas the plaintiffs have shown that they pay the provincial tax pertaining to the employment of 16 persons at their Brussels business office;

Whereas they have submitted certain advertisements which show that they represent certain foreign firms and which give as address their Brussels business office;

Whereas it is thus established that the plaintiffs have at present and had at the time of the facts in issue a place of business in Brussels;

Whereas the use in Section 41 (1) of the Act of 2nd August 1963 aforementioned of the words "the language" and not of "the languages" implies that the use of one language only is imposed and that persons in business in Greater Brussels (Bruxelles – Capitale) are entirely free to choose which they shall use;

Whereas this interpretation is moreover that of the taxation authorities (cf. *Bulletin des contributions directes*, 1966, No. 434, p. 1431);

Whereas there is nothing to show that the documents in dispute were designed for the use of the plaintiffs' employees and that the said employees were Flemish-speaking;

Whereas the documents presented to the Registry of the Commercial Court were on the contrary designed for the information of third parties;

Whereas the plaintiffs are thus entitled to the free choice of language and may request that the documents they have deposited with the Registry of the Commercial Court in French language be published in that language;

Whereas this part of the Application is, theoretically, well founded;

Whereas, however, the respondent submits that, subject to reservations, and in particular subject to the present proceedings, he had the documents in dispute published in French;

Qu'il en résulte également que le tribunal ne peut, en l'espèce, appliquer l'article 52 de la loi du 2 août 1963 qui prévoit des sanctions en cas de violation de l'article 41, à savoir la traduction des actes par un traducteur désigné par le juge de paix;

Attendu que la demanderesse établit du reste qu'elle a un siège d'exploitation à Bruxelles-capitale, comme cela résulte entre autres de la lettre du 1er avril 1966 émanant de l'Institut national de statistique: (... "Pour votre firme, il me semble que non seulement le siège de Z doit être considéré comme siège d'exploitation, mais qu'également le siège de Bruxelles peut être considéré comme tel en raison des activités qu'on y exerce ...");

Que la demanderesse prouve qu'elle paie la taxe provinciale due à la suite de l'emploi de 16 personnes à son siège de Bruxelles;

Qu'elle dépose certains documents publicitaires d'où il résulte qu'elle est le représentant de certaines firmes étrangères et y indique son siège de ... Bruxelles comme adresse;

Qu'il est ainsi établi que la demanderesse a et avait lors des faits litigieux un siège d'exploitation à Bruxelles-capitale;

Que l'emploi par le législateur dans l'article 41 § 1er de la loi du 2 août 1963 prérappelée des mots "la langue" (et non pas les langues) implique qu'il n'y a qu'une langue dont l'usage soit imposé et que pour Bruxelles-capitale les personnes intéressées ont toute liberté de choisir celle-ci;

Que cette interprétation est d'ailleurs celle de l'administration des contributions (cf. *Bulletin des contributions directes*, 1966, n° 434, p. 1431);

Que rien n'établit que les documents incriminés étaient destinés au personnel de la demanderesse et que ce personnel serait d'expression néerlandaise;

Que les documents présentés au greffe du tribunal de commerce étaient au contraire des documents destinés à l'information des tiers;

Attendu que la demanderesse bénéficie ainsi du libre choix de la langue et a le droit d'exiger que les documents qu'elle a déposés au greffe du tribunal de commerce, documents établis en français, soient publiés dans cette langue;

Que ce chef de la demande est en principe fondé;

Que toutefois, le défendeur déclare en conclusion avoir, sous toutes réserves et notamment sous réserve de la procédure actuellement pendante, procédé à la publication des documents litigieux en langue française;

Whereas the plaintiffs do not contest that the said documents have been published and accordingly this ground of complaint might be considered as being now without substance;

Whereas lastly the plaintiffs ask that the respondent be ordered to pay one franc damages "for each of the two offences proved against him" (see submissions), thus availing themselves of the right they had reserved to themselves when the case was adjourned, namely, to alter, in the course of the proceedings, this part of their plea in which, when the proceedings were first instituted, they had asked for one franc damages from the defendant for having, without proper cause, failed to publish the documents in dispute within ten days of their deposit;

Whereas it is stipulated in Section 10 of the Consolidated Companies Act (Lois coordonnées sur les activités commerciales) that documents whose publication is prescribed shall be published within ten days of their deposit, failing which damages shall be payable by the officials shown to be responsible for the omission or delay;

Whereas the record of the proceedings of 9th October 1963 regarding the transfer of the registered office was deposited with the Registry of the Commercial Court of Brussels on 17th October 1963, transmitted to the *Moniteur belge* on 10th September 1964, and published in the annexes of the *Moniteur belge* of 15th September 1964, under number 28,773;

Whereas the balance-sheet of the plaintiffs, deposited with the Registry on 28th May 1964, was transmitted to the *Moniteur belge* on 10th September 1964 and was published in the annexes of the *Moniteur belge* of 15th September 1964 under number 28,773;

Whereas the plaintiffs informed the respondent on 6th November 1963 that they had a place of business in Greater Brussels and that they were not required to comply with the respondent's instructions, notified by letter of 17th October 1963, that they supply a document to replace that deposited with the Registry of the Commercial Court;

Whereas although the Act of 2nd August 1963 has given rise to numerous difficulties and althought it may be thought humanly possible that the respondent could have been confused by Section 50 thereof which provides for the imposition of disciplinary penalties on persons invested with the authority of State and on officials who by the orders they issue or by their acts evade or seek to make inoperative the provisions of the said Act, it must nevertheless be stated that the respondent was informed as early as 6th November 1963 of the plaintiff's claim regarding the existence of a place of business in Greater Brussels, in spite of which he set in motion the procedure provided for in Section 52 (2) of the Act of 2nd August 1963 (cf. the respondent's submissions, p. 3, para. 2 and cf. Cases Nos. 29,363 and 30, 326 pending between the same parties);

Que la demanderesse ne conteste pas que cette publication a eu lieu, de sorte que le chef de sa demande est devenu sans objet;

Attendu qu'enfin la demanderesse postule la condamnation du défendeur au paiement d'un franc à titre de dommages et intérêts "pour chacune des deux infractions retenues à sa charge" (voir conclusions), faisant ainsi usage de la faculté qu'elle s'était réservée dans l'ajournement de modifier en cours d'instance ce chef de la demande qui, dans l'exploit introductif, tendait à obtenir le paiement d'un franc à titre de dommages et intérêts pour avoir, sans motif valable, omis de faire publier les documents litigieux dans les dix jours du dépôt de ceux-ci;

Attendu qu'il est stipulé à l'article 10 des lois coordonnées sur les sociétés commerciales que les actes dont la publication est prescrite seront publiés dans les dix jours du dépôt à peine de dommages et intérêts contre les fonctionnaires auxquels l'omission ou le retard serait imputable;

Attendu que la délibération du 9 octobre 1963 relative au transfert du siège social a été déposée au greffe du tribunal de commerce de Bruxelles le 17 octobre 1963, transmise au *Moniteur belge* le 10 septembre 1964 et publiée aux annexes du *Moniteur belge* le 15 septembre 1964 sous le n° 28.773;

Que le bilan de la demanderesse, déposé au greffe le 28 mai 1964, a été transmis au *Moniteur belge* le 10 septembre 1964 et a été publié aux annexes du *Moniteur belge* du 15 septembre 1964 sous le n° 28.773;

Attendu que la demanderesse a fait connaître au défendeur, dès le 6 novembre 1963, qu'elle avait un siège d'exploitation à Bruxelles-capitale et qu'elle ne devait pas donner suite à l'injonction que lui avait faite le défendeur, par lettre du 17 octobre 1963, de fournir un document remplaçant celui qu'elle avait déposé au greffe;

Que si la loi du 2 août 1963 a donné lieu à de nombreuses difficultés et que si l'on peut humainement concevoir que le défendeur, en sa qualité de fonctionnaire, a pu être obnubilé par l'article 50 de cette loi, qui prévoit des sanctions disciplinaires à l'égard des dépositaires de l'autorité publique et des fonctionnaires qui par des ordres ou des actes éludent ou tentent de rendre inopérantes les dispositions de ladite loi, encore faut-il constater qu'il a été mis au courant de la thèse de la demanderesse, quant à l'existence d'un siège d'exploitation à Bruxelles-capitale dès le 6 novembre 1963 et que, malgré cela, il a introduit la procédure prévue à l'article 52 alinéa 2 de la loi du 2 août 1963 (cf. ses conclusions, p. 3, al. 2 et cf. causes 29.363 et 30.326 pendantes entre mêmes parties);

Whereas there is in his conduct of the proceedings an appreciation of the plaintiff's attitude in which he exceeds the function legally assigned to him and whereas by casting doubt on the plaintiffs' explanations and even claiming, as he does in his submissions, that their registered office was transferred to Brussels in order to "evade" the provisions of the Act of 2nd August 1963 on the use of languages in administrative matters, the respondent has behaved in a manner prejudicial to the plaintiffs;

. . . .[1]

FEDERAL REPUBLIC OF GERMANY

Bundesverfassungsgericht

(Federal Constitutional Court)

Decision of 15th December, 1965

(1 BvR 513/64 – *Neue Juristische Wochenschrift*, 1966, pp. 243 ff.)

PRE-CONDITIONS FOR ORDERING, EXECUTING AND MAINTAINING DETENTION ON REMAND; PRINCIPLE OF PROPORTIONALITY – CRIMINAL PROCEDURE AMENDMENT ACT (*STRAFPROZESSNOVELLE*) OF 19TH DECEMBER, 1964; ARTICLES 5 AND 6 OF THE CONVENTION. EXEMPTION FROM DETENTION ON REMAND IN CASE OF ARREST IN PURSUANCE OF PARA. 112, SUB-PARA (4) (CRIMES AGAINST LIFE) OF THE CODE OF CRIMINAL PROCEDURE.

(*Translation*)

. . .

1. In the juridical institution of detention on remand, the conflict between the right of the individual to personal liberty in pursuance of Article 2 (2) and Article 104 of the Basic Law, and the inexorable requirements of effective prosecution emerges very clearly. The speedy and just punishment of serious offences would in many cases be impossible if the prosecuting authorities were invariably prevented from arresting the presumed offender before conviction and holding him in custody until judgment was passed. At the same time, however, complete deprivation of personal liberty through confinement in a place of detention is an evil which, in a State subject to the rule of law (Rechtsstaat), may be in principle inflicted only on a person who has received an immediately enforceable sentence for an act punishable by law. To apply this

[1] Compare this decision with the decision of 15th July 1965 by which the European Commission of Human Rights declared *inadmissible* – as being incompatible with the provisions of Articles 9, 10 and 14 of the Convention – Application No. 2333/64, Inhabitants of Leeuw-St. Pierre v. Belgium; this decision of the European Commission is published in the previous volume of this Yearbook, Vol. VIII (1965), p. 338 *et seq.*, 360.

Qu'il y a dans son chef une appréciation au sujet de l'attitude de la demanderesse qui outrepasse le rôle qui lui est légalement imparti; qu'en mettant en doute les explications de la demanderesse et en soutenant encore, comme il le fait en conclusion, que le transfert du siège social à Bruxelles a eu lieu pour "éluder" les dispositions de la loi du 2 août 1963 sur l'emploi des langues en matière administrative, le défendeur a eu un comportement préjudicable à la demanderesse;

. . . ".[1]

RÉPUBLIQUE FÉDÉRALE D'ALLEMAGNE

Bundesverfassungsgericht

(Cour Constitutionnelle Fédérale)

Décision du 15 décembre 1965

(1 BvR 513/64 – *Neue Juristische Wochenschrift*, 1966, pp. 243 ss.)

CONDITIONS REQUISES POUR L'ORDONNANCE, L'EXÉCUTION ET LE MAINTIEN DE LA DÉTENTION PRÉVENTIVE; PRINCIPE DE LA RELATIVITÉ – LOI PORTANT MODIFICATION DU CODE DE PROCÉDURE PÉNALE (*STRAFPROZESSNOVELLE*), DU 19 DÉCEMBRE 1964; ARTICLES 5 ET 6 DE LA CONVENTION. EXEMPTION DE DÉTENTION PRÉVENTIVE EN CAS D'ARRESTATION FONDÉE SUR LE PAR. 112, AL. 4 (INFRACTIONS CONTRE LA VIE) DU CODE DE PROCÉDURE PÉNALE.

(*Traduction*)

. . .

1. Dans l'institution juridique de la détention préventive, le désaccord existant entre le droit à la liberté personnelle concédé à l'individu par l'article 2, alinéa 2, et l'article 104 de la Loi Fondamentale et les exigences inéluctables d'une action répressive efficace, apparaît clairement. La répression rapide et juste de délits graves serait fréquemment impossible, s'il était défendu, sans exception, aux autorités chargées de la répression pénale d'arrêter déjà avant le jugement l'auteur présumé du crime et de le maintenir en détention jusqu'au moment du jugement. Il n'en demeure pas moins que la privation complète de la liberté personnelle par emprisonnement dans un établissement pénitencier constitue un mal qui, dans l'Etat de droit, ne doit en principe être infligé qu'à celui qui a été condamné définitivement pour un acte passible de sanctions pré-

[1] Cf., avec la décision citée ci-dessus, la décision par laquelle, le 15 juillet 1965, la Commission européenne des Droits de l'Homme a déclaré irrecevable, pour être incompatible avec les dispositions des articles 9, 10 et 14 de la Convention, la requête N° 2333/64, Habitants de Leeuw-St. Pierre c/la Belgique; cette décision de la Commission européenne figure au volume précédent de cet Annuaire, Vol. 8 (1965), pp. 339 ss., *361*.

measure to an individual merely suspected of an offence can be regarded as permissible only in strictly defined exceptional cases. This results, too, from the principle of presumption of innocence which, even in cases of the strongest suspicion, precludes a suspect from being subjected, in anticipation of the punishment, to action which in its effect is tantamount to imprisonment. This presumption of innocence is indeed not expressly laid down in the Basic Law, but it is a generally accepted concept in a State which respects the elementary principles of justice and has, through Article 6 (2) of the Human Rights Convention, been introduced into the positive law of the Federal Republic of Germany.

A defensible solution to this conflict between two principles of equal importance for a State subject to the rule of law can be achieved only when the restrictions on liberty regarded as necessary and appropriate from the standpoint of the prosecution, are continuously counter-balanced by the corrective of the claims to liberty of the individual who, although suspect, has not yet been convicted. This means that detention on remand must, in its application and execution be governed by the principle of proportionality (Verhältnismässigkeit); interference with liberty is only acceptable if and to the extent that, on the one hand, strong and specifically based suspicion justified serious doubts regarding the suspect's innocence and, on the other hand, the legitimate demands of the national community for complete elucidation of the circumstances of the offence and the rapid punishment of the offender can be ensured only by his provisional detention on remand. The pursuit of any other purpose by detention on remand is in any case prohibited in principle; in particular, detention on remand may not usurp the function of punishment in the protection of legal interests which is a matter for the substantive criminal law.

2. Recent legal trends take these principles into account. The Universal Declaration of Human Rights promulgated by the United Nations on 10.12.1948, following the French Declaration of the Rights of Man of 1789, lays particular stress on the presumption of innocence (Art. 11 (1) in conjunction with Art. 9). The European Convention on Human Rights repeats this principle (Art. 6 (2)) and in Art. 5 gives a precise definition of the circumstances in which restriction of personal liberty is permissible under the rule of law. The Committee of Ministers of the Council of Europe has also recently addressed a Recommendation to the Member States (Council of Europe Information, published in the Supplement to BAnz. No. 102 of 3.6.1965, p. 38), which includes the following directives [Res. (65) 11]:

vues par la loi. Prendre cette mesure déjà à l'encontre d'un individu uniquement soupçonné d'avoir commis un acte répréhensible, ne peut être admis que dans des cas d'exception rigoureusement délimités. Cette position découle aussi du principe de la présomption d'innocence qui exclut, même en cas de soupçons extrêmement sérieux, la possibilité de prendre par anticipation à la sanction, des dispositions à l'encontre du prévenu, qui équivalent dans leurs effets à une peine privative de liberté. Cette présomption d'innocence n'est à vrai dire pas expressément mentionnée dans la Loi Fondamentale, mais est conforme aux conceptions générales en vigueur dans l'Etat de droit et a été également introduite par l'article 6, alinéa 2, de la Convention des Droits de l'Homme dans le droit positif de la République Fédérale.

On ne peut aboutir à une solution équitable de ce conflit entre deux principes d'importance égale pour l'Etat de droit qu'en opposant constamment, à titre de correctif, aux restrictions de liberté apparaissant nécessaires et opportunes du point de vue de la répression pénale, le droit à la liberté du prévenu non encore condamné. Ceci signifie que la détention préventive, dans son application et son exécution, doit s'inspirer du principe de la relativité; l'atteinte à la liberté est uniquement admise lorsque et dans la mesure où il existe d'une part des doutes fondés quant à l'innocence du suspect, à la suite de soupçons sérieux se basant sur des indices concrets, et que, d'autre part, le droit légitime de la communauté nationale à une élucidation complète de l'acte criminel et à une punition prompte de son auteur ne peut être sauvegardé autrement que par une détention provisoire du suspect. La poursuite d'autres objectifs par la détention préventive est en tous les cas exclue par principe; elle ne doit notamment pas, comme le ferait une sanction, viser, par anticipation à une protection de valeurs juridiques, le droit pénal matériel devant être utilisé à cette fin.

2. L'évolution juridique plus récente tient compte de ces principes. La Déclaration Universelle des Droits de l'Homme des Nations Unies du 10 décembre 1948, à la suite de la Déclaration française des Droits de l'Homme de 1789, met expressément l'accent sur la présomption d'innocence (article 11, alinéa 1 en combinaison avec l'article 9). Ce principe se trouve répété dans la Convention européenne des Droits de l'Homme (article 6, paragraphe 2) qui, dans son article 5, définit avec précision les circonstances dans lesquelles est uniquement admissible une restriction de la liberté personnelle dans un Etat de droit. Le Comité des Ministres du Conseil de l'Europe a récemment adopté une Recommandation dans ce sens aux Etats membres (Communications du Conseil de l'Europe publiées dans l'Annexe au BAnz N° 102 du 3 juin 1965, page 38, qui contient entre autres les directives suivantes [Rés. (65) 11]:

Remand in custody should never be compulsory. The judicial authority should make its decision in the light of the facts and circumstances of the case.

Remand in custody should be regarded as an exceptional measure.

Remand in custody should be ordered or continued only when it is strictly necessary. In no event should it be applied for punitive ends.

Other measures might with advantage be applied instead of remand in custody.

In the Federal Republic of Germany the principle of proportionality has constitutional status. It is inherent in the conception of the rule of law, and indeed in the essence of the basic rights themselves, which as an expression of the citizen's general claim to freedom vis-à-vis the State, may be limited by the public authorities only to the extent essential for the protection of the public interest. In the case of the basic right of personal liberty, this also follows from the special significance which accrues to this particular right as the foundation of the general legal status of the citizen and of his possibilities of self-realisation, as the Basic Law recognises by declaring, in Art. 2 (2), that freedom of the person is "inviolable".

The Criminal Procedure Amendment Act (*Strafprozessnovelle*) of 19.12.1964, the purpose of which was to bring criminal procedure into line with the Constitution, seeks to impart universal validity to the principle of proportionality in the law relating to detention on remand. The principle is expressed in general terms in paragraph 112 (2) of the C.C.P. with regard to the pre-conditions for ordering detention on remand and is repeated in paragraphs 116, 120 and 121 with reference to execution and duration of the detention on remand. The principle also finds particular expression in the fact that in spite of a precise definition of the conditions required for the issue of a warrant for arrest, such issue is never compulsory, but is a matter to be decided by the judge in the exercise of his discretion; this follows from the word "*darf*" (may) in paragraph 112 (1) and (4) of the C.C.P.

3. In exercising the discretion which devolves upon him as a consequence of these provisions, the judge must always bear in mind that the overriding purpose, and the true justification, of detention on remand is to enable the trial to be conducted in due form and to guarantee enforcement of the subsequent sentence; if detention on remand is not necessary for this purpose, it is "disproportionate" (*unverhältnismässig*), hence absolutely inadmissible to order it, confirm it or carry it out. The grounds for arrest constituted by the dangers of flights and destruction of evidence (paragraph 112 (2) of the C.C.P.) clearly have this purpose. The ground for arrest constituted by danger of repetition of the offence (para-

La détention préventive ne doit jamais revêtir un caractère obligatoire. Les autorités judiciaires prendront une décision en tenant compte de toutes les circonstances de chaque cas particulier.

La détention préventive doit être considérée comme une mesure d'exception.

La détention préventive ne doit être ordonnée et maintenue que dans les cas où elle paraît indispensable. Elle ne doit en aucun cas être appliquée à titre de sanction.

Il y a également lieu de prendre en considération d'autres mesures susceptibles de remplacer la détention préventive.

En République Fédérale d'Allemagne, le principe de la relativité a rang constitutionnel. Il découle du principe de l'Etat de droit, et au fond déjà de la nature même des droits fondamentaux qui, en tant qu'expression du droit général à la liberté du citoyen face à l'Etat, ne peuvent chaque fois être restreints qu'autant que l'exige la sauvegarde des intérêts publics. En ce qui concerne le droit fondamental à la liberté personnelle, un rôle est également joué par l'importance particulière que revêt précisément ce droit en tant que fondement de la situation juridique générale du citoyen et de ses possibilités d'épanouissement et que la Loi Fondamentale reconnaît en qualifiant d'"inviolable" la liberté de l'individu à l'article 2, alinéa 2.

La *Strafprozessnovelle* du 19 décembre 1964, qui visait à un remaniement conforme à la Constitution de la procédure pénale, se propose de rendre universellement valable le principe de la relativité en matière de détention préventive. Ce principe est exprimé sur un plan général au paragraphe 112, alinéa 1, phrase 2, du Code de Procédure pénale en ce qui concerne les conditions exigées pour la détention préventive et est répété dans les paragraphes 116, 120, 121 du même Code, relatifs à l'exécution et à la durée de la détention. Il ressort également essentiellement de ces paragraphes que – malgré une définition précise des conditions requises pour la délivrance d'un mandat d'arrêt – cette mesure n'est jamais obligatoire mais est toujours laissée à l'appréciation, conforme à son devoir, du juge; ceci découle de l'emploi du mot "*darf*" (peut) au paragraphe 112, alinéas 1 et 4, du Code de Procédure Pénale.

3. Lors de l'appréciation qui lui incombe en conséquence, le juge ne doit jamais perdre de vue que le but essentiel de la détention préventive et sa justification véritable sont de permettre le déroulement, selon les règles, d'une procédure répressive et de garantir l'exécution ultérieure de la peine; si elle n'est plus requise à ces fins, il est hors proportion et donc inadmissible en principe de l'ordonner, de la maintenir ou de l'exécuter. Les motifs de détention ayant trait au danger de fuite et d'obscurcissement des [illegible]es (paragraphe 112, alinéa 2, du Code de Procédure Pénale) [illegible]e toute évidence cet objet. Il est vrai que le motif de détention que constitue le danger de récidive (paragraphe 112, alinéa 3, du Code

grsph 112 (3) of the C.C.P.) goes beyond this in the protection of the community, against further offences, and hence considerations of preventive police action, are held to suffice for ordering detention on remand. This procedure can however be justified on the grounds that it is here a matter of protecting a particularly vulnerable section of the population against the high probability of falling victim to serious criminal acts; it also appears more appropriate to entrust the protection of this provision to the prosecuting authorities already dealing with the offence, and hence to the judge, than to the police.

On the other hand, the new paragraph 112 (4) of the C.C.P. would give rise to objections from the point of view of the State which respects the elementary principles of justice (*rechtsstaatliche Bedenken*) if it were so construed that detention on remand could be ordered automatically, i.e. without considering whether other necessary conditions were fulfilled or not, in cases of strong suspicion that a crime against life of the category described, had been committed. Such a construction would be incompatible with the Basic Law, and it is in any case doubtful whether it is confirmed by the wording of the provision, which suggests that the measure should be regarded as purely contingent, to be applied only after it has been established that there are no grounds for arrest under subparagraph 2. Even if this interpretation is not adopted, however, the principle of proportionality demands that the judge, even when applying paragraph 112 (4) of the C.C.P., should never lose sight of the purpose of detention on remand. Neither the seriousness of the crime against life nor that of the (as yet unestablished) guilt of the suspect justify in themselves the latter's arrest; still less does reference to the more or less clearly ascertainable "indignation" of a public which allegedly finds it intolerable that there should be a "murderer" at large. There again there must always be circumstances pointing to the likelihood that without the arrest of the suspect the rapid investigation and punishment of the offence would be jeopardised. Under certain conditions, a danger of flight or of destruction of evidence which cannot be proved with "definite facts" but which, in the circumstances of the case, cannot be completely excluded, may in itself be sufficient. Likewise a well-founded fear that the suspect will commit further offences of a similar kind may justify the issue of a warrant for his arrest. Sub-para. 4 of para. 112 of the C.C.P. should be read in close conjunction with sub-para. 2; it then finds its justification in the fact that, in view of the seriousness of the offences to which it refers, the strict pre-conditions for arrest laid down in sub-para. 2 may be relaxed in de Procédure Pénale) dépasse ce cadre, étant donné que dans ce cas la nécessité de protéger la société des conséquences que pourraient avoir d'autres actes répréhensibles, donc le fait d'adopter un point de vue policier de prévention, est suffisante pour ordonner la détention préventive. Ce motif peut cependant être justifié, en invoquant qu'il s'agit dans ce cas de préserver une partie de la population qui a tout particulièrement besoin de protection, d'actes répréhensibles graves dont elle se trouve menacée avec une forte probabilité; il semble également plus indiqué de confier la mise en oeuvre de cette protection aux autorités répressives qui tentent déjà d'élucider l'acte répréhensible commis, et donc au juge, que d'en charger la police.

Le nouveau paragraphe 112, alinéa 4, du Code de Procédure Pénale devrait, par contre, éveiller des doutes dans l'Etat de droit, s'il était à interpréter dans le sens qu'en cas de soupçons sérieux concernant l'un des crimes contre la vie définis dans ce paragraphe, la détention préventive pourrait être ordonnée sans difficultés, c'est-à-dire sans qu'il soit nécessaire d'examiner si les autres conditions en sont remplies. Une telle interprétation ne serait pas compatible avec la Loi Fondamentale. On peut même douter qu'elle corresponde au texte de la disposition; il y est, en effet, recommandé de considérer cette mesure uniquement comme subsidiaire et donc de ne l'appliquer que si au préalable, l'absence d'un motif d'arrestation fondé sur l'alinéa 2 a été constatée. Cependant, même si l'on ne se rallie pas à cette interprétation, le principe de la relativité exige que le juge, également en appliquant le paragraphe 112, alinéa 4, du Code de Procédure Pénale, ne perde jamais de vue le but de la détention préventive. Ni la gravité du crime contre la vie, ni le degré de la culpabilité (non encore prouvée) ne justifient à eux seuls l'arrestation du prévenu; encore moins suffisants seraient les égards à prendre envers une population dont l'"émotion" est plus ou moins manifeste et qui estime intolérable qu'un "assassin" demeure libre. Il faut, plutôt dans ce cas, aussi qu'il existe toujours des circonstances témoignant du danger, qu'à défaut de l'arrestation du prévenu, une information rapide et la répression de l'acte pourraient être compromises. Le danger de fuite ou d'obscurcissement des preuves qui, il est vrai, ne peut être prouvé par des "faits précis", mais qui, selon les circonstances du délit n'est pas à exclure peut, dans certains cas, se révéler suffisant. De même, de sérieuses appréhensions de voir le prévenu commettre d'autres crimes de nature analogue pourraient suffire pour la délivrance d'un mandat d'arrêt. L'alinéa 4, paragraphe 112, du Code de Procédure Pénale est à interpréter en association étroite avec l'alinéa 2; il trouve alors sa justification dans le fait qu'en considération de la gravité des délits qui s'y trouvent mentionnés, il convient de relâcher la rigueur imposée pour les motifs d'arrestation prévus à l'alinéa 2, afin d'exclure order to eliminate the risk of particularly dangerous criminals escaping justice.

4. The principle of proportion ality finds especially clear expression in para. 116 of the C.C.P. This requires the judge, in all cases of arrest on grounds of danger of flight, destruction of evidence or repetition, to consider whether the purpose of detention on remand cannot be achieved by imposing less drastic restrictions on liberty. If so, execution of the warrant for arrest must be suspended. The foregoing remarks on the general significance of the principle of proportionality in the law governing detention on remand permit the inference that exemption must also be possible when the warrant for arrest is founded on para. 112 (4) of the C.C.P. Neither the wording nor the intention of para. 112 excludes the possibility of basing the warrant for arrest on sub-para. 2 or on sub-para. 3, as appropriate, even in cases of crimes against life. It would be illogical and entirely contrary to the principle of proportionality if, in cases of danger of flight, or destruction of evidence within the meaning of para. 112 (2) of the C.C.P., the suspect could always, irrespective of the seriousness of the offence, enjoy the benefits of para. 116, while on the other hand, in cases where the danger of flight or destruction of evidence was less, the suspect should be deprived outright of the benefits of any milder measures regarded as adequate for the purposes of the criminal proceedings. If cancellation of the warrant for arrest is liable to jeopardise the conduct of the proceedings, but suspension of the warrant accompanied by the imposition of certain conditions would be a sufficient safeguard, the judge must not be obliged to permit continuation of detention. The reduction in the degree of protection enjoyed by the suspect, which has been brought about by the introduction of the ground for arrest contained in para. 112 (4) of the C.C.P. – i.e. by the greater facility with which detention may be ordered – must to some extent be offset by the admission of exemption from detention on remand, and its effects must not be further intensified through denial of the latter.

The objection that the judge could, where he considered exemption from detention on remand to be appropriate, refrain altogether from issuing a warrant under para. 112 (4) of the C.C.P., or alternatively cancel it, would be mistaken. It would mean restricting the judge's discretion in a manner contrary to the principle of proportionality. He would only have the choice between unlimited freedom and total deprivation of liberty. Cases can, however, very easily occur where it is appropriate and adequate for the purposes of the proceedings to leave the accused at "liberty under superle risque que précisément des délinquants particulièrement dangereux puissent se soustraire à la punition.

4. Le principe de la relativité se trouve particulièrement accentué dans le paragraphe 116 du Code de Procédure Pénale. Ce paragraphe oblige le juge, dans tous les cas d'arrestation pour danger de fuite, d'obscurcissement des preuves et de récidive, à examiner si le but de la détention préventive ne peut être atteint également par des mesures restrictives de liberté moins radicales. Dans l'affirmative, il doit surseoir à l'exécution du mandat d'arrêt. Les remarques qui précèdent sur la signification générale du principe de la relativité en matière de détention incitent à admettre qu'une exemption de détention doit également être possible lorsque le mandat d'arrêt se fonde sur le paragraphe 112, alinéa 4, du Code de Procédure Pénale. Ni la formulation, ni le sens du paragraphe 112 n'interdisent de fonder, également dans le cas de crimes contre la vie, le mandat d'arrêt sur l'alinéa 2, et le cas échéant, sur l'alinéa 3. Il serait peu logique et en pleine contradiction avec le principe de la relativité qu'en cas de danger de fuite ou d'obscurcissement des preuves aux termes du paragraphe 112, alinéa 2, du Code de Procédure Pénale, et sans qu'il soit tenu compte de la gravité du délit, le prévenu puisse, en effet, toujours bénéficier d'une exemption d'arrestation en vertu du paragraphe 116 du même Code; alors que d'autre part, en cas de danger réduit de fuite ou d'obscurcissement des preuves, le prévenu serait tout bonnement exclu du bénéfice de toute mesure plus clémente, néanmoins suffisante pour satisfaire aux exigences de la procédure pénale. Lorsqu'une annulation du mandat d'arrêt est susceptible de compromettre la mise en oeuvre de la procédure pénale, mais que la suspension de l'exécution du mandat d'arrêt, assortie de certaines modalités paraît suffisante, le juge ne doit pas être obligé de faire durer la détention. L'amoindrissement de la protection du prévenu, qui réside dans l'introduction du motif d'arrestation prévu au paragraphe 112, alinéa 4, du Code de Procédure Pénale, et en conséquence dans le fait que la délivrance d'un mandat d'arrêt se trouve ainsi facilitée, doit être quelque peu compensée par l'admission d'une exemption de détention et ne doit pas être encore intensifiée dans ses effets par le refus de cette exemption.

L'objection selon laquelle le juge pourrait, s'il considère qu'une exemption de détention est indiquée, renoncer complètement à délivrer un mandat d'arrêt fondé sur le paragraphe 112, alinéa 4, du Code de Procédure Pénale ou l'annuler, est injustifiée. Les possibilités d'appréciation du juge s'en trouveraient, en effet, limitées de façon contraire au principe de la relativité. Il aurait uniquement le choix entre une libération sans restriction et une privation complète de liberté. Il peut cependant parfaitement y avoir des cas, dans lesquels il est indiqué, et suffisant pour les besoins de la procévision" by applying measures of the kind designated in para. 116 of the C.C.P.

5. Having regard to the importance of the basic right of personal liberty on the one hand, and to the requirements of an effective but at the same time lawfully conducted prosecution on the other, and also to the application of the principle of proportionality to the measures taken, associated with the presumption of the innocence of the suspect, exemption from detention must also be admissible in the case of arrest in pursuance of para. 112 (4) of the C.C.P. This being so, misgivings arising out of the wording of para. 116 of the C.C.P. may be dispelled. This provision does not cover all the conditions to be fulfilled for suspension of a warrant for arrest, as is shown by the long-standing practice of the courts of suspending the execution of a warrant for arrest in cases of the suspect's unfitness for detention. Furthermore it seems not impossible, from a consideration of the origins of the Act of 19.12.1964, that this construction in fact corresponds to the true intentions of the legislature and only inadvertently failed to be expressed in the wording: the grounds for arrest designated in para. 112, sub-para. 3 – danger of repetition of the offence in cases of crimes against morality – and sub-paragraph 4 – serious crimes against life – did not figure in the original drafts submitted by the party groups and the Federal Government (BT-Drucks. IV/63 and IV/178). It was the Legal Committee of the Bundestag which first accepted a proposal whose contents corresponded to the present version of paragraph 112 (4) of the C.C.P., but which in general referred to particularly serious cases (Minute No. 37). At the second reading the Bundestag voted for paragraph 112 in the form proposed by the Legal Committee and resolved to amend para. 116 in such a manner that the execution of a warrant for arrest issued under para. 112 (3) or (4) could also be suspended under certain conditions. The view was expressed, without opposition, that even when there was a danger of repetition of the offence, or when particularly serious crimes had been committed, there were circumstances in which execution of the warrant for arrest could be suspended provided that the accused fulfilled certain conditions. The Legal Committee then, before the third reading in the Bundestag, decided to delete sub-para. 4 from para. 112 of the C.C.P. and brought crimes against life under sub-para. 3, which establishes danger of repetition of the offence as a ground for arrest. Consequently the Committee also deleted the reference to para. 112 (4) in para. 116 (BT-Drucks IV/2378). At the third reading the Bundestag adopted an amendment which restored para. 112 (4) of the C.C.P. in its present form but did not reintroduce exemption from detention on remand in paragraph 116 for cases covered by paragraph 112 (4).

. . .

dure pénale, de laisser le prévenu en "liberté contrôlée", en l'assujetissant à des mesures du genre de celles prévues au paragraphe 116 du Code de Procédure Pénale.

5. Etant donné d'une part la signification du droit fondamental à la liberté personnelle et, d'autre part, les exigences d'une action répressive efficace, se déroulant cependant conformément aux règles admises dans l'Etat de droit, et le principe de la relativité de l'atteinte associé à la présomption d'innocence jouant en faveur du prévenu, une exemption de détention doit également être possible dans le cas d'une arrestation fondée sur le paragraphe 112, alinéa 4, du Code de Procédure Pénale. Face à cet argument, les doutes auxquels donne lieu la formulation du paragraphe 116 du Code de Procédure Pénale peuvent se résorber. Cette disposition ne fixe pas de façon exhaustive les conditions dans lesquelles l'exécution d'un mandat d'arrêt peut être suspendue, ainsi que le prouve le fait que dans la pratique, les tribunaux ont de tout temps suspendu l'exécution d'un mandat d'arrêt, également dans le cas d'incapacité du prévenu à subir la détention. De plus, si l'on considère la genèse de la loi du 19 décembre 1964, il ne semble pas exclu que cette interprétation soit conforme aux intentions véritables du législateur et que ce n'est que par inadvertance qu'elle ne ressort pas de la formulation: les motifs d'arrestation figurant au paragraphe 112, alinéa 3 – danger de récidive dans le cas d'attentat aux moeurs – et alinéa 4 – crimes graves contre la vie – n'étaient pas initialement prévus dans les projets des groupes politiques au Bundestag et du Gouvernement fédéral (BT-Drucks. IV/63 et IV/178). Ce n'est que la Commission juridique du Bundestag qui a adopté un projet, dont la teneur correspondait à celle de l'actuel paragraphe 112, alinéa 4, du Code de Procédure Pénale, mais qui dans l'ensemble concernait des cas particulièrement graves (Protocole N° 37). En deuxième lecture, le Bundestag a approuvé le paragraphe 112 du Code de Procédure Pénale sous la forme proposée par la Commission juridique, et a décidé de compléter le paragraphe 116 du Code de Procédure Pénale de telle manière que l'exécution d'un mandat d'arrêt, délivré en vertu du paragraphe 112, alinéa 3 ou alinéa 4 de ce Code, puisse également être suspendue sous certaines conditions. Sans qu'elle donne matière à controverse, l'opinion a été soutenue qu'également en cas de récidive ou de crimes particulièrement graves, il existe des circonstances dans lesquelles l'exécution du mandat d'arrêt peut ne pas avoir lieu si le prévenu se soumet à d'autres dispositions. Avant la troisième lecture au Bundestag, la Commission juridique a alors décidé de supprimer l'alinéa 4 du paragraphe 112 du Code de Procédure Pénale et a inséré les crimes contre la vie dans l'alinéa 3, qui prévoit comme motif d'arrestation le danger de récidive. Elle a, par conséquent, supprimé dans le paragraphe 116 du Code de Procédure Pénale la référence au paragraphe 112, alinéa 4, du même Code

Bundesgerichtshof

(Federal Court of Justice)

Decision of 10th January, 1966

(III ZR 212/63 – *Neue Juristische Wochenschrift*, 1966, pp. 924 ff., *925–928*)

DETENTION WITH A VIEW TO EXTRADITION, DETENTION ON REMAND. RIGHT TO TRIAL WITHIN A REASONABLE TIME OR TO RELEASE PENDING TRIAL – ARTICLE 5 (3) OF THE CONVENTION. CRITERIA ON THE REASONABLE OR EXCESSIVE LENGTH OF DETENTION ON REMAND.

(*Translation*)

. . .

1. Article 5, paragraph 5 of the Convention on Human Rights admittedly grants the victim an enforceable and direct right to compensation.

. . .

2. Article 5, paragraph 5 of the Convention on Human Rights provides that "everyone who has been the victim of arrest or detention in contravention of the provisions of this Article" shall have a right to compensation.

(a) It is not necessary to decide in detail as to the legal nature of this right, its content and its extent or the person of the obligee, because there is no violation of the individual provisions of Article 5 (5).

(b) The respondent's argument that the responsibility of Land Bavaria must be excluded *a priori* because the Federal Republic, which alone is competent to represent German interests abroad, submitted the request for extradition and conducted the negotiations, cannot be accepted in any circumstances.

. . . .

3. The plaintiff, who is here appealing against the Free State of Bavaria, only in respect of the second period of detention from 24th May to 23rd June, 1961, cannot, because of the nature of the

(BT-Drucks, IV/2378). En troisième lecture, le Bundestag a adopté une proposition d'amendement visant à rétablir le paragraphe 112 dans sa version actuelle, sans cependant introduire à nouveau dans le paragraphe 116 du Code de Procédure Pénale une exemption d'arrestation pour les cas prévus à l'alinéa 4 du paragraphe 112 dudit Code.

...

Bundesgerichtshof

(Cour Fédérale de Justice)

Décision du 10 janvier 1966

(III ZR 212/63 - *Neue Juristische Wochenschrift*, 1966, pp. 924ss., 925-928)

DÉTENTION EN VUE D'EXTRADITION, DÉTENTION PRÉVENTIVE. DROIT D'ÊTRE JUGÉ DANS UN DÉLAI RAISONNABLE, OU LIBÉRÉ PENDANT LA PROCÉDURE - ARTICLE 5, PAR. 3, DE LA CONVENTION. CRITÈRES RELATIFS A LA DUREE, RAISONNABLE OU EXCESSIVE, DE LA DÉTENTION PRÉVENTIVE.

(*Traduction*)

...

1. L'article 5, par. 5, de la Convention des Droits de l'Homme confère à la victime un droit direct à réparation.

...

2. Aux termes de l'article 5, par. 5, de la Convention des Droits de l'Homme, toute personne "victime d'une arrestation ou d'une détention dans des conditions contraires aux dispositions de cet article" a droit à réparation.

(a) Il n'est pas nécessaire d'examiner ici en détail la nature juridique, le contenu et la portée de ce droit, ni de rechercher contre qui il peut être exercé car il n'y a pas eu, en l'espèce, de violation des dispositions de l'article 5, par. 5, de la Convention.

(b) Le défendeur ne peut en aucun cas prétendre que la responsabilité du Land de Bavière n'est pas en cause, du simple fait que la République Fédérale qui a seule qualité pour représenter les intérêts allemands à l'étranger, a établi et suivi la demande d'extradition.

...

3. La demanderesse qui ne demande réparation à l'Etat libre de Bavière que pour sa deuxième détention, du 24 mai au 23 juin 1961, ne peut pas, en raison même de la nature de la détention à

detention imposed, base her claim on the violation of Article 5 (1) a, b, d, e and f of the Convention.

In view of the type of detention to which the plaintiff was subjected, the only valid claim would be that Article 5 (1) c had been violated. In the present instance, however, an appeal cannot be successfully based on such a violation.

...

4. The plaintiff can therefore base her appeal on the Convention only by maintaining that Article 5 (3) sentence 2 [sci. lic.: "sentence 2" in the German text of the Convention] has been violated: there are, however, no grounds for such an argument.

(a) According to Article 5 (3) sentence 2 of the Convention everyone shall be entitled to trial within a reasonable time or to release pending trial.

The Convention on Human Rights does not expressly state what is meant by "a reasonable time" in this sense. Article 5 (4) prescribed that the lawfulness of a person's detention shall be decided "speedily" by a court and his release ordered if the detention is not lawful. In addition, Article 6 (1) sentence 1 states that everyone is entitled to a fair and public hearing within a reasonable time by a "tribunal established by law", which shall decide on any criminal charge against him. The aim and purpose of the Convention and the content of its provisions as a whole, read in conjunction with the provisions of the German Criminal Procedure Laws which have been modified to conform with the requirements of the Convention, lead to the following conclusions as to what constitutes a "reasonable time" in detention on remand:

Detention on remand is a means of guaranteeing effective use of the State's right to prosecute and an aid to prosecution. Its effects are always harsh as far as the detained person is concerned, since man's liberty is one of his most precious possessions. The basic principle of proportionality governing the whole of public law in the Federal Republic, and in particular the provisions concerning official interference with individual liberty, must therefore apply in cases of detention on remand. The means and the end in view must also be properly balanced in such cases. At all times, therefore, the question to be answered is: must a mere suspect, whose guilt has not yet been established by a court judgment, be deprived of his freedom in order to ensure prosecution? The criterion for the assessment to be made must, in the first place, be the offender and his offence. The primary deduction from this is that the length of detention must not be out of proportion to the gravity of the offence and to the sentence to be expected.

elle imposée, invoquer une violation de l'article 5, par. 1 (a), (b), (c), (d), (e) et (f) de la Convention.

Etant donné le caractère de la détention qu'elle a subie, la plaignante ne pourrait fonder sa plainte que sur une violation de l'article 5, par. 1 (c). Toutefois, elle ne peut pas non plus invoquer une violation de cette disposition.

...

4. La demanderesse ne pourrait étayer sa demande de réparation au titre de la Convention des Droits de l'Homme que sur une violation de l'article 5, par. 3, deuxième phrase [*sci. lic.* "deuxième phrase" dans la version allemande de la Convention]. Or, les conditions ne sont pas réunies pour qu'il y ait eu une telle violation.

(a) Aux termes de l'article 5, par. 3, phrase 2, de la Convention, toute personne arrêtée ou détenue a le droit d'être jugée dans un délai raisonnable, ou libérée pendant la procédure.

La Convention n'indique pas directement ce qu'il faut entendre par délai raisonnable. L'article 5, par. 4, stipule que le tribunal doit, après une arrestation, statuer "à bref délai" sur la légalité de la détention et ordonner la libération de la personne arrêtée ou détenue si la détention est illégale. En outre, l'article 6, par. 1er, phrase 1, de la Convention dispose que toute personne a droit à ce que sa cause soit entendue équitablement, publiquement et dans un délai raisonnable par un tribunal indépendant et impartial, "établi par la loi", qui décidera du bien-fondé de toute accusation en matière pénale dirigée contre elle. Si l'on examine le but et l'esprit de la Convention des Droits de l'Homme, et la teneur de ses diverses dispositions en tenant compte du Code de Procédure pénale allemand qui a été lui-même modifié en fonction de la Convention, la question de la durée raisonnable d'une détention préventive se présente dans les termes suivants:

La détention préventive est un moyen de garantir que l'Etat pourra exercer son droit de répression pénale et un instrument de la poursuite criminelle. Elle a de graves conséquences pour la personne qui en fait l'objet car la liberté est l'un des biens les plus précieux de l'homme. Le principe selon lequel les moyens doivent être proportionnés (Verhältnissmässigkeit) au but recherché, qui caractérise tout le droit public allemand, notamment en matière d'interventions administratives, doit par conséquent s'appliquer aussi à l'exécution de la détention préventive. Il doit exister également dans ce domaine une proportion raisonnable entre les moyens et les objectifs. Il faut donc toujours vérifier s'il est réellement indispensable pour la bonne marche de la procédure pénale de priver de sa liberté une personne qui n'est que suspecte et dont la culpabilité n'a pas encore été établie par un jugement. Les principales considérations dont il faut tenir compte lors de cet examen indispensable sont la personnalité de la personne suspectée et l'infraction qui lui

The German Criminal Procedure (Amendment) Act of 19th December 1964 (Official Gazette (BGBl), I, 1067) has now expressly incorporated this principle into several of its provisions. According to Section 112 (1) sentence 2 of the revised Code of Criminal Procedure, detention on remand cannot be ordered if such a measure is out of proportion to the nature of the case and the sentence to be expected or the measures for preventive detention and rehabilitation (Massregel der Sicherung und Besserung); under Section 113, detention on remand is further restricted if the offence is subject only to a period of imprisonment not exceeding six months, to detention (Haft) or to a fine; under Section 120 a warrant for arrest shall be vacated if, among other things, it transpires that a further period in detention would be out of proportion to the gravity of the offence and to the sentence, or a measure of prevention, to be expected; under Section 121 the execution of detention on remand for the same act – as long as no judgment imposing a punishment entailing loss of liberty has been entered – may be extended beyond a six months period only if the particular difficulty or the exceptional extent of investigations or some other important reason stand in the way of imposition of judgment and justify continued detention. The official explanatory memorandum on the Government Bill introducing this Amendment Act emphasised the fact that the intention was to bring the law into line with the Convention on Human Rights (Bundestagsdrucksachen [Official Parliamentary Publication] IV, 178, p. 17). The statements of the legislative bodies of the Federal Republic when accepting the Convention and promulgating the Amendment Act show how the organs of the Federal Republic interpret the meaning and content of these provisions. This Chamber has no objection to applying the basic ideas of these new provisions and the considerations on which they are based when interpreting the Convention on Human Rights, even when the cases in question occurred before the Amendment Act came into force, because they are no more than the acceptable reflection and concrete expression of what may quite accurately be considered "reasonable" in the interests of expediting justice.

The relevant literature and court practice have likewise accepted the idea that the length of detention should not be out of proportion to the gravity of the offence and the probable sentence (e.g. Baumann: "Festschrift für Eberhard Schmidt", 1961, pp. 525–535; Eberhard Schmidt: "Lehrkommentar zur Strafprozessordnung", Artikel 112, Anm. 21; Schwarz Kleinknecht: "Strafprozessordnung", 23. Auflage, Artikel 112, Anm. 7).

Thus – in addition to the standard reasons for detention (suspicion est reprochée. Il s'ensuit que la durée de la détention préventive ne peut pas être hors de proportion avec la gravité des faits ni avec l'importance de la peine prévisible.

La Loi du 19 décembre 1964 (BGBl. I, 1067) portant modification du Code de Procédure pénale allemand a introduit expressément ce principe dans diverses dispositions du Code de Procédure pénale: aux termes de l'article 112, par. 1, phrase 2, du nouveau Code, la détention préventive ne doit pas être ordonnée lorsqu'elle est disproportionnée à la gravité des faits et à la peine (ou mesure de sûreté ou de redressement) prévisible; aux termes de l'article 113, elle ne doit pas non plus être ordonnée lorsque l'infraction supposée est sanctionnée par une peine de prison d'une durée maximum de 6 mois, une peine de détention simple ou une amende; aux termes de l'article 120 du Code de Procédure pénale, la levée d'écrou doit être prononcée lorsqu'il apparaît que la prolongation de la détention préventive serait disproportionnée à la gravité de l'affaire et à l'importance de la peine ou de la mesure prévisibles; aux termes de l'article 121, la détention préventive ne peut être prolongée au-delà de 6 mois à raison des mêmes faits (pour autant qu'aucune condamnation à une peine privative de liberté n'a encore été prononcée) que si la difficulté ou l'ampleur particulières de l'instruction, ou une autre raison importante, le justifient. L'exposé des motifs du projet de loi gouvernemental modifiant le Code de procédure pénale indique expressément que le but recherché est une harmonisation avec la Convention des Droits de l'Homme (Bundestagsdrucksachen IV 178, p. 17). Les déclarations faites par les assemblées législatives de la République fédérale lors de l'adoption de la Convention et de la promulgation du nouveau Code de procédure pénale montrent la façon dont les divers organes de ce pays comprennent la lettre et l'esprit de ces dispositions. La Cour suprême n'hésite pas à appliquer les principes de ces nouvelles dispositions et les considérations dont elles s'inspirent pour interpréter la Convention des Droits de l'Homme, même s'agissant d'affaires antérieures à l'adoption de ces dispositions puisque celles-ci ne font que traduire ou préciser de façon admissible ce que, en fait (sachgerecht), l'on peut entendre par "raisonnable" dans l'intérêt de l'accélération de la procédure.

La doctrine et la jurisprudence admettent également que la durée de la détention préventive ne doit pas être disproportionnée à la gravité des faits ou à la peine prévisible (cf. Baumann, Festschrift für Eberhard Schmidt 1961, p. 525/535; Eberhard Schmidt, Lehrkommentar zur Strafprozessordnung, § 112 Anm. 21; Schwarz-Kleinknecht, Strafprozessordnung, 23. Aufl. § 112 Anm. 7).

Il faut donc – indépendamment des motifs de détention prévenof crime, danger of flight, further offences or destruction of evidence) – both the probable sentence and the gravity of the offence must be taken into account. These assessments must be made according to the actual stage (jeweiliger Stand) of the preliminary investigations, and it must never be overlooked that the weight of the particular circumstances and their significance may change swiftly in the course of proceedings. It must also always be borne in mind that according to German law grave suspicion of crime (dringender Tatverdacht) is sufficient for (delivering) a warrant for arrest – under the Convention, reasonable suspicion of crime (hinreichender Tatverdacht) is enough for that purpose unless there are provisions of municipal law containing more severe standards to that effect –, whilst at the main hearing of the case the guilt of the offender must be fully proved, so that he must be acquitted if the Court, as far as this suspicion is concerned, did not reach the conclusion, on the evidence produced at that hearing, that it was entirely convinced of the guilt of the accused. Thus, before the main hearing, when considering the probable punishment, account must be taken of the penalty likely to be imposed by the Court if, on the basis of the facts hitherto established, which served as a motive for the warrant for arrest by providing evidence to support grave suspicion, it were fully convinced of the accused's guilt and hence convicted him. This is the "probable sentence" (*zu erwartende Strafe*) according to the actual stage of the preliminary investigations. Just as grave suspicion of crime – apart from the other motives for arrest – is sufficient to justify the issue of a warrant for arrest, so it must be enough, when assessing the permissible length of a detention on remand on the basis of the sentence to be expected, if, according to the stage reached during the preliminary investigations, there are serious grounds (*dringender Verdacht*) for expecting a sentence which will not be out of proportion to the period so far spent in detention.

The German Code of Criminal Procedure makes use of the negative formula that the period of detention "shall not be out of proportion" to the gravity of the offence and the sentence to be expected. In the literature on the subject and in various court decisions a positive approach is often found, to the effect that the length of detention on remand "shall in no case exceed the sentence likely to be pronounced for the crime" (e.g. Herzog, AöR 1961, 194/227; Schorn, DRiZ 1963, 339; von Stackelberg, NJW 1960, 1265; Woesner, NJW 1961, 1381; Bremen Court of Appeal, NJW 1960, 2260; Cologne Regional Court, NJW 1964, 1816). The Court considers that these approaches reveal no differences with regard to the principle governing the length of detention, according to which detention on remand "must always be proportionately compatible" with that of the gravity of the offence and that of the probable tive légaux (indices de culpabilité et risque de fuite, de récidive ou de suppression des preuves), tenir compte à la fois de la peine prévisible et de l'importance de l'affaire. Tous ces facteurs doivent être appréciés selon les divers stades de l'instruction et il ne faut pas perdre de vue que le poids et l'importance des circonstances peuvent évoluer rapidement au cours de la procédure. Il faut également prendre en considération qu'en droit allemand, il suffit, pour qu'un mandat de dépôt puisse être délivré, qu'il existe des indices graves de culpabilité (dringender Tatverdacht) (selon la Convention et lorsque le droit national n'est pas plus exigeant en la matière, il suffit qu'il y ait des raisons plausibles (hinreichender Tatverdacht) de soupçonner que la personne en question a commis une infraction), tandis qu'à l'audience principale, la culpabilité doit être entièrement prouvée: si, compte tenu des dépositions faites à l'audience (Beweisaufnahme in der Hauptverhandlung), le tribunal n'est pas pleinement convaincu de la culpabilité, il doit prononcer l'acquittement. C'est pourquoi, pour déterminer avant l'audience la peine prévisible, il faut prendre comme base la peine qui serait probablement prononcée si, après avoir examiné les faits, qui ont été considérés comme des indices suffisamment graves pour justifier la délivrance d'un mandat de dépôt, le tribunal était, au moment du jugement, pleinement convaincu de la culpabilité de l'inculpé et s'il le condamnait effectivement. C'est en ce sens qu'il faut comprendre l'expression "la peine prévisible" au stade considéré de l'instruction. De même que des indices graves de culpabilité suffisent, outre les autres motifs de détention, pour justifier la délivrance d'un mandat de dépôt, on peut admettre que la durée de la détention préventive déjà subie au stade considéré de l'instruction par un suspect est acceptable, compte tenu de la peine prévisible, dès lors qu'il existe à ce stade de fortes raisons (dringender Verdacht) de croire que la peine qui sera prononcée ne sera pas disproportionnée à la longueur de cette détention.

Le Code de procédure pénale allemand utilise en la matière une formulation négative puisqu'il stipule que la durée de la détention "ne doit pas être disproportionnée à la gravité des faits ni à la peine prévisible". Dans la doctrine et diverses décisions, on rencontre souvent une formulation positive selon laquelle la durée de la détention préventive "ne doit excéder en aucun cas la peine à laquelle il faut s'attendre à cause de l'infraction" (ainsi: Herzog, AöR 1961, 194/227; Schorn, DRiZ 1963, 339; von Stackelberg, NJW 1960, 1265; Woesner, NJW 1961, 1381; OLG Bremen, NJW 1960, 2260; LG Cologne, NJW 1964, 1816). La Cour estime que cette différence de formulation n'a aucune conséquence en ce qui concerne la règle selon laquelle la durée de la détention préventive doit toujours être en rapport (im angemessenen Verhältnis stehen) avec la gravité des faits et la peine prévisible. Il ressort en effet des considérations qui sentence. It follows, indeed, from what has been said earlier, that grave suspicion of crime is sufficient for determining the length of the probable sentence (für die Strafzumessungstatsachen). The extent and the gravity of the grounds for suspicion may change swiftly in the course of legal proceedings and may, to a certain extent, be assessed in different ways by different instances. The severity of the sentence itself depends, in view of the wide range of penalties imposable under the German Penal Code and the nature of German criminal procedure, upon a multiplicity of unpredictable details and imponderables which cannot easily be defined, and particularly, in the case of discretionary rulings, upon the impression gained by the judge during the main hearing.

There can be no success to the attempt made by the plaintiff in his appeal to deduce from the later call by the Public Prosecutor, during the proceedings, for a sentence which was far shorter than the time spent by the plaintiff in detention on remand, that the period spent in detention on remand was out of proportion to the probable sentence. This request by the Public Prosecutor cannot be used as a yard-stick for measuring whether the length of the period previously spent in detention on remand was reasonable. For, whilst grave suspicion of crime suffices for the issue of a warrant for arrest, sentence may be passed in the main hearing – as has already been explained – and the Public Prosecutor may request the imposition of a particular sentence, only if all the facts necessary to secure a conviction and fix the amount of the penalty have been proved at the main hearing in a way which fully convinces the Court. The accused must be acquitted even though the conditions for a warrant of arrest still remain valid at the time of judgment, if the last link in the chain of evidence has not been produced to the complete satisfaction of the judge and if it has not been possible to overcome the last doubt as to the accused's guilt, despite the fact that a grave suspicion of crime still remains. In such a case, even the Public Prosecutor must request the acquittal, despite the fact that the conditions for ordering the arrest of the accused still remain. As soon as the Court has ruled that the accused should be acquitted, the warrant for arrest must immediately be cancelled – even though grave suspicion remains (Section 120 of the Code of Criminal Procedure). A verdict of acquittal may become necessary in the main hearing, however strong or compelling the suspicion of guilt may be, if, for example, the only witness for the prosecution avails herself in the main hearing of her right not to give evidence, although, up to that point, her statements made during the preliminary investigations made it appear probable that the accused would be sentenced to a term of several years' penal servitude. Similarly, the image of the crime and that of the offender may change during the hearing, so that instead of the severe précèdent que des indices graves suffisent également pour le calcul de la peine prévisible (Strafzumessungstatsachen). L'importance et le poids des indices peuvent évoluer rapidement dans une procédure pénale et leur appréciation de la part de personnes (Beurteiler) différentes, peut également différer jusqu'à un certain point. Etant donné la marge considérable (weiter Strafrahmen) dans la fixation de la peine, du Code pénal allemand, et la nature de la procédure pénale allemande, le taux de la peine dépend précisément d'une foule de détails imprévisibles et d'éléments impondérables et, s'agissant en particulier de décisions discrétionnaires (Ermessensentscheidungen), de l'impression retirée de l'audience par le juge.

C'est en vain que l'on essaye, dans le pourvoi en cassation, de tirer argument du fait que la peine que le Ministère Public a requise plus tard à l'audience, était bien inférieure à la durée de la détention préventive déjà subie par la demanderesse, pour prouver que la durée de ladite détention n'était pas proportionnée à la peine prévisible. Cette requête (l'importance de la peine requise) ne saurait servir de critère pour déterminer si la durée de la détention préventive déjà subie était raisonnable. En effet, si des indices graves de culpabilité suffisent pour délivrer un mandat de dépôt, il en va autrement à l'audience: la condamnation à une peine déterminée ne peut, alors, comme nous l'avons vu, être prononcée ni demandée par le Ministère Public que si, à l'issue des débats, le tribunal est entièrement convaincu que les faits essentiels justifiant la condamnation à une peine déterminée sont tous bien établis. Alors même que les circonstances en considération desquelles le mandat de dépôt avait été délivré sont encore réunies au moment du jugement et qu'il existe des indices graves de culpabilité à l'encontre de l'inculpé, celui-ci doit être acquitté s'il manque au juge ne serait-ce qu'un seul élément de preuve, et si les derniers doutes sur la culpabilité de l'inculpé ne sont pas levés. Dans ce cas, le Ministère Public doit, lui aussi, demander l'acquittement, bien que les circonstances qui ont motivé le mandat de dépôt subsistent. Le mandat de dépôt doit être levé dès que l'acquittement est prononcé (même si les fortes présomptions de culpabilité subsistent) (Art. 120 du Code de procédure criminelle). Malgré l'existence d'indices graves et même très graves au moment où l'acte d'accusation est transmis par le parquet au juge (Anklageerhebung), l'acquittement peut s'imposer à l'issue de l'audience, par exemple dans le cas suivant: si le seul témoin à charge fait usage, lors de l'audience, de son droit de refuser de déposer, bien qu'il ait, lors de l'instruction, fait un témoignage qui permettait de prévoir que l'inculpé était passible d'une peine de réclusion de plusieurs années. Il peut également se faire qu'à l'audience l'infraction et l'inculpé apparaissent sous un jour tel que la lourde peine qui était prévisible lors de l'instruction semble devoir sentence which appeared probable as a result of the preliminary investigations, only a mild penalty seems called for. In such and similar cases the period of detention on remand cannot later be described as being from the outset illegal and disproportionately long. Thus, the sentence called for by the Public Prosecutor in the main hearing is no criterion for judging whether the length of time already spent in detention was out of proportion to the sentence to be expected.

On the other hand, difficulties encountered during the preliminary investigations may be taken into account. It is true that the prosecuting authorities, and especially the courts, should deal most expeditiously with all cases concerning detention on remand; nevertheless, when considering whether the period spent in such custody has exceeded what might be described as a reasonable length of time, the period required for the necessary preliminary investigations must be taken into account. In a case calling not only for speed, but also for meticulous and pertinent treatment, it must be established how much time may reasonably be required to complete the preliminary investigations, to test, if necessary at a main hearing, the validity of the charges and to terminate appeal proceedings if there are any. The reasonableness of the length of detention on remand can thus be influenced by the fact that the preliminary investigations are prolonged because the offence is linked with a series of other offences or other offenders or because further difficulties arise during the examination if this leads to the suspicion that the arrested person has played a greater part in the offences or is more responsible thereof (stärkere Tatbeteiligung, schwerere Schuld). This is especially true if the alleged offences are scattered over great distances or where foreign authorities and instances have to be called upon (Einschaltung), because that increases the difficulty of the preliminary investigations and lengthens the proceedings. Many authors and many examples of court practice can already be cited to show that these views may be taken into account when assessing what constitutes a "reasonable" time for detention on remand (See: Guradze, NJW 9160, 1243; Herzog, AöR 1961, 194/226; Woesner, NJW 1961, 1381; Schorn, DRiZ 1963, 339/340; Bächle, NJW 1965, 475; Hamm Regional Court of Appeal, JZ 1965, 545). Difficulties encountered during the preliminary investigations constitute, however, only one of the factors which have to be taken into account in deciding what is a "reasonable" time for detention on remand. Another essential factor is the principle of proportionality. For example, there can be no question of prolonging the period of detention on remand for many months in the case of a minor offence, simply because the only witness has gone on a journey abroad and cannot be reached. The present version of the Code of Criminal Procedure and its faire place à une peine légère. Dans ce cas et dans des cas semblables, il n'y a pas lieu de considérer *a posteriori* que la détention préventive était *a priori* illégale ou que sa durée était excessive. C'est pourquoi, l'importance de la peine requise par le Ministère Public à l'audience ne constitue pas un critère pour déterminer si la durée de la détention préventive subie par l'inculpé était disproportionnée à la peine prévisible.

Les difficultés de l'instruction peuvent, en revanche, être prises en considération. Les autorités chargées de la poursuite criminelle, et notamment les tribunaux, doivent certes expédier avec une diligence particulière toutes les affaires donnant lieu à détention, mais lorsque l'on examine si la durée de la détention ne dépasse pas les limites raisonnables, il y a lieu de tenir compte de l'ampleur nécessaire de l'instruction. A cet effet, il faut examiner quels délais sont raisonnablement nécessaires pour instruire l'affaire, certes avec célérité, mais aussi avec soin et compétence et, au cas où une audience s'avère indispensable, pour examiner la solidité de l'accusation et pour terminer des procédures de recours éventuelles. La durée raisonnable de la détention préventive peut donc être influencée du fait que l'instruction se prolonge, soit parce que l'infraction est liée à un ensemble d'infractions plus vaste ou à d'autres auteurs, soit parce que l'enquête se heurte à d'autres difficultés au cas où les éléments recueillis semblent indiquer une participation criminelle plus forte ou une faute plus grave de l'arrêté. Ce cas se présente en particulier lorsque les infractions ont lieu dans plusieurs endroits éloignés les uns des autres ou que l'instruction nécessite le concours d'organes ou d'autorités étrangères, car l'instruction est alors plus difficile et il en résulte un allongement de la procédure. La doctrine et la jurisprudence ont déjà à plusieurs reprises entériné la thèse selon laquelle ces éléments peuvent être pris en considération pour déterminer si la durée de la détention est raisonnable (voir Guradze, NJW 1960, 1243; Herzog, AöR 1961, 194/226; Woesner, NJW 1961, 1381; Schorn, DRiZ 1963, 339/340; Bächle, NJW 1965, 475; OLG Hamm JZ 1965, 545). Toutefois, les difficultés de l'instruction ne sont que l'un des éléments dont il faut tenir compte en la matière. Il ne faut jamais oublier le principe de la proportionnalité. Il ne faudrait pas, par exemple, pour une infraction d'importance mineure, prolonger la détention préventive pendant plusieurs mois pour la seule raison que l'unique témoin se trouve en déplacement à l'étranger et qu'il est impossible de le joindre. Compte tenu de la version actuelle du Code de procédure pénale et de ses antécédents, on est fondé à conclure que dans l'état actuel, il est conforme à la législation de mettre fin, le cas échéant, à la détention préventive d'un prévenu contre lequel pèsent des indices graves de culpabilité, dans les cas où la prolongation de cette débackground history make it clear that in the present state of the law a suspect person may properly be released in certain circumstances, despite grave suspicion of crime, if a further period of detention on remand would be out of proportion to the gravity of the offence and the probable sentence, even if it is to be feared that the suspect may make further prosecution impossible by fleeing or might hinder investigations by concealment of evidence. The legislator, in making such provisions, values the individual's right to liberty more highly than the State's concern to investigate and punish minor offences.

From this it also follows that the idea of the so-called "principle of legality", which prevails in the Federal Republic and which was so strongly emphasised by the Regional Court of Appeal, cannot be a decisive factor. It is true that the German Public Prosecutor's Office, under sections 152 *et seq.* of the Code of Criminal Procedure, is – with certain exceptions – required to prosecute all offences known to it. But that in itself does not give the authorities the right to issue a warrant for detention or to prolong the detention on remand merely because proceedings cannot otherwise be instituted. This is especially true of proceedings in which the main hearing can take place only after a request for extradition has been made and granted. When instituting proceedings leading to extradition, the Public Prosecutor's Office must examine – quite independently of the principle of legality – whether the sentence to be expected and the gravity of the offence might not be out of proportion to the probable length and severity of the detention arising out of the request for extradition. It must also be borne in mind that prison conditions are not comparable in all countries to those prevailing in German institutions for detention on remand (Haftanstalten). In certain foreign, and especially in certain non-European States, there are deficient (unzulänglich) institutions for detention on remand in which, on occasion, the suspect (Beschuldigter) may be placed in cells with criminals, whose language, habits and mentality are not familiar to him and who may possibly behave in a hostile manner towards a European. Detention under such conditions is much harsher than if it were spent in a modern German institution for detention on remand. All such factors must be taken into account by the Public Prosecutor's Office; as the law stands at present, the authorities must then, in certain circumstances, renounce the request that a warrant for arrest be issued in connection with extradition proceedings, even if this implies that the principle of legality becomes meaningless *in practice*, because the suspect cannot be brought within the competence of the German authorities charged with criminal prosecution (cf. Grützner, Bundesanzeiger [Federal Gazette] No. 212/65, reprinted in DRiZ 1966, 32).

The plaintiff's submissions in this respect, that the Court of tention serait disproportionnée à l'infraction (à charge) et à la peine prévisible et ce, même s'il y a lieu de craindre que le suspect tente de prendre la fuite ou de gêner l'instruction en supprimant les preuves. Dans les dispositions qu'il a adoptées en la matière, le législateur a donné au droit à la liberté individuelle la priorité sur l'intérêt de l'Etat à élucider et à réprimer les infractions de peu d'importance.

Il s'ensuit que l'argument essentiel de la Cour d'Appel, qui est fondé sur le "principe de la légalité" en vigueur dans la République Fédérale ne saurait être déterminant en l'espèce. Le Ministère Public allemand est certes tenu, aux termes des articles 152 et suivants du Code de Procédure pénale, de poursuivre toutes les infractions dont il a eu connaissance, sauf certaines exceptions. Il n'en résulte cependant pas le droit d'ordonner ou de prolonger la détention préventive pour la seule raison que cette mesure est indispensable pour que la procédure puisse suivre son cours. Cela s'applique notamment aux affaires pénales qui ne peuvent être jugées qu'après l'aboutissement d'une procédure d'extradition. S'agissant d'une procédure d'extradition, le procureur doit examiner, indépendamment du principe de la légalité, si la durée probable et la gravité de la détention qui sera subie à la suite d'une demande d'extradition, ne sont pas disproportionnées, à la peine prévisible et la gravité de l'infraction à charge. Il doit même tenir compte du fait que les conditions d'emprisonnement ne sont pas toujours comparables dans tous les Etats à celles qui existent dans les maisons d'arrêt allemandes. Dans bien des pays étrangers, notamment en dehors de l'Europe, les maisons d'arrêt sont insuffisantes (unzulänglich) et, le cas échéant, les inculpés peuvent se trouver placés dans les mêmes cellules que des criminels dont ils ne connaissent ni la langue, ni les habitudes, ni la mentalité et qui, peut-être, peuvent se montrer hostiles envers un Européen. La détention dans ces conditions est beaucoup plus pénible que dans une maison d'arrêt allemande moderne. Le Ministère Public doit tenir compte de tous ces éléments; il doit notamment s'abstenir dans certains cas de demander la délivrance d'un mandat d'arrêt aux fins d'extradition, même si le "principe de la légalité" perd de ce fait *en pratique* presque toute signification parce que le prévenu échappe ainsi à la juridiction pénale allemande (voir Grützner, Bundesanzeiger Nr. 212/65, reproduit dans DRiZ 1966, 32).

Cependant, l'on ne saurait prétendre, comme le fait la partie

Appeal had deduced the lawfulness of the second detention pending extradition solely from the principle of legality, cannot, however, be upheld. The judgment also takes further factors into account, and explains, in particular, that the further period of detention would be motivated by the difficulties encountered during the preliminary investigations and the gravity of the offence and that it could not be established that the period of detention on remand had exceeded the sentence to be expected.

When deciding whether the length of time spent in detention on remand is disproportionate, it is permissible, finally, to consider to a certain extent the conduct of the suspect (Beschuldigter). It could at least be significant if a suspect person hindered the preliminary investigations or delayed the proceedings by concealment of evidence or lies, and if his conduct in so doing could be looked upon as evidence of guilt (schuldhaft). But when deciding whether conduct amounts to evidence of guilt, it must always be borne in mind that, under German criminal procedural law, a suspect person (Beschuldigter) is not required to furnish any explanations concerning the charges against him. In the case in point, there is no call for further discussion, since it has not been established that the conduct of the plaintiff was such a conduct indicative of guilt. It is true that she had delayed the first extradition proceedings in Italy in that she requested a decision from the competent Court on the legality of her extradition; but recourse to legal remedies cannot normally be look upon as a fault (Verschulden). In this case, especially, the plaintiff most certainly had the right to have the legality of the extradition proceedings examined by an Italian Court. Such an action cannot be looked upon as a fault, even if the plaintiff was involved in the offence and guilty thereof.

In the case in point, the plaintiff is appealing only against the period of arrest from 24th May to 23rd June 1961. Considered in isolation, this period of detention is in no way disproportionate. Despite the view of the Court of Appeal, it may not, however, be considered in isolation, since the plaintiff had already spent 16½ months in detention pending extradition (Auslieferungshaft) on a previous occasion in the same case and on the basis of the same charge. The procecuting authorities had to take this into account in a renewed application for the execution of a warrant for arrest in order to enforce a new application for extradition. It is of no consequence that the detention was always imposed by the Italian authorities, since the German prosecuting authorities were legally bound to watch constantly over the proceedings for extradition which they themselves had instituted, and the enforcement of the warrant for arrest (Hatfvollzug) and they had to cancel immediately the warrant for arrest, or have it cancelled, if the period spend in detention on remand became out of proportion to the offence demanderesse dans son pourvoi, que la Cour d'Appel ne s'est fondée pour reconnaître la licéité de la deuxième détention, que sur le principe de la légalité. Dans son arrêt, la Cour a également envisagé le problème sous d'autres angles et souligné en particulier que, eu égard aux difficultés de l'instruction et à la gravité de l'infraction le maintien de la détention se justifiait et qu'il n'était pas établi que la durée de la détention préventive ait dépassé celle de la peine privative de liberté qui était prévisible.

Enfin, pour déterminer si la durée de la détention préventive dépasse les limites raisonnables (angemessenes Mass), on peut aussi tenir compte, dans une certaine mesure, du comportement de l'inculpé, au moins lorsque celui-ci rend l'instruction plus difficile ou retarde la procédure en supprimant les preuves ou en faisant des déclarations ayant délibérément pour objet d'égarer les recherches et lorsque pareil comportement peut être considéré comme fautif. Toutefois, il ne faut jamais perdre de vue à cet égard que dans le droit pénal allemand, l'inculpé n'est pas obligé de faire des déclarations sur son inculpation. En l'occurrence, il n'est pas besoin de s'attarder sur ce point puisqu'il n'est pas établi que la plaignante ait eu un tel comportement fautif. Il est vrai qu'elle a retardé la première procédure d'extradition en Italie en demandant au tribunal compétent de statuer sur la légalité de l'extradition, mais l'usage de la part de l'inculpé des moyens de recours à sa disposition ne saurait normalement être considéré comme faute. La plaignante avait, en l'espèce, parfaitement le droit de faire examiner par un tribunal italien la légalité de la procédure d'extradition. Pareille conduite ne peut pas être considérée comme fautive, même si la plaignante avait participé à l'infraction et en était coupable.

La requête de la plaignante ne vise que la détention du 24 mai au 23 juin 1961. En soi, cette détention ne peut aucunement être considérée comme excessivement longue. Cependant, contrairement au point de vue de la Cour d'Appel, elle ne peut pas être envisagée isolément car la plaignante avait déjà, dans la même affaire et pour la même inculpation, passé 16 mois et demi en détention en vue d'extradition. Les autorités chargées de la poursuite criminelle devaient en tenir compte lorsqu'elles ont renouvelé leur demande de mandat de dépôt pour permettre l'exécution d'une nouvelle demande d'extradition. Il importe peu, en l'espèce, que la détention ait été infligée en totalité par les autorités italiennes; en effet, les autorités allemandes chargées de la poursuite criminelle devaient suivre constamment de près la procédure d'extradition qu'elles avaient déclenchée et l'exécution du mandat de dépôt, et elles devaient lever ou faire lever ce mandat sans délai dès que la durée de la détention préventive devenait disproportionnée à l'infraction and the sentence to be expected, even if this meant that it would no longer be possible to arrange for the plaintiff's extradition.

(b) These limits to the length of detention on remand of which the other pre-conditions (suspicion of having committed the crime, danger of flight) were correctly assumed (see II above), were not exceeded in the case of the plaintiff.

. . .[1]

Bundesgerichtshof

(Federal Court of Justice)

Decision of 31st January, 1966

(III ZR 118/64 – *Neue Juristische Wochenschrift*, 1966, pp. 1021–1028, *1023–1026*)

NATURE AND CONTENT OF THE RIGHT TO COMPENSATION PROVIDED FOR BY ARTICLE 5 (5) OF THE CONVENTION. REFERENCE TO, AND APPLICATION (BY ANALOGY) OF THE MUNICIPAL LAW RELEVANT IN THIS FIELD. THE GERMAN LAW GOVERNING STRICT LIABILITY (GERÄHRDUNGSHAFTUNG) AND TORTS (DELIKTSRECHT). APPLICATION OF SECTION 852 OF THE GERMAN CIVIL CODE (BGB) FOR DETERMINING, BY ANALOGY, THE STATUTORY LIMITATIONS (VERJÄHRUNG) OF THE RIGHT GUARANTEED BY ARTICLE 5 (5) OF THE CONVENTION.

(*Translation*)

. . .

3. A study of the content and nature of the right to compensation under Article 5 (5) of the Convention on Human Rights reveals the following:

(a) Article 5 (5) of the Convention confers a direct right on the individual concerned.

. . .

(b) Article 5 (5) of the Convention refers solely to violations of the right to liberty by the public authorities and links the obligation to make reparation to wrongful conduct (Fehlverhalten) on their part.

. . .

(c) The right deriving from Article 5 (5) of the Convention on Human Rights does not depend on the authorities being at fault

[1] Cf., in connection with the above decision, the decision of the Federal Court of Justice III ZR 70/64 (NJW 66, 726 ff.), also of 10th January 1966, and the decision by which the European Commission declared inadmissible *ratione personae* application No. 2472/65 lodged by X v. F.R.G.

à charge et à la peine prévisible, et ce, même si de ce fait l'extradition de la plaignante ne fut désormais plus possible.

(b) Ces limites de la durée de la détention préventive dont les autres conditions étaient par ailleurs réunies (indices de culpabilité, danger de fuite) n'ont pas été dépassées dans le cas de la plaignante.

...[1]

Bundesgerichtshof

(Cour Fédérale de Jusice)

Décision du 31 janvier 1966

(III ZR 118/64 – *Neue Juristische Wochenschrift*, 1966, pp. 1021–1028, *1023–1026*)

NATURE ET CONTENU DU DROIT A RÉPARATION PRÉVU PAR L'ARTICLE 5, PAR. 5, DE LA CONVENTION. RENVOI A, ET APPLICATION ANALOGUE DE LA LÉGISLATION NATIONALE PERTINENTE EN LA MATIÈRE. LE DROIT ALLEMAND EN MATIÈRE DE RESPONSABILITÉ OBJECTIVE (GEFÄHRDUNGSHAFTUNG) ET EN MATIERE DE DÉLITS (DELIKTSRECHT). APPLICATION DE L'ARTICLE 852 DU CODE CIVIL ALLEMAND (BGB) POUR DÉTERMINER, PAR ANALOGIE, LA PRESCRIPTION DU DROIT GARANTI PAR L'ARTICLE 5, PAR. 5, DE LA CONVENTION.

(*Traduction*)

...

3. L'étude du contenu et de la nature du droit découlant de l'article 5, par. 5, de la Convention des Droits de l'Homme donne les résultats suivants:

(a) L'article 5, par. 5, de la Convention confère à l'intéressé un droit direct (unmittelbarer Anspruch).

...

(b) L'article 5, par. 5, de la Convention ne vise que les violations du droit à la liberté commises par les pouvoirs publics et subordonne l'obligation de réparation à un manquement de ceux-ci (Fehlverhalten der öffentlichen Hand).

...

(c) Le droit garanti par l'article 5, par. 5, de la Convention des Droits de l'Homme ne suppose d'ailleurs aucune faute: il existe dès

[1] Cf., avec la décision reproduite ci-dessus, la décision de la Cour fédérale de Justice III ZR 70/64 (NJW 66, 726ss.), également du 10 janvier 1966, et la décision par laquelle la Commission européenne a déclaré irrecevable *ratione personae* la requête N° 2472/65, introduite par X c/R.F.A.

(Verschulden); it exists automatically wherever there is objectively an infringement (Verstoss) of the conditions laid down for detention in the Convention and in municipal law.

. . .

Under Article 5 (5), "everyone who has been the victim of arrest or detention in contravention of the provisions of this Article" shall have "an enforceable right to compensation". The provision mentions no particular authority or other responsible person or body, nor does it refer to the action, attitude or decision of any such authority but links the legal effect solely to the fact of "being the victim" of deprivation of liberty "in contravention of the provisions of this Article." The provisions of Article 5 list the cases in which an individual may be deprived of his liberty. In every case where arrest or detention is permissible it is expressly emphasised that such a step must be "lawful"; in the case of detention that is "not lawful" release must be ordered immediately, the unlawfulness being judged in the light of municipal law as well as of the Convention on Human Rights. In the cases referred to in paragraphs 1 (a) to (f) a right exists only if an individual's liberty has been curtailed or if he has been deprived of his liberty in a manner "not in accordance with a procedure prescribed by law" or in some other "unlawful way". Furthermore, Article 5 (3) stipulates that everyone arrested or detained shall be entitled to trial within a reasonable time or to release pending trial; if he is detained for an unreasonably long period pending trial, he is entitled to compensation. In these particular cases, detention may be compatible with internal legislation and yet incompatible with the Convention and thus be unlawful. It is precisely the fact that the Convention emphasises so strongly the unlawful nature of the detention as the sole factor establishing a right under Article 5 (5), which, as far as the interpretation of Article 5 (5) is concerned, gives added importance to the omission of any reference to a "fault" as a condition of the existence of the said right.

From what has been said, it is clear that a "fault" on the part of the State authorities in the exercise of their functions is not essential for the establishment of a right under Article 5 (5); on the contrary it is the objective breach of the conditions for detention laid down in the Convention and in domestic law which in itself establishes a right to compensation.

Nor can it be objected to this interpretation that the incomplete regulation of the compensation rule contained in Article 5 (5) calls for supplementary provisions in the national legislation of the Contracting Parties, which might, accordingly, acquire some importance for the interpretation of the Convention. This cannot apply to the question which has to be decided here, namely whether, according to the Convention, liability to pay compensation exists lors qu'il y a, en fait, infraction (bei objektivem Verstoss) aux conditions de détention fixées par la Convention et le droit interne.

...

À droit à réparation, aux termes de l'article 5, par. 5, "toute personne victime d'une arrestation ou d'une détention dans des conditions contraires aux dispositions de cet article". Cette clause ne mentionne aucune autorité particulière, ni d'autre responsable, et ne fait pas allusion à leur comportement, leur attitude, ou leur décision: elle lie les conséquences juridiques au seul fait d'être "victime" d'une privation de liberté dans des conditions "contraires aux dispositions de cet article". Les dispositions de l'article 5 énumèrent en détail les cas dans lesquels une personne peut être privée de sa liberté. Dans chacun de ces cas d'arrestation autorisée, il est expressément souligné que la procédure doit être "régulière"; si la détention est "illégale", la libération doit être immédiatement ordonnée, cette illégalité devant être appréciée aussi bien au regard des lois internes que de la Convention des Droits de l'Homme. Dans les cas prévus au paragraphe 1 (a) à (f), il n'y a de droit que si la limitation ou la privation de liberté n'a pas eu lieu "selon les voies légales" ou "régulièrement". En outre, aux termes de l'article 5, par. 3, de la Convention, toute personne arrêtée ou détenue a le droit d'être jugée dans un délai raisonnable ou libérée de la détention; si elle est détenue au-delà de ce délai raisonnable jusqu'au moment de sa condamnation, elle a droit à réparation. Dans ces cas en particulier, la détention, tout en demeurant conforme à la lettre des lois internes, peut déjà être contraire à la Convention et, par conséquent, irrégulière. C'est justement le fait que la Convention désigne si nettement comme *seule* condition préalable du droit garanti par l'article 5, par. 5, l'irrégularité de la détention qui, pour l'interprétation de l'article 5, par. 5, donne beaucoup d'importance à l'omission de toute référence à la faute comme condition préalable de ce droit.

De tout ceci, il ressort qu'une faute des organes de l'Etat dans l'exercice de leurs fonctions n'est pas exigée comme condition préalable du droit garanti par l'article 5, par. 5; c'est plutôt la violation objective des conditions de détention fixées par la Convention et par le droit interne qui fonde ce droit à réparation.

Contre cette interprétation, on ne saurait objecter que la réglementation incomplète de la réparation par l'article 5, par. 5, a besoin, pour être mise en oeuvre dans la pratique, d'être complétée par les dispositions de droit interne des Parties contractantes et que, par conséquent, ces dispositions pourraient aussi, dans une certaine mesure, acquérir de l'importance pour l'interprétation de la Convention. Cette argumentation ne peut pas s'appliquer à la question, only when the competent authority has been at fault or whether the mere fact of violation is sufficient. Indeed, the Convention has been concluded by States with different legal systems whose provisions governing compensation and damages accordingly differ. In their laws governing administrative responsibility, under which claims arising out of Article 5 (5) are dealt with, – as has been explained above – several States recognise liability even in cases where the public authority has simply acted erroneously, or else they derive from the fact of a breach of duty a presumption of blame. The general German law on liability, which has been worked out in great detail, does not correspond in all its aspects to a uniform rule of European law; it is dominated by the principle of "fault". Nevertheless, the German legal system in no way precludes liability for injustice due to error. The Federal Republic recognises to a large extent a liability which is independent of fault, namely that known as "Gefährdungshaftung", or strict liability, for damage resulting from inherent risk. Examples of this are liabilities in respect of dangerous industries or factories (railways, motor vehicles, aircraft, power-plants and atomic energy plants). As far as compensation in public law is concerned, liability for action by public authorities is even more independent of the concept of fault (the Federal Requisitions Act-Bundesleistungsgesetz; laws governing compensation to innocent persons remanded in custody or held in prison during retrial procedure; rights under the law on innoculation and infectious diseases control; compensation for acts of expropriation or unlawful requisition). It is certain, moreover, that the authors of the Convention and their collaborators, who included experts from the Federal Republic, were aware of these differences in the national laws governing liability. The fact that the version of the clause which was adopted is concerned solely with the fact of violation is a clear proof, in this legal context, that the Convention deliberately set out to establish a liability independent of any fault, even if in so doing it went beyond national legislation based on liability for faults committed, and extended liability to the simple fact of violation. Furthermore, the fact that the right to compensation is made dependent solely on the existence of an infringement of the relevant provisions means that the individual concerned is afforded much greater protection, which was thus clearly the purpose of the introduction into the Convention of this special obligation to pay compensation.

The German Federal Parliament realised that the liability independent of the notion of "fault" established by Article 5 (5) qui est ici en cause, de savoir si d'après la Convention, la garantie n'est valable qu'en cas de faute ou si elle est déjà valable en cas de violation objective: la Convention a été conclue par des Etats à systèmes juridiques différents. Le droit à réparation et à dédommagement est très diversement traité selon les Etats Contractants. Dans le domaine de la responsabilité des autorités publiques (Amtshaftungsrecht), dont relèvent les droits garantis par l'article 5, par. 5, si l'on admet l'exposé ci-dessus, plusieurs Etats connaissent une responsabilité, même pour manquement objectif des pouvoirs publics, ou tirent tout simplement de l'inobservation d'une obligation une présomption de faute. Le droit général allemand de la responsabilité (Haftungsrecht), bien que soigneusement mis au point jusque dans les détails, ne correspond pas, sous tous ses aspects, à une règle de droit européen uniforme: il est dominé par le principe de la faute. Toutefois, la responsabilité pour un tort purement objectif (objectives Unrecht) n'est nullement étrangère au système juridique allemand. La République fédérale connaît de nombreux cas de responsabilité indépendante de la faute; on l'appelle "Gefährdungshaftung" (responsabilité pour le risque créé, ou responsabilité objective). A titre d'exemple, on peut citer la responsabilité pour les exploitations ou les entreprises dangereuses (chemins de fer, automobiles, avions, usines de production d'énergie, installations atomiques). En ce qui concerne l'indemnisation en matière de droit public, la responsabilité pour les actes des pouvoirs publics est encore plus indépendante de la faute (loi sur les réquisitions fédérales; lois relatives à l'indemnisation des personnes détenues à tort ou emprisonnées après la réouverture d'un procès; droits découlant des lois relatives à la vaccination et à la lutte contre les épidémies; indemnisation pour interventions assimilables à des expropriations ou pour réquisitions contraires au droit). D'ailleurs, il est certain que les rédacteurs de la Convention et leurs collaborateurs, parmi lesquels figuraient des experts de la République Fédérale, connaissaient ces différences des législations nationales sur la responsabilité. Le fait d'avoir néanmoins retenu une version fondée sur une violation purement objective montre bien dans ce contexte juridique, que les auteurs de la Convention ont voulu délibérément instituer une responsabilité sans égard à la faute, même si, ce faisant, ils allaient au-delà du droit national fondé sur la responsabilité pour la faute commise et étendaient la responsabilité aux violations objectives. C'est d'autant plus vrai que le fait de lier le droit à réparation au seul critère d'une irrégularité objective renforce considérablement la protection des intéressés et que, par conséquent, cette protection élargie était manifestement le but visé en introduisant cette obligation particulière à réparation.

Le Bundestag allemand avait reconnu que la question se posait de savoir si la responsabilité sans faute prévue à l'article 5, par. 5, might constitute an extension of the concept of liability in German law, as is shown by the proceedings of the Legal Committee (on 14.6.1951 and 16.1.1952) and the Report of the Foreign Affairs Committee of 30.4.1952 (Bundestagsdrucksachen I No. 3338 p. 3/4). It would have been possible for Paliament, by means of a simple reservation, to stipulate that until an Act on the application of the Convention had been passed, the provisions governing compensation for unlawful detention and official liability then in force in the Federal Republic alone should apply. This it deliberately refrained from doing, thus accepting the wider concept of liability independent of fault.

The interpretation that a right to compensation does not depend on the existence of a fault is generally accepted (See: Echterhölter, JZ 56, 142; Herzog, AÖR 61, 194/238; Brückler, DRiZ 65, 253; Hodler, Die Europäische Menschenrechtskonvention, p. 91; Pfeifer, Festschrift für Hugelmann I 399/432; Schorn, Kommentar, p. 177).

(d) The provision in question guarantees real compensation and not merely adequate damages.

In Article 5 (5) the Convention uses the term "enforceable right to compensation", whilst in Article 50 it speaks only of "just satisfaction" in cases where the law of the Contracting Party "allows only partial reparation to be made". This wording clearly indicates that Article 50 guarantees less than Article 5 (5). That must be taken into consideration, since the basis of any interpretation of a provision is always its wording. It is true that the last clause of the Convention states that the English and French texts shall be authentic, but the Federal Government provided the Federal legislative organs with a German translation as the basis for their deliberations and it was expressly stated in the Legal Committee that this text was also to be regarded as authentic (Minutes of the meeting of 16.1.1952). The wording of a treaty such as the Convention on Human Rights has of course to be interpreted with caution. But the competent bodies of the Federal Republic have at least stressed the distinction between "right to compensation" and "just satisfaction" in the official translation, and thus shown clearly how they wish the Convention to be understood and applied. There is a difference between real compensation and mere just or reasonable satisfaction; in the German legal system both concepts have long been established as distinct. In particular, the German law of torts provides for full "compensation" (*Schadensersatz*), whilst the law of expropriation or requisition refers only to a measure of indemnification (*Entschädigung*). In the course of the German legislative procedure in conpouvait constituer un élargissement de la responsabilité par rapport à la réglementation allemande; cela ressort des discussions de la Commission juridique (Rechtsausschuss) du 14 juin 1951 et du 16 janvier 1952, et du rapport de la Commission des Affaires étrangères du 30 avril 1952 (Documents du Bundestag I N° 3338, p. 3/4). Le Bundestag aurait eu la possibilité de stipuler, par une simple réserve, que jusqu'à la promulgation d'une loi d'application seules les dispositions alors en vigueur sur l'indemnisation pour détention illégale ou sur la responsabilité des autorités publiques seraient applicables en Allemagne fédérale. C'est volontairement qu'il y a renoncé. Il a donc accepté cette responsabilité large, qui ne présuppose pas une faute.

La conception selon laquelle le droit à réparation ne suppose pas nécessairement une faute est d'ailleurs conforme à l'opinion générale (Echterhölter, JZ 56, 142; Herzog, AÖR 61, 194/238; Brückler, DRiZ 65, 253; Hodler, Die Europäische Menschenrechtskonvention, p. 91; Pfeifer, Festschrift für Hugelmann I 399/432; Schorn, Kommentar, p. 177).

(d) Cette disposition accorde une véritable réparation (echter Schadenersatz) et non pas seulement un dédommagement approprié (*angemessene Entschädigung*).

La Convention emploie à l'article 5, par. 5, l'expression "droit à réparation", alors qu'à l'article 50, elle ne parle que de "satisfaction équitable". Or, la Convention accorde justement, à l'article 50, une "satisfaction équitable" dans les cas où le droit interne des Parties contractantes "ne permet qu'imparfaitement d'effacer" les conséquences d'une décision irrégulière. Ce libellé montre clairement que l'article 50 est moins généreux que l'article 5, par. 5. Il faut en tenir compte, car le point de départ de l'interprétation est toujours la lettre d'une disposition. Certes, la Convention stipule en son dernier paragraphe, que les textes anglais et français font foi, mais le Gouvernement fédéral a donné comme base de discussion aux organes législatifs de la République fédérale une traduction allemande et la Commission juridique a expressément déclaré, au cours de ses délibérations, que cette traduction devrait également être considérée comme authentique (Procès-verbal de la séance du 16 janvier 1952). Evidemment, il faut faire preuve de prudence dans l'interprétation d'un traité comme la Convention des Droits de l'Homme, d'après la lettre. Du moins les organes responsables de la République fédérale ont-ils, en opposant le "droit à réparation" (*Anspruch auf Schadenersatz*) et la "satisfaction équitable" (*gerechte Entschädigung*) dans la traduction officielle, montré comment ils comprenaient la Convention et entendaient qu'elle fût appliquée. Il y a une différence entre la véritable réparation et une satisfaction simplement convenable ou équitable; ces deux expressions sont depuis longtemps, dans l'ordre juridique allemand, des notions distinctes nection with the Convention (Session of the Bundestag Legal Committee of 16.1.1952) it was even explicitly said that Article 5 (5) of the Convention in its present form might go further than the relevant provisions of the Federal law on liability; however, the Bundestag refrained from any reservation and "left the future development of the law to court practice". All this supports the view that Article 5 (5) guarantees not only just "satisfaction", but real "compensation".

Neither the French nor the English text invalidates this interpretation since both make it clear that "just satisfaction" and "satisfaction équitable" in Article 50, by reason of the circumstances of their application as well as their wording, mean something less than "enforceable right to compensation" and "droit à réparation" in Article 5 (5).

The *travaux préparatoires* of this provision confirm the above conclusion. The Representatives of Member Governments of the Council of Europe stated at the Conference in Strasbourg in June 1950, according to the record existing at the Council, that this provision guaranteed every victim of unlawful arrest or detention a right to compensation in order to compensate the inconvenience he might have suffered from unlawful arrest or detention.

The authors dealing with this question also support this point of view (Schorn, Kommentar, p. 178; Schwarz-Kleinknecht, StPO, 23rd edition, Appendix, p. 873).

The first point to be borne in mind is accordingly that Article 5 (5) of the Convention on Human Rights confers a real right to compensation.

4. To become effective, the right to compensation established by Article 5 (5) has to be incorporated into and amplified by the national legislation of the Contracting Parties.

The Convention on Human Rights does not contain any explanation, limitation or definition of the right to compensation deriving from Article 5 (5). It does not specify against whom the right may be exercised, what type of damage is to receive compensation (in particular whether non-material damage shall entitle a person to a *pretium doloris*), how compensation is to be made (whether in kind or in money only), whether there is a maximum limit to liability, whether the exercise of the right is limited in time, and if so, to what extent, etc. These omissions from Article 5 (5) cannot be filled et bien définies. En particulier, le droit allemand accorde régulièrement, en matière de délits, une "réparation" totale alors qu'en matière de réquisition ou d'expropriation (*Leistungs- oder Enteignungsrecht*), il n'est question que d'un "dédommagement" (*Entschädigung*) de contenu restreint. Au cours de la procédure législative allemande, il a même été dit expressément (séance du 16 janvier 1962 de la Commission juridique du Bundestag) que l'article 5, par. 5, de la convention pourrait, dans sa version actuelle, aller au-delà des dispositions fédérales relatives à la responsabilité. Pourtant, le Bundestag a renoncé à faire une réserve et "confié l'évolution du droit à la jurisprudence". Tout cela montre que l'article 5, par. 5, accorde, au-delà d'une satisfaction équitable, une véritable réparation.

Les textes français et anglais ne s'opposent pas à cette interprétation. En effet, ils montrent aussi que la "satisfaction équitable" et "just satisfaction" de l'article 50, aussi bien selon les conditions de reconnaissance de ce droit que selon la lettre, ont moins de portée que le "droit à réparation" et "enforceable right to compensation" de l'article 5, par. 5.

Les travaux préparatoires de cette disposition confirment cette conclusion. Les représentants des gouvernements du Conseil de l'Europe ont encore déclaré à la Conférence de Strasbourg de juin 1950, d'après les procès-verbaux conservés au Conseil de l'Europe, que cette disposition accordait à toute personne victime d'une arrestation ou d'une détention illégales un droit à réparation destiné à compenser les inconvénients que l'arrestation ou la détention illégales ont pu entraîner pour elle.

Sur cette question, la littérature spécialisée soutient également ce point de vue (Schorn, Kommentar p. 178; Schwarz-Kleinknecht, Code de Procédure Pénale, 23ème éd. Annexe, p. 873).

Il faut donc partir du principe que l'article 5, par. 5, de la Convention des Droits de l'Homme accorde un véritable droit à réparation.

4. Pour être mis en oeuvre, le droit à réparation découlant de l'article 5, par. 5, de la Convention des Droits de l'Homme doit être incorporé dans le droit interne des Parties à la Convention et complété par ce droit interne.

La Convention des Droits de l'Homme ne contient aucune précision explicative, limitative ou descriptive du droit à réparation découlant de l'article 5, par. 5. Il n'est donc pas dit expressément contre qui ce droit est dirigé, quels dommages doivent être réparés (et en particulier si le préjudice moral doit être indemnisé par un *pretium doloris*), sous quelle forme l'indemnisation doit se présenter (en nature ou seulement en espèces), si des limites maxima sont fixées à la responsabilité, si ce droit est soumis à la prescription et dans quel délai, etc... Cette lacune de l'article 5, par. 5, ne peut in by reference to a Council of Europe legal system since the Council has no legal system in that sense. Moreover, the Convention on Human Rights is not a Council of Europe law, but an international treaty between the member countries. True, once member States have passed legislation approving it, the Convention becomes directly and immediately applicable law, but, as many of the provisions are worded, they are designed to be supplemented by national laws. Article 57 confers supervisory powers on the Council of Europe, thus ensuring, at least indirectly, the implementation of the Convention in the individual States. Article 50 provides for direct intervention on the part of the European Court of Human Rights in borderline cases. When laying down the various basic freedoms and human rights, the Convention repeatedly states that individual Contracting Parties may restrict their exercise by legislative means. Thus, each member State must incorporate the Convention into its legal system. The Convention accordingly guarantees the traditional basic freedoms in principle only, leaving the Contracting Parties considerable latitude to restrict its application and specify the details thereof in national legislation.

That also applies to the right deriving from Article 5 (5). The fact that the Convention has nothing to say about these questions can only lead to the conclusion that the Contracting States did not ascribe any great importance to working out the details of the right to compensation, and, indeed, were prepared to allow internal law to determine the precise content of this right. While it is true that Article 5 of the Convention establishes a direct right to compensation, the Convention trusts individual States to settle the details – within the limits the Convention lays down. Thus Article 5 (5) is to be interpreted as meaning that anyone who has been injuriously deprived of his liberty is entitled to compensation, but only within the limits laid down in national legislation on the implementation of the Convention, or failing this, in accordance with the provisions applicable to comparable claims, in so far as those provisions are compatible with the Convention.

5. The liability established by Article 5 (5) of the Convention on Human Rights is comparable to that known in German law as "Gefährdungshaftung" (strict liability, for damage resulting from inherent risk) and is near the German law of torts. The provisions governing it can thus be amplified by reference to that law of torts.

In German law there are two juridical institutions in reference to which, by analogy, claims of such a kind may be dealt with: the law of liability in tort which is severe and provides for full compenêtre comblée en se référant à un ordre juridique du Conseil de l'Europe, car celui-ci ne possède pas d'ordre juridique à proprement parler. La Convention des Droits de l'Homme n'est pas non plus une loi du Conseil de l'Europe, mais un traité international conclu entre ses Membres. Certes, la Convention, après son incorporation par les lois d'approbation crée un droit immédiatement applicable dans les Etats membres, mais, selon les termes de nombreuses dispositions particulières, elle part du principe que ses prescriptions doivent être complétées par des lois internes. L'article 57 confère au Conseil de l'Europe un pouvoir de contrôle et assure ainsi, du moins indirectement, la mise en application de la Convention dans les Etats membres. Pour les cas limites, une intervention directe de la Cour européenne des Droits de l'Homme est prévue à l'article 50. La Convention stipule à plusieurs reprises, notamment en définissant les libertés fondamentales et les droits de l'homme, que les Etats membres ont la faculté de restreindre (*Durchbrechung oder Einschränkung*) les droits fondamentaux au moyen de lois. La Convention doit être incorporée dans l'ordre juridique de chaque Etat membre. Elle ne garantit donc les droits fondamentaux classiques que dans leur principe et elle autorise largement les Parties Contractantes à imposer des restrictions et à régler des détails par des lois formelles.

Il en est ainsi pour le droit garanti par l'article 5, par. 5. Le silence de la Convention sur ces questions oblige à conclure que les Etats Contractants n'ont pas accordé une importance essentielle à l'élaboration détaillée du droit à réparation et qu'ils ont même laissé à la législation interne le soin de préciser le contenu de ce droit. L'article 5 de la Convention crée bien un droit direct à réparation, mais la Convention s'en remet, pour l'élaboration des détails – pourtant dans les limites de la Convention – à l'intervention loyale des Etats membres. C'est pourquoi l'interprétation à donner de l'article 5, par. 5, est que la personne victime d'une atteinte à sa liberté a bien droit à réparation, mais seulement dans la mesure fixée par les lois internes d'application de cet article ou, à défaut, dans la mesure fixée par les dispositions en vigueur pour des droits comparables, pour autant que ces dispositions ne sont pas contraires à la Convention.

5. Le droit garanti par l'article 5, par. 5, de la Convention des Droits de l'Homme ressemble à un droit allemand découlant de la responsabilité objective (*Gefährdungshaftung*) et il est proche du droit allemand en matière de délits (*Deliktsrecht*). Il peut donc être complété par certaines dispositions du droit allemand en matière de délits.

En droit allemand, deux voies s'offrent pour le règlement par analogie de ce droit subjectif: ou bien le droit en matière de délits, qui est strict et accorde réparation complète, mais se rattache fonsation, but is linked basically to the concept of "fault", or the less severe law on indemnification governing claims in respect of expropriation or requisition, which provides for limited indemnification for lawful or unlawful acts on the part of the authorities, irrespective of any notion of "fault".

The Court cannot agree that the right deriving from Article 5 (5) is precisely the same as the German right to indemnification for requisition (Echterhölter, JZ 56, 142; Brückler, DRiZ 65, 253) since, having regard to the nature and purpose of the provision it is closer to liability for damage resulting from inherent risk and hence the law of torts.

In case Article 5 (5) confers on the individual a direct right (see B III 3a above) in respect of violations by the public authorities of his right to liberty (see B III 3b above), that right can be fitted into the framework of German law on both torts and "Aufopferung" (Compensation for sacrifices or loss suffered in the interest of the public generally); this is a point which need not be argued further. However, the fact that Article 5 (5) grants real compensation and not merely just satisfaction (see B III 3d above) seems to indicate very strongly that it is closer in content to the German law of torts than to the law on compensation for "Aufopferung". Indeed, "Aufopferung" (and expropriation) do not normally entitle the person concerned to damages, but only to just and adequate indemnification (BGHZ 7, 331/334 = NJW 53, 184; BGHZ 13, 91/93 = NJW 54, 993; BGHZ 20, 61/68 = NJW 56, 629; BGHZ 28, 297/301 = NJW 59, 334).

It is true that the right under Article 5 (5) does not depend on the perpetration of any blameworthy act by the State authorities (see B III 3c above). This again seems to imply a legal analogy with liability to compensate for "Aufopferung", to which there is also no fault attached whilst liability for damages depends largely on the imputation of fault. Nevertheless, such an opinion would leave out of account the main criterion establishing the right guaranteed by Article 5 (5), namely, the *unlawfulness* of the action, the violation of the conditions of detention established by the Convention and by internal law (see above B III 3c). Now the right to compensation for "Aufopferung" is not conditional on such unlawful action. On the contrary, it arises primarily in connection with lawful acts. That is why it was at first recognised solely in the case of lawful intervention on the part of the State authorities and it was only later held by the Reich's Supreme Court that also for unlawful intervention on the part of the State authorities a right to indemnification could be accorded (see RGZ 140, 276, 283). Unlawfulness is thus by no means a basic condition of the right to compensation for "Aufopferung". On the other hand, it is a basic and indispensable damentalement à la notion de "faute", ou bien le système plus souple de l'indemnisation des expropriations ou réquisitions, qui prévoit une indemnisation restreinte pour les interventions des pouvoirs publics, légales ou illégales, mais indépendemment de la notion de faute.

La Cour ne peut accepter la thèse selon laquelle le droit garanti par l'article 5, par. 5, correspond parfaitement au droit allemand à indemnités pour réquisition (Aufopferungsanspruch) (Echterhölter, JZ 56, 142; Brückler, DRiZ 65, 253). En effet, dans sa lettre et dans son esprit, il est plus proche de la responsabilité objective (*Gefährdungshaftung*) et du droit à indemnités en matière de délits.

Si l'article 5, par. 5, confère à l'individu des droits directs (cf. ci-dessus B III 3 a) pour empiètement des pouvoirs publics sur son droit à la liberté, il reste sans doute possible de faire entrer le droit en question dans le cadre du droit allemand en matière de délits ainsi que de celui des réquisitions; ce point n'appelle pas de discussion plus détaillée. Cependant, le fait que l'article 5, par. 5, accorde une véritable réparation et non pas seulement une indemnisation équitable (cf. ci-dessus B III 3d) tend fortement à prouver que, pour ce qui concerne sa portée, il est plus proche du droit allemand à compensation en matière de délits que du droit allemand à indemnités pour réquisitions. En effet, normalement, la réquisition (et l'expropriation) ne donne pas droit à la réparation des dommages subis, mais seulement à une indemnisation équitable et convenable (BGHZ 7, 331/334 = NJW 53, 184; BGHZ 13, 91/93 = NJW 54, 993; BGHZ 20, 61/68 = NJW 56, 629; BGHZ 28, 297/301 = NJW 59, 334).

En revanche, le droit découlant de l'article 5, par. 5, n'est pas subordonné à une faute des pouvoirs publics (cf. ci-dessus B III 3 c). Voilà qui paraît de nouveau indiquer une similitude juridique avec le droit à indemnités pour réquisition puisque celui-ci n'est pas non plus subordonné à la faute, alors que le droit à indemnités en matière de délits dépend largement de la faute. Toutefois, une telle appréciation ne tiendrait pas compte de la principale caractéristique du droit garanti par l'article 5, par. 5. Cette caractéristique est *l'illégalité* du comportement, la violation des conditions de détention préventive fixées par la Convention et par le droit interne (cf. ci-dessus B III 3 c). Or, précisément, le droit à indemnités pour réquisition ne présuppose pas ce comportement illégal. Au contraire, c'est principalement en cas de comportement légal qu'il entre en ligne de compte. C'est pourquoi il n'a d'abord été accordé que pour des empiétements légaux des pouvoirs publics et c'est seulement la jurisprudence de la Cour Suprême (*Reichsgericht*) qui, plus tard, a également accordé une indemnisation pour des empiétements illégaux des pouvoirs publics (cf. RGZ 140, 276, 283). L'illégalité n'est donc nullement une condition intrinsèque du droit à indemnités condition of rights deriving from the law of torts. Now, as with unlawfulness in relation to the law of torts, the existence of a violation of the Convention, that is to say, in the wide sense, of an unlawful action, is a pre-condition and basic criterion for the right guaranteed by Article 5 (5). The right guaranteed thus always assumes "a slip on the part of the State authority" (thus Herzog, AÖR 61, 194/240). This basic condition of "unlawfulness" attaches the right guaranteed by Article 5 (5) exclusively to the law of torts, separating it from the law on "Aufopferung" which does not contain it as a basic criterion.

It is true that administrative liability exists in German law only in the event of an unlawful and culpable breach of duty, but the German law of torts in the wider sense also recognises a "so-called Gefährdungshaftung" or "quasi-delict" which entitles an individual to compensation in the case of a simple violation of his rights, in the absence, therefore, of any "fault" (see above B III 3c). Liability for damage caused does not, in such cases, derive from the moral responsibility of a person who has committed a breach of duty, but from the fact that another has been damaged by dangers arising out of a sphere for which the tort-feaser was responsible (imputation of dangers and responsibilities to the person liable – Zurechnung zum Gefahren- und Verantwortungsbereich des Pflichtigen).

In the sphere of administrative liability some other countries recognise the liability of public authorities for damage resulting from acts that are simply illegal (but not blameworthy) and even in Germany, legal doctrine bases damages in public law partly on the concept of public law liability independent of "fault". The knowledge of such examples in other countries certainly influenced some of the Contracting States when the Article in question was being drafted.

The conclusion to be drawn from the foregoing is that to give effect to the right deriving from Article 5 (5) of the Convention on Human Rights, in the absence of special legislation on the implementation of the Convention, reference must be made to the German law of torts.

The view advanced here that the right arising from Article 5 (5) of the Convention is a case of liability for damages pertinent to the law of torts is also to be found in literature on the subject (cf. Herzog, AÖR 61, 194/238; Schultz, MDR 65, 884; and to some extent also Schorn, Kommentar p. 177).

6. This interpretation of Article 5 (5) must not lead to the conclusion that the provisions of the law of torts and particularly those

pour réquisition. En revanche, cette illégalité est une condition intrinsèque et indispensable des droits résultant de la législation en matière de délits. Or, tout comme l'illégalité dans le cas de la législation sur les délits, l'existence d'une violation de la Convention, c'est-à-dire, au sens large, d'un acte illégal, est une condition préalable et une caractéristique intrinsèque du droit garanti par l'article 5, par. 5, de la Convention des Droits de l'Homme. Le droit garanti suppose donc toujours un "écart de la part des pouvoirs publics" (ainsi: Herzog, AöR 61, 194/240). Cette condition intrinsèque d'illégalité" relie le droit découlant de l'article 5, par. 5 *exclusivement* à la législation des délits et le sépare de la législation des réquisitions parce qu'il [*sic*] lui est étranger en tant qu'élément constitutif.

Certes, la responsabilité des autorités publiques n'existe en droit allemand que s'il y a violation illégale et fautive d'une obligation, mais le droit allemand en matière de délits au sens large connaît aussi une responsabilité objective (quasi-délit) qui reconnaît des droits à réparation en cas de simple violation objective des droits, c'est-à-dire sans qu'il y ait faute (cf. ci-dessus B III 3c). La responsabilité du dommage causé à autrui n'est pas, dans ces cas-là, la responsabilité morale d'une personne déterminée qui commet une faute en violation de ses obligations: elle découle du caractère dangereux du domaine pour lequel la personne tenue à réparation est responsable, parce qu'un tiers y a subi des préjudices.

Certains droits étrangers connaissent précisément en matière de responsabilité des autorités publiques une responsabilité des pouvoirs publics pour des préjudices purement et simplement illégaux et même la doctrine juridique allemande prend partiellement comme base des réparations en droit public la notion de responsabilité objective de droit public. La connaissance de ces modèles étrangers a certainement joué un rôle chez certains Etats Contractants dans la mise au point de l'article en question.

De tout cela, il ressort qu'à défaut d'une loi d'application particulière, il importe de recourir au droit allemand en matière de délits pour donner effet au droit découlant de l'article 5, par. 5, de la Convention des Droits de l'Homme.

La conception que nous défendons et selon laquelle le droit découlant de l'article 5, par. 5, de la Convention est un cas de responsabilité objective (*Gefährdungshaftung*) ayant des aspects rappelant le délit se retrouve également dans la littérature spécialisée (cf. Herzog AöR 61, 194/238; Schultz, MDR 65, 884; partiellement aussi Schorn, Kommentar, p. 177).

6. Cette interprétation de l'article 5, par. 5, de la Convention ne doit pas mener à la conclusion que les dispositions de la législation

relating to liability for damage resulting from inherent risk, are to be applied without qualification ...
It does not follow that the law on damages as laid down in Article 249 of the Civil Code is applicable without limitation to the right guaranteed by the Convention; on the contrary, until a German act has been passed on the implementation of the Convention it will be for the courts to say in regard to each point and each case that arises, how far the provisions of the German law of torts are applicable. That is why, for example, this decision does not determine whether *full* compensation within the meaning of Article 249 of the Civil Code may be demanded, or in particular, whether a *pretium doloris* can be claimed in all cases. Not all these questions need to be settled here. However, it can be pointed out that the question of the person liable could be settled by applying Article 34 of the Basic Law. For the present decision, it is sufficient to draw the further conclusion that, so conceived, the right guaranteed under Article 5 (5) of the Convention on Human Rights is subject to the provisions of the short time-limit (Verjährung) applied by the German law of torts, and that period hasnow expired.

7. The *statutory time-limit* applicable to this claim, which is assimilated to a claim under the law of torts, can be determined by analogy by reference to Article 852 of the Civil Code, which prescribes a time-limit for claiming compensation for unlawful acts of, in principle, three years from the date when the claimant has knowledge of the damage suffered and of the person liable. A number of legal provisions concerned with liability arising out of inherent risk prescribe even shorter time-limits; it is impossible to discern a uniform rule in German law on this point, so that it is advisable to revert, in the interest of the claimant, to the General rule laid down in Article 852 of the Civil Code. Nothing stands in the way of the application by analogy of the relatively short time-limit fixed in Article 852 of the Civil Code. Moreover, it is in accordance with the underlying concept of the Convention on Human Rights that the rights guaranteed under Article 5 (5) should be subject to a time-limit and that the Contracting Parties, in the interests of the "security and peace of the law", should be able in some way to limit in time the exercise of these rights to compensation. This can be achieved by time-limits for application, a time-bar or statutory limitation. The Convention itself prescribes very short time-limits of three and six months following which no action can be brought any more (cf. Articles 26, 32 and 47).

A time-limit of three years does not even seem unjust considering en matière de délits et notamment celles qui concernent la responsabilité objective doivent être appliquées purement et simplement.

...

Il ne s'ensuit pas que les dispositions du Code Civil relatives à l'indemnisation (article 249 ss.) soient applicables sans restriction au droit garanti par la Convention: au contraire, tant que le législateur allemand n'aura pas promulgué de loi pour l'application de la Convention, il appartiendra à la jurisprudence de dire pour chaque cas particulier et chaque litige particulier, dans quelle mesure les dispositions allemandes en matière de délits sont applicables. C'est pourquoi il n'est pas encore établi par la présente décision que l'individu intéressé pourra exiger la réparation totale au sens des articles 249 et ss. du Code Civil et en particulier prétendre à un *pretium doloris* dans tous les cas. Ces questions n'ont pas à être tranchées ici. Quoi qu'il en soit, on peut faire observer que, selon cette conception, la question de la personne tenue à réparation pourrait être réglée par application de l'article 34 de la Loi fondamentale. Pour la présente décision, il suffit de tirer cette autre conclusion qu'ainsi conçu, le droit garanti par l'article 5, par. 5, de la Convention des Droits de l'Homme est soumis au bref délai de prescription qui est applicable à la législation allemande en matière de délits et qui, en l'occurrence, est écoulé.

7. La façon dont est réglée la *prescription* de ce droit ainsi conçu comme assimilable au droit en matière de délits peut être tirée de l'application analogue de l'article 852 du Code Civil selon lequel le délai de prescription des droits à réparation pour actes illicites est, en principe, de trois ans et commence à courir à partir du moment où sont connus le dommage et la personne tenue à réparation. Nombre de lois sur la responsabilité objective connaissent même des délais encore plus courts de prescription ou de forclusion; il est impossible de discerner une tendance uniforme en droit allemand sur ce point, de sorte qu'il convient de revenir, en faveur de l'intéressé, à la réglementation générale de l'article 852 du Code Civil. On ne trouve pas de circonstance s'opposant à l'application analogique de la prescription relativement courte fixée par l'article 852 du Code Civil. En particulier, il est conforme à la tendance fondamentale de la Convention des Droits de l'Homme que les droits garantis par l'article 5, par. 5, soient soumis à un délai et que les Parties Contractantes, dans l'intérêt même de la sécurité et de la paix juridiques, puissent de quelque manière, limiter dans le temps la poursuite de ces droits à réparation. Cette limitation temporelle peut être obtenue par des délais de déclaration, de forclusion ou de prescription. D'ailleurs, la Convention elle-même fixe des délais très courts de trois et six mois, après lesquels toute poursuite d'un droit est impossible (cf. articles 26, 32, 47 de la Convention).

Un délai de prescription de trois ans ne paraît d'ailleurs pas in-that the right to compensation for requisition, according to the jurisprudence on paragraph 75 of the Preamble to the Prussian Civil Code (Allgemeines Landrecht), is subject to a thirty-year time-limit (BGHZ 9, 209 = NJW 53, 1060), although the rights deriving from Article 5 (5) are closer to those deriving from the law of torts than to those relating to compensation for "Aufopferung". This long time-limit does not apply to all rights to compensation for "Aufopferung"; on the contrary, where the law governing compensation for "Aufopferung" is embodied in legislation, as the legislator is entitled to decide, (BGH, WM 58, 1397; BGHZ 20, 61, 69 = NJW 56, 629), the legislator has in numerous cases made the granting of such rights subject to much shorter time-limits and subordinated these claims to short statutory limitations ... Moreover, under the German law of torts, *all* claims arising out of a breach of administrative duty including, therefore, even those consequent on an intentional wrong, lapse after three years. Thus, it does not seem unjust to fix a time-limit similar to and not more favourable than that one, in respect of claims arising out of administrative errors where the authorities cannot be said to have been at fault, that is to say, where a lesser degree of blame attaches to them.

8. The time-limit of three years derived from the application, by analogy, of Article 852 of the Civil Code has expired in the present case, for reasons which have been explained above in connection with administrative liability.

...

juste si l'on considère que le droit général à indemnités pour réquisition, élaboré par la jurisprudence à partir du paragraphe 75 du Préambule au Code civil prussien, est soumis à la prescription trentenaire (BGHZ 9, 209 = NJW 53, 1060), encore que les droits garantis par l'article 5, par. 5, soient plus proches des droits à indemnités en matière de délits que des droits à indemnités pour réquisition. Cette longue prescription ne s'applique pas, en effet, à tous les droits à indemnités pour réquisition, et le législateur, là où il a précisé par des lois le droit général à indemnités pour réquisition, comme il en a la faculté (BGH, WM 58, 1397; BGHZ 20, 61, 69 = NJW 56, 629), a dans de nombreux cas, soumis la reconnaissance de droits à des délais beaucoup plus courts et notamment pour la prescription.... De plus, selon le droit allemand en matière de délits, *tous* les droits issus de la violation par les autorités publiques de leurs obligations et, par conséquent, même les droits découlant d'une faute intentionnelle, se prescrivent par trois ans. Il ne paraît donc pas injuste de fixer un délai de prescription semblable et non un délai plus favorable, pour les droits issus des manquements de l'administration qui sont indépendants de la faute, c'est-à-dire pour les droits issus d'un comportement fautif dans un moindre degré.

8. Le délai de prescription de trois ans qui ressort de l'application par analogie de l'article 852 du Code Civil est écoulé en l'occurrence et ce, pour les raisons qui ont été exposées ci-dessus à propos des droits découlant de la responsabilité des autorités publiques.

...

APPENDIX

DOCUMENTATION AND BIBLIOGRAPHY

ANNEXE

DOCUMENTATION ET BIBLIOGRAPHIE

A.

Council of Europe Documents [1]

Documents du Conseil de l'Europe [1]

1. *Working papers of the Consultative Assembly / Documents de séance de l'Assemblée Consultative*

Doc. 1998: Opinion of the Legal Committee on the Communication from the Secretary General on the measures which might be inserted in a political settlement of the Cyprus question to ensure international guarantees for the rights of all Cypriot citizens.
Rapporteur: Mr. Margue.

Avis de la commission juridique sur la communication du Secrétaire Général relative aux mesures susceptibles d'être incorporées dans tout règlement politique de la question de Chypre afin que les droits de tous les citoyens cypriotes soient assurés par des garanties internationales.
Rapporteur: M. Margue.

Doc. 2013: Report on measures to be taken against incitement to racial, national and religious hatred (19th January 1966).
Rapporteur: Mr. I. Richard.

Rapport sur les mesures à prendre contre l'incitation à la haine raciale, nationale et religieuse (19 janvier 1966).
Rapporteur: M. I. Richard.

- Amendment No. 1 to the Report, presented by MM. Richard, Margue and Mark (26th January 1966)
- Amendement N° 1 au Rapport, présente par MM. Richard, Margue et Mark (26 janvier 1966).

Doc. 2044: Motion for a Recommendation on the contribution of the Council of Europe to the International Year for Human Rights in 1968, presented by Mr. H. Lannung and others (11th March 1966).

Proposition de Recommandation relative à la contribution du Conseil de l'Europe à l'Année Internationale des Droits de l'Homme en 1968, présentée par M. H. Lannung et plusieurs de ses collègues (11 mars 1966).

Doc. 2057: Report on the Council of Europe contribution to the International Year for Human Rights in 1968 (2nd May 1966).

---

[1] The documents set out below refer only to documents available to the public. The numerous documents of a confidential nature are not mentioned.

[1] Seuls les documents accessibles au publics sont mentionnés, à l'exclusion des nombreux documents de caractère confidentiel.

Rapport sur la contribution du Conseil de l'Europe à l'Année Internationale des Droits de l'Homme en 1968 (2 mai 1966).

Doc. 2061: Progress Report of the Bureau and the Standing Committee: Appendix II, Candidates for seven seats on the European Commission of Human Rights (2nd May 1966).

Rapport d'activité du Bureau et de la Commission Permanente, Annexe II, Candidature à sept sièges de la Commission européenne des Droits de l'Homme (2 mai 1966).

Doc. 2063: Communication from the Committee of Ministers on the election of two members of the European Court of Human Rights, in respect of Turkey and the United Kingdom (Article 39 of the Convention for the Protection of Human Rights and Fundamental Freedoms (30th April 1966).

Communication du Comité des Ministres relative à l'élection de deux membres de la Cour européenne des Droits de l'Homme au titre de la Turquie et du Royaume-Uni (article 39 de la Convention de sauvegarde des Droits de l'Homme et des Libertés fondamentales) (30 avril 1966).

Doc. 2071: Motion for a Recommendation on the right to freedom of expression, presented by Mr. Buttigieg and others (3rd May 1966).

Proposition de Recommandation relative au droit à la liberté d'expression, présentée par M. Buttigieg et plusieurs de ses collègues (3 mai 1966).

Doc. 2076: Motion for a Recommendation on the right of conscientious objectors, presented by Mr. Richard and others (4th May 1966).

Proposition de Recommandation relative au droit des objecteurs de conscience, présentée par M. Richard et plusieurs de ses collègues (4 mai 1966).

Doc. 2120: Communication from the Committee of Ministers on the election of a member of the European Court of Human Rights in respect of the Netherlands (Article 39 of the Convention for the Protection of Human Rights and Fundamental Freedoms) (21st September 1966).

Communication du Comité des Ministres relative à l'élection d'un membre de la Cour européenne des Droits de l'Homme au titre des Pays-Bas (article 39 de la Convention de sauvegarde des Droits de l'homme et des Libertés fondamentales) (21 septembre 1966).

Doc. 2131: Report on the signature and ratification of the European Convention for the Protection of Human Rights and Fundamental Freedoms (26th September 1966). Rapporteur: Mr. Richard.

Rapport sur la signature et la ratification de la Convention européenne de sauvegarde des Droits de l'Homme et des Libertés fonfdamentales (26 septembre 1966). Rapporteur: M. Richard.

Doc. 2131, Amendment No. 1: Amendment No. 1 to the Report on the signature and ratification of the European Convention for the Protection of Human Rights und Fundamental Freedoms presented, by MM. Cassar-Gallea and Borg Olivier de Puget (29th September 1966).

Amendement N° 1 au Rapport sur la signature et la ratification de la Convention européenne de sauvegarde des Droits de l'Homme et des Libertés fondamentales, présenté par MM. Cassar-Gallea et Borg Olivier de Puget (29 septembre 1966).

Doc. 2140: Motion for a Recommendation on press legislation, presented by Mr. Wahl and others (28th September 1966).

Proposition de Recommandation relative à la législation sur la presse. présentée par M. Wahl et plusieurs de ses collègues (28 septembre 1966).

Doc. 2194: Eighteenth Report of the Committee of Ministers to the Consultative Assembly under Article 19 of the Statute for 1966 (13th March 1967).

Dix-huitième Rapport adressé par le Comité des Ministres à l'Assemblée Consultative en application de l'article 19 du Statut pour l'année 1966 (13 mars 1967).

2. *Reports of the debates of the Consultative Assembly / Comptes rendus des débats de l'Assemblée Consultative*

Sitting of 2nd May 1966/ Séance du 2 mai 1966 p. 9		Inscription on the Agenda of the election of two members to the European Court of Human Rights (Doc. 2047). Inscription à l'ordre du jour de l'élection de deux membres de la Cour européenne des Droits de l'Homme (Doc. 2047).
Sitting of 3rd May 1966/ Séance du 3 mai 1966 p. 47		Address by U Thant, Secretary General of the United Nations. Allocution de U Thant, Secrétaire Général des Nations Unies.
Sitting of 3rd May 1966/ Séance du 3 mai 1966 p. 54	MM. LANNUNG et MARGUE	Contribution of the Council of Europe to the International Year for Human Rights (Debate on the Report of the Legal Committee, Doc. 2057). Contribution du Conseil de l'Europe à l'Année Internationale des Droits de l'Homme (Discussion du Rapport de la commission juridique, Doc. 2057).
Sitting of 5th May 1966/ Séance du 5 mai 1966 p. 188		Election of two members of the

European Court of Human Rights (Doc. 2063).
Election de deux membres de la Cour européenne des Droits de l'Homme (Doc. 2063).

p. 202 Result of the election.
Résultat du scrutin.

Sitting of 26th September 1966 (afternoon) /
Séance du 26 septembre 1966 (après-midi)
p. 76 et p. 88 Election of a member to the European Court of Human Rights in respect of the Netherlands (Doc. 2120).
Election d'un membre de la Cour européenne des Droits de l'Homme au titre des Pays-Bas (Doc. 2120).

B.

Selective Bibliography of Publications concerning the European Convention on Human Rights

Liste des principales publications concernant la Convention européenne des Droits de l'Homme

BUERGENTHAL, TH., The Domestic Status of the European Convention on Human Rights; A Second Look, in: *Journal of the International Commission of Jurists*, 1966, Vol. 7, N° 1, pp. 55–96.

BUSUTTIL, E., Oration: The Frontiers of Human Rights, Foundation Day Ceremony, 12 novembre 1966, Royal University of Malta, 1966.

CREMONA, J. J., Human Rights Documentation in Malta, Malte, 1966.

ERMACORA, F., Die Menschenrechtskonvention als Verfassungsrecht, et: Sicherung der Menschenrechte, Zur Reform der österreichischen Innenpolitik, Dokumentation, Hrsg. von René Marcic, Erhard Mock u.a., Vienne; Europa Verlag, XIV (Salzburger Universitätsschriften), 1966, pp. 611–619, et pp. 241–250.

ESPERSEN, O., The European Convention on Human Rights and Danish Law, in: *Juristen*, 1966, pp. 401–413.

GANSHOF VAN DER MEERSCH, W. J., La Convention de Sauvegarde des Droits de l'Homme et des Libertés fondamentales, in: *Organisations Européennes*, Sirey, Paris, 1966, pp. 247–371.

GOLSONG, H., International Protection of Human Rights, in: *Hague Academy of International Law, Recueil des Cours*, Vol. III (1963), pp. 7–151.

GORMLEY, W. P., The Procedural Status of the Individual before International and Supranational Tribunals, Nijhoff, La Haye, 1966.

HERZOG, Artikel 5 der Europäischen Menschenrechtskonvention, in: *Juristenzeitung*, 1966, N° 20, pp. 657–660.

INTERNATIONAL COMMISSION OF JURISTS, The European Commission of Human Rights and the European Court of Human Rights: Recent Developments, in: *Bulletin of the International Commission of Jurists*, December 1965, N° 24, pp. 12–19.

JUVIGNY, P., The Legal Protection of Human Rights at the International Level, in: *International Social Science Journal*, UNESCO, 18, N° 1, 1966, pp. 55–68.

KAUFMANN, O. K., Frauen, Italiener, Jesuiten, Juden und Anstaltsversorgte; Vorfragen eines Beitritts der Schweiz zur Europäischen Menschenrechtskonvention, Festgabe der juristischen Abteilung der Hochschule St. Gallen und des St. Gallischen Juristenvereins zum schweizerischen Juristentag, Stämpfli, Bern, 1965, pp. 245–262.

KHOL, A., Zur Diskussion um die Europäische Konvention zum Schutze der Menschenrechte und Grundfreiheiten, in: *Juristische Blätter*, 12 mai 1966, 88ème année, H. 5/6, pp. 131–140.

LANGER, G., Die Beteiligten in dem Verfahren vor dem europäischen Gerichtshof für Menschenrechte, Röhrscheid, Bonn, 1966.

MCNULTY, A. B., European Convention for the Protection of Human Rights and Fundamental Freedoms, in: *Annales de la Faculté de Droit d'Istanbul*, 1964, Tome XIV, N° 20, pp. 141–181.

MERTENS, P., Affaire Boeckmans c/Belgique, in: *Cahiers de Droit européen*, 1966, N° 2, pp. 59–76.

MIELE, M., Profili Giuridici della Convenzione Europea per la Salvaguardia dei Diritti dell'Uomo, A. Giuffre, Milan, 1964.

MÜNCH, F., Die Europäischen Menschenrechtskonvention und der Menschenrechtsschutz in der Bundesrepublik Deutschland, in: *Abhandlungen zu Flüchtlingsfragen*, Bd. II (Veiter-Klein, Die Menschenrechte), Vienne, 1966, pp. 62–81.

PARTSCH, K. J., Die Rechte und Freiheiten der Europäischen Menschenrechtskonvention, Duncker & Humblot, Berlin, 1966.

DE PAUW, F., Het tweede International Colloquium Europees Verdrag tot Bescherming van de Rechten van de Mens, in: *Rechtskundig Weekblad*, décembre 1966, pp. 722–730.

PFEIFER, H., Die rechtliche Bedeutung der Europäischen Konvention zum Schutze der Menschenrechte und Grundfreiheiten für Österreich. Diskussion über dieses Thema, in: *Zur Reform der österreichischen Innenpolitik*, 1966, pp. 161–177.

SCHERMERS, H. G., TROOSTWIJK, M., KOSTER, H. K., VAN BIRSBERGEN, W. C., PRINS, W. F., VAN DER GUNTEN, W. C. L., Europese Commissie voor de Rechten van de Mens. Uitspraak van 5 Maart 1964, Jaak N° 1994/63 van 57 inwoners van Leuven en omstreken tegen België, in: *ARSAEQUI Juridisch Studentenblad*, avril 1966, XV, 4, pp. 117–122.

SCHWELB, E., On the operation of the European Convention on Human Rights, in: *International Organisation*, 1964, Vol. XVIII, N° 3, pp. 558–585.

Documentation on the working of the European Human Rights Machinery, in: *American Journal of International Law*, April 1964, Vol. 58, N° 2, pp. 442–445.

SMYTH, J. F., The European Commission of Human Rights, in: *The Ombudsman*, Citizens Defender, London, 1965, pp. 162–169.

STRIJKMANS, F., La Commission européenne des Droits de l'Homme et le procès équitable, in: *Journal des Tribunaux belges*, 81ème année, N° 4543, 1er octobre 1966, pp. 533–547, et N° 4544, 8 octobre 1966, pp. 555–562.

VELU, J., Le régime de l'arrestation et de la détention préventive, à la lumière de l'évolution du droit international, in: *Revue de Droit Pénal et de Criminologie*, mai 1966, pp. 683–746.

VERDROSS, A., Die Stellung der Europäischen Konvention zum Schutze der Menschenrechte und Grundfreiheiten im Stufenbau der Rechtsordnung, in: *Juristische Blätter*, 15 janvier 1966, N° 1/2, pp. 1–5.

WAELBROECK, M., Le Colloque de Vienne sur la Convention européenne des Droits de l'Homme, in: *Revue trimestrielle de Droit européen*, octobre-décembre 1965, N° 4, pp. 553–566.

ALPHABETICAL INDEX

See also in respect of the jurisprudence of the Commission, *Summary of the Selected Decisions*, pp. 570–610.

Abbreviations

"Convention (the)" means the European Convention on Human Rights
"Protocol (the)" means the first Protocol to the European Convention on Human Rights
"Commission (the)" means the European Commission of Human Rights
"Court (the)" means the European Court of Human Rights.

A

B

C

D

M

N

P

R

S

T

U

V

W

INDEX ALPHABETIQUE

Voir également, en ce qui concerne la jurisprudence de la Commission, *Sommaire des Décisions Sélectionnées*, pp. 571–611.

Abréviations

'Convention (La —)"	signifie la Convention européenne des Droits de l'Homme
"Protocole (Le —)"	signifie le premier Protocole Additionnel à la Convention européenne des Droits de l'Homme
"Commission (La —)"	signifie la Commission européenne des Droits de l'Homme
"Cour (La —)"	signifie la Cour européenne des Droits de l'Homme.

A

B

C

D

E

F

G

H

I

K

L

M

N

P

R

S

T

V

W

GPSR Compliance

The European Union's (EU) General Product Safety Regulation (GPSR) is a set of rules that requires consumer products to be safe and our obligations to ensure this.

If you have any concerns about our products, you can contact us on ProductSafety@springernature.com

In case Publisher is established outside the EU, the EU authorized representative is:

Springer Nature Customer Service Center GmbH
Europaplatz 3
69115 Heidelberg, Germany

Batch number: 10683543

Printed by Printforce, the Netherlands